H. Kaiser • J. Kaiser • T. Kaiser | Die Zivilgerichtsklausur im Assessorexamen

DIE ZIVILGERICHTSKLAUSUR IM ASSESSOREXAMEN

Technik, Taktik, Formulierungshilfen

Horst Kaiser
Vorsitzender Richter am Landgericht Lübeck
Arbeitsgemeinschaftsleiter für Referendare
Ehem. Mitglied des gemeinsamen Prüfungsamtes Nord für das Assessorexamen

Jan Kaiser
Richter
Wirtschaftsjurist (Univ. Bayreuth)

Torsten Kaiser
Rechtsanwalt
Wirtschaftsjurist (Univ. Bayreuth)

2., überarbeitete Auflage

Luchterhand 2007

Bibliografische Information Der Deutschen Bibliothek
Die Deutsche Bibliothek verzeichnet diese Publikation in der Deutschen Nationalbibliografie; detaillierte bibliografische Daten sind im Internet über **http://dnb.ddb.de** abrufbar.

978-3-472-06701-6
3-472-06701-2

www.wolterskluwer.de

Alle Rechte vorbehalten.
Luchterhand – eine Marke von Wolters Kluwer Deutschland GmbH.
© 2007 Wolters Kluwer Deutschland GmbH,
Heddesdorfer Straße 31, 56564 Neuwied.

Das Werk einschließlich aller seiner Teile ist urheberrechtlich geschützt. Jede Verwertung außerhalb der engen Grenzen des Urheberrechtsgesetzes ist ohne Zustimmung des Verlages unzulässig und strafbar. Das gilt insbesondere für Vervielfältigungen, Übersetzungen, Mikroverfilmungen und die Einspeicherung und Verarbeitung in elektronischen Systemen.

Umschlagkonzeption: futurweiss kommunikationen, Wiesbaden
Satz: Satz-Offizin Hümmer GmbH, Waldbüttelbrunn
Druck: Druckerei Wilco b.v., Amersfoort

⊚ Gedruckt auf säurefreiem, alterungsbeständigem und chlorfreiem Papier.

Vorwort zur zweiten Auflage

Genauso überraschend wie erfreulich war es, dass die erste Auflage dieses Werks innerhalb weniger Monate vergriffen war. Die vorliegende Neuauflage ist jedoch mitnichten ein bloßer Nachdruck. Vielmehr wurde die Gelegenheit genutzt, das frühere Kostenrecht zu entfernen, welches nun nicht mehr examensrelevant sein dürfte. Neu eingefügt wurden die Darstellungen zur Streitverkündung aus Sicht des Folgeprozesses, zur petitorischen Widerklage, zum unechten Versäumnisurteil sowie zum Urteil im Nachverfahren nach vorangegangenem Vorbehaltsurteil. Klausuren mit diesen Problemstellungen haben sich bundesweit in den letzten Monaten gehäuft. Außerdem wurden aktuelle Rechtsprechung und Literatur, soweit relevant, bis Ende Juli 2006 berücksichtigt wurden.

Eine weitere wesentliche Ergänzung ist Kapitel I mit Übungsfällen zu prozessualen Fallgestaltungen. Da die Einhaltung der Zeitvorgabe eines der größten Probleme beim Schreiben der Klausuren ist, muss eine gute Vorbereitung das Erlernen von Techniken umfassen, die Zeit sparen. Dabei sollen die Übungsfälle helfen. Auf jeweils einer Seite stehen kleine Fallkonstellationen, auf der Rückseite befinden sich die Lösungen in Stichworten. Durch wiederholtes Durchlesen der Fallkonstellationen und Nachlesen der Lösungen lernt man, die anzusprechenden prozessualen Aspekte, die in den vorstehenden Kapiteln ausführlich dargestellt worden sind, schnell und vollständig zu erkennen. In einem zweiten Schritt kann man üben, die Zulässigkeitsaspekte möglichst schnell »klausurreif« zu formulieren. Verweise auf die Randnummern der vorangegangenen Kapitel helfen dabei, bei Bedarf die ausführlichen Erläuterungen und Formulierungsvorschläge schnell zu finden und nachzulesen.

Kurz vor den Klausuren erleichtert ein »Schnelldurchlauf« dieses neuen Kapitels die letzte Vorbereitung.

Fragen, Anregungen und Kritik sind unter **info@kaiserseminare.com** immer herzlich willkommen.

Lübeck und Lüneburg im November 2006   Horst, Jan und Torsten Kaiser

Vorwort zur ersten Auflage

Die Erfahrungen von mehr als fünfzehn Jahren als Leiter von verschiedenen Zivilrechtsarbeitsgemeinschaften und Prüfer im zweiten Staatsexamen haben Horst Kaiser auf die Idee gebracht, ein »anderes« Lehrbuch für Referendare zu schreiben.

Die übrige Ausbildungsliteratur – so wichtig sie zur Einstimmung auf die neuen Gebiete und für die Stationsausbildung ist – trägt nur unzureichend dem Umstand Rechnung, dass es wohl in keinem anderen Fach so viele »Zufallsstudenten« gibt wie in der Juristerei! Ordentliches Abitur, keine auffällige Sonderbegabung oder speziellen Interessen, was studiert man da? Jura! Da fangen alle bei Null an, so tröstet man sich. Wer aber von seiner Studienwahl nicht begeistert ist, wird auch nicht mit dem erforderlichen Elan ans Studieren herangehen, zumal bei fast allen die ersten Semester des Jurastudiums verwirrend und die Ergebnisse der schriftlichen Arbeiten bescheiden bis niederschmetternd sind. Es gab bislang auch keine echten Zwischenprüfungen, die einem hätten helfen können, aufzuwachen und die Studienwahl noch einmal zu überdenken. Viele quälen sich mehr schlecht als recht bis zum ersten Examen. Wer dann, wie die große Mehrheit, mit ausreichend oder befriedigend besteht und anschließend mehr als ein halbes Jahr auf den Beginn der Referendarzeit warten muss, hat in dieser Zeit von seinem ihm ja bescheinigten durchschnittlichen Wissen auch schon wieder einiges vergessen.

Es ist auf den ersten Blick unerklärlich, dass es selbst Referendaren (damit sind im Folgenden der Einfachheit halber Menschen beiderlei Geschlechts gemeint), die über gute materielle Kenntnisse verfügen und dies auch durch die Note im ersten Examen bewiesen haben, selten gelingt, diese im zweiten so umzusetzen, dass sie das Ergebnis wiederholen oder gar verbessern können. Dadurch, dass man sich im Assessorexamen nicht mehr mit Lehrmeinungen auseinander setzen muss, sondern sich auf das Wissen um die Gesetzeslage und die herrschende Rechtsprechung beschränken kann, ist die Anwendung des materiellen Rechts und die Darstellung der Lösung einfacher geworden, sollte man meinen. Dies ist sicher richtig. Es führt aber trotzdem nicht zu einem besseren Abschneiden im Examen, weil der neu hinzukommende Bereich, die Kenntnis des Prozessrechts, häufig mehr als lückenhaft ist und die Darstellung der Entscheidung in der ungewohnten Form eines Urteils vielen nur schlecht gelingt. Dies hat verschiedene Ursachen.

Es liegt zum einen an der meist wenig examensorientierten Ausbildung, zum anderen an der mangelnden Bereitschaft der Referendare, sich aus eigenem Antrieb in die ihnen meistens wenig vertrauten neuen Rechtsgebiete einzuarbeiten. Zudem fehlt vielen Referendaren die Fähigkeit, Lösungen sprachlich so umzusetzen, dass die Formulierungen den Anforderungen eines guten Urteilsstils gerecht werden.

Die allgemein beklagte Schwierigkeit wiederum, die Aufgabe in fünf Stunden bewältigen zu müssen, resultiert zum größten Teil daraus, dass die Umsetzung der ermittelten Lösungsteile in brauchbare Formulierungen zu viel Zeit kostet. Dies hat zur Folge, dass es in der Schlussphase »eng« wird und durch die Hektik der letzten halben Stunde erörterungswürdige Aspekte auf der Strecke bleiben oder anfängerhaft anmutende Fehler beim Abfassen der üblicherweise letzten Arbeitsteile, des Tenors oder der Zins- und Nebenentscheidungen, gemacht werden. Genau an dieser Stelle sollen die Hilfestellungen ansetzen!

Die Voraussetzung, um aus den Anregungen, Formulierungsvorschlägen und Problemdarstellungen den optimalen Nutzen für Examensklausuren ziehen zu können, hängt von einem jedenfalls in den Grundzügen vorhandenen zivilprozessualen Basiswissen ab. Dieses können Sie sich leicht dank der insoweit wirklich guten Anleitungsbücher von Knöringer »Die Assessorklausur im Zivilprozess« sowie Anders / Gehle »Das Assessorexamen im Zivilrecht« aneignen. Zumindest das, was dort steht, sollten Sie vorher gelesen haben und vor dem Durcharbeiten einzelner Kapitel dieses Buches noch einmal nachlesen, um unsere Darstellungen richtig einordnen und behalten zu können.

Vorwort zur ersten Auflage

Das Besondere dieses Buches besteht darin, dass wir aus der Fülle der zivilprozessualen Probleme diejenigen herausgesucht haben, die in Examensklausuren am häufigsten vorkommen, sie auf klausurtaktisch sinnvolle Fallkonstellationen reduziert haben und dazu Formulierungsvorschläge anbieten, die bei der Bewältigung der Umsetzungsprobleme helfen sollen. Was nicht examensrelevant ist, wird nicht erörtert. Wir erheben daher weder den Anspruch auf Vollständigkeit noch auf wissenschaftliche Darstellung der Materie. Deshalb werden Sie auch keine Zitate finden. Wir möchten vielmehr nur Referendaren die Angst vor dem Herangehen an zivilprozessuale Problemstellungen nehmen. Gerade diejenigen, die vielleicht keine »Helden« im Zivilrecht und schon gar nicht im Zivilprozessrecht sind, wollen wir ermuntern, sich zumindest das hier vermittelte Basiswissen und eine sinnvolle Vorgehensweise anzueignen. Unser Ziel ist es, allen dabei zu helfen, ein ihren materiellen Rechtskenntnissen entsprechendes Examensergebnis zu erzielen und nicht an eher formalen Klippen zu scheitern.

Was schreibe ich zur Zulässigkeit einer Klage? Wie gehe ich an den neuen Typ von Klausur heran? Was gehört in ein zusprechendes oder ein abweisendes Urteil? Wie lernt man, die Begründungen kurz und treffend wiederzugeben, ohne in den mühsam erlernten und bei Abfassen von Urteilen schädlichen »Gutachtenstil« oder »Lehrbuchstil« zu verfallen? Zur Beantwortung dieser Fragen möchten wir mit diesem Buch beitragen. Die allseits bekannten Referendarlehrbücher reichen nämlich nach unseren Erfahrungen dafür nicht aus, ganz abgesehen davon, dass manche Werke mit mehr als 600 Seiten allein durch ihren Umfang abschrecken und sich nicht auf die examensrelevanten Fallkonstellationen beschränken.

Das Buch enthält Tipps zur effektiven Examensvorbereitung, Hinweise zur Klausurtechnik und -taktik, eine Darstellung des Aufbaus von Tatbestand und Entscheidungsgründen vom Normalfall bis zur Hilfswiderklage sowie die Einführung in den Urteilsstil. Außerdem finden Sie Erläuterungen und Formulierungsvorschläge zu den relevantesten prozessualen Problemstellungen. Sie finden dort Anleitungen zum Überprüfen und Erweitern Ihres Präsenzwissens sowie Fehlerwarnungen und Vorschläge für Notfälle. Auch zur letzten Vorbereitung unmittelbar vor den Zivilrechtsklausuren sind die Kapitel F bis H eine wertvolle, ja unerlässliche Hilfe.

Sie sollten beim Durcharbeiten dieses Buches Ihnen nicht vertraute Vorschriften der ZPO nachschlagen und zu den einzelnen Komplexen die Kommentierungen in dem im Examen zugelassenen Kommentar durchlesen. Das wird Ihnen helfen, im Ernstfall mit dem Kommentar umgehen zu können. Sie werden feststellen, dass einige Ratschläge mehrmals vorkommen. Manche Tipps sind so wichtig, dass man sie gar nicht oft genug lesen kann.

Die kursiv gedruckten Passagen sind die »Bausteine« für Ihre Klausuren. Unvollständige Sätze, die mit »...« enden, müssen Sie dem Sachverhalt Ihrer Vorlage entsprechend ergänzen.

Die Verfasser sind erfahrene Referendarausbilder. Horst Kaiser ist Vorsitzender Richter am Landgericht Lübeck und leitet seit über fünfzehn Jahren Zivilrechtsarbeitsgemeinschaften. Er war bis Ende 2004 Mitglied des Gemeinsamen Prüfungsamtes Nord für das Assessorexamen. Jan Kaiser ist Richter im Bezirk des OLG Celle. Torsten Kaiser ist Rechtsanwalt und betreut bundesweit die Referendarausbildung von Clifford Chance.

Die Verfasser veranstalten Wochenendseminare zur Vorbereitung auf die Examensklausuren in allen Rechtsgebieten. Der Schwerpunkt liegt wie in diesem Buch auf Klausurtechnik und -taktik unter Berücksichtigung der besonderen Anforderungen des Assessorexamens.

Nähere Informationen erhalten Sie unter:

KAISER SEMINARE
eMail: info@kaiserseminare.com
Internet: www.kaiserseminare.com
Lübeck,
im September 2005

Horst, Jan und Torsten
Kaiser

Inhalt

Abkürzungsverzeichnis	XV
A. Grundlegende Ratschläge	1
B. Klausurtechnik	5
I. Zeiteinteilung	5
II. Reihenfolge der Arbeitsschritte	5
1. Die »Carpaccio-Falle« oder: Wie vermeide ich es, den Fall nicht richtig zu erfassen?	6
2. Es beruhigt, schon einen Teil der Aufgabe erledigt zu haben.	6
3. Der erste Eindruck ist von besonderer Bedeutung.	7
4. Sie verringern die Gefahr mangelnder Kongruenz von Tatbestand und Entscheidungsgründen.	7
III. Die Arbeitsschritte im Einzelnen	9
1. Durchsicht der Vorlage	9
2. Erfassen des Sachverhalts	11
3. Abfassen des Tatbestandes	12
a) Grundsätzliches	12
b) Geordnete Darstellung	14
c) Objektive Darstellung	19
d) Sach- und Streitstand	19
e) Knappe Darstellung	25
f) Der Schluss der mündlichen Verhandlung	28
g) Hervorhebung der Anträge	29
h) Prozessgeschichte	30
4. Erarbeiten des »Falles«	32
5. Lösen des Falles	34
a) Klausurtaktische Vorüberlegungen	34
b) Grundsätzliche Vorgehensweise bei der Lösung	56
c) Skizzieren der Lösung	60
d) Gewichtung	62
6. Das Rubrum	63
7. Der Tenor	65
a) Die Hauptsacheentscheidung	65
b) Die Kostenentscheidung	68
c) Die vorläufige Vollstreckbarkeit	80
C. Aufbau der Entscheidungsgründe	87
I. Grundsätzliches	87
II. Aufbau der Entscheidungsgründe bei voll zusprechenden Urteilen	87
III. Aufbau der Entscheidungsgründe bei voll abweisenden Urteilen	89
IV. Aufbau der Entscheidungsgründe bei Teilerfolg	92
1. Normalfall	92
2. Kumulative Klagenhäufung	92
3. Haupt- und Hilfsanträge	92

V.	Aufbau der Entscheidungsgründe bei Aufrechnungen	95
	1. Primäraufrechnungen	95
	2. Hilfsaufrechnungen	96
VI.	Aufbau der Entscheidungsgründe bei Erledigungserklärungen	97
	1. Vollständige einseitige Erledigungserklärung	97
	2. Einseitige Teilerledigungserklärungen	98
	3. Übereinstimmende Teilerledigung	98
VII.	Aufbau der Entscheidungsgründe bei Widerklagen	99

D. Abfassen der Entscheidungsgründe 101

I.	Grundsätzliches	101
II.	Acht goldene Regeln für guten Urteilsstil	102
III.	Grundzüge der Beweisauswertung und Beweiswürdigung	108
	1. Ermittlung des Inhalts des Beweismittels	108
	2. Prüfung der Ergiebigkeit des Beweismittels	108
	3. Prüfung der Überzeugungskraft des Beweismittels	109
	a) Würdigung von Zeugenaussagen	110
	b) Würdigung von Sachverständigengutachten	114
	c) Würdigung von Urkunden	116
IV.	Entscheidungsgründe zum Fall »Der hilfsbereite Freund«	118
V.	Exkurs: Zitate	121

E. Formulierungsvorschläge und Erläuterungen zu den relevantesten prozessualen Problemstellungen 123

I.	Grundsätzliches	123
II.	Übersicht	126
III.	Die Formulierungsvorschläge im Einzelnen	129
	1. Ordnungsgemäße Klageerhebung	129
	a) Zustellungsmängel	129
	b) Irrtümlich falsche Parteibezeichnung	129
	c) Der Inhaber wird unter seiner Firma verklagt	129
	d) Unbezifferte Klageanträge	130
	e) Ursprüngliche objektive kumulative Klagenhäufung	131
	f) Ursprüngliche echte eventuelle Klagenhäufung	132
	g) Ursprüngliche unechte eventuelle Klagenhäufung	134
	h) Hilfsbegründung	134
	i) Alternative Häufung des Klagegrundes	135
	j) Teilklagen	136
	2. Parteifähigkeit	137
	a) Gesellschaft bürgerlichen Rechts / WEG	137
	b) Vor-GmbH	137
	c) Existenzfiktion	138
	3. Prozessführungsbefugnis	140
	a) Streitgenossenschaft	140
	b) Prozessführungsbefugnis von Amts wegen	144
	c) Gesetzliche Prozessstandschaft gem. § 265 ZPO	145
	d) Gewillkürte Prozessstandschaft	147
	4. Örtliche Zuständigkeit	150
	a) Normalfall	150
	b) Fortdauer der Zuständigkeit (sog. perpetuatio fori) gem. § 261 III Nr. 2 ZPO	150
	c) Gerichtsstand des Erfüllungsortes gem. § 29 ZPO	151

	d)	Gerichtsstand der unerlaubten Handlung gem. § 32 ZPO	151
	e)	Gerichtsstandsvereinbarung gem. §§ 38 ff. ZPO	152
	f)	Rügeloses Verhandeln gem. § 39 ZPO	154
	g)	Bindende Verweisung gem. § 281 II 4 ZPO	154
5.	Sachliche Zuständigkeit		155
	a)	Rügeloses Verhandeln gem. § 39 ZPO	155
	b)	Ursprüngliche objektive kumulative Klagenhäufung gem. § 260 ZPO	155
	c)	Haupt- und Hilfsanträge	156
	d)	Mischmietverhältnisse	157
	e)	Fortdauer der Zuständigkeit (sog. perpetuatio fori) gem. § 261 III Nr. 2 ZPO	158
6.	Funktionelle Zuständigkeit gem. § 94 ff. GVG		160
7.	Keine entgegenstehende Rechtskraft gem. § 322 ZPO		162
	a)	Rechtskräftiges Zug um Zug-Urteil im Vorprozess	162
	b)	Rechtskräftiges Urteil nach §§ 767, 771 ZPO im Vorprozess	162
	c)	Exkurs: Rechtsstreit gegen einen früheren Streitverkündeten (sog. Folgeprozess)	163
	d)	Vorangegangenes Prozessurteil	168
	e)	Aufrechnung in einem früheren Rechtsstreit gem. § 322 II ZPO	168
	f)	Klage aus § 826 BGB gegen ein rechtskräftiges Urteil	171
	g)	Vergleich im Vorprozess	171
	h)	Verdeckte Teilklagen	172
8.	Keine anderweitige Rechtshängigkeit		173
	a)	Anpassung eines Vergleichs	173
	b)	Vorherige hilfsweise Aufrechnung	173
9.	Verspätete Rüge von Prozesshindernissen		174
10.	Allgemeines Rechtsschutzbedürfnis		175
	a)	Widerklage auf Unterlassung ehrverletzender Äußerungen	175
	b)	Klage auf Abgabe einer Willenserklärung trotz eines vollstreckbaren Vergleichs	175
	c)	Klage auf »unmögliche« Leistung	176
	d)	Klage auf Rücknahme der Kaufsache nach erfolgtem Rücktritt	178
11.	Klageänderung		179
	a)	Klageauswechslung	179
	b)	Parteiänderung	182
	c)	Nachträgliche objektive Klagenhäufung	186
	d)	Anwendungsbereich von § 264 Nr. 2 ZPO	187
	e)	Anwendungsbereich von § 264 Nr. 3 ZPO	189
	f)	Rügelose Einlassung gem. § 267 ZPO	193
	g)	Sachdienlichkeit gem. § 263, 2. Alt. ZPO	194
	h)	Vollständige einseitige Erledigungserklärung	194
	i)	Einseitige Teilerledigungserklärung	200
	j)	Übereinstimmende Teilerledigung der Hauptsache	201
	k)	Exkurs: Die vollständige übereinstimmende Erledigung des Rechtsstreits	202
	l)	Exkurs: Die Kostenentscheidung nach § 269 III 3 ZPO	206
12.	Feststellungsklage gem. § 256 ZPO		208
	a)	Feststellungsinteresse begründeter Feststellungsklagen	208
	b)	Feststellungsinteresse unbegründeter Feststellungsklagen	209
	c)	Subsidiarität	209
13.	Besorgnis der Nichterfüllung bei Klagen auf künftige Leistung gem. § 259 ZPO		210
14.	Abänderungsklage gem. § 323 ZPO		211
15.	Widerklage		211
	a)	Begründung der örtlichen Zuständigkeit gem. § 33 ZPO	213
	b)	Begründung der sachlichen Zuständigkeit	213

	c) Fehlende Konnexität	215
	d) Drittwiderklage	215
	e) Zwischenfeststellungswiderklage gem. § 256 II ZPO	216
	f) Hilfswiderklage	217
	g) Die petitorische Widerklage	218
16.	Verfahren nach Einspruch	220
	a) gegen einen Vollstreckungsbescheid	220
	b) gegen ein Versäumnisurteil	220
17.	Das unechte Versäumnisurteil	222
	a) Das unechte Versäumnisurteil im Einzelnen	222
	b) Die Kombination von echtem und unechtem Teilversäumnisurteil	223
	c) Die Kombination von echtem und unechtem Versäumnisurteil bei einer Widerklage	224
18.	Exkurs: Die Fristen in der ZPO	225

F. Präsenzwissen zu häufig vorkommenden Klausurproblemen   231

I.	Grundsätzliches	231
II.	Die Klausurprobleme im Einzelnen	231
	1. Primäraufrechnung	232
	2. Hilfsaufrechnung	233
	3. Widerklage	235
	4. Ursprüngliche objektive kumulative Klagenhäufung	237
	5. Nachträgliche objektive kumulative Klagenhäufung	238
	6. Echte eventuelle Klagenhäufung	239
	7. Unechte eventuelle Klagenhäufung	240
	8. Feststellungsklage	241
	9. Klage auf künftige Leistung, § 259 ZPO	242
	10. Vollständige einseitige Erledigungserklärung	243
	11. Einseitige Teilerledigungserklärung	244
	12. Übereinstimmende Teilerledigungserklärung	246
	13. Vollständige übereinstimmende Erledigungserklärung	247
	14. Verfahren nach Einspruch gegen ein Versäumnisurteil	248
	15. Streitverkündung im laufenden Verfahren	250
	16. Rechtsstreit gegen früheren Streitverkündeten (sog. Folgeprozess)	251
	17. Streitgenossenschaft	252
	18. Gesetzliche Prozessstandschaft im Fall des § 265 ZPO	253
	19. Gewillkürte Prozessstandschaft	254
	20. Klageänderung	255
	21. Parteiänderung	256
	22. Rüge der örtlichen Zuständigkeit	257
	23. Rüge der sachlichen Zuständigkeit	258
	24. Rüge der funktionellen Zuständigkeit	259
	25. Arrest	260
	26. Einstweilige Verfügung	261
	27. Kostenentscheidung	262
	28. Vorläufige Vollstreckbarkeit	263
	29. Voll zusprechende Urteile	265
	30. Voll abweisende Urteile	266
	31. Teilweise zusprechende Urteile	267
	32. Vorlage mit Beweisaufnahme durch Zeugenvernehmung	268
	33. Die Vorlage ohne Beweisaufnahme	269
	34. Zinsen	270
	35. Streitwert	271

G. Fehlerwarnung — 273

- I. Rubrum — 273
- II. Tenor — 274
- III. Tatbestand — 275
- IV. Entscheidungsgründe — 276
- V. Sonstiges — 277

H. Die Notfall-Lösung — 279

- I. Grundsätzliches — 279
- II. Die Vorgehensweise im Einzelnen — 280

I. Anhang: Übungsfälle zum schnelleren Erkennen prozessualer Aspekte — 285

Stichwortverzeichnis — 325

Abkürzungsverzeichnis

Abs.	Absatz
a.F.	alte Fassung
a.E.	am Ende
AG	Arbeitsgemeinschaft
Alt.	Alternative
arg.	argumentum
Aufl.	Auflage
AZ	Aktenzeichen
BGB	Bürgerliches Gesetzbuch
BGH	Bundesgerichtshof
Bl.	Blatt
BRAGO	Bundesrechtsanwaltsgebührenordnung
bzgl.	bezüglich
bzw.	beziehungsweise
c.i.c.	culpa in contrahendo
d.A.	der Akten
d.h.	das heißt
€	Euro
EBV	Eigentümer-Besitzer-Verhältnis
EGMR	Europäischer Gerichtshof für Menschenrechte
EGZPO	Gesetz betreffend die Einführung der Zivilprozessordnung
EMRK	Europäische Menschenrechtskonvention
evt.	eventuell
f., ff.	folgende
GbR	Gesellschaft bürgerlichen Rechts
gem.	gemäß
GG	Grundgesetz
ggf.	gegebenenfalls
GKG	Gerichtskostengesetz
GmbH	Gesellschaft mit beschränkter Haftung
GmbHG	Gesetz betreffend die Gesellschaften mit beschränkter Haftung
GoA	Geschäftsführung ohne Auftrag
grds.	grundsätzlich
GVG	Gerichtsverfassungsgesetz
HGB	Handelsgesetzbuch
h.M.	herrschende Meinung
h.Rspr.	herrschende Rechtsprechung
Hs.	Halbsatz
i.d.R.	in der Regel
i.G.	in Gründung
i.H.v.	in Höhe von
InsO	Insolvenzordnung
i.R.d.	im Rahmen des/der
i.S.d.	im Sinne des/der

Abkürzungsverzeichnis

i.S.v.	im Sinne von
i.Ü.	im Übrigen
i.V.m.	in Verbindung mit
JuMoG	Justizmodernisierungsgesetz
KfH	Kammer für Handelssachen
KG	Kommanditgesellschaft
KostRModG	Kostenrechtsmodernisierungsgesetz
lat.	lateinisch
n.F.	neue Fassung
NJW	Neue Juristische Wochenschrift
Nr.	Nummer
obj.	objektiv
oHG	offene Handelsgesellschaft
OLG	Oberlandesgericht
PflVersG	Gesetz über die Pflichtversicherung für Kraftfahrzeughalter (Pflichtversicherungsgesetz)
PVV	positive Vertragsverletzung
RBW	Rechtsbindungswillen
Rn.	Randnummer
Rspr.	Rechtsprechung
RVG	Gesetz über die Vergütung der Rechtsanwältinnen und Rechtsanwälte
S.	Satz
s.o.	siehe oben
sog.	so genannte(r)
StGB	Strafgesetzbuch
st.Rspr.	ständige Rechtsprechung
StVG	Straßenverkehrsgesetz
StVO	Straßenverkehrsordnung
u.a.	unter anderem
UmwG	Umwandlungsgesetz
usw.	und so weiter
u.U.	unter Umständen
vgl.	vergleiche
VB	Vollstreckungsbescheid
VU	Versäumnisurteil
wg.	wegen
z.B.	zum Beispiel
ZPO	Zivilprozessordnung
ZVG	Gesetz über die Zwangsversteigerung und die Zwangsverwaltung
zzgl.	zuzüglich

Literaturverzeichnis

Zur Förderung der Übersichtlichkeit und Lesbarkeit haben die Verfasser auch in der zweiten Auflage bewusst auf Fußnoten im Text verzichtet. Wer dies als Mangel ansieht, hat die Intention dieses Werks nicht verstanden. Es geht um eine optimale Vorbereitung auf die Zivilgerichtsklausuren im Assessorexamen und nicht um eine wissenschaftliche Darstellung der Materie. Kein Referendar hat Zeit und Muße, die Fülle der Verweise in den einschlägigen Lehrbüchern nachzuschlagen. Dies ist auch wenig ratsam, da es dazu verleitet, sich in Einzelprobleme zu verstricken und den Blick auf das Wesentliche verwischt. Das Wesentliche wiederum ist in diesem Werk umfassend dargestellt.

Die Verfasser haben bei der Erstellung des Buches und seiner Neuauflage vor allem folgende Werke hinzugezogen:

Anders/Gehle, Das Assessorexamen im Zivilprozess, 8. Auflage 2005

Baumbach/Lauterbach/Albers/Hartmann, Zivilprozessordnung, 63. Auflage 2005

Dresenkamp, Zivilakte, 2. Auflage 2002

Furtner, Das Urteil im Zivilprozess, 5. Auflage 1985

Knöringer, Die Assessorklausur im Zivilprozess, 11. Auflage 2005

Lackmann, Der Zivilrechtsfall in Prüfung und Praxis, 2006

Münchener Kommentar zur Zivilprozessordnung, 2. Auflage 2000

Musielak, Grundkurs ZPO, 8. Auflage 2005

Musielak, Zivilprozessordnung, 4. Auflage 2005

Oberheim, Zivilprozessrecht für Referendare, 6. Auflage 2004

Olivet, Die Kostenverteilung im Zivilurteil, 4. Auflage 2006

Olivet, Juristische Arbeitstechnik in der Zivilstation, 2. Auflage 2002

Rosenberg/Schwab/Gottwald, Zivilprozess, 16. Auflage 2004

Sattelmacher/Sirp/Schuschke, Bericht, Gutachten und Urteil, 33. Auflage 2003

Schellhammer, Die Arbeitsmethode des Zivilrichters, 15. Auflage 2005

Schellhammer, Zivilprozess, 10. Auflage 2003

Schneider, Beweis und Beweiswürdigung, 5. Auflage 1994

Schneider, Kostenentscheidung im Zivilurteil, 2. Auflage 1977

Schwab, Grundzüge des Zivilprozessrechts, 2005

Siegburg, Einführung in die Urteilstechnik, 5. Auflage 2003

Stein/Jonas, Kommentar zur Zivilprozessordnung, 21. Auflage ab 1993, 22. Auflage ab 2002

Thomas/Putzo, Zivilprozessordnung, 27. Auflage 2005

Zimmermann, Klage, Gutachten und Urteil, 18. Auflage 2003

Zöller, Zivilprozessordnung, 25. Auflage 2005

A. Grundlegende Ratschläge

Für die Vorbereitung auf das Assessorexamen sollten Sie die folgenden Ratschläge beherzigen: **1**

1. **Sie sollten sofort mit der Wiederholung des materiellen Rechts anfangen!**
2. **Sie sollten die Basisliteratur der Stationen jeweils vor deren Beginn durchlesen!**
3. **Sie sollten eine private Arbeitsgemeinschaft mit anderen Referendaren bilden!**
4. **Sie sollten die AG-Stunden gründlich vor- und nachbereiten!**
5. **Sie sollten die Arbeitsgemeinschaft mitgestalten!**
6. **Sie sollten so viele Klausuren wie möglich schreiben!**
7. **Sie sollten die Klausurbesprechungen vor- und nachbereiten!**
8. **Sie sollten Vorträge üben!**

Wenn Lernen ein lebenslanger Prozess ist, bei dem der Satz gilt, dass Stillstand Rückschritt bedeutet, so haben die meisten, die dieses Buch in die Hand nehmen, nach unseren Erfahrungen den ersten Fehler schon gemacht. Sie haben nämlich nach dem ersten Examen aufgehört, zu lernen oder Erlerntes zu wiederholen, und erst mit Beginn der Referendarzeit wieder damit angefangen. Dies ist besonders für diejenigen nachteilig, die lange auf ihren Referendarplatz haben warten müssen, und das sind nicht selten Referendare, die im ersten Examen nicht gerade glückvoll abgeschnitten haben. Daran ist nichts mehr zu ändern, aber so muss es ja nicht weiter gehen. Und bei vollem Einsatz ist noch nichts verloren. Daher gilt:

1. Sie sollten sofort mit der Wiederholung des materiellen Rechts anfangen!

Sie dürfen das, was Sie wissen, nicht in Vergessenheit geraten lassen! Und das geht schneller, als **2** Sie denken, gerade wenn Sie kein begeisterter Jurist sind. Zudem ist nichts gefährlicher als Halbwissen. Ohne strukturierte, grundlegende Kenntnisse vom materiellen Recht nützen Ihnen auch die hier erteilten Ratschläge nichts.

Beim Auffrischen des materiellen Rechts sollten Sie darauf achten, dass vieles von dem, was für das Referendarexamen wichtig war, für das Assessorexamen sogar hinderlich sein kann. Literaturansichten oder von der herrschenden Rechtsprechung abweichende Einzelentscheidungen sind im Assessorexamen vielfach nur nutzloses Ballastwissen. Es ist Ihnen deshalb wenig damit gedient, Ihre alten Unterlagen aus Studienzeiten durchzuarbeiten oder Kurse zu besuchen, die mehr auf das Referendarexamen zugeschnitten sind. Sie müssen sich bei der Wiederholung des materiellen Rechts auf das Wesentliche konzentrieren, andernfalls ertrinken Sie in der Fülle des Stoffes. Es gibt schließlich nicht nur Zivilrecht! Zudem finden Sie die Darstellung von erheblichen Meinungsstreiten in den Kommentaren, die Sie benutzen dürfen. Voraussetzung dafür ist aber, dass Sie das Problem erkennen und an der richtigen Stelle nachschlagen.

Ausgehend von diesen Überlegungen bemühen wir uns darum, Ihnen Problembewusstsein anstelle von kasuistischem Teilwissen zu vermitteln. Es ist für Sie wichtiger, Probleme zu erkennen und die Lösungen dann im Kommentar nachzuschlagen, als Hunderte von Lösungen auswendig zu lernen und dann doch im Examen die richtige nicht zu finden oder der Gefahr zu erliegen, den Fall der gewünschten Lösung »anzupassen«. Zur Wiederholung des materiellen Zivilrechts empfehlen wir deshalb unser Lehrbuch **»Das materielle Zivilrecht für das Assessorexamen«**, das in Kürze in dieser Reihe erscheinen wird. Dort werden die examensrelevanten Fallgestaltungen nach Rechtsgebieten geordnet dargestellt, in ihrer jeweiligen Grundstruktur erläutert und unter Berücksichtigung der herrschenden Rechtsprechung Lösungswege aufgezeigt. Wie gesagt, mit der Wiederholung des materiellen Rechts können Sie gar nicht früh genug beginnen. Diese Wiederholung sollten Sie zudem gleich mit dem Einüben von Formulierungen in dem Ihnen nicht vertrauten »Urteilsstil« verbinden. Sie müssen sicherstellen, dass Sie beim Formulieren möglichst wenig Zeit verlieren. Gerade die Umsetzung der einzelnen Ergebnisse mit den ihnen zugrunde liegenden Überlegungen in die entscheidenden drei oder vier Sätze, die dann im Urteil stehen müssen, bereitet nach unserer Erfahrung den meisten Referendaren große Schwierigkeiten.

A. Grundlegende Ratschläge

Entweder dauert es zu lange, oder es kommt dabei nicht das heraus, was eigentlich gesagt werden sollte. Es reicht also z.B. nicht aus, nur zu wissen, dass man eine ungelesen unterzeichnete Erklärung ausnahmsweise dann nach § 119 I 1. Alt. BGB anfechten kann, wenn man sich über den Inhalt konkrete, aber falsche Vorstellungen gemacht hat. Statt dieses materielle Wissen nur abzuspeichern, sollten Sie gleich in Gedanken die Formulierung im Urteilsstil üben:

»*Der Vertrag vom ... ist nichtig. Der Kläger hat seine Willenserklärung gem. § 119 I 1. Alt. BGB wirksam angefochten. Dies ist auch in den Fällen, in denen der Erklärende eine Urkunde ungelesen unterschrieben hat, dann möglich, wenn er sich über den Inhalt der Urkunde eine bestimmte Vorstellung gemacht hat, die vom tatsächlichen Inhalt seiner Erklärung abweicht. Dies ist vorliegend der Fall, denn ...*«

Wenn Sie so beim Wiederholen des materiellen Rechts vorgehen, wird dessen Umsetzung in Urteilsbausteine nach und nach für Sie kein Problem mehr darstellen.

Sie sollten die Examensvorbereitung auch nicht als Aufgabe der letzten Monate betrachten. Das schlechte Gewissen wächst und der unerledigte Berg an Arbeit lähmt zusätzlich noch. Sie dürfen sich zudem nicht ausschließlich auf das Rechtsgebiet Ihrer jeweiligen Station konzentrieren. Sie müssen während der Referendarzeit Ihr Wissen in allen examensrelevanten Rechtsgebieten auf dem Laufenden halten!

2. Sie sollten die Basisliteratur der nächsten Station jeweils vor deren Beginn durchlesen!

3 Durch die ständigen Verkürzungen der Referendarzeit ist es zunehmend schwieriger geworden, sich den neuen Stoff in der knapp bemessenen Zeit der einzelnen Stationen anzueignen. Es liegt mithin auf der Hand, dass man für die Vorbereitung auf die erste Station die Zeit zwischen dem ersten Examen und dem Beginn der Referendarzeit nutzen sollte. Auch wenn sich Ihnen die Referendarliteratur noch nicht voll erschließt, so macht es dennoch den entscheidenden Unterschied, ob Sie wenigstens von den neuen Begriffen schon einmal gehört haben und zumindest ungefähr wissen, was auf Sie zukommt. Der erste Urlaub in Rom oder Paris bringt auch mehr, wenn man vorher einen Stadtführer durchgelesen hat. Nur durch Vorbereitung schaffen Sie es, am Beginn einer Station nicht wie ein »Ochs vorm Berg« zu stehen und zu verhindern, genau das dann auch – etwas netter ausgedrückt – in Ihrem Stationszeugnis zu lesen. Was soll Ihr Ausbilder denn mit Ihnen anfangen, wenn Sie keinen blassen Schimmer von der Praxis haben? Wenn Sie aber gleich zu Beginn der Station zeigen, dass Sie trotz praktischer Defizite, die Ihnen keiner übel nimmt, brauchbare Voten oder Entscheidungsentwürfe abliefern, wird man Sie sicherlich sinnvoller beschäftigen.

Es gibt darüber hinaus aber auch noch einen anderen wichtigen Aspekt, der Sie veranlassen sollte, vorbereitet in die Stationen zu gehen: Wie wollen Sie sonst überhaupt beurteilen, ob Sie sich auf Ihre Ausbilder oder AG-Leiter verlassen und deren Darstellungen und Ratschlägen vertrauen können? Ohne eigene Kenntnisse von der Materie sind Sie Ihren Ausbildern doch hilflos ausgeliefert. Woher wollen Sie denn sonst wissen, ob Ihnen Richtiges und Wichtiges vermittelt wird oder ob Ihnen jemand nur seine langjährige Erfahrung weitergibt, was für die Praxis hilfreich sein mag, nicht aber für Ihr Examen? Bedenken Sie, dass die meisten Ihrer Ausbilder keine Examensprüfer sind und vielleicht gar nicht wissen, welche Anforderungen im Examen an Sie gestellt werden. Die Ausrede, Sie hätten das, was man Ihnen als Fehler ankreidet, von Ihrem Ausbilder so beigebracht bekommen, gibt es im Examen nicht!

3. Sie sollten eine private Arbeitsgemeinschaft mit anderen Referendaren bilden!

4 Zum Einüben der Umsetzungstechnik sind kleine private Arbeitsgemeinschaften besonders geeignet, in denen Sie durch Verbesserungsvorschläge und Anregungen der anderen Teilnehmer mögliche Fehler entdecken oder durch Vorträge und Diskussionen besser formulieren lernen. Suchen Sie sich geeignet erscheinende Kolleginnen oder Kollegen möglichst bald aus! Als ideal haben sich Gruppen von drei oder vier Referendaren erwiesen. Die Privat-AG sollte mindestens einmal pro Woche am gleichen Tag und zur gleichen Stunde stattfinden, damit sich jeder Teilnehmer darauf einstellen kann und keiner eine Ausrede hat.

A. Grundlegende Ratschläge

4. Sie sollten die AG-Stunden gründlich vor- und nachbereiten!

Sie profitieren von der Arbeitsgemeinschaft und von der praktischen Ausbildung nur dann optimal, wenn Sie sich darauf vorbereitet haben. Sonst dürfen Sie sich nicht wundern, wenn der AG-Leiter aus Ihrer Ahnungslosigkeit den Schluss zieht, es sei besser, Ihnen aus Lehrbüchern vorzulesen. Drängen Sie auch darauf, dass Ihnen der Stoff der jeweils nächsten AG-Stunden vorher mitgeteilt wird, damit Sie sich mit Hilfe der Lehrbücher und Kommentare einlesen können. Auch hier gilt die Fußballerweisheit analog: »Nach der AG ist vor der AG«. Nur wenn Sie vorbereitet sind, ziehen Sie optimalen Nutzen aus der Arbeitsgemeinschaft, den Sie durch eine intensive Nachbereitung noch steigern sollten.

5. Sie sollten die Arbeitsgemeinschaft mitgestalten!

Wenn Sie die AG-Stunde nur wie eine Vorlesung über sich ergehen lassen, ist es häufig vergeudete Zeit. Sie werden dann weit weniger von dem behalten, was Sie hören, als wenn Sie aktiv mitarbeiten. Und wenn Sie meinen, dass Ihnen Ihr AG-Leiter zu wenig Examensrelevantes vermittelt, sprechen Sie ihn darauf an. Es geht um Ihr Examen! Sorgen Sie für eine gute Arbeitsatmosphäre, indem Sie sich beteiligen, Fragen stellen und Anregungen geben. Sie müssen üben, Hemmungen abzubauen, und lernen, in einer »kleinen« Extremsituation frei zu sprechen und sicher aufzutreten. So können Sie wichtige Erfahrungen für die mündliche Prüfung sammeln. Zudem hängt das, was Ihr AG-Leiter »bringt«, auch davon ab, wie gut Sie mitarbeiten. Er wird sich auch besser vorbereiten und sich mehr Mühe geben, wenn er den Eindruck hat, dass es sich bei Ihnen lohnt.

6. Sie sollten so viele Klausuren wie möglich schreiben!

Das ist auch nicht gerade ein Geheimtipp, sollte man meinen. Unsere Erfahrung hat uns aber gelehrt, darauf besonders hinzuweisen. Es gibt Referendare, die sich auf die Pflichtklausuren beschränken, so als würden sie durch jede weitere Klausur Kraft verlieren, die sie sich lieber für das Examen aufsparen. Nur durch das Schreiben möglichst vieler Übungsklausuren gewöhnen Sie sich aber an den Stress, an die Zeiteinteilung, und Sie lernen, sich fünf Stunden lang zu konzentrieren. Sie können gar nicht früh genug damit anfangen, Übungsklausuren zu schreiben. Auch wenn Sie sich noch nicht fit fühlen, lernen Sie dadurch die neuen Anforderungen und Ihre Defizite kennen. Sollten die Klausuren nicht unter Aufsicht geschrieben werden, müssen Sie sich selbst Examensbedingungen schaffen.

Merke: Keine unerlaubten Hilfsmittel, keine Absprachen, keine Zeitüberschreitung!

Es ist sinnlos, nach anderen Regeln zu schreiben als im Examen, nur um eine bessere Note zu bekommen, die Sie nur in trügerischer Sicherheit wiegt. Im Examen ist weder Ihre Teamfähigkeit gefragt, noch will man von Ihnen wissen, was Sie in mehr als fünf Stunden zu Papier bringen können, und sei es noch so gut! Wer sich nicht unter Ernstfallbedingungen vorbereitet, ist nicht gut vorbereitet! Dazu gehört auch, dass sich die »Morgenmuffel« daran gewöhnen, ab 8 Uhr morgens eine Klausur zu schreiben. Die körperliche Verfassung und die Kondition sind auch von entscheidender Bedeutung. Deshalb sollten Sie auch einmal an zwei aufeinander folgenden Tagen Klausuren aus verschiedenen Rechtsgebieten schreiben. Sie müssen die Erfahrung machen, ob und wie Sie das durchhalten.

Im Examen scheinen die fünf Stunden Zeit, die Ihnen zur Verfügung stehen, besonders schnell zu vergehen. Examenskandidaten klagen nach den Klausuren am häufigsten über die Zeitnot. Sie sollten die Übungsklausuren daher in 4 ½ Stunden schreiben, um sicherzustellen, dass Sie im Examen mit fünf Stunden auskommen. Und lassen Sie sich durch möglicherweise nicht zufrieden stellende Ergebnisse nicht entmutigen. Jede Klausur ist unabhängig vom Ergebnis immer so viel wert, wie Sie daraus lernen. Die Lehren aus einer Klausur mit drei Punkten, deren Fehler Sie analysieren, sind wertvoller als die Freude über eine gelungene Klausur, die Sie selbstzufrieden nicht mehr durchlesen und analysieren.

A. Grundlegende Ratschläge

7. Sie sollten die Klausurbesprechungen vor- und nachbereiten!

8 Ohne Teilnahme an der Klausurbesprechung und deren Vor- und Nachbereitung können Sie sich die Mühe des Schreibens sparen! Es kommt immer wieder vor, dass Referendare in der Besprechung nicht mehr wissen, was sie in ihren Klausuren geschrieben haben und schon gar nicht, warum. Dann verpufft natürlich auch die Besprechung weitgehend. Sie lernen nur, wenn Sie die Lösungsskizze verstehen und mit Ihrer Lösung abgleichen. Sie müssen nachvollziehen, wie Sie auf Ihr Ergebnis gekommen sind und was daran richtig oder falsch war.

Ein Fehler, den die meisten Referendare machen, liegt bereits darin, die »Schmierzettel« nach Abgabe der Klausur wegzuwerfen. Sie müssen vor allem die Blätter mit Ihrer Lösungsskizze aufbewahren, um die Besprechung vorbereiten zu können. Sie sollten sich vor allem dann, wenn zwischen Abgabe und Besprechung ein längerer Zeitraum liegt, vor der Besprechung den Klausurtext noch einmal durchlesen und sich Ihre Lösung vergegenwärtigen, um wirklich von der Besprechung zu profitieren. Und begnügen Sie sich nicht damit, die Ihnen präsentierte »amtliche« Lösungsskizze zu verstehen! Sie müssen herausfinden, was an Ihrer Lösung falsch ist, und was Sie die Fehler hat machen lassen oder woran es gelegen hat, dass Sie 13 Punkte bekommen haben! Und wieso nicht 16 oder 18 Punkte?

Nach der Klausurbesprechung oder dem Durcharbeiten des Ihnen mitgeteilten Lösungsvorschlages sollten Sie unbedingt versuchen, durch erneutes Abfassen der Entscheidungsgründe innerhalb einer Stunde, maximal 90 Minuten, den Ernstfall zu simulieren. Stellen Sie sich vor, Sie hätten im Examen genau eine Stunde vor Abgabe die richtige Lösung fertig skizziert und müssten diese »nur noch« formulieren. Dabei werden Sie dann feststellen, wie schnell eine Stunde vergeht und an welchen Stellen Sie noch Schwierigkeiten mit dem Aufbau, der Gewichtung und der Formulierung haben. Wer aus einem Fehler nicht lernt, begeht den zweiten. Sprechen Sie Ihren AG-Leiter darauf an, ob er bereit ist, Ihre nach der Besprechung noch einmal geschriebenen Entscheidungsgründe erneut zu korrigieren. Er müsste sich eigentlich über Ihren Eifer freuen, wenn er wirklich engagiert ist. Und wenn nicht genug Klausurtermine angeboten werden, greifen Sie auf die Angebote der Repetitorien zurück. Übung macht den Meister!

8. Sie sollten Vorträge üben!

9 Sie sollten früh damit anfangen, Vorträge zu üben. Ein gelungener Vortrag ist Ihre einzige Chance, sich in der mündlichen Prüfung nennenswert verbessern zu können. Ihr Vortrag, mit dem die mündliche Prüfung beginnt, entscheidet weitgehend darüber, ob Sie den rechnerisch möglichen und im Rahmen Ihrer Leistung erreichbaren Notensprung oder das angestrebte zweistellige Ergebnis schaffen oder nicht. Wenn der Vortrag nicht gelingt, bleiben Sie voraussichtlich im Bereich Ihres Klausurendurchschnitts hängen. Es gilt im Allgemeinen der Grundsatz: Wer in den Klausuren einen Durchschnitt von sieben Punkten hat und nur einen befriedigenden Vortrag hält, der ist auch nicht besser als befriedigend. Entsprechendes gilt auch bei fünf oder zehn Punkten. Nur wer zeigt, dass er wesentlich besser ist, als der Durchschnitt seiner Klausurergebnisse hat vermuten lassen, bekommt die Chance auf die bessere Endnote.

10 **Fazit:** Um alles unter einen Hut zu bekommen, ist es natürlich erforderlich, dass Sie sich Ihre Zeit richtig einteilen. Das bedeutet, dass Sie mindestens einen Tag pro Woche für die Vor- und Nachbereitung der Arbeitsgemeinschaft und einen weiteren – und sei es am Wochenende – dafür reservieren sollten, Übungsklausuren zu schreiben und Ihr Wissen in allen relevanten Rechtsgebieten aufzufrischen. Das ist wichtiger als das meiste andere, mit dem Sie sonst befasst sein könnten. Hoffentlich finden Sie verständige Ausbilder, die Ihnen diese Zeit lassen. Wenn Sie zu sehr mit Arbeit eingedeckt werden, sollten Sie dieses Problem einmal mit Ihrem Ausbilder besprechen. Denn eines werden Sie noch feststellen, wenn Sie es nicht schon längst gemerkt haben: Die praktische Ausbildung hat nicht immer viel mit einer guten Examensvorbereitung zu tun. Dafür müssen Sie ganz entscheidend selbst sorgen!

B. Klausurtechnik

I. Zeiteinteilung

Die meisten Referendare stöhnen nach den Examensklausuren über die Zeitnot. Unseres Erachtens sind dafür neben eher bescheidenen Rechtskenntnissen zwei Gründe maßgeblich: Zum einen ist es der unnötige Zeitverlust bei der Umsetzung der materiellen Lösung in die entscheidenden Sätze der Entscheidungsgründe und zum anderen eine unprofessionelle Zeiteinteilung. Das führt dazu, dass viele Referendare nicht fertig werden, ohne zum Schluss abkürzen oder oberflächlicher argumentieren zu müssen. Zudem werden in der Hektik Selbstverständlichkeiten vergessen oder unnötige Fehler gemacht. Deshalb ist es von großer Bedeutung, dass Sie bereits bei den Übungsklausuren das Zeitlimit von fünf Stunden einhalten und zudem lernen, die einzelnen Arbeitsabschnitte in der dafür vorgesehenen Zeit zu erledigen. Nur so stellen Sie sicher, dass das Problem Zeiteinteilung bei der Examensklausur nicht noch zu zusätzlicher Nervosität führt. Nach unserer Erfahrung hat sich folgende Zeiteinteilung bewährt:

- **Mehrmaliges Durchlesen der Klausur** etwa 20 bis 30 Minuten,
- **Ordnen des Sachverhaltes** etwa 15 bis 20 Minuten,
- **Abfassen des Tatbestandes** je nach Umfang zwischen 30 und 40 Minuten,
- **Erarbeiten und Skizzieren der Lösung** 2 Stunden,
- **Niederschreiben des Rubrums und des Tenors** etwa 5 Minuten,
- **Niederschreiben der Entscheidungsgründe** 1 ¼ Stunden,
- **Kongruenzprüfung und Durchsicht** in der restlichen Zeit.

Unser Tipp: Wenn Sie nach dem ersten Durchlesen oder auch nur Anlesen der Klausur bereits Panik kriegen, weil Sie »auf Lücke« gelernt haben und kalt erwischt worden sind, sollten Sie zunächst das Rubrum abfassen. Es wirkt beruhigend, wenn man schon etwas zu Papier gebracht hat. Siehe zur Rettung bei einem Super-GAU die Ratschläge für die »Notfall-Lösung«, Rn. 518 ff.

II. Reihenfolge der Arbeitsschritte

Sie müssen natürlich selbst herausfinden, bei welcher Vorgehensweise Sie sich besser fühlen. Wir halten die im Folgenden vorgestellte Reihenfolge der Arbeitsschritte für sinnvoll. Sie sollten

- **den Bearbeitervermerk durchlesen,**
- **die Vorlage durchlesen und Merkzettel anlegen,**
- **den Stoff ordnen,**
- **den Tatbestand schreiben,**
- **den »Fall« erarbeiten,**
- **eine klausurtaktische Analyse vornehmen,**
- **die Lösung erarbeiten und skizzieren,**
- **das Rubrum, den Tenor und die letzte Seite mit den Nebenentscheidungen schreiben,**
- **die Entscheidungsgründe ausformulieren,**
- **die Kongruenzprüfung vornehmen und zuletzt Korrektur lesen.**

Ein ganz wichtiger Tipp: Wenn Ihnen gegen Ende der fünf Stunden die Zeit fehlt, um alles in Ruhe fertig zu schreiben, und Sie die letzte Seite der Entscheidungsgründe nicht schon gleich nach dem Tenor geschrieben haben, müssen Sie die Klausur »von hinten« zu Ende schreiben. Damit ist gemeint, dass Sie spätestens zehn Minuten vor Schluss zunächst die ggf. erforderliche Zinsentscheidung begründen, die Normen bzgl. der prozessualen Nebenentscheidungen und die Unterschriften der erkennenden Richter anführen und ggf. über den Streitwert entscheiden. Dann überprüfen Sie noch einmal Ihren Tenor auf Vollständigkeit und fahren dann an der Stelle fort, an der Sie zuvor aufgehört haben. Sprechen Sie alle noch nicht abgehandelten Aspekte zumindest mit einem Satz kurz an, wenn die Zeit knapp wird. So vermeiden Sie zumindest den schwerwiegenden Makel, eine nicht zu Ende geschriebene Klausur abgegeben zu haben.

15 Unseres Erachtens sollten Sie den Tatbestand vor dem Erarbeiten der Lösung und vor dem Abfassen der Entscheidungsgründe schreiben. Das sind die maßgeblichen Vorteile dieser Vorgehensweise:

1. **Sie verringern die Gefahr, in die »Carpaccio-Falle« zu tappen.**
2. **Es beruhigt, schon einen Teil der Aufgabe erledigt zu haben.**
3. **Der erste Eindruck Ihrer Arbeit ist besser, wenn Sie den Tatbestand in Ruhe schreiben.**
4. **Sie verringern die Gefahr mangelnder Kongruenz von Tatbestand und Entscheidungsgründen.**

1. Die »Carpaccio-Falle« oder: Wie vermeide ich es, den Fall nicht richtig zu erfassen?

16 Das Schlimmste, das Ihnen passieren kann, ist, in die »Carpaccio-Falle« zu tappen. Sie lesen Carpaccio, gefragt war aber nach Gaspacho. Und Ihr mariniertes Rinderfilet, hauchdünn geschnitten, ist hervorragend, aber gefragt war nach einer kalten Gemüsesuppe auf Tomatenbasis! Will sagen, wer an der Aufgabe vorbeikocht – Entschuldigung – schreibt, hat schon verloren, und das unabhängig davon, wie gut die abstrakte Leistung war. Anders ausgedrückt: Wenn die Aufgabe war: »Wie viel ist 2 × 2?«, dann gibt es für die Antwort »3 × 3 = 9« nicht einmal vier Punkte!

So berechtigt der Einwand auch ist, die Entscheidungsgründe seien schließlich das Wichtigste, so wenig lässt sich aber daraus folgern, die rechtliche Analyse und das Abfassen der Entscheidungsgründe sollten schon vor dem Niederschreiben des Tatbestandes erfolgen. Da der Teufel bekanntlich im Detail steckt, kann es ohne vorheriges Formulieren des Tatbestandes eher passieren, dass man aus Unachtsamkeit, oder weil man bereits zu sehr mit der rechtlichen Lösung befasst war, eine relevante Tatsache falsch eingeordnet hat. Damit ist der zu entscheidende »Fall« ein anderer als der, den man seiner Lösung zugrunde gelegt hat, und auch die »besten« Entscheidungsgründe nützen nichts. Diese Situation kurz vor Ablauf der Bearbeitungszeit, in der Sie sehenden Auges die Lösung des falschen Falles oder ein chaotisch umgeschriebenes Werk abgeben müssen, bleibt Ihnen hoffentlich erspart.

Merke: Die besten Entscheidungsgründe nützen nichts, wenn sie nicht zum »Fall« passen.

Wenn Sie den Tatbestand zum Schluss schreiben und dabei merken, dass Sie eine relevante Tatsache falsch eingeordnet und dadurch Ihrem Fall eine falsche Wendung gegeben haben, dann war es das! Und das passiert schneller, als man denkt. Kennen Sie das »déjà-vu«-Erlebnis beim ersten Durchlesen? Das ist der »Mülleimerfall«, den kenn' ich! Man macht sich übereilt an die Lösung und übersieht dabei vor lauter Freude darüber, dass man den Fall und die Problemstellungen zu kennen glaubt, dass eine Kleinigkeit anders ist, als man meint. Das passiert nicht so leicht, wenn man erst den Tatbestand ausformuliert, weil man dabei gezwungen ist, besser aufzupassen als beim bloßen Lesen oder freudigen Überfliegen.

2. Es beruhigt, schon einen Teil der Aufgabe erledigt zu haben.

17 Wenn Sie bereits den Tatbestand geschrieben haben, werden Sie weitaus beruhigter sein, als wenn Sie noch gar nichts zu Papier gebracht haben. Denn es belastet zusätzlich, bei der rechtlichen Analyse immer im Hinterkopf zu haben, dass man noch den Tatbestand schreiben muss, und dass es vielleicht mit der Zeit eng wird. Es gibt kaum etwas Schlimmeres, als nach drei Stunden noch vor leeren Blättern zu sitzen! Wenn Sie nach der von uns vorgeschlagenen Zeiteinteilung nach etwa 1½ Stunden mit dem Abfassen des Tatbestandes fertig sind, bleiben Ihnen 3½ Stunden für das Erarbeiten der Lösung und das Formulieren des Rubrums, des Tenors und der Entscheidungsgründe. Das ist eine feste Größe, auf die Sie sich einstellen können, wohingegen Sie andernfalls nicht wissen, wann Sie mit den Entscheidungsgründen fertig sind, und wie lange Sie dann noch für das Schreiben des Tatbestandes brauchen.

Die einzige Gefahr besteht darin, dass das Abfassen des Tatbestandes doch länger dauert als vorgesehen und dann zu wenig Zeit für die Entscheidungsgründe verbleibt. Das ist aber kein Grund, von der vorgeschlagenen Reihenfolge abzuweichen. Sie müssen vielmehr durch regelmäßiges Schreiben von Übungsklausuren lernen, mit den Zeitvorgaben zu Recht zu kommen.

II. Reihenfolge der Arbeitsschritte

Diese Vorgehensweise ist besonders ratsam, wenn Sie nach dem ersten Durchlesen Panik befällt. Es ist auffällig, dass Klausuren mit besonders schwachen Lösungen fast immer auch besonders schwache Tatbestände aufweisen. Grund dafür ist, dass die Furcht vor der »Unlösbarkeit« der Klausur so lähmend wirkt, dass nicht einmal mehr die einfachsten Dinge gelingen. Das darf nicht sein! Je schwieriger die Rechtslage ist oder scheint, desto ruhiger und sorgfältiger müssen Sie an die Teile der Klausur herangehen, die von dem Schwierigkeitsgrad der Lösung nicht abhängen. Die Einhaltung der Formalien und ein guter Tatbestand sind bei einer vielleicht schwachen oder gar falschen Lösung die einzige Chance auf den rettenden vierten Punkt! Andernfalls verhalten Sie sich wie der Koch, der aus Angst vor dem Misslingen des Hauptgerichts bereits die Suppe versalzt.

3. Der erste Eindruck ist von besonderer Bedeutung.

Prüfer sind auch »nur« Menschen, und für die ist der erste Eindruck nun einmal besonders wichtig. Wenn Sie diesem Umstand keine Rechnung tragen und Ihr Schwergewicht zu sehr auf die Abfassung der Entscheidungsgründe legen, verkennen Sie einen bedeutenden, die Note maßgeblich beeinflussenden Umstand: Der Prüfer liest Ihre Klausur von vorne nach hinten. Wenn Sie in umgekehrter Reihenfolge vorgegangen sind und wegen des Zeitmangels in der Schlussphase im Tatbestand viele – und seien es kleine – Fehler gemacht haben, werden selbst gute Entscheidungsgründe den ersten Eindruck einer schwachen Arbeit nur unzureichend wettmachen können. Der Prüfer ist am Ende eines schwachen Tatbestandes der Überzeugung, eine insgesamt schwache Arbeit vor sich zu haben!

Sie müssen bei einem richtigen Ergebnis bis zum Ende des Tatbestandes noch im Bereich von 16 bis 18 Punkten liegen. Mit einer Fülle von Flüchtigkeitsfehlern im Rubrum, Tenor und Tatbestand verschenken viele aber schon die ersten sechs bis acht Punkte. Das ist absolut unnötig, weil jeder bis dahin gemachte Fehler auch für nicht überragende Zivilrechtler vermeidbar ist. Gerade diejenigen, deren Stärke nicht auf dem Gebiet des Zivilrechts liegt, müssen die Punkte sammeln, wo sie am einfachsten zu holen sind, und das ist nun einmal im ersten Teil der Arbeit. Punkte, die Sie bis zum Ende des Tatbestandes verschenken, sind für immer weg, und Sie entwerten durch diese Nachlässigkeiten auch noch den Rest Ihrer Arbeit.

Keiner kann sicher sein, stets die richtige Lösung zu finden, aber jeder muss für ein richtiges Rubrum, einen vollständigen und gut formulierten Tenor und einen inhaltlich zutreffenden, gut aufgebauten und sprachlich korrekten Tatbestand garantieren können. Der Weg zu drei Punkten beginnt aber leider schon oft damit, dass z.B. bereits die Parteibezeichnungen nicht zutreffend aufgeführt werden, im Tenor die erforderliche Teilabweisung fehlt, die Kostenquote nicht richtig berechnet ist und bei der vorläufigen Vollstreckbarkeit § 708 Nr. 11 ZPO und § 709 ZPO verwechselt werden. Wer dann noch einen schwach aufgebauten, unvollständigen und sprachlich holprigen Tatbestand abliefert, kommt für zweistellige Ergebnisse schon nicht mehr in Betracht. Eigentlich doch schade, wenn das Ergebnis stimmt und man den »Kracher« hätte landen können.

4. Sie verringern die Gefahr mangelnder Kongruenz von Tatbestand und Entscheidungsgründen.

Mit dieser Überlegung ist nicht die »Carpaccio-Falle« gemeint, denn wenn die zuschnappt, ist ohnehin nichts zu retten. Es geht vielmehr darum, dass Sie zwar alles richtig erfasst, aber in der Hektik der Schlussphase nicht alles richtig in den Tatbestand geschrieben haben. Der sog. Kongruenz, also der Übereinstimmung von Tatbestand und Entscheidungsgründen, haben Sie nur Rechnung getragen,

- wenn in Ihren Entscheidungsgründen keine Tatsache erwähnt wird, die nicht auch schon in Ihrem Tatbestand steht, und
- wenn Sie die Tatsachen in den Entscheidungsgründen auch so verwerten, wie sie sich aus Ihrem Tatbestand ergeben, vor allem streitige als streitig und unstreitige als unstreitig.

B. Klausurtechnik

Mit mangelnder Kongruenz ist hier gemeint, dass der Tatbestand nicht zu den Entscheidungsgründen passt. Es ist ein Fehler, der zum Scheitern der Klausur führen kann, wenn die Lösung auf der Grundlage Ihres Tatbestandes rechtlich nicht haltbar ist, selbst wenn sie objektiv richtig ist.

Ein Beispiel: Sie haben den Fall zwar richtig erfasst und gelöst, aber aus dem Tatbestand, den Sie in Eile in diesem Punkt falsch niedergeschrieben haben, ergibt sich, dass der Beklagte ein Recht zum Besitz hat. Sie sprechen aber die Schadensersatzklage zutreffend aus §§ 989, 990 I BGB zu, weil ja in Wirklichkeit eine Vindikationslage bestand. Nach Ihrem Tatbestand wären diese Vorschriften aber gar nicht anwendbar, sondern die §§ 823 ff. BGB. Was soll der Korrektor von Ihnen halten? Sind Sie ein »Guter«, der nur im Tatbestand einen Flüchtigkeitsfehler gemacht hat, oder ein »Schwacher«, der die Sperrwirkung des EBV nicht kennt? Der Korrektor sieht Ihrer Klausur ja nicht an, dass Sie zunächst die Entscheidungsgründe und dann den Tatbestand geschrieben haben. Er kann deshalb auch Fehler im Tatbestand nicht als Folge der Hektik der letzten Minuten verstehen und verzeihen. Woher soll er denn wissen, dass Sie alles richtig gesehen und nur falsch hingeschrieben haben? Schon beim Durchlesen des Tatbestandes wird er sich fragen, wie Sie wohl zu Ihrem Ergebnis gekommen sind, das auf der Grundlage Ihres Tatbestandes rechtlich gar nicht möglich ist! Ist es da verwunderlich, dass sogar der böse Verdacht aufkommen könnte, Sie hätten die Lösung nur erraten oder aufgeschnappt?

Es ist letztlich auch kein tragfähiges Argument der Verfechter der anderen Reihenfolge, man wisse ja erst nach dem Abfassen der Entscheidungsgründe, was wichtig sei und damit in den Tatbestand gehöre. Wer das anführt, verkennt, dass der Tatbestand nicht allein für die von Ihnen zu treffende Entscheidung geschrieben wird, sondern für den gesamten Rechtsstreit, also auch für die weiteren Instanzen, vgl. § 314 ZPO und § 529 I ZPO. Auch wenn sich der BGH in zwei Entscheidungen aus 2004 zumindest faktisch von der negativen Beweiskraft des Tatbestandes verabschiedet hat, ist das kein Grund, den Tatbestand nur auf Ihre Lösung auszurichten. Die verbreitete Ansicht, der Tatbestand müsse ein Spiegel der Entscheidungsgründe sein, trifft so nicht zu. Jeder Tatbestand muss vollständig sein. Nur der Umfang der Wiedergabe eines Vortrages mag vom Ergebnis abhängen und aus Gründen der Verständlichkeit und der richtigen Gewichtung breiter darzustellen oder durch Verweisungen einzuführen sein (s. Rn. 55). Die ohne Berücksichtigung der Lösung möglichen Schwächen in der Gewichtung sind aber Schönheitsfehler, gemessen an den Nachteilen und Gefahren, die bei der anderen Vorgehensweise bestehen.

Sie können ausnahmsweise die Entscheidungsgründe vor dem Tatbestand schreiben, wenn die Parteien ausschließlich um Rechtsfragen streiten. Dann liegt der Schwerpunkt der Klausur nicht im Erfassen des Sachverhaltes, sondern in seiner rechtlichen Würdigung. In diesen Fällen können Sie den Tatbestand eher vernachlässigen und sich voll auf die Entscheidungsgründe konzentrieren. Bei dem abschließenden Niederschreiben des Tatbestandes können Sie sich dann, wenn die Zeit drängt, mit Verweisungen retten.

Die anderen, oben dargestellten Nachteile und Gefahren dieser Reihenfolge der Arbeitsschritte bleiben aber bestehen. Letztlich müssen Sie ausprobieren, bei welcher Vorgehensweise Sie sich wohler fühlen oder bessere Ergebnisse erzielen.

III. Die Arbeitsschritte im Einzelnen

1. Durchsicht der Vorlage

Lesen Sie den Bearbeitervermerk sorgfältig durch. Sie finden dort ggf. Hinweise auf das anzuwendende Recht, auf Prozessgeschichte, auf besondere Arten der Bearbeitung oder wichtige Daten. Bisweilen werden Ihnen auch Aufgaben wie z.B. Kostenentscheidungen erlassen. **20**

Das Anlegen von Merkzetteln und Zeittafeln ist ein ganz wichtiger Beitrag zum Gelingen einer Klausur. Die Erfahrung als Korrektor von einigen tausend Referendarklausuren hat gezeigt, dass bei Klausuren mit gehobenem Schwierigkeitsgrad auch die Tatbestände immer besonders schlecht ausfallen und andere Fehler sich auffällig häufen. Grund dafür ist nach unserer sicheren Überzeugung, dass die Referendare an die Klausuren falsch herangehen. Davor möchten wir Sie warnen. Wir stellen im Folgenden eine Vorgehensweise dar, die Ihnen vor allem in kritischen Situationen hilft.

Wenn man nur die Vorlage durchliest und versucht, alles auf einmal zu erfassen, wird einem die bevorstehende Aufgabe zwangsläufig gewaltig vorkommen. Man wird zunehmend aufgeregter, weil einem vielleicht der Sachverhalt verwirrend oder die materielle Rechtslage schwierig erscheint. Die Befürchtung, mit der Fülle der Probleme nicht zu Recht zu kommen, wird einen ergreifen und die Kräfte so binden, dass die Leistungsfähigkeit darunter leidet. So weit dürfen Sie es nicht kommen lassen.

Deshalb unser Rat: Beginnen Sie sofort, sich beim Durchlesen der Vorlage Notizen zu machen. Das gibt Ihnen das Gefühl, dass Sie dem Ziel schon etwas näher kommen. Und das ist keine Selbsttäuschung. Gute Merkzettel und Zeittafeln sind ein ganz bedeutender Schritt auf dem Weg zu einer guten Klausur. Die mit dem Beginn des Aufschreibens einkehrende Ruhe wird Sie in die Lage versetzen, Dinge zu sehen, die Ihnen andernfalls vor Aufregung entgehen könnten. Die Konzentration auf das Herausfiltern von Zulässigkeitsaspekten, Fallstricken und Auffälligkeiten verhindert das Aufkommen der Angst vor der materiellen Rechtslage. Um diese Ratschläge richtig umsetzen zu können, müssen Sie sich davon losmachen, die von Ihnen verlangte Aufgabe als eine einheitliche Leistung zu begreifen. Sie müssen die Vorlage in einzelne Abschnitte einteilen und diese mit geschärftem Bewusstsein für Besonderheiten, Fallstricke und anzusprechende Aspekte aufnehmen. Von Ihnen werden nämlich mehrere einzelne Teilleistungen verlangt, von denen Sie ganz sicher einige, und zwar die ersten, fehlerfrei erbringen können. Das sind das Erfassen des Sachverhalts, das Ordnen in streitiges und unstreitiges Vorbringen, das Aussondern von erkennbar Überflüssigem, das Abfassen des Tatbestandes und das Erkennen sowie die Darstellung der Zulässigkeitsaspekte. Das Gelingen dieser Teilleistungen bereiten Sie durch das sorgfältige Anlegen von Merkzetteln vor. Diese Arbeit wird Ihnen im weiteren Verlauf der Bearbeitung Zeit ersparen, weil Sie sich auf Ihre Merkzettel verlassen und die dort angemerkten Stichworte abarbeiten können, ohne immer wieder in die Vorlage schauen und planlos nach Aspekten suchen zu müssen, die Sie übersehen haben könnten. Der sorgfältig erstellte Merkzettel wird alle anzusprechenden Zulässigkeitsaspekte, wichtige Hinweise auf kleine Fallstricke und Lösungsansätze enthalten (vgl. Rn. 83 ff.). Eine Zeittafel wird Ihnen beim Ordnen des Sachverhalts helfen. Wenn Sie diese Aufzeichnungen vor den weiteren Arbeitsschritten, also dem Abfassen des Tatbestandes, dem Erarbeiten der Lösung und der abschließenden Durchsicht, noch einmal durchlesen, können Sie gewährleisten, dass Sie bei der mit Zeitablauf zunehmenden Hektik auch alles bedacht haben, was Ihnen aufgefallen ist. Dadurch verhindern Sie, so wichtige »Kleinigkeiten« wie eine um einen Tag zu hohe Zinsforderung und die daraus resultierende Teilabweisung zu übersehen.

[*Randnotiz: Teile d. Klausur, mit denen JEDER punkten sollte!*]

Sie dürfen bei diesem Arbeitsschritt nicht den Fehler machen, schon bewusst über die mögliche Lösung nachzudenken. Das verleitet zu selektiver Wahrnehmung und lohnt sich erst, wenn die Tatsachengrundlage erarbeitet ist. Die Arbeit, die Sie bei der ersten Durchsicht erledigen, erfordert Ihre volle Konzentration. Lassen Sie sich also nicht ablenken durch Überlegungen zu Arbeitsschritten, die erst später an der Reihe sind!

B. Klausurtechnik

Im Folgenden stellen wir Ihnen eine systematische Vorgehensweise für das Anlegen von Merkzetteln vor, die sich an der ohnehin gebotenen Reihenfolge Ihrer ersten Arbeitsschritte orientiert (s. Rn. 13). Die Fragestellung lautet dabei: Was sagen mir Daten und Auffälligkeiten in dem betreffenden Abschnitt der Vorlage und worauf sollte ich achten?

Bearbeitervermerk

21
- Zustellungsdatum (Rechtshängigkeit und Beginn einer Verzinsung)
- Andere Daten (Wiedereinsetzung, Verspätung, Präklusion, materiell-rechtliche Fristen)
- Besondere Aufgabenstellungen (z.B. Streitwertbeschluss)
- Anweisungen (z.B. bestimmte Vorschriften nicht anzuwenden wie § 313 a ZPO)

Rubrum der Klage

- Anwaltliche Vertretung
- Vollständige Anschriften
- Streitgenossenschaften
- Streitverkündungen
- Örtliche Zuständigkeit, z.B. §§ 12, 13 ZPO oder §§ 17, 21 ZPO
- Parteifähigkeit
- Ordnungsgemäße Vertretung von juristischen Personen

Klägerantrag

- Antragsart (Leistungs-, Feststellungs- oder Gestaltungsantrag)
- Unbezifferter Zahlungsantrag
- Ist der Antrag vollständig, vollstreckungsfähig, auslegungsbedürftig?
- Überflüssige Anträge zu Kosten, Bankbürgschaft und vorläufiger Vollstreckbarkeit?
- Gibt es besondere Vollstreckungsschutzanträge?
- Sachliche Zuständigkeit
- Anfängliche objektive kumulative, echte oder unechte eventuelle Klagenhäufung
- Prozessstandschaft
- Zinsforderung (Prozess- oder Verzugszinsen, Zinsen als Verzugsschaden, Höhe, Zinsbeginn)

Klagebegründung

- Örtliche Zuständigkeit aus der Anspruchsgrundlage, §§ 29, 32 ZPO
- Gerichtsstandsvereinbarung
- Prozessführungsbefugnis
- Keine entgegenstehende Rechtskraft oder anderweitige Rechtshängigkeit
- Allgemeines Rechtsschutzbedürfnis
- Rechtliches Interesse gem. §§ 256 I, 255, 259 ZPO

Beklagtenantrag

- Abweisungsantrag oder Besonderheit (Zug um Zug, Teilanerkenntnis, Vorbehalt)

Klageerwiderung

- Rechtzeitigkeit
- Rügen jeglicher Art
- Einreden und Einwendungen
- Aufrechnungserklärungen
- Widerklage und deren Zulässigkeitsvoraussetzungen
- Grobes Einordnen des Sachvortrags in streitig oder unstreitig

Entgegnung des Klägers

- Klageänderungen (Erledigungserklärung, Teilrücknahme, Sachverhalts- oder Antragsänderungen)
- Neuer Vortrag

III. Die Arbeitsschritte im Einzelnen

Erwiderung des Beklagten
- Reaktion auf evtl. Klageänderungen
- Stellungnahme zu neuem Vortrag des Klägers
- Neuer Vortrag des Beklagten

Terminsprotokoll
- Neuer Vortrag der Parteien
- Reaktion auf neuen Vortrag der anderen Partei im letzten Schriftsatz oder in der mündl. Verhandlung
- Ist rügelos verhandelt worden?
- Angaben zum Streitwert
- Sind die angekündigten Anträge gestellt worden?
- Hat eine Beweisaufnahme stattgefunden?

2. Erfassen des Sachverhalts

Die Arbeit am Sachverhalt ist die Basis einer gelungenen Klausur. Fehler, die hierbei gemacht werden, setzen sich fort und führen häufig zum Scheitern.

Dieser Arbeitsschritt wird nach unseren Erfahrungen häufig nicht ernst genug genommen. Leider ist der Irrglaube weit verbreitet, diesen Teil der Klausur schaffe man mit links. Die Folge dieser Einstellung sind die oben geschilderten Fehler, die den ganzen Rest der Klausur überschatten und zum Scheitern führen können. Es ist doch etwas dran an der alten Weisheit:

Merke: »Tue Leichtes, als sei es schwer, und Schweres, als sei es leicht!«

Also höchste Wachsamkeit beim Durchlesen des Klausurtextes! Dazu gehört auch das genaue Lesen des Verhandlungsprotokolls, weil auch dort nicht selten noch Sachvortrag zu finden ist. Es kann etwa das schwierige Problem des »neuen Vortrags« auftauchen (s. Rn. 42 ff.), und es können bislang streitige Punkte unstreitig werden oder umgekehrt.

Wie unter Rn. 20 bereits ausgeführt, sollten Sie versuchen, den Sachverhalt zu erfassen, ohne sich schon bewusst über die mögliche Lösung Gedanken zu machen. Eine andere Vorgehensweise verleitet zu selektiver Wahrnehmung. Sie verfallen dann möglicherweise einer spontanen Idee oder einem Ihnen bekannten Lösungsansatz, der im Rahmen des tatsächlich zugrunde liegenden Sachverhaltes keine Rolle spielt.

Merke: »Rechtliche Überlegungen anzustellen lohnt sich erst, wenn die Tatsachengrundlage erarbeitet ist.«

Bei einer juristischen Klausur sind Fehler umso schlimmer, je früher sie gemacht werden, weil sie den gesamten Rest der Arbeit beeinflussen und in eine falsche Richtung lenken können. Selbst eine nach einem Fehler, z.B. der falschen Anspruchsgrundlage (§ 823 BGB anstelle von §§ 989, 990 I 1 BGB) oder einem falschen Sachverhaltsteil, perfekt zu Ende geschriebene Arbeit wird i.d.R. nicht »ausreichen«, weil der gute Teil nicht isoliert gewertet wird. Das bedeutet gerade in diesem frühen Stadium der Arbeit, dass das richtige Erfassen des Sachverhalts der wichtigste Teil des Herangehens an eine Klausur ist. Fehler, die Sie hier machen, können den »Fall« und damit die rechtliche Lösung maßgeblich beeinflussen und zum Scheitern führen.

Ihnen wird aufgefallen sein, dass sich die Klausuren für das Assessorexamen von den Universitätsklausuren zumindest in einem Punkt unterscheiden: Während des Studiums hat jemand die Klausuren verfasst, der immer alles wusste. Warum sich wer wann geirrt hat, wer was wollte oder dachte, alles stand stets unverrückbar fest. Die Zeiten sind vorbei! Jetzt werden Sie mit teilweise divergierendem Vortrag überschüttet. Aus der Fülle der Informationen muss das Streitige vom Unstreitigen und das Wichtige vom Unwichtigen getrennt werden, um dann nach dem Abfassen des Tatbestandes den »Fall« erarbeiten zu können. Denn entscheiden kann man – wie im ersten Examen – immer nur einen feststehenden Sachverhalt (s. Rn. 76 ff.).

22

B. Klausurtechnik

3. Abfassen des Tatbestandes

a) Grundsätzliches

23 Als Vorbereitung auf die Aufgabe, einen Tatbestand gut abzufassen, müssen Sie sich das Entstehen von Klausuraufgaben vor Augen führen. Richter schicken aus ihren Dezernaten den Justizprüfungsämtern Akten, die ihnen als Klausuraufgaben geeignet erscheinen. Dort werden sie komprimiert und mit weiteren »Problemen« gespickt. Es werden aber auch Fallen und Stolpersteine eingebaut, die den Prüfern zeigen sollen, ob der Kandidat Ordnungsgeschick, den Blick für das Wesentliche und ein waches Auge hat. Das sind wichtige Tugenden für einen Juristen, und deshalb hat ihr Vorhandensein oder Fehlen zu Recht Einfluss auf die Note. Mit anderen Worten: Je mehr Teile des Klausurtextes Sie bausteinartig in Ihren Tatbestand aufnehmen, desto größer ist die Gefahr, dass Sie eingebaute Fehler mit übernehmen!

Deshalb unser Rat: Sie müssen sich von der Klausuraufgabe so lösen, dass Sie die darin enthaltenen sachlichen Informationen unabhängig von ihrem genauen Wortlaut, unabhängig von der Reihenfolge, in der sie Ihnen dargeboten werden, und unabhängig von der Wertung, die Ihnen vielleicht verführerisch nahe gelegt wird, aufnehmen und zu etwas Neuem umarbeiten, dem an § 313 II ZPO orientierten Tatbestand.

Gehen Sie besonders kritisch an alles heran, was Ihnen in der Klausuraufgabe wie auf einem Präsentierteller angeboten wird. Nur so können Sie vermeiden, hereingelegt zu werden. Es kann sich dabei nämlich ebenso gut um einen nett gemeinten Hinweis wie um eine böse Falle handeln. Sie sollten über diese Hinweise nachdenken, ihnen aber keinesfalls kritiklos folgen. Sie dürfen nur vorgetragenen Tatsachen trauen! Sie müssen vorgehen wie bei einem eigentlich guten, aber schlecht erzählten Witz, den Sie weiter erzählen wollen. Da würden Sie sich ja auch nicht an der schwachen Vorlage orientieren. Sie würden sich das Wichtige merken, die Pointe herausarbeiten, die Fehler und Ungeschicklichkeiten des Erzählers vermeiden und den Witz dann auf Ihre Art präsentieren.

Sie dürfen auch das, was Ihnen Ihr Stationsausbilder zum Abfassen eines Tatbestandes sagt, nicht ungeprüft für Ihre Examensklausuren übernehmen. Es können Welten zwischen dem liegen, was jemand, der seit Jahren seinen eigenen Stil entwickelt hat, für richtig hält und dem, was im Examen von Ihnen erwartet wird.

Was also ist der Tatbestand, der von Ihnen im Examen gefordert wird? Auszugehen ist von § 313 II ZPO. Der Tatbestand ist die geordnete, objektive, seinem wesentlichen Inhalt nach knappe Zusammenstellung des Sach- und Streitstandes per Schluss der mündlichen Verhandlung unter Hervorhebung der Anträge.

Oberstes Gebot ist dabei die Verständlichkeit. Auf § 184 GVG (»Die Gerichtssprache ist deutsch.«) sei an dieser Stelle ausdrücklich hingewiesen. Das heißt zum einen, Sie sollten mit »Juristenlatein« sparsam umgehen! Das Urteil ist in erster Linie für die Parteien, denen mit »clausula rebus sic stantibus« und »teleologischer Reduktion« jedenfalls ohne weitere Erläuterung nicht gedient ist. Zum anderen meint § 184 GVG gutes, grammatikalisch richtiges und sprachlich sowie orthographisch einwandfreies Deutsch, auch wenn »deutsch« in § 184 GVG noch klein geschrieben steht.

Die Tempi des Tatbestandes sind auch grds. durch die Praxis festgelegt (Beispiel Rn. 90). Sie lauten:

– Einleitungssatz: Präsens
– Unstreitiges: Imperfekt
– Streitiger Klägervortrag: Einleitung Präsens, danach indirekte Rede im Perfekt
– Überholte Anträge und antragsbezogene Prozessgeschichte: Perfekt
– Gestellte Anträge: Präsens
– Streitiger Beklagtenvortrag: Einleitung Präsens, danach indirekte Rede im Perfekt
– Prozessgeschichte: Perfekt

III. Die Arbeitsschritte im Einzelnen

Nicht nur guter Urteilsstil ist wichtig, auch ein sprachlich und stilistisch guter Tatbestand beeinflusst die Note, und sei es durch die Spätwirkungen des ersten Eindrucks. Eine gestelzte Ausdrucksweise, unnötige Wiederholungen, Rechtschreib- und Grammatikfehler werten Ihre Arbeit ab. Dieser Teil der Klausur muss für Sie die »Pflicht« sein, der die »Kür« in Form der Entscheidungsgründe folgt. Da dürfen keine Fehler gemacht werden! Sie müssen die Chance nutzen, den Prüfer bis zum Ende des Tatbestandes so für sich einzunehmen, dass ihm jeder Ihrer Fehler in den Entscheidungsgründen leid tut, weil er gehofft hatte, endlich eine außergewöhnlich gute Arbeit korrigieren zu dürfen.

Leider erreichen die meisten genau das Gegenteil. Sie bringen den gutmütigsten und wohlwollendsten Prüfer schon mit den ersten paar Sätzen des Tatbestandes so auf die Palme, dass er anschließend jede kleine Ungenauigkeit und erst recht jeden Fehler als willkommene Bestätigung seiner Anscheinsvermutung begrüßt, nach der der Bearbeiter keine Ahnung hat. Diesen schlechten Eindruck kann man übrigens noch wesentlich verstärken durch eine nahezu unleserliche Schrift und mindestens zwei Verweisungen pro Seite wie »jetzt weiter Rs. Bl. 4« oder »hier einschieben 3. Abs. Bl. 7«.

Zur Verständlichkeit gehört auch ein einleitender Satz. Sinn dieser Einleitung ist es, den Leser in die Lage zu versetzen, sich gedanklich auf das Rechtsgebiet und die voraussichtlichen Rechtsfragen einzustellen. Die Einleitung muss den Streit der Parteien so treffend wie möglich bezeichnen. Je eindimensionaler der Streit ist – ein Klageantrag, ein Streitpunkt – desto präziser ist die Einleitung zu formulieren: **24**

- »*Die Parteien streiten um eine restliche Werklohnforderung.*«
- »*Der Kläger begehrt die Rückzahlung eines Darlehens.*«

Je komplexer der Streit ist, z.B. mehrere Anträge, eine Aufrechnung des Beklagten oder eine Widerklage, desto umfassender oder pauschaler muss der Einleitungssatz sein:

- »*Die Parteien streiten um Ansprüche aus einem Verkehrsunfall.*«
- »*Die Parteien streiten um Erfüllung oder Rückabwicklung eines Vertragsverhältnisses.*«
- »*Der Kläger verlangt vom Beklagten Schadensersatz, der Beklagte begehrt widerklagend die Unterlassung bestimmter Äußerungen des Klägers.*«

Sie müssen sich jedoch davor hüten,

- **die Anträge vorwegzunehmen,**
- **den Streit zu begrenzt oder völlig nichts sagend darzustellen oder**
- **bereits Tatsachen vorwegzunehmen, die für die Einführung nicht erforderlich sind.**

Also bitte nicht:

»Der Kläger begehrt die Zahlung von 2.500,– € nebst 8,26% Zinsen seit dem 2.3.2002.« Das ist der Antrag. Richtig wäre: »*Der Kläger verlangt Schadensersatz wegen der Beschädigung seines . . . .*«

Folgende Einleitung ist überfrachtet:

»Der Kläger begehrt Zahlung von 7.684,52 € aus einem am 1.1.2000 mit dem Beklagten abgeschlossenen Kaufvertrag, den der Beklagte wegen – insoweit streitig – Irrtums am 13.2.2002 angefochten hat.« Es muss schlicht heißen: »*Die Parteien streiten um eine Kaufpreisforderung.*«

Zu nichts sagend wäre z.B.: »Die Parteien streiten um eine Forderung.«

Bei vollständigen einseitigen Erledigungserklärungen muss Ihr Einleitungssatz erkennen lassen, dass es nicht mehr um den ursprünglichen Streit geht, sondern um die Frage der Erledigung.

- »*Die Parteien streiten darum, ob sich der Rechtsstreit wegen Schadensersatzes aus einem Verkehrsunfall in der Hauptsache erledigt hat.*«

Bei einseitigen Teilerledigungserklärungen könnte Ihr Einleitungssatz z.B. lauten:

- »*Die Parteien streiten um restlichen Schadensersatz aus einem Verkehrsunfall sowie darum, ob sich der Rechtsstreit in der Hauptsache teilweise erledigt hat.*«

B. Klausurtechnik

Nun zu den einzelnen Kriterien des § 313 II ZPO:

b) Geordnete Darstellung

25 aa) Grundsätzliches Unter »geordnet« versteht man, dass der Sachverhalt sinnvoll und verständlich aufzubauen ist, d.h. in der Regel historisch, also in der zeitlichen Abfolge, in der sich die Ereignisse zugetragen haben. Zuerst kam das, dann geschah das, usw. Wenn Sie in Klausurtexten lesen, »Zuvor hatte bereits...«, oder »Vorangegangen war...«, sind das nichts weiter als Stolpersteine, die eingebaut worden sind, um zu sehen, ob Sie den Sachverhalt sinnvoll ordnen können. Dies ist eine der Aufgaben, die sich Ihnen im Examen stellt, und die von vielen nicht ernst genug genommen wird. Deshalb hüten Sie sich davor, ganze Absätze abzuschreiben, nur weil der Beklagte sagt, »der Vortrag des Klägers bis einschließlich Blatt 3 Mitte wird unstreitig gestellt«. Das bedeutet nicht, dass Sie den ggf. völlig abartig aufgebauten, sprachlich schwachen oder wertenden klägerischen Vortrag mit all seinen Fehlern in Ihren Tatbestand übernehmen dürfen. Wer aus Angst, beim Umgestalten etwas falsch zu machen, an der Vorlage klebt, muss damit rechnen, die eingebauten Fehler und Schwächen zu übernehmen (s. Rn. 23).

Nummerierungen der einzelnen Teile des Tatbestandes sind unüblich und sollten unterbleiben.

Das Gebot der »geordneten« Darstellung steht natürlich unter dem obersten aller Grundsätze für das Abfassen eines Tatbestandes, der Verständlichkeit. Aus Gründen der Verständlichkeit kann es deshalb ausnahmsweise geboten sein, die historische Darstellung zugunsten einer verständlicheren zu durchbrechen und Geschehnisse, die zusammen gehören, auch zusammenhängend darzustellen.

Zum Thema gehören hier auch sog. Repliken. Dazu sollten Sie den folgenden Rat beachten: **Repliken sollten Sie im Normalfall tunlichst vermeiden.** Der Umstand allein, dass der Kläger auf die Klageerwiderung seinerseits erwidert, macht diesen Vortrag nicht zur Replik. In der Regel sind derartige Erwiderungen nichts anderes als Ergänzungen des bisherigen Vortrages, die zusammenhängend im streitigen Klägervorbringen aufzuführen sind.

Merke: Behauptungen des Klägers sind nur dann als Replik darzustellen, wenn sie ohne vorherige Kenntnis des Beklagtenvorbringens unverständlich sind!

Damit beschränkt sich der Einsatz von Repliken im Wesentlichen auf Behauptungen des Klägers zu

- rechtshindernden, -vernichtenden, -hemmenden Einreden und Einwendungen des Beklagten
- Primär- oder Hilfsaufrechnungen und
- Werklohnklagen (zum Aufbau von Werklohnklagen s. Rn. 51).

Prüfen Sie also, bevor Sie Behauptungen des Klägers als Replik darstellen wollen, ob dies aus Gründen der Verständlichkeit bei einer dieser Konstellationen wirklich geboten ist. Es ist grds. immer falsch, Rechtsmeinungen des Klägers als Replik darzustellen. Gleiches gilt erst recht für Dupliken.

26 Bei Klagen gegen einfache Streitgenossen sollten Sie den Tatbestand grds. getrennt darstellen. Nur wenn der Sachverhalt völlig identisch ist, können Sie ihn zusammenfassen. Bei Klageänderungen wegen neuen Vortrags müssen Sie grds. auch den ursprünglichen Vortrag der Partei darstellen.

27 Der Tatbestand wird im Normalfall wie folgt aufgebaut:

- Einleitungssatz
- Unstreitiges
- Streitiges Klägervorbringen
- Antragsbezogene Prozessgeschichte
- Anträge
- Streitiges Beklagtenvorbringen
- Übrige Prozessgeschichte (z.B. Beweiserhebungen und Zustellungsdaten)

Dieses Schema gilt grds. auch für Klagen mit Haupt- und Hilfsanträgen.

bb) Klagenhäufungen Bei Klagenhäufungen hängt der Aufbau des Tatbestandes davon ab, ob **28** den Anträgen derselbe Lebenssachverhalt zugrunde liegt – dann ergeben sich keine Besonderheiten im Aufbau –, oder ob die Anträge auf verschiedenen Sachverhalten beruhen. Bei kumulativen Klagenhäufungen mit verschiedenen Sachverhalten kann es ratsam sein, zu den einzelnen Sachverhalten zunächst das Unstreitige zu Sachverhalt 1, dann das dazu gehörende streitige Klägervorbringen, dann das Unstreitige zu Sachverhalt 2 und das dazugehörigen streitige Klägervorbringen usw. darzustellen. Nach den Anträgen fahren Sie dann mit dem streitigen Beklagtenvorbringen zu den einzelnen Sachverhalten fort.

Eventuelle Klagenhäufungen werden in der Regel auf einem einheitlichen Sachverhalt beruhen, bei dem der Kläger z.B. Vertragserfüllung oder hilfsweise Rückabwicklung verlangt. Dann ergeben sich für den Aufbau des Tatbestandes keine Besonderheiten.

cc) Tatbestand bei Einspruch gegen ein Versäumnisurteil
- **Einleitungssatz** **29**
- Unstreitiges
- Streitiges Klägervorbringen
- Prozessgeschichte zum Zustandekommen des Versäumnisurteils
  - Ursprünglicher Sachantrag des Klägers mit Antrag nach § 331 III ZPO
  - Zustellungsdaten und Fristen gem. § 276 ZPO
  - Datum des antragsgemäß erlassenen Versäumnisurteils
  - Datum der Zustellung an den Beklagten und an den Kläger
  - Daten des Einspruchs und des Eingangs bei Gericht
- Anträge (Kläger: VU aufrechterhalten / Beklagter in der Regel: VU aufheben und Klage abweisen)
- Streitiges Beklagtenvorbringen
- Ggf. Replik des Klägers
- Prozessgeschichte im Übrigen (z.B. Beweiserhebungen und Zustellungsdaten)

Der ursprüngliche Sachantrag des Klägers ist überflüssig, wenn Sie den Tenor des antragsgemäß ergangenen Versäumnisurteils mitteilen.

Nach dem streitigen Klägervorbringen schreiben Sie z.B.:

»Die Klage ist dem Beklagten am ... zugestellt worden mit der Aufforderung, binnen zwei Wochen nach Zustellung seine Verteidigungsbereitschaft anzuzeigen. Nach Ablauf der Frist hat das Amtsgericht Lübeck den Beklagten mit Versäumnisurteil vom ... antragsgemäß zur Zahlung von ... nebst Zinsen i.H.v. ... verurteilt. Gegen dieses Versäumnisurteil, dem Kläger am ... und dem Beklagten am ... zugestellt, hat der Beklagte mit Schriftsatz vom ..., eingegangen bei Gericht am ..., Einspruch eingelegt.

Der Kläger beantragt nunmehr,

das Versäumnisurteil vom ... aufrecht zu erhalten.

Der Beklagte beantragt,

das Versäumnisurteil vom ... aufzuheben und die Klage abzuweisen.«

Bei einem Einspruch gegen einen Vollstreckungsbescheid ist der Aufbau identisch.

dd) Tatbestand bei einseitigen Erledigungserklärungen

30
- Einleitungssatz
- Unstreitiges
- Streitiges Klägervorbringen
- Prozessgeschichte zum Verständnis des geänderten Antrags (im Perfekt!)
  - Angekündigter oder zunächst gestellter Antrag des Klägers
  - Das vom Kläger als »erledigendes Ereignis« angesehene Ereignis (z.B. Aufrechnung) mit Daten
- Geänderter Antrag des Klägers:
  - Bei vollständiger Erledigung stellt der Kläger i.d.R. keinen echten Antrag. Es muss dann lauten: *»Der Kläger erklärt den Rechtsstreit in der Hauptsache für erledigt.«*
  - Bei Teilerledigung: Reduzierter Antrag und Teilerledigungserklärung (vgl. auch Rn. 438 ff.)
- Klageabweisungsantrag des Beklagten
- Widerspruch gegen die Erledigung und das weitere streitige Beklagtenvorbringen (ggf. auch zum erledigenden Ereignis)
- Ggf. Replik des Klägers
- Prozessgeschichte im Übrigen (z.B. Beweiserhebungen und Zustellungsdaten)

ee) Tatbestand bei übereinstimmenden Teilerledigungserklärungen

31
- Einleitungssatz
- Unstreitiges
- Streitiges Klägervorbringen
- Prozessgeschichte zum Verständnis des geänderten Antrags (im Perfekt!)
  - Angekündigter oder zunächst gestellter Antrag des Klägers
  - Das von beiden Parteien als »erledigendes Ereignis« empfundene Geschehen, (z.B. Aufrechnung oder Teilzahlung)
  - Teilerledigungserklärung des Klägers
- Anträge (geänderter Antrag des Klägers und in der Regel Klageabweisungsantrag)
- Streitiges Beklagtenvorbringen
- Ggf. Replik des Klägers
- Prozessgeschichte im Übrigen (z.B. Beweiserhebungen und Zustellungsdaten)

32 ff) Primäraufrechnungen Da Aufrechnungen zu den Verteidigungsmitteln des Beklagten gehören, sind sie auch im Rahmen seiner Verteidigung, also im streitigen Beklagtenvorbringen, darzustellen. Sie müssen zwei Tatbestände hintereinander schreiben, von denen der zweite lediglich keine Anträge enthält. Das Aufbauschema ist bei Primär- und Hilfsaufrechnungen identisch. Der inhaltliche Unterschied besteht lediglich darin, dass es bei Primäraufrechnungen grds. kein streitiges Klägervorbringen gibt. Eine Primäraufrechnung liegt ja nur vor, wenn der Beklagte das tatsächliche Vorbringen des Klägers nicht bestreitet, andernfalls hat er eine Hilfsaufrechnung erklärt. Eine Einschränkung wird nur bei Streit um materielle Nebenforderungen des Klägers gemacht. Eine Primäraufrechnung liegt bei ansonsten unstreitigem Sachverhalt zur Klage auch dann vor, wenn z.B. die Höhe der geltend gemachten Verzugszinsen streitig ist.

Wenn der Beklagte das tatsächliche Vorbringen des Klägers nicht bestreitet, es aber rechtlich anders wertet, sich mit dieser Ansicht in erster Linie zur Wehr setzt und erklärt, er rechne »hilfsweise« oder »vorsorglich« mit einer Gegenforderung auf, dürfen Sie darauf nicht hereinfallen! Eine Aufrechnung wird nicht dadurch zur Hilfsaufrechnung, dass der Beklagte sie irrig so bezeichnet. In diesen Fällen handelt es sich um eine »versteckte« Primäraufrechnung, weil rechtliche Wertungen kein Verteidigungsvorbringen in der Sache sind, was für eine Hilfsaufrechnung erforderlich ist.

III. Die Arbeitsschritte im Einzelnen

Achten Sie auf die richtigen Begriffe! Die Klageforderung heißt Aufrechnungsforderung, die Forderung des Beklagten, mit der er die Aufrechnung erklärt, heißt Gegenforderung. Das Aufbauschema lautet:

- Einleitungssatz
- Unstreitiges zur Klageforderung
- Ggf. Streitiges Klägervorbringen zu seinen Nebenforderungen
- Ggf. Prozessgeschichte zum Verständnis der Anträge
- Anträge
- Ggf. qualifiziert bestrittener Vortrag des Beklagten zu den Nebenforderungen des Klägers
- Überleitungssatz zur Aufrechnung
- Unstreitiges zur Gegenforderung des Beklagten
- Streitiges Beklagtenvorbringen zur Gegenforderung
- Streitiges Klägervorbringen zur Gegenforderung
- Prozessgeschichte im Übrigen (z.B. Beweiserhebungen und Zustellungsdaten)

gg) Hilfsaufrechnungen

- Einleitungssatz
- Unstreitiges zur Klageforderung
- Streitiges Klägervorbringen zur Klageforderung
- Ggf. Prozessgeschichte zum Verständnis der Anträge
- Anträge
- Streitiges Beklagtenvorbringen zur Klageforderung
- Ggf. Replik des Klägers
- Überleitungssatz zur Hilfsaufrechnung
- Unstreitiges zur Gegenforderung
- Streitiges Beklagtenvorbringen zur Gegenforderung
- Streitiges Klägervorbringen zur Gegenforderung
- Ggf. Replik des Beklagten
- Prozessgeschichte im Übrigen (z.B. Beweiserhebungen und Zustellungsdaten)

hh) Klage mit Hilfsaufrechnung und Hilfswiderklage Das sind Fälle, in denen der Beklagte seine Gegenforderung für den Fall des Scheiterns der Klage aus anderen Gründen, ohne dass seine Aufrechnung zum Zuge kommt, widerklagend geltend macht.

- Einleitungssatz
- Unstreitiges zur Klage
- Streitiges Klägervorbringen zur Klage
- Ggf. Prozessgeschichte zum Verständnis der Anträge
- Anträge zur Klage
- Streitiges Beklagtenvorbringen zur Klage
- Ggf. Replik des Klägers und Überleitungssatz zur Hilfsaufrechnung
- Unstreitiges zur Gegenforderung
- Streitiges Beklagtenvorbringen zur Gegenforderung
- Streitiges Klägervorbringen zur Gegenforderung
- Ggf. Replik des Beklagten
- Überleitung zur Hilfswiderklage (mit Bezugnahme auf den identischen Vortrag zur Hilfsaufrechnung)
- Anträge zur Hilfswiderklage
- Prozessgeschichte im Übrigen (z.B. Beweiserhebungen und Zustellungsdaten)

B. Klausurtechnik

35 ii) Klage mit Hilfsaufrechnung, Widerklage und Hilfswiderklage Wenn die Gegenforderung höher ist als die Klageforderung, kann der Beklagte seine Forderung in Höhe der Klageforderung im Wege der Hilfswiderklage und den die Klageforderung übersteigenden Betrag zusätzlich mit einer unbedingten Widerklage geltend machen.

Die Bedingung für die Hilfswiderklage ist, dass die Klageforderung bereits scheitert, ohne dass die Aufrechnung zum Zuge kommt. Der Aufbau ist identisch mit dem unter Rn. 34 dargestellten.

36 jj) Widerklagen mit einheitlichem Lebenssachverhalt von Klage und Widerklage Das sind Fälle, in denen Kläger und Beklagter ihre Ansprüche aus demselben Ereignis herleiten. Wenn z.B. beide Parteien Schadensersatz aus demselben Verkehrsunfall begehren, Schadensersatz aus derselben Rauferei geltend machen oder der Kläger Erfüllung und der Beklagte Schadensersatz aus demselben Vertragsverhältnis verlangen, sollten Sie den Tatbestand wie im Normalfall aufbauen. Der einzige Unterschied besteht darin, dass Sie statt der sonst üblichen zwei Anträge vier anführen müssen:

- Einleitungssatz zum Ziel der Klage und der Widerklage
- Unstreitiges zur Klage und Widerklage
- Streitiges Klägervorbringen zur Klage und Widerklage
- Ggf. Prozessgeschichte zum Verständnis der Anträge
- Anträge
  - Klageantrag
  - Antrag des Beklagten zur Klage
  - Widerklageantrag
  - Antrag des Klägers zur Widerklage
- Streitiges Beklagtenvorbringen zur Klage und Widerklage
- Ggf. Replik des Klägers
- Prozessgeschichte im Übrigen (z.B. Beweiserhebungen und Zustellungsdaten)

Bei sog. petitorischen Widerklagen bietet sich dieser Aufbau auch an, da der gesamte Sachverhalt letztlich Klage und Widerklage gleichermaßen betrifft. Zu den weiteren Besonderheiten der petitorischen Widerklage s. Rn. 269, 462, 477.

37 kk) Widerklagen mit verschiedenen Lebenssachverhalten von Klage und Widerklage Wenn Klage und Widerklage nicht auf demselben Lebenssachverhalt basieren, sondern nur zusammenhängen (zur Konnexität s. Rn. 453 ff.) oder nicht einmal das (Rn. 457), müssen Sie zwei »normale« Tatbestände hintereinander schreiben, verbunden durch einen Überleitungssatz:

- Einleitungssatz zur Klage und Widerklage
- Unstreitiges zur Klage
- Streitiges Klägervorbringen zur Klage
- Ggf. Prozessgeschichte zum Verständnis der Anträge zur Klage
- Anträge zur Klage
  - Klageantrag
  - Antrag des Beklagten zur Klage
- Streitiges Beklagtenvorbringen zur Klage
- Ggf. Replik des Klägers
- Überleitender Einleitungssatz zur Widerklage
- Unstreitiges zur Widerklage
- Streitiges Beklagtenvorbringen zur Widerklage
- Ggf. Prozessgeschichte zum Verständnis der Anträge zur Widerklage
- Anträge zur Widerklage
  - Widerklageantrag des Beklagten
  - Antrag des Klägers zur Widerklage
- Streitiges Klägervorbringen zur Widerklage
- Ggf. Replik des Beklagten
- Prozessgeschichte im Übrigen (z.B. Beweiserhebungen und Zustellungsdaten)

c) Objektive Darstellung

Die Darstellung muss objektiv sein. Das bedeutet, Sie müssen jede Wertung vermeiden. Das ist **38** nicht so einfach, wie man meinen sollte, weil in Examensklausuren Rechtsmeinungen und Tatsachenvortrag häufig geschickt vermengt und Fehler durch ein »Kleben« an der Vorlage in den Tatbestand übernommen werden (Rn. 23, 25).

Grundsätzlich gilt, dass Rechtsbegriffe im Tatbestand nichts zu suchen haben. Eine Ausnahme bilden allgemein gültige und gebräuchliche Begriffe wie Kaufvertrag, Darlehen oder Mietvertrag. Diese sog. Rechtstatsachen dürfen Sie übernehmen, wenn Ihrer Einschätzung nach der Begriff von den Parteien zutreffend verwandt worden ist. Es versteht sich von selbst, dass Sie im Tatbestand nicht schreiben dürfen, »die Parteien schlossen einen Kaufvertrag«, wenn Sie das Zustandekommen eines Kaufvertrages in den Entscheidungsgründen verneinen oder darlegen, dass ein anderer Vertragstyp vorliegt.

Sie dürfen sich nicht dadurch verwirren lassen, dass die Parteien einen Rechtsbegriff übereinstimmend verwenden oder dass sich eine Partei zu rechtlichen Ausführungen des Gegners nicht äußert. Sie müssen bedenken, dass die Parteien das Gericht ohnehin nur auf der Tatsachenebene, nicht aber bei der Rechtsanwendung binden können. Deshalb müssen Sie alles, was rechtlicher Natur ist, selbst durchdenken und zutreffend einordnen.

Wenn die Parteien Rechtsbegriffe verwenden, die nur Rückschlüsse aus vorgetragenen Tatsachen sind, dürfen Sie nicht mehr als die behauptete oder unstreitige Tatsache wiedergeben, der rechtliche Schluss daraus gehört in die Entscheidungsgründe.

Klassisches Beispiel ist, dass der Kläger bei einem Kaufvertrag mit vereinbartem Eigentumsvorbehalt die Herausgabe der Sache fordert und dies in der Klage als Rücktritt bezeichnet wird. Der Tatbestand soll nur darlegen, was geschehen ist, also dass der Kläger die Herausgabe gefordert hat. Die rechtliche Einordnung diese Verlangens als Rücktritt gehört nicht in den Tatbestand, sondern, sofern sie zutrifft, in die Entscheidungsgründe. Gleiches gilt für »ernsthafte und endgültige Erfüllungsverweigerung«, »er geriet in Verzug« oder »er focht an«. Es muss heißen *»er erklärte, er trete zurück«*, *»er zahlte auch nach mehreren Aufforderungen nicht«*, *»er wurde am ... aufgefordert, zu zahlen«* oder *»er erklärte die Anfechtung«*.

Die Übernahme von rechtlichen Wertungen kann übrigens weit mehr als nur ein Schönheitsfehler im Tatbestand sein. Wenn der Rechtsbegriff falsch verwandt wird, leitet Sie die kritiklose Übernahme in die Irre.

Hier drei mahnende Beispiele:

- Wenn der Beklagte gegenüber einem Zahlungsanspruch wegen eines eigenen bezifferten Geldanspruches ein »Zurückbehaltungsrecht« geltend macht, ist das eine Aufrechnung.
- Wenn der Beklagte ohne weiteren Vortrag als Kaufmann bezeichnet wird, hat der Kläger nur eine Rechtsansicht geäußert, die Sie nicht bindet. Denn wer Kaufmann ist, bestimmt nicht der Kläger, es folgt ausschließlich aus den Vorschriften des HGB auf der Grundlage des Tatsachenvortrages.
- Wenn Parteien über Probleme streiten, die nur bei Annahme eines Werkvertrages relevant sind, kann gleichwohl Kauf- oder Dienstvertragsrecht mit völlig anderen Problemen anwendbar sein. Wer da ungeprüft von einem Werkvertrag ausgeht, kann schon auf der falschen Fährte sein.

d) Sach- und Streitstand

aa) Grundsätzliches Mit Sach- und Streitstand ist die Darstellung von Unstreitigem (Sach- **39** stand) und Streitigem (Streitstand) gemeint, die grds. voneinander getrennt zu erfolgen hat.

Der Tatbestand beginnt normalerweise nach dem Einleitungssatz mit dem Unstreitigen, gefolgt von dem streitigen Klägervorbringen, den Anträgen und dem streitigen Beklagtenvorbringen (Rn. 28). Sinn und Zweck ist die Verständlichkeit. Der Leser soll schnell erfassen, was feststeht und worum gestritten wird.

Eine Einschränkung von der grundsätzlichen Verpflichtung zur peniblen Trennung von Streitigem und Unstreitigem ist angebracht, wenn es der Verständlichkeit dient. Wenn z.B. Tatsachen, die eine Vereinbarung der Parteien betreffen, streitig sind, nur das Datum des Zusammentreffens selbst nicht, kann es sich anbieten, dies alles im streitigen Vortrag wie folgt darzustellen:

»Der Kläger behauptet, die Parteien hätten sich bei ihrem unstreitig am 1.1.2002 stattgefundenen Treffen darauf geeinigt, ...«

Ebenso gibt es Fälle, in denen aus Gründen der Verständlichkeit schon im Unstreitigen ein Hinweis auf einen wichtigen streitigen Punkt erfolgen kann:

»Die Möbel sind im Januar 2002 aufgestellt worden. Das Lieferdatum ist indes streitig.«

Sie sollten aber mit diesem »Stilmittel« sparsam umgehen, um sich nicht dem Vorwurf auszusetzen, Sie hätten Streitiges und Unstreitiges nicht deutlich genug voneinander getrennt.

40 Auch die Einordnung von Einreden und Einwendungen sollten Sie davon abhängig machen, ob die Tatsachen, die jeweils dazu gehören, streitig oder unstreitig sind. Es dient sicher nicht der Verständlichkeit, wenn Sie im Unstreitigen schreiben: »Der Beklagte hat die Einrede der Verjährung erhoben« und Sie die dazu behaupteten Tatsachen erst Seiten später im streitigen Beklagtenvortrag bringen können. In derartigen Fällen ist es vorzuziehen, im Unstreitigen die inhaltlich streitige Frage der Verjährung ganz wegzulassen und erst im Beklagtenvortrag zu schreiben:

»Der Beklagte beruft sich auf Verjährung. Dazu behauptet er, ...«

Die Formulierung »beruft« stellt durch den Modus schon klar, dass das Erheben der Einrede unstreitig ist.

Das Gegenargument, die Tatsache, dass sich der Beklagte auf Verjährung berufen habe, sei doch aber unstreitig, überzeugt nicht. Die Trennung von Unstreitigem und Streitigem hat stets danach zu erfolgen, worum der Streit der Parteien inhaltlich geht. Andernfalls müsste man auch die Tatsache, dass der Beklagte gewisse streitige Behauptungen aufgestellt hat, ins Unstreitige aufnehmen, weil das Aufstellen der streitigen Behauptungen auch unstreitig ist.

Wenn sich die Parteien hinsichtlich der Einreden oder Einwendungen des Beklagten nur um Rechtsfragen streiten, gehört der gesamte Komplex in den Sachstand. Streiten sie sich aber schon um die Tatsachengrundlagen, gehört er in das streitige Vorbringen des Beklagten.

Merke: Machen Sie die Einordnung von Einreden und Einwendungen ins Streitige oder Unstreitige davon abhängig, ob die dazu gehörenden Tatsachen streitig oder unstreitig sind!

Sie müssen aus denselben Gründen auch aufpassen, aus der in den Prozess eingeführten Vorkorrespondenz nichts im Unstreitigen darzustellen, was inhaltlich streitig ist. Wenn z.B. ein Mahnschreiben des Klägers neben der Zahlungsaufforderung bis zu einem bestimmten Termin streitige Behauptungen enthält, dürfen Sie im unstreitigen Teil Ihres Tatbestandes, sofern dies von Bedeutung ist, nur erwähnen, dass und unter welchem Datum der Kläger dieses Schreiben an den Beklagten gesandt hat, wann es zugegangen ist und welche Frist der Kläger dem Beklagten ggf. gesetzt hat. Der übrige in der Sache streitige Inhalt des Schreibens gehört auf jeden Fall in den streitigen Klägervortrag.

Da jeder Prozess eine Vorgeschichte hat und der Kläger deshalb in der Regel schon weiß, wie der Beklagte sich verteidigt, enthalten die meisten Klagen vorweggenommenen Vortrag des Beklagten. Sofern diese Tatsachen im Prozess streitig sind, gehören sie ins streitige Beklagtenvorbringen. Nur wenn der unstreitige Umstand, dass inhaltlich streitige Tatsachen bereits zu einem gewissen Zeitpunkt vor Prozessbeginn geltend gemacht worden sind, von Bedeutung ist, gehört er entweder ins Unstreitige oder als unstreitig gekennzeichnet in den jeweiligen streitigen Teil (zur richtigen Einordnung vgl. Rn. 47). Häufige Fälle sind vorprozessuale Äußerungen zu Mängelrügen, zu einer Leistungsverweigerung oder als Indiz für die Besorgnis künftiger Nichterfüllung. Hier ein Beispiel:

III. Die Arbeitsschritte im Einzelnen

> **Fall:** Die Parteien streiten um die Mangelhaftigkeit einer gemauerten Wand. Unstreitig hat der Beklagte mit einem vorprozessualen Schreiben eine Mängelrüge erhoben.

Wenn die Tatsache der Existenz und des Zugangs dieses Schreibens nicht erheblich ist, gehören die bestrittenen Mängel ausschließlich in den streitigen Beklagtenvortrag. Die Tatsache, dass es ein Schreiben gibt, bleibt unerwähnt, weil sie irrelevant ist.

Wenn das Schreiben aber z.B. eine Frist in Gang gesetzt hat oder sein Zugang für die Rechtzeitigkeit der Mängelrüge von Bedeutung war, muss es entweder im unstreitigen Teil erwähnt werden oder wie folgt im streitigen Beklagtenvortrag erscheinen:

»*Der Beklagte behauptet, die Wand sei nicht ordentlich verfugt. Dies hat er – was zwischen den Parteien unstreitig ist – dem Kläger bereits mit Schreiben vom 1.1.2002 mitgeteilt. Zudem sei ...*«

Merke: Im Zweifel ist es sicherer, Streitiges von Unstreitigem strikt zu trennen.

bb) Das Unstreitige Zum Unstreitigen gehören gem. § 138 ZPO alle Tatsachen, **41**
- die die Parteien übereinstimmend vortragen,
- die die jeweils andere Partei zugesteht,
- die die jeweils andere Partei nicht bestreitet sowie
- aufgegebenes, zuvor streitiges Vorbringen.

Nach der Durchführung von Beweisaufnahmen oder der Vorlage von Urkunden durch den Gegner müssen Sie stets prüfen, ob bislang streitiges Vorbringen aufrechterhalten wird.

Bei Beweisaufnahmen ist dies im Zweifel anzunehmen. Auch wenn das Protokoll nach einer Beweisaufnahme nichts über die Reaktion der Parteien sagt, sollten Sie davon ausgehen, dass die bestrittene Tatsache weiterhin streitig geblieben ist, weil im Examen von Ihnen sicherlich eine Beweisauswertung erwartet wird, die andernfalls ja überflüssig wäre (s. dazu Rn. 282 ff.).

Bei der Vorlage von Urkunden zu einer bis dahin streitigen Behauptung wird eine Aufgabe der bisherigen Position nahe liegen. Dies ist vor allem dann anzunehmen, wenn der Inhalt der Urkunde eindeutig ist und keine Partei auf der davon abweichenden Behauptung beharrt.

Schwierigkeiten bereitet bisweilen das Vorbringen einer Partei, auf das die Gegenseite nicht **42** oder nicht mehr

eingeht. Dabei kann nämlich im Rahmen von § 138 III ZPO die schwierige Frage auftauchen,
- ob das unbeantwortet gebliebene Vorbringen durch Schweigen als zugestanden anzusehen und damit unstreitig ist oder
- ob es streitig ist, weil die Absicht, die Tatsache bestreiten zu wollen, aus den bisherigen Erklärungen hervorgeht.

Das Problem kommt häufig bei Schweigen auf den letzten Schriftsatz des Gegners oder auf Vortrag in der mündlichen Verhandlung vor. Sie müssen in diesen Fällen Folgendes bedenken:

- Liegt wirklich »neues« Vorbringen vor?
- Ist es prozessual zu berücksichtigen?
- Ist das neue Vorbringen entscheidungserheblich?
- Reicht das bisherige Vorbringen der anderen Partei aus, um das neue Vorbringen i.S.v. § 138 III ZPO als antizipiert bestritten anzusehen?

Die Lösung des Problems ist vor allem dann nicht einfach, wenn Sie sich nicht ganz sicher sind und der Rechtsstreit durch die Einordnung der Tatsache als streitig oder unstreitig im Ergebnis beeinflusst wird. Sie sollten im Zweifel vom Grundsatz des § 138 III ZPO ausgehen und sich bei fehlendem Bestreiten von neuem Vortrag des Gegners für unstreitig entscheiden. Überlegungen, bei welcher Fallgestaltung mehr oder »schönere« Probleme auftauchen, sind sehr gefährlich.

B. Klausurtechnik

Ganz wichtig: In wirklichen Zweifelsfällen ist die fundierte Begründung dafür, dass Sie eine Tatsache als streitig oder unstreitig eingeordnet haben, wichtiger als die »richtige« Entscheidung ohne Erläuterung. Denn was ist in derartigen Situationen schon richtig oder falsch? Es ist gem. § 313 III ZPO u.a. Ihre Aufgabe, den Parteien das Urteil in tatsächlicher Hinsicht, also auch den der Entscheidung zugrunde liegenden Sachverhalt, zu erläutern. Wenn Sie nach Auffassung des Korrektors richtig entschieden haben, ist die Erläuterung schlimmstenfalls überflüssig. Wenn Sie aber von der Lösungsskizze abweichen, kann es Ihre Klausur retten, wenn Sie Ihre Einordnung als streitig oder unstreitig nachvollziehbar begründen. Dann kann Ihnen keiner vorwerfen, Sie seien nicht in der Lage, einen Sachverhalt richtig zu erfassen und hätten sich den Fall selbst »gebastelt«.

Die folgenden Beispiele aus Examensklausuren mögen Ihnen die Problematik verdeutlichen:

43 **Fall:** Die Klägerin begehrt eine vertraglich geschuldete Leistung vom Beklagten. Der Beklagte behauptet in seinem letzten Schriftsatz, auf den die Klägerin nicht mehr erwidert, den Vertrag jetzt erstmals bewusst gelesen zu haben. Dabei habe er festgestellt, dass er bei der Unterzeichnung des Vertrages, den er seinerzeit ungelesen unterschrieben habe, von einem anderen Inhalt ausgegangen sei. Er erklärt deshalb fristgerecht die Anfechtung wegen Irrtums. Die Klägerin hatte zuvor nur von »dem zwischen den Parteien geschlossenen Vertrag« gesprochen. Zu dem Vortrag des Beklagten zum »blinden« Unterzeichnen und zum »Irrtum« hat sie sich nicht mehr geäußert.

- Neues Vorbringen? Ja. Zum Zustandekommen des Vertrages und zu den Vorstellungen des Beklagten hat sich die Klägerin bislang nicht geäußert.
- Entscheidungserheblich? Ja, denn derjenige, der eine Urkunde ungelesen unterzeichnet, kann seine Willenserklärung anfechten, wenn er sich bei der Unterzeichnung falsche Vorstellungen vom Inhalt der Urkunde gemacht hat. Wenn der Vortrag des Beklagten zum ungelesenen Unterzeichnen und zu seinem Irrtum unstreitig ist, kann er also mit Erfolg anfechten. Die Klage ist dann abzuweisen. Wenn der Vortrag aber streitig ist, ist der Beklagte beweisfällig geblieben. Die Anfechtung scheitert. Der Klage ist in diesem Fall stattzugeben.
- Antizipiert bestritten? Nein, weil die Klägerin nichts Konkretes zum Vertragsschluss vorgetragen hat. Die Ausführung der Klägerin, »es besteht ein Vertrag«, ist nur eine Rechtsauffassung.

Fazit: Nach dem Grundsatz von § 138 III ZPO »im Zweifel bedeutet Schweigen zugestehen« ist das neue Vorbringen des Beklagten als unstreitig zu werten. Dies gilt auch unter Berücksichtigung des in der Regel nach dem Bearbeitervermerk ggf. zu unterstellenden Hinweises nach § 139 ZPO. Danach müssen Sie grds. davon ausgehen, dass auf einen denkbaren Hinweis keine Reaktion erfolgt ist. Wer auf den Hinweis des Gerichts schweigt, stellt unstreitig. Folglich hat die Anfechtung Erfolg. Die Klage ist abzuweisen. Zu tatsächlich oder vermeintlich fehlenden Hinweisen s. Rn. 83 ff.

In den Entscheidungsgründen sollten Sie zur Sicherheit z.B. Folgendes ausführen:

»Der Beklagte hat die vertragliche Vereinbarung der Parteien wirksam gem. § 119 I, 1. Alt. BGB wegen Irrtums angefochten. Nach dieser Vorschrift ...

Diese Voraussetzungen liegen vor. Der Beklagte hat sich nämlich bei der Unterzeichnung der Vereinbarung geirrt ...

Die von dem Beklagten zum Zustandekommen der Vereinbarung und zu seiner abweichenden Vorstellung bei der Unterzeichnung aufgestellten Behauptungen im Schriftsatz vom ... sind der Entscheidung gem. § 138 III ZPO als unstreitig zugrunde zu legen. Nach dieser Vorschrift sind Tatsachen, die nicht ausdrücklich bestritten worden sind, als zugestanden und damit unstreitig anzusehen, wenn sich aus dem übrigen Vorbringen die Absicht, bestreiten zu wollen, nicht ergibt. Dies ist hier der Fall.

Die Klägerin hat sich zu den im letzten Schriftsatz des Beklagten aufgestellten Behauptungen nicht mehr geäußert. Auch ihr vorheriges Vorbringen lässt nicht erkennen, dass sie die neuen Behauptungen des Beklagten bestreiten wollte. Zum Zustandekommen der Vereinbarung hat die Klägerin nichts vorgetragen. Ihre Äußerung, zwischen den Parteien bestehe ein Vertrag, ist lediglich eine Rechtsauffassung. Sie steht den Behauptungen des Beklagten über die Umstände der Unterzeichnung und ihren Vorstellungen über den Vertragsinhalt nicht entgegen.«

Im nachfolgenden Beispielsfall gelangt man unseres Erachtens mit besseren Argumenten zum gegenteiligen Ergebnis.

> **Fall:** Der Kläger begehrt vom Beklagten den Widerruf ehrverletzender Äußerungen über seine Geschäftspraktiken mit der Behauptung, diese seien aus der Luft gegriffen und bewusst unwahr. Zu der Erwiderung des Beklagten in seinem letzten Schriftsatz, die von ihm aufgestellten Behauptungen stammten aus einer zuverlässigen Quelle und er gehe von der Richtigkeit der Auskunft aus, hat sich der Kläger nicht mehr geäußert. Beweisanträge sind nicht gestellt worden.

44

– Neues Vorbringen? Ja, ganz offensichtlich.
– Entscheidungserheblich? Ja, denn das Aufstellen bewusst unwahrer Behauptungen ist in jedem Fall unzulässig und nicht als Wahrnehmung berechtigter Interessen anzusehen. Bei Vorliegen der übrigen Voraussetzungen für den Unterlassungsanspruch aus §§ 823 I, 1004 BGB analog (Wiederholungsgefahr!) ist der Klage stattzugeben. Wenn das »Lügen« aber streitig ist und der Kläger beweisfällig bleibt, ist die Klage abzuweisen. Der Beklagte trägt bei Unterlassungsklagen die Beweislast. Bei Klagen auf Widerruf ist der Kläger beweispflichtig.
– Antizipiert bestritten? Ja. Wer den Gegner bezichtigt, bewusst unwahre Behauptungen aufgestellt zu haben, sagt damit konkludent, dass dieser sich die Behauptungen aus den Fingern gesogen hat und weiß, dass er etwas Falsches vorträgt. Das umfasst doch ein Bestreiten des nachfolgenden Vortrages, dass der Beklagte die Behauptungen, von wem auch immer, erfahren hat und für zutreffend hält.

Formulierungsvorschlag:

»... Die vom Beklagten aufgestellte Behauptung, die Äußerungen über das Geschäftsgebaren des Klägers seien auf eine Information der Verbraucherzentrale zurück zu führen, sind gemäß der Auslegungsregel des § 138 III ZPO als streitig anzusehen. Nach dieser Vorschrift sind Tatsachen, die nicht ausdrücklich bestritten worden sind, nur dann als zugestanden und damit unstreitig anzusehen, wenn sich aus dem übrigen Vorbringen die Absicht, bestreiten zu wollen, nicht ergibt. Dies ist hier aber nicht der Fall.

Auch wenn sich der Kläger zu der im letzten Schriftsatz des Beklagten aufgestellten Behauptung, er habe die Information über das Geschäftsgebaren des Klägers von dritter Seite erfahren und halte sie für zutreffend, nicht mehr geäußert hat, lässt sein übriges Vorbringen nur den Schluss zu, dass er diese Behauptungen des Beklagten bestreiten wollte. Mit seiner Behauptung, der Beklagte habe bewusst Unwahres verbreitet, sagt der Kläger konkludent, dass sich der Beklagte die Äußerungen aus den Fingern gesogen und sie gerade nicht von dritter Seite – schon gar nicht aus einer zuverlässigen Quelle – erfahren hat und für zutreffend hält...«

Nicht ins Unstreitige gehören diejenigen **Tatsachenbehauptungen,**   **45**
- **die mangels substantiierten Bestreitens als unstreitig anzusehen sind,**
- **die entgegen § 138 IV ZPO unzulässigerweise mit Nichtwissen bestritten werden.**

In diesen Fällen ist die vom Gegner behauptete Tatsache bestritten; das Bestreiten ist nur aus Rechtsgründen nicht wirksam. Das ist aber erst das Ergebnis einer Subsumtion unter § 138 ZPO und bedeutet, dass Sie die tatsächlich bestrittene Tatsache im Tatbestand auch als streitig darstellen müssen. In den Entscheidungsgründen müssen Sie dann erläutern, dass die tatsächlich streitige Tatsache gem. § 138 ZPO wie eine unstreitige der Entscheidung zugrunde gelegt wird, weil das Bestreiten rechtlich nicht wirksam war.

46 cc) Das Streitige Streitige Tatsachenbehauptungen werden ausschließlich mit »behaupten« eingeleitet. Alle anderen Formulierungen, wie »der Kläger sagt, schreibt, trägt vor, bringt vor, führt an oder macht geltend« sind unpräzise und sollten unterbleiben. Mit »behaupten« als terminus technicus wird ausgedrückt, dass die nachfolgende Tatsache einseitig aufgestellt wird, und dass sie vom Gegner bestritten wird. Wenn in einem Tatbestand im streitigen Klägervortrag steht, »Der Kläger behauptet, er habe den Beklagten an einem Montag getroffen«, heißt das zunächst einmal, dass der Beklagte dazu sagt: »Stimmt nicht!« Wenn der Beklagte mehr dazu vorträgt – »Es war nicht Montag, sondern Mittwoch.«, oder »Der Kläger hat nicht mich, sondern meinen Bruder getroffen.«, muss das als sog. substantiiertes oder qualifiziertes Bestreiten auch im streitigen Beklagtenvorbringen auftauchen. Andernfalls darf zu der einfach streitigen Tatsache nichts im Beklagtenvortrag stehen. Die ersten beiden Grundsätze lauten hier:

- **Einfach bestrittene Tatsachen dürfen im Tatbestand nur einmal auftauchen!**
- **Qualifiziert bestrittene Tatsachen gehören in den Kläger- und in den Beklagtenvortrag!**

Daraus ergibt sich die Frage, wo einfach streitige Tatsachen gebracht werden müssen, im streitigen Kläger- oder Beklagtenvortrag? Sie dürfen sie jedenfalls nicht ungeprüft bei der Partei anführen, die sie vorträgt. Der dritte Grundsatz lautet nämlich:

- **Einfach bestrittene Tatsachen müssen im streitigen Vortrag derjenigen Partei angeführt werden, die hinsichtlich der streitigen Tatsache die Darlegungs- und Beweislast trägt.**

Bedenken Sie, dass Sie Hinweise auf die Beweislast im Palandt bei fast jeder Norm am Ende der Kommentierung finden.

47 Sie müssen vor allem darauf achten, beim Kläger nicht schon Verteidigungsvorbringen des Beklagten vorwegzunehmen. Es ist nämlich häufig der Fall, dass der Kläger in seiner Klagebegründung auf vorprozessuales Vorbringen des Beklagten eingeht. Das stellt sich in der Regel nur als einfaches Bestreiten des nachfolgenden Beklagtenvorbringens dar. Es bedeutet für Ihren Tatbestand, dass die dazu vorgetragenen Tatsachen in den streitigen Beklagtenvortrag gehören (s. auch Rn. 40). Die Teile des klägerischen Vortrages, die in der Regel nicht im streitigen Klägervorbringen auftauchen dürfen, erkennen Sie häufig daran, dass sie negativ formuliert sind. Das signalisiert bereits, dass es sich um vorweggenommenen Vortrag zu nachfolgenden Behauptungen des Beklagten handelt, die im Zweifel zu dessen Darlegungs- und Beweislast gehören, weil sie rechtsvernichtende oder -hemmende Tatsachen betreffen.

Beispiele sind:

- Der Anspruch ist nicht erfüllt oder durch Aufrechnung erloschen.
- Der Anspruch ist nicht verjährt.
- Der Vertrag ist nicht sittenwidrig.
- Dem Beklagten steht kein Recht zum Besitz zu.
- Der Kläger meint, ihn treffe kein Mitverschulden.

Es ist Sache des Beklagten, zur Erfüllung, Aufrechnung, Verjährung, Sittenwidrigkeit, zum Besitzrecht, Rücktrittsrecht oder Mitverschulden vorzutragen. Nur in dessen streitigen Vortrag gehören deshalb die dazu behaupteten, einfach streitigen Tatsachen.

Eine Ausnahme kommt aus dem Bereich des Werkvertragsrechts: Wenn der Besteller eine vereinbarte Vergütung behauptet, kann der Werkunternehmer nicht einfach die – höhere – übliche Vergütung nach § 632 II BGB verlangen. Er hat vielmehr die Beweislast dafür, dass kein bestimmter Werklohn vereinbart worden ist. In seinen streitigen Vortrag gehört dann, es sei kein fester Lohn vereinbart worden.

48 Eine Einschränkung des Grundsatzes, dass einfach Streitiges nur einmal im Tatbestand angeführt werden darf, ist bei dem Bestreiten von relevanten Behauptungen des Gegners mit Nichtwissen zu machen. Weil Sie in den Entscheidungsgründen auf § 138 IV ZPO eingehen müssen, sind Sie aus Gründen der Kongruenz gezwungen, die dazu herangezogene Tatsache, also das Bestreiten mit Nichtwissen, auch im Tatbestand zu erwähnen: »*Die Behauptung des Klägers, der Beklagte habe..., bestreitet dieser mit Nichtwissen.*«

III. Die Arbeitsschritte im Einzelnen

Sie sollten das streitige Parteivorbringen jeweils nur einmal im ersten Satz mit den Worten »Der Kläger / Beklagte behauptet« einleiten und dann in indirekter Rede, dem sog. Reporterstil, »der Beklagte habe zugesagt, man sei übereingekommen...«, fortfahren. Es wirkt anfängerhaft, wenn Sie jeden Absatz wieder mit den Worten beginnen: »Zudem behauptet der Kläger«, »Weiter behauptet er,...« **49**

Rechtsmeinungen können Sie mit »*der Kläger meint*«, »*er ist der Auffassung*« oder »*er ist der Ansicht*« beginnen. Sie dürfen nur nicht »behaupten« und »meinen« verwechseln! Das ist so, als würden Sie »Eigentümer« und »Besitzer« oder »verkaufen« und »übereignen« vertauschen! Sie müssen deshalb darauf achten, ob in der Vorlage nicht als kleine Falle eine streitige Tatsache und eine Rechtsmeinung in einem Satz zusammengefasst sind. Dann bleibt Ihnen nichts anderes übrig, als diesen Satz aus der Vorlage nach Tatsachenvortrag und Rechtsauffassung zu trennen oder ihn ohne Rechtsansicht zu übernehmen. **50**

Bei Fällen aus dem Werkvertragsrecht ist es nicht immer einfach, ohne genaue Analyse der Rechtslage zu erkennen, wer die Darlegungs- und Beweislast hat, wenn die Parteien schon um die Frage der Abnahme streiten. Denn bis zur Abnahme trägt der Werkunternehmer die Beweislast für die Mangelfreiheit des Werkes, und nach der Abnahme muss der Besteller die Mangelhaftigkeit beweisen. Für den Aufbau des Tatbestandes bedeutet das, dass die Einordnung der einfach streitigen Behauptungen zu den Mängeln von der Abnahme abhängig ist. Sie müssen also vor der Abnahme als Behauptung der Mangelfreiheit beim klagenden Werkunternehmer oder nach der Abnahme als Behauptung der Mangelhaftigkeit beim beklagten Besteller dargestellt werden. Das Problem stellt sich nur dann nicht, wenn die Behauptungen zu den Mängeln jeweils substantiiert vorgetragen werden, so dass Sie ohnehin beide Darstellungen aufnehmen müssen. **51**

Der Aufbau des Tatbestandes bei Werklohnklagen mit »unklarer« Abnahme lautet deshalb:

- Einleitungssatz
- Unstreitiges
- Streitiges Klägervorbringen, u.a. zur Abnahme
- Pauschales Behaupten der Mangelfreiheit
- Ggf. Prozessgeschichte zum Verständnis der Anträge
- Anträge
- Streitiges Beklagtenvorbringen, qualifiziertes Bestreiten zur Abnahme und Behauptungen zu Mängeln
- Replik des Klägers zu den gerügten Mängeln
- Prozessgeschichte im Übrigen (z.B. Beweiserhebungen und Zustellungsdaten)

Bei Fällen mit Aufrechnungen seitens des Beklagten müssen Sie darauf achten, nichts von dem Streit um die Gegenforderung des Beklagten schon im streitigen Klägervorbringen vorwegzunehmen. Substantiiert bestrittenes Vorbringen des Klägers zur Gegenforderung stellen Sie nach dem streitigen Vorbringen des Beklagten zu seiner Forderung am Ende des Tatbestandes vor der Prozessgeschichte dar (vgl. zum Aufbau des Tatbestandes bei Klagen mit Aufrechnungen Rn. 33). **52**

e) Knappe Darstellung

Wie schon ausgeführt, ist das Erarbeiten des Tatbestandes weit mehr als das Ordnen und Abschreiben der Vorlage. Sie müssen stets bedenken, dass in Ihrer Vorlage mehr steht, als Sie in Ihren Tatbestand aufnehmen dürfen. Der Sinn und Zweck der Vorlage besteht nicht darin, auch das letzte bisschen Information in Ihrem Tatbestand unterzubringen. Im Gegenteil! Wer die Vorlage als Puzzle auffasst, dessen Teile er bis zum letzten Stück zusammenzufügen hat, vergeudet Zeit und verkennt die Aufgabe, zwischen Vollständigkeit und Beschränkung auf das Wesentliche eine sinnvolle Gewichtung herzustellen. **53**

Die Schwierigkeit dieser Aufgabe liegt mithin in der Beachtung der beiden Grundsätze

Vollständigkeit und Beschränkung auf das Wesentliche.

B. Klausurtechnik

Die Vorlage enthält in den meisten Fällen absolut irrelevante Tatsachen und belanglose Rechtsansichten, die Sie nicht erwähnen dürfen. Sie sollen zeigen, dass Sie den Blick für das Wesentliche haben. Alles zu bringen, kostet wertvolle Zeit und deutet auf Ängstlichkeit und fehlenden Durchblick hin.

Andererseits birgt das Weglassen von Vortrag die Gefahr, einen unvollständigen Tatbestand abzuliefern.

54 **Die Vollständigkeit ist gewahrt, wenn Sie**
- **alle Tatsachen, Einreden und Einwendungen aufgeführt haben, die für die rechtliche Beurteilung des Falles eine Rolle spielen können, sowie**
- **alle Rechtsmeinungen, die für das Verständnis erforderlich sind und auf die Sie in den Entscheidungsgründen zu sprechen kommen.**

55 Sie müssen stets nach dem Abfassen der Entscheidungsgründe die Kongruenzprüfung vornehmen. Das heißt, Sie müssen überprüfen, ob Sie auch alle Tatsachen, die Sie in den Entscheidungsgründen zur Subsumtion verwendet haben, oder Rechtsmeinungen, auf die Sie eingegangen sind, in Ihrem Tatbestand aufgeführt haben. Dies gilt besonders, wenn Ihnen noch nachträglich während des Formulierens Ihrer Entscheidungsgründe ein Argument einfällt, an das Sie vorher nicht gedacht haben. In diesen Fällen passiert es häufig, dass die erst spät als relevant erkannte Tatsache zuvor als absolut unbedeutend eingestuft und deshalb nicht in den Tatbestand aufgenommen worden ist.

Merke: Dem Gesichtspunkt der Kongruenz haben Sie dann Rechnung getragen, wenn Sie in Ihren Entscheidungsgründen keine Tatsache oder Rechtsmeinung erwähnen, die nicht auch schon in Ihrem Tatbestand steht.

Umgekehrt gilt das Erfordernis der Kongruenz nicht. Es muss nicht alles in Ihren Entscheidungsgründen erwähnt werden, was in Ihrem Tatbestand steht. Grund dafür ist, dass der Tatbestand gem. §§ 314, 529 I ZPO die Entscheidungsgrundlage für den gesamten Rechtsstreit ist, vor allem für das Berufungsgericht, und nicht nur für Ihre Entscheidung. Es kommt häufig vor, dass im Tatbestand Tatsachen zu erwähnen sind, auf die Sie bei Ihrer Lösung nicht eingehen.

Glauben Sie deshalb nicht denen, die Ihnen sagen, der Tatbestand sei der Spiegel der Entscheidungsgründe und dürfe oder brauche nichts von dem zu enthalten, auf das Sie Ihre Lösung auch nicht stützen. Diese Ratgeber haben Unrecht (s. Rn. 19).

56 **Die Beschränkung auf das Wesentliche haben Sie beachtet, wenn Sie**
- **absolut irrelevante Tatsachen und**
- **überflüssige Rechtsmeinungen weggelassen haben.**

57 **aa) Welche Tatsachen dürfen nicht in den Tatbestand?** Für die Frage, ob eine Tatsache in den Tatbestand aufzunehmen ist, kommt es nicht darauf an, ob sie für Ihre Lösung relevant ist, sondern darauf, ob sie überhaupt relevant sein kann. Wenn Sie z.B. den Anspruch des Klägers aus Delikt bejahen, müssen Sie trotzdem alle Tatsachen aufnehmen, die einen möglichen vertraglichen Anspruch betreffen. Darauf kann es nämlich ankommen, wenn in der nächsten Instanz die Rechtslage anders beurteilt wird. Gleiches gilt, wenn Ihrer Ansicht nach ein Anspruch am fehlenden Verschulden scheitert. Die zur Schadenshöhe vorgetragenen Tatsachen gehören gleichwohl in den Tatbestand, weil sie bei anderer Beurteilung der Rechtslage von Bedeutung sein können.

Merke: Nur Tatsachen, die unter keinem vernünftigen rechtlichen Gesichtspunkt relevant sein können, gehören nicht in den Tatbestand!

Wenn andererseits der Kläger, »ein aus Funk und Fernsehen bekannter Schauspieler,« einen Kaufpreisanspruch geltend macht, ist es unter keinem rechtlichen Gesichtspunkt denkbar, dass die Tatsache seines Berufes oder Bekanntheitsgrades relevant sein könnte. Ebenso überflüssig kann die Tatsache mehrerer Mahnschreiben sein, zudem noch mit Daten, wenn der Kläger Zinsen erst ab Rechtshängigkeit geltend macht. Wenn Sie im Zweifel sind, ob eine Tatsache absolut irrelevant ist oder nicht, nehmen Sie sie zur Sicherheit in Ihren Tatbestand auf. Denn der Vorwurf, einen unvollständigen Tatbestand verfasst zu haben, wiegt schwerer als der, etwas Überflüssiges aufgenommen zu haben.

bb) Welche Rechtsmeinungen dürfen, welche müssen in den Tatbestand? Nach dem Grundsatz »da mihi factum, dabo tibi ius« gehören eigentlich nur Tatsachen in den Tatbestand. Zudem müssen natürlich alle Einreden und Einwendungen des Beklagten gebracht werden, die nicht von Amts wegen zu berücksichtigen sind, wie das Berufen auf Verjährung oder auf ein Zurückbehaltungsrecht. Von den übrigen Rechtsauffassungen sollten Sie nur diejenigen bringen, die zum besseren Verständnis erforderlich sind oder die den Parteien zeigen, dass Sie Ihr Vorbringen zur Kenntnis genommen haben. Hüten sollten Sie sich aber vor der Wiedergabe von Rechtsmeinungen, die nichts anderes besagen als »Der Kläger meint, er habe Recht.« oder »Der Beklagte meint, er müsse nicht bezahlen.« Solche nichts sagenden Ansichten haben im Tatbestand eines Zivilurteils nichts zu suchen.

58

Wenn die Parteien bei einem von vornherein unstreitigen oder bei einem zumindest hinsichtlich der erheblichen Tatsachen unstreitigen Sachverhalt nur um Rechtsfragen streiten, ist es angebracht, die unterschiedlichen Rechtsansichten ausgiebiger darzustellen als bei Fällen, bei denen der unterschiedliche Sachvortrag der Parteien den Streit ohnehin deutlich macht. Der Rat zur Darstellung von Rechtsansichten im Tatbestand lautet deshalb:

Merke: Rechtsmeinungen, die Einreden und Einwendungen darstellen, müssen, Rechtsmeinungen, die zum besseren Verständnis des Streits dienen, sollten, Rechtsmeinungen, die inhaltsleer sind, dürfen nicht in den Tatbestand!

Wie bei der Einordnung von streitigen Tatsachen gilt hier natürlich auch, dass Sie gegensätzliche Rechtsmeinungen zu einer einzelnen Rechtsfrage, z.B. sittenwidrig oder nicht, grds. nur einmal anführen sollten, und zwar bei dem, der hinsichtlich des rechtlichen Aspektes oder der Tatsache, auf die sich die Rechtsmeinung bezieht, die Darlegungs- und Beweislast trägt. Wenn der Gegner allerdings neue Aspekte für seine Auffassung ins Feld führt, sollten Sie dies auch darstellen.

Sie sollten den Rechtsmeinungen insoweit größte Aufmerksamkeit widmen, als sie wichtige Hinweise für Lösungsansätze oder aber Fallstricke sein können. Darüber nachzudenken lohnt sich in jedem Fall.

cc) Verweisungen Sie dürfen und sollten, so § 313 II 2 ZPO, von Verweisungen Gebrauch machen, sofern die Verständlichkeit Ihres Tatbestandes nicht darunter leidet. Sie können wegen der knappen Zeit ohnehin nicht alle möglicherweise relevanten Tatsachen ausbreiten.

59

Zudem sollten Sie eine gute Gewichtung erkennen lassen. Deshalb ist es ratsam, diejenigen Tatsachen, die bei Ihrer Lösung keine Rolle spielen, die aber bei einem anderen Ergebnis durchaus von Belang sein können, durch Verweisungen in den Tatbestand aufzunehmen. Ein Beispiel dafür sind Schadensaufstellungen, wenn Ihrer Meinung nach die Klage ohnehin scheitert. In diesem Fall empfiehlt es sich, die Schadensberechnung durch Verweisung einzuführen:

»Der Kläger beziffert seinen Schaden auf insgesamt 3.800,– €. Wegen der Einzelheiten der Schadensberechnung wird auf Seite 2 der Klageschrift vom 1.5.2002 (Bl. 2 d.A.) verwiesen.«

Im Falle von Klageänderungen durch den Austausch des Lebenssachverhalts sollten Sie den »alten« Sachverhalt knapp darstellen und ihn im Übrigen durch Verweisungen einführen, sofern über ihn nicht mehr entschieden wird.

B. Klausurtechnik

Bei einem Streit der Parteien um die Auslegung oder die rechtliche Bedeutung eines schriftlichen Vertrages müssen Sie die einzelnen Absätze oder Paragraphen, auf die Sie in den Entscheidungsgründen eingehen, auch im Tatbestand zitieren oder sinngemäß wiedergeben. Zitate sind sicherer, weil Sie anders als bei einer Zusammenfassung nicht Gefahr laufen, eine vorweggenommene und vielleicht sogar falsche Wertung vorzunehmen. Auf den restlichen Vertragsinhalt sollten Sie dann verweisen. Sie sollten dabei stets

- die genaue Fundstelle angeben (Datum, Nummer der Anlage des Schriftsatzes, Blattzahl) und zwar
- direkt im Anschluss an die von Ihnen zitierten, zusammengefassten oder nur auszugsweise wiedergegebenen Teile von Schriftsätzen oder Urkunden und nicht erst am Ende des Tatbestandes.

Hier ein Beispiel:

»*In dem Vertrag vom ... ist u.a. Folgendes geregelt: § 1 ..., § 5 ..., § 9 ... Wegen des weiteren Inhalts des Vertrages wird auf die Anlage 1 zur Klage vom 1.5.2002 (Bl. 4–5 d.A.) verwiesen.*«

60 Wenn eine Beweisaufnahme durchgeführt worden ist, müssen Sie am Ende des Tatbestandes in der Prozessgeschichte auf das Ergebnis der Beweisaufnahme verweisen:

»*Das Gericht hat Beweis erhoben durch Vernehmung der Zeugen ... und Einholen eines Sachverständigengutachtens. Wegen des Ergebnisses der Beweisaufnahme wird auf die Sitzungsniederschrift vom ... (Bl. 25–27 d.A.) sowie auf das Gutachten vom ... (Bl. 35–45 d.A.) Bezug genommen.*«

Die Angabe des Beweisthemas ist nicht vorgeschrieben, sie dürfte aber auch nicht schaden.

61 Eine Generalverweisung am Schluss heilt keinen unvollständigen Tatbestand und ist, nachdem sich der BGH in zwei neueren Entscheidungen zumindest faktisch von der negativen Beweiskraft des Tatbestandes verabschiedet hat (Rn. 19), nicht mehr erforderlich, um die formelle Vollständigkeit des Tatbestandes zu gewährleisten. Wer sie dennoch für erforderlich hält, sollte auf die genaue Fundstelle in der Akte verweisen:

»*Im Übrigen wird auf die Schriftsätze des Klägers vom ... nebst Anlagen (Bl ... . bis Bl ... d.A.), auf die Klageerwiderung vom ... (Bl ... d.A.) und auf das Sitzungsprotokoll vom ... (Bl ... . d.A.) Bezug genommen.*«

f) Der Schluss der mündlichen Verhandlung

62 Ausgehend von dem Grundsatz der Einheitlichkeit der mündlichen Verhandlung gilt dasjenige als Entscheidungsgrundlage, was Sach- und Streitstand am Schluss der letzten mündlichen Verhandlung ist.

Merke: Das bedeutet, dass Sie überholtes Vorbringen grundsätzlich weglassen müssen und nur noch das bringen dürfen, was dem letzten Stand entspricht!

Der neue Vortrag reicht z.B. aus, wenn der Kläger einen offensichtlichen Irrtum korrigiert oder wenn zuvor Streitiges nach Vorlage einer Urkunde unstreitig wird.

Ob eine Behauptung stillschweigend fallengelassen worden ist, müssen Sie durch Auslegung ermitteln. Schweigen auf ungünstige Beweisaufnahmen ist, wie schon erwähnt (Rn. 41), in der Regel nicht als Aufgabe der früheren Behauptung zu werten, zumal Sie dies von der Verpflichtung befreien würde, die Beweisaufnahme zu werten. Anders kann es sein, wenn angesichts des eindeutigen Ergebnisses einer Ortsbesichtigung oder der Verlesung einer Urkunde eine vernünftige Partei die Aussichtslosigkeit weiteren Bestreitens sofort einsähe.

Tatsachen zu Anträgen, die nur angekündigt waren oder die nicht mehr aufrechterhalten werden und die ansonsten ohne Bedeutung für den Rechtsstreit sind, sollten Sie ebenfalls weglassen. Wenn Sie sich über eine mögliche Bedeutung nicht ganz im Klaren sind, können Sie sich mit einer Verweisung helfen.

Der Umstand, dass in der mündlichen Verhandlung noch Tatsachen vorgetragen werden, ist kein Grund, auf diesen Zeitpunkt hinzuweisen oder den Vortrag erst am Ende des Tatbestandes darzustellen. Die Tatsache gehört wegen des Grundsatzes der Einheitlichkeit der mündlichen Verhandlung dort hin, wo sie nach den allgemeinen Kriterien ihren Platz hat, also in das Unstreitige oder in einen streitigen Teil.

Überholten Parteivortrag müssen Sie erwähnen, 63

wenn er von Bedeutung ist

- für die Beweiswürdigung als Indiz für die Glaubwürdigkeit einer Partei oder eines Zeugen,
- für die Frage, ob eine Klageänderung vorliegt,
- zur Beurteilung der Zulässigkeit und Begründetheit eines überholten Antrages oder
- für die Kostenentscheidung,

oder weil die zurückgenommene, frühere Behauptung weiter Bestand hat. Das ist der Fall, wenn

- der neue Vortrag wegen Verspätung nach § 296 ZPO zurückzuweisen ist,
- der alte Vortrag ein Geständnis darstellt und ein Widerruf an § 290 ZPO scheitert oder
- die in der Änderung des Sachverhalts liegende Klageänderung unzulässig ist (s. Rn. 404 ff.).

Dass Sie das bisherige Vorbringen in den letzten drei Fällen anführen müssen, liegt auf der Hand, weil es aus Rechtsgründen noch Entscheidungsgrundlage ist.

Der Grund für das Erwähnen der ersten Gruppe ist die Kongruenz. Sie dürfen in den Entscheidungsgründen keine Tatsachen verwerten, die sich aus Ihrem Tatbestand nicht ergeben. Wenn der überholte Vortrag aber z.B. für Zweifel an der Wahrheitsliebe einer Partei und demzufolge auch an der Glaubwürdigkeit eines von ihr benannten Zeugen Argumente liefert oder Kosten durch eine Beweisaufnahme verursacht hat, die auf der Grundlage des später geänderten Vortrages nicht erforderlich gewesen wäre, muss der überholte Vortrag in Ihrem Tatbestand auch zu finden sein.

g) Hervorhebung der Anträge

Mit »Hervorhebung« ist gemeint, dass Sie die Anträge nicht im Text verstecken dürfen, sondern 64 deutlich durch Absätze und Einrücken kenntlich machen müssen. Anträge sind grds. so wiederzugeben, wie sie gestellt worden sind. Gegen eine rein stilistische Änderung vom Originalwortlaut: »Der Beklagte beantragt: Die Klage wird abgewiesen.« in »*Der Beklagte beantragt, die Klage abzuweisen.*« ist nichts einzuwenden. Inhaltliche Korrekturen und Auslegungen sind aber Teil Ihrer Lösung und gehören deshalb in die Entscheidungsgründe. Dort sind Zahlendreher, offensichtlich falsche Bezeichnungen usw. durch analoge Anwendung der §§ 133, 157 BGB vor den Zulässigkeitserwägungen richtig zu stellen. Das gilt auch bei einseitigen Erledigungserklärungen (s. dazu Rn. 430 ff.). Im Tatbestand steht in diesen Fällen nur: »*Der Kläger erklärt den Rechtsstreit in der Hauptsache für erledigt.*«

In den Entscheidungsgründen erläutern Sie dann:

»*Der Kläger begehrt bei verständiger Auslegung seiner Erledigungserklärung analog §§ 133, 157 BGB die Feststellung, dass seine Klage ursprünglich zulässig und begründet war und durch ein nach Rechtshängigkeit eingetretenes Ereignis unzulässig oder unbegründet geworden ist.*«

Nur bei einseitigen Teilerledigungserklärungen sollten Sie bei dem Antrag »*...abzüglich heute gezahlter...*« das Wort »heute« durch das Datum des Verhandlungstages ersetzen (s. dazu Rn. 438).

Überflüssige Teile des Antrages, über die das Gericht ohnehin von Amts wegen zu entscheiden hat oder die im Gesetz geregelt sind, dürfen Sie nicht mit aufführen. Das sind:

- Kostenanträge,
- Anträge zur vorläufigen Vollstreckbarkeit (Ausnahmen: die besonderen Vollstreckungsschutzanträge gem. §§ 710, 712, 714 ZPO, s. Rn. 229 ff.)
- Anträge, die Sicherheit durch eine Bankbürgschaft stellen zu dürfen, § 108 ZPO.

B. Klausurtechnik

65 In Fällen, in denen Anträge angekündigt, aber nicht gestellt oder gestellte Anträge geändert werden, müssen Sie stets beide Anträge in den Tatbestand aufnehmen. Das Gebot der Kongruenz zwingt Sie dazu, weil Sie in den Entscheidungsgründen zur Frage einer möglichen Klageänderung Stellung nehmen müssen. Und wenn Sie dann von einem alten und einem neuen Antrag sprechen, ist Ihr Tatbestand nicht vollständig, wenn er nicht beide Anträge enthält. Auf den bedeutsamen Unterschied, ob der frühere Antrag nur schriftsätzlich angekündigt oder auch in der mündlichen Verhandlung gestellt worden ist, müssen Sie natürlich hinweisen.

Sie sollten darauf achten, dass Sie den ursprünglichen Antrag, sofern Sie über ihn nicht mehr entscheiden, nur in abgekürzter Form, also lediglich als Information, anführen. Wenn der Kläger zunächst die Herausgabe eines Pkw beantragt und im Laufe des Verfahrens seine Klage zulässigerweise nach § 264 Nr. 3 ZPO auf Schadensersatz umstellt (Rn. 425), war die Angabe der Fahrgestellnummer wegen der erforderlichen Bestimmtheit des zunächst angestrebten Tenors für die Vollstreckung unerlässlich. Es ist aber nach zulässiger Umstellung des Klageziels auf Schadensersatz unnötig und wirkt anfängerhaft, diesen Antrag in seinem ursprünglichen Wortlaut in den Tatbestand aufzunehmen. Der alte Antrag soll doch nicht mehr vollstreckt werden. Er soll doch nur noch die prozessgeschichtliche Grundlage für die zu erörternde Anwendung von § 264 Nr. 3 ZPO bilden. Diesen Zweck erfüllt er auch in abgekürzter Form:

»Nachdem der Kläger zunächst die Herausgabe seines Pkw beantragt hat, beantragt er nunmehr, den Beklagten zu verurteilen, 5.000,– € nebst ... % Zinsen seit dem ... zu zahlen.«

Entsprechend müssen Sie im Fall der Abtretung der Forderung im Laufe des Verfahrens formulieren. Es kann doch nicht Ihre Aufgabe sein, zwei umfangreiche Anträge mit ggf. gestaffelten Zinsen und Zeiträumen abzuschreiben, die sich nur durch die Person des Zahlungsempfängers unterscheiden. Es sollte doch wohl nur lauten: *»Nachdem der Kläger zunächst Zahlung an sich beantragt hat, beantragt er nunmehr, ...«* Dann folgt der zuletzt gestellte Antrag auf Zahlung an den Zessionar in vollständiger Form.

h) Prozessgeschichte

66 Die Prozessgeschichte beschreibt die für das Urteil relevanten Teile der Entwicklung des Rechtsstreits von der Einreichung der Klage oder der Beantragung eines Mahnbescheides bis zu der abschließenden Entscheidung. Die Prozessgeschichte wird stets im Perfekt dargestellt. Von den möglichen prozessgeschichtlichen Ereignissen sind einige mit Sicherheit bedeutungslos und deshalb nicht in den Tatbestand aufzunehmen, einige sind immer wichtig und deshalb stets aufzunehmen und andere sind möglicherweise wichtig. Letztere müssen nur dann erwähnt werden, wenn sie Auswirkungen auf Ihre Entscheidung haben oder in den Entscheidungsgründen erörtert werden.

67 Stets im Tatbestand zu erwähnen sind:

- **Rücknahme oder Änderung von Anträgen**
  - Kostenfolge gem. § 269 III 2 oder 3 ZPO oder § 92 ZPO
  - Zulässigkeitsproblem gem. §§ 263, 264 ZPO
  - Fortdauer der Zuständigkeit gem. § 261 III Nr. 2 ZPO

- **Verweisung durch ein anderes Gericht**
  - Bindungswirkung gem. § 281 II 4 ZPO
  - Kostenfolge gem. § 281 III 2 ZPO

- **Durchführung einer Beweisaufnahme**
  - Kostenfolge von § 96 ZPO zum Nachteil des Obsiegenden, wenn die Beweisaufnahme aufgrund seines geänderten Vortrages überflüssig geworden ist
  - Höhe der Sicherheitsleistung für die vorläufige Vollstreckbarkeit (z.B. Auslagen für Zeugen)
  - Beweisauswertung in den Entscheidungsgründen

- **Erlass eines Vollstreckungsbescheides oder eines Versäumnisurteils**
  - Bedeutsam für das Verständnis der Anträge
  - Beeinflusst den Hauptsacheausspruch und ggf. die Kostenentscheidung gem. § 344 ZPO (VU) bzw. § 700 I ZPO i.V.m. § 344 ZPO (VB).

III. Die Arbeitsschritte im Einzelnen

- **Erlass eines Teil-, Grund- oder Vorbehaltsurteils**
  - bedeutsam für das Verständnis der Anträge
  - beeinflusst die Tenorierung des Schlussurteils.
- **Unerledigte Beweisanträge**
  - Bedeutsam wegen §§ 314, 529 ZPO
- **Richterliche Hinweise nach § 139 ZPO**
  - Beachtung von § 139 III ZPO
  - Bedeutung im Berufungsverfahren gem. § 531 ZPO
  - Kongruenz zwischen Tatbestand und Entscheidungsgründen
- **Beitritt eines Nebenintervenienten**
  - Kostenfolge gem. § 101 ZPO
  - Wirkung der §§ 67, 68 ZPO
- **Unterbrechung des Verfahrens und Aufnahme durch den Rechtsnachfolger**
  - Prozessführungs- und Sachbefugnis des Rechtsnachfolgers
- **Einverständnis mit Entscheidung im schriftlichen Verfahren**
  - Kongruenz, § 128 II ZPO muss in den Entscheidungsgründen erwähnt werden.

Je nach Fall gehören folgende Teile der Prozessgeschichte in den Tatbestand 68

- **Eingang und Zustellung der Klage** sind ggf. bedeutsam für
  - die Wahrung von Fristen, z.B. §§ 121, 124, 1002 BGB
  - die Hemmung der Verjährung § 204 I Nr. 1 BGB
  - den Anspruch auf Prozesszinsen, §§ 291, 288 I 2 BGB analog
  - die Entscheidung in Fällen von einseitigen Erledigungserklärungen
  - die Veränderung zuständigkeitsbegründender Umstände, § 261 III Nr. 2 ZPO
- **Schriftsatzfristen** können wichtig sein für
  - die Zurückweisung von verspätetem oder nicht nachgelassenem Vortrag, §§ 283, 296 a ZPO
- **Prozesskostenhilfeanträge** können bedeutsam sein für
  - die Fristwahrung nach § 276 III ZPO
  - die Hemmung der Verjährung, § 204 I Nr. 14 BGB
- **Die Anordnung des schriftlichen Vorverfahrens gem. § 276 ZPO** kann wichtig sein für
  - die Rechtmäßigkeit eines Versäumnisurteils
  - Präklusionsfragen gem. § 296 I ZPO
- **Verspätungs- oder Entschuldigungstatsachen** können wichtig sein für die
  - Zurückweisung von Vorbringen nach §§ 283, 296, 527, 528 ZPO

Nie zu erwähnen sind: 69

z.B. Terminsbestimmungen, eine Streitverkündung ohne Beitritt, die Wiedereröffnung der mündlichen Verhandlung nach § 156 ZPO, der fristgerechte Widerruf eines Vergleichs mit Widerrufsvorbehalt oder ein bereits ergangener Streitwertbeschluss.

Die nach dem Vorstehenden relevanten Teile der Prozessgeschichte gehören der Vollständigkeit und der Kongruenz wegen in den Tatbestand. Sie sind an der Stelle anzuführen, an der sie der Verständlichkeit am besten dienen. Das ist entweder 70

- **im Zusammenhang mit den Behauptungen der Parteien,**
- **vor bzw. zwischen den Anträgen oder**
- **am Ende des Tatbestandes.**

Im Zusammenhang mit den jeweiligen Behauptungen der Parteien müssen Sie erwähnen 71

- unerledigte Beweisangebote,
- richterliche Hinweise zum Sachvortrag,
- Vortrag zu Entschuldigungs- oder Verspätungstatsachen.

Wegen §§ 529 ff. ZPO ist es ratsam, unerledigte Beweisangebote in den Tatbestand aufzunehmen. Das Berufungsgericht muss in der Lage sein, die Voraussetzungen einer Präklusion von neuem Vortrag oder neuen Beweismitteln anhand des Tatbestandes des angefochtenen Urteils festzustellen. Zudem gebietet der Grundsatz der Kongruenz, dass Sie in den Entscheidungsgründen nichts verwerten, was sich nicht aus Ihrem Tatbestand ergibt.

Beispiel: »*Der Kläger behauptet unter Berufung auf die Aussage des Zeugen X, ...*«

72 **Vor bzw. zwischen den Anträgen** müssen Sie prozessuale Ereignisse anführen, die für das Verständnis der Anträge von Bedeutung sind. Dies sind insbesondere

- Einsprüche nach einem ersten Versäumnisurteil mit Tenor und Daten (ohne Az.)
- Einsprüche nach einem Vollstreckungsbescheid mit Aktenzeichen, Tenor und Daten,
- Antragsänderungen (z.B. Erledigungserklärung, Klagebeschränkung, Klageerweiterung).
- Vorangegangene Anerkenntnis- Vorbehaltsurteile im Urkundenprozess

73 **Am Ende des Tatbestandes** erwähnen Sie die übrigen relevanten prozessgeschichtlichen Ereignisse wie

- durchgeführte Beweisaufnahmen,
- Fristen gem. § 296 ZPO und Eingangsdaten von Schriftsätzen bei Fristproblemen
- Zustellungsdaten, sofern diesen eine Bedeutung z.B. für den Zinsbeginn, die Verjährung oder die Frage der Erledigung des Rechtsstreits vor oder nach Rechtshängigkeit zukommt,
- Streitverkündungen mit nachfolgendem Beitritt.

74 Wenn eine Beweisaufnahme stattgefunden hat, brauchen Sie stets nur diese Tatsache anzuführen und müssen wegen des Ergebnisses verweisen (s. Rn. 60). Die Angabe des Beweisthemas ist nicht erforderlich, aber auch nicht verboten. Den Inhalt der Zeugenaussagen und des Gutachtens müssen Sie in den Entscheidungsgründen ausführen. Dazu finden Sie Formulierungsbeispiele unter Rn. 287 ff.

75 Streitverkündungen ohne Beitritt werden weder im Rubrum noch im Tatbestand erwähnt. Nur nach einem erfolgten Beitritt wird der Streitverkündete im Rubrum aufgeführt und im Rahmen von § 101 ZPO bei der Kostenentscheidung berücksichtigt. Ferner werden die Tatsache der Streitverkündung und des Beitritts mit Daten am Ende des Tatbestandes erwähnt.

4. Erarbeiten des »Falles«

76 Zum Dorfältesten kommt der Kläger und trägt seinen Fall vor. Der Dorfälteste sagt: »Du hast Recht!«. Kurze Zeit später kommt der Beklagte und schildert den Fall inhaltlich abweichend. Der Dorfälteste sagt ihm auch: »Du hast Recht!«. Beides hat seine Frau mitgehört und fragt: »Wie kannst du sagen, beide hätten Recht, wenn sie dir etwas Unterschiedliches vortragen?«. Der Dorfälteste überlegt kurz und sagt: »Da hast du auch wieder Recht!«. Will sagen: Entscheiden kann man erst, wenn man bei einem unterschiedlichen, erheblichen Tatsachenvortrag den »Fall« erarbeitet hat. Ohne diese Vorarbeit gibt es nur »schlüssig« und »erheblich«, aber damit ist nicht viel erreicht!

77 Eine der grundlegenden Erfahrungen zu Beginn der Zivilstation ist es, dass es verschiedene Typen von Klausuren gibt.

Typ 1: **Die Parteien streiten auf der Grundlage eines übereinstimmenden Tatsachenvortrages nur über Rechtsmeinungen.**
Typ 2: **Die Parteien tragen teilweise unterschiedliche Tatsachen vor, aber keine relevante Tatsache ist streitig.**
Typ 3: **Die Parteien behaupten unterschiedliche, relevante Tatsachen.**

Klausuren vom Typ 1, bei denen es nur um Rechtsfragen geht, werfen zumindest nicht die Schwierigkeit auf, sich den »Fall« erst heraussuchen zu müssen. Hier ist es nur wichtig, die Grundsätze zum Abfassen eines Tatbestandes zu beachten, vor allem Überflüssiges wegzulassen und das Wesentliche nach den Grundsätzen der Verständlichkeit darzustellen.

III. Die Arbeitsschritte im Einzelnen

Bei den Klausurtypen 2 und 3 ist das oberste Gebot, zunächst den »Fall« zu erarbeiten. Fehler, die dabei gemacht werden und zur Folge haben, dass der Fall, den der Bearbeiter entscheidet, nicht mit dem identisch ist, der eigentlich zu entscheiden ist, führen zum Scheitern der Klausur.

Bisweilen kann es schwierig sein, Klausuren des Typs 2 von denen des Typs 3 zu unterscheiden. Es kommt nicht selten vor, dass trotz deutlicher Unterschiede der beiden Tatsachenvorträge das übereinstimmend Vorgetragene allein maßgeblich ist und der gesamte streitige Rest für die Lösung keine Rolle spielt. Bei diesen Klausuren müssen Sie erst einmal herausfinden, ob es sich letztlich um verkappte Klausuren vom Typ 1 handelt, bei denen nichts Relevantes streitig ist, oder doch um solche vom Typ 3. Sie dürfen sich in diesem Stadium der Arbeit nicht in Feinheiten rechtlicher Art verlieren, bevor Sie sich der Relevanz Ihrer Überlegungen sicher sind. Eine rechtliche Analyse ist erst dann angebracht, wenn der letztlich zu beurteilende Sachverhalt feststeht. Dazu folgendes Beispiel:

> **Fall:** Der Kläger macht Ansprüche aus einem schriftlichen Vertrag geltend. Der Beklagte wehrt sich mit Rechtsauffassungen und behauptet eine mündliche Zusatzvereinbarung, die Probleme aufwirft.

Es macht keinen Sinn, die Probleme der Zusatzvereinbarung zu klären, bevor Sie wissen, ob sie relevant sind. Die vermeintlichen Schwierigkeiten lösen sich vielleicht in Luft auf. Sie müssen zunächst prüfen, ob die Zusatzvereinbarung überhaupt Teil des »Falles« wird. Wenn dem beweispflichtigen Beklagten der Beweis für die behauptete mündliche Vereinbarung nicht gelingt oder er keinen Beweis anbietet, ist für die rechtliche Beurteilung nur der schriftliche Vertrag maßgeblich. Die Probleme, die sich aus den unbewiesenen Behauptungen des Beklagten ergeben, werden dann gar nicht relevant, mehr noch, sie dürfen nicht einmal erörtert werden, weil das Urteil nicht auf ihnen beruht. Sie müssen dem Beklagten nur erklären, warum er mit seinem Sachvortrag nicht durchdringt (Rn. 280).

Während Sie bei Klausurtyp 1 die Entscheidungsgrundlage »geliefert« bekommen, lautet bei **78** den Klausuren vom Typ 2 und 3 die entscheidende Frage: Was ist der Fall, der zu entscheiden ist?

Der zu entscheidende »Fall« besteht aus

- **dem Unstreitigen,**
- **dem Bewiesenen und dem,**
- **wovon aufgrund gesetzlicher oder tatsächlicher Vermutungen ohne Beweis auszugehen ist.**

Unstreitig im rechtlichen Sinn sind gem. § 138 ZPO übereinstimmend vorgetragene, zugestandene, unbestrittene und unsubstantiiert oder unzulässigerweise mit Nichtwissen bestrittene Tatsachen.

Die Fallkonstellationen, in denen streitige Tatsachen ohne Beweisaufnahme der Entscheidung zu Grunde zu legen sind, sind zahlreich (s. dazu ausführlich Rn. 97 ff.). Zu nennen sind hier der fehlende Beweisantrag der beweisbelasteten Partei, der nicht ordnungsgemäße Beweisantritt, die Unzulässigkeit der Beweisaufnahme oder die fehlende Beweisbedürftigkeit. Das restliche streitige Vorbringen der Parteien wird also nicht »Fall« und spielt deshalb bei der Analyse der Rechtslage keine Rolle. In den Entscheidungsgründen müssen Sie nur gem. § 313 III ZPO die Gründe dafür erläutern, dass Teile des Tatsachenvortrags für Ihre Lösung ohne Bedeutung sind. Dazu ab Rn. 271 mehr. Ausführungen dazu, welche Konsequenzen sich andernfalls ergeben hätten, gehören nicht in die Entscheidungsgründe.

Wie gefährlich es sein kann, Lösungsüberlegungen ohne vorheriges Erarbeiten des »Falles« anzustellen, möchten wir Ihnen im Folgenden demonstrieren.

B. Klausurtechnik

79 **Fall:** Der Kläger begehrt vom Beklagten Schadensersatz, weil dieser einen defekten Fernseher des Klägers veräußert hat, statt ihn zu reparieren. Der Beklagte bestreitet den Reparaturauftrag und behauptet, er habe den Fernseher auf Weisung des Klägers unrepariert veräußert. Der Schaden des Klägers besteht in der Wertdifferenz zwischen dem ausgekehrten Verkaufserlös und dem höheren Zeitwert.

Der Kläger hat Ansprüche aus Unmöglichkeit eines Werkvertrages, angemaßter Eigengeschäftsführung und unerlaubter Handlung schlüssig vorgetragen. Bereicherungsrechtliche Ansprüche entfallen, weil das Erlangte ausgekehrt worden ist. Der Beklagte hat erheblich erwidert: Ohne Werkvertrag besteht kein vertraglicher Anspruch, bei Vorliegen eines Auftrages entfallen Ansprüche aus GoA und § 823 I BGB. Es ist sodann zu prüfen, wer im Rahmen welcher Anspruchsgrundlage die Beweislast trägt. Für die Ansprüche aus Werkvertrag und GoA ist der Kläger beweispflichtig, im Rahmen von § 823 I BGB muss der Beklagte beweisen, dass er den Eigentumsverlust des Klägers nicht rechtswidrig herbeigeführt hat, also einen Verkaufsauftrag hatte. Da kein Beweis angeboten worden ist, wäre nach Beweislast der Klage aus § 823 I BGB stattzugeben.

Sollten Sie dies bis hierher überzeugend finden, werden Sie sich gleich wundern. Eine Lösung über § 823 I BGB ist falsch. Die obigen Überlegungen haben unberücksichtigt gelassen, dass eine Klausur vom Typ 3 vorliegt und zunächst aus zwei unterschiedlichen Sachvorträgen der »Fall« erarbeitet werden muss. »Fall« wird hier nur das Unstreitige, da keine Beweisaufnahme durchgeführt worden ist. Unstreitig und damit »Fall« ist nur, dass der Kläger dem Beklagten seinen Fernseher gegeben hat, dass der Beklagte das Gerät veräußert und den Erlös, der unter dem Wert des Gerätes lag, ausgekehrt hat. Eine vertragliche Vereinbarung ist nicht »Fall« geworden, da beide Parteien unterschiedliche Abmachungen behaupten und die Möglichkeit eines Dissenses besteht. Es besteht mithin eine klassische Vindikationslage, d.h. der Kläger war Eigentümer, der Beklagte Besitzer ohne ein Recht zum Besitz. Damit kann sich der geltend gemachte Anspruch aufgrund des Vorrangs des EBV gegenüber §§ 823 ff. BGB nur aus §§ 989, 990 I 1 BGB ergeben. Hier spielt dann u.a. für eine Haftung des Beklagten die Frage seiner Gutgläubigkeit im Zeitpunkt des Besitzerwerbs die entscheidende Rolle. Ein Anspruch des Klägers ist anders als bei § 823 I BGB gar nicht selbstverständlich.

Hoffentlich sind Sie jetzt von der Notwendigkeit überzeugt, zunächst den »Fall« zu erarbeiten.

5. Lösen des Falles

a) Klausurtaktische Vorüberlegungen

80 **aa) Grundsätzliches** Da Sie im Examen die Entscheidung eines Gerichts zu entwerfen haben, sollten Sie auch so vorgehen wie ein Gericht in der Praxis. Das bedeutet, dass Sie sich nach der herrschenden Rechtsprechung richten und Literaturansichten tunlichst unberücksichtigt lassen sollten. Von Ausnahmen abgesehen bringt nicht einmal die Darstellung derartiger Ansichten Punkte, weil sie nicht praxisnah ist. Zudem besteht die Gefahr, dass Ihnen die Zeit für weitaus wichtigere Ausführungen fehlen könnte. Basis für das Gelingen sind natürlich gefestigte Rechtskenntnisse, jedenfalls was die Grundstrukturen anbelangt.

Bei dem Erarbeiten der Lösung dürfen Sie sich nicht von Überlegungen emotionaler Art leiten lassen. Beispiele dafür sind:

- Sie streben ein auf den ersten Blick als gerecht empfundenes Ergebnis an.
- Nur eine bestimmte Lösung eröffnet den Weg zu einem »schönen« Problem.
- Der Hauptantrag muss unbegründet sein, weil es einen Hilfsantrag gibt.
- Die Klage kann nicht unschlüssig sein, weil sonst die Einreden und Einwendungen des Beklagten nicht

erörtert zu werden brauchen.

III. Die Arbeitsschritte im Einzelnen

- Die Klageforderung muss begründet sein, weil Sie sonst nicht zur Hilfsaufrechnung kommen.
- Die Tatsache, dass die Parteien über einen Aspekt heftig streiten, legt nahe, dass er relevant ist.

Diese und ähnliche Vermutungen oder »Intuitionen« sind meist schlechte Ratgeber. Sicherlich besteht in den genannten Beispielen Anlass, die »Intuition« in die rechtlichen Überlegungen mit einzubeziehen, aber nur als Möglichkeit, nicht aber als wahrscheinliches oder gar feststehendes Ergebnis. Gleiches gilt bei zusammengesetzten Forderungen oder mehreren Anträgen. Es kommt z.B. nach Verkehrsunfällen vor, dass bei einem grds. bestehenden Schadensersatzanspruch einzelne Teilforderungen wie Nutzungsentschädigung nicht oder nur teilweise begründet sind. Entsprechendes gilt in Fällen mit kumulativen Klagenhäufungen und bei einfacher Streitgenossenschaft auf Beklagtenseite. Es besteht grds. die nahe liegende Vermutung, dass die einzelnen Ansprüche unterschiedliche rechtliche Wertungen erfordern, einzeln dargestellt werden müssen und im Ergebnis unterschiedlich ausfallen können. Deshalb müssen Sie auch jeden Anspruch getrennt durchdenken. Dies alles hat aber nichts mit Klausurtaktik im engeren Sinn zu tun, wie sie im Folgenden dargestellt wird.

Von einem Teilergebnis sollten Sie allerdings grds. ausgehen: Da bei Primäraufrechnungen der Vortrag des Klägers als unstreitig anzusehen ist, steht ihm der geltend gemachte Anspruch nur bei Schlüssigkeit seines Vortrages zu. Dies sollten Sie im Zweifel stets annehmen, weil Sie sonst nicht zur Erörterung der streitigen Gegenforderung des Beklagten kommen. Das ist im Examen wahrscheinlich nicht gewollt.

Grundsätzlich gilt: Sie müssen streng analytisch vorgehen und dürfen erst am Ende Ihrer Lösung eine »Gerechtigkeitsprüfung« auf der Grundlage Ihres Judizes und im Lichte von Treu und Glauben vornehmen, um Fehler aus Rechtsblindheit zu vermeiden! Diese induktive Vorgehensweise, also der vorurteilsfreie, rein analytische Weg vom Problem zur Lösung, ist für Sie im Examen grundsätzlich die einzig richtige. Die Einschränkung lautet jedoch:

Merke: Sie müssen, bevor Sie sich an die Lösung begeben, zunächst die zwingenden klausurtaktischen Konsequenzen aus der Ihnen vorgegebenen Aktenlage ziehen!

Die sich aus der Durchführung oder dem Fehlen einer Beweisaufnahme, aus fehlendem Vortrag oder nicht erteilten richterlichen Hinweisen ergebenden Schlussfolgerungen sind von größter Bedeutung für Ihre Lösungsüberlegungen. Diese Vorüberlegungen sparen Zeit, verhindern Irrwege und ergeben häufig Hinweise auf das richtige Ergebnis.

Der unumstößliche Grundsatz im Examen lautet: **Der Rechtsstreit ist entscheidungsreif!** 81

Sie sollen nämlich zeigen, dass Sie eine anspruchsvolle, abschließende Entscheidung, also ein Urteil oder einen Beschluss nach § 91a ZPO verfassen können, und nicht nur einen Hinweis-, Auflagen- oder Beweisbeschluss mit anschließendem Hilfsgutachten.

Die Bearbeiterhinweise, nach denen Sie, wenn Ihrer Meinung nach etwas fehlen sollte, davon ausgehen müssen, dass das Gericht Hinweise gem. § 139 ZPO erteilt oder ergebnislose Beweisaufnahmen durchgeführt hat, sind nur für »Neunmalkluge« oder für den seltenen Fall, dass ausnahmsweise bei der Gestaltung der Vorlage Fehler unterlaufen sind. Mit der Anweisung, ggf. eine unergiebige Beweisaufnahme oder einen richterlichen Hinweis, auf den keine Reaktion erfolgt ist, zu unterstellen, soll nur sichergestellt werden, dass jeder Referendar gezwungen ist, den Fall inhaltlich zu bearbeiten und kein »Schlauberger« sich mit einer eher formalen Lösung auf einer oder zwei Seiten 18 Punkte abholen kann.

Merke: Sie tun gut daran, grundsätzlich von der Richtigkeit und Vollständigkeit der Vorlage auszugehen.

Richtig und vollständig bedeuten hier, dass der Rechtsstreit von Seiten des Gerichts de lege artis geführt worden und nichts Sinnloses veranlasst und nichts Notwendiges unterlassen worden ist.

Merke: Wenn Ihre Lösung die erfolglose Erteilung eines rechtlichen Hinweises voraussetzt, kann dies ein Indiz für einen Fehler Ihrer Lösung sein.

B. Klausurtechnik

Wenn Sie zu einem Ergebnis kommen, bei dem in der Praxis die Erteilung eines richterlichen Hinweises nach § 139 ZPO geboten gewesen wäre, sollten Sie Ihre Lösung noch einmal überprüfen und einen Lösungsweg suchen, bei dem Sie ohne den Ihrer Meinung nach fehlenden Hinweis auskommen. Gerade nach der Neufassung von § 139 ZPO, die gestiegene Anforderungen an die richterliche Hinweispflicht eingeführt hat, müssen Sie davon ausgehen, dass auf alle wichtigen Aspekte, die die Parteien übersehen haben könnten und die für die Entscheidung von Bedeutung sind, hingewiesen worden ist.

Eine Einschränkung von dem Grundsatz, dass das Gericht den Rechtsstreit de lege artis geführt hat, sollten Sie machen, wenn gegen den Beklagten ein Versäumnisurteil ergangen ist. Hier könnte folgende Falle eingebaut worden sein: Es kann sein, dass das Versäumnisurteil nicht »in gesetzmäßiger Weise« i.S.v. § 344 ZPO ergangen ist, weil die Klage z.B. nicht schlüssig war oder ein Fall der Säumnis mangels ordnungsgemäßer Ladung des Beklagten nicht vorlag. Dies hätte zur Folge, dass Sie dann davon absehen müssten, dem säumigen Beklagten die Kosten seiner Säumnis aufzuerlegen.

82 Die »Dogmen«

- **Entscheidungsreife,**
- **richtige Sachbehandlung und**
- **Vollständigkeit der Vorlage**

veranlassen deshalb zur Annahme folgender Prämissen für Ihre Lösung:

83
- **Fehlende Angaben ohne richterlichen Hinweis legen nahe, dass es darauf nicht ankommt!**
- **Eine durchgeführte Beweisaufnahme besagt, dass das Beweisthema erheblich ist!**
- **Eine nicht durchgeführte Beweisaufnahme war auch nicht erforderlich!**

Wenn Sie diese Grundsätze nicht beachten, laufen Sie Gefahr, zu einem Ergebnis zu gelangen, das den Überlegungen des Klausurverfassers nicht Rechnung trägt. Damit ist davon auszugehen, dass eine derartige Lösung im Widerspruch zu der dem Korrektor vorliegenden Lösungsskizze steht.

Es geht hier nicht um richtig, falsch oder vertretbar, sondern um taktisch schlau oder dumm. Bei einer Lösung gegen die amtliche Skizze haben Sie einen schweren Stand, weil Sie den Korrektor davon überzeugen müssen, dass Sie schlauer sind als die »Superjuristen« im Prüfungsamt. Es ist zwar nicht auszuschließen, dass denen auch mal ein Fehler unterläuft oder dass man ein Problem anders lösen kann, als es die amtliche Lösungsskizze vorgibt, es ist aber allemal ratsam, den sich aus der Vorlage ergebenden Lösungsweg zu ermitteln und danach zu entscheiden. Ziele dieser Hinweise auf mögliche Schlussfolgerungen haben Sie ja schon erkannt, wenn Sie unseren Ratschlägen zur grds. Herangehensweise an eine Zivilgerichtsklausur gefolgt sind (s. Rn. 13, 20 ff.).

Nun zu diesen Schlussfolgerungen im Einzelnen:

bb) Die Bedeutung scheinbar nebensächlicher Angaben in der Vorlage
84 • **Daten**

Sie sollten alle in der Vorlage erwähnten Daten, auch wenn sie deren Relevanz nicht sogleich erkennen, auf ihre mögliche Bedeutung in materieller und formeller Hinsicht hin überprüfen. Dabei müssen Sie vor allem bedenken, dass Fristen versäumt worden sein können oder nicht angemessen waren. Beispiele für besonders examensrelevante Fristen sind:
- § 276 ZPO Klageerwiderungsfrist (wichtig wegen der möglichen Präklusion, vgl. Rn. 465)
- § 255 ZPO bei Klagen auf künftige Leistung
- § 217 ZPO Ladungsfrist
- § 132 I ZPO Schriftsatzfrist (gilt analog auch bei Antragsänderungen)
- §§ 121, 124, 2082 BGB Anfechtungsfristen
- §§ 455 ff., 438, 634a, 651 g II BGB Verjährungsfristen
- § 281 I 1 BGB Nacherfüllungsfrist
- §§ 355, 495 BGB Widerrufsfrist bei Verbraucherverträgen
- §§ 573c, 574 b BGB Kündigungs- und Widerspruchsfrist im Mietrecht
- § 651 g I BGB Ausschlussfrist bei Reisemängeln
- § 1002 BGB Erlöschen des Verwendungsersatzanspruchs

III. Die Arbeitsschritte im Einzelnen

- **Zahlen und Wertangaben**   85

  Diese Angaben können z.B. Bedeutung haben für
  - den Streitwert im Allgemeinen,
  - die Ermittlung des Gebührenstreitwerts gem. § 45 GKG,
  - die Unterliegensquote, z.B. bei Haupt- und Hilfsanträgen
  - die sachliche Zuständigkeit des Gerichts.

- **Auf den ersten Blick Nebensächliches**   86

  Sie tun gut daran, wenn Sie davon ausgehen, dass nichts zufällig in einer Klausurvorlage steht. Jedes Detail hat seine Bedeutung. Entweder handelt es sich um Überflüssiges, das Sie weglassen sollen, um so Ihren Überblick zu zeigen, oder es hat eine versteckte Bedeutung, die man erst auf den zweiten Blick erkennt. Hier ein kleines Beispiel:
  Der Kläger verlangt vom Beklagten Wertersatz für seinen inzwischen weiter veräußerten Pkw, den sein Sohn als Nichtberechtigter an den Beklagten verkauft und übergeben hat. Beiläufig wird erwähnt, dass der Sohn verstorben und von seiner Freundin beerbt worden ist. Kaum ein Bearbeiter misst der Tatsache, dass der Vater nicht Erbe geworden ist, eine Bedeutung bei. Die Relevanz liegt auf der Hand, sobald man sich nur vor Augen führt, dass der Erbe in die Rechtsstellung des Erblassers eintritt, also hier der Berechtigte in die des Nichtberechtigten. § 185 II 1, 3. Alt BGB regelt deshalb auch, dass die Verfügung des Sohnes wirksam geworden wäre, wenn sein Vater ihn beerbt hätte. Ohne das scheinbar nebensächliche Testament wären die Entscheidungsgründe eine Seite lang.

- **Rechtsmeinungen**   87

Sie sollten den Rechtsmeinungen größte Aufmerksamkeit widmen, weil sie konkludente Einreden und andere Erklärungen sowie wichtige Hinweise für Lösungsansätze enthalten können. Da Sie jeden rechtlichen Aspekt, den die Parteien problematisieren, in Ihren Entscheidungsgründen ansprechen sollten, müssen Sie ohnehin über die geäußerten Rechtsansichten nachdenken. Andererseits können Rechtsmeinungen auch üble Fallen sein. Deshalb müssen Sie besonders darauf achten, sich durch leicht »schiefe« Rechtsmeinungen nicht in die Irre leiten zu lassen. Hüten Sie sich also davor, Rechtsmeinungen ungeprüft zu folgen. Das gilt auch, wenn beide Parteien zu einem rechtlichen Aspekt dieselbe Ansicht äußern. Da die Parteien Sie auch durch übereinstimmende Rechtsansichten nicht binden können, bleibt es Ihre Sache, die Rechtslage zu beurteilen (s. Rn. 23, 38).

cc) Die Bedeutung fehlender Angaben in der Vorlage   Wenn Sie die erste Prämisse akzeptieren, 88
können Sie Ihrer Textvorlage versteckte Hinweise für die richtige oder aber Warnungen vor der falschen Lösung entnehmen. Hier einige Beispiele:

- Fehlender Vortrag zu einer Abnahme spricht gegen einen Werkvertrag, weil der Werklohnanspruch nicht fällig wäre und die Entscheidungsgründe nur sehr kurz ausfallen würden.
- Angaben zum Wert einer Sache, aber nicht zum Verkaufserlös nach der Verfügung eines Nichtberechtigten sprechen gegen § 816 I BGB als Anspruchsgrundlage. Näher liegt ein Schadensersatzanspruch aus GoA, §§ 989, 990 I BGB oder §§ 823 ff. BGB.
- Ein fehlendes Datum ist in der Regel ein deutlicher Hinweis darauf, dass es nicht relevant ist.

> **Fall:** Der Kläger hat zunächst die Herausgabe seiner Sache verlangt und ist im Termin umgeschwenkt auf Schadensersatz mit Zinsen »seit Klagezustellung«. Das Zustellungsdatum ergibt sich nicht aus der Akte, das Terminsprotokoll ist hingegen mit Datum in der Vorlage abgelichtet.

Das Fehlen des Zustellungsdatums ist kein Versehen, sondern ein Hinweis darauf, dass es nicht entscheidungserheblich ist. Entweder scheitert die Klage insgesamt oder dem Kläger stehen keine Zinsen zu (z.B. wegen einer Zug-um-Zug-Verurteilung oder weil der Zinsanspruch erst an dem Tag nach der Antragsumstellung beginnt (§ 261 II ZPO i.V.m. § 187 I BGB analog).

B. Klausurtechnik

- Wenn wichtige Angaben zu einem Vortrag fehlen und das Gericht nach § 139 ZPO darauf hinweisen müsste, deutet dies darauf hin, dass der Anspruch oder die Einwendung bereits aus anderen Gründen scheitert.

Das vermeintliche »Fehlen« des Hinweises ist darauf zurückzuführen, dass er nicht erforderlich ist, so z.B. gem. § 139 II ZPO bzgl. Nebenforderungen und unwesentlichen Teilen der Hauptforderung, oder dass er sinnlos wäre, weil eine Ergänzung der Angaben am Ergebnis nichts ändern würde. Es wird in der Regel eine Situation vorliegen, die unabhängig von dem fehlenden Vortrag zum Scheitern des Anspruchs oder der Einwendung führt. Eine Ergänzung des Vortrags würde an diesem Ergebnis nichts ändern. Danach müssen Sie zunächst suchen. Hier sind einige Beispiele:

– Wenn Vortrag zur Höhe eines Anspruchs fehlt und eine Schätzung gem. § 287 ZPO nicht möglich ist, kann dies ein Hinweis darauf sein, dass der Anspruch schon dem Grunde nach scheitert.
– Unvollständige Angaben zur Anspruchshöhe können darauf hindeuten, dass dem Kläger kein Zahlungsanspruch, sondern nur ein Freistellungsanspruch zusteht.
– Die Partei ist mit dem Vorbringen präkludiert (z.B. gem. §§ 767 II ZPO, 1002 II BGB).
– Die Rechtskraft einer anderen Entscheidung steht gem. § 322 ZPO entgegen.
– Fristen sind abgelaufen (z.B. §§ 121, 124 BGB).
– Es liegt Verjährung oder Verwirkung vor.
– Der Einwand unzulässiger Rechtsausübung greift.
– Der Antrag – einer von mehreren – ist unzulässig.
– Der Widerklage fehlt die Konnexität. Sie ist deshalb ohnehin abzuweisen.
– Fehlende Angaben zum Hilfsantrag sind unbeachtlich, weil der Hauptantrag schon begründet ist.
– Fehlende Angaben zum Hauptantrag sind unbeachtlich, weil nur der Hilfsantrag begründet ist.
– Neue Tatsachen sind unvollständig, aber wegen eines früheren Geständnisses unbeachtlich.
– Der unvollständige Vortrag ist unbeachtlich, weil er aus einem nicht nachgelassenen oder einem nachgelassenen, aber verspätet eingereichten Schriftsatz stammt.
– Fehlender Vortrag zur Hilfsaufrechnung ist bedeutungslos, weil die Klageforderung nicht besteht.

Bei klärungsbedürftigem Sachverhalt wegen einer zur Aufrechnung gestellten Gegenforderung des Beklagten, der eine Beweiserhebung erfordert, müssen Sie auch an die Möglichkeit eines Vorbehalturteils gem. § 302 ZPO denken.

89 **dd) Die Vorlage mit Beweisaufnahme** Wenn in Ihrer Vorlage eine Beweisaufnahme durchgeführt worden ist, die nach Ihrem Ergebnis nicht erforderlich ist, sollten Sie Ihre Lösung auf jeden Fall überdenken. Überprüfen Sie Ihre entscheidenden Weichenstellungen darauf, ob Sie sich nicht mit ebenso guten Gründen anders entscheiden könnten und dann zu einem Ergebnis kommen, bei dem die durchgeführte Beweisaufnahme erforderlich war. Dies ist im Zweifel der sicherere und damit vorzuziehende Lösungsweg.

Die unumstößlichen Arbeitshypothesen im Examen lauten nämlich in diesem Punkt:

1. Eine durchgeführte Beweisaufnahme war für die Entscheidungsreife erforderlich.
2. Die Tatsache, über die Beweis erhoben worden ist, ist erheblich.
3. Eine Lösung ohne Berücksichtigung der Beweisaufnahme entspricht nicht der offiziellen Lösungsskizze und ist mit einiger Sicherheit falsch.

Daraus folgt, dass Sie aus der Tatsache, dass eine Beweisaufnahme durchgeführt worden ist, entscheidende Rückschlüsse für die richtige Lösung ziehen können und sollten, z.B.:

- Eine Beweisaufnahme zur Höhe einer Forderung indiziert, dass der Anspruch dem Grunde nach gegeben ist.
- Eine Beweisaufnahme zu Behauptungen des Klägers indiziert, dass die Klage schlüssig ist und dass das Urteil vom Ausgang der Beweisaufnahme abhängt.
- Eine Beweisaufnahme zur Frage einer Abnahme deutet auf einen Werkvertrag hin.

- Eine Beweisaufnahme nur zu rechtsvernichtenden Einwendungen des Beklagten besagt,
  - dass die Klage ansonsten ganz oder zum Teil begründet wäre und
  - dass das Vorbringen des Beklagten zumindest insofern erheblich ist.
- Eine Beweisaufnahme ausschließlich zu streitigen Tatsachen, die eine hilfsweise zur Aufrechnung gestellte Forderung des Beklagten betreffen, besagt,
  - dass die Klageforderung ansonsten ganz oder teilweise zuzusprechen wäre,
  - dass die in erster Linie vorgebrachten Einreden und Einwendungen des Beklagten gegen die Klageforderung scheitern,
  - dass der Vortrag zur Hilfsaufrechnung jedenfalls schlüssig ist,
  - dass das Bestreiten des Klägers hinsichtlich der Tatsachen, die zur Schlüssigkeit der Hilfsaufrechnung gehören, zumindest in einem Punkt erheblich ist.
- Eine Beweisaufnahme zu Behauptungen im Rahmen einer Widerklage lässt auf deren Zulässigkeit, also auch auf Konnexität, schließen.
- Eine Beweisaufnahme ausschließlich zu Behauptungen, die einen Hilfsantrag betreffen, besagt, dass der Hauptantrag nicht begründet ist.
- Wenn eine Beweisaufnahme nur auf Antrag einer Partei erfolgt ist, trägt diese Partei auch die Beweislast.
- Eine unergiebige Beweisaufnahme führt zur Beweisfälligkeit der beweisbelasteten Partei.
- Wenn eine unergiebige Beweisaufnahme eine anspruchsbegründende oder -vernichtende Voraussetzung betroffen hat, verliert der Beweispflichtige.

Die besondere Bedeutung der klausurtaktischen Analyse soll an dem folgenden Fall demonstriert werden. Sie werden sehen, wie sinnvoll und hilfreich diese Vorgehensweise ist.

Fall: Die Klägerin verlangt vom Beklagten Schadensersatz wegen der Beschädigung ihres Pkw. **90**

Der Beklagte erwies der Klägerin auf deren Bitte unentgeltlich den Gefallen, ihren Pkw in Hamburg abzuholen und ihn über eine Strecke von 70 km zu ihr nach Hause zu fahren. Auf dieser Fahrt legte er einen mit der Klägerin nicht abgesprochenen Zwischenstopp auf einem an der Fahrstrecke gelegenen Ponyhof ein. Beim Verlassen des Parkplatzes kam es zu einem Zusammenstoß mit einer Mofafahrerin, die den parallel zur Straße verlaufenden bevorrechtigten Radweg befuhr. Der unstreitige Schaden ist nicht von einer Versicherung gedeckt.

Die Klägerin behauptet, der Beklagte sei in rasanter Fahrt ohne Beachtung der Vorfahrt vom Parkplatz gefahren.

Die Klägerin beantragt,

den Beklagten zu verurteilen, an sie 4.000 € nebst Zinsen i.H.v. 5 Prozentpunkten über dem Basiszinssatz seit Klagezustellung zu zahlen.

Der Beklagte beantragt,

die Klage abzuweisen.

Der Beklagte behauptet, er habe auf dem Radweg anhalten müssen, um den Verkehr auf der Straße zu beachten. Zu diesem Zeitpunkt sei auf dem Radweg kein anderes Fahrzeug zu sehen gewesen. Dann sei der Motor ausgegangen und habe sich während der nächsten ein bis zwei Minuten nicht wieder starten lassen. Er habe während dieser Zeit nur auf die Armaturen geschaut und erfolglos den Anlasser betätigt. Die Mofafahrerin müsse ihn übersehen haben.

Der Beklagte meint, ihn treffe keine Schuld an dem Zusammenstoß. Zudem sei die Haftung für einfache Fahrlässigkeit auch ohne ausdrückliche Vereinbarung ausgeschlossen, weil er ohne jedes Eigeninteresse nur der Klägerin habe helfen wollen.

Das Gericht hat die nur von der Klägerin benannte Mofafahrerin als Zeugin zum Unfallhergang gehört. Der Beklagte hat keinen Beweis angeboten. Die Beweisaufnahme war unergiebig. Die Zeugin hat bekundet, sie könne sich wegen einer Gehirnerschütterung an nichts erinnern.

B. Klausurtechnik

Lösen Sie zunächst einmal den obigen Fall, bevor Sie weiter lesen. Erstellen Sie in nicht mehr als 30 Minuten eine Lösungsskizze mit Stichworten unter Hervorhebung der Schwerpunkte Ihrer Argumentation. Sie werden sich vermutlich wundern.

- Wenn Sie ohne klausurtaktische Vorüberlegungen an den Fall herangegangen sind, werden Sie zunächst nach einer Anspruchsgrundlage gesucht haben und auf eine vertragliche in Form eines Auftrags oder Gefälligkeitsvertrages sowie auf § 823 I BGB gekommen sein. Ansprüche aus EBV scheitern am Besitzrecht des Beklagten.
- Sie werden weiter erkannt haben, dass bei der Annahme einer vertraglichen Anspruchsgrundlage der Rechtsbindungswille problematisch ist, und zunächst mit dem deliktischen Anspruch fortfahren.
- Eigentumsverletzung und Rechtswidrigkeit werden Sie problemlos annehmen und sodann bei der Frage des Verschuldens auf die nächste Schwierigkeit stoßen. Die Beweisaufnahme war unergiebig. Fehlt also der Nachweis des Verschuldens durch die für deliktische Ansprüche beweispflichtige Klägerin? Sie haben dann sicher gesehen, dass der Beklagte entweder nach seinem eigenen Vortrag wegen der Verletzung von Sicherungspflichten – Hupen und Blinken – gem. § 15 StVO oder nach den Grundsätzen des Anscheinsbeweises einfach fahrlässig gehandelt hat. Bei einem streitigen, unbewiesenen Unfall im Straßenverkehr trägt in einer derartigen Situation derjenige prima facie die Schuld, der nicht vorfahrtberechtigt war, also der Beklagte.
- Dank der vom Beklagten geäußerten Rechtsauffassung werden Sie sodann auf die Frage einer stillschweigenden Haftungsbeschränkung gestoßen. Sie werden feststellen, dass man eine derartige Vereinbarung mit gleich guten Argumenten annehmen oder ablehnen kann. Wahrscheinlich wird Sie die Tatsache, dass der Beklagte den Abstecher, der letztlich zu dem Unfall geführt hat, lediglich im eigenen Interesse gemacht hat, dazu veranlassen, die Frage einer Haftungsbeschränkung offen zu lassen, weil sie den Abstecher nicht erfasst.
- Sie werden der Klage stattgeben. Das wird dazu führen, dass Sie sich – insoweit konsequent – mit der Frage einer weiteren, vertraglichen Anspruchsgrundlage nicht mehr zu befassen haben und damit die nicht einfachen Fragen des Rechtsbindungswillens, des genauen Vertragstyps und der Beweislast umgangen haben.

Diese Lösung wird zu einer schlechten Punktzahl, ggf. sogar zum Scheitern führen. Wenn im Folgenden die Gründe für diese Annahme erläutert werden, geht es bezüglich der zu entscheidenden Rechtsfragen nicht um richtig oder falsch, sondern nur um klausurtaktisch schlau oder dumm. Sie sind im Examen und da gelten besondere Regeln!

Die vorstehenden Lösungsüberlegungen waren klausurtaktisch mehr als töricht. Sie haben die Vorgaben der Vorlage unbeachtet gelassen und damit zu einem Ergebnis geführt, das den Überlegungen des Klausurverfassers nicht Rechnung trägt. Damit ist davon auszugehen, dass diese Lösung im Widerspruch zu der den Prüfern vorliegenden Lösungsskizze steht und folglich wenig Aussicht auf Erfolg besteht. Jedenfalls hat eine Lösung gegen die »Logik der Vorlage« einen schweren Stand.

Wie bereits gesagt, es geht nicht um richtig, falsch oder vertretbar, sondern um taktisch schlau oder dumm. Die Analyse der Vorlage hätte Ihnen die Anspruchsnorm, den Lösungsweg und sämtliche Weichenstellungen aufgezeigt. Sie hätten Zeit gespart und Unsicherheit bei »engen« Entscheidungen vermieden, weil Ihnen das Ergebnis und der Lösungsweg so, wie der Aufgabensteller es sich überlegt, die Klausur danach »geschnitten« und in der Lösungsskizze entsprechend vermerkt hat, durch eine klausurtaktische Analyse der Vorlage logisch zwingend serviert wird.

III. Die Arbeitsschritte im Einzelnen

Klausurtaktische Vorüberlegungen:
- Das Gericht hat eine Beweisaufnahme durchgeführt. Beweisthema war die Behauptung der Klägerin, der Beklagte sei in rasanter Fahrt ohne Beachtung der Vorfahrt auf den Radweg gefahren. Diese Behauptung war mithin erheblich.
- Damit greift das Dogma: Die Beweisaufnahme war erforderlich!
- Folglich war der Rechtsstreit ohne die Beweisaufnahme nicht entscheidungsreif.
- Was folgt daraus?
  - Das Vorliegen einfacher Fahrlässigkeit kann nicht ausreichen, weil dies auch ohne Beweisaufnahme schon feststeht. Das folgt entweder aus dem eigenen Vortrag des Beklagten wegen Verletzung der Sicherungspflichten wie Hupen und Betätigen des Warnblinkers gem. § 15 StVO oder nach den Grundsätzen des Anscheinsbeweises. Danach ist davon auszugehen, dass der Beklagte, der nicht zur Vorfahrt berechtigt war, bei einem ansonsten streitigen Unfall mit einem Vorfahrtberechtigten den Unfall verursacht und auch verschuldet hat.
  - Bei der Beweisfrage, ob der Beklagte den Parkplatz in rasanter Fahrt verlassen habe, muss es also um das Vorliegen grober Fahrlässigkeit gegangen sein.
  - Die Haftung des Beklagten hängt mithin vom Vorliegen grober Fahrlässigkeit ab.
  - Diese muss also streitig sein.
  - Daraus folgt, dass aus einer im Wege des Anscheinsbeweises gefolgerten Vorfahrtsverletzung nur auf einfache, nicht aber auf grobe Fahrlässigkeit geschlossen werden kann. Ansonsten wäre die Beweisaufnahme auch wieder überflüssig gewesen.
  - Auch der Verstoß gegen § 15 StVO kann deshalb nur leichte Fahrlässigkeit begründen.
  - Die Klägerin trägt die Beweislast, weil über ihre Behauptung Beweis erhoben worden ist.
  - Hätte der Beklagte die Beweislast, hätte die Beweisaufnahme gar nicht durchgeführt werden dürfen, weil er keinen Beweisantrag gestellt hat. Darauf hätte ihn das Gericht nach § 139 ZPO aber hinweisen müssen. Das ist aber ausweislich der Vorlage, von deren Vollständigkeit und Richtigkeit auszugehen ist, nicht geschehen. Also hat er nicht die Beweislast, jedenfalls nicht nach der »Logik« der Vorlage.

Zwingende Konsequenzen für den Lösungsweg:
1. Da die Klägerin für eine anspruchsbegründende Tatsache beweispflichtig und die Beweisaufnahme unergiebig war, muss die Klage abgewiesen werden, weil die Klägerin beweisfällig geblieben ist.
2. Damit scheitern auch alle anderen Anspruchsgrundlagen, weil diese ebenfalls von dem Ergebnis der Beweisaufnahme abhängen müssen. Andernfalls wäre die Beweisaufnahme überflüssig gewesen.
3. Folglich scheiden vertragliche Anspruchsgrundlagen aus, weil bei vertraglichen Beziehungen der Beklagte nach § 280 I 2 BGB für sein fehlendes Verschulden beweispflichtig wäre. Die Vorlage geht aber eindeutig von der Beweislast der Klägerin aus.
4. Die einzige verbleibende Anspruchsgrundlage ist § 823 I BGB. Denn nur bei einem deliktischen Anspruch hat die Klägerin die Beweislast.
5. Deliktsrecht wird hier nicht von den §§ 989, 990 ff. BGB verdrängt. Deren grundsätzlicher Vorrang scheitert am Besitzrecht des Beklagten. Der eigenmächtige Abstecher ändert daran nichts.
6. Vorschriften des StVG greifen nicht, weil sie nur Ansprüche von Verkehrsteilnehmern untereinander regeln.
7. Die stillschweigende Haftungsbeschränkung auf Vorsatz und grobe Fahrlässigkeit ist anzunehmen. Andernfalls wäre die Beweisaufnahme überflüssig gewesen.
8. Der Abstecher des Beklagten muss aus demselben Grund unbeachtlich sein, weil es bei dem reduzierten Haftungsmaßstab bleiben muss. Sonst hätte es auch keiner Beweisaufnahme bedurft.

Nach diesen zwingenden Rückschlüssen können Sie sich eingehend mit den entscheidenden Fragen befassen, deren Ergebnisse Sie bereits kennen:

- Woran scheitern vertragliche Anspruchsgrundlagen?
  Es liegt auf der Hand, dass der Rechtsbindungswillen fehlt.
- Was genau ist der Rechtsbindungswille und woran scheitert er hier?
  Maßstab ist der Wille, Primärleistungspflichten zu begründen, für die Erfüllung einstehen zu wollen und bei Leistungsstörungen Sekundäransprüche geltend zu machen oder hinzunehmen.
  Das ist bei Gefälligkeiten des täglichen Lebens unter Bekannten nach h.M. grds. nicht der Fall.
- Müssen alle in Betracht kommenden vertraglichen Anspruchsgrundlagen dargestellt und von einander abgegrenzt werden?
  Nein. Da das Fehlen des Rechtsbindungswillens bei jedem vertraglichen Anspruch zum Scheitern führt, sind Ausführungen zum genauen Vertragstyp überflüssig. Sinnvoll ist es allerdings, die in Betracht kommenden Anspruchsgrundlagen zu erwähnen.
- Wie begründet man eine stillschweigende Haftungsbeschränkung?
  Wenn lückenhafte Absprachen vorliegen, sind diese nach Treu und Glauben so auszufüllen, wie sie verständige Parteien bei Kenntnis der auftretenden Schwierigkeiten geregelt hätten. Ohne Versicherungsschutz ist die Klägerin weniger schutzwürdig als der »gefällige« Beklagte.
- Warum schadet der Abstecher nicht?
  Wenn die Parteien auch das besprochen hätten, wäre die Klägerin sicherlich damit einverstanden gewesen, weil der Beklagte ihr ja den weitaus größeren Gefallen erweisen wollte.

Diese Überlegungen sind nach einer klausurtaktischen Analyse weitaus einfacher, weil Sie nur noch nach guten Argumenten für das Ihnen bekannte Ergebnis suchen müssen. Wenn Sie anders vorgehen, kämpfen Sie stets mit der Ungewissheit, ob Ihr Ergebnis und Ihr Lösungsweg auch richtig sind. Sie werden von Zweifeln geplagt sein und Überlegungen in alle Richtungen anstellen, die Zeit kosten und, wie die obige Analyse zeigt, völlig überflüssig sind. Die Lösungsskizze zu diesem Fall ist unter Rn. 150 dargestellt; die Entscheidungsgründe finden Sie unter Rn. 300.

Dieses Beispiel sollte Ihnen verdeutlichen, wie wichtig es ist, erst nach einer klausurtaktischen Analyse mit der Lösung zu beginnen, auch wenn die Vorlage nicht immer so viel verrät wie im obigen Fall.

93 ee) Die Vorlage ohne Beweisaufnahme Wenn eine nicht durchgeführte Beweisaufnahme erforderlich scheint, kann dies drei Gründe haben:

1. Möglichkeit: Die Klausuraufgabe ist falsch gestellt, der Fall ist nicht entscheidungsreif.

2. Möglichkeit: Ihre Lösung ist richtig, aber eine Beweisaufnahme ist nicht erforderlich.

3. Möglichkeit: Ihre Lösung ist ganz oder teilweise falsch.

1. Die Klausuraufgabe ist falsch gestellt, der Fall ist nicht entscheidungsreif (1. Möglichkeit)

94 Die erste Möglichkeit ist so fern liegend, dass Sie den Gedanken nicht weiter verfolgen sollten. Auf keinen Fall dürfen Sie auf der Grundlage des üblichen Bearbeitervermerks, etwaige weitere Hinweise und Sachverhaltsermittlungen seien erfolglos geblieben, ungeprüft die ergebnislose Durchführung einer Beweisaufnahme unterstellen. Dies ist in aller Regel ein schwerer Fehler, weil das Fehlen einer Beweisaufnahme in der Examensklausur ein sicheres Indiz dafür ist, dass der Rechtsstreit ohne Beweisaufnahme entscheidungsreif ist.

2. Ihre Lösung ist richtig, aber eine Beweisaufnahme ist nicht erforderlich (2. Möglichkeit)

Die dritte Möglichkeit, d.h. Ihre Lösung ist falsch, ist zwar nahe liegender als die erste, Sie sollten aber nicht sofort eine vielleicht doch richtige Lösung verwerfen. Der erste Gedanke ist zwar meistens: Meine Lösung ist falsch. Aber Vorsicht! Es kann nämlich sein, dass Ihre Lösung stimmt und nur Ihre Annahme, eine Beweisaufnahme sei erforderlich, nicht zutrifft. Deshalb sollten Sie zunächst Ihre Lösung nur summarisch auf eine falsche Weichenstellung oder einen anderen offensichtlichen Fehler durchsehen und, wenn Sie nichts finden, sodann zunächst nach Gründen suchen, die auch bei Ihrer Lösung eine Beweisaufnahme überflüssig machen. Das ist besser, als eine vielleicht doch richtige Lösung zu verwerfen und mit zeitraubenden Überlegungen noch einmal von vorn anzufangen. Wie voreilig es ist, sogleich am eigenen Ergebnis zu zweifeln, zeigt das folgende Beispiel:

Sie gelangen zu der Überzeugung, dass dem Kläger der geltend gemachte Anspruch zusteht, sind aber der Auffassung, dass zur Höhe eine Beweisaufnahme hätte stattfinden müssen, weil Einzelheiten streitig sind. Wenn Sie dann sofort aus dem Fehlen einer Beweisaufnahme darauf schließen, dass die Klage wohl abzuweisen sei, haben Sie vielleicht nur verkannt, dass der streitige Punkt nicht beweisbedürftig war, etwa weil das Gericht nach § 287 ZPO schätzen darf.

Wenn nach Ihrer Analyse des Falles eine Beweisaufnahme erforderlich ist, die nicht angeordnet worden ist, sollten Sie, ausgehend von der Prämisse

»Ein Rechtsstreit ohne Beweisaufnahme ist ohne Beweisaufnahme entscheidungsreif!«

folgendermaßen vorgehen:

a) Überschlägige Prüfung der dritten Möglichkeit

Sie sollten Ihre Lösung zunächst summarisch überprüfen. Wenn Sie bei Ihrem Ergebnis bleiben, folgt:

b) Prüfung der zweiten Möglichkeit

Woran kann es liegen, dass bei meiner Lösung eine Beweisaufnahme doch nicht erforderlich ist?

Überprüfen Sie die verschiedenen denkbaren Gründe anhand des im Folgenden dargestellten Schemas. Wenn das auch erfolglos bleibt:

c) Gründliche Prüfung der dritten Möglichkeit

Erst wenn Sie keine Möglichkeit gefunden haben, eine Beweisaufnahme zu umgehen, sollten Sie Ihre Lösung von Anfang an neu durchdenken mit dem Ziel, zu einem Ergebnis zu kommen, bei dem eine Beweisaufnahme nicht erforderlich ist.

Die zweite Möglichkeit, d.h. Ihre Lösung ist richtig, aber Ihre Annahme, eine Beweisaufnahme sei erforderlich, ist falsch, kann viele verschiedene Ursachen haben.

Im Folgenden finden Sie eine Übersicht der wichtigsten Gründe, die Sie vor einem »Umstoßen« Ihrer Lösung unbedingt durchchecken sollten.

- **Es liegt kein Beweisantrag vor.**
- **Es liegt zwar ein Beweisantrag vor, aber nicht von der beweisbelasteten Partei.**
- **Der Beweisantritt der beweisbelasteten Partei ist nicht ordnungsgemäß.**
    - Der Zeuge wird als »N.N.« oder als »ein noch zu benennender Mitarbeiter« benannt.
    - Die beweisbelastete Partei reagiert auch nicht nach Fristsetzung, § 356 ZPO.
    - Sie hat den Gebührenvorschuss entweder nicht oder zu spät gezahlt, § 379 ZPO.
    - Für das Gutachten eines Sachverständigen fehlt es an Anknüpfungstatsachen.
    - Der angebotene »Zeuge« ist Partei.
    - Der einfache Streitgenosse wird zu einer »gemeinsamen« Tatsache als Zeuge benannt.
    - Der ausgeschiedene Streitgenosse wird zu einer »gemeinsamen« Tatsache als Zeuge benannt.
    - Der streitgenössische Nebenintervenient wird als Zeuge benannt.

- **Die Beweisaufnahme ist unzulässig.**
  - Die Beweiserhebung wäre ein unzulässiger Ausforschungsbeweis.
  - Die eigene Parteivernehmung ist ohne Zustimmung des Gegners gem. § 447 ZPO unzulässig.
  - Der Antrag betrifft Tatsachen, deren Gegenteil das Gericht für erwiesen hält, § 445 II ZPO.
  - Der Zeuge hat ohne Wissen des Gegners am Telefon mitgehört.
  - Der Beklagte ist gem. § 296 ZPO mit seinem Vorbringen präkludiert.
- **Die Beweisaufnahme ist überflüssig (sog. fehlende Beweisbedürftigkeit).**
  - Der Gegner des Beweispflichtigen hat die einfachere Beweisführung vereitelt.
  - Es liegt ein Fall von § 287 ZPO vor (richterliche Schätzung).
  - Die behauptete Tatsache ist schon bewiesen.
  - Die streitige Tatsache ist offenkundig (allgemeinkundig oder gerichtskundig), § 291 ZPO.
  - Es greifen gesetzliche (§ 292 ZPO) oder tatsächliche Vermutungen ein.
  - Es greifen die Grundsätze der sog. »Hilfstatsachen«.
  - Eine Ortsbesichtigung ist nicht zum Verständnis erforderlich, § 144 ZPO.

Da grds. ein richterlicher Hinweis gem. § 139 ZPO erforderlich ist, wenn die beweispflichtige Partei keinen Beweis angeboten hat, der Antritt nicht ordnungsgemäß war oder die Beweiserhebung unzulässig ist, wird dem Ihnen vorliegenden Sachverhalt zu entnehmen sein, dass der Hinweis in diesem Fall nicht geboten war, etwa weil sich der Beweispflichtige seiner Beweislast bewusst war oder weil erkennbar keine Beweismittel zur Verfügung stehen (s. auch Rn. 88, 102).

aa) Es liegt kein Beweisantrag vor.

98 Dann wissen Sie, dass weder eine Beweisaufnahme noch ein richterlicher Hinweis erforderlich war. Der Rechtsstreit ist entscheidungsreif. Auch ohne Beweisantrag hätten zwar gem. § 142 ZPO der Urkundenbeweis, gem. § 144 ZPO eine Inaugenscheinnahme und die Einholung eines Gutachtens sowie gem. § 448 ZPO eine Parteivernehmung durchgeführt werden können. Wenn dies nicht geschehen ist, sollten Sie, sofern der Fall Anlass dazu bietet, die Entbehrlichkeit einer Beweisaufnahme kurz darstellen.

99 **Fall:** Eine Partei regt eine Ortsbesichtigung nur an oder stellt sie »anheim«.

Formulierungsvorschlag:

»... *Dies konnte das Gericht auch ohne Ortsbesichtigung entscheiden. Die Örtlichkeiten sind durch Skizzen und Fotos so gut zu erkennen, dass eine Inaugenscheinnahme, die das Gericht gem. § 144 ZPO auch von Amts wegen hätte anordnen können, zum rechten Verständnis des Sachvortrages nicht erforderlich war.*«

100 **Fall:** Die Behauptungen der Parteien stehen sich gleichwertig gegenüber. In einem Schriftsatz lesen Sie: »Mag sich das Gericht, sofern es erforderlich erscheint, durch eine Parteivernehmung Gewissheit verschaffen.«

Formulierungsvorschlag:

»... *Bei dieser Sach- und Rechtslage war es dem Gericht verwehrt, die grundsätzlich auch ohne Antrag von Amts wegen anzuordnende Vernehmung einer oder beider Parteien durchzuführen. Die dafür gem. § 448 ZPO erforderliche Voraussetzung, dass eine gewisse Wahrscheinlichkeit für die Richtigkeit der zu beweisenden streitigen Behauptung spricht, liegt nicht vor. Die Behauptungen der Parteien stehen sich vielmehr gleichwertig gegenüber. Beide sind in sich schlüssig und gleichermaßen lebensnah.*«

bb) Es liegt zwar ein Beweisantrag vor, aber nicht von der beweisbelasteten Partei.

Wenn Sie der Auffassung sind, die Beweisaufnahme hätte durchgeführt werden müssen, und ein Beweisantrag liegt vor, sollten Sie zunächst prüfen, ob der Antrag von der richtigen, d.h. von der beweisbelasteten Partei gestellt worden ist. **101**

Abgesehen von Fällen, in denen eine gesetzliche Beweislastregel besteht (z.B. §§ 280 I 2, 476 oder 1006 BGB), trägt der Kläger grundsätzlich die Beweislast für die anspruchsbegründenden und der Beklagte für die einwendungs- und einredebegründenden Tatsachen.

In diesem Zusammenhang ist besonders die unterschiedliche Beweislast bei vertraglichen und gesetzlichen Anspruchsgrundlagen zu bedenken. Für vertragliche Schadensersatzansprüche bestimmt § 280 I 2 BGB eine Entlastungsverpflichtung des Schuldners, also in der Regel des Beklagten, bei gesetzlichen Anspruchsgrundlagen hat grds. der Anspruchsteller, also der Kläger, die Beweislast.

Neben § 280 I 2 BGB müssen Sie auf weitere gesetzliche Beweislastregeln achten, die durch Formulierungen wie »es sei denn, dass...« oder »falls nicht...« zu erkennen sind. Dadurch wird stets ausgedrückt, dass der Anspruchsgegner sich entlasten muss.

Fehler bei der falschen Zuordnung der Beweislast wiegen besonders schwer, weil sie häufig Einfluss auf die Lösung haben. Deshalb sollten Sie immer im *Palandt* nachzuschlagen, ob Sie mit Ihrer Annahme zur Beweislast richtig liegen. Bei den meisten Vorschriften finden Sie jeweils am Ende der Kommentierung Angaben zur Beweislast.

Sollte die Beweislast bei der Partei liegen, die keinen Antrag gestellt hat, werden Sie in der Regel klausurtaktisch davon auszugehen haben, dass ein Hinweis nicht erforderlich war.

Nach § 139 ZPO ist ein Hinweis u.a. immer dann entbehrlich, **102**

- wenn der Beweisbelastete seine Beweislast kennt,
- wenn der Gegner des Beweisbelasteten diesen bereits auf seine Beweislast hingewiesen hat oder
- wenn die Beweisaufnahme sinnlos wäre, weil der Anspruch oder die Einwendung bereits aus anderen Gründen scheitert.

> **Fall:** Der Kläger behauptet, eine vertragliche Vereinbarung mit dem Beklagten getroffen zu haben, stellt aber keinen Beweisantrag und trägt selbst vor, bei dem Vertragsschluss sei kein Dritter zugegen gewesen. Nur der Beklagte benennt einen Zeugen zum Beweis des Gegenteils.

Formulierungsvorschlag:

»...Der Kläger ist beweisfällig geblieben. Er trägt die Beweislast. Dies folgt aus dem allgemeinen Grundsatz, dass diejenige Partei die Beweislast für diejenigen streitigen Tatsachen trägt, die für ihre Rechtsposition günstig sind. Das ist der Kläger, der aus der von ihm behaupteten Vereinbarung Ansprüche herleitet. Der Kläger hat aber für die streitige Behauptung keinen Beweis angeboten. Ein richterlicher Hinweis gem. § 139 ZPO war nicht erforderlich, weil sich der Kläger seiner Beweislast bewusst war und ihm nach seinem eigenen Vortrag kein Beweismittel zur Verfügung steht. Dies folgt daraus, dass... Der Erhebung des Gegenbeweises bedurfte es bei dieser Sachlage nicht.«

103 **cc) Es liegt zwar ein Beweisantrag von der beweisbelasteten Partei vor, der Beweisantritt ist aber nicht ordnungsgemäß.**

104 • **Der Zeuge wird als »N.N.« oder als »ein noch zu benennender Mitarbeiter« benannt.**

Formulierungsvorschlag:

»... *Die Klägerin ist beweisfällig geblieben. Sie trägt die Beweislast. Dies folgt aus dem allgemeinen Grundsatz, dass diejenige Partei die Beweislast für diejenigen streitigen Tatsachen trägt, die für ihre Rechtsposition günstig sind. Vorliegend will die Klägerin aus der von ihr behaupteten Abmachung Ansprüche herleiten. Es fehlt aber an einem ordnungsgemäßen Beweisantritt. Die Benennung eines Zeugen ohne Angabe des Namens steht dem völligen Fehlen eines Beweismittels gleich. Es bedurfte auch keines richterlichen Hinweises auf die Unvollständigkeit des Beweisantritts, weil sich die Klägerin dieser Tatsache bewusst war.*«

105 • **Die beweisbelastete Partei reagiert auch nicht nach Fristsetzung gem. § 356 ZPO.**

Fall: Der beweisbelastete Kläger reicht trotz Aufforderung innerhalb einer ihm gesetzten Frist die ladungsfähige Anschrift eines Zeugen nicht nach.

Formulierungsvorschlag:

»... *Der Kläger ist beweisfällig geblieben. Er trägt die Beweislast. Dies folgt aus... (s.o.). Es fehlt an einem ordnungsgemäßen Beweisantritt. Der Kläger hat trotz des Hinweises innerhalb der ihm gem. § 356 ZPO gesetzten angemessenen Frist seinen unvollständigen Beweisantrag nicht ergänzt. Dies hat gem. § 230 ZPO zur Folge, dass er mit seinem Beweismittel kraft Gesetzes ausgeschlossen ist.*«

106 • **Die beweisbelastete Partei zahlt den Gebührenvorschuss nicht oder zu spät.**

Formulierungsvorschlag:

»... *Der Kläger ist beweisfällig geblieben. Er trägt die Beweislast. Dies folgt aus... (s.o.). Seinem Beweisangebot war gem. § 379 S. 2 ZPO nicht nachzugehen. Nach dieser Vorschrift kann die Ladung eines Zeugen unterbleiben, wenn der Beweispflichtige der Anordnung einer Vorschusszahlung nicht innerhalb der ihm gesetzten Frist nachkommt. Dies ist vorliegend geschehen, weil...*«

107 • **Für das beantragte Gutachten fehlt es an der Angabe der Anknüpfungstatsachen.**

Formulierungsvorschlag:

»... *Der Kläger ist beweisfällig geblieben. Er trägt auch die Beweislast. Dies folgt aus... (s.o.) Seinem Beweisantrag auf Einholen eines Gutachtens war nicht nachzugehen. Ohne genaue Angaben zum... ist es auch einem Sachverständigen nicht möglich, sein Gutachten zu erstatten. Es ist im Rahmen der Beibringungspflicht Aufgabe des Beweispflichtigen, auch die sog. Anknüpfungstatsachen vorzutragen, die zur genauen Erteilung des Gutachterauftrages und zu dessen Durchführung erforderlich sind.*«

108 • **Der angebotene »Zeuge« ist Partei.**

Fall: Die beweisbelastete Klägerin, eine GmbH, bietet ihren Geschäftsführer als Zeugen an.

Formulierungsvorschlag:

»... *Die Klägerin ist beweisfällig geblieben. Sie trägt die Beweislast. Dies folgt aus... (s.o.) Dem Gericht war es verwehrt, dem Beweisangebot der Klägerin, ihren Geschäftsführer zu vernehmen, nachzugehen. Eine Vernehmung als Zeuge scheidet aus, weil der Geschäftsführer einer GmbH gem. § 35 I GmbHG als Vertreter der Klägerin selbst Partei ist. Auch eine Umdeutung des Antrages auf Vernehmung des Geschäftsführers als Partei ändert an der Beweisfälligkeit nichts. Eine Parteivernehmung kommt hier nicht in Betracht, weil die Zustimmung des Beklagten fehlt, die gem. § 447 ZPO Voraussetzung für die Zulässigkeit der Vernehmung der beweispflichtigen Partei ist.*«

III. Die Arbeitsschritte im Einzelnen

- **Der einfache Streitgenosse wird bzgl. einer »gemeinsamen« Tatsache als Zeuge benannt.** 109

Ein einfacher Streitgenosse kann trotz seiner formalen Parteistellung von dem jeweils anderen als prozessual tauglicher Zeuge benannt werden, sofern die Beweistatsache ausschließlich das Rechtsverhältnis zwischen ihm und dem Gegner betrifft. Zu sog. »gemeinsamen« Tatsachen kann der Streitgenosse nicht als Zeuge benannt werden. Wenn in Ihrem Fall ein Streitgenosse als Zeuge zu einer relevanten Tatsache benannt aber nicht gehört worden ist, wird er zu einer »gemeinsamen« Tatsache benannt worden sein.

Formulierungsvorschlag:

»... Der Beklagte zu 1) ist beweisfällig geblieben. Er trägt die Beweislast. Als ... (s.o.). Dem Gericht war es verwehrt, auf das Beweisangebot des Beklagten zu 1), den Beklagten zu 2) als Zeugen zu vernehmen, einzugehen. Die Vernehmung eines Streitgenossen als Zeuge ist unzulässig, wenn er zu sog. ›gemeinsamen‹ Tatsachen benannt worden ist. Das sind solche, die für das Rechtsverhältnis beider Streitgenossen zur gegnerischen Partei von Bedeutung sind. In derartigen Fällen würde der Streitgenosse als Zeuge in eigener Sache auftreten, was gem. § 447 ZPO als sog. Parteivernehmung nur mit Zustimmung des Gegners zulässig ist, die hier nicht vorliegt. Die streitige Tatsache betrifft hier auch das Verhältnis beider Beklagten zum Kläger, denn ... Ein richterlicher Hinweis gem. § 139 ZPO war nicht erforderlich, weil der Kläger sich seiner Beweislast bewusst war. Dies folgt aus ...«

- **Der ausgeschiedene Streitgenosse wird als Zeuge benannt.** 110

Hier gilt das Vorstehende entsprechend, wenn der ausgeschiedene Streitgenosse noch wegen möglicher Rückgriffsansprüche ein wirtschaftliches Interesse am Ausgang des Rechtsstreits hat.

- **Der streitgenössische Nebenintervenient wird als Zeuge benannt.** 111

Formulierungsvorschlag:

»... Als sog. streitgenössischer Nebenintervenient gem. § 69 ZPO steht der X der Partei gleich und kommt als Zeuge nicht in Betracht.«

dd) Die Beweisaufnahme ist unzulässig

- **Die Beweiserhebung liefe auf einen unzulässigen Ausforschungsbeweis hinaus.** 112

Formulierungsvorschlag:

»Der Kläger ist beweisfällig geblieben. Er trägt die Beweislast ... (s.o.). Seinem Beweisantrag auf ... war nicht nachzugehen. Der Antrag läuft ohne nachvollziehbare Darlegung der beweiserheblichen Tatsachen auf eine unzulässige Ausforschung des Sachverhalts hinaus.«

- **Die eigene Parteivernehmung ist ohne die Zustimmung des Gegners unzulässig, § 447 ZPO.** 113

Häufig finden Sie diese Anträge als »Beweis: Parteivernehmung.« Gemeint ist die eigene Vernehmung, die nur mit der sicherlich nicht vorliegenden Zustimmung des Gegners zulässig ist. Der Beweispflichtige als sog. »normal vernünftige Partei« will doch nicht den bestreitenden Gegner zum Beweismittel gegen sich selbst machen. Zudem geht es prozesstaktisch gar nicht anders, weil der Gegner auf Antrag nur unter den Voraussetzungen des § 445 ZPO zu vernehmen ist.

Formulierungsvorschlag:

»Die Klägerin ist beweisfällig geblieben. Sie trägt die Beweislast ... (s.o.). Dem Gericht war es verwehrt, dem Beweisangebot der Klägerin auf Parteivernehmung nachzugehen. Bei verständiger Würdigung und Auslegung analog §§ 133, 157 BGB ist dieser Antrag nur so zu verstehen, dass die Klägerin ihre eigene Vernehmung anstrebt. Es widerspricht ihren erkennbaren Interessen, den Beklagten, der ihrem Vortrag widersprochen hat, in den Rang eines Beweismittels zu erheben. Der Vernehmung der Klägerin steht aber § 447 ZPO entgegen. Nach dieser Vorschrift ist die Zustimmung des Gegners Voraussetzung für die Zulässigkeit der Vernehmung der beweispflichtigen Partei. Daran fehlt es hier.«

114 • **Der Zeuge hat ohne Wissen des Gegners am Telefon mitgehört.**

Die Vernehmung eines Zeugen, der ohne Kenntnis des Gesprächspartners am Telefon ein Gespräch mit angehört hat, ist grds. unzulässig, es sei denn, es liegt eine Notsituation vor.

Formulierungsvorschlag:

»Die Klägerin ist beweisfällig geblieben. Sie ist die Beweisbelastete ... (s.o.). Es war dem Gericht verwehrt, dem Antrag der Klägerin auf Vernehmung des Zeugen ... nachzukommen. Die Vernehmung des Zeugen ist unzulässig. Dies ist nach h. Rspr. in Fällen wie dem vorliegenden, in denen ein Dritter ohne Kenntnis des Gesprächspartners ein Telefongespräch mitgehört hat, grds. der Fall. Durch das Mithören eines Telefongesprächs, von dem der Gesprächspartner nichts weiß oder das er nicht gebilligt hat, wird dessen gem. Art. 1 I, 2 I GG geschütztes allgemeines Persönlichkeitsrecht verletzt. Dies gilt auch dann, wenn das Gespräch einen rein geschäftlichen Inhalt hat. Die Verletzung eines elementaren Grundrechts ist auch nicht damit zu rechtfertigen, dass im Zuge der technischen Entwicklung das Mithören durch allgemein übliche Einrichtungen an gängigen Telefongeräten üblich geworden ist. Die Annahme einer Notsituation, die eine Ausnahme von diesem Grundsatz rechtfertigen könnte, ist nicht ersichtlich.«

115 • **Der Beklagte ist gem. § 296 ZPO mit seinem Vorbringen präkludiert.**

Formulierungsvorschlag:

»Der Beklagte ist mit seinem verspäteten Vorbringen hinsichtlich ... präkludiert. Nach § 296 I ZPO ist dies bei einem Vortrag nach Ablauf einer gem. § 276 I 2 ZPO gesetzten Frist dann der Fall, wenn die Zulassung die Erledigung des Rechtsstreits verzögert oder die Verspätung nicht genügend entschuldigt ist. Dies ist vorliegend der Fall. Die Verspätung ist zum einen nicht genügend entschuldigt ... Zudem würde die Beweisaufnahme den Rechtsstreit verzögern. Dies ist stets dann der Fall, wenn sie nicht in einem Termin zu Ende durchgeführt werden kann.« (Siehe zu Fällen mit Verspätungsproblematik Rn. 466 ff.)

116 • **Der Antrag betrifft Tatsachen, deren Gegenteil das Gericht für erwiesen hält, § 445 II ZPO.**

Formulierungsvorschlag:

»Dies steht zur Überzeugung des Gerichts aufgrund der Aussagen der Zeugen A, B und C fest ... Das Gericht war gem. § 445 II ZPO gehindert, dem Antrag des Klägers, den Beklagten als Partei zu vernehmen, nachzugehen. Einem solchen Antrag ist nach dieser Vorschrift nicht stattzugeben, wenn – wie vorliegend – das Gegenteil der behaupteten Tatsache für das Gericht schon bewiesen ist.«

ee) Die Beweisaufnahme ist überflüssig (sog. fehlende Beweisbedürftigkeit)

117 • **Der Gegner des Beweispflichtigen hat die einfachere Beweisführung vereitelt.**

Schon aus prozesstaktischen Gründen sollten Sie im Examen, wenn der Beweis nicht erhoben worden ist, die Auffassung vertreten, dass eine Beweisvereitelung zur Beweislastumkehr führt und nicht nur im Rahmen der Beweiswürdigung zu berücksichtigen ist. Andernfalls, d.h. wenn eine Beweisaufnahme stattgefunden hat, vertreten Sie die gegenteilige Auffassung.

Fall: Der Kläger verlangt Schadensersatz aufgrund einer vertraglichen Pflichtverletzung, hat aber in Kenntnis des Streits die beschädigte Maschine entsorgt und verschrotten lassen. Dem Beklagten ist dadurch die Beweisführung durch eine Begutachtung zur Ermittlung der Schadensursache nicht mehr möglich.

III. Die Arbeitsschritte im Einzelnen

Formulierungsvorschlag:

»... *Der Kläger ist beweisfällig geblieben. Entgegen der Regelung in § 280 I 2 BGB, die dem Schuldner grds. den Entlastungsbeweis auferlegt, ist vorliegend der Kläger beweispflichtig. Den §§ 427 S. 1 und 444 ZPO ist nach st. Rspr. der allgemeine Grundsatz zu entnehmen, dass diejenige Partei, die der anderen die Beweisführung vorwerfbar erschwert oder vereitelt, die daraus resultierenden Nachteile zu tragen hat. Das führt hier zur Umkehr der Beweislast. Dadurch, dass der Kläger bei dem sich abzeichnenden Rechtsstreit die Maschine verschrottet hat, hat er dem Beklagten die Möglichkeit einer konkreten Beweisführung zur Schadensursache genommen. Insbesondere kann er sich auch nicht auf die Grundsätze des Anscheinsbeweises berufen, nachdem er die konkrete Beweisführung vereitelt hat.*«

- **Es liegt ein Fall der richterlichen Schätzung vor, § 287 ZPO.**   **118**

Fall: Die Parteien streiten im Rahmen eines Verkehrsunfalls darum, ob dem Beklagten die Kostenpauschale von 30,- € zusteht, da ihm, so der Kläger, keine Kosten entstanden seien.

Formulierungsvorschlag:

»*Zur Frage der streitigen Höhe der Kostenpauschale bedurfte es gem. §§ 287 II i.V.m. 287 I 1 ZPO analog keiner Beweisaufnahme. Danach kann das Gericht u.a. die Höhe eines Schadens nach freier Überzeugung unter Würdigung aller Umstände selbst festsetzen, wenn die Aufklärung eines streitigen Betrages im Vergleich zu der Höhe der gesamten Forderung außer Verhältnis steht. Dies ist hier der Fall.*«

- **Die behauptete Tatsache ist schon bewiesen.**   **119**

In diesen Fällen hat eine Beweisaufnahme stattgefunden, es sind aber nicht alle Beweismittel der beweisbelasteten Partei ausgeschöpft worden.

Formulierungsvorschlag:

»*Die Vernehmung der weiteren Zeugen war nicht erforderlich. Eine Beweiserhebung kann, sofern – wie vorliegend – kein weitergehender Beweisbeschluss gefasst worden ist, beendet werden, wenn die bisherige Beweisaufnahme zur positiven Überzeugungsbildung des Gerichts ausreicht. Dies ist hier der Fall, denn ...*«

- **Die Tatsache ist offenkundig.**   **120**

Offenkundig sind Tatsachen, die allgemeinkundig oder gerichtskundig sind. Über sie braucht gem. § 291 ZPO kein Beweis erhoben zu werden. Im Examen dürften Fälle von Gerichtskundigkeit kaum vorkommen.

Formulierungsvorschlag:

»*Dem Antrag des Klägers auf Einholen eines Sachverständigengutachtens zu seiner Behauptung, ..., war nicht stattzugeben. Diese Tatsache ist allgemeinkundig, denn ... Sie bedarf gem. § 291 ZPO wegen Offenkundigkeit keines Beweises.*«

- **Es greift eine gesetzliche Vermutung.**   **121**

Gesetzliche Vermutungen finden Sie z.B. in §§ 891, 921, 1006 I 1, 1117 III, 1253 II, 1377 und 2009 BGB. Ihre grundsätzliche Bedeutung ist in § 292 ZPO geregelt.

B. Klausurtechnik

> **Fall:** Der Kläger verlangt Herausgabe, der Beklagte behauptet Schenkung bei Übergabe.

Formulierungsvorschlag:

»Dies konnte das Gericht auch ohne Beweisaufnahme entscheiden. Zugunsten des Beklagten greift § 1006 I 1 BGB ein. Nach dieser Vorschrift wird vermutet, dass der Eigenbesitzer mit Besitzerwerb auch Eigentümer geworden ist. Dafür reicht es aus, dass der Besitzer die Erlangung des Eigenbesitzes behauptet. Dies ist vorliegend der Fall. Der Kläger hat weder die Voraussetzungen des Vermutungstatbestandes bestritten noch den Beweis des Gegenteils erbracht ...«

122 • **Es greift eine tatsächliche Vermutung, der sog. Anscheinsbeweis (prima facie).**

Fälle mit Anscheinsbeweissituationen bereiten Referendaren erfahrungsgemäß Schwierigkeiten. Die »beliebtesten« Fehler sind, dass Anscheinssituationen nicht erkannt, nicht nachvollziehbar dargelegt und die Verteidigungsmöglichkeiten falsch beurteilt werden. Deshalb hier kurz das Wichtigste:

Der Anscheinsbeweis ersetzt bei typischen Geschehensabläufen den Nachweis eines ursächlichen Zusammenhangs oder eines schuldhaften Verhaltens aufgrund von Erfahrungssätzen. Der »typische Geschehensablauf« muss dabei feststehen, also unstreitig oder bewiesen sein. Er ist anzunehmen, wenn nach der Lebenserfahrung ein Sachverhalt auf eine bestimmte Folge oder eine eingetretene Folge auf eine bestimmte Ursache schließen lässt. Er ist »typisch«, wenn der betreffende Vorgang auf den ersten Blick nach Regelmäßigkeit, Üblichkeit und Häufigkeit nach einem »geprägten« Muster abzulaufen pflegt. Die Beweislast für den typischen Geschehensablauf trägt derjenige, der sich darauf beruft.

Nach den Grundsätzen des Anscheinbeweises besteht z.B. grundsätzlich Kausalität zwischen

– der Verletzung von Schutzgesetzen, Unfallverhütungsvorschriften, Verkehrssicherungspflichten und den Schäden, vor denen das Gesetz oder die Vorschrift gerade schützen soll,
– der Verletzung von DIN-Normen und dem Schaden,
– feuergefährlichen Arbeiten in der Nähe von leicht brennbaren Stoffen und dem Ausbruch eines Brandes in engem räumlichen und zeitlichen Zusammenhang,
– der unterlassenen Absperrung einer zu sichernden Gefahrenquelle und einem Sturz,
– einem fehlenden Treppengeländer und einem seitlichem Sturz,
– mangelhafter Beleuchtung eines Kfz und dem Auffahren eines anderen,
– der Nichteinhaltung der rechten Fahrbahnseite und einer Kollision mit dem Gegenverkehr,
– der fehlerhaften Bremsvorrichtung eines Fahrzeugs und einem Unfall,
– Alkoholisierung und Verkehrsunfall in einer Situation, die ein Nüchterner gemeistert hätte,
– dem Fahren ohne Schutzhelm und Kopfverletzungen bei dem Unfall eines Motorradfahrers.

Das Verschulden wird nach den Grundsätzen des Anscheinsbeweises z.B. vermutet,

– wenn ein Kraftfahrer auf ein Hindernis oder ein voranfahrendes Kfz auffährt,
– wenn ein Kraftfahrer auf glatter Fahrbahn ins Schleudern gerät,
– wenn ein Kraftfahrer mit einem Vorfahrtberechtigten kollidiert,
– wenn ein Kraftfahrer als Linksabbieger mit einem entgegenkommenden Kfz zusammenstößt.

Der Anscheinsbeweis lässt in diesen Fällen aber grds. nur den Schluss auf einfache, nicht aber auf grobe Fahrlässigkeit zu.

Im Wege des Anscheinsbeweises können Sie auch zu tatsächlichen Vermutungen subjektiver Elemente gelangen. So ist z.B. bei einem auffälligen Missverhältnis zwischen Leistung und Gegenleistung die verwerfliche Gesinnung prima facie anzunehmen. Nicht aus Anscheinsgesichtspunkten, sondern aus der interessengerechten Auslegung des Versicherungsvertrages folgt nach der Rspr., dass das »äußere Bild« eines Diebstahls ohne auffällige Besonderheiten für die Einstandspflicht des Versicherers ausreicht.

III. Die Arbeitsschritte im Einzelnen

Der Gegner kann sich gegen den Anscheinsbeweis auf unterschiedliche Art und Weise zur Wehr setzen:

- Er kann die Tatsachen bestreiten, die den typischen Geschehensablauf begründen, und so zunächst dem Gegner die Beweislast für die Voraussetzungen eines Anscheinsbeweises aufbürden.
- Er kann die ernsthafte Möglichkeit eines anderen als des erfahrungsgemäß erwarteten Geschehensablaufs darlegen und muss sie, falls die andere Partei bestreitet, beweisen. Die Behauptung allein reicht nicht aus!
- Er kann den konkreten Gegenbeweis führen.

Fall: Der Kläger klagt nach einem Verkehrsunfall seinen Schaden ein. Er benennt Zeugen dafür, dass der Beklagte aufgefahren sei. Der Beklagte behauptet, der Kläger habe plötzlich und grundlos eine Vollbremsung gemacht. Beweis bietet er nicht an. Eine Beweisaufnahme hat nicht stattgefunden. **123**

Beachte: Es liegt Klausurtyp 3 vor. Sie müssen zunächst den Fall bilden. Dafür haben Sie nur das Unstreitige – danach ist es an einer Ampel zu einem Unfall zwischen zwei hintereinander fahrenden Pkw gekommen – und eine tatsächliche Vermutung – der Fahrer des hinteren Pkw ist aufgefahren und hat den Unfall schuldhaft verursacht.

Formulierungsvorschlag:

»Die zulässige Klage ist begründet. Dem Kläger steht der Schadensersatzanspruch gem. § . . . zu . . . Der Klage war auch ohne Beweisaufnahme in vollem Umfang stattzugeben. Es bedurfte nicht der Anhörung der vom Kläger zum Unfallhergang benannten Zeugen, weil die Ursächlichkeit und das Verschulden des Beklagten nach den Grundsätzen des Beweises des ersten Anscheins aufgrund der unstreitigen Tatsachen feststehen. Diese Beweisvermutung kommt nach gefestigter Rechtsprechung demjenigen zugute, für dessen Behauptungen auf der Grundlage der unstreitigen und festgestellten Einzelumstände nach der Lebenserfahrung ein typischer Geschehensablauf spricht. Dies ist der Fall, weil nach der Lebenserfahrung bei Auffahrunfällen in aller Regel der Auffahrende die im Straßenverkehr gebotene Sorgfalt durch einen zu geringen Abstand, eine zu hohe Geschwindigkeit oder Unachtsamkeit hat vermissen lassen. Dem Beklagten ist es auch nicht gelungen, diese Beweiserleichterung zu erschüttern. Seine Behauptung, für die er keinen Beweis angeboten hat, der Unfall sei auf ein unmotiviertes Bremsen des Klägers zurückzuführen, reicht dazu nicht aus. Würde die bloße Behauptung eines anderweitigen Geschehensablaufes dem Beweispflichtigen den Rückgriff auf den Anscheinsbeweis abschneiden, wäre die Beweiserleichterung ihres Sinnes beraubt, gerade in Zweifelsfällen den typischen Geschehensablauf der Entscheidung zugrunde legen zu können. Ein Hinweis gem. § 139 ZPO war nicht erforderlich, weil sich der Beklagte seiner Beweislast bewusst war. Dies folgt daraus, dass . . .«

- **Es greifen die Grundsätze der sog. »Hilfstatsachen«.** **124**

Hilfstatsachen ermöglichen die Wahrheitsfindung aufgrund der Umstände des Einzelfalles, während Vermutungen auf besonders zuverlässigen Erfahrungssätzen beruhen und allgemein gelten.

Formulierungsvorschlag:

». . . Einer Vernehmung des Zeugen . . . bedurfte es nicht. Durch das bisherige Beweisergebnis steht zur Überzeugung des Gerichts bereits fest, dass . . . Wenn die bewiesenen Hilfstatsachen wie vorliegend den Schluss auf das Vorliegen der Haupttatsache als so nahe liegend erscheinen lassen, dass das Gericht im Rahmen seiner freien Beweiswürdigung davon überzeugt ist, bedarf es keiner weiteren Beweisaufnahme.«

3. Ihre Lösung ist ganz oder teilweise falsch (3. Möglichkeit)

125 Wenn die Überprüfung der vorstehend dargelegten Gesichtspunkte nichts an Ihrem Ergebnis ändert, dass eine Beweisaufnahme erforderlich ist, bleibt Ihnen nichts anderes übrig, als dem Gedanken näher zu treten, dass Ihre Lösung jedenfalls in dem Punkt oder Bereich, der mit der Frage der Beweisaufnahme zusammenhängt, klausurtaktisch nicht richtig ist. Das kann folgende Gründe haben:

- **Die Klage ist entgegen Ihrer Annahme unschlüssig.**
- **Dem Kläger steht nur ein »Minus« zu, das ohne Beweisaufnahme zuzusprechen ist.**
- **Der Antrag, zu dem eine Beweisaufnahme erforderlich scheint, ist unzulässig.**
- **Die vermeintliche Tatsachenbehauptung ist nur eine Rechtsansicht.**
- **Die vermeintlich streitige Tatsache ist bei genauerem Hinsehen doch unstreitig oder gem. § 138 ZPO als unstreitig zu werten.**
  - Sie haben den Klausurtext nicht aufmerksam genug gelesen.
  - Das Bestreiten ist unsubstantiiert.
  - Das Bestreiten mit Nichtwissen ist gem. § 138 IV ZPO unzulässig.
  - Es liegt neues, unwidersprochenes Vorbringen im letzten Schriftsatz oder in der mündlichen Verhandlung vor, das nicht konkludent oder antizipiert bestritten worden ist (Rn. 42 ff.).
- **Die streitige Tatsachenbehauptung ist unerheblich.**
  - Die Tatsache ist zum Ausfüllen der angewandten Norm nicht erforderlich.
  - Die Anwendung der Norm scheitert bereits an anderer Stelle.
  - Die beweisbelastete Partei ist mit ihrem Vortrag präkludiert.
  - Es gibt einen anderen Lösungsweg.

Im Einzelnen:

126 **a) Die Klage ist entgegen Ihrer Annahme unschlüssig.**

Eine Beweisaufnahme ist überflüssig, weil dem Kläger bereits nach seinem eigenen Vortrag nichts zusteht. Überprüfen Sie Ihren Lösungsweg.

b) Dem Kläger steht nur ein »Minus« zu, das ohne Beweisaufnahme zuzusprechen ist.

127 Wie unter Rn. 145 ff. dargestellt, müssen Sie in Fällen, in denen Sie zu einer Klageabweisung kommen, immer prüfen, ob dem Kläger, dem das Beantragte nicht zuzuerkennen ist, ggf. als ein sog. »wesensgleiches Minus« gem. § 308 ZPO etwas zusteht, das Sie ohne besonderen Antrag und ohne richterlichen Hinweis zuerkennen müssen. Diese Überlegung ist in dem hier erörterten Zusammenhang von besonderer Bedeutung, weil es sein kann, dass das Minus, das Sie zuerkennen müssen, keine Beweisaufnahme erfordert. Das ist z.B. der Fall, wenn dem Kläger der Zahlungsanspruch, für dessen Höhe Beweis zu erheben wäre, gar nicht zusteht, er aber ohnehin nur einen Freistellungsanspruch hat, dessen Höhe für Ihren Tenor nicht relevant ist.

c) Der Antrag, zu dem eine Beweisaufnahme erforderlich scheint, ist unzulässig.

128 Wie Sie unter Rn. 80 ff. nachlesen können, sollten Sie in den Examensklausuren grundsätzlich davon ausgehen, dass es keine gänzlich unzulässigen Klagen gibt. Es kann allerdings sein, dass bei Klagenhäufungen ein Antrag oder dass eine Widerklage unzulässig ist. Deshalb sollten Sie diesen Aspekt in dem hier erörterten Zusammenhang unbedingt überprüfen. Beispiele:

- Für einen Feststellungsantrag fehlt das rechtliche Interesse gem. § 256 I ZPO.
- Einer von mehren Anträgen ist unzulässig, weil er nicht vollstreckungsfähig ist.
- Bei einer Klage vor dem gem. § 32 ZPO zuständigen Gericht fehlt die örtliche Zuständigkeit für einen Antrag, der mit dem deliktischen keine prozessuale Einheit bildet (Rn. 361).
- Bei einer nachträglichen Klagenhäufung liegt weder Zustimmung noch Sachdienlichkeit vor.
- Der Widerklage fehlt die Konnexität, was der Kläger auch gerügt hat (sonst Heilung nach § 295 ZPO!).

d) Die vermeintliche Tatsachenbehauptung ist nur eine Rechtsansicht. 129

Nicht selten versteckt sich hinter einer »Tatsachenbehauptung« nur eine geschickt formulierte Rechtsmeinung, die einer Beweisaufnahme nicht zugänglich ist, z.B.:

- Der Beklagte hat den Kläger arglistig getäuscht.
- Das Verhalten des Beklagten ist sittenwidrig.
- Die Parteien haben einen Werkvertrag geschlossen.

e) Die vermeintlich streitige Tatsache ist bei genauerem Hinsehen doch unstreitig 130

Die vermeintlich streitige Tatsache ist bei genauerem Hinsehen doch unstreitig oder gem. § 138 ZPO als unstreitig zu werten.

Das kann folgende Gründe haben:

- Sie haben versehentlich streitig und unstreitig verwechselt.
- Sie haben übersehen, dass das Bestreiten unsubstantiiert ist. Dann schreiben Sie:

> **Fall:** Der Kläger beziffert seinen Zinsschaden aus Verzug mit 11% und legt eine Bankbescheinigung vor. Der Beklagte bestreitet einfach. Der Kläger benennt zusätzlich den Sachbearbeiter seiner Bank als Zeugen.

Formulierungsvorschlag:

»Dem Kläger stehen auch die Zinsen in der geltend gemachten Höhe zu. Der Zinssatz von 11% ist trotz des Bestreitens des Beklagten der Entscheidung gem. § 138 I und II ZPO als unstreitig zu werten, ohne dass es einer Beweisaufnahme bedurfte. Der Beklagte hat nämlich seiner prozessualen Mitwirkungspflicht nicht genügt. Grundsätzlich darf sich der Gegner der beweisbelasteten Partei zwar darauf beschränken, deren Vortrag einfach zu bestreiten. Dies gilt aber nicht wenn einer Partei Tatsachen so substantiiert vorträgt, dass der anderen ein ebenso substantiiertes Bestreiten zuzumuten ist. Dies ist hier der Fall. Auf diesen Umstand brauchte das Gericht den Beklagten auch nicht hinzuweisen, weil sich die richterliche Hinweispflicht gem. § 139 II 1 ZPO nicht auf Nebenforderungen erstreckt.«

f) Das Bestreiten mit Nichtwissen ist gem. § 138 IV ZPO unzulässig. 131

Formulierungsvorschlag:

»Dieser Sachverhalt ist trotz des Bestreitens seitens des Beklagten der Entscheidung gem. § 138 IV ZPO als unstreitig zu Grunde zu legen, ohne dass es einer Beweisaufnahme bedurfte. Nach dieser Vorschrift ist ein Bestreiten mit Nichtwissen nur über Tatsachen zulässig, die weder eigene Handlungen der Partei noch einen Gegenstand ihrer eigenen Wahrnehmung betreffen. Um Letzteres ging es aber bei der Behauptung des Klägers, der Beklagte habe selbst...«

g) Es liegt neues, unwidersprochenes Vorbringen im letzten Schriftsatz vor. 132

Formulierungsvorschlag:

»Die von der Klägerin aufgestellten Behauptungen im Schriftsatz vom... sind gem. § 138 III ZPO als unstreitig zu werten. Nach dieser Vorschrift sind Tatsachen, die nicht ausdrücklich bestritten worden sind, als zugestanden und damit unstreitig anzusehen, wenn sich aus dem übrigen Vorbringen die Absicht, sie bestreiten zu wollen, nicht ergibt. Die ist hier der Fall. Der Beklagte hat sich zu den im letzten Schriftsatz der Klägerin aufgestellten Behauptungen nicht mehr geäußert. Auch sein vorheriges Vorbringen lässt nicht erkennen, dass er die neuen Behauptungen der Klägerin bestreiten wollte...« (s. auch Rn. 42 f.)

B. Klausurtechnik

133 h) Die streitige Tatsachenbehauptung ist unerheblich.

> **Fall:** Die Parteien streiten bei einer Kaufpreisklage um die Frage der Verjährung und behaupten – jeweils unter ordnungsgemäßem Beweisantritt – unterschiedliche Lieferdaten, die nach ihrer jeweiligen Argumentation Einfluss auf den Beginn der Verjährung haben. Eine Beweisaufnahme hat nicht stattgefunden.

Wenn Sie zu dem Ergebnis kommen, die Frage der Verjährung hänge vom streitigen Lieferdatum ab, stimmt entweder die Lösung so nicht oder die Annahme, eine Beweisaufnahme sei erforderlich, ist falsch. Eines steht aber fest: Die Beweisaufnahme war nicht erforderlich oder unzulässig, denn sonst wäre sie durchgeführt worden.

134 Hier noch einmal zur Übung die vollständige Übersicht Ihrer Vorgehensweise:

> **1. Ich finde auf den ersten Blick keinen Fehler in meiner Lösung.**
>
> **2. Nach dem Grundsatz der »Richtigkeit der Vorlage« brauchte oder durfte die Beweisaufnahme aber nicht durchgeführt werden.**
>
> **3. Checkliste durchgehen!**
>
> - Liegt ein Beweisantrag vor? Ja.
> - Kommt er von der beweisbelasteten Partei? Muss ja, beide Parteien haben Zeugen benannt.
> - Ist der Beweisantritt ordnungsgemäß? Ja.
> - Ist die Beweisaufnahme unzulässig? Nein, ganz offensichtlich nicht.
> - Ist die Beweisaufnahme überflüssig? Nach meiner Lösung nicht, denn die streitige Tatsache ist beweisbedürftig, tatsächliche oder rechtliche Vermutungen greifen nicht ein.
>
> **Fazit:** Meine Lösung kann in diesem Punkt nicht stimmen.
>
> **Konsequenz:** Es kann nicht auf das streitige Lieferdatum ankommen.
>
> **Lösungsüberlegungen:**
>
> - Scheitert der Anspruch des Klägers an anderer Stelle?
> - Stimmt die von mir angenommene Verjährungsfrist?
> - Bei welchen anderen Vertragstypen gelten andere Verjährungsregeln?
> - Kommen diese in Betracht? Wenn nein, welches andere Datum könnte für den Beginn der Verjährungsfrist maßgeblich sein, das keine Beweisaufnahme erforderlich macht?
>
> **Antworten:** Bei Annahme eines Werkvertrages oder eines Werklieferungsvertrages könnte das Datum der Abnahme entscheidend sein, so § 634 a II BGB. Beide Vertragstypen sind aber nicht anzunehmen. Es liegt unzweifelhaft ein Kaufvertrag vor. Der Anspruch scheitert auch nicht an anderer Stelle, die Verjährungsfrist stimmt. In Betracht kommt also nur noch ein anderer Verjährungsbeginn. Das könnte nur das Datum des Vertragsschlusses sein. Bingo! Eine Überprüfung dieses Gedankens wird Sie dann zu §§ 199 I, 271 I BGB führen und damit zur Lösung Ihres »Problems«. Der Streit um das Lieferdatum war nicht relevant. Aber das wussten Sie als »Klausurtaktiker/in« ja schon vorher...

III. Die Arbeitsschritte im Einzelnen

i) Die streitige Tatsache ist zum Ausfüllen der angewandten Norm nicht erforderlich.   135

Sie müssen prüfen, ob die streitige Tatsache für die von Ihnen herangezogene Norm relevant ist.

- Bei einem Verbrauchsgüterkauf ist der Streit über den Gefahrübergang beim Versendungskauf wegen § 474 II BGB unerheblich, da § 447 BGB nicht anwendbar ist.
- Wenn sich eine vermögenslose Ehefrau für eine Forderung gegen ihren Ehemann verbürgt, ist der Streit um das Vermögen des Ehemannes unerheblich, weil nach neuerer Rspr. keine Gesamtschau der beiden Vermögen mehr stattfindet.
- Der Streit, ob der Bürge, der die Bürgschaftserklärung anficht, vom Hauptschuldner arglistig getäuscht worden ist, ist neben der Sache, weil der Hauptschuldner »Dritter« i.S.v. § 123 II BGB ist, wenn der Gläubiger die Täuschung weder kannte noch kennen musste.
- Bei einem Verkehrsunfall mit einem Fußgänger ist der Streit um die »Unabwendbarkeit« nicht von Belang, weil nach § 7 II StVG (n.F.) nur noch »höhere Gewalt« entlastet.

j) Die Anwendung der Norm scheitert bereits an anderer Stelle.   136

- Eine Beweisaufnahme zur Schadenshöhe bei einem Anspruch aus unerlaubter Handlung ist überflüssig, wenn das Verschulden fehlt.
- Der Streit um das »Zeitmoment« bei einer Verwirkung ist nicht relevant, wenn das »Umstandsmoment« unstreitig nicht gegeben ist oder umgekehrt.
- Bei Kondiktionsansprüchen ist der Streit um den Wegfall der Bereicherung unerheblich, wenn der Beklagte bösgläubig i.S.v. § 819 I BGB war, die streitige Entreicherung nach Rechtshängigkeit eintrat (§ 818 IV BGB), oder wenn die ausschließlich als Anspruchsgrundlage in Betracht kommende Eingriffskondiktion am Vorrang der Leistungskondiktion scheitert.
- Die Höhe eines Anspruchs ist wegen Rücktritts oder Anfechtung ohne Belang.
- Der Streit um den genauen Vertragstyp ist unerheblich, wenn der für jeden vertraglichen Anspruch erforderliche Rechtsbindungswille fehlt.
- Der Streit um das Bestehen von Mängeln der Mietsache im Rahmen einer Mietminderung ist unerheblich, wenn die Mängel nicht vorher angezeigt worden sind, § 536c BGB.

k) Die Partei ist mit ihrem Vortrag präkludiert (§§ 296, 322, 767 II ZPO, § 1002 BGB).   137

Fall: Gegenüber einem Anspruch des Klägers aus §§ 989, 990 I BGB beruft sich der Beklagte ein Jahr nach Herausgabe der Sache auf ein Zurückbehaltungsrecht wegen eines Verwendungsersatzanspruchs. Die Höhe des Anspruchs ist nicht hinreichend dargelegt und zudem streitig. Ein richterlicher Hinweis ist nicht erfolgt.

Formulierungsvorschlag:

»Gegenüber diesem Anspruch des Klägers konnte sich der Beklagte auch nicht wirksam auf ein Zurückbehaltungsrecht berufen. Auf die Klärung der streitigen Höhe der Forderung kommt es nicht an, denn dem Beklagten steht kein Zurückbehaltungsrecht zu. Er hat es versäumt, seinen Anspruch innerhalb der Ausschlussfrist des § 1002 I BGB geltend zu machen. Nach dieser Vorschrift erlöschen Verwendungsersatzansprüche einen Monat, nachdem der Eigentümer die Sache wiedererlangt hat, sofern sie nicht vorher gerichtlich geltend gemacht worden sind oder der Eigentümer die Verwendungen genehmigt hat. Die Monatsfrist ist verstrichen, die Voraussetzungen für die Ausnahmen liegen nicht vor. Da dieser Mangel nicht heilbar ist, bedurfte es weder eines richterlichen Hinweises auf die unschlüssige Höhe der Forderung noch einer Beweisaufnahme.«

(Zu Fällen mit Verspätungsproblematik s. im Einzelnen Rn. 464 ff., 469)

138 l) Es gibt einen anderen Lösungsweg, bei der die streitige Tatsache irrelevant ist.

Prüfen Sie, ob es nicht eine andere Anspruchsgrundlage gibt, bei der die streitige Tatsache nicht zum Ausfüllen der Norm erforderlich ist.

Wenn z.B. der Fremdgeschäftsführungswille streitig ist, wird sich der Anspruch ggf. ohne die Klärung dieser Frage aus EBV, §§ 823 ff. oder §§ 812 ff. BGB ergeben.

Wenn wegen des Eigentumsverlustes an einer Sache die Höhe des Schadens streitig ist, dem Kläger aber der Anspruch bei Genehmigung aus § 816 BGB zusteht, sollten Sie in dem Zahlungsbegehren, sofern es dem »Erlangten« entspricht, die konkludente Genehmigung sehen und so den Streit um die Schadenshöhe umgehen. Dem Kläger steht nämlich aus § 816 BGB das gesamte Erlangte auch dann zu, wenn es den Wert der Sache übersteigt.

Zu denken ist zudem an gesetzliche neben vertraglichen Anspruchsgrundlagen, an Gefährdungshaftung, an Erklärungen, die eine Garantie, ein Anerkenntnis oder ein Zeugnis des Erklärenden gegen ihn selbst darstellen können und bei deren Vorliegen die streitige Tatsache ohne Bedeutung ist.

b) Grundsätzliche Vorgehensweise bei der Lösung

139 Nach dem Erarbeiten des »Falles« (Rn. 76 ff.) und der Auswertung der Textvorlage unter klausurtaktischen Aspekten (Rn. 80 ff.) können Sie mit der eigentlichen Lösung beginnen.

Eingangsüberlegungen:

- Was genau verlangt der Kläger?
- Was ist das für eine Art von Anspruch?
- Welche Normen kommen überhaupt für diese Art von Anspruch in Betracht?
- Welche Normen fallen bei näherem Hinsehen weg?
- Welche Normen bleiben übrig?

Wenn mehrere Normen als Anspruchsgrundlage in Betracht kommen:

- Sind bei den verbleibenden Normen solche, die gegenüber anderen Vorrang haben?
- Wenn mehrere Anspruchsgrundlagen übrig bleiben, welche möchte ich lieber darstellen?
- Auflisten der Voraussetzung der Norm, für die ich mich entschieden habe.
- Gewichten der einzelnen Voraussetzungen.

Wenn keine Norm den Anspruch stützt:

- Sie müssen alle in Betracht kommenden Vorschriften auflisten und notieren, woran die Anwendbarkeit jeweils scheitert. Hier sind Mehrfachbegründungen nicht nur erlaubt, sondern erforderlich, um sicher zu stellen, die Begründung der Lösungsskizze getroffen zu haben.
- Bei mehreren in Betracht kommenden Anspruchsgrundlagen, von denen eine vertraglicher Natur ist, müssen Sie wie bei der Analyse der Rechtslage das Schema »Vertrag, Vertrauen, Gesetz« beachten.
- Wenn keine vertraglichen Ansprüche in Betracht kommen, sollten Sie unter Beachtung etwaiger Vorrangverhältnisse (z.B. EBV vor §§ 823 ff. BGB) mit der Norm beginnen, die am ehesten in Betracht gekommen wäre und bei der Norm enden, die ganz offensichtlich scheitert.
- Wenn der Kläger mit seinem Antrag nicht durchdringt, müssen Sie prüfen, ob er einen anderen Anspruch hat, der ihm nach § 308 I ZPO als »Minus« zuzusprechen ist (s. auch Rn. 127).

III. Die Arbeitsschritte im Einzelnen

Im Einzelnen:

- **Was genau verlangt der Kläger?**   **140**

Es geht bei Ihren Klausuren nicht um die abstrakte Rechtslage, sondern nur darum, ob Sie dem Kläger unter Beachtung von § 308 I ZPO das zuerkennen können, was er beantragt hat. Sie müssen den Antrag nicht nur vom Wortlaut her, sondern auch seiner Natur nach erfassen, ihn also auch ggf. auslegen um keine der in Betracht kommenden Anspruchsgrundlagen zu übersehen. Bei zusammengesetzten Forderungen und anderen Klagenhäufungen müssen Sie diese und die folgenden Überlegungen für jeden Antrag bzw. jede Position getrennt anstellen.

- **Was ist das für eine Art von Anspruch?**   **141**

Erst durch die Einordnung des Antrags in eine Kategorie, eine Art von Anträgen wie z.B. Vertragserfüllung, Sekundäransprüche, Schadensersatz oder Herausgabe des ungerechtfertigt Erlangten, kommen Sie der richtigen Lösung näher.

- **Welche Anspruchsgrundlagen kommen überhaupt für diese Art von Anspruch in Betracht?**   **142**

Nur bei einer umfassenden Betrachtung aller in Betracht kommenden Anspruchsgrundlagen können Sie einigermaßen sicher sein, keine übersehen zu haben. Wer sich nur ohne System fragt, welche Anspruchsgrundlage greifen könnte, läuft Gefahr, bei der erstbesten Idee hängen zu bleiben und damit vielleicht einen entscheidenden Fehler zu machen. Sie müssen sich ferner davor hüten, auf die übereinstimmend vorgetragen Rechtsauffassungen der Parteien hereinzufallen. Das kann eine böse Falle sein. Ein Vertrag wird doch nicht dadurch zu einem Werkvertrag, dass die Parteien ihn so bezeichnen. Deshalb dürfen Sie nur vom Sachverhalt ausgehen und müssen Rechtsauffassungen der Parteien nur als Denkanstoß ohne Präjudiz für die tatsächliche Rechtslage ansehen.

Das bedeutet für Ihre grundsätzliche Vorgehensweise: **143**

- Bei Ansprüchen auf Vertragserfüllung lauten die in Betracht kommenden Anspruchsgrundlagen z.B.:
  - neben Miete auch Pacht, Leihe oder Leasing,
  - neben Kaufvertrag auch Werklieferungsvertrag oder Werkvertrag,
  - neben Werkvertrag auch Dienstvertrag oder Geschäftsbesorgungsvertrag,
  - neben Geschäftsbesorgungsvertrag auch Auftrag oder Dienstvertrag.

- Bei Ansprüchen auf Vertragserfüllung müssen Sie dann weiter bedenken:
  - Ist der Anspruch entstanden, nicht erloschen und durchsetzbar?
    Dabei geht es um Fragen wie »Wer ist vorleistungspflichtig, ist der Anspruch fällig, ist der Beklagte der Verpflichtete, welche Einreden und Einwendungen sind erhoben?«.

- Bei vertraglichen Sekundäransprüchen:
  - Welcher Vertragstyp kommt in Betracht?
  - Welcher davon liegt vor?
  - Will der Kläger Verzugsschaden, Schadensersatz neben oder statt der Leistung, Rückzahlung, Ersatz vergeblicher Aufwendungen oder Nutzungen?
  - Welche Art von Vertragsverletzung gibt es und welche könnte hier vorliegen?
  - Greifen Sonderregelungen oder gelten die allgemeinen Vorschriften?
  - Hat sich der Kläger selbst vertragstreu verhalten?

In Betracht kommen Verzug, teilweise oder vollständige Nichterfüllung, Schlechterfüllung, Unmöglichkeit, PVV (§§ 241 II, 280 ff. BGB) oder c.i.c. (§§ 311 II Nr. 1, 241 II, 280 ff. BGB). Diese Rechtsinstitute müssen sorgfältig voneinander abgegrenzt werden. Die Differenzierung ist wichtig, weil die einzelnen Pflichtverletzungen teilweise unterschiedliche Voraussetzungen und Folgen haben. Zudem wirkt eine unscharfe oder falsche Bezeichnung wenig professionell.

B. Klausurtechnik

- Bei nicht vertraglichen Schadensersatzansprüchen:
  - §§ 678, 677, 241 II, 280 ff. BGB (PVV der berechtigten GoA)
  - §§ 989, 990 I 1 BGB
  - §§ 823 I, 823 II BGB i.V.m. einem Schutzgesetz, § 826 BGB
  - § 122 BGB
- Bei bereicherungsrechtlichen Ansprüchen
  - Sind die §§ 812 ff. BGB durch Vorschriften des EBV ausgeschlossen?
  - Welche Kondiktionsansprüche könnten vorliegen?
  - Ist der Kläger der Leistende oder hat ein Dritter geleistet?
  - Wenn der Kläger nicht der Leistende ist, liegt ggf. eine Durchgriffskondiktion vor?
- Bei Ansprüchen auf Herausgabe:
  - Welcher Rechtsgrund könnte vorliegen?
  - Stützt sich der Kläger auf Eigentum, Besitzentziehung, ungerechtfertigte Bereicherung?
  - Will er Rückgabe oder Rückübereignung?
  - Greifen neben dinglichen auch vertragliche Ansprüche nach Rücktritt, Anfechtung oder wegen sonstiger Unwirksamkeit des Grundgeschäftes?
- Bei Anträgen auf Zustimmung zur Berichtigung des Grundbuchs:
  - § 894 BGB
  - §§ 823 II, 249 BGB i.V.m. § 263 StGB, §§ 826, 249 BGB bei arglistiger Täuschung.

144 Sie müssen verhindern, Nahe liegendes zu übersehen. Es gibt »Klausurblindheit«, die man nur durch ein Stöbern in den Normengefügen bekämpfen kann, die in Betracht kommen.

Merke: Beim Lösen des Falles sollten Sie stets sämtliche Vorschriften des Abschnitts oder Titels des BGB durchlesen, die Ihre Klausur betreffen.

Es ist höchst fahrlässig, anders vorzugehen, weil Sie nur so einigermaßen sicher sein können, nichts Entscheidendes übersehen zu haben. Beim Lesen der Vorschriften fällt Ihnen eher als bei bloßem Nachdenken ein, worauf noch zu achten und was noch zu erörtern sein könnte. Da entdeckt man dann bei Vertragsstrafen § 341 III BGB, bei Kaufverträgen § 442 BGB, bei Werkverträgen §§ 640, 646 BGB, bei Verwendungsersatzansprüchen §§ 1001, 1002 BGB und bei ungerechtfertigter Bereicherung § 822 BGB.

Gleiches gilt für die Arbeit mit den Kommentaren, die Ihnen zur Verfügung stehen. Zumindest die Überschriften zu den einzelnen Abschnitten der Vorschriften, die Sie anwenden, sollten Sie durchsehen. Es gibt kaum ein Problem, auf das die Überschriften nicht mehr oder weniger deutlich hinweisen.

Und denken Sie daran, die vorstehenden Überlegungen in Fällen mit Klagenhäufungen bei jedem Antrag von neuem anzustellen und bei zusammengesetzten Forderungen jeden Teilbetrag einzeln zu beurteilen. Es kommt häufig vor, dass Kleinigkeiten unterschiedlich sind und das Ergebnis oder die Argumentation beeinflussen.

145 Wenn Sie die Klage abweisen wollen, weil dem Kläger der geltend gemachte Anspruch nicht zusteht, dürfen Sie nicht einfach mit Ihren Überlegungen Schluss machen. Sie sind noch nicht ganz fertig! Ein ganz wichtiger Schritt fehlt nämlich noch: Sie müssen noch klären, ob dem Kläger vielleicht etwas anderes als das Beantragte zusteht, was als »Minus« von seinem Antrag umfasst ist.

Das Gericht darf gem. § 308 I ZPO grds. nichts zusprechen, was nicht beantragt worden ist. Ohne Antrag ist nur gem. § 308 II ZPO über die Kosten des Rechtsstreits, über die »normale« vorläufige Vollstreckbarkeit nach §§ 708, 709, 711 ZPO, gem. § 308 a ZPO über die Fortsetzung eines Mietverhältnisses und gem. § 721 ZPO über die Gewährung einer Räumungsfrist zu entscheiden. Der in § 308 I ZPO enthaltene Grundsatz »ne ultra petita« bedeutet aber nur, dass das Gericht qualitativ nichts anderes und quantitativ nicht mehr als beantragt zusprechen darf, andererseits aber alles zusprechen muss, was von dem Antrag mit umfasst ist. Was für jeden Referendar bei Geldforderungen eine Selbstverständlichkeit ist, statt der beantragten 10.000,– € z.B. nur 6.000,– € zuzusprechen, wird bei anderen Ansprüchen häufig übersehen.

III. Die Arbeitsschritte im Einzelnen

Beispiele für ein »Minus« sind: **146**

- Verurteilung mehrerer Beklagter als Teilschuldner statt als Gesamtschuldner
- Künftige statt sofortige Leistung
- Feststellung statt Leistung
- Zug um Zug statt unbedingte Verurteilung
- Herausgabe an einen Sequester statt an den Kläger
- Zustimmung zur Löschung einer Hypothek statt zur Eintragung einer Eigentümergrundschuld
- Hinterlegung oder Freistellung statt Zahlung
- Duldung der Zwangsvollstreckung statt Leistung der Sache oder Zahlung.

Sie erkennen ein »Minus« daran, dass es stets einen Teil des Begehrens darstellt. Unterteilen Sie den gestellten Antrag in einzelne Teilbegehren, und Sie werden sehen, was er als »Minus« umfasst.

- Wer Leistung mit dem Urteil begehrt, will die Leistung, und zwar sofort.
  Bei Verurteilung zu künftiger Leistung bekommt er den ersten Teil, die Leistung, aber erst später.
- Wer unbedingte Verurteilung begehrt, will Verurteilung ohne Einschränkung.
  Bei einer Verurteilung Zug um Zug bekommt er den ersten Teil, aber mit Einschränkung.
- Bei Herausgabe will der Kläger, dass der Beklagte den Besitz verliert und er selbst den Besitz erhält.

Bei Herausgabe an einen Sequester erreicht er zumindest den ersten Teil.

Es reicht aber nicht, nur zu erkennen, dass dem Kläger etwas anderes zusteht, als er beantragt **147** hat. Es ist nicht minder wichtig, die Entscheidung auch insoweit gut zu begründen.

Fall: Der Kläger begehrt Zustimmung zur Eintragung einer Eigentümergrundschuld, er hat aber nur einen Anspruch auf Zustimmung zur Löschung der eingetragenen Hypothek.

Formulierungsvorschlag:

»... Dies konnte das Gericht dem Kläger auch zusprechen, obwohl er etwas anderes beantragt hat. Nach dem Wortlaut von § 308 I ZPO darf das Gericht einer Partei zwar nichts zusprechen, was nicht beantragt worden ist. Das bedeutet aber nur, dass es qualitativ nichts anderes und quantitativ nicht mehr als beantragt zusprechen darf, andererseits aber das zusprechen muss, was vom Antrag mit umfasst ist. Dies ist hier der Fall.

Der Kläger begehrt mit der Zustimmung des Beklagten zur Eintragung einer Eigentümergrundschuld bei genauer Betrachtung zweierlei, nämlich das Weichen des Beklagten als Hypothekengläubiger aus dem Grundbuch und seine eigene Eintragung. Von diesen zwei Teilzielen erreicht er das erste, das vom gesamten Antrag mit umfasst war.«

148 **Fall:** Der Kläger will Zahlung, hat aber nur einen Anspruch auf Rückgabe der Kaufsache.

Vorbemerkung:

Es wird im Examen selten vorkommen, dass dem Kläger ein »Aliud« zusteht, das er nicht zumindest im Wege alternativer Klagenhäufung geltend gemacht hat. Das Gericht müsste ihn nämlich grds. darauf hinweisen, dass ihm das Beantragte nicht, dafür aber etwas anderes zusteht. Wenn dieser Hinweis fehlt, ist es aus klausurtaktischer Sicht unwahrscheinlich, dass ein »Aliud« existiert. Sollte dies ausnahmsweise doch der Fall sein, können Sie nach den Ausführungen zur fehlenden Begründetheit der Zahlungsklage Folgendes schreiben:

Formulierungsvorschlag:

»Der dem Kläger aus... zustehende Anspruch auf Rückgabe des... konnte ihm gem. § 308 I ZPO nicht zuerkannt werden. Nach dieser Vorschrift darf das Gericht einer Partei nämlich nichts zusprechen, was nicht beantragt worden ist. Das bedeutet, dass es qualitativ nichts anderes und quantitativ nicht mehr als beantragt zusprechen darf, andererseits aber das zusprechen muss, was im Verhältnis zum Antrag ein sog. ›Minus‹ darstellt, also vom Antrag mit umfasst ist.

Letzteres ist vorliegend aber nicht der Fall, denn der Antrag auf Zahlung des Kaufpreises umfasst nicht den Antrag auf Rückgabe der Kaufsache. Die beiden Anträge sind vielmehr wesensmäßig und qualitativ unterschiedlich.

Das Gericht brauchte auch keinen rechtlichen Hinweis gem. § 139 ZPO zu erteilen. Dies ist in Fällen wie dem vorliegenden immer dann überflüssig, wenn dem Vortrag des Klägers... zu entnehmen ist, dass er sich der Rechtslage insoweit bewusst war und sein ausschließliches Interesse auf Zahlung gerichtet war.«

Wegen der möglichen Besonderheiten bei eventueller Klagenhäufung s. Rn. 254, 322 ff.

149 Zum Abschluss jeder rechtlichen Analyse sollten Sie Ihre Entscheidung im Licht von Treu und Glauben betrachten.

Es gibt viele Fälle, in denen Sie das Ergebnis zwar nicht über § 242 BGB korrigieren sollten, in denen Sie aber darlegen müssen, dass die Rechtslage, die ein Laie als Unterlegener ungerecht finden mag, vom Gesetzgeber durchaus gewollt ist, und dass sie bei näherem Hinsehen auch sachgerecht ist. Denken Sie nur an Fälle von § 311 b BGB, in denen beide Parteien die Form bewusst nicht eingehalten haben und sich eine Partei dann doch – sogar mit Erfolg – auf die Nichtigkeit beruft. Das werden Sie unter dem Aspekt »Treu und Glauben« ausführlich erläutern müssen, um zu überzeugen.

c) Skizzieren der Lösung

150 Das Skizzieren der Lösung ist eine wichtige Aufgabe zur Vorbereitung der anschließenden Formulierung der Entscheidungsgründe. Damit Sie sich voll und ganz auf diese Arbeit konzentrieren können, muss Ihre Skizze so gut gegliedert und so ausführlich sein, dass Sie formulieren können, ohne noch über den Aufbau, möglicherweise fehlende Aspekte der Lösung oder Fragen der Gewichtung nachdenken zu müssen.

Wenn Sie in Ihrer Skizze den Gang der Argumentation mit den entsprechenden Stichwörtern in der richtigen Reihenfolge bereits vorzeichnen, die Stellen hervorheben, die besonders gut zu begründen sind und die Argumente dafür schon auflisten, brauchen Sie anschließend »nur noch« zu formulieren. Das ist zwar schwer genug, es wird aber schwerer und dauert umso länger, je mehr Sie bei dieser Arbeit noch an andere Dinge als an das Formulieren im Urteilsstil denken müssen. Ohne gute Skizze bleiben oft der sinnvolle Aufbau, der gute Urteilsstil und die Gewichtung auf der Strecke.

III. Die Arbeitsschritte im Einzelnen

Die Skizze der Entscheidungsgründe des unter Rn. 90 vorgestellten Falles »Der hilfsbereite Freund« könnte bei einer Klage vor dem örtlich zuständigen Amtsgericht etwa so aussehen:

(**+++** = Kernproblem, besonders gut begründen, **++** = mittleres, **+** = kleines Problem)

Zulässigkeit:

unproblematisch; örtliche Zust. gem. §§ 12,13 ZPO, sachliche Zust. gem. § 23 I Nr. 1 GVG

Begründetheit:

- Vertragliche Ansprüche wie Auftrag, Geschäftsbesorgung, Gefälligkeitsvertrag scheitern **+++**
  - Differenzierung der denkbaren Vertragstypen irrelevant, weil der für jeden vertraglichen Anspruch erforderliche Rechtsbindungswille fehlt. **+**
  - Definition »Rechtsbindungswille« (rechtliche Bindung, Eingehen von Leistungspflichten mit Sekundäransprüchen bei Leistungsstörungen gewollt, objektive Indizien wie Bedeutung und wirtschaftlicher Wert der versprochenen Leistung)
  - RBW – alltägliche Gefälligkeit unter Bekannten. Keine rechtliche Bindung gewollt. Auch wirtschaftlicher Wert gering, weil nicht Wert des Pkw maßgeblich, sondern die ersparten Aufwendungen (Taxikosten)
- Aus diesen Gründen scheitern auch Ansprüche aus § 311 I, II BGB.
- StVG betrifft nur Ansprüche von Verkehrsteilnehmern untereinander.
- EBV greift nicht, weil Beklagter berechtigter Besitzer ist. Kleine Abweichung ist unschädlich (»nicht so berechtigter Besitzer« von der Rspr. abgelehnt) **++**
- § 823 I BGB scheitert am Fehlen des erforderlichen Grades des Verschuldens **+++**
  - Definition § 823 BGB = schuldhafte, rechtswidrige Eigentumsverletzung
  - Hier »schuldhaft« nur bei grober Fahrlässigkeit
  - Parteien haben Haftung für einfache Fahrlässigkeit stillschweigend ausgeschlossen. **+++**
  - Erläuterung der Rechtsfigur »stillschweigende Haftungsbeschränkung«.
  - Wie wäre Haftung geregelt worden, wenn die Parteien darüber gesprochen hätten? **+++**
  - Sichtweise eines vernünftigen Außenstehenden, Billigkeitserwägungen
  - Reine Gefälligkeit des Beklagten, deshalb ist er schutzwürdiger als Klägerin
  - Kein Versicherungsschutz bei erheblichem Risiko des Beklagten
  - Rspr. zu sog. »Gefälligkeitsfahrten« betrifft nur unentgeltliche Mitnahme Dritter
  - Rspr. zu Haftungsbegrenzung im Straßenverkehr betrifft nur das Verhältnis von Verkehrsteilnehmern untereinander.
  - Abstecher auf Haftungsbeschränkung ohne Einfluss, da keine wesentliche Gefahrerhöhung, vergleichbar mit einer »Pinkelpause« **+++**
  - Beklagter hat nicht grob fahrlässig gehandelt
  - Definition »grobe Fahrlässigkeit« = Sorgfalt besonders schwer verletzt
  - Beweisaufnahme unergiebig (Vorsicht! Keine Beweiswürdigung bei Unergiebigkeit) **++**
  - Inhalt der Aussage Bl ... d.A.
  - Darlegung der Unergiebigkeit
  - Auch keine grobe Fahrlässigkeit nach eigener Darstellung des Beklagten vom Unfallhergang
  - Auch keine grobe Fahrlässigkeit nach Grundsätzen des Anscheinsbeweises, da Anscheinsbeweis grds. nur Schluss auf einfache Fahrlässigkeit zulässt. **+**
  - Klägerin hat Beweislast, daher geht Unergiebigkeit der BA zu ihren Lasten
- Kosten § 91 I 1 ZPO, vorl. Vollstr. §§ 708 Nr. 11, 2. Alt., 711 ZPO i.V.m. § 709 S. 2 ZPO analog (Vorsicht! Abwendungsbefugnis der Klägerin sind 110% des »aufgrund des Urteils vollstreckbaren Betrages«, für Beklagten »des jeweils zu vollstreckenden Betrages«)

An einer derartigen Skizze können Sie sich orientieren und Punkt für Punkt ausformulieren, ohne über andere Dinge als die Beachtung des Urteilsstils und die Prägnanz Ihrer Formulierungen nachdenken zu müssen.

d) Gewichtung

151 Eine falsche oder fehlende Gewichtung ist ein sicheres Indiz für eine allenfalls durchschnittliche Klausur. Nur wer richtig gewichtet, zeigt, dass er die Klausur mit ihren relevanten Problemstellungen erfasst hat. Eine gute Gewichtung der Entscheidungsgründe hat deshalb einen wesentlichen Anteil am Gelingen der Klausur. Sie zeichnet sich dadurch aus, dass

- das Erforderliche angesprochen,
- das wirklich Bedeutsame ausführlich dargestellt und
- das Überflüssige weggelassen wird.

- Bei einer Norm, die greift, müssen Sie jede Voraussetzung darlegen.
- Bei einer Norm, die scheitert, reicht die Darlegung der fehlenden Voraussetzung.
- Sie müssen herausfinden, wo der »Knackpunkt« der Klausur liegt und an dieser Stelle den besonderen Schwerpunkt Ihrer Argumentation setzen.
- Die für das Ergebnis wichtigen Aspekte müssen Sie besonders gut begründen.
- Sie müssen umso gründlicher argumentieren, je vertretbarer auch eine andere Lösung ist.
- Wenn die Entscheidung zwischen mehreren tatsächlichen oder rechtlichen Wegen ohne Bedeutung für das Ergebnis ist, brauchen Sie sich nicht festzulegen.

Der Umfang bzw. die Intensität der Subsumtion und Argumentation hinsichtlich der einzelnen Voraussetzungen der Norm richtet sich nach der objektiven Notwendigkeit. Das bedeutet, dass Ihre Argumentation umso intensiver sein muss, je entscheidender der Punkt für die Lösung und je »enger« Ihre Entscheidung ist. In diesen Fällen ist die gute Begründung wichtiger als die Entscheidung. Wer wollte Ihnen vorwerfen, dass Sie sich für eine von zwei vertretbaren Lösungen entschieden haben? Was Ihnen aber vorgeworfen wird, ist, diese Entscheidung nicht wirklich fundiert begründet zu haben.

Gleiches gilt für die Ausfüllung von normativen Tatbestandsmerkmalen wie »sittenwidrig« oder »unzulässig«. Da ist es mit der Definition des Begriffes und der Feststellung, diese Voraussetzungen lägen vor, nicht getan. Die bloße Einordnung eines Verhaltens als sittenwidrig auf dem Niveau »so etwas geht doch nicht« reicht jedenfalls nicht aus. Argumentationshilfen finden Sie in der Regel in den Schriftsätzen, sicher aber in den Kommentierungen der entsprechenden Normen im *Palandt*. Sie sollten dort nachlesen, was im Zusammenhang mit dem betreffenden Begriff diskutiert wird und das, was in Ihrem Fall passt, erörtern. Dabei ist es schlauer, die Argumente aus den Kommentaren als eigene darzustellen, anstatt die Fundstelle zu zitieren. Zitate ersetzen keine fehlende eigene Argumentation (s. Rn. 301).

Des Weiteren ist für den Umfang Ihrer Ausführungen von Bedeutung, ob die Parteien deutlich gemacht haben, dass Ihnen ein Aspekt besonders wichtig erscheint. Wenn der Aspekt von Belang ist, sollten Sie ihm auch den gebührenden Raum widmen. Wenn die Parteien allerdings auf einen Gesichtspunkt besonderen Wert legen, auf dem das Ergebnis nicht beruht, ist das für Sie kein Anlass, genauso ausführlich dazu Stellung zu nehmen. Sie dürfen den Aspekt aber auch nicht völlig übergehen, sondern müssen schon wegen § 313 III ZPO kurz erläutern, warum er die Entscheidung nicht beeinflusst.

Bei unproblematischen Punkten sollten Sie sich kurz fassen. Damit sind Aspekte gemeint, die die Parteien übereinstimmend darlegen und rechtlich zutreffend werten. Nehmen Sie an, dass der Kläger bei einer Herausgabeklage die Sache immer als »seine« bezeichnet, und der Beklagte seine Verteidigung nur auf ein Recht zum Besitz stützt und nichts darauf schließen lässt, dass die Parteien sich insoweit irren könnten. In einem solchen Fall wäre es ein Zeichen mangelhafter Gewichtung, die Frage des Eigentums beim Kläger und die des Besitzes beim Beklagten in gleicher Intensität und Breite darzustellen wie die umstrittene Frage des Besitzrechts. Nebensächliches wird nicht dadurch bedeutender, dass man ausführlich dazu Stellung nimmt. So etwas kostet Punkte! In diese Kategorie gehört auch die Diskussion rein akademischer Fragen. Darunter sind hier solche zu verstehen, die für die Entscheidung des Ihnen vorliegenden Rechtsstreits ohne Bedeutung sind. Nach § 313 III ZPO ist die Erörterung derartiger Fragen überflüssig, weil das Urteil nicht darauf beruht.

6. Das Rubrum

Als »Visitenkarte« Ihres Urteils sollte auch das Rubrum keinen Grund zu Beanstandungen geben. Sie wissen ja, dass der erste Eindruck entscheidend ist. Der Aufbau und der Inhalt eines Rubrums sind gesetzlich nicht festgelegt, das Rubrum Ihrer Examensklausur sollte aber entsprechend den Gepflogenheiten der Praxis folgende Angaben enthalten: 152

- **Aktenzeichen,**
- **Bezeichnung des Gerichts,**
- **Überschrift und Bezeichnung der Entscheidung,**
- **Bezeichnung der Parteien, ihrer gesetzlichen Vertreter, Streithelfer und Prozessbevollmächtigten, jeweils mit voller Anschrift,**
- **Bezeichnung des Spruchkörpers unter Nennung der erkennenden Richter und**
- **Datum des Schlusses der mündlichen Verhandlung.**

- **Aktenzeichen** 153

Sie sollten oben links auf Ihrem Rubrum das Aktenzeichen vermerken. Ein Verkündungsvermerk ist nicht sinnvoll, da dieser erst nach der Verkündung durch den Urkundsbeamten auf dem Urteil angebracht wird.

- **Bezeichnung des Gerichts** 154

Es ist üblich, nach dem Aktenzeichen zentriert das Gericht, also z.B. »Landgericht Lübeck« ohne weiter Zusätze wie »14. Zivilkammer« aufzuführen.

- **Überschrift und Bezeichnung der Entscheidung** 155

Danach kommt die Formel »Im Namen des Volkes«, gefolgt von der Bezeichnung der Entscheidung. Bei »normalen« Endurteilen brauchen Sie nur »Urteil« zu schreiben. Bei »besonderen« Entscheidungen wie Versäumnis-, Teil-, Schluss-, Vorbehalts-, Grundurteilen oder Kombinationen wie Teilanerkenntnis-/Teilversäumnis- und Schlussurteilen müssen Sie die konkrete Bezeichnung wählen. Die Überschrift des Urteils, wenn der Kläger zuvor ein Teilanerkenntnis- und Vorbehaltsurteil im Urkundenprozess erstritten hat, muss z.B. heißen »*Schlussurteil im Nachverfahren*«.

- **Bezeichnung der Parteien, ihrer gesetzlichen Vertreter, Streithelfer und Prozessbevollmächtigten, jeweils mit voller Anschrift** 156

Die Parteien sollten Sie mit Vor- und Nachnamen, ggf. Geburtsnamen, und genauer Adresse angeben. Falls Sie den Beruf der Partei angeben wollen, was nicht erforderlich ist, sollten Sie darauf achten, sog. »belegte Begriffe« nicht ungeprüft zu übernehmen. Bei dem Begriff Kaufmann z.B. handelt es sich um einen Rechtsbegriff, den Sie nur dann verwenden dürfen, wenn die betreffende Partei tatsächlich Kaufmann ist. Ob dies der Fall ist, folgt allein aus §§ 1 ff. HGB. Bei mehreren Klägern oder Beklagten nummerieren Sie die Streitgenossen mit aufsteigenden arabischen Ziffern (z.B. Beklagter zu 1 usw.).

Die gesetzlichen Vertreter von juristischen Personen, Minderjährigen, einer OHG oder KG sind mit vollem Namen und Adresse wie die Partei selbst zu bezeichnen. Die Parteistellung müssen Sie im Rubrum genau angeben, z.B. Kläger und Widerbeklagter.

Wenn eine Firma »Partei« ist, müssen Sie prüfen, ob es sich um eine Einzelperson handelt, die unter ihrer Firma auftritt (§ 17 II HGB) oder ob es sich um eine Gesellschaft handelt. Wenn die Firma Kaufmann i.S.v. §§ 1 ff. HGB ist und der Rechtsstreit ein Handelsgeschäft gem. §§ 343 ff. HGB betrifft, ist sie im Rubrum als Partei und die betreibende Einzelperson als Inhaber zu bezeichnen, andernfalls ist nur die Einzelperson im Rubrum aufzuführen.

Parteien kraft Amtes (Insolvenzverwalter, Testamentsvollstrecker, Nachlassverwalter und Zwangsverwalter) führen Rechtsstreite als gesetzliche Prozessstandschafter und sind damit selbst Partei. Im Rubrum sind ihre vollen Personalien mit Anschrift und ihre Funktion anzugeben, also z.B.: »... *als Insolvenzverwalter über das Vermögen des ...*«

Nebenintervenienten (Streithelfer) sind im Anschluss an die Partei, der sie beigetreten sind, mit vollen Personalien und Anschrift anzuführen. **Streitverkündungsempfänger** sind nur aufzunehmen, wenn Sie beigetreten sind. Andernfalls wird die Streitverkündung weder im Rubrum noch im Tatbestand erwähnt.

Bei **Parteiänderungen** während des Prozesses ist für die Aufnahme ins Rubrum die Parteistellung am Schluss der mündlichen Verhandlung entscheidend. Bei **Parteierweiterung** wird die neue Partei im Rubrum ohne den Zeitpunkt ihres Eintritts aufgeführt. Bei **Ausscheiden einer Partei** durch Klagerücknahme gegenüber einzelnen Streitgenossen oder durch Parteiwechsel hängt die Frage, ob die ausgeschiedene Partei im Rubrum aufzuführen ist, davon ab, ob sie noch von dem abschließenden Urteil, z.B. von der Kostenentscheidung, betroffen ist. Wenn z.B. ein ausgeschiedener Beklagter aufzuführen ist, wird er nur als »Beklagter zu ...« bezeichnet und nicht als »früherer« oder »ausgeschiedener« Beklagter.

In Fällen von **Klagerücknahme gegenüber einzelnen Streitgenossen** hängt die Aufnahme in das Rubrum davon ab, ob es bereits einen Beschluss gem. § 269 III ZPO gibt, durch den das Gericht schon über die außergerichtlichen Kosten des Ausgeschiedenen entschieden hat. Sollte ein solcher Beschluss in der Akte sein, ist der ausgeschiedene Streitgenosse nicht im Rubrum aufzunehmen, andernfalls doch.

Entsprechendes gilt bei **gewillkürtem Parteiwechsel**. Wenn hier ein Kostenbeschluss analog § 269 III ZPO nicht vorliegt, muss über die außergerichtlichen Kosten des Ausscheidenden im Endurteil entschieden werden. Deshalb ist er auch noch als Partei ins Rubrum aufzuführen.

In Fällen **gesetzlichen Parteiwechsels** (z.B. durch Tod einer Partei gem. § 239 ZPO) ist nur noch die neue Partei im Rubrum aufzunehmen.

In Fällen **gesetzlicher Prozessstandschaft** gem. § 265 ZPO muss der Rechtsstreit grds. unter den bisherigen Parteien fortgeführt werden. Für das Rubrum ergeben sich keine Besonderheiten.

Die Prozessbevollmächtigten sind nach den jeweiligen Parteien aufzuführen. Im Falle eines Wechsels reicht die Angabe des Prozessbevollmächtigten, der in der letzten mündlichen Verhandlung die Partei vertreten hat. Die Prozessbevollmächtigten sind auch mit voller Anschrift aufzuführen, weil die Zustellung des Urteils gem. § 172 ZPO an sie zu erfolgen hat. Bei Sozietäten reicht es, wenn Sie den im Briefkopf zuerst genannten oder den in der Sitzung aufgetretenen Anwalt namentlich nennen und auf die übrigen durch *»und Partner«* hinweisen. Unterbevollmächtigte Anwälte werden nicht ins Rubrum aufgenommen.

157 • **Bezeichnung des Spruchkörpers unter Nennung der erkennenden Richter**

Nach § 313 I Nr. 2 ZPO ist die Bezeichnung des Spruchkörpers und der Richter, die bei der Entscheidung mitgewirkt haben, geboten. Gem. § 313 I Nr. 3 ZPO muss ebenfalls der Schluss der mündlichen Verhandlung vermerkt werden. Dies ist bei mündlicher Verhandlung der Tag, an dem zum letzten Mal verhandelt worden ist, also nicht der ggf. spätere Verkündungstermin:

»14 S 123/05

Landgericht Lübeck
Im Namen des Volkes
Urteil
In dem Rechtsstreit ...

hat die 14. Zivilkammer des Landgerichts Lübeck durch den Vorsitzenden Richter am Landgericht Penuschek, die Richterin am Landgericht Lucke und den Richter Kullerich auf die mündliche Verhandlung vom 25.01.2006 für Recht erkannt: ...«

158 Im schriftlichen Verfahren ist der letzte Tag für den Eingang von Schriftsätzen anzugeben, § 128 II ZPO:

»... hat die 14. Zivilkammer des Landgerichts Lübeck durch die Richterin am Landgericht Lucke als Einzelrichterin im schriftlichen Verfahren mit einer Erklärungsfrist bis zum ... für Recht erkannt: ...«

7. Der Tenor

Der Tenor besteht in der Regel aus drei einzelnen Entscheidungen und zwar: **159**

- **Hauptsacheentscheidung,**
- **Entscheidung über die Kosten und**
- **Entscheidung über die vorläufige Vollstreckbarkeit.**

Zudem können noch Entscheidungen über einen Vorbehalt, die Zulassung der Berufung bei erstinstanzlichen Urteilen (§ 511 II Nr. 2 ZPO), und die Zulassung der Revision (§ 543 ZPO) erforderlich sein.

a) Die Hauptsacheentscheidung

Die Fassung des Tenors muss knapp, eindeutig, vollstreckungsfähig und erschöpfend sein.

- **knapp** **160**

Die Formel hat so knapp wie möglich zu sein, muss aber aus sich selbst heraus verständlich sein. Die Bezugnahme auf Anlagen oder die Entscheidungsgründe ist nur ausnahmsweise zulässig, wenn dies in der Sache unvermeidbar ist. Dies kann vorkommen, wenn z.B. eine Zeichnung, ein Film, eine CD oder ein Computerprogramm Teil des Tenors ist. In keinem Fall gehören Begründungsteile in den Tenor wie »als Schadensersatz« oder »aus Kaufvertrag«.

- **eindeutig** **161**

Bei Leistungsurteilen ist es besonders wichtig, darauf zu achten, dass der Tenor eindeutig ist. Deshalb lautet die Einleitung auch immer »... wird verurteilt«, und nicht »... hat zu zahlen« oder so ähnlich, um eine Abgrenzung gegenüber Feststellungsurteilen zu ermöglichen.

- **vollstreckungsfähig** **162**

Für Leistungsurteile gilt insbesondere, dass der Tenor einen vollstreckungsfähigen Inhalt haben muss. Der Gerichtsvollzieher muss ohne Zuhilfenahme des Tatbestandes und der Entscheidungsgründe vollstrecken können. Bei Geldforderungen sind neben dem Betrag die Höhe des Zinssatzes in % bzw. bei Prozess- oder Verzugszinsen in %-Punkten und der Zinsbeginn mit Angabe des Datums erforderlich, also nicht »ab Klagzustellung« oder »ab Rechtshängigkeit«. Bei der Verurteilung zur Herausgabe einer Sache ist diese so genau zu bezeichnen, dass eine Verwechslung ausgeschlossen ist. So ist z.B. bei Urteilen auf Übereignung oder Herausgabe eines Pkw die Angabe der Fahrgestellnummer, bei Möbeln der Holzart, Abmessungen und Besonderheiten erforderlich.

Bei Urteilen auf Übereignung eines Grundstücks muss der Tenor lauten:

»Der Beklagte wird verurteilt, das im Grundbuch von ..., Band ..., Blatt ..., Abteilung ... eingetragene Grundstück, Flurstück ..., an den Kläger aufzulassen und dessen Eintragung als Eigentümer im Grundbuch zu bewilligen.«

163 • **erschöpfend**

Urteile müssen die gestellten Anträge ausschöpfen. Wenn Sie nicht alles zuerkennen, was beantragt worden ist, also auch bei minimalen Abweisungen der Zinsforderung oder einem Teilerfolg durch Zuerkennen des Hilfsantrags, muss der letzte Satz der Entscheidung zur Hauptsache lauten: »*Im Übrigen wird die Klage abgewiesen*«.

Eine weitere Differenzierung wie z.B. »gegen den Beklagten zu 2)« oder »hinsichtlich der Anträge zu 4. und 5.« ist unüblich und gefährlich, weil andere nicht zuerkannte Teile wie minimale Zinsforderungen vergessen werden könnten.

Fälle, in denen häufig übersehen wird, dass das Urteil der Klage nicht in vollem Umfang stattgibt, und in denen die Teilabweisung vergessen wird, sind:

– Verurteilungen nur Zug um Zug statt der beantragten uneingeschränkten Verurteilung,
– Verurteilungen nur nach dem Hilfsantrag, selbst wenn dieser höherwertig ist,
– Zuerkennen eines niedrigeren Zinssatzes oder eines späteren Zinsbeginns als beantragt,
– Verurteilung von mehreren Beklagten nur zu Teilschuldnern statt zu Gesamtschuldnern,
– Verurteilungen nur zu einer künftigen statt zu der beantragten sofortigen Leistung oder
– Verurteilungen nur durch ein Vorbehaltsurteil oder unter Vorbehalt der beschränkten Erbenhaftung, wenn der Klageantrag ohne Vorbehalt gestellt worden ist.

164 • **klageabweisende Urteile**

Bei klageabweisenden Urteilen lautet der Tenor grds.: »*Die Klage wird abgewiesen.*« Der Grund der Abweisung »als unzulässig« oder »als unbegründet« oder »als derzeit unbegründet« wird im Tenor nicht angegeben. Ausnahme § 597 II ZPO: »*Die Klage wird als im Urkundenprozess unstatthaft abgewiesen.*« Den Grund der Abweisung (als unzulässig, als unbegründet oder als derzeit unbegründet) sollten Sie im Examen nicht in Ihren Tenor aufnehmen, auch wenn man es in der Praxis gelegentlich liest.

Zwischenzeitlich ergangene vollstreckbare Entscheidungen wie stattgebende Versäumnisurteile oder Vollstreckungsbescheide müssen Sie im Fall einer Klageabweisung aufheben.

165 • **Feststellungsurteile**

Bei erfolgreichen Feststellungsklagen beginnt die Urteilsformel mit den Worten:

»*Es wird festgestellt, dass ...*«

Beachten Sie, dass auch Urteile nach einseitigen Erledigungserklärungen des Klägers Feststellungsurteile sind. Im Erfolgsfall sollten Sie wie folgt tenorieren: »*Es wird festgestellt, dass der Rechtsstreit in der Hauptsache erledigt ist.*« Andernfalls lautet der Tenor wie bei jedem anderen klageabweisenden Urteil auch: »*Die Klage wird abgewiesen.*«

(Vgl. im Einzelnen zu Feststellungsklagen Rn. 447 ff.)

166 • **Gestaltungsurteile**

Gestaltungsklagen kommen vor in Fällen von §§ 133, 140 HGB (Auflösung einer OHG bzw. Ausschluss eines Gesellschafters), §§ 1564, 1313 und § 2342 BGB (Ehescheidung, Aufhebung einer Ehe und Erbunwürdigkeitsklage) sowie in § 767 ZPO (Vollstreckungsgegenklage) und § 771 ZPO (Drittwiderspruchsklage).

Bei Gestaltungsurteilen ist das, was durch das Urteil gestaltet wird, im Tenor auszuführen. Der Tenor eines stattgebenden Urteils über eine Vollstreckungsgegenklage lautet z.B.:

»*Die Zwangsvollstreckung aus dem Urteil des Amtsgerichts ... vom ... – AZ: ... – wird für unzulässig erklärt.*«

III. Die Arbeitsschritte im Einzelnen

• **Besonderheiten nach Versäumnisurteilen / Vollstreckungsbescheiden gegen Beklagte** 167

Im Fall einer Klageabweisung müssen Sie zuvor ergangene vollstreckbare Entscheidungen wie stattgebende Versäumnisurteile oder Vollstreckungsbescheide aufheben. Das Urteil lautet:

»*Das Versäumnisurteil / Der Vollstreckungsbescheid AZ ... vom ... wird aufgehoben. Die Klage wird abgewiesen.*«

Der bestätigende Hauptsachetenor nach einem zulässigen Einspruch lautet:

»*Das Versäumnisurteil des Amtsgerichts ... vom ... wird aufrechterhalten.*«

Bei Teilerfolg nach einem zusprechenden Versäumnisurteil muss es heißen:

»*Das Versäumnisurteil des Amtsgerichts ... vom ... wird mit der Maßgabe aufrechterhalten, dass der Beklagte verurteilt wird, an den Kläger ... zu zahlen. Im Übrigen wird das Versäumnisurteil aufgehoben und die Klage abgewiesen*«.

Hinsichtlich der Besonderheiten bei der Kostenentscheidung (§ 344 ZPO) und der Entscheidung über die vorläufige Vollstreckbarkeit (§ 709 S. 3 ZPO) vgl. Rn. 177 bzw. 226 f.

• **Urteile im Nachverfahren** 168

Eine nahe liegende Klausurkonstellation ist es, dass Sie das Nachverfahren entscheiden müssen, nachdem der Beklagte die im Urkundenprozess gegen ihn geltend gemachte Forderung unter Vorbehalt der Geltendmachung seiner Rechte im Nachverfahren anerkannt hat.

Die möglichen Tenöre in der Hauptsache lauten:

»*Das Anerkenntnis- und Vorbehaltsurteil vom ... wird für vorbehaltlos erklärt.*«

»*Das Anerkenntnis- und Vorbehaltsurteil vom ... wird aufgehoben. Die Klage wird abgewiesen.*«

»*Das Anerkenntnis- und Vorbehaltsurteil vom ... wird insoweit für vorbehaltlos erklärt, als der Beklage verurteilt worden ist, an den Kläger ... € zu zahlen. Im Übrigen wird das Vorbehaltsurteil aufgehoben und die Klage abgewiesen.*«

• **Nebenforderungen** 169

Die Entscheidung in der Hauptsache umfasst auch den Ausspruch über die Nebenforderungen, also Zinsen und Kosten. »Kosten« sind hier nicht die Kosten des Rechtsstreits, sondern Nebenforderungen wie vorprozessuale Mahnkosten, Inkasso- oder Gutachterkosten zur Vorbereitung der Klage, die ggf. getrennt von dem Hauptanspruch zusätzlich geltend gemacht worden sind. Über diese Kosten ist gesondert vor den prozessualen Nebenentscheidungen zu befinden.

Für Zinsansprüche kommen sog. **Prozesszinsen** gem. §§ 291, 288 I 2 BGB analog oder **Verzugs-** 170
zinsen gem. §§ 286 I 1, 288 I BGB in Betracht. Bedenken Sie, dass bei einem Zug um Zug-Urteil keine Zinsen zuzusprechen sind, weil Verzug Einredefreiheit voraussetzt.

Sie müssen darauf achten, dass Sie Prozesszinsen i.H.v. 5 Prozentpunkten (nicht 5%) über dem jeweiligen Basiszinssatz nur zusprechen dürfen, wenn die Forderung nach dem 1.5.2000 fällig geworden ist. Wenn die Forderung vorher fällig geworden ist, gilt durchgehend der »alte« Zinssatz i.H.v. 4%. Es sollte »*über dem jeweiligen Basiszinssatz*« lauten, weil sich der Basiszinssatz laufend ändert.

Für Forderungen wegen Entziehung oder Beschädigung einer Sache bestimmt § 849 BGB den 171
Tag des Schadenseintritts als Beginn der Verzinsung. Es gilt der sog. gesetzliche Zinssatz von 4 % gemäß § 246 BGB bis zu Verzugsbeginn oder dem Eintritt der Rechtshängigkeit. Dann gelten die unter Rn. 170 aufgeführten Zinsen.

172 Wenn der Kläger höhere als die gesetzlichen **Zinsen als Verzugsschaden** geltend macht, müssen Sie prüfen, ob er seinen Anspruch schlüssig dargelegt hat. Er muss grds. vortragen, dass ein rückführbarer Kredit zu einem bestimmten Zinssatz zumindest in Höhe der Klageforderung seit dem beantragten Zeitpunkt in Anspruch genommen worden ist. Bei Kaufleuten wird dies ohne weiteres vermutet, weil sie in der Regel mit Kontokorrentkrediten arbeiten. Bei Nichtkaufleuten bedarf es eines etwas detaillierteren Vortrages. Hüten Sie sich davor, allein aufgrund des Umstandes, dass der Beklagte zu dem Zinsanspruch nichts sagt, diesen im beantragten Umfang zuzusprechen. Dann würden Sie unstreitig und schlüssig verwechseln. Der Beklagte ist doch nicht verpflichtet, zu unschlüssigem Vorbringen des Klägers überhaupt etwas zu sagen. Zudem wäre es töricht zu rügen, wenn der Kläger noch »nachbessern« kann.

173 Die Vorlage einer **Bankbescheinigung** ist qualifizierter Vortrag, dem der Beklagte nicht mit einfachem Bestreiten erfolgreich entgegentreten kann. Wenn der Verzugsschaden aus einem entgangenen Anlagevorteil besteht, spricht eine Anscheinsvermutung dafür, dass vernünftige, wirtschaftlich denkende Menschen Beträge etwa ab 1.000,– € bei rechtzeitigem Eingang zinsträchtig angelegt hätten. Wenn der Kläger hier eine übliche Anlageform vorträgt, mit dem er mehr erzielt hätte, als fünf Prozentpunkte über dem jeweiligen Basiszinssatz, reicht das einfache Bestreiten des Beklagten, der Kläger hätte gar nicht angelegt, grds. nicht aus.

174 Bei der Entscheidung über Zinsforderungen sind häufig Fallen in Bezug auf den Zinsbeginn und die Zinshöhe eingebaut, die leicht übersehen werden. Der Kläger beantragt oft zu Unrecht Zinsen ab dem letzten Tag der Zahlungsfrist. In derartigen Fällen dürfen Sie die Zinsen analog § 187 I BGB erst ab dem folgenden Tag zuerkennen. Wenn der Kläger Zinsen »ab Rechtshängigkeit« beantragt, sollten Sie den Tag nach der Zustellung der Klage als Zinsbeginn nehmen. Es ist präziser und Sie können zeigen, dass Sie § 187 I BGB kennen. Und denken Sie an die Teilabweisung: »*Im Übrigen wird die Klage abgewiesen.*«!

175 Bedenken Sie, dass bei unbegründeten Verzugszinsen der beantragte Zinssatz die Obergrenze für die gesetzlichen Zinsen bildet. Grund dafür ist, dass Sie gem. § 308 I ZPO nicht mehr zusprechen dürfen, als beantragt worden ist. Das würden Sie aber ggf. tun, wenn Sie den gesetzlichen Zinssatz ohne Beschränkung nach oben zuerkennen, weil Sie nicht wissen können, wie sich der Basiszinssatz entwickelt.

Wenn der Kläger z.B. Verzugszinsen i.H.v. 10% beantragt hat, Sie aber nur die gesetzlichen Zinsen zusprechen, muss es also heißen:

»*... nebst Zinsen i.H.v. 5 Prozentpunkten über dem jeweiligen Basiszinssatz, höchstens aber 10%.*«

b) Die Kostenentscheidung

176 aa) Grundsätzliches Als zweiten Teil des Tenors haben Sie gem. § 308 II ZPO von Amts wegen, also auch ohne Antrag, über die Kosten des Rechtsstreits zu entscheiden. Diese Entscheidung ist die Kostengrundentscheidung, d.h. es wird nur ausgesprochen, wer die Prozesskosten – ganz oder zu welchem Teil – zu tragen hat, nicht aber, wie hoch diese im Einzelnen sind.

Zum besseren Verständnis des Kostenrechts müssen Sie die maßgeblichen Streitwertarten beachten:

Der **Zuständigkeitsstreitwert** gem. §§ 1 bis 9 ZPO regelt die Abgrenzung der sachlichen Zuständigkeit der Amtsgerichte von der Zuständigkeit der Landgerichte, §§ 23 und 71 GVG.

Der **Gebührenstreitwert** (auch Kostenstreitwert genannt), für den vorrangig die §§ 39 ff. GKG und nur subsidiär die §§ 3 bis 9 ZPO gelten, regelt die Höhe der Gerichts- und Rechtsanwaltsgebühren. Er ist von Bedeutung für die Kostenentscheidung u.a. bei Haupt- und Hilfsanträgen, Widerklagen und Hilfsaufrechnungen. Das ist der Streitwert, den Sie in Ihrem Streitwertbeschluss angeben.

III. Die Arbeitsschritte im Einzelnen

Durch das am 1.7.2004 in Kraft getretene **Kostenrechtsmodernisierungsgesetz** hat sich insoweit inhaltlich nichts geändert. Gem. § 71 I GKG gilt das bisherige Recht für alle Rechtsstreitigkeiten, die vor dem 1.7.2004 anhängig geworden sind. In den Bearbeitervermerken steht aber i.d.R., dass stets das geltende Recht anzuwenden ist.

Die **Prozesskosten** bestehen aus den **Gerichtskosten** (Gerichtsgebühren und Auslagen) und den **außergerichtlichen Kosten** (Anwalts- und Parteikosten).

Bis auf Teilurteile (§ 301 ZPO), Grundurteile (§ 304 ZPO) und Zwischenurteile zwischen den Parteien (§§ 280, 303 ZPO) müssen alle Urteile eine Kostenentscheidung enthalten. Es gilt der Grundsatz der Einheitlichkeit der Kostenentscheidung. Das bedeutet, die gesamten Kosten werden grds. nach dem Maß des Obsiegens und Unterliegens verteilt. Vereinfacht lautet der Grundsatz: **Wer verliert, bezahlt.** Bei relevantem Teilunterliegen wird in Prozenten oder Bruchteilen gequotelt (s. Rn. 180).

Eine Ausnahme von dem Grundsatz, dass über die gesamten angefallenen Kosten des Rechtsstreits einheitlich nach Bruchteilen oder prozentualen Quoten zu entscheiden ist, wird in den gesetzlich geregelten Fällen der Kostentrennung gemacht. Diese sind in §§ 75, 94–97, 100 III, 101, 238 IV, 281 III 2 und § 344 ZPO geregelt. Dies sind Fälle, in denen Kosten, die einen bestimmten Teil des Rechtsstreits betreffen, von der Gesamtentscheidung über die Kosten ausgenommen und einer Partei isoliert auferlegt werden. Die genaue Berechnung ist wiederum Sache des Kostenbeamten.

Die am häufigsten vorkommenden Fälle von Kostentrennung sind:

§ 344 ZPO: 177

Wenn gegen den Beklagten zunächst in gesetzlicher Weise ein Versäumnisurteil ergangen ist und er nach Einspruch in vollem Umfang gewinnt, muss die Kostenentscheidung lauten:

»Der Kläger trägt die Kosten des Rechtsstreits mit Ausnahme der durch die Säumnis des Beklagten im Termin vom ... entstandenen Kosten. Diese trägt der Beklagte.«

Wenn die säumige Partei auch nach Einspruch verliert, ist keine Differenzierung erforderlich. Es muss lauten: *»Der Kläger/Beklagte trägt **auch die weiteren** Kosten des Rechtsstreits.«*

Wenn das Versäumnisurteil nicht in gesetzlicher Weise ergangen ist (z.B. trotz fehlender Schlüssigkeit oder nicht ordnungsgemäßer Ladung des Beklagten) unterbleibt die Auferlegung der Säumniskosten auf den Beklagten. Es wird wie stets nur nach Obsiegen und Unterliegen entschieden (vgl. Rn. 81).

§ 281 III 2 ZPO: 178

Wenn der Kläger zunächst ein örtlich unzuständiges Gericht angerufen hat und nach Verweisung an das zuständige Gericht obsiegt, lautet die Kostenentscheidung: *»Der Beklagte trägt die Kosten des Rechtsstreits mit Ausnahme der Kosten, die durch die Anrufung des örtlich unständigen Gerichts entstanden sind. Diese trägt der Kläger.«* (Siehe dazu Rn. 367)

§ 100 III ZPO: 179

Wenn z.B. zwei Beklagte voll verurteilt werden, B 1) durch Versäumnisurteil und B 2) nach streitiger Verhandlung, lautet die Kostenentscheidung: *»Die Kosten des Rechtsstreits tragen die Beklagten mit Ausnahme der durch die streitige Verhandlung verursachten Mehrkosten. Diese trägt der Beklagte zu 2).«*

Achten Sie darauf, dass Sie die Kosten, die Sie »ausnehmen«, der jeweils anderen Partei ausdrücklich auferlegen müssen (*»Diese trägt der ...«*). Andernfalls ist Ihre Kostenentscheidung unvollständig.

180 **bb) Die Kostenentscheidung bei vollem Unterliegen einer Partei** Unterliegt eine Partei voll, so hat sie gem. § 91 I 1 ZPO sämtliche Kosten zu tragen. Die Formel lautet: »*Der Beklagte / Der Kläger trägt die Kosten des Rechtsstreits*«. Es muss gem. § 91 I 1 ZPO heißen: »Kosten des **Rechtsstreits**«. Kosten des **Verfahrens** heißt es im einstweiligen Rechtsschutz.

181 **Mehrere unterlegene Beklagte** haften für die Kosten nach § 100 IV ZPO als Gesamtschuldner, wenn sie in der Hauptsache als Gesamtschuldner verurteilt worden sind, andernfalls nach § 100 I ZPO als Teilschuldner. Die Art der Haftung (als Gesamtschulden oder z.B. je zur Hälfte) braucht in der Kostenentscheidung grds. nicht noch einmal ausgesprochen zu werden, weil sie aus dem Gesetz folgt. Wenn Sie es trotzdem machen, wird es auch nicht schaden.

182 **Mehrere unterlegene Kläger** haften gem. § 100 I ZPO immer nur als Teilschuldner. Das gilt also auch, wenn sie als Gesamtgläubiger auftreten. § 100 IV ZPO regelt nur die gesamtschuldnerische Haftung von unterlegenen Beklagten und ist mangels Regelungslücke auch nicht analog auf Kläger anzuwenden. Dies sollten Sie kurz ansprechen, wenn der Beklagte ausdrücklich eine gesamtschuldnerische Haftung der unterlegenen Kläger beantragt.

183 **cc) Die Kostenentscheidung bei teilweisem Obsiegen und Unterliegen** Bei Teilerfolgen gibt es nach § 92 ZPO drei mögliche Kostenentscheidungen:

- **§ 92 I 1, 1. Alt. ZPO: Kostenaufhebung,**
- **§ 92 I 1, 2. Alt. ZPO: Kostenteilung,**
- **§ 92 II ZPO: Volle Auferlegung der Kosten auf eine Partei.**

184 Eine **Kostenaufhebung** nach § 92 I 1, 1. Alt. ZPO kommt in Betracht, wenn beide Parteien ungefähr zur Hälfte obsiegen und unterliegen, wobei der Unterschied nicht mehr als 10 % betragen darf. Kostenaufhebung besagt, dass jede Partei ihre außergerichtlichen Kosten selbst trägt und die Gerichtskosten jeweils zur Hälfte von beiden getragen werden. Bei Kostenaufhebung hat der Beklagte keinen Erstattungsanspruch, nur der Kläger kann die Hälfte der verauslagten Gerichtskosten vollstrecken.

185 Die **Kostenteilung** nach § 92 I 1, 2. Alt. ZPO können Sie in Form von Brüchen oder Prozenten vornehmen. Wenn Sie z.B. von 10.000,– € nur 8.000,– € zuerkennen, lautet die Kostenentscheidung:

»*Von den Kosten des Rechtsstreits trägt der Beklagte 4/5, der Kläger 1/5.*« oder

»*Von den Kosten des Rechtsstreits trägt der Beklagte 80 %, der Kläger 20 %.*«

Bei der Kostenteilung hat jede Partei gegenüber der anderen einen Anspruch auf Erstattung der außergerichtlichen Kosten in Höhe der Quote. Der Kläger hat zusätzlich einen Anspruch auf Erstattung des entsprechenden Teils der verauslagten Gerichtskosten.

Die Entscheidung, ob Sie die Kosten gegeneinander aufheben oder quotieren, hat Einfluss auf die vorläufige Vollstreckbarkeit. Im Falle der Kostenaufhebung hat der Beklagte nämlich keinen Kostenerstattungsanspruch gegen den Kläger, weil er seine außergerichtlichen Kosten selbst trägt. Das Urteil ist für ihn also nicht für vorläufig vollstreckbar zu erklären. Im Falle der Quotierung hat aber jede Partei einen Ausgleichsanspruch in Höhe der Quote, so dass in derartigen Fällen immer eine doppelte vorläufige Vollstreckbarkeit ausgesprochen werden muss.

186 Gem. § 92 II Nr. 1 ZPO können Sie einer Partei die **Kosten voll auferlegen**, wenn die Mehrforderung des Obsiegenden lediglich geringfügig war bzw. wenn der Beklagte nur in ganz geringer Höhe verurteilt worden ist und dafür keine oder ganz geringfügige Mehrkosten entstanden sind. »Geringfügig« i.S.v. § 92 II ZPO sind Mehrkosten, die die ohnehin angefallenen Kosten um weniger als 10 % übersteigen. Wenn die Mehrforderung keinen Gebührensprung ausgelöst hat, ist es stets ratsam, die gesamten Kosten der überwiegend unterlegenen Partei aufzuerlegen. § 92 II Nr. 2 ZPO regelt die volle Auferlegung der Kosten in Fällen von gerichtlicher Schätzung u.a. Die Vorschrift ist weniger examensrelevant.

dd) Die Kostenentscheidung bei Klage und Widerklage Bei Rechtsstreitigkeiten mit Widerklagen, Hilfsanträgen und Hilfsaufrechnungen bestimmt sich der Gebührenstreitwert nach § 45 I GKG. **187**

Bei Klagen und Widerklagen müssen Sie bedenken, dass der Gebührenstreitwert nach § 45 I 1 GKG in der Regel die Summe der Einzelstreitwerte von Klage und Widerklage ist. Eine Addition findet nach § 45 I 3 GKG nur dann nicht statt, wenn Klage und Widerklage denselben Gegenstand betreffen. Das dürfte äußerst selten vorkommen. **188**

Die Regel lautet deshalb:

> Die beiden Einzelstreitwerte von Klage und Widerklage werden
> zur Ermittlung des Gebührenstreitwerts grds. addiert.

Dies betrifft nur den Gebührenstreitwert gem. § 45 I 1 GKG, nicht den Zuständigkeitsstreitwert gem. § 5 ZPO. Das Amtsgericht bleibt also bei zwei Streitwerten von Klage und Widerklage i.H.v. je 5.000,- € gem. § 5 ZPO sachlich zuständig, weil der Zuständigkeitsstreitwert nur 5.000,- € beträgt. Der für die Berechnung der Gebühren und der Unterliegensquote maßgebliche Gebührenstreitwert beträgt aber gem. § 45 I 1 GKG 10.000,- €.

Wenn Sie bei dem Ausspruch über die vorläufige Vollstreckbarkeit die Sicherheitsleistung ausrechnen, müssen Sie darauf achten, bei den außergerichtlichen Kosten der Parteien den nach § 45 I 1 GKG höheren Gebührenstreitwert zugrunde zu legen. Das kann für die richtige Einordnung unter § 709 ZPO oder §§ 708 Nr. 11, 711 ZPO von Bedeutung sein, wenn die Kosten im Bereich von 1.500,- € liegen.

Wenn der Kläger mit der Klage durchdringt und die Widerklage abgewiesen wird, hat der Beklagte beides verloren. »Der Beklagte trägt die Kosten des Rechtsstreits.«

Wenn Kläger und Beklagter jeweils gewinnen, ist nach den unterschiedlichen Einzelstreitwerten von Klage und Widerklage im Verhältnis zum Gesamtstreitwert zu quoteln.

1. Fall: Der Streitwert der Klage beträgt 10.000,- €, der Streitwert der Widerklage 5.000,- €. Der Kläger dringt mit seiner Klage durch und wird auf die Widerklage hin voll verurteilt. **189**

Der Gebührenstreitwert beträgt gem. § 45 I 1 GKG 15.000,- €. Davon hat der Kläger 5.000,- € und der Beklagte 10.000,- € verloren.

»Von den Kosten des Rechtsstreits trägt der Kläger 1/3, der Beklagte 2/3.«

2. Fall: Der Streitwert der Klage beträgt 10.000,- €, der Streitwert der Widerklage 5.000,- €. Der Kläger dringt mit seiner Klage nur i.H.v. 5.000,- € durch, auf die Widerklage wird er zur Zahlung von 2.500,- € verurteilt. Im Übrigen werden Klage und Widerklage abgewiesen. **190**

Der Gebührenstreitwert beträgt gem. § 45 I 1 GKG 15.000,- €. Der Kläger verliert seine eigene Klage i.H.v. 5.000,- € und die Widerklage i.H.v. 2.500,- €. Der Beklagte verliert im gleichen Umfang.

»Die Kosten des Rechtsstreits werden gegeneinander aufgehoben.« oder

»Von den Kosten des Rechtsstreits tragen Kläger und Beklagte jeweils die Hälfte.«

Die Aufhebung der Kosten ist im Examen sinnvoller, weil Sie andernfalls eine doppelte vorläufige Vollstreckbarkeit aussprechen müssen.

ee) Die Kostenentscheidung bei Haupt- und Hilfsanträgen Nach § 45 I 2 und 3 GKG ist der Gebührenstreitwert von Haupt- und Hilfsanträgen grds. der höhere Streitwert. Das wird in der Regel der Wert des Hauptantrages sein. **191**

Eine Addition findet nur dann statt, wenn beide Anträge wirtschaftlich verschiedene Gegenstände betreffen. Das ist höchst selten der Fall. In der Regel wird Erfüllung oder Rückabwicklung, Herausgabe oder Wertersatz, also etwas wirtschaftlich Zusammenhängendes, verlangt, bei dem das eine die Kehrseite des jeweils anderen ist. In diesen Fällen findet keine Addition der Einzelstreitwerte statt.

B. Klausurtechnik

Merke: Bei Haupt- und Hilfsanträgen gilt grundsätzlich nur der höhere der beiden Einzelstreitwerte.

Wenn der Kläger schon mit dem Hauptantrag durchdringt und folglich über den Hilfsantrag gar nicht entschieden wird, ist der maßgebliche Streitwert allein der des Hauptantrages. Wenn der Hauptantrag abgewiesen und nur dem Hilfsantrag stattgegeben wird, hängt die Unterliegensquote des Klägers davon ab, ob und im welchem Umfang der Streitwert des Hilfsantrags unter dem des Hauptantrages liegt.

Merke: Die Frage des Unterliegens bei Haupt- und Hilfsanträgen ist grds. daran zu messen, ob sich eine Verlustquote in Ansehung des maßgeblichen Gebührenstreitwerts ergibt.

Dies ist i.d.R. der höherwertige Hauptantrag.

> **Fall:** Der Kläger begehrt mit dem Hauptantrag die Vertragserfüllung i.H.v. 10.000,- € und hilfsweise die Rückgabe der bereits gelieferten Ware im Wert von 8.000,- €. Er hat nur mit dem Hilfsantrag Erfolg.

Der Streitwert beträgt 10.000,- €, weil die Anträge nicht wirtschaftlich verschiedene Gegenstände betreffen. Der Kläger unterliegt zu 20 %, der Beklagte zu 80 %.

»Von den Kosten des Rechtsstreits trägt der Kläger 20 % und der Beklagte 80 %.«

Wenn der Kläger mit dem Hilfsantrag nur teilweise Erfolg hat, müssen Sie wie bei normalem Teilunterliegen nach Maßgabe der drei Möglichkeiten des § 92 ZPO entscheiden (s. Rn. 183 ff.). Die Verlustquote ist die Differenz zwischen dem zuerkannten Teil des Hilfsantrages und dem höchsten Einzelstreitwert von Haupt- oder Hilfsantrag, also in der Regel des Hauptantrages.

Wenn der Kläger mit einem gleichwertigen Hilfsantrag Erfolg hat und nach dem Vorstehenden keine Addition stattfindet, ist nach § 45 I 1 GKG nur der einfache Streitwert maßgeblich. In diesen Fällen verliert der Beklagte »kostenmäßig« voll. Anders ist es nur, wenn die Streitwerte gem. § 45 I 2 und 3 GKG ausnahmsweise zu addieren sind. Dann wäre zu quoteln.

Wenn der Hilfsantrag einen höheren Streitwert hat als der Hauptantrag und der Kläger »nur« mit dem Hilfsantrag Erfolg hat, ist nach § 45 I 1 GKG nur der höhere Wert des Hilfsantrages maßgeblich. In diesen Fällen verliert der Beklagte »kostenmäßig« auch voll. Anders ist es auch hier wieder, wenn die Streitwerte gem. § 45 I 2 und 3 GKG ausnahmsweise zu addieren sind (s.o.).

Obwohl der Kläger in diesen beiden letztgenannten Fällen in Bezug auf die Kosten des Rechtsstreits nicht unterliegt, müssen Sie gleichwohl im Hauptsacheausspruch die Klage im Übrigen abweisen, weil der Kläger mit seinem vorrangigen Begehren, dem Hauptantrag, nicht durchgedrungen ist.

Merke: Denken Sie an die Teilabweisung im Tenor, wenn Sie nur dem Hilfsantrag stattgeben!

»Im übrigen wird die Klage abgewiesen.«

192 ff) Die Kostenentscheidung unter Anwendung der Baumbach'schen Formel Wenn mehrere Beklagte oder Kläger **im gleichen Umfang** unterliegen, erfolgt die Kostenentscheidung nach § 91 I 1 ZPO oder § 92 ZPO i.V.m. § 100 ZPO ohne Besonderheiten.

Bei **unterschiedlichem Verfahrensausgang** gegenüber mehreren Beklagten oder mehreren Klägern müssen Sie nach gefestigter Rechtsprechung die Verteilung der Kosten auf der Grundlage der sog. Baumbach'schen Formel vornehmen. Dieser völlig unberechtigte Schrecken aller Referendare ist am Standardfall ein Kläger / zwei Beklagte schnell entzaubert.

III. Die Arbeitsschritte im Einzelnen

1. Fall: Der Kläger begehrt 10.000,– € von zwei Beklagten, er obsiegt jedoch nur gegenüber B 1), gegen B 2) wird die Klage abgewiesen.   193

1. Die Kostentragungspflicht bzgl. der **außergerichtlichen Kosten** von unterlegenen Beklagten richtet sich stets nach dem bekannten Grundsatz: Wer verliert, bezahlt.
2. Zur Ermittlung der Verlustquote bzgl. der außergerichtlichen Kosten des Klägers und der Gerichtskosten multiplizieren Sie den Streitwert mit der Zahl der Angriffe (= fiktiver Streitwert).
3. Addieren Sie die Verlustbeträge der Einzelangriffe und setzten Sie diesen Betrag zu dem fiktiven Streitwert ins Verhältnis.
4. Die so ermittelte Verlustquote gilt gleichermaßen für die außergerichtlichen Kosten des Klägers und die Gerichtskosten.

Ausgehend von dem Grundsatz, dass diejenige, der verliert, bezahlt, und der Umkehrung, dass derjenige, der nicht verliert, auch nichts bezahlen muss, steht Folgendes fest:

- Die außergerichtlichen Kosten des B 2) hat der Kläger zu tragen, weil er diesem gegenüber den Rechtsstreit verloren hat.
- Die außergerichtlichen Kosten des B 1) hat dieser selbst zu tragen, weil er unterlegen ist.
- Offen bleiben nur die außergerichtlichen Kosten des Klägers und die Gerichtskosten. Erst hier greift die Überlegung ein, dass es ungerecht ist, diese Kosten dem Beklagten voll aufzuerlegen. Das trägt nicht dem Umstand Rechnung, dass der Kläger ja nur gegenüber einem von zwei Beklagten gewinnt, also »so gesehen« zur Hälfte verloren hat. Daraus resultiert der folgende Kunstgriff:

Zur Ermittlung der sachgerechten Aufteilung dieses Teils der Kosten müssen sie nun einen fiktiven Streitwert als Berechnungsmaßstab bilden, indem Sie den tatsächlichen Gebührenstreitwert mit der Zahl der Angriffe multiplizieren. Auf den obigen Fall angewandt ergibt sich damit Folgendes:

Der Kläger will 10.000,– € von zwei Beklagten, also ist der Berechnungsmaßstab 20.000,– €. Davon hat der Kläger nur 10.000,– € zugesprochen bekommen. In Höhe des zweiten Angriffs über 10.000,– € gegenüber B 2), ist er unterlegen. Daraus folgt, dass der Kläger die Hälfte der Gerichtskosten und die Hälfte seiner außergerichtlichen Kosten zu tragen. B 1), der ja bzgl. des fiktiven Wertes von 20.000,– € auch die Hälfte verloren hat, muss danach die zweite Hälfte der außergerichtlichen Kosten des Klägers und der Gerichtskosten tragen. Die Kostenentscheidung im obigen Fall lautet mithin:

»Der Kläger trägt die außergerichtlichen Kosten des Beklagten zu 2) sowie die Hälfte der Gerichtskosten. Der Beklagte zu 1) trägt die andere Hälfte der Gerichtskosten und die Hälfte der dem Kläger entstandenen außergerichtlichen Kosten.«

Der in der Praxis verbreitete Satz »Im Übrigen tragen die Parteien ihre Kosten selbst.« schadet zwar nicht, hat aber in der Examensklausur grds. nichts zu suchen.

Merke: In die Kostenentscheidung gehört nur das hinein, was auch vollstreckbar ist.

194 **2. Fall:** Der Kläger verlangt von drei Beklagten gesamtschuldnerisch 10.000,- €. Ihm stehen gegen den Beklagten zu 1) 10.000,- € zu, gegen den Beklagten zu 2) 5.000,- €, gegen den Beklagten zu 3) nichts.

Vor der Kostenentscheidung sind wieder die obigen Überlegungen anzustellen:

1. Die Beklagten haben unterschiedlich verloren. »Baumbach« muss ran, aber erst bei der Verteilung der Gerichtskosten und der außergerichtlichen Kosten des Klägers.
2. Die außergerichtlichen Kosten der Beklagten richten sich nur danach, wer verloren hat.
3. Der Kläger hat seine Klage gegenüber B 3) verloren, also muss er dessen außergerichtliche Kosten in vollem Umfang tragen.
4. Der Kläger hat gegenüber B 2) nur zur Hälfte verloren, also muss er die Hälfte der außergerichtlichen Kosten des B 2) tragen. Die andere Hälfte trägt B 2) selbst.
5. B 1) hat voll verloren, also muss er seine außergerichtlichen Kosten selbst tragen.
6. Zur Ermittlung der Quote für die Aufteilung der Gerichtskosten und der außergerichtlichen Kosten des Klägers ist nach »Baumbach« der Streitwert mit der Zahl der Angriffe zu multiplizieren:

Der Kläger hat drei Angriffe über 10.000,- € geführt, der fiktive Streitwert beträgt also 30.000,- €. Davon hat der Kläger gegenüber B 3) 10.000,- € und im Verhältnis zu B 2) 5.000,- € verloren, also die Hälfte von 30.000,- €. Damit steht fest, dass er auch die Hälfte der Gerichtskosten und die Hälfte seiner eigenen außergerichtlichen Kosten selbst tragen muss.

Die andere Hälfte müssen sich die übrigen Verlierer, B 1) und B 2), teilen. Da sie i.H.v. 5.000,- € gesamtschuldnerisch verurteilt werden, unterliegen sie rechnerisch i.H.v. 10.000,- € (2 × 5.000,- € von 30.000,- €) und haben in diesem Umfange auch die Kosten gesamtschuldnerisch zu tragen. Das sind 1/3 der Gerichtskosten und der außergerichtlichen Kosten des Klägers. Ein weiteres Sechstel hat B 1) allein zu tragen, weil er i.H.v. weiteren 5.000,- € (1/6 von 30.000,- €) verurteilt worden ist.

Folglich lautet die Kostenentscheidung:

»*Der Kläger trägt die außergerichtlichen Kosten des Beklagten zu 3) voll und die des Beklagten zu 2) zur Hälfte. Von den Gerichtskosten trägt der Kläger die Hälfte, die Beklagten zu 1) und zu 2) tragen ein Drittel als Gesamtschuldner, der Beklagte zu 1) trägt zudem ein weiteres Sechstel. In diesem Umfang tragen die Beklagten zu 1) und 2) auch die außergerichtlichen Kosten des Klägers.*«

Von diesen manchmal mühsamen Überlegungen steht nichts in Ihren Entscheidungsgründen.

»*Die Kostenentscheidung beruht auf § 92 I 1, 2. Alt. ZPO i.V.m. § 100 IV ZPO.*«

Der Zusatz »*i.V.m. den Grundsätzen der Baumbach'schen Formel*« dürfte aber nicht schaden.

195 **gg) Die Kostenentscheidung bei Reduzierung des Streitwerts während des Rechtsstreits** Zu einer Reduzierung des Streitwertes kann es durch eine Teilrücknahme der Klage, durch ein Teilanerkenntnis des Beklagten oder durch Teilerledigungserklärungen kommen. Wenn sich der Streitwert nach Klageerhebung reduziert, können Sie nicht in allen Fällen einfach quoteln. Das liegt daran, dass der Anfall von Gerichtskosten und außergerichtlichen Kosten im Gesetz unterschiedlich geregelt ist.

Gerichtskosten fallen nur einmal an. Gem. § 12 i.V.m. Nr. 1210 Anlage 1 GKG muss der Kläger einen Vorschuss i.H.v. drei Gebühren nach dem Streitwert im Zeitpunkt der Einreichung der Klage einzahlen. Eine spätere Reduzierung des Streitwerts wirkt sich auf die Gerichtskosten nicht aus. Nur bei einer vollständigen Klagerücknahme erhält der Kläger zwei Gebühren zurück (Nr. 1211 Anlage 1 GKG). Dies ist im Examen eine eher unwahrscheinliche Situation.

III. Die Arbeitsschritte im Einzelnen

Außergerichtliche Kosten, also die Rechtsanwaltsgebühren, fallen nach dem Rechtsanwaltsvergütungsgesetz (RVG) in Form der **Verfahrensgebühr** i.H.d. 1,3-fachen (§ 13 i.V.m. Nr. 3100 Anlage 1 RVG) und der **Terminsgebühr** i.H.d. 1,2-fachen Satzes (§ 13 i.V.m. Nr. 3104 Anlage 1 RVG) an. Die Höhe des Satzes entnehmen Sie der Gebührentabelle Anlage 2 zu § 13 I GVG bzw. dem ausführlicheren Anhang zum KostÄndG (Schönfelder Nr. 124). Diese beiden Gebühren richten sich nach dem Streitwert des jeweiligen Verfahrensabschnitts. Bei einer Reduzierung des Streitwerts vor der mündlichen Verhandlung bemisst sich die Verhandlungsgebühr nach dem ursprünglichen, die Terminsgebühr nach dem reduzierten Streitwert.

Bei einem durchgehenden Streitwert von 10.000,- € und einem Ergebnis von 5.000,- € zugunsten des Klägers müssen die Parteien jeweils die Hälfte der Kosten tragen. Wenn der Kläger aber seine Klage i.H.v. 5000,- € zurücknimmt, bevor die Terminsgebühr nach dem ursprünglichern Streitwert von 10.000,- € angefallen ist, würde ihm bei einer Kostenteilung oder Kostenaufhebung auch die Hälfte der Terminsgebühr auferlegt werden. Dies erscheint nicht sachgerecht, weil der Kläger insoweit nicht unterlegen ist. Die Terminsgebühr ist doch nur i.H.v. 5.000,- € angefallen, also dem Betrag, der dem Kläger voll zugesprochen worden ist. Das heißt:

Wenn eine Partei den Streitwert reduziert,

- bevor die Terminsgebühr angefallen ist und
- sie hinsichtlich des dann noch im Streit befindlichen Rests zumindest zum Teil obsiegt,

dürfen Sie nicht schlicht quoteln, Sie müssen vielmehr den Verlustanteil berechnen oder – s. den Vorschlag unter Rn. 202 – schätzen. Wenn die »reduzierende« Partei auch hinsichtlich des Rests verliert, erübrigt sich eine Berechnung, weil Sie dann ohnehin die gesamten Kosten des Rechtsstreit zutragen hat.

Hier nun die wichtigsten Beispiele:

1. Fall:	Der Kläger nimmt nach Rechtshängigkeit einen Teil der Klage zurück und verliert im Übrigen.	**196**
Alt.:	Der Beklagte erkennt einen Teil der Klageforderung an oder zahlt zu Recht, zur Zahlung des	

Restes wird er verurteilt.

Die Reduzierung des Streitwertes ist in beiden Fällen unbeachtlich, weil der »Reduzierende« am Ende voll verliert und deshalb ohnehin die gesamten Kosten des Rechtsstreits zu tragen hat, der Kläger gem. § 91 I 1 ZPO i.V.m. § 269 III 2 ZPO, der Beklagte gem. § 91 I 1 ZPO. Die Berechnung der konkreten Summe ist nicht Ihre Aufgabe, sondern die des Kostenbeamten. Nur wenn sich der Beklagte in diesen Fällen auf § 93 ZPO berufen kann oder wenn zugunsten des Klägers bei unverzüglicher Klagerücknahme vor Rechtshängigkeit § 269 III 3 ZPO greift (s. Rn. 446), müssen Sie die im Folgenden dargestellten Grundsätze zur differenzierten Berechnung der Verlustquote beachten. Zudem müssen Sie daran denken, den Teil der Kosten, der auf den zurückgenommenen Teil der Klage entfällt, auszurechnen und ohne Sicherheit oder Abwendungsbefugnis für vorläufig vollstreckbar zu erklären (Rn. 214).

197 **2. Fall:** Der Kläger nimmt einen Teil der Klage in der mündlichen Verhandlung zurück.
Alt.: Der Beklagte erkennt nach dem Stellen der Anträge einen Teil der geltend gemachten Forderung an oder zahlt einen Teil zu Recht.

Die Kostenentscheidung folgt ganz normal aus § 91 I 1 ZPO oder § 92 ZPO. Das Ergebnis hängt nur vom Verhältnis von Obsiegen und Unterliegen ab. Eine besondere Berechnung ist hier nicht nötig, weil nach der Reduzierung des Streitwerts keine Kosten mehr angefallen sind. Hinsichtlich der Gerichtskosten kann dies nicht der Fall sein, weil diese sich durch eine Teilrücknahme oder ein Teilanerkenntnis nicht ändern. Die außergerichtlichen Kosten – Verhandlungs- und Terminsgebühr – sind auch bereits angefallen, so dass sich die anschließende Reduzierung des Streitwerts auch auf diese Kosten nicht auswirkt.

Wenn aber der Kläger einen Teil seiner Klage vor der mündlichen Verhandlung zurücknimmt und den Rest ganz oder zum Teil gewinnt, oder wenn der Beklagte einen Teil der Forderung vor der mündlichen Verhandlung anerkennt oder einen Teil zu Recht zahlt und der Rest der Klage ganz oder zum Teil abgewiesen wird, müssen Sie die Verlustquote gesondert berechnen.

Es gibt zwei Methoden der Berechnung, zwischen denen Sie wählen können. Im Urteil müssen Sie weder Ihre Vorgehensweise noch die Berechnungsmethode erläutern. Es reicht die Angabe der angewendeten Norm, also in der Regel § 92 I 1, 1. oder 2. Alt. ZPO. Nur die Quote sollte zumindest ungefähr stimmen. Denken Sie daran, dass diese Berechnung immer nur dann erforderlich ist, wenn nach der Reduzierung noch Kosten anfallen und über den Rest zu Gunsten des »Reduzierenden« entschieden wird. Bei Minimalunterliegen dürfen Sie § 92 II Nr. 1 ZPO nicht übersehen. Dann erübrigt sich eine Kostenquote.

198 **Fall:** Der Kläger klagt 10.000,– € ein. Er nimmt vor der mündlichen Verhandlung die Klage i.H.v. 5.000,– € zurück, weil er einsieht, dass er zu viel verlangt hat. Das Urteil lautet in der Hauptsache: »Der Beklagte wird verurteilt, an den Kläger 5.000,– € zu zahlen.«

199 Nach der **Quotenmethode** können Sie die Verlustquote ermitteln, indem Sie die tatsächlich angefallenen Kosten den Kosten gegenüberstellen, die in den einzelnen Verfahrensabschnitten zu Lasten der unterlegenen Partei gehen. Danach sieht die Berechnung wie folgt aus:

	Verlustquote des Klägers
Gerichtskosten:	
3 Geb. nach einem Wert von 10.000,– € = 3 × 196,– € = 588,00 €	½ = 294,00 €
Außergerichtliche Kosten:	
2,6 Geb. nach einem Wert von 10.000,– € = 2,6 × 486,– € = 1.263,60 €	½ = 631,80 €
2,4 Geb. nach einem Wert von 5.000,– € = 2,4 × 301,– € = 722,40 €	0,00 €
Summen 2.574,00 €	925,80 € = ca. 36 %.

200 Nach der **Mehrkostenmethode** berechnen Sie die Kosten, die entstanden wären, wenn der Kläger von vorn herein nur den Betrag eingeklagt hätte, der ihm letztlich zugesprochen worden ist. Es erscheint sachgerecht, dass der Beklagte diesen Teil der Gesamtkosten trägt, den er ohnehin hätte tragen müssen. Den Kläger belasten Sie mit der Differenz zwischen den fiktiven und den tatsächlich entstandenen Kosten, weil er insoweit unterlegen ist.

201 Wenn der Kläger von vorn herein nur 5.000,– € eingeklagt hätte, wären folgende Kosten entstanden:

Gerichtskosten:
3 Geb. nach einem Wert von 5.000,– € = 3 × 121,– € = 363,– €

Außergerichtliche Kosten:
5 Geb. nach einem Wert von 5.000,– € = 5 × 301,– € = 1.505,– €
Summe 1.868,– €

Das entspricht bei dem Betrag von 2.574,– €, der tatsächlich angefallen ist (s.o. Rn. 199), einer Verlustquote des Beklagten von ca. 73 % und des Klägers von ca. 27 %.

Noch einmal zum besseren Verständnis:

Bei einem durchgehenden Streitwert von 10.000,– € und einem Ergebnis von 5.000,– € zugunsten des Klägers hätten die Parteien jeweils die Hälfte der Kosten tragen müssen. Der Umstand, dass sich hier die Quote zugunsten des Klägers verschoben hat, folgt daraus, dass er den Streitwert reduziert hat und bzgl. der außergerichtlichen Kosten, die erst danach angefallen sind, nicht mehr unterlegen ist.

Wichtiger Examenstipp: 202

Wenn Ihnen diese Berechnungen im Examen zu zeitraubend erscheinen, sollten Sie die Quote schätzen. Das liegt ohnehin nahe, weil Sie keine Taschenrechner benutzen dürfen. Zudem kommen die beiden Berechnungsmethoden zu unterschiedlichen Ergebnissen (s.o.). Wenn Sie die Quote schätzen, müssen Sie eine Verschiebung der »normalen« Verlustquote zugunsten dessen vornehmen, dem die Reduzierung des Streitwertes zu verdanken ist. Die Verschiebung muss umso deutlicher ausfallen, je größer die Reduzierung und je geringer die eventuelle Verlustquote bzgl. des letztlich ausgeurteilten Restes ist. Durch die Verschiebung der Quote in die richtige Richtung machen Sie deutlich, dass die »normale« Quote nicht sachgerecht ist, und dass Sie wissen, wer kostenmäßig von der Reduzierung profitieren sollte. Das sieht und honoriert der Prüfer auch dann, wenn Sie die Quote nicht ganz genau getroffen haben.

hh) Die Kostenentscheidung bei Rechtsstreiten mit Aufrechnung

(1) Primäraufrechnungen In Fällen mit Primäraufrechnungen treten bzgl. der Kostenentscheidung keine Besonderheiten auf, weil sie von § 45 GKG nicht erfasst werden. Da die Parteien nur darüber streiten, ob die unstreitige Forderung des Klägers durch die Aufrechnung des Beklagten erloschen ist, bleibt es beim Streitwert der klägerischen Forderung. Die Kostenentscheidung richtet sich gem. §§ 91 ff. ZPO nur nach dem Ausgang des Rechtsstreits. Nur bei gestaffelten Aufrechnungen muss man darauf achten, dass alle nachrangigen Forderungen, die nicht erforderlich sind, um die Klageabweisung zu erreichen, wenn eine vorrangige Forderung betragsmäßig bereits ausreichen könnte, Hilfsaufrechnungen sind. Für diese gilt das Folgende. 203

(2) Hilfsaufrechnungen Wenn die Klage bereits scheitert, weil sie unschlüssig ist oder der Beklagte mit seinen in erster Linie vorgebrachten Einreden oder Einwendungen durchdringt, greift § 45 III GKG nicht. Es bleibt beim Streitwert der Klage. Das gleiche gilt, wenn die Gegenforderung unstreitig ist oder die Hilfsaufrechnung aus prozessualen Gründen scheitert, z.B. wegen Verstoßes gegen § 253 II ZPO, wegen fehlender Rechtswegzuständigkeit oder aufgrund von Präklusion. Nur wenn das Gericht entscheidet, dass die streitige Gegenforderung (= Forderung des Beklagten) nicht besteht, oder dass sie bestand und die Aufrechnungsforderung (= Klageforderung) zum Erlöschen gebracht hat, findet § 45 III GKG Anwendung. 204

Merke: Hilfsaufrechnungen erhöhen den für die Kostentscheidung maßgeblichen Gebührenstreitwert nur, soweit über sie eine inhaltliche, der Rechtskraft fähige Entscheidung ergeht.

In diesen Fällen ist immer nur über den Teil der Gegenforderung rechtskräftig entschieden, den das Gericht als nicht bestehend oder als durch die Aufrechnung erloschen angesehen hat. Das bedeutet, dass die Forderung des Beklagten maximal in Höhe der Klageforderung erloschen sein kann. Selbst wenn es sich bei der Gegenforderung um eine einheitliche Forderung in einer die Klageforderung übersteigenden Höhe handelt, ist immer nur über den Teil rechtskräftig entschieden, der der Höhe nach der ansonsten begründeten Klageforderung entspricht. Nur bei einer die Klageforderung übersteigenden Gegenforderung, die sich aus unterschiedlichen Teilbeträgen zusammensetzt, kann es zu einer Vervielfachung des Streitwerts kommen. Wenn also einer begründeten Klageforderung von 10.000,– € eine Forderung von 20.000,– € gegenübergestellt wird und das Gericht über die Gegenforderung entscheidet, ist der Gebührenstreitwert der doppelte Streitwert der Klage, also nur 20.000,– € (und nicht etwa 30.000,– €). Wird gegen eine begründete Forderung von 10.000,– € mit einer Forderung von 7.500,– € hilfsweise aufgerechnet, beträgt der Streitwert 17.500,– €. Ist die Forderung von 10.000,– € isoliert betrachtet schon nur i.H.v. 5.000,– € begründet, beträgt der Streitwert nur 15.000,– €, bestehend aus dem Streitwert der Klage i.H.v. 10.000,– € plus 5.000,– € von der Gegenforderung, weil über mehr nicht entschieden wird.

205 Bei mehreren zur Aufrechnung gestellten Forderungen erhöht sich der Gebührenstreitwert mit jeder Forderung, über die das Gericht entscheidet. Wenn der Beklagte gegen eine begründete Klageforderung von 10.000,- € mit drei gleich hohen Forderungen von ebenfalls 10.000,- € oder mehr hilfsweise die Aufrechnung erklärt und das Gericht erkennt, dass die ersten beiden Forderungen nicht bestehen, sondern nur die dritte zur Klageabweisung geführt hat, beträgt der Gebührenstreitwert 40.000,- €, weil über die Klageforderung und drei Gegenforderungen i.H.v. jeweils 10.000,- € entschieden worden ist. Von diesen insgesamt 40.000,- € hat der Beklagte 30.000,- € und der Kläger 10.000,- €. eingebüßt. Die Kostenentscheidung lautet: »*Von den Kosten des Rechtsstreits trägt der Kläger 1/4, der Beklagte 3/4.*«

Bei der Ermittlung der Kostenquote in Fällen mit Hilfsaufrechnungen müssen Sie also zunächst entscheiden, von welchem Gebührenstreitwert auszugehen ist, also ob § 45 III GKG Anwendung findet. Dann ermitteln Sie, welche Partei in Ansehung dieses Streitwertes in welchem Umfang unterlegen ist.

206 **1. Fall:** Der Kläger klagt 10.000,- € ein, der Beklagte rechnet hilfsweise mit einer streitigen Forderung über 15.000,- € auf. Der Klage wird stattgegeben, weil die Klage begründet ist und die Gegenforderung nicht besteht.

Der Gebührenstreitwert beträgt gem. § 45 III GKG 20.000,- €, weil über die Klage und über die Gegenforderung entschieden worden ist. Davon hat der Beklagte 10.000,- € verloren, weil der Klage stattgegeben worden ist, und weitere 10.000,- € ebenfalls, weil seine Forderung in dieser Höhe rechtskräftig als nicht begründet angesehen worden ist. »*Die Kosten des Rechtsstreits trägt der Beklagte.*«

207 **2. Fall:** Die obige Klage wird abgewiesen. Das Gericht hat die Klageforderung zwar als entstanden und ursprünglich begründet angesehen, die Forderung ist aber durch die Aufrechnung erloschen.

Der Gebührenstreitwert ist 20.000,- €, weil über die Gegenforderung entschieden worden ist. Beide Parteien haben 10.000,- € verloren, weil sie ihre jeweiligen Forderungen eingebüßt haben.

»*Die Kosten des Rechtsstreits werden gegeneinander aufgehoben*«.

208 **3. Fall:** Der Kläger erstreitet im obigen Fall folgendes Urteil: »Der Beklagte wird verurteilt, an den Kläger 5.000,- € zu zahlen. Im Übrigen wird die Klage abgewiesen.« Aus den Entscheidungsgründen folgt, dass die Klage in voller Höhe, die zur Aufrechnung gestellte Forderung jedoch nur i.H.v. 5.000,- € begründet war.

Auch hier beträgt der Gebührenstreitwert wieder 20.000,- €, weil das Gericht über die gesamte Gegenforderung rechtskräftig entschieden hat, und zwar i.H.v. zweimal 5.000,- € durch Aufrechnung und »Abweisung«. Von diesem Streitwert hat der Kläger 5.000,- € verloren, weil die Gegenforderung in dieser Höhe seine Forderung zum Erlöschen gebracht hat. Der Beklagte hat i.H.v. 15.000,- € verloren, weil die gesamte Klageforderung als begründet und von seiner Gegenforderung 5.000,- € für unbegründet erachtet wurden. »*Von den Kosten des Rechtsstreits trägt der Kläger 1/4, der Beklagte 3/4.*«

ii) Die Kostenentscheidung bei Nebenintervention Aus § 101 ZPO folgt, dass der Gegner des 209
Streithelfers dessen Kosten im Umfang seines Unterliegens zu tragen hat. Dies ist gesondert
auszusprechen. Wenn die unterstützte Partei unterliegt, trägt der Streithelfer seine Kosten
selbst. Die »unterstützte« Partei trägt nie die Kosten der Streithilfe.

Fall: Einem Rechtsstreit zwischen K und B tritt S auf Seiten des B als Streithelfer bei.

K verliert:	»Die Kosten des Rechtsstreits und die außergerichtlichen Kosten des Nebenintervenienten trägt der Kläger.«
B verliert:	»Der Beklagte trägt die Kosten des Rechtsstreits. Der Nebenintervenient trägt seine außergerichtlichen Kosten selbst.«
B verliert zu 25%:	»Von den Kosten des Rechtsstreits trägt der Beklagte 25%, der Kläger 75%. In diesem Umfang trägt der Kläger auch die außergerichtlichen Kosten des Nebenintervenienten. Im Übrigen trägt der Nebenintervenient seine außergerichtlichen Kosten selbst.«

Auch wenn der Ausspruch »Der Nebenintervenient trägt seine Kosten selbst.« nur deklaratorischen Charakter hat, ist er angesichts des eindeutigen Wortlauts von § 101 ZPO ratsam. Dort steht nämlich im letzten Halbsatz: »... soweit dies nicht der Fall ist, sind sie dem Nebenintervenienten aufzuerlegen«.

jj) Die Verlustquote bei einer Verurteilung Zug um Zug Wenn ein Kläger einen Zug-um-Zug- 210
Antrag gestellt hat und damit durchdringt, verliert der Beklagte voll und hat alle Kosten nach
§ 91 I 1 ZPO zu tragen. In den Fällen, in denen sich der Beklagte aber bei einem unbedingten
Antrag des Klägers mit Erfolg auf ein Zurückbehaltungsrecht beruft und nur Zug um Zug verurteilt wird, unterliegt der Kläger zum Teil. Die Verlustquote ist durch Bildung eines fiktiven
Streitwerts zu ermitteln. Dieser besteht aus dem Streitwert der Klage und der Hälfte des Wertes
der Zug-um-Zug-Leistung. Deren wirtschaftlicher Wert fließt nur zur Hälfte ein, weil nur der
Kläger aus dem Urteil vollstrecken kann.

Fall: Der Kläger erstreitet ein Urteil, in dem ihm 10.000,– € nur Zug um Zug gegen Übereignung einer Ware, deren Wert ebenfalls 10.000,– € beträgt, zuerkannt wird.

Bei der Berechnung der Verlustquote ist also zu berücksichtigen, dass es insgesamt um
15.000,– € geht, nämlich um 10.000,– € der Klageforderung und um die Hälfte des Wertes des
Zurückbehaltungsrechts des Beklagten, also 5.000,– €. Deshalb würde die Kostenentscheidung
1/3 zu 2/3 zugunsten des Klägers ausgehen, weil der Kläger von dem fiktiven Wert von 15.000,– €
einen Teil i.H.v. 5.000,– € und der Beklagte 10.000,– € verloren hat.

Die Begründung der Kostenentscheidung am Ende der Entscheidungsgründe lautet wie stets
bei einem relevanten Teilunterliegen: »Die Kostenentscheidung folgt aus § 92 I 1, 2. Alt. ZPO.«

Das Zurückbehaltungsrecht hat keinen Einfluss auf den Zuständigkeits- oder Gebührenstreitwert und auch nicht auf die Höhe der Sicherheitsleistung bei der vorläufigen Vollstreckbarkeit.

Zu guter Letzt 211

Es ist grds. unüblich, die Kostenentscheidung eines Urteils zu begründen. Es reicht die Angabe
der Norm, auf die die Kostenentscheidung beruht. Die richtige Verteilung der Kosten bzw. die
zutreffende Quote belegt, dass Sie das Kostenrecht beherrschen. Entsprechendes gilt für Normalfälle der vorläufigen Vollstreckbarkeit (Rn. 231, 300).

Lediglich der Teil der Kostenentscheidung, der gem. § 99 II ZPO isoliert anfechtbar ist, muss 212
gesondert begründet werden. Es handelt sich dabei um Anerkenntnisse (im Examen wohl Teilanerkenntnisse) sowie um Fälle mit übereinstimmenden Teilerledigungserklärungen. Nach
§ 269 III 3 ZPO (s. dazu ausführlich Rn. 446) gilt dies auch für teilweise Klagerücknahmen
nach Wegfall des Klageanlasses vor Rechtshängigkeit (Beispiel unter Rn. 427).

B. Klausurtechnik

Bei Teilanerkenntnissen müssen Sie darlegen, ob ein »sofortiges« Anerkenntnis vorlag mit der Kostenfolge aus § 93 ZPO, oder ob sich die Kostenlast nach §§ 91 I 1, 92 ZPO richtet.

213 Wenn die Parteien einen Teil eines einheitlichen Anspruchs des Klägers übereinstimmend für erledigt erklärt haben, wird ein Hinweis auf die vorstehenden Ausführungen reichen, z.B.:

»Die Kostenentscheidung beruht auf §§ 91 I 1, 91 a I 1 ZPO. Soweit die Parteien den Rechtsstreit übereinstimmend für erledigt erklärt haben, wäre die Klage, wie sich aus den vorstehenden Ausführungen ergibt, ohne Zahlung des Beklagten auch hinsichtlich des für erledigt erklärten Teils erfolgreich gewesen.«

Wenn bei einer kumulativen Klagenhäufung ein isolierter Teil des Klageanspruchs übereinstimmend für erledigt erklärt worden ist, müssen Sie den hypothetischen Ausgangs des Rechtsstreits betr. den für erledigt erklärten Teil an dieser Stelle detailliert darlegen (Rn. 439).

214 Denken Sie daran, den Teil der Kosten, der auf den erledigten Teil entfällt, ohne Sicherheit für vorläufig vollstreckbar zu erklären (s. Rn. 227). Das folgt aus §§ 794 I 1 Nr. 3, 91 a II ZPO.

c) Die vorläufige Vollstreckbarkeit

215 **aa) Grundsätzliches** Die Entscheidung über die vorläufige Vollstreckbarkeit ist in **§§ 704 ff. ZPO** geregelt. Besonders wichtig ist die richtige Einordnung unter die entscheidenden Normen, §§ **708 Nr. 11** oder **709 S. 1 ZPO**.

Nach § **708 Nr. 11 ZPO** müssen Urteile **ohne Sicherheitsleistung** für vorläufig vollstreckbar erklärt werden, bei denen der Gegenstand der Verurteilung in der Hauptsache ohne Zinsen 1.250,– € nicht übersteigt oder, wenn nur wegen der Kosten vollstreckt werden kann, dies nicht mehr als 1.500,– € ausmacht. Sie müssen grds. § 708 Nr. 11 ZPO mit **§ 711 ZPO** kombinieren, also bei einer vorläufigen Vollstreckbarkeit ohne Sicherheit dem Schuldner die Abwendungsbefugnis einräumen.

Die Abwendungsbefugnis des Schuldners entfällt gem. **§ 713 ZPO**, wenn gegen das Urteil kein Rechtsmittel möglich ist, also wenn die Beschwer für keine Partei 600,– € übersteigt. Wenn § 713 ZPO greift, lautet die vorläufige Vollstreckbarkeit nur: *»Das Urteil ist vorläufig vollstreckbar.«* Denken Sie daran, dass Sie den Teil der Kosten, der nach übereinstimmenden Teilerledigungserklärungen auf den erledigten Teil entfällt, gem. §§ 794 I 1 Nr. 3, 91 a II ZPO ohne Sicherheit für vorläufig vollstreckbar erklären müssen.

216 § **709 S. 1 ZPO** regelt die vorläufige Vollstreckbarkeit **gegen Sicherheitsleistung**. § 709 S. 1 ZPO betrifft die nicht von § 708 Nr. 1–11 ZPO erfassten Fälle, in denen entweder in der Hauptsache mehr als 1.250,– € oder wegen der Kosten mehr als 1.500,– € vollstreckt werden können. Der Schuldner kann die Zwangsvollstreckung anders als in Fällen von § 708 Nr. 11 ZPO nicht durch eine eigene Sicherheit abwenden. § 711 ZPO greift nicht bei § 709 ZPO.

Die Höhe der Sicherheit muss dem Schaden entsprechen, der durch die Zwangsvollstreckung entstehen kann, wenn das Urteil in der Berufung keinen Bestand haben sollte, vgl. § 717 II ZPO. Deshalb umfasst die Sicherheit bei stattgebenden Urteilen die Hauptsache mit Zinsen und den Kostenerstattungsanspruch. Bei klageabweisenden Urteilen entspricht sie dem Kostenerstattungsanspruch des Beklagten. Sie sollten die Beträge jeweils »großzügig« aufrunden. Bei Zeitmangel gilt als Faustregel, einen Aufschlag auf die Hauptforderung von bis zu 40% vorzunehmen.

217 **Wenn nur wegen einer Geldforderung vollstreckt werden kann**, haben Sie in Fällen von § 709 S. 1 ZPO gem. **§ 709 S. 2 ZPO** die Möglichkeit, so zu formulieren: *»Das Urteil ist gegen Sicherheitsleistung i.H.v. 110 % des jeweils zu vollstreckenden Betrages vorläufig vollstreckbar.«*

III. Die Arbeitsschritte im Einzelnen

Wenn wegen einer Geldforderung und einer »Nichtgeldforderung« vollstreckt werden kann, können Sie entweder alles nach § 709 S. 1 ZPO, also insgesamt gegen eine bezifferte Sicherheitsleistung, für vorläufig vollstreckbar erklären, oder Sie tenorieren bzgl. der Geldforderung nach § 709 S. 2 ZPO und bzgl. der »Nichtgeldforderung« nach § 709 S. 1 ZPO: **218**

»*Das Urteil ist bzgl. Des Tenors zu 1) und der Kostenentscheidung gegen Sicherheitsleistung i.H.v. 110% des jeweils zu vollstreckenden Betrages, bzgl. des Tenors zu 2) gegen Sicherheitsleistung i.H.v. . . . . € vorläufig vollstreckbar.*«

Wenn sich die vorläufige Vollstreckbarkeit nach § 708 Nr. 11 ZPO richtet, heißt es gem. § 711 S. 2 ZPO i.V.m. § 709 S. 2 ZPO analog: »*Der Beklagte kann die Vollstreckung durch Sicherheitsleistung von 110% des aufgrund des Urteils vollstreckbaren Betrages abwenden, wenn der Kläger nicht vor der Vollstreckung Sicherheit i.H.v. 110% des jeweils zu vollstreckenden Betrages leistet.*« **219**

Bei dieser Formulierung müssen Sie darauf achten, dass die Abwendungsbefugnis immer 110% des gesamten vollstreckbaren Betrages beträgt, während der Vollstreckende nur 110% des jeweils zu vollstreckenden Betrages als Sicherheit zu leisten hat. Sie dürfen bei Tenorierungen nach § 711 S. 2 ZPO i.V.m. § 709 S. 2 ZPO analog nicht »Sicherheit in gleicher Höhe« schreiben, weil die Höhe der Sicherheitsleistungen unterschiedlich ist.

bb) Die häufigsten Konstellationen Sie müssen vor der Entscheidung über die vorläufige Vollstreckbarkeit stets klären: **220**

1. **Wer kann was gegen wen vollstrecken?**
2. **Greift § 708 Nr. 11 oder § 709 S. 1 ZPO?**
3. **Schließt § 713 ZPO die Anwendung von § 711 ZPO aus?**
4. **Wie hoch ist die Sicherheitsleistung oder kann ich gem. § 709 S. 2 ZPO tenorieren?**

> **Anwendung von §§ 708 Nr. 11, 711 ZPO** **221**
>
> Der Beklagte wird verurteilt, an den Kläger 800,– € zu zahlen und die Kosten des Rechtsstreits zu tragen.

1. Nur der Kläger kann gegen den Beklagten 800,– € und seine Kosten vollstrecken.
2. §§ 708 Nr. 11, 1. Alt., 711 ZPO finden Anwendung, weil die Verurteilung unterhalb von 1.250,– € liegt.
3. § 713 ZPO greift nicht, da die Beschwer für den Beklagten 600,– € übersteigt.
4. Die Sicherheitsleistung beträgt 800,– € zzgl. der Kosten, also etwa 1.100,– €.

»*Das Urteil ist vorläufig vollstreckbar. Der Beklagte darf die Vollstreckung durch Sicherheitsleistung i.H.v. 1.100,– € abwenden, wenn der Kläger nicht vor der Vollstreckung Sicherheit in gleicher Höhe leistet.*«

Alternativ nach § 711 S. 2 ZPO i.V.m. § 709 S. 2 ZPO analog:

»*Der Beklagte kann die Vollstreckung durch Sicherheitsleistung i.H.v. 110% des aufgrund des Urteils vollstreckbaren Betrages abwenden, wenn der Kläger nicht vor der Vollstreckung Sicherheit i.H.v. 110% des jeweils zu vollstreckenden Betrages leistet.*«

> **Doppelte Anwendung von §§ 708 Nr. 11, 711 ZPO** **222**
>
> Der Kläger klagt 1.000,– € ein, er kann aus dem Urteil 800,– € in der Hauptsache vollstrecken und 80% der Kosten, der Beklagte kann 20% seiner außergerichtlichen Kosten vollstrecken.

In Fällen von teilweisem Obsiegen und Unterliegen ist für jede Partei gesondert auszurechnen, was sie vollstrecken kann und dann jeweils nach § 708 Nr. 11 ZPO oder nach § 709 ZPO zu tenorieren. In diesem Fall ist schon wegen der geteilten Kostenentscheidung eine doppelte vorläufige Vollstreckbarkeit erforderlich. In beiden Fällen ist §§ 708 Nr. 11, 711 ZPO anwendbar. § 713 ZPO greift nicht ein, weil das Urteil für den Beklagten mit der Berufung anfechtbar ist.

»*Das Urteil ist vorläufig vollstreckbar. Der Beklagte kann die Vollstreckung durch Sicherheitsleistung i.H.v. 1.000,– € abwenden, wenn der Kläger nicht vor der Vollstreckung Sicherheit in gleicher Höhe leistet. Der Kläger kann die Vollstreckung durch Sicherheitsleistung von 200,– € abwenden, wenn der Beklagte nicht vor der Vollstreckung Sicherheit in gleicher Höhe leistet.*«

Alternativ nach § 711 S. 2 ZPO i.V.m. § 709 S. 2 ZPO analog:

Es wäre überflüssige Schreibarbeit, die identischen Anordnungen für beide Parteien gesondert auszusprechen. Hier können Sie die Reglungen für beide Parteien zusammenfassen.

»*Das Urteil ist vorläufig vollstreckbar. Der jeweilige Vollstreckungsschuldner kann die Vollstreckung durch Sicherheitsleistung i.H.v. 110% des aufgrund des Urteils vollstreckbaren Betrages abwenden, wenn der jeweilige Vollstreckungsgläubiger nicht vor der Vollstreckung Sicherheit i.H.v. 110% des jeweils zu vollstreckenden Betrages leistet.*«

Oder noch einfacher:

»*Das Urteil ist vorläufig vollstreckbar. Jede Partei kann die Vollstreckung durch Sicherheitsleistung i.H.v. 110% des aufgrund des Urteils vollstreckbaren Betrages abwenden, wenn die jeweils andere nicht vor der Vollstreckung Sicherheit i.H.v. 110% des jeweils zu vollstreckenden Betrages leistet.*«

Merke: Denken Sie daran, dass es bei Fällen von §§ 708 Nr. 11, 711 ZPO immer »vor der Vollstreckung« und nicht »zuvor« heißen muss, weil damit eine Reihenfolge gemeint sein könnte, was nicht der Fall ist. Es kommt nicht darauf an, wer schneller ist.

223 **Anwendung von § 709 S. 1 ZPO**

Das Urteil lautet: »Der Beklagte wird verurteilt, an den Kläger 10.000,– € nebst 10% Zinsen seit dem 1.1.2001 zu zahlen. Die Kosten des Rechtsstreits trägt der Beklagte.«

Der Kläger vollstreckt 10.000,– € zzgl. der Zinsen, der Gerichtskosten und seiner außergerichtlichen Kosten, also insgesamt grob aufgerundet etwa 15.000,– €. § 709 ZPO greift.

»*Das Urteil ist gegen Sicherheitsleistung i.H.v. 15.000,– € vorläufig vollstreckbar.*«

Alternativ nach § 709 S. 2 ZPO:

»*Das Urteil ist gegen Sicherheitsleistung i.H.v. 110% des jeweils zu vollstreckenden Betrages vorläufig vollstreckbar.*«

224 **Kombinierte Anwendung von §§ 708 Nr. 11, 711 ZPO und § 709 S. 1 ZPO**

Fall: Der Kläger verlangt vom Beklagten 10.000,– €. Das Urteil lautet: »Der Beklagte wird verurteilt, an den Kläger 9.000,– € nebst Zinsen i.H.v. 5 Prozentpunkten über dem jeweiligen Basiszinssatz seit dem 01.01.2001 zu zahlen. Im Übrigen wird die Klage abgewiesen. Von den Kosten des Rechtsstreits trägt der Kläger 10%, der Beklagte 90%.«

Der Kläger vollstreckt gegen den Beklagten 9.000,– € zzgl. der Zinsen für 2 Jahre und 90% der verauslagten Gerichtskosten und seiner außergerichtlichen Kosten. Der Beklagte kann gegen den Kläger 10% seiner außergerichtlichen Kosten vollstrecken. Die vorläufige Vollstreckbarkeit ist für den Kläger aus § 709 S. 1 ZPO zu entnehmen, für den Beklagten aus §§ 708 Nr. 11, 711 ZPO, weil sein Kostenerstattungsanspruch unterhalb der Grenze von 1.500,– € liegt. § 713 ZPO greift erkennbar nicht ein.

»*Das Urteil ist vorläufig vollstreckbar, für den Kläger jedoch nur gegen Sicherheitsleistung von 13.000,– €. Der Kläger darf die Vollstreckung durch Sicherheitsleistung i.H.v. 300,– € abwenden, wenn der Beklagte nicht vor der Vollstreckung Sicherheit in gleicher Höhe leistet.*«

III. Die Arbeitsschritte im Einzelnen

Alternativ nach § 709 S. 2 ZPO, §§ 708 Nr. 11, 711 S. 2 ZPO i.V.m. § 709 S. 2 ZPO analog:

»Das Urteil ist vorläufig vollstreckbar, für den Kläger jedoch nur gegen Sicherheitsleistung i.H.v. 110% des jeweils zu vollstreckenden Betrages. Der Kläger darf die Vollstreckung durch Sicherheitsleistung i.H.v. 110% des für den Beklagten vollstreckbaren Betrages abwenden, wenn der Beklagte nicht vor der Vollstreckung Sicherheit i.H.v. 110% des jeweils zu vollstreckenden Betrages leistet.«

Die vorläufige Vollstreckbarkeit bei einer Kostenentscheidung nach »Baumbach« 225

Fall: Der Kläger klagt 10.000,– € gegen B 1) und B 2) ein. Gegen B 1) obsiegt er voll, gegen B 2) wird die Klage abgewiesen. Der Tenor lautet: »B 1) wird verurteilt, an den Kläger 10.000,– € zu zahlen. Im Übrigen wird die Klage abgewiesen. Die außergerichtlichen Kosten des B 2) und die Hälfte der Gerichtskosten trägt der Kläger. B 1) trägt die andere Hälfte der Gerichtskosten sowie die Hälfte der dem Kläger entstandenen außergerichtlichen Kosten.«

Der Kläger kann gegen B 1) 10.000,– € sowie die Hälfte der verauslagten Gerichtskosten und die Hälfte seiner außergerichtlichen Kosten vollstrecken. Damit greift bzgl. dieses Teils der vorläufigen Vollstreckbarkeit § 709 ZPO ein. B 1) kann gar nichts vollstrecken. B 2) kann seine gesamten außergerichtlichen Kosten gegenüber dem Kläger vollstrecken. Diese liegen unter 1.500,– €, so dass §§ 708 Nr. 11, 711 ZPO greifen. § 713 ZPO blockiert § 711 ZPO nicht, weil das Urteil für B 1) anfechtbar ist.

»Das Urteil ist vorläufig vollstreckbar, für den Kläger jedoch nur gegen Sicherheitsleistung von 11.000,– €. Der Kläger kann die Vollstreckung durch Sicherheitsleistung i.H.v. 1.000,– € abwenden, wenn nicht der Beklagte zu 2) vor der Vollstreckung Sicherheit in gleicher Höhe leistet.«

Alternativ nach § 709 S. 2 ZPO und §§ 708 Nr. 11, 711 S. 2 ZPO i.V.m. § 709 S. 2 ZPO analog:

»Das Urteil ist vorläufig vollstreckbar, für den Kläger jedoch nur gegen Sicherheitsleistung i.H.v. 110% des jeweils zu vollstreckenden Betrages. Der Kläger darf die Vollstreckung durch Sicherheitsleistung i.H.v. 110% des aufgrund des Urteils vollstreckbaren Betrages abwenden, wenn nicht B 2) vor der Vollstreckung Sicherheit i.H.v. 110% des jeweils zu vollstreckenden Betrages leistet.«

Die vorläufige Vollstreckbarkeit nach einem vorangegangen Versäumnisurteil 226

§ 709 S. 3 ZPO regelt eine Besonderheit für die Fortsetzung der Vollstreckung aus Urteil, wenn zuvor bereits ein Versäumnisurteil ergangen ist. Diese Vorschrift gilt aber nur für Urteile, die nach § 709 ZPO für vorläufig vollstreckbar zu erklären sind. Wenn sich die vorläufige Vollstreckbarkeit nach § 708 Nr. 11 ZPO richtet, ergeben sich für die Tenorierung der vorläufigen Vollstreckbarkeit keine Besonderheiten.

1. Fall: Die vorläufige Vollstreckbarkeit bei Bestätigung eines stattgebenden Versäumnisurteils über mehr als 1.250,– €.

»Das Versäumnisurteil vom ... wird aufrechterhalten. Der Beklagte trägt auch die weiteren Kosten des Rechtsstreits. Das Urteil ist gegen Sicherheitsleistung i.H.v. 110 % des jeweils zu vollstreckenden Betrages vorläufig vollstreckbar. Die Vollstreckung aus dem Versäumnisurteil darf nur gegen Leistung dieser Sicherheit fortgesetzt werden.«

B. Klausurtechnik

> **2. Fall:** Die vorläufige Vollstreckbarkeit bei Bestätigung eines stattgebenden Versäumnisurteils über höchstens 1.250,– €.

»Das Versäumnisurteil vom .... wird aufrechterhalten.

Der Beklagte trägt auch die weiteren Kosten des Rechtsstreits.

Das Urteil ist vorläufig vollstreckbar. Der Beklagte darf die Zwangsvollstreckung durch Sicherheitsleistung i.H.v. 110 % das aufgrund des Urteils vollstreckbaren Betrages abwenden, sofern der Kläger nicht vor der Vollstreckung Sicherheit in Höhe von 110 % des jeweils zu vollstreckenden Betrages leistet.«

> **3. Fall:** Der Kläger erstreitet zunächst ein Versäumnisurteil gegen den Beklagten über die Zahlung von 3.000,– €. Nach Einspruch wird die Klage aber abgewiesen.

»Das Versäumnisurteil vom ... wird aufgehoben, die Klage wird abgewiesen.

Die Kosten des Rechtsstreits trägt der Kläger mit Ausnahme der durch die Säumnis des Beklagten im Termin vom ... entstandenen Kosten, dieser trägt der Beklagte.

Das Urteil ist vorläufig vollstreckbar. Der jeweilige Vollstreckungsschuldner darf die Zwangsvollstreckung durch Sicherheitsleistung in Höhe von 110 % des aufgrund des Urteils vollstreckbaren Betrages abwenden, wenn der jeweilige Vollstreckungsgläubiger nicht vor der Vollstreckung Sicherheit in Höhe von 110 % des jeweils zu vollstreckenden Betrages leistet.«

Achten Sie bei der vorläufigen Vollstreckbarkeit von kombinierten echten und unechten Teilversäumnisurteilen (s. Rn. 466) darauf, dass das Urteil für den Kläger – wie jedes andere echte Versäumnisurteil auch – gem. § 708 Nr. 2 ZPO ohne Sicherheitsleistung oder Abwendungsbefugnis für den Beklagten vorläufig vollstreckbar ist. Die Vollstreckung des Beklagten wegen eines Teils seiner Kosten aufgrund des unechten Teilversäumnisurteils richtet sich nach §§ 708 Nr. 11, 711 ZPO bei einem vollstreckbaren Betrag bis zu 1.500,– €, bei einem höheren Betrag nach § 709 ZPO. Hier ein Beispiel:

> **Fall:** Der Kläger verlangt vom Beklagten mit zwei Anträgen 3.000,– € und 7.000,– €. Nur der Antrag auf Zahlung von 7.000,– € ist schlüssig begründet. Der Klage ist mithin i.H.v. 7.000,– € durch echtes Versäumnisurteil stattzugeben, im Übrigen ist sie durch unechtes Versäumnisurteil abzuweisen (siehe Rn. 466). Das Urteil trägt die Überschrift »Teilversäumnis- und Endurteil« und muss lauten:
>
> *Der Beklagte wird verurteilt, an den Kläger 7.000,– € zu zahlen. Im Übrigen wird die Klage abgewiesen.*
>
> *Von den Kosten des Rechtsstreits trägt der Kläger 30%, der Beklagte 70%.*
>
> *Das Urteil ist vorläufig vollstreckbar, für den Kläger ohne Sicherheitsleistung.*
>
> *Der Kläger darf die Vollstreckung durch Sicherheitsleistung i.H.v. 110% des aufgrund des Urteils für den Beklagten vollstreckbaren Betrages abwenden, wenn der Beklagte nicht vor der Vollstreckung Sicherheit i.H.v. 110% des jeweils zu vollstreckenden Betrages leistet.*

227 Nach Teilanerkenntnissen, übereinstimmenden Teilerledigungserklärungen und teilweisen Klagerücknahmen müssen Sie den Teil der Kosten, der auf das Teilanerkenntnis, die Teilerledigung oder die Teilrücknahme entfällt, ohne Sicherheitsleistungen für vorläufig vollstreckbar erklären. Dies folgt aus § 794 I 1 Nr. 3 ZPO. In derartigen Fällen müssen sie diesen Teil der Kosten ausrechnen.

III. Die Arbeitsschritte im Einzelnen

Fall: Der Kläger klagt 10.000,– € ein, die Parteien erklären im Rechtstreit in der mündlichen Verhandlung in Höhe von 5.000,– € übereinstimmend für erledigt. Der Beklagte wird zur Zahlung weiterer 5.000,– € verurteilt, hinsichtlich des für erledigt erklärten Teils hätte der Kläger ebenfalls gewonnen.

Die Hälfte der Kosten, die der Kläger vollstrecken kann, entfallen auf den übereinstimmend für erledigt erklärten Teil der Klage. Sie müssen mithin die Gesamtkosten, die der Kläger vollstrecken kann, ausrechnen und davon die Hälfte ohne Sicherheitsleistung für vorläufig vollstreckbar erklären.

Es sind für den Kläger nach einem Streitwert von 10.000,– € angefallen:

Gerichtskosten i.H.v. 196,– € × 3 =	588,– €
Außergerichtliche Kosten in Höhe von 486,– € × 2.5 =	1.215,– €
Auslagenpauschale	20,– €
Mehrwertsteuer	197,– €
Summe	2.020,– €.

Von diesem Betrag kann der Kläger die Hälfte, also 1.010,– €, ohne Sicherheitsleistung vollstrecken.

Die vorläufige Vollstreckbarkeit lautet mithin:

»Das Urteil ist vorläufig vollstreckbar, in Höhe eines beizutreibenden Betrages von 1.010,– € ohne Sicherheitsleistung, im Übrigen nur gegen Sicherheitsleistung in Höhe von 110 % des jeweils zu vollstreckenden Betrages.«

Entscheidungen über die **Art der Sicherheitsleistung** brauchen Sie nicht mehr zu treffen. In **228** § 108 ZPO ist geregelt, dass die Sicherheit in Form einer Bankbürgschaft erbracht werden darf. Deshalb dürfen Sie einen dahingehenden Antrag auch nicht im Tatbestand anführen.

cc) Vollstreckungsschutzanträge Der **Schuldner** kann nach §§ 712, 714 ZPO bei Glaubhaftma- **229** chung eines nicht zu ersetzenden Nachteils auf Antrag erreichen, dass er die Vollstreckung durch Sicherheitsleistung abwenden kann. In Fällen von §§ 708 Nr. 11, 711 ZPO entfällt dann die Befugnis des Klägers, seinerseits nach eigener Sicherheitsleistung vollstrecken zu können. Die vorläufige Vollstreckbarkeit lautet dann: *»Das Urteil ist vorläufig vollstreckbar. Der Beklagte kann die Vollstreckung durch Sicherheitsleistung i.H.v. . . . . € abwenden.«*

In Fällen von § 709 S. 1 ZPO lautet die vorläufige Vollstreckbarkeit:

»Das Urteil ist gegen Sicherheitsleistung i.H.v. 110% des jeweils zu vollstreckenden Betrages vorläufig vollstreckbar. Der Beklagte kann die Vollstreckung durch Sicherheitsleistung in gleicher Höhe abwenden.«

Wenn der Schuldner zusätzlich glaubhaft macht, dass er auch nicht in der Lage ist, die Sicherheit aufzubringen, wird das Urteil gem. § 712 I 2 ZPO nicht für vorläufig vollstreckbar erklärt.

Der **Gläubiger** kann nach § 710 oder § 711 S. 3 ZPO, jeweils i.V.m. § 714 ZPO, auf Antrag errei- **230** chen, dass er ohne Sicherheitsleistung vollstrecken darf, wenn er glaubhaft macht, dass er die Sicherheit nicht oder nur unter erheblichen Schwierigkeiten aufbringen kann. Es heißt dann: *»Das Urteil ist vorläufig vollstreckbar.«*

Die **besonderen Vollstreckungsschutzanträge** müssen Sie – anders als die überflüssigen norma- **231** len Anträge zu § 708 Nr. 11 oder § 709 ZPO – in Ihrem Tatbestand bei den Anträgen anführen und die Angaben zur Glaubhaftmachung wiedergeben. In den Entscheidungsgründen müssen Sie im Anschluss an die Angabe der Normen betr. die prozessualen Nebenentscheidungen darlegen, warum Sie dem Antrag stattgegeben haben oder warum nicht. Häufig wird es in den Klausuren an der erforderlichen Glaubhaftmachung gem. § 714 II ZPO fehlen, der Antrag also abzuweisen sein. Die Entscheidung über die »normale« vorläufige Vollstreckbarkeit eines Urteil gem. § 708 Nr. 11 oder § 709 ZPO wird üblicherweise nicht begründet. Es reicht grds. die Angabe der Normen, auf denen die Entscheidung beruht.

C. Aufbau der Entscheidungsgründe

I. Grundsätzliches

Die Entscheidungsgründe beginnen im Normalfall mit dem Voranstellen des Ergebnisses. Sie müssen in diesem Satz das Gesamtergebnis anführen, wozu ggf. auch die Entscheidung über eine Widerklage gehört. Achten Sie ferner darauf, dass sich Ihr Einleitungssatz, mit dem Sie das Ergebnis zusammenfassen, mit Ihrem Tenor deckt. So ist z.B. selbst bei minimalen Abweisungen der Zinsforderung die Klage nicht »begründet«, was voll begründet bedeutet, sondern *»bis auf einen geringen Teil der Zinsforderung begründet.«*

232

Nach dem Voranstellen des Ergebnisses folgen ggf. erforderliche Ausführungen zur Auslegung des Antrages, zur Zulässigkeit und zur Begründetheit der Klage einschließlich der Nebenforderungen. Den Schluss bilden die prozessualen Nebenentscheidungen über die Kostentragungspflicht und die vorläufige Vollstreckbarkeit. Diese brauchen grds. nur durch die Angabe der Norm, auf der sie beruhen, begründet zu werden, also z.B.: *»Die prozessualen Nebenentscheidungen beruhen auf §§ 91 I 1, 709 S. 1 ZPO.«*

Selbst etwas »ausgefallene« Kostenentscheidungen wie bei der Anwendung der Baumbach'schen Formel brauchen nicht begründet zu werden. Der Zusatz ». . . i.V.m. den Grundsätzen der Baumbach'schen Formel« dürfte aber auch nicht schaden. Nur der Teil der Kostenentscheidung, der gem. § 99 II ZPO isoliert anfechtbar ist (nach übereinstimmenden Teilerledigungserklärungen oder Teilanerkenntnissen) sowie die Entscheidungen über besondere Vollstreckungsschutzanträge müssen gesondert begründet werden. Mehr zu den Besonderheiten nach Erledigungserklärungen s. Rn. 430 ff.

Bei einfacher Streitgenossenschaft auf Beklagtenseite sollten Sie die Entscheidungsgründe für jeden Beklagten getrennt darstellen, schon um sicher zu gehen, dass Sie Unterschiede in der rechtlichen Bewertung nicht übersehen. Auf Teile der Begründung, die identisch sind, können Sie dann verweisen.

Es ist außer bei kumulativen Klagenhäufungen und Punktesachen, z.B. bei einem Streit um mehrere Mängel in einem Werkvertragsprozess, nicht üblich, die einzelnen Teile oder gar sämtliche angesprochenen Aspekte der Entscheidungsgründe zu nummerieren oder mit Überschriften zu versehen. Gegen die überschriebene Unterteilung

I. Zulässigkeit

II. Begründetheit

III. Prozessuale Nebenentscheidungen

ist hingegen nichts einzuwenden Bei mehreren Anträgen können Sie die Ausführungen zur Begründetheit auch noch weiter unterteilen in II 1, II 2 usw. entsprechend der Nummerierung in Ihrem Tatbestand. Eine weitere Detailgliederung wie bei Hausarbeiten wirkt übertrieben und soll i.d.R. nur eine nicht vorhandene Ordnung vortäuschen.

II. Aufbau der Entscheidungsgründe bei voll zusprechenden Urteilen

Das Schema lautet:

233

- **Pauschales Voranstellen des Ergebnisses**
- **Ausführungen zur Zulässigkeit der Klage**
- **Ausführungen zur Begründetheit der Klage aus einer Anspruchsgrundlage je Antrag**
- **Ausführungen zu Nebenforderungen wie Zinsen oder vorprozessualen Mahnkosten**
- **Prozessuale Nebenentscheidungen: Kosten und vorläufige Vollstreckbarkeit**

C. Aufbau der Entscheidungsgründe

234 Zur Zulässigkeit der Klage sollten Sie grds. nur dann Ausführungen machen, wenn die Parteien über Zulässigkeitsaspekte streiten oder einer der in Kapitel F dargestellten Fälle vorliegt. Wenn sonst nichts zur Zulässigkeit zu sagen ist, können Sie kurz die örtliche und sachliche Zuständigkeit ansprechen. Es ist aber auch hier nicht ratsam, Selbstverständlichkeiten auszubreiten (s. Rn. 303 ff.).

235 Zur Begründetheit einer Klage, die in vollem Umfang Erfolg hat, dürfen Sie in den Entscheidungsgründen nur darlegen, dass eine Anspruchsgrundlage je Antrag greift. Auch wenn Sie zu dem Ergebnis kommen, dass dem Kläger der geltend gemachte Anspruch aus mehr als einer Anspruchsgrundlage zusteht, müssen Sie sich auf die Darlegung einer Anspruchsgrundlage beschränken.

Merke: Es ist ein Verstoß gegen § 313 III ZPO, bei voll zusprechenden Urteilen mehr als eine Anspruchsgrundlage darzulegen, weil das Urteil nicht darauf beruht!

Dieses Gebot lässt Ihnen beim Vorliegen mehrerer Anspruchsgrundlagen die Wahl, diejenige darzulegen, die Ihnen am besten gefällt. Dann gilt auch nicht mehr der Grundsatz des Vorrangs vertraglicher vor gesetzlichen Anspruchsgrundlagen, den Sie bei der analytischen Prüfung der Rechtslage zu beachten haben. Wenn sowohl mehrere Anspruchsgrundlagen greifen, dürfen Sie sich eine aussuchen. Ihre Auswahl kann von der Annahme des Ihnen vertrautesten Aufbaus, dem vermeintlich einfachsten Weg zum Ziel oder von dem Weg mit den am besten darzustellenden Problemen bestimmt sein. Gleich für welchen Weg Sie sich entscheiden, der Satz am Ende der Darstellung, »Im Übrigen steht dem Kläger der Anspruch auch aus §... zu«, ist ein Verstoß gegen § 313 III ZPO, weil das Urteil nicht darauf beruht. Er gefährdet zudem, falls er inhaltlich unrichtig sein sollte, auch noch das bislang Erreichte.

Die Darstellung und Formulierung der Entscheidungsgründe ist unter Rn. 271 ff. dargestellt.

236 Das Grundschema des Aufbaus der Ausführungen zur Begründetheit lautet:

- **Gesamtergebnis mit Norm**
- **Definition der Norm**
- **Zwischenergebnis**
- **Subsumtion**

237 Bei der Darlegung der Anspruchsgrundlage sollten Sie sich an die Reihenfolge halten:

- **entstanden**
- **nicht erloschen**
- **durchsetzbar**

Ausführungen zu den letzten beiden Aspekten sind aber nur angebracht, wenn der Sachverhalt dazu Anlass gibt. Sätze wie »Der Anspruch ist auch nicht erloschen und durchsetzbar.«, ohne dass z.B. Erfüllung oder Einreden überhaupt in Betracht kommen, sollten Sie weglassen. Es wirkt hilflos.

238 Nach einseitigen Teilerledigungserklärungen sollten Sie mit dem aufrechterhaltenen Zahlungsanspruch beginnen, weil sich die Begründetheit des für erledigt erklärten Teils in der Regel zwanglos aus den Ausführungen zum verbliebenen Anspruch ergibt, vgl. Rn. 213. Zum Aufbau der Entscheidungsgründe bei vollständigen einseitigen Erledigungserklärungen s. Rn. 431.

239 Nach den Ausführungen zu dem Hauptanspruch folgen Ausführungen zu den Nebenforderungen, die aus Zinsen oder Inkasso- bzw. Mahnkosten bestehen können. Wenn Sie die Nebenforderungen nicht voll zuerkennen, ändert sich am obigen Schema nichts. Sie stellen lediglich klar, dass dem Kläger der Zinsanspruch nicht in der verlangten Höhe und / oder nicht ab dem beantragten Zeitpunkt zusteht. Denken Sie in diesem Zusammenhang an § 187 I BGB, der auf den Verzugsbeginn und die Rechtshängigkeit analog angewandt wird.

Das Urteil endet mit der Auflistung der Normen, auf denen die prozessualen Nebenentscheidungen über die Kosten des Rechtsstreits und die vorläufige Vollstreckbarkeit beruhen. *»Die prozessualen Nebenentscheidungen beruhen auf §§ 91 I 1, 709 S. 1 ZPO.« oder »Die Kostenentscheidung beruht auf § 91 I 1 ZPO, die Entscheidung über die vorläufige Vollstreckbarkeit auf §§ 708 Nr. 11, 711 ZPO.«*

240

Neben der reinen Kostenvorschriften der §§ 91 ff. ZPO sind ggf. noch §§ 269, 344 ZPO oder § 45 GKG – jeweils mit dem genauen Absatz/Satz – anzuführen.

Achten Sie darauf, ob von Ihnen auch ein Streitwertbeschluss verlangt wird. Dies ist jedenfalls immer dann der Fall, wenn Sie laut Bearbeiterhinweis »die Entscheidungen des Gerichts« entwerfen sollen. Es ist ohnehin ratsam, grds. einen Streitwertbeschluss zu machen, es sei denn, das Gericht hat ausweislich Ihrer Vorlage bereits darüber entschieden. Sie sollten den Streitwertbeschluss stets in der korrekten Form als gesonderten Beschluss abfassen und ihn nicht im Urteil zwischen den prozessualen Nebenentscheidungen und den Unterschriften der Richter verstecken. Nach den Unterschriften der erkennenden Richter schreiben Sie:

241

»Beschluss in pp. (volles Rubrum)

Der Streitwert wird gem. § ... ZPO auf ... € festgesetzt.

Unterschriften der erkennenden Richter«

Denken Sie an § 45 GKG bei der Streitwertberechnung in Fällen mit Hilfsaufrechnungen, Widerklagen oder Haupt- und Hilfsanträgen. Sie entscheiden nämlich über den Gebührenstreitwert (Rn. 176, 509).

Exkurs: Aufbau der Entscheidungsgründe eines Urteils nach einem Einspruch gegen ein Versäumnisurteil oder einen Vollstreckungsbescheid

242

- Voranstellen des Ergebnisses
- Zulässigkeit des Einspruchs
  - Statthaftigkeit
  - Zuständigkeit
  - Form und Frist
- Evtl. Sonderprobleme, z.B.
  - Auslegung eines Widerspruchs gegen einen Mahnbescheid als Einspruch gegen Vollstreckungsbescheid (Rn. 461)
  - Zeitlich unterschiedliche Zustellung eines Versäumnisurteils (Rn. 462)
  - Wiedereinsetzung in den vorigen Stand nach Versäumung der Einspruchsfrist (Rn. 463)
- Erfolg des Einspruchs in der Sache
  - Zulässigkeit der Klage
  - Begründetheit der Klage

Der weitere Aufbau ist vom Ergebnis (z.B. Teilerfolg) bzw. den im Folgenden dargestellten Konstellationen wie Haupt- und Hilfsanträge oder Klage und Widerklage abhängig.

III. Aufbau der Entscheidungsgründe bei voll abweisenden Urteilen

Das Schema lautet hier:

243

- Pauschales Voranstellen des Ergebnisses
- Ausführungen zur Zulässigkeit der Klage
- Ausführungen zur Unbegründetheit der Klage aus allen in Betracht kommenden Anspruchsgrundlagen
- Ggf. Ausführungen dazu, dass dem Kläger auch kein »Minus« i.S.v. § 308 ZPO zusteht.
- Prozessuale Nebenentscheidungen

C. Aufbau der Entscheidungsgründe

Der grundlegende Unterschied beim Abfassen der Entscheidungsgründe zwischen begründeten und unbegründeten Klagen ist, dass Sie bei begründeten Klagen nur eine Anspruchsgrundlage erörtern dürfen, diese jedoch mit allen Anspruchsvoraussetzungen, bei unbegründeten hingegen alle in Betracht kommenden Anspruchsgrundlagen abhandeln müssen, dabei jedoch nur die jeweils fehlende Anspruchsvoraussetzung ansprechen dürfen! Das klageabweisende Urteil beruht darauf, dass dem Kläger der Anspruch gar nicht, also aus keiner der denkbaren Anspruchsgrundlagen, zusteht.

Es kann natürlich vorkommen, dass auch ein klageabweisendes Urteil nur Ausführungen zu einer Anspruchsgrundlage erfordert. Das sind im Wesentlichen Fälle von vertraglichen Erfüllungsansprüchen, bei denen außer der vertraglichen Anspruchsgrundlage keine weiteren in Betracht kommen.

Wenn allerdings Ihrer Ansicht nach eine Anspruchsgrundlage an mehreren Stellen scheitert, ist es ratsam, alle diese »Schwachstellen« aufzuzeigen, um sicher zu gehen, zumindest auch den Aspekt angesprochen zu haben, der in der Lösungsskizze steht. Dies gilt umso mehr, wenn Sie sich nicht ganz sicher sind, ob die eine Voraussetzung, an der Sie den Anspruch scheitern lassen wollen, wirklich nicht erfüllt ist. Hier ein Formulierungsbeispiel:

»Der Anspruch des Klägers scheitert daran, dass ... Selbst wenn man dieser Auffassung nicht folgen sollte, ist das Erfordernis der ... nicht erfüllt.«

Entsprechendes gilt natürlich auch für Einreden und Einwendungen des Beklagten, die scheitern.

244 Wenn vertragliche und gesetzliche Anspruchsgrundlagen zu erörtern sind, empfiehlt sich die Darstellung in der bekannten Reihenfolge des analytischen Vorgehens bei der Lösung des Falles, d.h. Ansprüche aus

Vertrag, Vertrauen und Gesetz.

245 Wenn keine vertragliche Anspruchsgrundlage in Betracht kommt, sollten Sie grds. die Reihenfolge GoA, dingliche Ansprüche (insb. §§ 985, 861, 1007, 987 ff. BGB), §§ 823 ff. BGB und zuletzt §§ 812 ff. BGB einhalten. Sie können bei Klageabweisungen, bei denen keine vertraglichen Anspruchsgrundlagen in Betracht kommen, auch mit derjenigen Anspruchsgrundlage beginnen, zu der Sie am ausführlichsten Stellung nehmen, und sich dann vorarbeiten bis hin zu denjenigen, die Sie der Vollständigkeit halber erwähnen müssen, aber mit einem Satz abhandeln können, weil sie nicht mehr verdient haben. Beispiel:

»... Ansprüche aus Geschäftsführung ohne Auftrag scheitern am erkennbar fehlenden Fremdgeschäftsführungswillen. Bereicherungsrechtliche Anspruchsgrundlagen greifen nicht, weil der Beklagte durch die ... des Klägers nichts erlangt hat.«

246 Eine Ausnahme von dieser grds. Vorgehensweise bei Klageabweisungen, d.h. dem Eingehen auf alle in Betracht kommenden Anspruchsgrundlagen der Reihe nach, sollten Sie machen, wenn

- die konkrete Anwendbarkeit problematisch ist,
- letztlich aber alle Anspruchsgrundlagen aus demselben Grund scheitern.

Wenn die Darstellung oder Abgrenzung der in Betracht kommenden Anspruchsgrundlagen mühsam ist und im Ergebnis alle an demselben Punkt scheitern, ist es ein Verstoß gegen § 313 III ZPO, auf mehreren Seiten eine im Ergebnis doch nicht greifende Anspruchsgrundlage gegenüber anderen herauszuarbeiten. Ein Musterbeispiel ist der unter Rn. 90 vorgestellte Fall »Der gefällige Freund«. Wer hier mühevoll eine der möglichen vertraglichen Anspruchsgrundlagen herausarbeitet, obwohl alle am fehlenden Rechtsbindungswillen scheitern, vergeudet Zeit und ggf. auch Punkte (s. Rn. 300).

Hüten Sie sich daher davor, zunächst zeitraubende Erörterungen zu letztlich doch nicht greifenden Anspruchsgrundlagen anzustellen und dann noch zu schreiben:

III. Aufbau der Entscheidungsgründe bei voll abweisenden Urteilen

»Dies kann aber dahinstehen, denn alle anderen Anspruchsgrundlagen scheitern ebenfalls daran, dass...« Das heißt nichts anderes, als dass das Erarbeiten der Anspruchsgrundlage, die wie alle anderen auch nicht greift, rein akademischer Natur und damit für die Begründung Ihres Urteils überflüssig war.

Denn stellen Sie sich die Reaktion des unterlegenen Klägers vor. Er würde sich und Sie doch zu Recht fragen: »Und warum erklärt man mir seitenlang, dass § 823 BGB gegriffen hätte, wenn es im Ergebnis keinen Unterschied macht?«. Recht hat er.

Sie sollten aber zur Sicherheit in dem einleitenden Satz *»Es kann dahinstehen, ob...«* die in Betracht kommenden Anspruchsgrundlagen anführen, damit der Prüfer sieht, dass Sie alle erkannt haben (s. Rn. 300).

Der erste Satz der Entscheidungsgründe eines voll abweisenden Urteils muss lauten: **247**

- Die zulässige Klage ist unbegründet oder
- Die Klage ist zulässig, aber unbegründet.

»Die Klage ist zulässig, aber...« signalisiert, dass Sie zu den beiden angesprochenen Aspekten »Zulässigkeit« und »Begründetheit« etwas zu sagen haben. Deshalb sollten Sie diese Einleitung nur wählen, wenn Sie auch Ausführungen zur Zulässigkeit machen.

Andernfalls wählen Sie die Formulierung *»Die zulässige Klage ist...«* Dadurch machen Sie bereits deutlich, dass die Zulässigkeit Ihrer Ansicht nach völlig unproblematisch ist und von Ihnen nicht weiter angesprochen wird.

Der zweite Satz hängt davon ab, ob eine oder mehrere Anspruchsgrundlagen in Betracht kommen. **248**

- Wenn es nur eine Anspruchsgrundlage gibt, z.B. bei einer Klage auf Zahlung des Kaufpreises, lautet unser Vorschlag: *»Dem Kläger steht der geltend gemachte Anspruch aus § 433 II BGB, der allein in Betracht kommenden Anspruchsgrundlage, nicht zu.«*
- Wenn Sie mehrere Anspruchsgrundlagen abhandeln, sollten Sie wie folgt formulieren: *»Dem Kläger steht der geltend gemachte Anspruch nicht zu. Er folgt weder aus §..., noch aus §..., noch aus §...«*

In diesem Satz sollten Sie alle im Folgenden von Ihnen erörterten Anspruchsgrundlagen anführen. Dies empfiehlt sich, weil Sie so den Aufbau und die Gliederung der Entscheidungsgründe verdeutlichen und übersichtlicher machen, und der Prüfer auf einen Blick sieht, ob Sie alle anzusprechenden Anspruchsgrundlagen gesehen haben.

Ausführungen zu den Nebenforderungen wie Zinsen oder vorprozessualen Kosten erübrigen **249** sich in der Regel, weil ohne Erfolg in der Hauptsache für Nebenforderungen kein Raum ist. Nur bei erfolgreichen Primäraufrechnungen kann es vorkommen, dass Sie Zinsen für den Zeitraum zwischen Verzugsbeginn und zeitlich späterem Erlöschen der klägerischen Forderung infolge der Aufrechnung zuerkennen müssen. Denken Sie in diesem Zusammenhang an § 215 BGB, der die Möglichkeit der Aufrechnung mit verjährten Forderungen regelt.

Bedenken Sie, dass Sie bei klageabweisenden Urteilen als letzten gedanklichen Schritt stets **250** prüfen und gegebenenfalls auch darlegen müssen, dass der Kläger etwas anderes als das Beantragte beanspruchen könnte. Es wird sich dabei aus klausurtaktischen Überlegungen i.d.R. um ein »Minus« i.S.v. § 308 I ZPO handeln, weil das Gericht den Kläger auf ein ihm zustehendes, aber nicht geltend gemachtes »Aliud« grds. gem. § 139 I 2 ZPO hätte hinweisen müssen (s. Rn. 145 f.).

IV. Aufbau der Entscheidungsgründe bei Teilerfolg

1. Normalfall

251 Mit »Normalfall« ist hier im Gegensatz zu den nachfolgenden Fallgestaltungen gemeint, dass Sie dem Kläger, der einen Antrag stellt, nicht alles zusprechen.

Das Schema für den Normalfall lautet:

- **Pauschales Voranstellen des Ergebnisses**
- **Ausführungen zur Zulässigkeit der Klage**
- **Ausführungen zur teilweisen Begründetheit der Klage aus einer Anspruchsgrundlage**
- **Ausführungen zur Unbegründetheit im Übrigen aus allen Anspruchsgrundlagen**
- **Ausführungen zu Nebenforderungen**
- **Prozessuale Nebenentscheidungen**

2. Kumulative Klagenhäufung

252 Nach möglichen echten Zulässigkeitsaspekten stellen Sie die Zulässigkeit der Klagenhäufung gem. § 260 ZPO dar (s. dazu Rn. 321). Wenn der Kläger mehrere Sachanträge stellt und nicht voll obsiegt, sollte Sie anders als im Normalfall nicht mit dem zuerkannten Teil seiner Ansprüche beginnen, sondern die einzelnen Anträge in der selben Reihenfolge abhandeln, in der sie gestellt worden sind. Es erhöht die Übersichtlichkeit und Verständlichkeit, wenn sich Ihre Darstellung an der Reihenfolge der Anträge im Tatbestand orientiert. Dies gilt insbesondere in Fällen, in denen die Anträge miteinander zusammenhängen, was häufig der Fall sein dürfte. Wenn sie dann z.B. mit einem zuzuerkennenden Teil des Antrages zu 3. beginnen, kann es sein, dass Sie inzidenter die Unbegründetheit der vorangehenden Anträge darstellen müssen. Das wirkt in der Regel wenig überzeugend. Innerhalb der einzelnen Anträge gehen Sie dann in der üblichen Reihenfolge vor. Sie begründen innerhalb der einzelnen Anträge zunächst den zuerkannten Teil und stellen danach dar, warum dem Kläger der Rest dieses Antrages nicht zusteht. Wenn noch ein Hilfsantrag hinzukommt, gilt das Folgende entsprechend.

3. Haupt- und Hilfsanträge

253 Wenn Sie dem Hauptantrag voll stattgeben, tritt die Bedingung für die Entscheidungsbefugnis des Gerichts über den Hilfsantrag nicht ein. Die Klage ist in vollem Umfang begründet, für den Aufbau gilt das oben unter Rn. 234 Gesagte. In diesen Fällen dürfen Sie den Hilfsantrag in den Entscheidungsgründen mit keinem Wort erwähnen. Es ist unangebrachter Lehrbuchstil, dann noch zu schreiben, die Bedingung für die Entscheidungsbefugnis über den Hilfsantrag sei nicht eingetreten. Das kostet Zeit und Punkte, weil es ein Verstoß gegen § 313 III ZPO ist, da die Entscheidung nicht auf diesen Erwägungen beruht.

254 Wenn der Kläger mit dem Hauptantrag nicht durchdringt, sollten Sie zunächst die Unzulässigkeit oder Unbegründetheit des Hauptantrages darlegen und dann zum Hilfsantrag übergehen, wobei Sie i.R.d. Zulässigkeit des Hilfsantrages die Zulässigkeit der eventuellen Klagenhäufung darlegen (Rn. 322).

255 Es kann allerdings vorkommen, dass Sie dem Hauptantrag nicht voll stattgeben, aber trotzdem nicht zur Entscheidung über den Hilfsantrag kommen. Dies ist dann der Fall, wenn dem Vortrag des Klägers zu entnehmen ist, dass erst ab der Teilabweisung seines Hauptantrages um einen bestimmten Betrag oder einen Teil die Bedingung für die Entscheidungsbefugnis über den Hilfsantrag eingetreten ist. Ohne Vortrag müssen Sie abwägen, ob es dem offensichtlichen Interesse eines vernünftigen, wirtschaftlich denkenden Menschen entspricht, eher einen Teil des Hauptantrages zuerkannt zu bekommen, als den vollen Hilfsantrag. Letzteres ist stets anzunehmen, wenn der zuzuerkennende wirtschaftliche Wert des Hilfsantrages geringer ist als der teilweise erfolgreiche Hauptantrag. Den Wert des Hilfsantrages werden Sie einer Streitwertangabe oder dem Vortrag der Parteien entnehmen können. Gleiches gilt, wenn der Hauptantrag nur Zug um Zug zuzusprechen ist. Dann müssen Sie nach den vorstehend dargelegten Kriterien klären, was der Kläger vorzieht, eine Verurteilung Zug um Zug oder die Entscheidung über den Hilfsantrag.

IV. Aufbau der Entscheidungsgründe bei Teilerfolg

Fall: Der Verkäufer eines Pkw, der nur noch einen Wert von 5.000,- € hat, beantragt, den Beklagten zur Zahlung des Kaufpreises von 8.000,- €, hilfsweise zur Herausgabe des Pkw zu verurteilen. Sie kommen zu dem Ergebnis, dass der Hauptantrag nur i.H.v. 6.000,- € begründet ist.

256

Es liegt auf der Hand, dass der Kläger lieber die Verurteilung des Beklagten zur Zahlung eines Geldbetrages erstreiten würde, als den Pkw zugesprochen zu bekommen, solange er mehr bekommt, als der Pkw wert ist. Wenn der Hilfsantrag unzulässig oder unbegründet, der Hauptantrag aber wenigstens teilweise begründet ist, wird der Kläger lieber einen Teil des Hauptantrags erstreiten, als leer auszugehen.

Andererseits kann dem Vorbringen des Klägers oder den Umständen des Falles zu entnehmen sein, dass er eine Entscheidung über den Hilfsantrag vorzieht, wenn der Hauptanspruch nicht voll zuerkannt wird.

Es ist bei beiden Fallgestaltungen wichtig, in den Entscheidungsgründen Ihre nicht ganz selbstverständliche Vorgehensweise zu begründen. Sie müssen darlegen, warum eine beträchtliche Teilabweisung nicht oder warum bereits die Unbegründetheit eines geringen Teils des Hauptanspruchs schon zur Entscheidung über den Hilfsantrag geführt hat.

In Fällen, in denen Sie trotz Teilabweisung nicht über den Hilfsantrag entscheiden, müssen Sie dies am Ende der Begründetheit vor den prozessualen Nebenentscheidungen erläutern:

257

Formulierungsvorschlag:

»... Dem Kläger stehen Zinsen auf den zuerkannten Betrag i.H.v. 5 Prozentpunkten über dem jeweiligen Basiszinssatz seit dem 1.5.2002 zu.

Das Gericht war trotz der teilweisen Unbegründetheit des Hauptanspruchs gehalten, nur über den Zahlungsanspruch und nicht über den hilfsweise geltend gemachten Herausgabeanspruch zu entscheiden. Mangels der genauen Angabe, unter welchen Voraussetzungen über den Hilfsantrag zu entscheiden sei, hatte das Gericht davon auszugehen, welche Entscheidung ein vernünftiger, wirtschaftlich denkender Kläger vorziehen würde. Dies ist angesichts der Tatsache, dass der zuerkannte Teil des Hauptantrages den Wert des Pkw übersteigt, das Zusprechen dieses Teilbetrages.«

Wenn der Hilfsantrag unbegründet ist und Sie einen Teil des Hauptantrages zusprechen, heißt es anstelle des letzten Satzes:

258

»Dies ist angesichts der Tatsache, dass der Hilfsantrag unbegründet ist, das Zusprechen eines Teilbetrages des Hauptantrages.

Der Hilfsantrag ist nämlich nicht begründet ...«

(Es folgen Ausführungen zur Unbegründetheit des Hilfsantrages.)

Wenn Sie bereits wegen einer kleinen Teilabweisung über den Hilfsantrag entscheiden, müssen Sie Ihr Vorgehen vor den Ausführungen zum Hilfsantrag erläutern:

259

»Die Klage ist zulässig, aber nur hinsichtlich des Hilfsbetrages begründet. Der Hauptantrag ist nur zum Teil unbegründet.

Diesen Teil des in erster Linie geltend gemachten Anspruchs durfte das Gericht dem Kläger aber nicht zusprechen, weil durch die teilweise Unbegründetheit des Hauptantrages die Bedingung für die ausschließliche Entscheidungsbefugnis über den Hilfsantrag eingetreten ist. Aus der Äußerung des Klägers, ..., folgt, dass er eine Entscheidung über den Hilfsantrag bereits dann begehrt, wenn dem Hauptantrag nicht in voller Höhe entsprochen wird. Dies ist hier der Fall.«

Es folgen Ausführungen zur Zulässigkeit der Klage und zur teilweisen Begründetheit des Hauptantrages. Anschließend legen Sie die Zulässigkeit und volle Begründetheit des Hilfsantrages dar.

C. Aufbau der Entscheidungsgründe

260 Zulässigkeitserörterungen, die einen Hilfsantrag betreffen, sollten Sie nicht gleich am Anfang der Entscheidungsgründe, sondern grds. erst im Anschluss an die Unbegründetheit des Hauptantrages vor den Ausführungen zur Begründetheit des Hilfsantrages machen. Wenn Sie nämlich dem Hauptantrag stattgeben und folglich nicht zur Entscheidung über den Hilfsantrag kommen, sind Ausführungen zur Zulässigkeit des Hilfsantrages wegen § 313 III ZPO überflüssig.

261 Wenn der Kläger den der Klage zugrunde liegenden Sachverhalt auswechselt und den zunächst vorgetragenen Sachverhalt hilfsweise aufrecht erhält, stellt dies nach der Rspr. einen Unterfall der eventuellen Klagenhäufung dar, bei der der Antrag auf der Grundlage des ursprünglichen Sachverhalts wie ein Hilfsantrag angesehen wird. Die Zulässigkeit dieses Vorgehens sollten Sie gleich am Anfang darstellen (s. Rn. 407 f.).

262 Die verschiedenen Aufbauschemata bei Haupt- und Hilfsanträgen lauten wie folgt:

Wenn Sie dem Hauptantrag überwiegend stattgeben und nicht über den Hilfsantrag entscheiden:

- Pauschales Voranstellen des Ergebnisses
- Ausführungen zur Zulässigkeit der Klage hinsichtlich des Hauptantrages
- Ausführungen zur teilweisen Begründetheit des Hauptantrages aus einer Anspruchsgrundlage
- Ausführungen zur Unbegründetheit des Hauptantrages i. Ü. aus allen Anspruchsgrundlagen
- Ausführungen zu Nebenforderungen des Klägers
- Ausführungen dazu, warum Sie trotz Teilabweisung nicht zur Entscheidung über den Hilfsantrag kommen (vgl. Rn. 257)
- Prozessuale Nebenentscheidungen

Wenn der Hauptantrag überwiegend begründet ist, Sie aber doch über den Hilfsantrag entscheiden: (vgl. Rn. 59)

- Pauschales Voranstellen des Ergebnisses
- Ausführungen dazu, warum Sie trotz der überwiegenden Begründetheit des Hauptantrags zur Entscheidung über den Hilfsantrag kommen
- Ausführungen zur Zulässigkeit der Klage hinsichtlich des Hauptantrages
- Ausführungen zur teilweisen Begründetheit des Hauptantrages aus einer Anspruchsgrundlage
- Ausführungen zur Unbegründetheit des Hauptantrages i. Ü. aus allen Anspruchsgrundlagen
- Ausführungen zur Zulässigkeit der eventuellen Klagenhäufung
- Ausführungen zur Zulässigkeit des Hilfsantrages
- Ausführungen zur Begründetheit des Hilfsantrages aus einer Anspruchsgrundlage
- Ausführungen zu Nebenforderungen
- Prozessuale Nebenentscheidungen

oder

- Ausführungen zur teilweisen Begründetheit des Hilfsantrages aus einer Anspruchsgrundlage
- Ausführungen zur Unbegründetheit des Hilfsantrages i. Ü. aus allen Anspruchsgrundlagen
- Ausführungen zu Nebenforderungen
- Prozessuale Nebenentscheidungen

oder

- Ausführungen zur Unbegründetheit des Hilfsantrages aus allen Anspruchsgrundlagen
- Prozessuale Nebenentscheidungen

Wenn Sie die Klage insgesamt, also Haupt- und Hilfsantrag, abweisen:

- Pauschales Voranstellen des Ergebnisses
- Ausführungen zur Zulässigkeit der Klage hinsichtlich des Hauptantrages
- Ausführungen zur fehlenden Begründetheit des Hauptantrages aus allen Anspruchsgrundlagen
- Ausführungen zur Zulässigkeit der eventuellen Klagenhäufung
- Ausführungen zur Zulässigkeit des Hilfsantrages
- Ausführungen zur Unbegründetheit des Hilfsantrages aus allen Anspruchsgrundlagen
- Prozessuale Nebenentscheidungen

Wenn Sie den Hauptantrag abweisen und dem Hilfsantrag ganz stattgeben:

- Pauschales Voranstellen des Ergebnisses
- Ausführungen zur Zulässigkeit der Klage hinsichtlich des Hauptantrages
- Ausführungen zur Unbegründetheit des Hauptantrages aus allen Anspruchsgrundlagen
- Ausführungen zur Zulässigkeit der eventuellen Klagenhäufung
- Ausführungen zur Zulässigkeit des Hilfsantrages
- Ausführungen zur Begründetheit des Hilfsantrages aus einer Anspruchsgrundlage
- Ausführungen zu Nebenforderungen
- Prozessuale Nebenentscheidungen

Wenn Sie den Hauptantrag abweisen und dem Hilfsantrag teilweise stattgeben:

- Pauschales Voranstellen des Ergebnisses
- Ausführungen zur Zulässigkeit der Klage hinsichtlich des Hauptantrages
- Ausführungen zur Unbegründetheit des Hauptantrages aus allen Anspruchsgrundlagen
- Ausführungen zur Zulässigkeit der eventuellen Klagenhäufung
- Ausführungen zur Zulässigkeit des Hilfsantrages
- Ausführungen zur teilweisen Begründetheit des Hilfsantrages aus einer Anspruchsgrundlage
- Ausführungen zur Unbegründetheit des Hilfsantrages i. Ü. aus allen Anspruchsgrundlagen
- Ausführungen zu Nebenforderungen
- Prozessuale Nebenentscheidungen

V. Aufbau der Entscheidungsgründe bei Aufrechnungen

1. Primäraufrechnungen

Bei Primäraufrechnungen ergeben sich keine großen Besonderheiten im Verhältnis zu Klagen ohne Aufrechnungen. Der Streit geht auch nur um einen Anspruch, und zwar um die Gegenforderung des Beklagten. Bei einer Primäraufrechnung sind die Tatsachenbehauptungen des Klägers unstreitig (s. Rn. 33). Der Streit betrifft nur die Frage, ob die Aufrechnung den klägerischen Anspruch zu Fall bringt. Fälle, in denen der klägerische Anspruch nicht schlüssig und die Klage ohne Erörterung der Aufrechnung abzuweisen ist, werden im Examen selten sein. Ein kurzer Check der Schlüssigkeit schadet trotzdem nicht. Im Zweifel sollten Sie sich für die Schlüssigkeit entscheiden, damit Sie zur Aufrechnung kommen.

Die Gegenforderung des Beklagten wird in aller Regel mindestens gleich hoch sein wie die Klageforderung. Wenn sie niedriger ist, müssen Sie dem Kläger auch bei einem vollen Erfolg der Aufrechnung den verbleibenden Teil seiner Forderung nebst Zinsen zusprechen. Achten Sie ferner darauf, dass dem Kläger ggf. Zinsen auf seine – erloschene – Forderung zustehen vom Verzugseintritt oder der Rechtshängigkeit bis zu dem Zeitpunkt des Erlöschens beider Forderungen durch die Aufrechnung gem. § 389 BGB.

Die Aufbauschemata lauten:

Wenn die Aufrechnung Erfolg hat:

- Pauschales Voranstellen des Ergebnisses
- Ausführungen zur Zulässigkeit der Klage
- Knappe Ausführungen zur Begründetheit der Klage aus einer Anspruchsgrundlage
- Ausführungen zur Begründetheit der Gegenforderung aus einer Anspruchsgrundlage
- Ggf. bei geringerer Höhe der Gegenforderung: Berechnen der nicht erloschenen Differenz und Ausführungen zu den Nebenforderungen des Klägers
- Prozessuale Nebenentscheidungen

263

C. Aufbau der Entscheidungsgründe

Wenn die Aufrechnung keinen Erfolg hat:

- Pauschales Voranstellen des Ergebnisses
- Ausführungen zur Zulässigkeit der Klage
- Knappe Ausführungen zur Begründetheit der Klage aus einer Anspruchsgrundlage
- Ausführungen zur Unbegründetheit der Gegenforderung aus allen Anspruchsgrundlagen
- Ausführungen zu den Nebenforderungen des Klägers
- Prozessuale Nebenentscheidungen

Wenn die Aufrechnung nur teilweise Erfolg hat:

- Pauschales Voranstellen des Ergebnisses
- Ausführungen zur Zulässigkeit der Klage
- Knappe Ausführungen zur Begründetheit der Klage aus einer Anspruchsgrundlage
- Ausführungen zur teilweisen Begründetheit der Gegenforderung aus einer Anspruchsgrundlage
- Ausführungen zur Unbegründetheit der Gegenforderung aus allen Anspruchsgrundlagen
- Ausführungen zu den Nebenforderungen des Klägers
- Prozessuale Nebenentscheidungen

Wenn die Aufrechnung Erfolg hat, aber nicht voll auf den Verzugsbeginn zurückwirkt:

- Pauschales Voranstellen des Ergebnisses
- Ausführungen zur Zulässigkeit der Klage
- Knappe Ausführungen zur Begründetheit der Klage aus einer Anspruchsgrundlage
- Ausführungen zur Begründetheit der Gegenforderung aus einer Anspruchsgrundlage
- Ausführungen zum Zeitpunkt der Rückwirkung gem. § 389 BGB
- Ausführungen zum Zinsanspruch des Klägers auf die erloschene Forderung vom Verzugsbeginn bis zum Zeitpunkt des Erlöschens
- Prozessuale Nebenentscheidungen

2. Hilfsaufrechnungen

264 Sie beginnen wie stets mit dem pauschalen Voranstellen des Ergebnisses. Wenn die Klage schon unbegründet ist, bleibt die Hilfsaufrechnung in den Entscheidungsgründen unerwähnt. Der Aufbau ist derselbe wie bei anderen unbegründeten Klagen auch. Wenn die Klageforderung ganz oder teilweise besteht, sollten Sie zunächst in einem Satz die grundsätzliche Zulässigkeit einer Hilfsaufrechnung trotz der Bedingung erwähnen. Die Argumentation entspricht der bei Hilfsanträgen.

- **Die Klage ist voll begründet, die Hilfsaufrechnung ist unbegründet:**
  - Ausführungen zur Zulässigkeit der Klage
  - Ausführungen zur Begründetheit der Klage aus einer Anspruchsgrundlage je Antrag
  - Ausführungen zur grds. Zulässigkeit von Hilfsaufrechnungen
  - Ausführungen zur Unbegründetheit der Gegenforderung aus allen Anspruchsgrundlagen
  - Ausführungen zu den Nebenforderungen des Klägers
  - Prozessuale Nebenentscheidungen

- **Die Klage ist voll begründet, die Hilfsaufrechnung auch:**
  - Ausführungen zur Zulässigkeit der Klage
  - Ausführungen zur Begründetheit der Klage aus einer Anspruchsgrundlage je Antrag
  - Ausführungen zur grds. Zulässigkeit von Hilfsaufrechnungen
  - Ausführungen zur Begründetheit der Gegenforderung aus einer Anspruchsgrundlage
  - Ausführungen zu den Nebenforderungen des Klägers, falls die Aufrechnung nicht zum völligen Erlöschen der Klageforderung geführt hat
  - Prozessuale Nebenentscheidungen

- **Die Klage ist voll begründet, die Hilfsaufrechnung ist teilweise begründet:**
  - Ausführungen zur Zulässigkeit der Klage
  - Ausführungen zur Begründetheit der Klage aus einer Anspruchsgrundlage je Antrag
  - Ausführungen zur grds. Zulässigkeit von Hilfsaufrechnungen
  - Ausführungen zur teilweisen Begründetheit der Gegenforderung aus einer Anspruchsgrundlage
  - Ausführungen zur Unbegründetheit der Gegenforderung i. Ü. aus allen Anspruchsgrundlagen
  - Ausführungen zu den Nebenforderungen des Klägers
  - Prozessuale Nebenentscheidungen

- **Die Klage ist teilweise begründet, die Hilfsaufrechnung ist unbegründet:**
  - Ausführungen zur Zulässigkeit der Klage
  - Ausführungen zur teilweisen Begründetheit der Klage aus einer Anspruchsgrundlage
  - Ausführungen zur Unbegründetheit der Klage i. Ü. aus allen Anspruchsgrundlagen
  - Ausführungen zur grds. Zulässigkeit von Hilfsaufrechnungen
  - Ausführungen zur Unbegründetheit der Gegenforderung aus allen Anspruchsgrundlagen
  - Ausführungen zu den Nebenforderungen des Klägers
  - Prozessuale Nebenentscheidungen

- **Die Klage ist teilweise begründet, die Hilfsaufrechnung ist voll begründet:**
  - Ausführungen zur Zulässigkeit der Klage
  - Ausführungen zur teilweisen Begründetheit der Klage aus einer Anspruchsgrundlage
  - Ausführungen zur Unbegründetheit der Klage i. Ü. aus allen Anspruchsgrundlagen
  - Ausführungen zur grds. Zulässigkeit von Hilfsaufrechnungen
  - Ausführungen zur Begründetheit der Gegenforderung aus einer Anspruchsgrundlage
  - Ausführungen zu den Nebenforderungen des Klägers, falls die Aufrechnung nicht zum völligen Erlöschen der Klageforderung geführt hat
  - Prozessuale Nebenentscheidungen

- **Die Klage ist teilweise begründet, die Hilfsaufrechnung auch:**
  - Ausführungen zur Zulässigkeit der Klage
  - Ausführungen zur teilweisen Begründetheit der Klage aus einer Anspruchsgrundlage
  - Ausführungen zur Unbegründetheit der Klage i. Ü. aus allen Anspruchsgrundlagen
  - Ausführungen zur grds. Zulässigkeit von Hilfsaufrechnungen
  - Ausführungen zur teilweisen Begründetheit der Gegenforderung aus einer Anspruchsgrundlage
  - Ausführungen zur Unbegründetheit der Gegenforderung aus allen Anspruchsgrundlagen
  - Ausführungen zu den Nebenforderungen des Klägers, falls die Aufrechnung nicht zum völligen Erlöschen der Klageforderung geführt hat
  - Prozessuale Nebenentscheidungen

VI. Aufbau der Entscheidungsgründe bei Erledigungserklärungen

1. Vollständige einseitige Erledigungserklärung

- Gesamtergebnis 265
- Auslegung des Antrags
- Zulässigkeit der Antragsumstellung nach § 264 Nr. 2 ZPO
- Im Erfolgsfall rechtliches Interesse für die Klage gem. § 256 I ZPO; bei unbegründeten Erledigungserklärungen ist das rechtliche Interesse als qualifizierte Prozessvoraussetzung darzustellen.
- »Perpetuatio fori« bei Klagen vor dem Landgericht und einer Reduzierung des Streitwertes durch die Erledigungserklärung auf einen Wert unter 5.000,01 €, § 261 III Nr. 2 ZPO
- Obersatz für die Begründetheit, d.h. Definition von erfolgreicher »Erledigung« (Rn. 430)
- Zulässigkeit der ursprünglichen Klage
- Begründetheit der ursprünglichen Klage
- Erledigung des Klageanspruchs
- Eintritt der Erledigung nach Rechtshängigkeit
- Prozessuale Nebenentscheidungen

2. Einseitige Teilerledigungserklärungen

266
- Gesamtergebnis
- Auslegung des Antrags
- Andere Zulässigkeitsaspekte der Klage
- Zulässigkeit der Antragsumstellung nach § 264 Nr. 2 ZPO
- Zulässigkeit der nachträglichen objektiven kumulativen Klagenhäufung, §§ 260, 261 II, 263, 2. Alt ZPO
- Im Erfolgsfall rechtliches Interesse für die Klage gem. § 256 I ZPO anführen.
- Bei unbegründeten Erledigungserklärungen ist das rechtliche Interesse als qualifizierte Prozessvoraussetzung darzustellen.
- »Perpetuatio fori« bei Klagen vor dem Landgericht und einer Reduzierung des Streitwertes durch die Teilerledigungserklärung auf einen Wert unter 5.000,01 €, § 261 III Nr. 2 ZPO
- Begründetheit des aufrechterhaltenen Teils der ursprünglichen Klage
- Obersatz für die Begründetheit des für erledigt erklärten Teils der Klage, d.h. Definition von erfolgreicher »Erledigung« (Rn. 430)
- Ggf. Zulässigkeit des für erledigt erklärten Teils der ursprünglichen Klage
- Begründetheit des für erledigt erklärten Teils der ursprünglichen Klage
- Erledigung des Teils
- Eintritt der Erledigung nach Rechtshängigkeit
- Prozessuale Nebenentscheidungen

3. Übereinstimmende Teilerledigung

267
- Gesamtergebnis
- Zulässigkeit der Klage
- Zulässigkeit der Antragsbeschränkung
- »Perpetuatio fori« bei Klagen vor dem Landgericht und einer Reduzierung des Streitwertes durch die Teilerledigung auf einen Wert unter 5.000,01 €, § 261 III Nr. 2 ZPO
- Begründetheit des aufrechterhaltenen Teils der ursprünglichen Klage (unterschiedlich je nach Ergebnis)
- Prozessuale Nebenentscheidungen

Im Rahmen der Kostenentscheidung ist der gem. § 91 a ZPO auf den übereinstimmend für erledigt erklärten Teil entfallende Kostenanteil zu begründen. Häufig reicht eine Verweisung auf die vorstehenden Entscheidungsgründe zum Rest des Anspruchs für die ursprüngliche Begründetheit des für erledigt erklärten Teils der Klage (Rn. 213, 439).

268 Exkurs: Die Gründe nach vollständig übereinstimmenden Erledigungserklärungen

Bei einem Beschluss gem. § 91 a ZPO folgt nach dem Tenor die Überschrift »Gründe«. Diese umfassen zwei Teile. Der erste wird in der Praxis mit »I.« überschrieben und enthält den Tatbestand, der zweite mit »II.« enthält die rechtlichen Erwägungen für die Kostenentscheidung. Teil II. wird wie folgt aufgebaut:

- Gesetzeswortlaut von § 91 a ZPO (*»Nachdem die Parteien den Rechtsstreit übereinstimmend in der Hauptsache für erledigt erklärt haben, war gem. § 91 a I 1 ZPO nur noch über die Kosten des Rechtsstreits unter Berücksichtigung des bisherigen Sach- und Streitstandes nach billigem Ermessen zu entscheiden.«*)
- Ergebnis
- Zulässigkeit der ursprünglichen Klage
- Vollständige, teilweise oder fehlende Begründetheit der ursprünglichen Klage
- Ggf. Billigkeitserwägungen

Ein Formulierungsbeispiel finden Sie unter Rn. 445.

VII. Aufbau der Entscheidungsgründe bei Widerklagen

Während der Aufbau des Tatbestandes bei Widerklagen mit einem einheitlichen Lebenssachverhalt und mit unterschiedlichen Lebenssachverhalten verschieden ist (Rn. 36 f.), ist der Aufbau der Entscheidungsgründe in beiden Fällen gleich. Sie handeln grds. zunächst die Klage und dann die Widerklage ab. Dabei gelten die ab Rn. 232 dargestellten Ratschläge und Aufbauschemata jeweils für die Klage und die Wiederklage. Hier ein Beispiel: **269**

- **Die Klage hat Erfolg, die Widerklage nicht:**
    - Pauschales Voranstellen des Ergebnisses von Klage und Widerklage
    - Ausführungen zur Zulässigkeit der Klage
    - Ausführungen zur Begründetheit der Klage aus einer Anspruchsgrundlage je Antrag
    - Ausführungen zu den Nebenforderungen des Klägers
    - Ausführungen zur Zulässigkeit der Widerklage
        - Gerichtsstand (ggf. § 33 ZPO als besonderer Gerichtsstand, s. Rn. 453 ff.)
        - Konnexität, Parteiidentität, ggf. allgemeines Rechtsschutzbedürfnis
    - Ausführungen zur fehlenden Begründetheit der Widerklage aus allen Anspruchsgrundlagen
    - Prozessuale Nebenentscheidungen

- **Aufbau der Entscheidungsgründe bei Drittwiderklagen**
    - Pauschales Voranstellen des Ergebnisses von Klage und Drittwiderklage
    - Ausführungen zur Zulässigkeit der Klage
    - Ausführungen zur Begründetheit der Klage
    - Ausführungen zur Zulässigkeit der Widerklage (s.o.)
    - Ausführungen zur Zulässigkeit der Drittwiderklage
        - Drittwiderklage auch gegen Kläger gerichtet
        - Gerichtsstand für Dritten
        - Einwilligung des Dritten oder Sachdienlichkeit analog § 263 ZPO
        - Voraussetzungen von § 59 ZPO
    - Ausführungen zur Begründetheit der Widerklage gegen alle Widerbeklagten
    - Ggf. Ausführungen zu den Nebenforderungen des Beklagten
    - Prozessuale Nebenentscheidungen

Gänzlich anders werden Entscheidungsgründe bei sog. petitorischen Widerklagen aufgebaut. Das sind Widerklagen, in denen der wegen verbotenen Eigenmacht verklagte Beklagte die Feststellung seines Eigentums und das fehlende Besitzrecht des Klägers begehrt. In diesen Fällen beginnen Sie nach dem Voranstellen des Ergebnisses und der Erläuterungen der ungewöhnlichen Reihenfolge mit der Begründetheit der Widerklage, weil Sie bei dem »normalen« Aufbau die Begründetheit der Widerklage im Rahmen der Begründetheit der Klage darlegen müssten. Eine – isoliert betrachtet – begründete, auf verbotenen Eigenmacht gem. § 861 II BGB gestützte Klage wird nämlich analog § 864 II BGB durch den Erfolg einer petitorischen Widerklage unbegründet. Einen Formulierungsvorschlag finden Sie unter Rn. 462.

- **Aufbau der Entscheidungsgründe bei petitorischen Widerklagen**
    - Pauschales Voranstellen des Ergebnisses von Klage und Widerklage
    - Ausführungen zur Zulässigkeit der Klage
    - Erläuterung des Einflusses von § 864 II BGB analog auf die Begründetheit der Klage (Begründetheit der Widerklage erlischt der Klageanspruch.)
    - Ausführungen zur Zulässigkeit der Widerklage (s.o. zusätzlich § 863 BGB ansprechen)
    - Ausführungen zur Begründetheit der Widerklage
    - Konsequenz: Aus der Begründetheit der Widerklage Unbegründetheit der Klage (ein Satz reicht!)
    - Prozessuale Nebenentscheidungen

270 • **Aufbau der Entscheidungsgründe bei Hilfswiderklagen**

(zur Konstellation vgl. Rn. 34)

Wenn über die Gegenforderung bereits im Rahmen der Hilfsaufrechnung entschieden worden ist, entfallen Ausführungen zur Hilfswiderklage, weil die Bedingung nicht eingetreten ist. Der Aufbau entspricht dann dem unter Rn. 264 (erstes und zweites Beispiel) für Klagen mit Hilfsaufrechnungen dargestellten Schema.

Wenn im Rahmen der Klage aber nicht über die Hilfsaufrechnung entschieden worden ist (weil die Klage z.B. ohnehin schon unbegründet ist), äußern Sie sich zur Hilfswiderklage.

- Pauschales voranstellen des Ergebnisses von Klage und Hilfswiderklage
- Ausführungen zur Zulässigkeit der Klage
- Ausführung zur fehlenden Begründetheit der Klage
- Ausführung zur Zulässigkeit der Hilfswiderklage
- Ausführung zur Begründetheit der Hilfswiderklage
- Prozessuale Nebenentscheidungen

• **Aufbau der Entscheidungsgründe bei Hilfswiderklagen und unbedingten Widerklagen**

(Zur Konstellation vgl. Rn. 34)

Wenn im Rahmen der Klage nicht über die Hilfsaufrechnung entschieden worden ist (z.B. weil die Klage ohnehin schon unbegründet ist), machen Sie Ausführungen zu beiden Widerklagen.

- Pauschales Voranstellen des Gesamtergebnisses
- Ausführung zur Zulässigkeit der Klage
- Ausführung zur fehlenden Begründetheit der Klage
- Ausführung zur Zulässigkeit von Hilfswiderklage und unbedingter Widerklage
- Ausführung zur Begründetheit der beiden Widerklagen
- Prozessuale Nebenentscheidungen

(Hilfs- und unbedingte Widerklage werden zusammen abgehandelt, wenn es sich um einen einheitlichen Anspruch handelt, was wohl die Regel ist.)

Wenn über die Gegenforderung in Höhe der Klageforderung bereits im Rahmen der Hilfsaufrechnung entschieden worden ist, entfallen natürlich Ausführungen zur Hilfswiderklage. In diesen Fällen gehen Sie nach den Ausführungen zur Hilfsaufrechnung nur auf die unbedingte Widerklage ein, mit der der Beklagte den die Klageforderung übersteigenden Betrag einklagt. Hier reicht bzgl. der Begründetheit der unbedingten Widerklage eine Verweisung auf die Ausführungen zur Hilfsaufrechnung, sofern es sich um eine einheitliche Gegenforderung des Beklagten handelt. Wenn die Gegenforderung besteht, greifen Hilfswiderklage und überschießende Widerklage, andernfalls scheitern beide.

- Pauschales Voranstellen des Gesamtergebnisses
- Ausführung zur Zulässigkeit der Klage
- Ausführung zur Begründetheit der Klage
- Ausführung zur grds. Zulässigkeit von Hilfsaufrechnungen
- Ausführung zur Begründetheit der Hilfsaufrechnung
- Ausführung zur Zulässigkeit der unbedingter Widerklage
- Ausführung zur Begründetheit der unbedingten Widerklage
  (i.d.R. Verweisung auf die Ausführungen zur Hilfsaufrechnung)
- Prozessuale Nebenentscheidungen

D. Abfassen der Entscheidungsgründe

I. Grundsätzliches

So richtig Ihre Lösung auch sein mag, sie erreicht nicht die mögliche Punktzahl, die sie verdient **271** hätte, wenn sie nicht richtig »verpackt« ist. Der Korrektor, im Assessorexamen in der Regel ein Praktiker, muss den Eindruck gewinnen, er könne Ihren Entwurf so, wie er ist, unterschreiben. Ist der Stil beim Abfassen des Tatbestandes schon nicht unwichtig, guter Urteilsstil ist noch bedeutend wichtiger.

Guter Urteilsstil ist zunächst einmal guter Stil schlechthin, also grammatikalisch richtiges, gut formuliertes, verständliches Deutsch. Eine gestelzte Ausdrucksweise, unnötige Wiederholungen, Fehler bei Rechtschreibung und Grammatik werten Ihre Arbeit ab. Ganz zu schweigen von unbedachten inhaltlichen Fehlern wie: »Der Kläger hat sein Eigentum auch nicht durch den Verkauf an den Beklagten verloren«. Als gäbe es das Abstraktionsprinzip nicht!

Auch wenn es Ihnen ungerecht erscheinen mag, der Unterschied zwischen gut und schwach formulierten Entscheidungsgründen, die sich in der rechtlichen Lösung nicht unterscheiden, kann im Einzelfall zwei Notensprünge ausmachen. Insbesondere die Wertung bei zwei benachbarten Noten hängt von dem Gesamteindruck des Prüfers ab, der maßgeblich von einem praxisgerechten Urteilsstil beeinflusst wird. Arbeiten, die sich nicht gut lesen, landen am unteren Rand der Skala. Andererseits werden gut formulierte schwächere Lösungen häufig höher bewertet als inhaltlich bessere, die sich nicht gut präsentieren.

Merke: Kleider machen Leute. Guter Urteilsstil macht bessere Klausuren!

Es ist ein böser Fehler, beim Abfassen der Entscheidungsgründe in den an der Universität mit Mühe erlernten Gutachtenstil zu verfallen. Das neue Zauberwort heiße »Urteilsstil«. Kurz gesagt: Sie müssen das Ergebnis voranstellen und die Begründung folgen lassen.

Ausgangspunkt ist § 313 III ZPO, in dem es heißt: »Die Entscheidungsgründe enthalten eine kurze Zusammenfassung der Erwägungen, auf denen die Entscheidung in tatsächlicher und rechtlicher Hinsicht beruht.« Die Entscheidungsgründe haben nur die Aufgabe, den Tenor zu stützen. Sie sollen den Leser nicht zu einer Entscheidung führen, sondern das bereits vorangestellte Ergebnis begründen. Deshalb sollten in den Entscheidungsgründen auch die »Unwörter« »somit«, »deshalb«, »daher«, »demzufolge«, »mithin« oder »folglich« grds. nicht vorkommen. Diese Formulierungen stammen noch aus der Zeit vor dem Referendarexamen, in der Sie Klausuren im Gutachtenstil schreiben mussten. Diese Art der Darstellung kostet aber in Zivilgerichtsklausuren im Assessorexamen Punkte.

Das Schema für den Aufbau der Argumentation lautet:

1. **Gesamtergebnis mit Norm**
2. **Definition der Norm**
3. **Zwischenergebnis**
4. **Subsumtion.**

Fall: Der Kläger verlangt vom Beklagten die Zustimmung zur Berichtigung des Grundbuchs.

1. Dem Kläger steht der geltend gemachte Anspruch aus § 894 BGB zu.
2. Nach dieser Vorschrift kann u.a. derjenige, der durch eine nicht bestehende Belastung im Grundbuch beeinträchtigt ist, im Falle der Unrichtigkeit des Grundbuchs von demjenigen die Zustimmung zur Berichtigung verlangen, dessen Recht dadurch betroffen ist.
3. Diese Voraussetzungen liegen vor.
4. Das Grundbuch ist unrichtig... Der Kläger ist dadurch beeinträchtigt, dass... Der Beklagte ist von der Berichtigung betroffen, ... usw.

D. Abfassen der Entscheidungsgründe

Es folgt sodann die Subsumtion für jede anspruchsbegründende Voraussetzung unter Berücksichtigung des Verteidigungsvorbringens des Beklagten.

Bei Klausurtyp 1 (die Parteien streiten nur um Rechtsansichten) werden fast ausschließlich die rechtlichen Erwägungen den Umfang und die Intensität der Argumentation bestimmen.

Bei Klausurtyp 2 (die Parteien streiten zwar um Tatsachen, aber nicht um relevante) müssen Sie erläutern, dass die tatsächlichen Streitpunkte der Parteien nicht von Belang sind und wie bei Typ 1 die rechtlichen Erwägungen darlegen.

Bei Klausurtyp 3 (die Parteien stellen entscheidungserhebliche Tatsachen unterschiedlich dar) spielt neben der Rechtslage die Tatsachengrundlage, von der Sie ausgehen, eine ganz entscheidende Rolle. Dies ist vor allem in Klausuren der Fall, in denen Beweislastfragen von Bedeutung sind oder eine Beweisaufnahme stattgefunden hat. In derartigen Fällen geht es im Wesentlichen darum, wer mit seinem Tatsachenvortrag durchdringt. Die rechtlichen Konsequenzen liegen häufig auf der Hand, nachdem der »Fall« nach Beweislastregeln oder durch Beweisauswertung ermittelt wurde (s. Rn. 281 ff.).

II. Acht goldene Regeln für guten Urteilsstil

272   1. Halten Sie grds. das Schema »Norm, Definition, Zwischenergebnis, Subsumtion« durch!
2. Nach jedem Satz bzw. jeder Subsumtion muss das bisher Geschriebene Ihren Tenor stützen!
3. Jeder Satz oder jede Subsumtion muss die Antwort auf die ungeschriebene Frage nach dem Grund der vorangehenden Aussage sein!
4. Ihre Entscheidungsgründe sind erst fertig, wenn es auf die verständliche Frage »Warum?« oder »Warum denn nicht?« keine vernünftige Antwort mehr gibt!
5. In den Entscheidungsgründen darf kein Satz vorkommen, der genauso formuliert auch im Tatbestand stehen könnte!
6. Vermeiden Sie weitgehend »Zwar-Aber-Sätze«!
7. Kommen Sie direkt auf den Punkt!
8. Erläutern Sie das Urteil auch in tatsächlicher Hinsicht!

1. Halten Sie grds. das Schema »Norm, Definition, Zwischenergebnis, Subsumtion« durch!

273 Gedanklich müssen Sie immer in dem Schema Norm / Definition / Zwischenergebnis / Subsumtion bleiben, sonst gleiten Sie ab ins »Erzählen«. Es ist Geschmackssache, ob man, wie in dem obigen Beispiel, nach dem Anführen der Norm immer die Definition als Wiedergabe des Gesetzeswortlautes verfasst. Diese Art der Darstellung ist jedenfalls bei den entscheidenden anspruchsbegründenden oder -vernichtenden Normen ratsam sowie bei Vorschriften, die komplex und nicht jedem geläufig sind. Sie gestaltet die Arbeit übersichtlicher, weil der Leser oder der Korrektor weiß, was kommt. Außerdem hilft sie dabei, die Subsumtion in der richtigen Reihenfolge vorzunehmen und nichts zu übersehen. Als Faustregel gilt:

Merke: Je aufwendiger die nachfolgende Subsumtion ausfällt, desto eher sollte man die einzelnen Voraussetzungen der Norm voranstellen!

Bei eindeutiger Rechtslage empfiehlt es sich, alles ohne Definition und Subsumtion in einem Satz zusammenzufassen. Wenn dem Kläger z.B. Prozesszinsen zustehen, lautet die Formulierung schlicht:

»Die geltend gemachten Zinsen stehen dem Kläger aus §§ 291, 288 I 2 BGB analog i.V.m. § 261 I ZPO, § 187 I BGB analog ab dem Tag nach Eintritt der Rechtshängigkeit, dem ..., zu.«

Guter Stil zeigt sich somit daran, dass Sie ein ausgewogenes Verhältnis herstellen zwischen strikter Einhaltung der Regel und vereinfachter Darstellung.

II. Acht goldene Regeln für guten Urteilsstil

2. Nach jedem Satz bzw. jeder Subsumtion muss das bisher Geschriebene Ihren Tenor stützen!

Ihre Argumentation muss stets die vorangegangene Aussage und letztlich den Tenor stützen. Wenn die Klage in vollem Umfang Erfolg hat, muss der erste Satz lauten: »*Die zulässige Klage ist begründet.*« oder »*Die Klage ist zulässig und begründet.*« Die vorangegangene Aussage, der Tenor, ist voll gestützt.

Sie sollten den ersten Satz Ihrer Entscheidungsgründe, in dem Sie das Ergebnis pauschal voranstellen, so konkret wie möglich fassen. Es gelten sinngemäß dieselben Vorschläge wie zur Abfassung des Einleitungssatzes im Tatbestand.

- Wenn zur Zulässigkeit der Klage nichts zu sagen ist, sollten Sie dies durch die Formulierung »*Die zulässige Klage ist...*« zum Ausdruck bringen. Dann weiß der Leser sofort, dass nur noch Ausführungen zur Begründetheit folgen.

- Wenn Sie zunächst zur Zulässigkeit der Klage Stellung nehmen, sollten Sie die Formulierung »*Die Klage ist zulässig und...*« oder »*Die Klage ist zulässig, aber nicht...*« wählen. Dadurch deuten Sie an, dass Sie auch zur Zulässigkeit Ausführungen machen.

- Wenn die Klage nur zum Teil Erfolg hat, sollten Sie das Ergebnis, ohne den Tenor zu wiederholen, möglichst präzise voranstellen und sich nicht nur auf den Satz »*Die zulässige Klage ist nur teilweise begründet.*« beschränken. So sollten Sie nur formulieren, wenn ein beträchtlicher Teil der geltend gemachten Hauptforderung nicht zuerkannt worden ist. Auch die Formulierung »*Die Klage ist in dem aus dem Tenor ersichtlichen Umfang begründet.*« ist wenig hilfreich.

    Es empfehlen sich je nach Ergebnis z.B. folgende Formulierungen:

    - Von beantragten 10.000,- € werden 9.800,- € zuerkannt:
      »*Die zulässige Klage ist zum ganz überwiegenden Teil begründet.*«
    - Der Klage wird bis auf einen Teil des Zinsanspruchs voll stattgegeben.
      »*Die zulässige Klage ist bis auf einen Teil der Zinsforderung begründet.*«
    - Der Klage mit mehreren Anträgen wird nur hinsichtlich zweier Anträge stattgegeben:
      »*Die zulässige Klage ist nur hinsichtlich der Anträge 1) und 2) begründet.*«
    - Dem Hilfsantrag wird stattgegeben, der Hauptantrag wird abgewiesen:
      »*Die zulässige Klage ist nur hinsichtlich des Hilfsantrages begründet.*«
    - Die Klage ist durch eine erfolgreiche Aufrechnung erloschen:
      »*Die zulässige Klage ist unbegründet. Der dem Kläger ursprünglich zustehende Anspruch aus... ist durch die Aufrechnung des Beklagten erloschen.*«

Für die weiteren Formulierungen bedeutet dieser Grundsatz, dass Sie nicht der Versuchung erliegen dürfen, von dem strengen Begründungsschema »Warum denn?« abzuweichen. Musterbeispiel dafür, wie man es auf keinen Fall machen darf, ist ein klageabweisendes Urteil, bei dem die Verjährungseinrede nicht greift, dafür aber die Verwirkung. Da liest man:

»*Die Klage ist unbegründet. Der Anspruch des Klägers ist entstanden. Er ist auch nicht durch die Einrede der Verjährung in seiner Durchsetzbarkeit dauernd gehemmt.*« Und weiter geht es über Seiten, warum die Verjährung nicht greift. Wer so formuliert, verstößt zunächst einmal gegen Grundsatz Nr. 2, weil seine Begründungen die vorangehende Feststellung nicht tragen und bei einer gedanklichen Zäsur nach Abhandlung der Verjährung der Tenor nicht gestützt wäre. Auch ist der Bearbeiter nicht sogleich auf den Punkt gekommen und hat damit Grundsatz Nr. 7 missachtet.

Richtig muss es lauten: »*Die zulässige Klage ist unbegründet. Es kann dahinstehen, ob dem geltend gemachten Anspruch die Einrede der Verjährung entgegensteht, er ist jedenfalls verwirkt. Verwirkung ist...*«

274

D. Abfassen der Entscheidungsgründe

3. Jeder Satz oder jede Subsumtion muss die Antwort auf die ungeschriebene Frage nach dem Grund der vorangehenden Aussage sein!

275 Versuchen Sie, Ihre Entscheidungsgründe so abzufassen, wie der Prozessbevollmächtigte seiner unterlegenen Partei erläutern würde, warum der sichergeglaubte Sieg ausgeblieben ist. Diese Partei müssen Sie sich als durchschnittlich gebildeten Menschen ohne spezielle juristische Kenntnisse vorstellen, der nicht querulatorisch, aber doch sehr interessiert nachfragt und genau wissen will, wie das denn passieren konnte. Gehen Sie dabei so vor, dass Sie dessen fortwährend gestellte, nahe liegende Fragen beantworten. Die Fragen bleiben ungeschrieben, bilden aber das gedankliche Bindeglied. Sie werden feststellen, dass diese Fragen auf der Hand liegen, ja sich fast zwingend aus der vorangehenden Aussage ergeben. Fragen Sie sich selbst, was Sie als unterlegene Partei gerne gewusst hätten.

- Sobald eine Norm genannt wird, will der Unterlegene doch wissen: **»Was steht da denn drin?«**
- Wenn ihm die Norm erläutert worden ist, fragt er doch: **»Und das soll so gewesen sein?«**
- Sobald ein nicht alltäglicher Rechtsbegriff bemüht wird, will er wissen: **»Was ist das denn?«**
- Sobald Sie eine von seinem Vortrag abweichende Tatsachengrundlage nennen, fragt er doch: **»Wie kommt das Gericht denn darauf?«**
- Wenn er liest: »Das steht nach der Beweisaufnahme fest.«, fragt er: **»Was hat die denn ergeben?«**
- »Das Gericht folgt den Aussagen des Zeugen A.« führt zu der Frage: **»Wieso glaubt es dem denn?«**
- »Die Vorschrift wird teleologisch reduziert angewendet.« **»Was ist das denn, und wieso geht so was?«**
- »Ihrem Wortlaut nach erfasst die Vorschrift den Fall nicht, sie ist aber analog anzuwenden!« **»Was bedeutet denn analog? Das wird ja immer schlimmer! Hilfe! Rechtsbeugung!«**

Hier ein Beispiel für richtiges Frage- und Antwortspiel bei einem vollen Erfolg des Klägers:

Die zulässige Klage ist begründet. **Warum das denn?**

Dem Kläger steht der geltend gemachte Anspruch aus § 985 BGB zu. **Was steht da drin?**

Nach dieser Vorschrift kann der Eigentümer vom Besitzer die Herausgabe seiner Sache verlangen, sofern der Besitzer kein Recht zum Besitz hat. **Und das soll alles so sein?**

Diese Voraussetzungen liegen vor. **Warum denn?**

Der Kläger ist Eigentümer der Sache. **Weiß ich, weiter!** (So bei unstreitigen Punkten)

Der Beklagte ist auch Besitzer. **Komm zur Sache!** (s.o.)

Der Beklagte hat auch kein Recht zum Besitz. **Was verstehen Juristen denn darunter?**

Ein Recht zum Besitz ist … **Und das habe ich nicht, oder was? Und mein Mietvertrag?**

Der zwischen den Parteien geschlossene Mietvertrag ist unwirksam. **Wieso das denn?**

Der Kläger hat den Vertrag wirksam angefochten. **Wie will er das denn gemacht haben?**

Gem. § … **Was steht da denn drin?** Und so weiter und so weiter.

An manchen Stellen Ihrer Ausführungen würde der Unterlegene auch fragen, ob man auch anderer Meinung sein kann. Wenn dies der Fall ist und die Anspruchsgrundlage auch noch an einer anderen Stellen scheitert, zeigen Sie auch diese anderen »Schwachstellen« auf. Dies gilt umso mehr, wenn Sie sich nicht ganz sicher sind, ob Ihr »Knackpunkt« wirklich der richtige ist (s. Rn. 243). Wie sagt doch schon der Volksmund: Doppelt genäht hält besser!

Lassen Sie bei diesem Frage- und Antwortspiel die fett gedruckten Fragen weg und Sie haben den perfekten Anfang Ihrer Entscheidungsgründe. Üben Sie dies an kleinen Fällen, und Sie werden sehen, wie einfach und selbstverständlich Ihnen dieser Stil nach einiger Zeit vorkommt.

II. Acht goldene Regeln für guten Urteilsstil

4. Ihre Entscheidungsgründe sind erst fertig, wenn es auf die verständliche Frage »Warum?« oder »Warum denn nicht?« keine vernünftige Antwort mehr gibt!

Sie sind mit den Entscheidungsgründen fertig, wenn es keine sinnvolle Frage mehr gibt, auf die Sie antworten könnten, ohne Rechtskundeunterricht zu erteilen. Das bedeutet, dass Sie so elementare Aussagen wie »Verträge kommen durch übereinstimmende Willenserklärungen zustande« oder »die Spezialregelungen der §§ 651 c ff. BGB gehen den allgemeinen Regeln vor«, nicht weiter begründen müssen. 276

Die Begründung der prozessualen Nebenentscheidungen bildet den Schluss Ihrer Entscheidungsgründe. Anders als bei materiellen Entscheidungen brauchen Sie zur Begründung der prozessualen Nebenentscheidungen grds. nur die Vorschrift, auf die sie gestützt sind, anzuführen. Zur Wiederholung: Die Ausnahmen bilden Fälle mit besonderen Vollstreckungsschutzanträgen, übereinstimmenden Teilerledigungserklärungen, Teilanerkenntnissen und teilweisem Wegfall des Klagegrundes nach § 269 III 3 ZPO.

5. In den Entscheidungsgründen darf kein Satz vorkommen, der genauso formuliert auch im Tatbestand stehen könnte!

Aus der Trennung von Tatbestand und Entscheidungsgründen folgt, dass im Tatbestand die Tatsachen stehen müssen, aber nichts Rechtliches vorkommen darf, und in den Entscheidungsgründen im Wesentlichen das Rechtliche dargelegt werden muss. Da es Referendaren erfahrungsgemäß schwer fällt, diesen Grundsatz zu befolgen, sollten Sie zur Vermeidung von »Tatbestandssätzen« in den Entscheidungsgründen jeden Subsumtionssatz daraufhin überprüfen, ob er – isoliert betrachtet – dem Tatbestand entnommen sein könnte. Wenn das der Fall ist, wissen Sie, dass der Satz so, wie Sie ihn formuliert haben, nicht in die Entscheidungsgründe gehört. 277

»Der Kläger hat den Beklagten mit Schreiben vom ... zur Zahlung aufgefordert.« soll als Beispiel dienen. Solche Sätze stehen oft in den Entscheidungsgründen, gehören aber so da nicht hin, weil sie nur eine Tatsache wiedergeben. Im nächsten Satz steht dann meistens die daraus resultierende rechtliche Konsequenz, etwa so: »Dadurch ist der Beklagte mit Wirkung vom ... in Verzug geraten.« Aus diesen beiden Sätzen müssen Sie einen einzigen machen, und schon haben Sie die Tatbestandswiederholung vermieden: »*Durch die Aufforderung des Klägers im Schreiben vom ..., den Kaufpreis bis zum ... zu zahlen, ist der Beklagte in Verzug geraten.*«

Genauso ungeschickt ist folgende Darstellung: »Der Kläger hat den Beklagten aufgefordert, ihm die Kaufsache herauszugeben. Damit hat er konkludent seinen Rücktritt erklärt.« Der erste Satz wiederholt nur den Tatbestand. Es muss in einem Satz zusammengefasst lauten: »*Durch das Herausgabeverlangen vom ... hat der Kläger konkludent gem. § 349 BGB den Rücktritt vom Vertrag erklärt.*« Die Verknüpfung von Tatsache und Rechtsfolge ist der Trick!

Merke: Bei Subsumtionen dürfen Sie die Tatsachen, die Sie zum Ausfüllen der Norm heranziehen, nicht isoliert wiederholen. Sie müssen sie gleich in einem Satz in die rechtliche Konsequenz einbinden!

Wenn sich eine Verknüpfung zwischen Tatsache und Rechtsfolge wie in den beiden vorangegangenen Beispielen nicht leicht herstellen lässt, ist es ein probates Mittel zur Vermeidung von Tatbestandswiederholungen, dem Satz mit Begriffen wie »wirksam«, »rechtzeitig«, »zulässigerweise« oder »unverzüglich« eine rechtliche Komponente zu geben:

»*Die Parteien haben am ... einen wirksamen Kaufvertrag geschlossen*«.

Durch die rechtliche Wertung »wirksam« haben Sie die Tatbestandswiederholung vermieden.

Gleiches erreichen Sie, wenn Sie eine Vorschrift einzufügen, was im Tatbestand ja nicht sein dürfte.

»*Die Parteien haben am 1.1.2006 einen Werkvertrag gem. § 631 BGB geschlossen.*«

D. Abfassen der Entscheidungsgründe

6. Vermeiden Sie weitgehend »Zwar-Aber-Sätze«!

278 Es bietet sich zwar häufig an, auf die Argumentation des Unterlegenen einzugehen und ihn zunächst einmal in dem »Zwar-Satz« zu »streicheln« und dann später erst im »Aber-Satz« zu »verprügeln«. Das ist und bleibt aber ein Verstoß gegen die reine Lehre des § 313 III ZPO, weil auf dem, was in dem »Zwar-Satz« steht, das Urteil nicht beruhen kann.

Jeder weiß, dass derartige Formulierungen sehr verlockend sind und sich manchmal kaum vermeiden lassen, zum Beispiel beim Eingehen auf unzutreffende Argumentationen einer Partei, bei der Gegenüberstellung von Zeugenaussagen oder der Einleitung der Begründung für die analoge Anwendung einer Norm. Es ist schon viel erreicht, wenn Sie die Ausführungen in dem »Zwar-Satz« nicht zu lang werden lassen. Das Wichtige ist und bleibt jedoch der »Aber-Teil« der Argumentation, weil nur darauf das Urteil beruht. Diesem Gesichtspunkt müssen Sie durch deutlich längere Ausführungen und intensivere Argumentationen Rechnung tragen. Andernfalls stimmt die Gewichtung nicht. Sie sollten sich jedenfalls davor hüten, zu häufig und ausgiebig von diesem Stilmittel Gebrauch zu machen. Das kann eine richtig schlechte Angewohnheit werden. Sie werden bei den Formulierungsvorschlägen zwar auch einige derartige Sätze finden, aber eben nicht zu viele.

7. Kommen Sie direkt auf den Punkt!

279 Sie müssen sich davor in Acht nehmen, die Entscheidungsgründe als eine Spielwiese für die Ausbreitung Ihres Wissens zu betrachten.

Merke: Was nach § 313 III ZPO nicht in die Entscheidungsgründe gehört, sollte dort auch nicht vorkommen!

§ 313 III ZPO besagt, dass Sie eine kurze Zusammenfassung der Erwägungen schreiben sollen, auf denen Ihre Entscheidung beruht, und nicht mehr. Ein häufig zu beobachtender Fehler ist es z.B., eine begründete Klage damit zu beginnen, dass man Vorschriften, die nicht greifen, zunächst abhandelt, um danach erst zur Sache zu kommen. Ihr Tenor ist zeitweise nicht gestützt – s. Grundsatz Nr. 2 – und das Urteil beruht nicht auf dem, was Sie da ausführen.

Beispiel:

»Die Klage ist begründet. Dem Kläger steht der geltend gemachte Anspruch zwar nicht aus ... und auch nicht aus ... zu.«

Es folgen seitenlange Ausführungen, warum der Kläger fast verloren hätte. Es ist zwar verständlich, dass man sein Wissen ausbreiten will, zumal wenn man zu anderen Punkten nicht so viel zu Papier bringen kann. Aber das fällt auf! Neben der Sache liegende Ausführungen erwecken im Korrektor den fatalen Eindruck, dass der Verfasser aus purer Not das schreibt, was er weiß, aber nicht das, was er zur sachgerechten Begründung der Lösung schreiben müsste.

Sie müssen sich mit § 313 III ZPO anfreunden, um die Segnungen dieser Vorschrift zu erkennen. Hat es Sie während des Studiums nicht auch gestört, bereits zu Beginn eines Gutachtens zu sehen, dass die siebte Voraussetzung einer Norm fehlt, die Voraussetzungen eins bis sechs aber trotzdem darlegen zu müssen? Genau das ist nicht mehr erforderlich, sondern sogar falsch.

Merke: Die Ausbreitung von Wissen, das nach § 313 III ZPO nicht dazu dient, den Tenor zu stützen, ist gefährlich und kann zum Punktabzug führen!

Wenn bei einer Norm eine von mehreren erforderlichen Voraussetzung fehlt, ist es falsch, zunächst diejenigen abzuhandeln, die erfüllt sind, und dann mit »aber« zu der fehlenden Voraussetzung zu kommen. Sie sollten gleich auf den Grund zu sprechen kommen, der der Anwendung der Norm entgegensteht. Wenn es mehrere Gründe gibt, die zum Scheitern führen, sollten Sie alle ansprechen, schon um sicher zu gehen, mit einem der Gründe die Lösungsskizze zu treffen.

Wenn Sie zu dem Ergebnis kommen, dass die Klage an einem Punkt scheitert, der Voraussetzung aller anspruchsbegründenden Normen ist – wie der Schaden bei einer Klage auf Schadensersatz –, ist es überflüssig und schädlich, in den Entscheidungsgründen schwierige Abgrenzungsfragen der in Betracht kommenden Normen zu erörtern und dann erst zu schreiben:

II. Acht goldene Regeln für guten Urteilsstil

»Dies alles kann letztlich aber dahinstehen, da dem Kläger kein ersatzfähiger Schaden entstanden ist.«

Damit sagen Sie nichts anderes, als dass die ersten Seiten völlig überflüssig waren. Zudem haben Sie das Frage- und Antwortspiel nicht durchgehalten, weil Sie an den Fragen des Unterlegenen schon gemerkt hätten, was er wissen will und was ihn nicht interessiert.

Eine gute, an § 313 III ZPO orientierte Darstellung würde etwa wie folgt lauten:

»*Die zulässige Klage ist unbegründet*«. (**Warum denn?**)

»*Dem Kläger steht der geltend gemachte Anspruch nicht zu*«. (**Warum denn nicht?**)

»*Es kann dahin stehen, ob ein möglicher Anspruch des Klägers aus... oder... oder... herzuleiten ist*«. (**Warum das denn?**)

»*Dem Kläger ist kein ersatzfähiger Schaden entstanden, was Voraussetzung aller in Betracht kommender Anspruchsgrundlagen ist.*« (**Ach so! Und warum nicht?**)

Damit sind Sie dann bei dem wirklich Wichtigen. Sie haben zum einen gezeigt, dass Sie die in Betracht kommenden Normen gesehen, aber auch den Grundsatz beachtet haben, nichts darzustellen, worauf das Urteil nicht beruht. Denn wenn eine Schadensersatzklage mangels Schadens abgewiesen wird, beruht dies nicht darauf, welche Anspruchsgrundlage die richtige gewesen wäre, sondern ausschließlich darauf, dass kein Schaden entstanden ist.

Diese Vorgehensweise sollten Sie aber auf Fälle beschränken, in denen das Ergebnis nicht mit einem oder zwei Sätzen zu begründen ist. Die Formulierung »*Es kann dahinstehen, ob*« ist nur dann angebracht, wenn die Ausführungen zu der Frage, die Sie offen lassen, einen gewissen Raum einnähmen. Abgrenzungen, die kurz darzustellen sind, sind durchaus sinnvoll, längere hingegen nicht, weil das Urteil nicht darauf beruht. Hier noch einmal die Warnung vor den »Feinden« guten Urteilsstils:

Merke: In den Entscheidungsgründen sollten grds. die »Unwörter« »somit«, »deshalb«, »daher«, »demzufolge«, »mithin« oder »folglich« nicht vorkommen.

8. Erläutern Sie das Urteil auch in tatsächlicher Hinsicht!

Neben der »kurzen Zusammenfassung und der Darstellung der Erwägungen, auf denen das Urteil beruht«, müssen Sie das Urteil in tatsächlicher wie in rechtlicher Hinsicht erläutern. Mit »rechtlich« ist gemeint, dass Sie die einschlägigen Normen, das Vorliegen ihrer Voraussetzungen und die sich daraus ergebenden Konsequenzen darlegen. Das wird der Schwerpunkt Ihrer Arbeit bei Klausuren vom Typ 1 sein. In »tatsächlicher« Hinsicht besagt, dass Sie den Parteien erläutern müssen, warum bestimmte Tatsachen der Entscheidung zugrunde gelegt worden sind, andere hingegen nicht.

Bei Klausuren vom Typ 2 und 3 ist neben der Erläuterung der rechtlichen Aspekte die Darlegung der Entscheidungsgrundlage von besonderer Bedeutung. Der jeweils Unterlegene ist hier weitaus weniger an der Rechtslage interessiert als an der Frage, warum sein Tatsachenvortrag nicht berücksichtigt worden ist. Wenn sich der wegen eines Auffahrunfalls in Anspruch genommene Beklagte mit dem Vortrag verteidigt, nicht er sei aufgefahren, sondern der Kläger habe zurückgesetzt, wird es ihn nicht interessieren, dass derjenige, der auffährt, Schadensersatz leisten muss. Das weiß er auch ohne Ihre Erläuterungen. Ihn interessiert nahezu ausschließlich, warum er mit seinem Vortrag, der Kläger sei rückwärts gefahren, nicht gehört worden ist, und warum der Kläger mit seinem ebenfalls unbewiesenen Vortrag durchgedrungen ist. (Antwort: prima facie!)

280

III. Grundzüge der Beweisauswertung und Beweiswürdigung

281 Im Folgenden finden Sie das Wichtigste zu Beweisauswertung und Beweiswürdigung mit Formulierungsbeispielen für die Entscheidungsgründe.

Die drei maßgeblichen Schritte der Beweisauswertung lauten:

- **Ermittlung des Inhalts des Beweismittels**
- **Prüfung der Ergiebigkeit des Beweismittels**
- **Prüfung der Überzeugungskraft des ergiebigen Beweismittels**

Im Einzelnen:

1. Ermittlung des Inhalts des Beweismittels

282 Die Grundlage einer zutreffenden Beweiswürdigung ist zunächst die präzise Auswertung des Ergebnisses der Beweisaufnahme. Was genau hat der Zeuge gesagt, der Sachverständige festgestellt oder der Urkundenbeweis ergeben. Lassen Sie sich von dieser einfachen, aber wichtigen Arbeit nicht dadurch abhalten, dass Sie ungeprüft die übereinstimmend vorgetragene Auffassung der Parteien zum Ergebnis einer Beweisaufnahme übernehmen. So verlockend es ist, einen Teil der Arbeit abgenommen zu bekommen, so gefährlich kann es sein, sich darauf zu verlassen. Vielleicht werten beide Parteien das Ergebnis falsch oder streiten über Fragen, die unter Zugrundelegen des tatsächlichen Ergebnisses gar keine Rolle spielen.

2. Prüfung der Ergiebigkeit des Beweismittels

283 Nach der Ermittlung des Inhalts eines Beweismittels müssen Sie prüfen, ob es auch positiv ergiebig ist.

Positive Ergiebigkeit ist anzunehmen, wenn das Beweismittel die Beweistatsache bestätigt.

Fehlende Ergiebigkeit liegt vor, wenn das Beweismittel die Beweisfrage gar nicht beantwortet.

Negative Ergiebigkeit bedeutet, dass das Beweismittel das Gegenteil der Beweistatsache bestätigt.

Sie müssen zur Feststellung der Ergiebigkeit von der Beweisfrage ausgehen und klären, was das Beweismittel in Bezug darauf erbracht hat. Formulieren Sie die Beweisfrage so, dass sie aus Sicht des Beweisbelasteten mit »Ja!« beantwortet werden muss. Wenn die Beweisaufnahme dies ergeben hat, ist das Beweismittel positiv ergiebig. Nur wenn dies der Fall ist, kommen Sie zur Beweiswürdigung im engeren Sinn.

Fehlende Ergiebigkeit, die auf der Hand liegt (der Zeuge bekundet, er sei nicht zugegen gewesen **oder** er könne sich an nichts mehr erinnern) bedarf keiner weiteren Erörterung (Rn. 287). Es gibt aber auch Fälle, in denen die Unergiebigkeit nicht so einfach festzustellen ist (vgl. Rn. 300), oder in denen sie bei der Würdigung einer ergiebigen Aussage mit diskutiert werden muss. So müssen Sie z.B. darlegen, warum die Tatsache, dass von zwei anwesenden Zeugen einer nichts gesehen haben will, während der andere die Beweistatsache bestätigt, Sie nicht daran hindert, dem positiv ergiebigen Beweismittel zu folgen. Das bedeutet natürlich nicht, dass Sie das unergiebige Beweismittel würdigen, Sie müssen die unergiebige Aussage nur bei der Würdigung des ergiebigen Beweismittels berücksichtigen, also wie es z.B. sein kann, dass ein Zeuge etwas mitbekommen hat und der andere nicht.

Negative Ergiebigkeit ist grds. genauso zu behandeln wie fehlende. Der Beweisbelastete ist beweisfällig geblieben, eine Beweiswürdigung unterbleibt. Es ist bei Beweisaufnahmen mit negativer Ergiebigkeit sogar ein Fehler (§ 313 III ZPO!), sich über die Feststellung hinaus, dass die Beweisaufnahme die zu beweisende Behauptung nicht bestätigt hat, darüber auszulassen, was sie denn sonst ergeben hat. Bei fehlender positiver Ergiebigkeit ist nur diese darzustellen und im Übrigen nach Beweislast zu entscheiden.

III. Grundzüge der Beweisauswertung und Beweiswürdigung

3. Prüfung der Überzeugungskraft des Beweismittels

Dies ist die eigentliche Beweiswürdigung im engeren Sinne. Nach der Ermittlung des Inhalts und der Feststellung der positiven Ergiebigkeit zumindest eines der Beweismittel kommt die entscheidende Frage, ob dem Beweisbelasteten die Beweisführung gelungen ist. **284**

Merke: Nur mindestens ein positiv ergiebiges Beweismittel öffnet die Tür zur Würdigung aller positiv und negativ ergiebigen Beweismittel. Unergiebige Beweismittel werden nie gewürdigt.

Bei diesem Teil der Auswertung einer Beweisaufnahme müssen Sie wie beim Erfassen des Tatbestandes darauf achten, dass Sie sich die Lösung nicht »aussuchen«. Es gibt klassische Konstellationen, bei deren Vorliegen das Ergebnis der Beweisaufnahme feststeht. Es wird von Ihnen erwartet, dass Sie das auch erkennen und eine gute Beweiswürdigung abliefern. Wer in eindeutigen Fällen anders entscheidet, als es »mit Händen zu greifen« ist, endet bei drei Punkten. Beispiele:

- In einem Verkehrsunfallprozess widersprechen sich die Aussagen der jeweiligen Mitfahrer.
- In einem Mietprozess bestätigen die beiden Ehegatten den jeweiligen Sachvortrag.

In derartigen Fällen wird erwartet, dass Sie zu einem »non liquet« kommen sollen, dies gut darstellen, also mit einer vollständigen Beweiswürdigung, und dass Sie dann nach Beweislast entscheiden.

Nach gefestigter Rechtsprechung gebietet das aus § 6 I EMRK folgende Prinzip der Waffengleichheit bei einem Streit um Geschehnisse, bei denen auf Seiten einer Partei diese selbst oder ein Geschäftsführer zugegen war und die andere Partei durch einen Zeugen vertreten war, der dann im Prozess vernommen worden ist, besondere Sorgfalt bei der Beweiswürdigung. Im Examen spricht bei dieser Konstellation vieles dafür, dass Sie zu einem »non liquet« kommen und nach Beweislast entscheiden sollen. Es gelten die Grundsätze wie bei zwei sich widersprechenden Zeugenaussagen.

In Fällen wie den folgenden sollen Sie offensichtlich zu einer mangelnden Ergiebigkeit kommen und nur das darstellen, ohne die Beweise zu würdigen, und sodann nach Beweislast entscheiden:

- Ein Zeuge sagt, er könne sich nicht genau erinnern, meine aber, ...
- Ein Zeuge sagt, er habe nicht gehört, dass ..., er sei aber auch nicht während des gesamten Gesprächs anwesend gewesen.
- Ein Zeuge sagt, er habe den Vorfall nicht beobachtet, der Kläger habe ihm aber gesagt, ...

Wenn jede Seite einen »eigenen« Zeugen benennt, der den jeweiligen Vortrag bestätigt und eine Partei noch einen unbeteiligten Zeugen benannt hat, der zu seinen Gunsten aussagt, liegt es auf der Hand, dass Sie zu dem Ergebnis kommen sollen, dass dieser Partei die Beweisführung gelungen ist. Sie müssen bei dieser Konstellation natürlich alle Aussagen umfassend würdigen.

Bei der Prüfung der Überzeugungskraft würdigen Sie grds. nur positiv oder negativ ergiebige Beweismittel, unergiebige Beweismittel werden nie gewürdigt (s. Rn. 283). Negativ ergiebige Beweismittel müssen Sie nur dann würdigen, wenn zumindest ein Beweismittel positiv ergiebig ist. Nur wenn kein Beweismittel ergiebig ist, entfällt die Beweiswürdigung. Eine Ausnahme gilt für den Sachverständigenbeweis (s. Rn. 291 ff.).

Und bedenken Sie: Im Examen geht es nicht darum, der Gerechtigkeit zu dienen. Von Ihnen wird erwartet, dass Sie ein nahe liegendes Ergebnis der Beweisaufnahme nach den Kriterien beurteilen, die in der Praxis auch angewandt werden. Sie sollen zeigen, dass Sie Beweisaufnahmen auswerten und ggf. würdigen können, und die hier dargestellten Grundzüge beherrschen.

D. Abfassen der Entscheidungsgründe

a) Würdigung von Zeugenaussagen
• **Grundsätzliches**

285 Es ist ein häufig anzutreffender, schwerwiegender Fehler, bei gänzlich unergiebigen Beweisaufnahmen Ausführungen zur Glaubwürdigkeit eines Zeugen zu machen, der die Beweistatsache nicht bestätigt hat.

Merke: Sie dürfen bei insgesamt unergiebigen oder negativ ergiebigen Beweisaufnahmen nur die Unergiebigkeit darlegen, aber nicht die unergiebigen Beweismittel würdigen.

Es ist völlig unbedeutend, ob ein unergiebiger Zeuge die Wahrheit gesagt hat oder nicht. Denn so oder so kommen Sie nicht dazu, dass der Beweisbelastete mit diesem Zeugen den Beweis geführt hat. Hat der Zeuge die Wahrheit gesagt, ist die Beweisführung gescheitert. Hat er gelogen, ist der Beweis auch nicht geführt, weil Sie ja nicht wissen, was der Zeuge bei wahrheitsgemäßer Aussage hätte sagen können. Deshalb müssen Sie auch Formulierungen wie »Der Zeuge konnte sich nicht erinnern, ob ...« oder »Der Zeuge wusste nicht mehr, wann ...« vermeiden. Sie können doch nur schreiben, was er gesagt hat, aber nicht, was der Zeuge tatsächlich gekonnt oder gewusst hätte. Es muss also lauten:

»*Der Zeuge hat bekundet, er könne ..., er habe ..., er wisse nicht mehr, wann ...*«

Die Kriterien, die bei der Würdigung einer Aussage im Examen grundsätzlich zu berücksichtigen sind, sind die Wahrnehmungsmöglichkeit, -fähigkeit und -bereitschaft eines Zeugen. Nicht jede Zeugenvernehmung wird Ihnen Gelegenheit bieten, alle Kriterien anzusprechen. Sie sollten auch nicht auf Krampf versuchen, alle »unterzubringen«. Die Aufstellung sollten Sie nur vor Ihrem geistigen Auge haben, damit Ihnen bei der Würdigung einer Zeugenaussage auffällt, welches Kriterium Sie aufgrund von Hinweisen in Ihrer Vorlage ansprechen können. Denn allein durch die Wahl der richtigen Begriffe vermitteln Sie den Eindruck, dass Sie sich im Beweisrecht auskennen. Zum Stichwort »richtige Begriffe«: Eine Verwechslung von »glaubhaft« und »glaubwürdig« ist fatal.

Merke: Glaubhaft bezieht sich nur auf Aussagen, glaubwürdig nur auf Menschen, hier also Zeugen!

Unter **Wahrnehmungsmöglichkeit** fallen die äußeren Umstände der Situation, in der sich der Zeuge befand. Wie weit war er vom Ort des Geschehens entfernt, wie gut war die Sicht, war es laut?

Unter **Wahrnehmungsfähigkeit** versteht man die persönlichen Gegebenheiten, die eine Zeugenaussage beeinflussen können, wie Beruf, Alter, körperliche Verfassung (Alkoholgenuss, Sehkraft, Hörvermögen) oder Gemütslage (Zorn, Erregung).

Unter dem Stichwort **Wahrnehmungsbereitschaft** müssen Sie sich damit auseinander setzen, ob der Zeuge seine Wahrnehmungen in Kenntnis des Umstandes, später darüber zu berichten, gemacht hat, oder ob dies nur beiläufig oder völlig unerwartet geschehen ist.

Weitere maßgebliche Kriterien für die Glaubhaftigkeit einer Zeugenaussage sind Wahrnehmungs- und Wiedergabefehler, die Plausibilität der Schilderung, die Lebensnähe sowie die Übereinstimmung mit früheren Aussagen oder mit dem Ergebnis anderer Beweismittel. Weitere Argumente lassen sich auch aus dem Detailwissen des Zeugen, aus freimütig eingeräumten Erinnerungslücken sowie aus Antworten auf Nachfragen gewinnen.

Das Vorhandensein oder Fehlen möglicher eigener Interessen, die persönliche Nähe des Zeugen zu einer Partei oder seine »Neutralität« sind bei der Glaubwürdigkeit zu berücksichtigen.

Weitere Kriterien betreffen das Auftreten des Zeugen vor Gericht. Es ist selbstverständlich, dass Sie im Examen die Würdigung von Zeugenaussagen grds. nur auf objektive Kriterien stützen können. Ausführungen zum persönlichen Eindruck oder zum Aussageverhalten eines Zeugen ohne konkrete Angaben dazu in Ihrer Vorlage sind neben der Sache. Sie könnten sich ja sonst das Ergebnis aussuchen, indem Sie dem Zeugen, dessen Aussage die von Ihnen favorisierte Lösung ermöglicht, aufgrund »seines persönlichen Eindrucks« folgen.

III. Grundzüge der Beweisauswertung und Beweiswürdigung

- **Die Darstellung einer Zeugenvernehmung in der Klausur**

Die Reihenfolge der Darstellung ist grds.: **286**

- **Ergebnis**
- **Inhalt**
- **Würdigung der ergiebigen Aussage.**

Bei mehreren Beweismitteln sollten Sie folgende Reihenfolge wählen:

Bei Bestätigung der Beweistatsache:

- Positiv ergiebiges Beweismittel mit Argumenten für die Überzeugungskraft
- Unergiebiges Beweismittel ohne Würdigung
- Negativ ergiebiges Beweismittel mit Argumenten gegen die Überzeugungskraft

Bei Nichtbestätigung der Beweistatsache:

- Unergiebiges Beweismittel ohne Würdigung
- Positiv ergiebiges Beweismittel mit Argumenten gegen die Überzeugungskraft
- Negativ ergiebiges Beweismittel mit Argumenten für die Überzeugungskraft

Sie können die Argumente für oder gegen die Überzeugungskraft auch erst im Anschluss an die Darstellung des Inhalts aller Beweismittel anführen. Dabei beginnen Sie im Urteilsstil mit dem Ergebnis und beantworten dann die nahe liegenden Fragen des Unterlegenen. Sie müssen gut argumentieren, um die Gewichtung zu beachten, weil der Ausgang des Rechtsstreits vom Ergebnis der Beweisaufnahme abhängt. Erfahrungsgemäß fallen Klausuren mit Beweisaufnahmen besonders schlecht aus, obwohl die rechtlichen Aspekte häufig eher einfach sind. Die Darstellungen und Abwägungen bleiben an der Oberfläche, wirklich überzeugende Begründungen sind die Ausnahme. Der Grund dafür ist unseres Erachtens, dass sich die meisten Referendare die Erwägungen und Formulierungen erst im Examen überlegen müssen. Wer das machen muss, wird es schwer haben. Schon wegen des Zeitmangels müssen Sie die Formulierungen vorher üben und die Standardargumente im Schlaf aufsagen können!

1. Die Beweisaufnahme ist unergiebig.

1. Fall: Der einzige, vom Beklagten benannte Zeuge zu einer bestimmten Behauptung in einem Verkehrsunfallprozess bekundet, er könne sich an den Unfall nicht mehr erinnern. **287**

Formulierungsvorschlag:

»... *Der Beklagte ist beweisfällig geblieben. Als derjenige, der sich auf eine ihm günstige Behauptung beruft, trägt der Beklagte nach den allgemeinen Regeln die Beweislast. Die Beweisführung ist dem Beklagten aber nicht gelungen. Der von ihm benannte Zeuge hat seine Behauptungen nicht bestätigt. Der Zeuge hat nur bekundet, er könne sich an den Unfall nicht mehr erinnern.*«

2. Fall: Der »Knallzeuge« hat selbst das Geschehen erst beobachtet, als das Entscheidende schon passiert ist. Er ist erst durch den Knall des Unfalls aufmerksam gemacht worden.

Formulierungsvorschlag:

»... *Dem Kläger ist die Beweisführung nicht gelungen. Als derjenige, der... (s.o.). Der Zeuge Z hat die streitige Behauptung nicht bestätigt. Die Aussage des Zeugen, er meine sich zu erinnern, es sei so gewesen, wie der Kläger es darstelle, reicht zur Überzeugungsbildung des Gerichts nicht aus. Auf Nachfragen hat er eingeräumt, es könne sich bei seiner Schilderung auch um eine nachträgliche Rekonstruktion der Ereignisse handeln. Er könne nicht ausschließen, dass er erst nach dem Knall des Zusammenstoßes seine Aufmerksamkeit auf das Geschehen gelenkt habe.*«

2. Zwei neutrale Zeugen haben unterschiedlich ausgesagt.

288 Vorbemerkung:

Wenn zwei Zeugen unterschiedlich ausgesagt haben und nichts für die größere Glaubwürdigkeit eines der beiden oder für die höhere Glaubhaftigkeit seiner Aussage spricht, ist die Beweisführung erkennbar gescheitert. Der Rechtsstreit ist dann nach Beweislast zu entscheiden. Da das Ergebnis aber von der Wertung der Beweisaufnahme abhängt, werden hier von Ihnen längere Ausführungen und detaillierte Begründungen erwartet. Nur zu schreiben, es liege ein »non liquet« vor, reicht sicher nicht.

Formulierungsvorschlag:

»... Dem Kläger ist die Beweisführung nicht gelungen. Als derjenige, der sich auf eine ihm günstige Behauptung beruft, trägt der Kläger nach den allgemeinen Regeln die Beweislast. Aufgrund der Beweisaufnahme vermochte das Gericht im Rahmen der ihm nach § 286 I 1 ZPO zustehenden freien Beweiswürdigung nicht zu der Überzeugung zu gelangen, dass die streitige Behauptung als bewiesen anzusehen ist. Danach ist ein Beweis erst dann erbracht, wenn das Gericht unter Berücksichtigung des gesamten Ergebnisses der Beweisaufnahme und der sonstigen Wahrnehmungen in der mündlichen Verhandlung von der Richtigkeit einer Tatsachenbehauptung überzeugt ist und alle vernünftigen Zweifel ausgeräumt sind. Dies ist vorliegend aber nicht der Fall.

Der Zeuge A hat bekundet, ... Demgegenüber hat der Zeuge B bekundet, ...

Das Gericht vermochte nicht zu entscheiden, welche der beiden sich widersprechenden Aussagen zutrifft. Beide sind gleichermaßen lebensnah, sie decken sich jeweils mit dem Vortrag der Partei, die den Zeugen benannt hat. Objektive Kriterien, an denen der Wahrheitsgehalt der Aussagen gemessen werden könnte, bestehen nicht. Der Vorfall kann sich ebenso gut so zugetragen haben, wie ihn der Zeuge A oder wie ihn der Zeuge B geschildert hat. Bei beiden Zeugen waren Wahrnehmungsbereitschaft, -fähigkeit und Wahrnehmungsmöglichkeit in gleichem Maße gegeben. Das Gericht sieht sich auch außerstande, einen der beiden Zeugen gegenüber dem anderen für glaubwürdiger zu erachten.

Weder der Zeuge A noch der Zeuge B steht einer der beiden Parteien nahe. Ein Eigeninteresse der Zeugen an dem Ausgang des Rechtsstreits ist ebenfalls nicht zu erkennen. Weder das Vorbringen des Klägers noch sein Verhalten sind anders zu beurteilen als das des Beklagten.«

3. Zwei Zeugen stehen jeweils im Lager einer Partei und sagen unterschiedlich aus.

289 Vorbemerkung:

Wenn zwei Zeugen aus dem jeweiligen »Lager« unterschiedlich ausgesagt haben und nichts Greifbares für die größere Glaubwürdigkeit eines der beiden Zeugen oder die höhere Glaubhaftigkeit seiner Aussage spricht, besteht Ihre Aufgabe nur darin, überzeugend darzustellen, dass die Beweisführung gescheitert ist. Dass Sie sich willkürlich auf die Seite eines Zeugen schlagen, ist sicher nicht gewollt. Der Rechtsstreit ist dann nach Beweislast zu entscheiden. Gleiches gilt bei »Vieraugengesprächen« für die Konstellation Zeuge – Partei (vgl. Rn. 284).

Sie sollten bei dieser Konstellation zunächst das schreiben, was im vorangegangenen Formulierungsbeispiel empfohlen wird, und den letzten Absatz durch den folgenden ersetzen:

Formulierungsvorschlag:

»Beide Zeugen stehen der Partei nahe, die sie benannt hat. Bei dem Zeugen A handelt es sich um ..., bei dem Zeugen B um ...

Aber die Aussagen der Zeugen haben nicht erkennen lassen, dass sie sich von der Nähe zu einer Partei haben leiten lassen. Keine der beiden Aussagen verdient den Vorzug vor der anderen.«

III. Grundzüge der Beweisauswertung und Beweiswürdigung

4. Die Zeugenaussagen widersprechen sich, aber durch einen unbeteiligten Zeugen sind Sie von einem bestimmten Ergebnis überzeugt.

Vorbemerkung:

290

Wenn zwei Zeugen unterschiedlich ausgesagt haben, von denen einer aus einem »Lager« kommt und der andere ein Unbeteiligter ist, und nichts Greifbares gegen die größere Glaubwürdigkeit des unbeteiligten Zeugen spricht, müssen Sie die größere Glaubhaftigkeit der Aussage des Unbeteiligten darstellen.

Fall: Der Kläger hat für seine Behauptung den unbeteiligten Zeugen A benannt, der Beklagte gegenbeweislich seinen Bruder B. Beide haben den Unfallhergang erlebt, A als Fußgänger und B als Beifahrer bei dem Beklagten. Beide Zeugen bestätigen den Sachvortrag der jeweiligen Partei, die sie benannt hat.

Formulierungsvorschlag:

»... Die Beweisaufnahme hat zur Überzeugung des Gerichts ergeben, dass sich der Unfall so zugetragen hat, wie der Kläger behauptet hat. Dies folgt aus der Aussage des Zeugen A. Der Zeuge A hat bekundet, dass ... Dem gegenüber hat der Zeuge B bekundet, dass ...

Das Gericht folgt der Aussage des Zeugen A. Das Gericht ist im Rahmen der ihm nach § 286 I 1 ZPO zustehenden freien Beweiswürdigung zu der Überzeugung gelangt, dass die streitige Behauptung des Klägers als bewiesen anzusehen ist. Nach diesem Grundsatz ist ein Beweis erbracht, wenn das Gericht unter Berücksichtigung des Ergebnisses der Beweisaufnahme und der sonstigen Wahrnehmungen in der mündlichen Verhandlung von der Richtigkeit einer Tatsachenbehauptung überzeugt ist und vernünftige Zweifel ausgeräumt sind. Die in § 286 I 1 ZPO genannte Überzeugung erfordert keine absolute Gewissheit und auch keine »an Sicherheit grenzende Wahrscheinlichkeit«, es reicht ein für das praktische Leben brauchbarer Grad an Gewissheit aus, der Zweifeln Schweigen gebietet. Dies ist der Fall.

Es ist zwar nicht zu verkennen, dass weder die eine noch die andere Sachverhaltsschilderung ein höheres Maß an Glaubhaftigkeit für sich in Anspruch nehmen können. Beide sind gleichermaßen lebensnah, sie decken sich jeweils mit dem Vortrag der Partei, die den Zeugen benannt hat. Objektive Kriterien, an denen der Wahrheitsgehalt der Aussagen gemessen werden könnte, bestehen nicht. Der Vorfall kann sich ebenso gut so zugetragen haben, wie ihn A oder wie ihn B geschildert hat. Bei beiden Zeugen waren Wahrnehmungsbereitschaft, -fähigkeit und -möglichkeit in gleichem Maße gegeben.

Ausschlaggebend für die Würdigung war für das Gericht aber der Umstand, dass der Zeuge B als Bruder des Beklagten ein geringeres Maß an Glaubwürdigkeit beanspruchen kann als der Zeuge A, der ein an dem Geschehen und an dem Rechtsstreit völlig Unbeteiligter ist. Auch wenn an keinem konkreten Punkt festzumachen ist, dass sich der Zeuge B bei seiner Aussage von der Nähe zum Beklagten hat leiten lassen, so genießt die Aussage des Zeugen A wegen dessen fehlenden Eigeninteresses die größere Überzeugungskraft. Das Gericht schließt aus, dass sich der Zeuge A geirrt haben könnte. Er hat den Vorfall nach seinen Bekundungen genau gesehen und in der Beweisaufnahme in allen Einzelheiten geschildert. Seine Wahrnehmungsmöglichkeiten waren optimal... Seine Wahrnehmungsbereitschaft war im besonderen Maße gegeben. Als Zeuge eines sich anbahnenden Unfalls wusste er, dass er entweder gegenüber der Polizei, einer Versicherung oder in einer gerichtlichen Beweisaufnahme von den Geschehnissen würde berichten müssen. Es verleiht der Aussage eine besondere Glaubhaftigkeit, dass der Zeuge nicht über Wahrnehmungen berichtet hat, die er nur beiläufig gemacht hat, sondern über solche, über deren Bedeutung er sich von vornherein bewusst war.

Es erscheint dem Gericht auch ausgeschlossen, dass der Zeuge A, der in keiner Weise in einem Verhältnis zu einer der beiden Parteien steht und kein Interesse am Ausgang des Rechtsstreits hat, die Unwahrheit gesagt haben könnte.«

D. Abfassen der Entscheidungsgründe

b) Würdigung von Sachverständigengutachten
- **Grundsätzliches**

291 Die unumstößlichen Grundsätze lauten hier:

1. **Das Gutachten ist richtig.**
2. **Das ergiebige Gutachten überzeugt.**
3. **Auch das unergiebige Gutachten ist richtig, überzeugend und erschöpfend.**

Im Einzelnen:

1. Das Gutachten ist richtig.

292 Das Gutachten muss richtig sein, weil andernfalls der Beweisantrag nicht ausgeschöpft wäre und ein weiteres Gutachten eingeholt werden müsste. Das kann im Examen aber nicht sein, weil der Rechtsstreit entscheidungsreif sein muss (s. Rn. 81 ff.).

2. Das positiv ergiebige Gutachten überzeugt.

293 Wenn das positiv ergiebige Gutachten Sie nicht überzeugt, wäre der Rechtsstreit nicht entscheidungsreif. Es müsste auf der Grundlage des Beweisbeschlusses, der ja mangels eines Sie überzeugenden und damit verwertbaren Gutachtens unerledigt wäre, ein anderer Sachverständiger beauftragt werden. Das kann nicht sein.

Sie können aber auch nicht gegen den Sachverständigen entscheiden. Wollen Sie schlauer sein als derjenige, den Sie beauftragt haben, weil Ihnen die spezielle Sachkunde fehlt? Bei eigener Sachkunde wäre das Gutachten gem. § 291 ZPO gar nicht erforderlich gewesen.

Ihr Vorgehen bei der Auswertung eines ergiebigen Gutachtens deckt sich mit den drei Schritten der Beweisauswertung und -würdigung, die oben unter Rn. 281 schon dargestellt wurden:

- **Ermittlung des Inhalts des Gutachtens**
- **Prüfung der Ergiebigkeit des Gutachtens**
- **Prüfung der Überzeugungskraft des Gutachtens**

Das heißt mit anderen Worten:

- Zu welchen Feststellungen ist der Sachverständige gekommen?
- Stützen diese Feststellungen die zu beweisende Behauptung?
- Wenn ja, überzeugen sie mich und warum ist das so?

Die Kriterien bei der Würdigung der Überzeugungskraft eines Gutachtens, also beim dritten Schritt, sind im Wesentlichen die folgenden:

- Ist der Sachverständige hinreichend qualifiziert?
- Ist der Sachverständige von zutreffenden Tatsachen ausgegangen?
- Ist das Gutachten in sich schlüssig und nachvollziehbar?
- Hat sich der Sachverständige, falls nötig, mit der Fachliteratur auseinandergesetzt?
- Hat der Sachverständige neueste Erkenntnisse und Methoden genutzt?

Dies sind Anhaltspunkte, auf die Sie je nach Fall zurückgreifen können und durch deren Erwähnung Sie zeigen können, dass Sie die Vorgehensweise beherrschen.

3. Auch das unergiebige Gutachten ist richtig, überzeugend und erschöpfend.

294 Auch das unergiebige Gutachten, das die streitige Behauptung nicht bestätigt, muss jedoch richtig, überzeugend und erschöpfend sein. Wenn der Sachverständige zu dem Ergebnis kommt, er könne zu der Beweisfrage keine Feststellungen treffen, muss damit feststehen, dass es auch ein anderer Sachverständiger nicht könnte. Andernfalls wäre wie bei einem Gutachten, das Sie nicht überzeugt, die Beweisaufnahme durch Einholung eines weiteren Gutachtens fortzusetzen. Das kann aber im Examen nicht sein. In diesen Fällen heißt daher die Frage: Warum überzeugt mich auch die Feststellung, dass die Beweisführung durch Sachverständigenbeweis nicht möglich ist? Dies ist die einzige Ausnahme von dem Grundsatz, dass zumindest ein positiv ergiebiges Beweismittel nötig ist, um alle ergiebigen Beweismittel würdigen zu können.

III. Grundzüge der Beweisauswertung und Beweiswürdigung

Insoweit ist das unergiebige Gutachten also auf eine besondere Weise »ergiebig«. Anders als bei Zeugen wissen Sie bei unergiebigen Gutachten, dass der Sachverständige nicht mehr feststellen konnte. Sie müssen darlegen, warum Sie dieser Aussage des Sachverständigen folgen und dass auch ein weiterer Gutachter nicht zu anderen Ergebnissen kommen könnte. Dazu können Sie dieselben Kriterien heranziehen wie bei der Würdigung eines positiv ergiebigen Gutachtens. Die Tatsache, dass der Sachverständige zu keinem Ergebnis gekommen ist, kann z.B. daran liegen, dass die erforderlichen Anknüpfungstatsachen fehlen, die zu begutachtende Sache nicht mehr existiert oder der Stand der Wissenschaft nicht mehr hergibt.

- **Die Darstellung eines Sachverständigengutachtens in der Klausur**

1. Das positiv ergiebige Gutachten 295

Fall: Der Kläger hat durch ein Sachverständigengutachten, das seinen Vortrag bestätigt, Beweis angetreten. Der Beklagte geht gegen das Gutachten inhaltlich an und verlangt ein weiteres Gutachten.

Formulierungsvorschlag:

»... Aufgrund des Gutachtens des Sachverständigen sieht das Gericht die streitige Behauptung als bewiesen an. Nach dem in § 286 I 1 ZPO normierten Grundsatz der freien Beweiswürdigung ist ein Beweis erbracht, wenn das Gericht unter Berücksichtigung des gesamten Ergebnisses der Beweisaufnahme und der sonstigen Wahrnehmungen in der mündlichen Verhandlung von der Richtigkeit einer Tatsachenbehauptung überzeugt ist. Die danach erforderliche Überzeugung des Richters gebietet keine absolute oder unumstößliche Gewissheit und auch keine »an Sicherheit grenzende Wahrscheinlichkeit«, es reicht vielmehr ein für das praktische Leben brauchbarer Grad an Gewissheit aus, der Zweifeln Schweigen gebietet. Dies ist vorliegend der Fall.

Der Sachverständige ist in seinem Gutachten zu folgenden Feststellungen gekommen:

(Es folgt die kurze Zusammenfassung des Ergebnisses des Gutachtens.)

Das Gericht folgt den überzeugenden Ausführungen des Sachverständigen. Als ... (berufliche Qualifikation) ist der Sachverständige für die vorliegende Begutachtung besonders qualifiziert. Das Gutachten ist in sich schlüssig und nachvollziehbar. Insbesondere ist der Sachverständige von zutreffenden Tatsachen ausgegangen und hat die daraus gezogenen Konsequenzen logisch und widerspruchsfrei dargestellt.

Soweit der Beklagte die von dem Sachverständigen gezogenen Rückschlüsse aus den feststehenden Erkenntnissen in Zweifel zieht, ist eine inhaltliche Überprüfung des Gutachtens weder Aufgabe der Kammer, noch liegt sie im Bereich ihrer Möglichkeiten.

Für die Beantwortung der Beweisfragen hat sich die Kammer mangels eigener Sachkunde des Sachverständigen bedienen müssen. Daraus folgt zwingend, dass der Kern der gutachterlichen Ausführungen, also die eigentliche Beantwortung der Beweisfrage, allein Sache des Sachverständigen als Gehilfe des Gerichts ist.

Aus diesem Grunde war auch dem Antrag des Beklagten auf Einholung eines weiteren Gutachtens nicht nachzugehen. Dies ist gem. § 412 I ZPO nur dann erforderlich, wenn das Gericht das bisherige Gutachten für ungenügend erachtet. Dies ist indes, wie oben dargestellt, nicht der Fall. Der Umstand allein, dass der Beklagten die Feststellungen des Sachverständigen anzweifelt, gebietet nicht die Einholung eines weiteren Gutachtens.«

D. Abfassen der Entscheidungsgründe

2. Das unergiebige Gutachten

296 **Fall:** Der Kläger hat für seine Behauptung Beweis durch ein Sachverständigengutachten angetreten. Der Sachverständige hat den Vortrag des Klägers nicht bestätigt. Der Kläger greift das Gutachten an und verlangt ein weiteres Gutachten.

Formulierungsvorschlag:

»... Der Kläger ist mit seiner Beweisführung gescheitert. Als derjenige, der sich auf eine ihm günstige Behauptung beruft, trägt der Kläger nach den allgemeinen Regeln die Beweislast. Das auf seinen Antrag hin eingeholte Gutachten des Sachverständigen S hat die streitige Behauptung nicht zu beweisen vermocht.

Der Sachverständige S ist zu der Erkenntnis gelangt, dass die Behauptung des Klägers im Wege des Sachverständigenbeweises nicht zu klären ist. Dies hat er in seinem Gutachten nachvollziehbar und überzeugend dargelegt. Dabei ist er von zutreffenden Tatsachen ausgegangen und hat die daraus gezogenen Konsequenzen logisch und widerspruchsfrei dargestellt.

Das Gericht folgt den Ausführungen des Sachverständigen S. Er ist als ... besonders für die ihm gestellte Aufgabe qualifiziert. Aus dem Gutachten geht hervor, dass er sich eingehend mit der Materie befasst, und alle ihm zur Verfügung stehenden Erkenntnisquellen genutzt hat.

Die Kammer musste auch kein weiteres Gutachten zur Klärung der streitigen Behauptung des Klägers einholen. Die Einholung eines weiteren Gutachtens ist nach § 412 I ZPO nur dann geboten, wenn das Gericht das bisherige Gutachten als ungenügend erachtet. Ungenügend im Sinne dieser Vorschrift ist ein Gutachten aber nur dann, wenn ein anderer Gutachter zu anderen oder weitergehenden Erkenntnissen kommen könnte. Dies ist hier jedoch nicht der Fall. Aus dem Gutachten des Sachverständigen S geht eindeutig hervor, dass die Beweisfrage durch einen Sachverständigen überhaupt nicht zu klären ist.

Soweit der Kläger die von dem Sachverständigen gezogenen Rückschlüsse aus den feststehenden Erkenntnissen in Zweifel zieht, ist eine inhaltliche Überprüfung des Gutachtens weder Aufgabe der Kammer, noch liegt sie im Bereich ihrer Möglichkeiten.

Für die Beantwortung der Beweisfragen hat sich die Kammer mangels eigener Sachkunde des Sachverständigen bedienen müssen. Daraus folgt zwingend, dass der Kern der gutachterlichen Ausführungen, also die eigentliche Beantwortung der Beweisfrage, allein Sache des Gutachters als Gehilfe des Gerichts ist.«

c) Würdigung von Urkunden

297 • **Grundsätzliches**

Wenn Urkunden in Ihrer Klausur eine Rolle spielen, müssen Sie zwischen ihrer Bedeutung als qualifizierter Parteivortrag und als echtes Beweismittel unterscheiden. Letzteres wird eher selten der Fall sein, weil durch die Vorlage der Urkunden i.d.R. die zuvor streitigen Behauptungen unstreitig werden. Die Parteien werden meistens nur um die Auslegung oder die Wirksamkeit eines ansonsten inhaltlich unstreitigen Dokumentes, also um Rechtsfragen, streiten.

Wichtig ist in allen Fällen, in denen Urkunden relevant werden, dass Sie die Urkunde genau durchlesen und nicht der Versuchung erliegen, ungeprüft die Auffassung der Parteien zu deren Inhalt zu übernehmen. Vielleicht haben beide Parteien den Inhalt der Urkunde falsch verstanden oder unzutreffend ausgelegt und streiten über Fragen, die auf der Grundlage des tatsächlichen Inhalts gar keine Rolle spielen. Die Parteien können auch durch übereinstimmend vorgetragene Wertungen das Gericht nicht in rechtlicher Hinsicht binden. Bei unklaren Formulierungen ist es Aufgabe des Gericht, diese Erklärungen gem. §§ 133, 157 BGB auszulegen. Die Angaben der Parteien dazu können ggf. aber wichtig sein für die Erforschung ihres wirklichen Willens bei Abgabe der Erklärungen.

III. Grundzüge der Beweisauswertung und Beweiswürdigung

Bei der Würdigung einer Urkunde als Beweismittel müssen Sie zwischen formeller und materieller Beweiskraft unterscheiden. Die §§ 415 bis 419 ZPO geregelte **formelle Beweiskraft** besagt, dass die positive ergiebige, unversehrte und echte Urkunde Beweis dafür erbringt, wer die in ihr enthaltenen Erklärungen abgegeben hat (Urheberschaft). Damit ist zunächst nur die Frage beantwortet: Haben die Parteien das so aufgeschrieben?

Im nächsten Schritt geht es dann um die **materielle Beweiskraft:** Stimmen die in der Urkunde abgegebenen Erklärungen mit der Wirklichkeit überein? Dieser Schritt erfolgt im Rahmen der freien richterlichen Beweiswürdigung gem. § 286 I 1 ZPO.

Der dabei wichtigste Aspekt in Klausuren ist die für positiv ergiebige, unversehrte und echte **Vertragsurkunden** geltende Vermutung, dass der beurkundete Vorgang tatsächlich, d.h. nicht nur auf dem Papier, so stattgefunden hat, wie er beurkundet worden ist. Dies ist die sog. Vermutung der Vollständigkeit und Richtigkeit von Vertragsurkunden.

Hinsichtlich der Beweislast bei Privaturkunden müssen Sie unterscheiden:

- Wenn die Echtheit der Unterschrift bestritten wird oder nachträgliche Änderungen des Inhalts behauptet werden, muss der Beweispflichtige vollen Beweis für die Echtheit und den Inhalt erbringen.
- Wer behauptet, eine Blankounterschrift geleistet zu haben, der nachträglich ein nicht abgesprochener Text unterlegt worden sei, ist für den Blankettmissbrauch beweispflichtig.

- **Würdigung einer Urkunde in der Klausur** 298

Formulierungsvorschlag:

... Dies steht zur Überzeugung des Gerichts aufgrund der Beweisaufnahme fest. Die in der Beweisaufnahme verlesene Urkunde hat vollen Beweis zugunsten des Klägers erbracht. Die Urkunde entfaltet gem. § 416 ZPO formelle Beweiskraft, weil sie äußerlich unversehrt, vollständig und ihre Echtheit nicht bestritten ist. Ihr Inhalt ist auch positiv ergiebig ist. In der Urkunde heißt es, dass ...

Unter umfassender Würdigung der erkennbaren Interessen der Parteien und unter Berücksichtigung der Auslegungsregeln von Willenserklärungen gem. §§ 133, 157 BGB sind die Vereinbarungen nur so zu verstehen, dass ...

Der Urkunde kommt auch die materielle Beweiskraft zu. Das Gericht ist im Rahmen der ihm zustehenden freien Überzeugungsbildung gem. § 286 I 1 ZPO sicher, dass die Parteien das, was in der Urkunde niedergeschrieben worden ist, tatsächlich so vereinbart haben ...

- **Die Aussage eines Zeugen widerspricht dem Inhalt einer Vertragsurkunde.**

Vorbemerkung: 299

Bei dieser Konstellation wird von Ihnen die Darlegung der beiden Aspekte Vermutung der Vollständigkeit und Richtigkeit der Vertragsurkunde und freie richterliche Überzeugungsbildung erwartet. Von Ausnahmen abgesehen dürfte der Streit zu Gunsten der in der Urkunde niedergelegten Erklärungen ausgehen. Wichtig ist hier die überzeugende Argumentation

> **Fall:** Der Kläger möchte einen Kaufvertrag rückabwickeln. Ausweislich des schriftlichen Vertrages ist der Kläger als Käufer eines gebrauchten Pkw nur auf einen Frontschaden hingewiesen worden: »Weitere Vorschäden bestehen nicht.« Der Wagen hatte aber unstreitig auch einen offenbarungspflichtigen Heckschaden. Die Beklagte behauptet, der Hinweis auf den Heckschaden sei mündlich durch F erfolgt. Der Zeuge F, der den Beklagten bei dem Verkauf vertreten hat, bestätigt dies.

D. Abfassen der Entscheidungsgründe

Formulierungsvorschlag:

»... Es steht zur Überzeugung des Gerichts aufgrund der Beweisaufnahme fest, dass der Kläger über den Heckschaden nicht informiert worden ist.

Die in der Beweisaufnahme verlesene Urkunde hat vollen Beweis zugunsten des Klägers erbracht. Die Urkunde entfaltet gem. § 416 ZPO formelle Beweiskraft, weil sie äußerlich unversehrt, vollständig und ihre Echtheit nicht bestritten ist. Ihr Inhalt ist auch positiv ergiebig. In der Urkunde heißt es u.a., dass der Pkw bis auf einen Frontschaden keine weiteren Vorschäden gehabt habe.

Der Urkunde kommt auch materielle Beweiskraft zu. Das Gericht ist im Rahmen der ihm zustehenden freien Überzeugungsbildung gem. § 286 I 1 ZPO sicher, dass die Parteien das, was in der Urkunde niedergeschrieben worden ist, tatsächlich so vereinbart haben.

Demgegenüber sieht das Gericht die streitige Behauptung des Beklagten nicht als bewiesen an. Gem. § 286 I 1 ZPO ist nach dem Grundsatz der freien Beweiswürdigung ein Beweis erbracht, wenn das Gericht unter Berücksichtigung des gesamten Ergebnisses der Beweisaufnahme und der sonstigen Wahrnehmungen in der mündlichen Verhandlung von der Richtigkeit einer Tatsachenbehauptung überzeugt ist. Die danach erforderliche Überzeugung des Richters gebietet keine absolute oder unumstößliche Gewissheit und auch keine »an Sicherheit grenzende Wahrscheinlichkeit«, es reicht vielmehr ein für das praktische Leben brauchbarer Grad an Gewissheit aus, der Zweifeln Schweigen gebietet. Dies ist indes nicht der Fall.

Der Zeuge hat zwar bekundet, dass er den Kläger vor Unterzeichnung des Vertrages auf den Heckschaden hingewiesen habe. Dies führt aber nicht dazu, dass die Vermutung der Vollständigkeit und Richtigkeit der Vertragsurkunde, nach der der Kläger nur über den Frontschaden aufgeklärt worden ist, erschüttert worden ist. Der Sinn und Zweck schriftlicher Vereinbarungen besteht gerade darin, in Streitfällen durch die Urkunde den Nachweis von getroffenen Abreden zweifelsfrei erbringen zu können. Das bedeutet zwar nicht, dass der Beweis ergänzender Vereinbarungen überhaupt nicht möglich wäre. An die Beweisführung, dass eine Urkunde entgegen der gesetzlichen Vermutung nicht vollständig ist, sind aber deutlich höhere Anforderungen zu stellen, als der Beklagte sie hier erfüllt hat. Wäre die Vollständigkeitsvermutung mit einer schlichten Zeugenaussage, es sei mehr vereinbart worden, als die Urkunde besagt, zu entkräften, bestünde sie faktisch gar nicht. Es ist in derartigen Fällen vielmehr zur Beweisführung erforderlich, dass ein Zeuge besondere Umstände darlegt, die die Unvollständigkeit der Urkunde nachvollziehbar erscheinen lassen und die Vollständigkeitsvermutung erschüttern. Dies hat der Zeuge aber nicht getan. Wenn, wie der Zeuge bekundet hat, der Hinweis auf einen weiteren Schaden noch vor der Vertragsunterzeichnung erfolgt ist, hätte es nahe gelegen, die Urkunde entsprechend zu ergänzen.

Aufgrund des Umstands, dass dies nicht geschehen ist und dafür auch keine plausiblen Gründe vorgetragen worden sind, gebührt der Vollständigkeits- und Richtigkeitsvermutung der Urkunde der Vorrang vor der Aussage des Zeugen.«

IV. Entscheidungsgründe zum Fall »Der hilfsbereite Freund«

300 Im Folgenden stellen wir ausformulierte Entscheidungsgründe zum Beispielsfall »Der gefällige Freund« (Rn. 90) vor. Wir haben uns an der Lösungsskizze (Rn. 150) orientiert. Die Randnummern in Klammern verweisen auf unsere Ratschläge zum Abfassen der Entscheidungsgründe.

Entscheidungsgründe:

Die Klage ist zulässig, aber unbegründet.

(Rn. 308)

Das angerufene Gericht ist gem. §§ 12, 13 ZPO als Gericht des Wohnsitzes des Beklagten örtlich zuständig. Die sachliche Zuständigkeit folgt aus § 23 Nr. 1 GVG. Danach ist für Streitigkeiten mit einem Streitwert, der 5.000,– € nicht übersteigt, das Amtsgericht sachlich zuständig.

IV. Entscheidungsgründe zum Fall »Der hilfsbereite Freund«

(Rn. 243)

In der Sache hat die Klage keinen Erfolg. Der Klägerin steht der geltend gemachte Anspruch nicht zu. Er folgt weder aus vertraglichen, rechtsgeschäftlichen noch aus gesetzlichen Vorschriften.

(Rn. 248, 279)

Dabei kann dahinstehen, ob das zwischen den Parteien bestehende Rechtsverhältnis als Auftrag, Vertrag eigener Art oder als vertragsähnliches Gefälligkeitsverhältnis anzusehen sein könnte. Es fehlt der für jeden vertraglichen Anspruch erforderliche Rechtsbindungswille. Dieser liegt nur vor, wenn anhand objektiver Indizien des Einzelfalles anzunehmen ist, dass die Begründung von Primärleistungspflichten im Bewusstsein von Konsequenzen bei Leistungsstörungen gewollt war oder die Bedeutung der Angelegenheit erkennbar so groß ist, dass dem nur eine vertragliche Bindung gerecht wird. Beides ist vorliegend nicht der Fall.

(Rn. 151)

Es erscheint abwegig, anzunehmen, dass der Beklagte seine Zusage in der Annahme erteilt hat, eine bindende Verpflichtung einzugehen oder einen Anspruch darauf zu haben, den Pkw abzuholen. Ebenso fern liegend ist es, dass die Klägerin der Ansicht war, Schadensersatz verlangen zu können, wenn der Beklagte z.B. kurzfristig abgesagt hätte. Die Vereinbarung der Parteien bewegte sich vielmehr im Bereich von sozialen Gefälligkeiten unter Bekannten wie das Anbieten von Hilfe bei einem Umzug oder bei einer Wohnungsrenovierung, bei denen keine vertraglichen Verpflichtungen begründet werden.

Auch die Bedeutung der Angelegenheit legt die Annahme eines Rechtsbindungswillens nicht nahe. Für die Beurteilung der Bedeutung der Angelegenheit sind deren Wert sowie rechtliche oder tatsächliche Konsequenzen ihrer Erledigung heranzuziehen. Der Wert der Gefälligkeit entspricht nur dem Betrag, den die Klägerin dadurch erspart hat, dass sie ihren Pkw nicht selbst abgeholt hat, also den Kosten einer Taxifahrt von Lübeck zum Standort des Pkw. Der Wert des Pkw ist dabei ohne Bedeutung. Dass die Überführung für die Klägerin eine über eine Gefälligkeit hinausgehende Bedeutung mit erheblichen Konsequenzen hatte, ist weder erkennbar, noch vorgetragen.

Aus den vorstehenden Überlegungen folgt, dass der Klägerin auch keine Ansprüche aus § 311 I, II BGB zustehen.

(Rn. 245)

Normen aus dem StVG kommen als Anspruchsgrundlagen nicht in Betracht, da diese Vorschriften nur Ansprüche zwischen Verkehrsteilnehmern untereinander regeln.

Ein Anspruch aus §§ 989, 990 I 1 BGB scheitert daran, dass er grds. nur auf den unberechtigten Besitzer anwendbar ist. Vorliegend hatte der Beklagte den Pkw der Klägerin aber mit deren Einvernehmen in Besitz. Daran ändert auch der eigenmächtige Abstecher des Beklagten nichts. Das Besitzrecht bleibt bei relativ geringfügigen Überschreitungen der Befugnisse des Besitzers bestehen.

(Rn. 151)

Der Beklagte haftet auch nicht aus § 823 I BGB. Nach dieser Vorschrift ist u.a. derjenige zum Ersatz des Schadens verpflichtet, der das Eigentum eines anderen widerrechtlich und schuldhaft verletzt. Eine Haftung des Beklagten scheitert daran, dass ihm nicht das hierfür erforderliche Verschulden zur Last gelegt werden kann. Er hat nur dann für den Schaden einzustehen, wenn ihn ein größeres Verschulden trifft als einfache Fahrlässigkeit. Dies ist jedoch nicht der Fall.

Die Gegebenheiten des vorliegenden Falles zwingen zur Annahme einer sog. stillschweigenden Haftungsbeschränkung auf Vorsatz und grobe Fahrlässigkeit. Diese Fiktion greift ein, wenn rechtliche Beziehungen zwischen Parteien lückenhaft geregelt sind, und die Anwendung der gesetzlichen Bestimmungen zu Ergebnissen führt, die die Parteien unter Berücksichtigung ihrer jeweiligen Interessen im Lichte von Treu und Glauben nicht gewollt hätten, und die sie deshalb, sofern sie sie vorher bedacht hätten, abweichend geregelt hätten. Dies hätte hier dazu geführt, dass die Parteien sich über die Haftungsfrage auseinandergesetzt hätten mit dem Ergebnis, dass die Klägerin sich billigerweise darauf eingelassen hätte, dass dem Beklagten nicht bereits leichte Fahrlässigkeit zum Verhängnis wird.

D. Abfassen der Entscheidungsgründe

Dieses Ergebnis beruht auf folgenden Erwägungen:

Es war die Klägerin, die durch ihre Bitte Anlass dazu gab, dass der Beklagte ihr einen Gefallen erwies. Der Beklagte hat ohne jeden Eigennutz und ohne jedes eigene Interesse der Klägerin unentgeltlich eine Gefälligkeit erwiesen, die mit erheblichen Risiken verbunden war. Im Straßenverkehr führt häufig bereits eine geringe Unaufmerksamkeit zu hohen Schäden, die vorliegend nicht versichert sind. Hätten die Parteien dies bei ihrem Vereinbarungen bedacht, hätte der Beklagte entweder seine Dienste nicht angeboten oder er hätte eine Haftungsbeschränkung gefordert, auf die sich die Klägerin billigerweise auch eingelassen hätte. Der Umstand, dass die Klägerin die Dienste des Beklagten bereitwillig entgegengenommen hat, macht sie hinsichtlich der Schäden, die auf einfacher Fahrlässigkeit beruhen, weniger schutzwürdig als den ausschließlich in ihrem Interesse handelnden Beklagten. Dies führt dazu, dass sich die Parteien so behandeln müssen, als hätten sie eine Haftungsbeschränkung ausdrücklich vereinbart.

Dem steht auch nicht entgegen, dass bei sog. »Gefälligkeitsfahrten« kein Raum für Haftungsbeschränkungen im Wege ergänzender Vertragsauslegung ist. Diese Rspr. betrifft die Haftung von Fahrern gegenüber unentgeltlich mitgenommenen Beifahrern, also Fälle, in dem die Annahme einer Haftungsbegrenzung letztlich nur der Haftpflichtversicherung zugute käme, die dann mangels Haftung ihres Versicherungsnehmers nach § 3 Nr. 8 PflVersG auch nicht einstandspflichtig wäre. Hier geht es aber um eine Gefälligkeit anderer Art, bei der diese Überlegungen keine Rolle spielen.

Auch die grundsätzlich zutreffende Ansicht, im Straßenverkehr sei kein Raum für Haftungsbegrenzungen, führt vorliegend zu keinem anderen Ergebnis, da es sich hier nicht um die Einhaltung von Sorgfaltspflichten gegenüber anderer Verkehrsteilnehmern handelt, sondern um die Haftung gegenüber einem nicht am Straßenverkehr beteiligten Dritten.

An diesem Ergebnis ändert auch die Tatsache nichts, dass der Beklagten einen Abstecher zu dem an der Straße gelegenen Ponyhof ohne vorherige Absprache mit der Klägerin durchgeführt hat. Ausgehend von der auf Billigkeitserwägungen beruhenden Fiktion einer stillschweigenden Haftungsbeschränkung konnte der Beklagte davon ausgehen, dass im Falle einer Erörterung der haftungsrechtlichen Folgen des Abstechers die Klägerin damit einverstanden gewesen wäre, dass er geringfügig von der Fahrstrecke abweicht, um eine persönliche Besorgung zu erledigen. Angesichts der Vielzahl der Vorfahrtssituationen und anderer Gefahrenquellen auf der notwendigen Fahrstrecke stellt der Abstecher auf den unmittelbar an der ohnehin zu befahrenden Strecke gelegenen Ponyhof eine derartig unbedeutende Erhöhung des Risikos dar, dass dies nicht ins Gewicht fällt. Es ist lebensfremd anzunehmen, dass sich die Klägerin, wenn sie mit dem Beklagten über diesen Punkt gesprochen hätte, auf den Standpunkt gestellt hätte, dass die Haftungsbeschränkung nur für die unbedingt erforderliche Fahrstrecke nach Lübeck gelten solle, nicht aber für diese kleine Abweichung. Wäre dies das Ergebnis einer Besprechung gewesen, hätte der Beklagte seine Bereitschaft, den Wagen zu überführen, sicherlich nicht aufrechterhalten.

Dem Beklagten ist nicht der Vorwurf zu machen, den Unfall grob fahrlässig herbeigeführt zu haben. Grob fahrlässig handelt derjenige, der die im Verkehr erforderliche Sorgfalt in besonders schwerem Maße außer Acht lässt.

Die Beweisaufnahme hat den für die Annahme von grober Fahrlässigkeit ausreichenden Vortrag der Klägerin, der Beklagte sei in rasanter Fahrt über den Radweg gefahren, nicht bestätigt. Die Beweisaufnahme war unergiebig.

V. Exkurs: Zitate

(Rn. 281 ff.)

Die Zeugin hat keine konkreten Angaben zum Unfallhergang gemacht. Ihre Bekundung, alles sei sehr schnell gegangen, sie habe den Pkw der Klägerin plötzlich wahrgenommen und nicht mehr reagieren können, ist angesichts der weiteren Aussage, es könne auch sein, dass sie vor dem Zusammenprall woanders hingeschaut habe, nicht ergiebig. Jedenfalls kann daraus nicht darauf geschlossen werden, dass der Beklagte den Radweg in rasanter Fahrt überquert hat. Es kann ebenso gut sein, dass der Pkw, wie der Beklagte behauptet, bereits einige Zeit auf dem Radweg stand, bevor es zu dem Unfall kam. In diesem Fall hätte der Beklagte zwar gegen die sich aus § 15 StVO ergebenden Sicherungspflichten des Fahrers eines liegen gebliebenen Pkw verstoßen, weil er nach seiner Darstellung auf die Armaturen geschaut hat, anstatt die Warnblinkanlage einzuschalten, den Verkehr zu beobachten und beim Herannahen der Zeugin die Hupe zu betätigen. Dieses Verhalten ist aber nicht grob fahrlässig, weil es keine besonders schwere Pflichtverletzung darstellt.

(Rn. 123)

Auch die hier anzuwendenden Grundsätze des Anscheinsbeweises führen zu keinem anderen Ergebnis. Diese Beweisvermutung kommt nach gefestigter Rechtsprechung demjenigen zugute, für dessen Behauptungen auf der Grundlage der unstreitigen und festgestellten Einzelumstände nach der Lebenserfahrung ein typischer Geschehensablauf spricht. Dies ist hier der Fall, weil nach der Lebenserfahrung der nicht vorfahrtsberechtigte Verkehrsteilnehmer bei einem im Übrigen streitigen Unfallhergang mit einem Vorfahrtberechtigten den Unfall durch Missachtung der Vorfahrt schuldhaft verursacht hat. Dies rechtfertigt es zwar, auch ohne definitiven Beweis von einer schuldhaften Unfallverursachung des Beklagten auszugehen. Das reicht aber für einen Ersatzanspruch der Klägerin nicht aus, da im Wege des Anscheinsbeweises grundsätzlich nur auf das Vorliegen einfacher, nicht aber grober Fahrlässigkeit geschlossen werden kann.

(Rn. 212)

Die prozessualen Nebenentscheidungen folgen aus § 91 I 1 ZPO, §§ 708 Nr. 11, 711 ZPO.

(Rn. 516 f.)

Unterschrift des erkennenden Richters

V. Exkurs: Zitate

301 Unserer Ansicht nach sollten Sie weitestgehend auf Zitate verzichten. In einer wirklich guten Klausur sind sie überflüssig. Zitate sollen in der Regel nur eine wissenschaftliche Vorgehensweise vortäuschen oder die Vertretbarkeit eines selbst den Verfasser überraschenden Ergebnisses belegen. Sie sind oft untauglicher Ersatz für fehlende eigene Argumentationen (Rn. 151). Zudem sind Zitate, sofern Sie für Selbstverständlichkeiten bemüht werden, sogar schädlich. Es macht nämlich keinen guten Eindruck, wenn der Bearbeiter meint, die »gewagte« Feststellung, dass Verträge durch übereinstimmende Willenserklärungen zustande kommen, durch eine höchstrichterliche Entscheidung belegen zu müssen. Ein Zitat für diese Banalität deutet nur darauf hin, dass der Bearbeiter sich seiner Sache nicht sicher war.

Sie sollten Zitate auf diejenigen Teile Ihrer Begründungen beschränken, die problematisch sind und bei denen Sie die Lösung auch erst im Kommentar gefunden haben und selbst verblüfft waren.

302 Achten Sie darauf, dass Sie »ehrlich« und vollständig zitieren. Mit ehrlich ist gemeint, dass Sie die Fundstelle Ihres Zitats in dem Kommentar angeben, der Ihnen im Examen zur Verfügung steht. Vollständig bedeutet, dass Sie Kommentator, Bearbeiter und Auflage angeben. Wenn Sie eine BGH-Entscheidung zitieren, muss es also lauten:

(so BGH NJW 2004, 315 ff., zitiert bei Palandt/Bearbeiter, BGB, 63. Aufl., § 985, Rn. 3) oder
(so die st. Rspr., vgl. Thomas/Putzo/Bearbeiter, ZPO, 26. Aufl., § 286, Rn. 19)

E. Formulierungsvorschläge und Erläuterungen zu den relevantesten prozessualen Problemstellungen

I. Grundsätzliches

Unser besonderes Anliegen ist es, Ihnen durch die Vermittlung der klausurrelevanten Teile der ZPO dabei zu helfen, die in den Zivilrechtsklausuren anzusprechenden prozessualen Aspekte ohne Zeitverlust zu erkennen und schnell und zutreffend formulieren zu können. Diesen Teil der Klausur können Sie bis zum Examen perfekt einüben. Die im Folgenden dargestellten prozessualen Aspekte tauchen unabhängig vom materiellen Gehalt der Klausur immer wieder in gleicher Weise auf. Klageänderung ist Klageänderung, ob es nun um Kauf- oder Erbrecht geht.

In den meisten Klausuren sind im Rahmen der Zulässigkeit prozessuale Konstellationen zu finden, durch deren zutreffende Darlegung Punkte zu holen sind. Diese Punkte werden aber erfahrungsgemäß nur dann voll zuerkannt, wenn die materielle Lösung zumindest einigermaßen in Ordnung ist. Aber auch bei einer »schiefen« oder falschen Lösung wird der gute Eindruck, den eine perfekte Darlegung der prozessualer Aspekte hinterlässt, zu einer besseren Note führen als bei einer vergleichbaren Klausur, bei der diese Erörterungen fehlen oder unzutreffend sind.

Ausgangspunkt der Formulierungsvorschläge und damit Arbeitshypothese ist unsere Erfahrung, dass es in den Klausuren im Assessorexamen grundsätzlich keine gänzlich unzulässigen Klagen gibt. Es kommt sicherlich vor, dass einzelne von mehreren Anträgen unzulässig sein können, ebenso mag es einer Widerklage an der erforderlichen Konnexität fehlen, von einer insgesamt unzulässigen Klage haben wir aber noch nie gehört. Deshalb sind bei der Auswahl der Fallgestaltungen und Formulierungsvorschläge alle Fälle unberücksichtigt geblieben, deren Ergebnis die Unzulässigkeit der Klage wäre oder andere für eine Examensarbeit höchst unwahrscheinliche Entscheidungen wie z.B. Beweisbeschlüsse, Verweisungsbeschlüsse oder eine Anordnung der Trennung des Verfahrens.

Auf dieser Annahme basieren die folgenden Grundregeln:

1. **Die Klage ist grundsätzlich zulässig!**
2. **Nur Widerklagen und einzelne Anträge bei Klagenhäufungen können unzulässig sein!**
3. **Wenn Sie ein Zulässigkeitsproblem erkennen und wissen, was Sie schreiben sollen, tun Sie es, andernfalls bejahen Sie die Zulässigkeit ohne weitere Ausführungen!**
4. **Sie sollten keine Selbstverständlichkeiten ausbreiten!**
5. **Lassen Sie bei Zeitnot Ausführungen zur Zulässigkeit ganz weg, bevor Sie Unfug schreiben!**

Nichts ist verräterischer, als bei prozessualen Fragen, die für den Korrektor als Praktiker in der Regel keine Probleme darstellen, Anfängerfehler zu machen, die – da sie gleich am Anfang der Entscheidungsgründe stehen – einen Schatten auf Ihr restliches Werk werfen! Sie müssen sich das etwa so vorstellen: Ein bekannter Fußballer antwortete dereinst auf die Frage, zu welchem Verein er lieber wechseln möchte: »Egal ob Mailand oder Madrid, Hauptsache Italien.« Das ist so schnell nicht wieder gut zu machen.

Die Antwort auf die Frage, was in der Zulässigkeit gebracht werden müsse, ist ebenso richtig wie für Anfänger unbrauchbar. Sie lautet: Sie müssen alle Zulässigkeitsfragen erörtern, die von den Parteien angesprochen worden sind, sowie alle vom »Normalfall« abweichenden Besonderheiten.

Der erste Teil dürfte verständlich sein, aber woher soll ein in der Praxis unerfahrener Referendar wissen, was eine »vom Normalfall abweichende Besonderheit« ist? Was ist denn der Normalfall, und was ist in der ZPO für Referendare überhaupt »normal«?

E. Formulierungsvorschläge und Erläuterungen zu den relevantesten prozessualen Problemstellungen

Als Reaktion auf die daraus resultierende Unsicherheit ist häufig der »Vollständigkeitswahn« oder die »Lottomentalität« zu beobachten. Entweder spricht der Verfasser ohne erkennbaren Grund alle ihm bekannten Zulässigkeitsvoraussetzungen an, beginnend mit »Bestehen der Deutschen Gerichtsbarkeit« bis hin zum »Fehlen einer Schiedsvereinbarung«, oder er greift sich – wie beim Lotto – willkürlich einige Aspekte heraus. Beides signalisiert nichts als Hilflosigkeit, die Zeit und Punkte kostet. Für den Prüfer steht damit nämlich prima facie fest, dass der Verfasser nicht praxistauglich ist!

307 Zudem gilt für die Zulässigkeit wie auch für die Begründetheit der Satz von Goethe, seines Zeichens u.a. auch Jurist: »Getretener Quark wird breit, nicht stark«. Das besagt, dass derjenige, der Offensichtliches, Nebensächliches oder Überflüssiges ausbreitet, zeigt, dass ihm der Blick für das Wesentliche fehlt.

Da es, so unsere Arbeitshypothese, im Examen von Ausnahmen bei Klagenhäufungen und Widerklagen abgesehen, bei der Zulässigkeit nur Scheinprobleme gibt, ist es wichtig, durch knappe, treffende Begründungen das Wichtigste anzusprechen und so zu zeigen, dass man das Prozessrecht beherrscht. Wer sich in der Zulässigkeit zu sehr ausbreitet, setzt mit Sicherheit die falschen Schwerpunkte, weil die zu erörternden Probleme in Wirklichkeit keine sind. Die Prüfer wollen nur wissen, ob Sie mit Begriffen wie Streitgenossenschaft oder gewillkürte Prozessstandschaft etwas anfangen können. Durch die Prägnanz Ihrer Formulierungen verdeutlichen Sie, dass Sie das prozessuale Phänomen in seiner gesamten Bedeutung erfasst haben und in der Lage sind, auf der Grundlage dieses Wissens nur das zu schreiben, was die Ihnen vorliegende Fallgestaltung erfordert und was wirklich wichtig ist.

In den Lehrbuchstil zu verfallen und alles zu schreiben, was man zu dem betreffenden Aspekt weiß, ist ein Verstoß gegen § 313 III ZPO. Es kostet Zeit und erbost den Prüfer. Also lassen Sie so etwas!

Merke: Ihre Kenntnis vom Prozessrecht können Sie im Übrigen auch dadurch zeigen dass Sie zur Zulässigkeit kein Wort verlieren, wenn nichts Wesentliches zu sagen ist!

Sätze wie »An der Zulässigkeit der Klage bestehen keine Zweifel.« oder »Bedenken hinsichtlich § 253 ZPO bestehen nicht.« sind mehr als überflüssig. Ausführungen zur Zulässigkeit, zu denen das Vorbringen der Parteien oder die Fallgestaltung keinen Anlass gegeben hat, können sogar Punkte kosten, und sei es unbewusst durch die Einschätzung des Prüfers, dem Verfasser fehle der Durchblick. Es ist Geschmackssache, ob Sie in dem Fall, in dem Kläger und Beklagte in Lübeck wohnen und das Amtsgericht Lübeck über einen Kaufpreisanspruch von 1.000,– € entscheidet, auf das Vorliegen der örtlichen und sachlichen Zuständigkeit des angerufenen Gerichts hinweisen. Es reicht jedenfalls ein kurzer Satz unter Hinweis auf §§ 12, 13 ZPO und § 23 Nr. 1 GVG. Mehr als ein Satz darf es jedoch auf keinen Fall sein (vgl. Rn. 300).

308 Zur Vertiefung die folgende Wiederholung:

Sie sollten den Einleitungssatz der Entscheidungsgründe davon abhängig machen, ob Sie Ausführungen zur Zulässigkeit machen oder nicht. Wie Sie wissen, beginnen die Entscheidungsgründe mit dem Voranstellen des Gesamtergebnisses (Rn. 232 ff.). Dieser Satz muss Ihren Tenor voll stützen und das Ergebnis zusammengefasst wiedergeben. Zu den differenzierteren Formulierungsvorschlägen bei Teilerfolgen s. Rn. 251 ff. Was die Zulässigkeit anbelangt, haben Sie die Wahl zwischen den beiden üblichen Einleitungen:

- **Die Klage ist zulässig**... (und begründet / aber nicht begründet / aber nur teilweise begründet usw.)
- **Die zulässige Klage ist**... (begründet / unbegründet / nur teilweise begründet usw.)

Es gibt einen kleinen, aber feinen Unterschied zwischen den beiden Formulierungen:

»Die Klage ist zulässig und ...« signalisiert, dass Sie zu den beiden angesprochenen Aspekten »Zulässigkeit« und »Begründetheit« etwas zu sagen haben. Deshalb sollten Sie diese Einleitung nur dann wählen, wenn Sie auch tatsächlich Ausführungen zur Zulässigkeit machen.

I. Grundsätzliches

Andernfalls wählen Sie die Formulierung *»Die zulässige Klage ist...«* Dadurch machen Sie bereits deutlich, dass die Zulässigkeit Ihrer Ansicht nach völlig unproblematisch ist und von Ihnen nicht weiter angesprochen wird.

Noch zwei Sätze zum Aufbau. Grundsätzlich gilt, dass Sie in den Entscheidungsgründen zunächst mit der Erörterung der Zulässigkeit beginnen und erst danach Ausführungen zur Begründetheit machen. Dies gilt aber nicht für Fälle mit Widerklagen oder Hilfsanträgen. **309**

Zulässigkeitserörterungen, die eine Widerklage betreffen, sollten Sie nicht gleich am Anfang der Entscheidungsgründe, sondern erst vor den Ausführungen zur Begründetheit der Widerklage machen. Siehe dazu auch Rn. 269 f.

Wenn Sie einen Hauptantrag abweisen und über den Hilfsantrag entscheiden, sollten Sie zunächst den Hauptantrag abhandeln und die Zulässigkeit des Hilfsantrages und der eventuellen Klagenhäufung den Ausführungen zu dessen Begründetheit voranstellen.

Wenn Sie aber dem Hauptantrag stattgeben und folglich nicht zur Entscheidung über den Hilfsantrag kommen, sollten Sie die Zulässigkeit des Hilfsantrages gar nicht erörtern, weil die Entscheidung in diesem Fall nicht darauf beruht, § 313 III ZPO.

Nur wenn Ihnen bei der Klausur sonst herzlich wenig einfällt, können Sie zumindest mit überflüssigen, aber zutreffenden Ausführungen zur Zulässigkeit des Hilfsantrages zeigen, dass Sie etwas wissen, auch wenn es nicht zur Lösung des Falles beiträgt. Diese sollten Sie dann ans Ende der übrigen Zulässigkeitserörterungen vor die Ausführungen zur Begründetheit der Klage stellen.

Die Formulierungsvorschläge beginnen immer nur mit dem ersten Teil des Einleitungssatzes *»Die Klage ist zulässig...«*. Sie müssen ihn in Ihren Klausuren je nach Ergebnis vervollständigen (*und begründet / aber nicht begründet* usw.). Auch der erste Satz der Entscheidungsgründe muss den Hauptsacheausspruch des Tenors in vollem Umfang stützen. **310**

Die folgende Aufstellung soll Ihnen dabei helfen, die Besonderheiten der Zulässigkeit, bei deren Vorliegen von Ihnen im Examen eine Stellungnahme erwartet wird, auf den ersten Blick zu erkennen. In der folgenden Übersicht finden Sie in der linken Spalte eine Zusammenstellung der Zulässigkeitsvoraussetzungen einer Klage. Die rechte Spalte zeigt die entsprechenden prozessualen Probleme, die in einer Examensklausur auftauchen können und zu denen Sie sich äußern sollten. Nummerierung und Reihenfolge entsprechen den ab Rn. 315 vorgeschlagenen Formulierungen. **311**

Die Aufstellung ist mehr als nur ein Inhaltsverzeichnis. Sie sollten sich die prozessualen Problemstellungen einprägen, um sie im Examen auf den ersten Blick wieder zu erkennen. Nur so können Sie sicherstellen, dass Sie keinen Aspekt übersehen.

Die Vorschläge zu den Formulierungen sollen Anregungen und Beispiele sein, durch deren wiederholtes Lesen Sie mit den klassischen prozessualen Problemstellungen und dem »Urteilsstil« vertraut gemacht werden. Sie sollen Ihnen helfen, schneller und präziser formulieren zu lernen. Bei der Anwalts- und Vollstreckungsrechtsklausur sind die hier vermittelten Basiskenntnisse unerlässliche Voraussetzung für das Gelingen.

Die kursiv gedruckten Passagen sind die »Bausteine« für Ihre Klausuren. Unvollständige Sätze, die mit ... enden, müssen Sie dem Sachverhalt Ihrer Vorlage entsprechend ergänzen.

E. Formulierungsvorschläge und Erläuterungen zu den relevantesten prozessualen Problemstellungen

II. Übersicht

312 Prozessvoraussetzungen
Ordnungsgemäße Klageerhebung

Examensrelevante Problemstellungen

1. Ordnungsgemäße Klageerhebung
   a) Zustellungsmängel — Rn. 313
   b) Irrtümlich falsche Parteibezeichnung — Rn. 314
   c) Der Inhaber wird unter seiner Firma verklagt — Rn. 315
   d) Unbezifferte Klageanträge — Rn. 317
   e) Ursprüngliche objektive kumulative Klagenhäufung — Rn. 319
   f) Ursprüngliche echte eventuelle Klagenhäufung — Rn. 322
   g) Ursprüngliche unechte eventuelle Klagenhäufung — Rn. 323
   h) Hilfsbegründungen — Rn. 324
   i) Alternative Häufung des Klagegrundes — Rn. 325
   j) Teilklagen — Rn. 326

Sachurteilsvoraussetzungen
Allgemeine/Persönliche
Parteifähigkeit

2. Parteifähigkeit — Rn. 327
   a) Gesellschaft bürgerlichen Rechts — Rn. 328
   b) Vor-GmbH — Rn. 329
   c) Existenzfiktion — Rn. 330

Prozessfähigkeit
Prozessführungsbefugnis

3. Prozessführungsbefugnis
   a) Streitgenossenschaft — Rn. 334
      aa) Ein Kläger / ein Beklagter — Rn. 340
      bb) Ein Kläger / zwei Beklagte — Rn. 344
   b) Prozessführungsbefugnis von Amts wegen — Rn. 349
   c) Gesetzliche Prozessstandschaft gem. § 265 ZPO — Rn. 350
   d) Gewillkürte Prozessstandschaft — Rn. 353

Sachliche
Örtliche Zuständigkeit

4. Örtliche Zuständigkeit — Rn. 357
   a) Normalfall — Rn. 358
   b) Fortdauer der Zuständigkeit (sog. perpetuatio fori) gem. § 261 III Nr. 2 ZPO — Rn. 359
   c) Gerichtsstand des Erfüllungsortes — Rn. 360
   d) Gerichtsstand der unerlaubten Handlung gem. § 32 ZPO — Rn. 361
   e) Gerichtsstandsvereinbarung gem. § 38 ff. ZPO — Rn. 362
   f) Rügeloses Verhandeln gem. § 39 ZPO — Rn. 366
   g) Bindende Verweisung gem. § 281 II 4 ZPO — Rn. 367

Sachliche Zuständigkeit

5. Sachliche Zuständigkeit
   a) Rügeloses Verhandeln gem. § 39 ZPO — Rn. 368
   b) Ursprüngliche objektive kumulative Klagenhäufung gem. § 260 ZPO — Rn. 369
   c) Haupt- und Hilfsanträge — Rn. 372
   d) Mischmietverhältnisse — Rn. 374
   e) Fortdauer der Zuständigkeit (sog. perpetuatio fori) gem. § 261 III Nr. 2 ZPO — Rn. 375

Funktionelle Zuständigkeit

6. Funktionelle Zuständigkeit gem. §§ 94 ff. GVG — Rn. 379

II. Übersicht

Klagbarkeit
Keine entgegenstehende Rechtskraft

7. Keine entgegenstehende Rechtskraft gem. § 322 ZPO
   a) Rechtskräftiges Zug um Zug-Urteil im Vorprozess — Rn. 383
   b) Rechtskräftiges Urteil nach §§ 767, 771 ZPO im Vorprozess — Rn. 384
   c) Exkurs: Rechtsstreit gegen einen früheren Streitverkündeten (sog. Folgeprozess) — Rn. 386
   d) Vorangegangenes Prozessurteil — Rn. 386
   e) Aufrechnung in einem früheren Rechtsstreit gem. § 322 II ZPO — Rn. 387
   f) Klage aus § 826 BGB gegen ein rechtskräftiges Urteil — Rn. 393
   g) Vergleich im Vorprozess — Rn. 394
   h) Verdeckte Teilklagen — Rn. 395

Keine anderweitige Rechtshängigkeit

8. Keine anderweitige Rechtshängigkeit
   a) Anpassung eines Vergleichs — Rn. 396
   b) Vorherige hilfsweise Aufrechnung — Rn. 397

Keine Schiedsvereinbarung
Fehlende Ausländersicherheit
Fehlende Kostenerstattung

9. Verspätete Rüge von Prozesshindernissen — Rn. 398

Allgemeines Rechtsschutzbedürfnis

10. Allgemeines Rechtsschutzbedürfnis — Rn. 399
    a) Widerklage auf Unterlassung ehrverletzender Äußerungen — Rn. 400
    b) Klage auf Abgabe einer Willenserklärung trotz eines vollstreckbaren Vergleichs — Rn. 401
    c) Klage auf »unmögliche« Leistung — Rn. 402
    d) Klage auf Rücknahme der Kaufsache nach erfolgtem Rücktritt — Rn. 403

Besondere
Klageänderung

11. Klageänderung — Rn. 404
    a) Klageauswechslung — Rn. 405
    b) Parteiänderung — Rn. 410
    c) Nachträgliche objektive Klagenhäufung — Rn. 418
    d) Anwendungsbereich von § 264 Nr. 2 ZPO — Rn. 419
        aa) Klageerweiterungen — Rn. 419
        bb) Klagebeschränkungen — Rn. 420
    e) Anwendungsbereich von § 264 Nr. 3 ZPO — Rn. 424
    f) Rügelose Einlassung gem. § 267 ZPO — Rn. 428
    g) Sachdienlichkeit gem. § 263, 2. Alt. ZPO — Rn. 429
    h) Vollständige einseitige Erledigungserklärung — Rn. 430
    i) Einseitige Teilerledigungserklärung — Rn. 438
    j) Übereinstimmende Teilerledigung der Hauptsache — Rn. 439
    k) Exkurs: Die vollständige übereinstimmende Erledigung des Rechtsstreits — Rn. 440
    l) Exkurs: Die Kostenentscheidung nach § 269 III 3 ZPO — Rn. 446

Feststellungsklage

12. Feststellungsklage gem. § 256 ZPO — Rn. 447
    a) Feststellungsinteresse begründeter Klagen — Rn. 448
    b) Feststellungsinteresse unbegründeter Klagen — Rn. 449
    c) Subsidiarität — Rn. 450

Klage auf zukünftige Leistung

13. Besorgnis der Nichterfüllung bei Klagen auf künftige Leistung gem. § 259 ZPO — Rn. 451

E. Formulierungsvorschläge und Erläuterungen zu den relevantesten prozessualen Problemstellungen

Abänderungsklage	14. Abänderungsklage gem. § 323 ZPO	Rn. 452
Widerklage	15. Widerklage	Rn. 453
	a) Begründung der örtlichen Zuständigkeit gem. § 33 ZPO	Rn. 454
	b) Begründung der sachlichen Zuständigkeit	Rn. 455
	c) Fehlende Konnexität	Rn. 457
	d) Drittwiderklage	Rn. 458
	e) Zwischenfeststellungswiderklage gem. § 256 II ZPO	Rn. 459
	f) Hilfswiderklage	Rn. 460
	g) Die petitorische Widerklage	Rn. 462
Verfahren nach Vollstreckungsbescheid nach Versäumnisurteil	16. Verfahren nach Einspruch	
	a) gegen einen Vollstreckungsbescheid	Rn. 463
	b) gegen ein Versäumnisurteil	
	aa) Rechtzeitiger Einspruch	Rn. 464
	bb) Verspäteter Einspruch mit Wiedereinsetzung in den vorigen Stand	Rn. 465
	17. Das unechte Versäumnisurteil	Rn. 466
	a) Das unechte Versäumnisurteil im Einzelnen	Rn. 466
	b) Die Kombination von echtem und unechtem Teilversäumnisurteil	Rn. 466
	c) Die Kombination von echtem und unechtem Versäumnisurteil bei einer Widerklage	Rn. 466
	18. Exkurs: Die Fristen in der ZPO	Rn. 467

III. Die Formulierungsvorschläge im Einzelnen

1. Ordnungsgemäße Klageerhebung

a) Zustellungsmängel

Lesen Sie sich zunächst die §§ 166 ff. ZPO einmal durch, zumindest die Überschriften. Besonders wichtig ist § 189 ZPO. Danach werden Mängel der Zustellung dadurch geheilt, dass das Schriftstück der Person, an die die Zustellung hätte erfolgen müssen oder können, tatsächlich zugegangen ist. 313

Aus examenstaktischen Erwägungen werden Zustellungsprobleme nur Scheinprobleme sein. Standardfall ist die Zustellung der Klage an einen »Falschen«, der die Klage dann aber an den »Richtigen« weiterleitet. Der Prozessbevollmächtigte der »richtigen« Partei ist gem. § 172 ZPO auch Zustellungsbevollmächtigter.

Die Ausführungen dazu müssen Sie vor den übrigen Zulässigkeitserwägungen machen, weil eine misslungene Zustellung die Zulässigkeit der Klage grds. nicht berührt.

> **Fall:** Der Prozessbevollmächtigte des Beklagten rügt, dass die Klage nicht seinem Mandanten zugestellt worden ist, sondern versehentlich dessen gleichnamigem Vater. Dieser hatte die Klage dann an seinen Sohn weitergeleitet, weil er sich schon gedacht hatte, dass dieser gemeint sei.

Formulierungsvorschlag:

»Die Klage ist zulässig und... Die Rüge des Beklagten, einer Durchführung des Termins stehe ein Zustellungsmangel entgegen, geht fehl. Der in der versehentlichen Zustellung an den namensgleichen Vater des Beklagten liegende Mangel ist gem. § 189 ZPO dadurch geheilt worden, dass die Klage dem Beklagten tatsächlich zugegangen ist, als er sie von seinem Vater ausgehändigt bekommen hat.«

b) Irrtümlich falsche Parteibezeichnung

> **Fall:** Die Klage richtet sich nach der Klageschrift gegen die X-OHG, die aber eine KG ist. 314

Erörtern: § 253 I ZPO i.V.m. §§ 133, 157 BGB analog (Auslegung) vor den Zulässigkeitserwägungen.
Dann ist die Zulässigkeit der richtig ausgelegten Klage darzustellen.

Beachte: Im Rubrum ist die KG als Partei aufzuführen.

Formulierungsvorschlag:

»Die Klage ist dahingehend auszulegen, dass sie sich gegen die X-KG richtet. Es gilt auch im Prozessrecht der in §§ 133, 157 BGB normierte materiell-rechtliche Grundsatz entsprechend, dass bei irrigen Falschbezeichnungen das wirklich Gewollte maßgebend ist. Nach st. Rspr. ist bei unrichtiger äußerer Parteibezeichnung grds. derjenige als Partei anzusehen, der erkennbar als Partei betroffen sein soll. Das ist hier die KG. Dies folgt daraus, dass....«

Die Klage ist in dieser Form auch zulässig und....

c) Der Inhaber wird unter seiner Firma verklagt

Vorüberlegungen: 315

Nach § 17 II HGB kann der Inhaber einer Firma unter seiner Firma verklagt werden, Partei ist aber der Inhaber selbst. Es muss sich um einen Anspruch handeln, der ein Handelsgeschäft i.S.d. §§ 343 ff. HGB darstellt. Ein Inhaberwechsel nach Rechtshängigkeit hat dann keinen Einfluss auf den Rechtsstreit.

E. Formulierungsvorschläge und Erläuterungen zu den relevantesten prozessualen Problemstellungen

Fall: Die Klage, die ein Handelsgeschäft der Beklagten betrifft, richtet sich gegen die Einzelfirma ABC, bei der nach Klagezustellung ein Inhaberwechsel stattgefunden hat.

Erörtern: Ordnungsgemäße Klageerhebung gem. § 253 ZPO
Ein Kaufmann kann gem. § 17 II HGB unter seiner Firma verklagt werden, sofern der Rechtsstreit ein Handelsgeschäft gem. §§ 343 ff. HGB zum Gegenstand hat. Der Inhaberwechsel ist unbeachtlich.

Beachte: Das Rubrum muss nach einem Inhaberwechsel berichtigt werden. Der Kaufmann ist dann als natürliche Person aufzuführen.

Formulierungsvorschlag:

»Die Klage ist zulässig ...

Ein Kaufmann kann gem. § 17 II HGB unter seiner Firma verklagt werden, wenn Gegenstand der Klage ein Handelsgeschäft i.S.v. §§ 343 ff. HGB ist. Dies ist hier der Fall, denn ...

Der Zulässigkeit der Klage steht auch nicht entgegen, dass der Beklagte nicht mehr Inhaber der Firma ›ABC‹ ist. Wird der Inhaber nach § 17 II HGB unter seiner Firma verklagt, wird er selbst mit Rechtshängigkeit Partei. Er bleibt auch Partei, wenn danach ein Inhaberwechsel stattgefunden hat.«

d) Unbezifferte Klageanträge

316 Vorüberlegungen:

Nach § 253 II Nr. 2 ZPO muss die Klage einen bestimmten Antrag enthalten, sonst liegt schon keine ordnungsgemäße Klageerhebung vor. Im Examen sind neben einer Stufenklage, die eher im Rahmen einer Rechtsanwaltsklausur vorkommen dürfte, nur die Ausnahmen in den Fällen von gerichtlicher Schätzung gem. § 287 ZPO gem. § 253 II BGB denkbar.

317 **1. Fall:** Der Kläger begehrt vom Beklagten die Zahlung eines nicht bezifferten Betrages wegen entgangenen Gewinns unter Darlegung der ihm möglichen Ermittlungsgrundlagen.

Erörtern: Bestimmtheitsgrundsatz, §§ 253 II Nr. 2 i.V.m. 287 ZPO

Beachte: Nach § 253 II Nr. 2 ZPO muss die Klage grds. einen bestimmten Antrag enthalten, sonst liegt schon keine ordnungsgemäße Klageerhebung vor. § 287 ZPO regelt die Ausnahme.

Formulierungsvorschlag:

»Die Klage ist zulässig ...

Dem steht nicht entgegen, dass der Kläger entgegen § 253 II Nr. 2 ZPO keinen bestimmten Antrag gestellt hat. Dies ist bei Klagen auf Zahlung eines Geldbetrages, dessen Höhe gem. § 287 ZPO von einer gerichtlichen Schätzung abhängt oder ins billige Ermessen des Gerichtes gestellt ist, dann entbehrlich, wenn der Kläger die Schätzungsgrundlagen umfassend dargelegt hat.

Diesen Anforderungen hat der Kläger Genüge getan, indem er ...«

318 **2. Fall:** Der Kläger verlangt vom Beklagten Schmerzensgeld. Er legt die Verletzungen und Beeinträchtigungen ohne Angabe einer Größenordnung für das Schmerzensgeld im Einzelnen dar.

III. Die Formulierungsvorschläge im Einzelnen

Vorüberlegungen:

Bedenken Sie, dass nach der Schadensrechtsreform Schmerzensgeld auch bei der Verletzung vertraglicher Pflichten zuerkannt werden kann, ohne dass zugleich eine unerlaubte Handlung vorliegen muss. Dies ist vor allem bedeutsam wegen der unterschiedlichen Beweislast bei deliktischen und vertraglichen Ansprüchen (§ 280 I 2 BGB!).

Nach der Rspr. ist bei Schmerzensgeldklagen die Angabe der Größenordnung nicht mehr erforderlich. Die zur Bestimmung der Höhe erforderliche Darlegung der Umstände reicht aus. Das Gericht kann, wenn kein bezifferter Antrag gestellt wird, in der Höhe frei entscheiden.

Erörtern: Bestimmtheitsgrundsatz, § 253 II Nr. 2 ZPO i.V.m. § 253 II BGB, § 287 ZPO

Beachte: Nach § 253 II Nr. 2 ZPO muss die Klage grds. einen bestimmten Antrag enthalten, sonst liegt schon keine ordnungsgemäße Klageerhebung vor. § 253 II BGB ist eine Ausnahme.

Formulierungsvorschlag:

»Die Klage ist zulässig ...

Dem steht nicht entgegen, dass der Kläger, anders als in § 253 II Nr. 2 ZPO vorgeschrieben, keinen bestimmten Antrag gestellt hat. Dies ist bei Schmerzensgeldklagen gem. § 253 II BGB nach der Rspr. entbehrlich, weil das erkennende Gericht die Höhe des zuzusprechenden Betrages selbst nach billigem Ermessen gem. § 287 ZPO festsetzt, ohne durch einen bestimmten Antrag oder die Angabe einer Größenordnung gebunden zu sein. Es genügt für eine ordnungsgemäße Klageerhebung, dass der Kläger die Grundlagen für die Ermittlung des Betrages dargelegt hat. Dies hat der Kläger dadurch in ausreichender Weise getan, dass er ...«

e) Ursprüngliche objektive kumulative Klagenhäufung

Vorüberlegungen: **319**

Eine ursprüngliche objektive kumulative Klagenhäufung liegt vor, wenn der Kläger von vornherein mehr als einen Anspruch unbedingt zur Entscheidung des Gerichts stellt. Es muss sich dabei nicht immer um mehrere Anträge handeln. Wenn alle Ansprüche auf Geld gerichtet sind, haben Sie nur einen Antrag und trotzdem eine kumulative Klagenhäufung.

Eine kumulative Klagenhäufung kommt u.a. häufig bei Klagen nach Verkehrsunfällen vor, wenn der Kläger seinen materiellen und immateriellen Schaden ersetzt haben möchte, oder nach einem Rücktritt, wenn der Kläger Rückzahlung des geleisteten Kaufpreises und Feststellung des Annahmeverzuges sowie der Abholverpflichtung des Verkäufers beantragt (vgl. Rn. 403). § 5 ZPO regelt den Streitwert (Addition der Einzelstreitwerte) und damit die sachliche Zuständigkeit.

Die Zulässigkeit aller Formen der Anspruchshäufung ist in § 260 ZPO geregelt. Aus § 261 II ZPO folgt, dass es nicht nur ursprüngliche, sondern auch nachträgliche Klagenhäufungen gibt (s. Rn. 418).

Bei ursprünglicher objektiver kumulativer Klagenhäufung ist § 260 ZPO in der Regel keine Sachurteilsvoraussetzung. Die Vorschrift regelt nicht die Zulässigkeit der Klage, sondern nur die Zulässigkeit der Anspruchsverbindung. Das bedeutet, dass beim Fehlen einzelner Voraussetzungen des § 260 ZPO die Zulässigkeit der Klage nicht betroffen ist, sondern nur eine Trennung nach § 145 ZPO zu erfolgen hat. Dies ist in der Examensklausur allerdings kein nahe liegendes Ergebnis.

Merke: Im Examen ist die Anspruchsverbindung in jedem Fall nach § 260 ZPO zulässig! Sie sollten die Zulässigkeit der Anspruchsverbindung kurz erwähnen, aber nicht ausbreiten.

Vorsicht beim Aufbau! Da § 260 ZPO bei ursprünglicher objektiver kumulativer Klagenhäufung grundsätzlich keine echte Zulässigkeitsvoraussetzung der Klage ist, sollten Sie Ausführungen zu § 260 ZPO nach den übrigen Erörterungen der Zulässigkeit direkt vor der Begründetheit machen. **320**

E. Formulierungsvorschläge und Erläuterungen zu den relevantesten prozessualen Problemstellungen

Ausnahme: Wenn durch die objektive kumulative Klagenhäufung aufgrund der nach § 5 ZPO gebotenen Addition der Einzelstreitwerte erst die Zuständigkeit des angerufenen Landgerichts begründet wird, sollten Sie ggf. erwähnen, dass keine Anhaltspunkte für die Annahme vorliegen, dass der Kläger sich die Instanz »erschlichen« hat. Siehe dazu Rn. 369 f.

Beachte: Bei Klagenhäufungen müssen Sie jede Position einzeln durchdenken. Sie müssen auf Unterschiede im Sachverhalt achten und die Positionen getrennt rechtlich analysieren. Andernfalls kann Ihnen entgehen, dass nicht alle über denselben »Leisten« zu schlagen sind.

> **Fall:** Der Kläger verlangt vom Beklagten die Herausgabe eines Pkw und eine bezifferte Nutzungsentschädigung. Das angerufene Gericht ist sowohl für beide Einzelstreitwerte als auch für den Gesamtstreitwert sachlich zuständig.

Erörtern: § 260 ZPO als »unechte« Zulässigkeitsvoraussetzung

Beachte: Bei dem Zusammentreffen mit »echten« Zulässigkeitsvoraussetzungen muss § 260 ZPO nach diesen unmittelbar vor den Ausführungen zur Begründetheit dargestellt werden.

Formulierungsvorschlag:

»Die Klage ist zulässig ...

(Jetzt folgen zunächst mögliche andere Zulässigkeitserörterungen. Dann sollten Sie einen Absatz machen, um zu zeigen, dass die folgenden Erörterungen nicht die allgemeine Zulässigkeit der Klage betreffen.)

... Es steht dem Kläger auch frei, mehrere Anträge in einer Klage zu verbinden. Dies ist gem. § 260 ZPO immer dann gestattet, wenn bei Identität der Parteien für sämtliche Ansprüche das Prozessgericht zuständig, dieselbe Prozessart zulässig ist und wenn kein Verbindungsverbot besteht. Dies ist der Fall.«

(Weiter geht es mit den Ausführungen zur Begründetheit)

321 Exkurs: Auch die unter Rn. 402 und 427 dargestellten Fälle von Herausgabeverlangen, Fristsetzung und Schadensersatz nach fruchtlosem Fristablauf stellen objektive kumulative Klagenhäufungen i.S.v. § 260 ZPO dar. Es handelt sich um sog. unechte Hilfsanträge. Das sind Anträge, die bei Erfolg der Klage zwar kumulativ tenoriert, aber nur alternativ vollstreckt werden. Der obsiegende Kläger vollstreckt also entweder den Herausgabe- oder den Schadensersatzanspruch.

f) Ursprüngliche echte eventuelle Klagenhäufung

322 Vorüberlegungen:

Damit sind Fälle mit klassischen Haupt- und Hilfsanträgen gemeint, bei denen der Kläger einen Antrag stellt und einen weiteren für den Fall, dass er mit dem ersten nicht durchdringt. Die Zulässigkeit des Hilfsantrages ist trotz der Regelung in § 253 II Nr. 2 ZPO (danach muss die Klage einen *bestimmten* Antrag enthalten) unproblematisch, da eine innerprozessuale Bedingung unschädlich ist.

Die sachliche Zuständigkeit bemisst sich nach einhelliger Meinung nach dem höheren Streitwert der beiden Anträge (s. Rn. 372).

Merke: § 5 ZPO regelt den Zuständigkeitsstreitwert nur für kumulative Klagenhäufungen, nicht für eventuelle.

III. Die Formulierungsvorschläge im Einzelnen

Wenn der Hauptantrag begründet ist, dürfen Sie in den Entscheidungsgründen auf den Hilfsantrag nicht eingehen, weil die Bedingung nicht eingetreten ist. Andernfalls folgen nach der Darlegung der Unbegründetheit des Hauptantrages Ausführungen zur Zulässigkeit des Hilfsantrages. Dort stellen Sie die Zulässigkeit der eventuellen Klagenhäufung gem. § 260 ZPO dar, die in diesen Fällen besondere Sachurteilsvoraussetzung ist. Zu den verschiedenen Aufbauschemata und den Besonderheiten bei teilweiser Unbegründetheit des Hauptantrages s. Rn. 256 f.

Bei nachträglicher eventueller Klagenhäufung müssen Sie zusätzlich auf die Zulässigkeit der Klageänderung eingehen (vgl. Rn. 418).

> **Fall:** Der Kläger verlangt vom Beklagten Zahlung des Kaufpreises, hilfsweise die Herausgabe der bereits übergebenen Kaufsache. Nur der Hilfsantrag ist begründet.

Erörtern: Der höhere Einzelstreitwert bestimmt die sachliche Zuständigkeit.
§ 5 ZPO greift nicht.
Unschädlichkeit innerprozessualer Bedingungen, § 253 II Nr. 2 ZPO
Zusammenhang zwischen Haupt- und Hilfsantrag
§ 260 ZPO als besondere Sachurteilsvoraussetzung von Hilfsanträgen

Beachte: § 260 ZPO sollte bei Unbegründetheit des Hauptantrages i.R.d. Zulässigkeitserörterungen bzgl. des Hilfsantrags dargestellt werden, weil er besondere Sachurteilsvoraussetzung der eventuellen Klagenhäufung ist. Die Ausführungen zur Zulässigkeit des Hilfsantrages dürfen nur im Falle der Unbegründetheit des Hauptantrages gebracht werden. Sie gehören dann vor die Ausführungen zur Begründetheit des Hilfsantrages.

Bei nur teilweiser Begründetheit des Hauptantrages müssen Sie klären, was der Kläger vorzieht. Das kann ein Teil des Hauptanspruchs oder der mit dem Hilfsantrag geltend gemachten Anspruch sein (s. Rn. 256 f.).

Formulierungsvorschlag:

»Die Klage ist zulässig, aber nur hinsichtlich des Hilfsantrages begründet.

(Es folgen Ausführungen zur Zulässigkeit der Klage und zur Zulässigkeit des Hauptantrages. Dann:)

Der Hauptantrag ist unbegründet. Der vom Kläger in erster Linie geltend gemachte Zahlungsanspruch steht ihm aus § 433 BGB, der allein in Betracht kommenden Anspruchsgrundlage, nicht zu.

(Nach den Ausführungen zur fehlenden Begründetheit des Hauptantrages folgt:)

Der hilfsweise geltend gemachte Anspruch ist zulässig. Der Zulässigkeit steht nicht entgegen, dass dieser Antrag unter einer Bedingung gestellt worden ist. Dieser sog. echte Hilfsantrag ist als Ausnahme von der grundsätzlichen Bedingungsfeindlichkeit von Anträgen – so § 253 II Nr. 2 ZPO – deshalb zulässig, weil es sich bei der Bedingung um ein innerprozessuales Ereignis, nämlich die Unbegründetheit des Hauptantrages handelt. Eine derartige Bedingung bewirkt keine Rechtsunsicherheit, wie sie § 253 II Nr. 2 ZPO verhindern soll, weil sie allein von der Entscheidung des erkennenden Gerichts abhängt.

Der erforderliche rechtliche oder wirtschaftliche Zusammenhang zwischen Haupt- und Hilfsantrag liegt vorliegend darin, dass beide Ansprüche aus demselben vertraglichen Verhältnis resultieren.

Dem Kläger steht es auch gem. § 260 ZPO frei, mehrere Ansprüche in einem Verfahren gegen den Beklagten zu verbinden. Die Voraussetzungen dieser Vorschrift, dass Parteiidentität besteht und für sämtliche Ansprüche das Prozessgericht zuständig und dieselbe Prozessart zulässig ist und kein Verbindungsverbot besteht, liegen vor.

Der Hilfsantrag ist auch begründet...«

E. Formulierungsvorschläge und Erläuterungen zu den relevantesten prozessualen Problemstellungen

g) Ursprüngliche unechte eventuelle Klagenhäufung

323 Vorüberlegungen:

Der Unterschied zu klassischen Hilfsanträgen besteht darin, dass bei der unechten Klagenhäufung der Hilfsantrag für den Fall des Erfolges des Hauptantrages gestellt wird. Der Aufbau ist identisch.

> **Fall:** Der Kläger begehrt vor dem Landgericht die Herausgabe eines Pkw im Wert von 4.800,– € und hilfsweise, d.h. wenn dem Herausgabeantrag stattgegeben wird, eine Nutzungsentschädigung von 800,– €.

Erörtern: Die Summe der Streitwerte bestimmt die sachliche Zuständigkeit, § 5 ZPO.
Unschädlichkeit innerprozessualer Bedingungen, § 253 II Nr. 2 ZPO
Zusammenhang zwischen Haupt- und Hilfsantrag
§ 260 ZPO als besondere Sachurteilsvoraussetzung von Hilfsanträgen

Beachte: Ausführungen zur Zulässigkeit des Hilfsantrages dürfen Sie nur bei Begründetheit des Hauptantrages machen. Sie gehören dann vor die Ausführungen zur Begründetheit des Hilfsantrages. § 260 ZPO sollten Sie bei Begründetheit des Hauptantrages als besondere Sachurteilsvoraussetzung i.R.d. Zulässigkeitserörterungen des Hilfsantrags darstellen.
Da das angerufene Gericht für den gesamten Rechtsstreit zuständig sein muss, ist die Summe der Streitwerte für die sachliche Zuständigkeit maßgeblich, auch wenn über den Hilfsantrag ggf. nicht entschieden wird. Dies ist ggf. darzustellen (s. Rn. 372).

Formulierungsvorschlag:

»Die Klage ist zulässig und begründet. Die sachliche Zuständigkeit des Landgerichts gem. §§ 23 Nr. 1, 71 I GVG folgt vorliegend daraus, dass das Gericht für den gesamten Rechtsstreit zuständig sein muss und bei einer Entscheidung über den Hilfsantrag die Summe der Einzelstreitwerte 5.000,– € übersteigt.

Der Herausgabeanspruch steht dem Kläger aus § 985 BGB zu. Nach dieser Vorschrift ...

(Jetzt folgen die Ausführungen zur Begründetheit des Hauptantrages. Danach geht es wie folgt weiter:)

Auch der unter Ziffer 2 gestellte Antrag ist zulässig und begründet. Dem steht nicht entgegen, dass dieser Antrag ein sog. unechter Hilfsantrag ist, der für den Fall des Erfolges des Hauptantrages gestellt wird. Er ist als Ausnahme von der grundsätzlichen Bedingungsfeindlichkeit von Anträgen – so § 253 II Nr. 2 ZPO – zulässig, weil es sich bei der Bedingung um ein innerprozessuales Ereignis, die Begründetheit des Hauptantrages, handelt. Diese Bedingung bewirkt keine Rechtsunsicherheit wie sie § 253 II Nr. 2 ZPO verhindern soll, weil sie allein von der Entscheidung des erkennenden Gerichts abhängt. Der erforderliche rechtliche oder wirtschaftliche Zusammenhang zwischen Haupt- und Hilfsantrag folgt aus der Abhängigkeit des hilfsweise geltend gemachten Anspruchs vom Bestehen des Hauptanspruchs.

Dem Kläger steht es gem. § 260 ZPO auch frei, mehrere Ansprüche in einem Verfahren gegen den Beklagten zu verbinden. Die Voraussetzungen dieser Vorschrift, ..., liegen vor.«

h) Hilfsbegründung

324 Vorüberlegungen:

Eine Hilfsbegründung liegt vor, wenn der Kläger einen prozessualen Anspruch bei einem einheitlichen Lebenssachverhalt auf Sachverhaltsvarianten innerhalb einer Anspruchsgrundlage stützt oder hilfsweise Tatsachen vorträgt, die die Voraussetzungen einer anderen Anspruchsgrundlage erfüllen. Hilfsbegründungen sind keine eventuellen Klagenhäufungen, da der Streitgegenstand, bestehend aus Antrag und Lebenssachverhalt, gleich bleibt.

III. Die Formulierungsvorschläge im Einzelnen

Fall: Der Kläger begehrt die Rückgabe der Kaufsache, weil er entweder wirksam zurückgetreten sei oder aus ungerechtfertigter Bereicherung, falls der Vertrag unwirksam sein sollte.

Erörtern: Kein Verstoß gegen das Bestimmtheitsgebot, § 253 II Nr. 2 ZPO

Formulierungsvorschlag:

»*Die Klage ist zulässig ... Insbesondere verstößt der Kläger dadurch, dass er bei gleich bleibendem Sachvortrag neben der in erster Linie geltend gemachten Begründung eine weitere zur Stützung seines Begehrens bemüht hat, nicht gegen das in § 253 II Nr. 2 ZPO verankerte Bestimmtheitsgebot einer Klage. Dieses gilt für den Antrag und den Lebenssachverhalt, nicht aber für die rechtliche Begründung, die allein Aufgabe des Gerichtes und nicht der Parteien ist.*«

i) Alternative Häufung des Klagegrundes
Vorüberlegungen: **325**

Es kommt vor, dass der Kläger einen Zahlungsanspruch auf zwei verschiedene Lebenssachverhalte stützt, z.B. auf ein gewährtes Darlehen oder den dafür hingegebenen Wechsel oder auf eigenes oder abgetretenes Recht. Derartige alternative Häufungen des Klagegrundes sind nach der Rechtsprechung als Unterfälle objektiver Klagenhäufung gem. § 260 ZPO stets zulässig. Zur ebenfalls zulässigen nachträglichen Einführung eines alternativen Klagegrundes s. Rn. 418.

Alternative Häufungen des Klagegrundes dürfen Sie nicht mit der – bis auf die seltenen Fälle von Wahlschuld – unzulässigen und damit nicht examensrelevanten alternativen Klagenhäufung verwechseln, bei der der Kläger zwei verschiedene Anträge mit zwei verschiedenen Sachverhalten zum Gegenstand der Klage macht, ohne sie ins Verhältnis von Haupt- und Hilfsantrag zu setzen.

Fall: Der Kläger verlangt vom Beklagten Zahlung. Wegen Unklarheiten bezüglich der Abtretung des Anspruchs vor Rechtshängigkeit stützt er die Klage entweder auf eigenes oder auf abgetretenes Recht.

Erörtern: Kein Verstoß gegen das Bestimmtheitsgebot, § 253 II Nr. 2 ZPO
Alternative Häufung des Klagegrundes als Unterfall von § 260 ZPO

Formulierungsvorschlag:

»*Die Klage ist zulässig ... Dem steht nicht entgegen, dass der Kläger seinen Antrag auf zwei verschiedene Klagegründe stützt. Der darin liegende Fall einer sog. alternativen Häufung des Klagegrundes widerspricht nicht dem Bestimmtheitsgebot von § 253 II Nr. 2 ZPO. Dieses Vorgehen ist vielmehr gem. § 260 ZPO als ein Unterfall einer objektiven Klagenhäufung zulässig, zumal der Kläger klargestellt hat, in welchem Eventualverhältnis er die verschiedenen Ansprüche zur Entscheidung stellen will.*«

j) Teilklagen

326 Vorüberlegungen:

Bei Teilklagen sollten Sie sich zur sog. »Individualisierung des Streitgegenstandes« äußern. Es muss erkennbar sein, welcher Teil des Gesamtanspruchs Gegenstand der Klage sein soll. Das gilt vor allem, wenn der Gesamtanspruch aus mehreren selbstständigen Einzelpositionen besteht (sog. zusammengesetzte Teilklagen). Der Kläger muss genau angeben, welche der selbstständigen Einzelforderungen er mit der Teilklage geltend macht. In Betracht kommt z.B. ein Prozentsatz von jeder Forderung oder einzelne Forderungen. Ggf. muss auch angegeben werden, in welcher Reihenfolge die Teilforderungen zur Entscheidung gestellt werden.

Da eine mangelhafte Individualisierung des Streitgegenstandes die Klage unzulässig macht, sollten Sie dies im Examen grds. nicht annehmen, sondern die Teilklage notfalls durch eine Auslegung zulässig »machen«, um zur Darlegung der Begründetheit zu kommen.

Zu Rechtskraftproblemen bei sog. »verdeckten« Teilklagen s. Rn. 395.

> **Fall:** Der Kläger macht von einer Forderung von 100.000,- € einen genau bezeichneten Teil geltend.

Erörtern: Das Bestimmtheitsgebot ist dank Individualisierung gewahrt, § 253 II Nr. 2 ZPO.

Formulierungsvorschlag:

»Die Klage ist zulässig...

Es steht dem Kläger frei, nur einen Teil seines Gesamtanspruchs zum Gegenstand der Klage zu machen. Dies ist unter Beachtung des Bestimmtheitsgrundsatzes in § 253 II Nr. 2 ZPO zulässig, wenn der Kläger seinen Anspruch hinreichend individualisiert hat, damit sich der Umfang der Rechtskraft genau bestimmen lässt. Dies ist immer dann der Fall, wenn der Kläger deutlich gemacht hat, welchen Teil eines Anspruches oder welche von mehreren selbstständigen Einzelforderungen er zum Gegenstand der Klage macht bzw. in welcher Reihenfolge die Teilforderungen zur Entscheidung gestellt werden sollen. Dies hat der Kläger in ausreichender Weise getan, indem er...«

III. Die Formulierungsvorschläge im Einzelnen

2. Parteifähigkeit

Die in § 50 ZPO geregelte Parteifähigkeit bereitet im Examen normalerweise keine Schwierigkeiten, weil bei deren Fehlen die Klage unzulässig wäre. Aus Gründen der Vollständigkeit sollten Sie bei juristischen Personen die ordnungsgemäße Vertretung durch einen Hinweis auf die entsprechenden Normen erwähnen.

327

Folgende Fallgestaltungen werfen in Zivilgerichtsklausuren erörterungswerte Fragen auf:

a) Gesellschaft bürgerlichen Rechts / WEG

Vorüberlegungen:

328

Nach der neuen Rechtsprechung des BGH ist jedenfalls eine sog. »Außengesellschaft bürgerlichen Rechts« und Wohnungseigentümergemeinschaften trotz fehlender vollständiger eigener Rechtsfähigkeit parteifähig. Entsprechendes gilt auch für nicht rechtsfähige Vereine.

> **Fall:** Eine Gesellschaft bürgerlichen Rechts klagt einen Anspruch ein, der mit ihrer Teilnahme am Wirtschaftsleben zusammenhängt.

Erörtern: Parteifähigkeit der GbR als sog. Außengesellschaft, § 50 I ZPO

Formulierungsvorschlag:

»*Die Klage ist zulässig…*

Der Klägerin fehlt insbesondere nicht die Parteifähigkeit. Auch wenn sie, wie es § 50 I ZPO verlangt, rechtsfähig sein müsste, um parteifähig zu sein, reicht es nach neuerer höchstrichterlicher Rechtsprechung als Folge ihrer nach außen bestehenden beschränkten Rechtssubjektivität aus, dass die Gesellschaft am Wirtschaftsleben teilnimmt. Im Umfang der dadurch begründeten Rechte und Pflichten ist sie auch aktiv und passiv parteifähig.

Dies ist zum einen praxisgerecht, weil auf diese Weise ein Wechsel im Mitgliederbestand ohne Einfluss auf den Fortbestand der mit der Gesellschaft bestehenden Rechtsverhältnisse ist. Zum anderen ist es nur konsequent, weil die Rechtssubjektivität der BGB-Gesellschaft durch den Gesetzgeber mittlerweile in § 191 II Nr. 1 UmwG und § 11 II Nr. 1 InsO anerkannt wird.«

b) Vor-GmbH

> **Fall:** A und B errichten die AB-GmbH und erwerben ein Grundstück. Wegen Zahlungsverzuges tritt der Verkäufer vom Vertrag zurück und verweigert die Erstattung der Anzahlung. Die Eintragung der GmbH ins Handelsregister ist noch nicht erfolgt. Die AB-GmbH i.G. klagt auf Rückzahlung.

329

Erörtern: Parteifähigkeit der GmbH in Gründung, § 50 I ZPO
Ordnungsgemäße Vertretung gem. § 35 I GmbHG

Formulierungsvorschlag:

»*Die Klage ist zulässig…*

Der Klägerin fehlt nicht die Parteifähigkeit. Dem steht nicht die Regelung des § 50 I ZPO entgegen, nach der Parteifähigkeit Rechtsfähigkeit voraussetzt. Eine GmbH erlangt ihre volle Rechtsfähigkeit gem. § 11 I GmbHG zwar erst mit der Eintragung ins Handelsregister, nach ihrer Errichtung ist sie aber als GmbH in Gründung (sog. Vor-GmbH) bereits ein Rechtsgebilde eigener Art mit Rechten und Pflichten. Als Folge ihrer nach außen bestehenden beschränkten Rechtssubjektivität ist sie in dem Umfang, in dem sie am Wirtschaftsleben teilnimmt, nach st. Rspr. auch aktiv und passiv parteifähig.

Die Klägerin ist auch gem. § 35 I GmbHG analog ordnungsgemäß durch ihren Geschäftsführer vertreten.«

c) Existenzfiktion

330 Vorüberlegungen:

Nach h.Rspr. gelten bereits gelöschte Gesellschaften für einen Rechtsstreit, in dem sie als klagende Partei auftreten, so lange als parteifähig, wie sie schlüssig darlegen, dass sie noch den eingeklagten Anspruch aus der Zeit ihrer aktiven Tätigkeit haben. Das Bestehen der Forderung ist hier sowohl für die Zulässigkeit wie für die Begründetheit der Klage von Bedeutung.

331 Es handelt sich dabei um einen **Fall einer qualifizierten Prozessvoraussetzung**, auch doppelt relevante Tatsache genannt. Das sind solche, die sowohl für die Zulässigkeit als auch für die Begründetheit einer Klage vorliegen müssen.

Weitere Fälle qualifizierter Prozessvoraussetzungen sind u.a. die Behauptung einer unerlaubten Handlung für die Begründung des Gerichtsstandes gem. § 32 ZPO (Rn. 361), das Feststellungsinteresse bei unbegründeten Feststellungsklagen, § 256 ZPO (Rn. 449), die Behauptung des Erschleichens eines Titels bei einer Klage gegen ein rechtskräftiges Urteil (s. Rn. 393) und der Gerichtsstand des Erfüllungsortes, § 29 ZPO, wenn der Beklagte z.B. den Vertragsschluss bestreitet (Rn. 360).

In derartigen Fällen reicht es für die Zulässigkeit aus, dass der Kläger das Vorliegen der betreffenden Voraussetzung schlüssig vorträgt. Andernfalls müsste bei einem Streit über deren Vorliegen bereits zur Feststellung der Zulässigkeit Beweis erhoben werden. Wenn nach dem Ergebnis der Beweisaufnahme die Voraussetzung nicht vorliegt, wäre nach dem Grundsatz des Vorrangs der Zulässigkeit vor der Begründetheit die Klage unzulässig. Damit wäre dem Beklagten wenig gedient, weil die Rechtskraft eines Prozessurteils im Gegensatz zu der eines Sachurteils nur begrenzt ist und ihn vor einem weiteren Rechtsstreit mit demselben Anspruch nur unzureichend schützen würde. Zudem bestünde die Gefahr divergierender Gerichtsentscheidungen.

332 Bei der umgekehrten Konstellation, also wenn z.B. die beklagte GmbH nach Rechtshängigkeit im Handelsregister gelöscht wird, behält sie nach den Grundsätzen der qualifizierten Prozessvoraussetzungen für den Rechtstreit die Parteifähigkeit, wenn der Kläger schlüssig darlegt, dass ihm der geltend gemachte Anspruch zusteht, und dass bei Erfolg seiner Klage die Vollstreckung aussichtsreich ist.

333 **Fall:** Eine im Handelsregister gelöschte GmbH, vertreten durch ihren früheren Geschäftsführer, macht gegen einen früheren Kunden einen Zahlungsanspruch geltend.

Erörtern: Parteifähigkeit als qualifizierte Prozessvoraussetzung, § 50 I ZPO

Beachte: Aus prozessökonomischen Gründen wird bei sog. qualifizierten Prozessvoraussetzungen der grundsätzliche Vorrang der Zulässigkeit gegenüber der Begründetheit eingeschränkt, damit die Rechtskraft eines Sachurteils den gesamten Anspruch erfasst.

Formulierungsvorschlag:

»Die Klage ist zulässig ...

Dem steht nicht entgegen, dass es sich bei der Klägerin um eine im Handelsregister gelöschte GmbH handelt. Die Klägerin ist für diesen Rechtsstreit gleichwohl als parteifähig i.S.v. § 50 I ZPO anzusehen. Die zum Verlust der Rechtsfähigkeit führende Liquidation der Gesellschaft ist nämlich erst mit ihrer vollständigen Vermögenslosigkeit bzw. Abwicklung abgeschlossen. Die Rechtsfähigkeit besteht so lange fort, wie die Gesellschaft noch Forderungen hat. Ob dies tatsächlich der Fall ist, steht erst nach inhaltlicher Prüfung der Klage fest.

III. Die Formulierungsvorschläge im Einzelnen

Nach der Lehre der sog. qualifizierten Prozessvoraussetzungen – das sind doppeltrelevante Tatsachen, die sowohl für die Zulässigkeit als auch für die Begründetheit einer Klage vorliegen müssen – reicht es aus, dass die Gesellschaft einen Anspruch aus der Zeit ihrer früheren Tätigkeit schlüssig vorträgt. Dies folgt zum einen aus wirtschaftlichen Notwendigkeiten, weil sonst nachträglicher Abwicklungsbedarf ohne Gründung einer Abwicklungsgesellschaft nicht geklärt werden könnte. Zum anderen bestehen prozessökonomische Gründe, weil nur bei inhaltlicher Klärung der Frage, ob die Klageforderung besteht, die Rechtskraft der Entscheidung den gesamten Anspruch umfasst und nicht nur einen Teil der Zulässigkeit.

Vorliegend ist die Klägerin dieser Darlegungspflicht nachgekommen, indem sie einen Anspruch aus ... schlüssig vorgetragen hat.«

3. Prozessführungsbefugnis

a) Streitgenossenschaft

334 Vorüberlegungen:

Auch wenn nur Probleme der notwendigen Streitgenossenschaft die Prozessführungsbefugnis und damit die Zulässigkeit der Klage betreffen, soll der gesamte Problemkreis »Streitgenossenschaft« hier behandelt werden. Die teilweise schwierigen Fragestellungen rund um Streitgenossenschaften sind für Sie unter der Prämisse, dass von Ihnen im Examen eine abschließende Entscheidung verlangt wird, in der Sie sich auch mit materiell-rechtlichen Problemen befassen, nur in begrenztem Umfang relevant.

Für die Richtigkeit dieser Annahme spricht insbesondere,

- dass das Fehlen der Voraussetzungen der einfachen Streitgenossenschaft nach §§ 59, 60 ZPO i.V.m. § 260 ZPO analog nicht zur Unzulässigkeit der Klage führt, sondern zur Trennung gem. § 145 ZPO, und
- dass bei dem Vorliegen einer materiell-rechtlich notwendigen Streitgenossenschaft die Klage nach der Rspr. unzulässig ist, wenn – von den unten dargestellten Ausnahmen abgesehen – nicht alle notwendigen Streitgenossen klagen oder verklagt werden.

335 **Einfache Streitgenossen** sind nach BGH u.a.: OHG/Außen-GbR und Gesellschafter, Hauptschuldner und Bürge, Schuldner und dinglicher Sicherungsgeber, Versicherungsnehmer und Pflichtversicherer, Gesamtschuldner, Gesamtgläubiger, Miterben bei § 2039 BGB und Bruchteilseigentümer im Aktivprozess.

336 **Prozessrechtlich notwendige Streitgenossenschaft** liegt nach BGH ausschließlich bei gesetzlicher Rechtskrafterstreckung vor, z.B. §§ 327, 640h, 856 II, IV ZPO, §§ 1495, 1496, 2342, 2344 BGB.

337 **Materiell-rechtlich notwendige Streitgenossenschaft** liegt u.a. vor bei Gestaltungsklagen des HGB, bei Aktivprozessen von Gesamthandsgemeinschaften und bei Passivprozessen gegen mehrere Berechtigte.

338 Jede Streitgenossenschaft ist zugleich ein Sonderfall der objektiven Klagenhäufung. Deshalb müssen Sie stets die §§ 59, 60 ZPO i.V.m. § 260 ZPO analog zitieren.

Da die Zulässigkeit der Klage nur bei materiell-rechtlich notwendiger Streitgenossenschaft zur Diskussion steht, während es bei einfacher Streitgenossenschaft nur um die Zulässigkeit der subjektiven Klagenhäufung geht, müssen Sie §§ 59, 60 ZPO i.V.m. § 260 ZPO analog bei einfacher Streitgenossenschaft nach den übrigen Zulässigkeitserörterungen vor den Ausführungen zur Begründetheit darstellen. Sie kennen diesen Aufbau von den Erläuterungen zur objektiven kumulativen Klagenhäufung (Rn. 320).

Die Differenzierung zwischen einfacher und notwendiger Streitgenossenschaft ist ohne Bedeutung, wenn eine einheitliche Entscheidung gegen mehrere Beklagte oder Kläger ergeht. Die Frage, um welche Streitgenossenschaft es sich handelt, wird erst relevant, wenn Sie gegenüber den einzelnen Streitgenossen unterschiedlich entscheiden wollen. Das geht nämlich nur bei einfachen Streitgenossen. Wenn Sie sich Ihrer Sache sicher sind, können Sie sich kurz zu der dann rein akademischen Frage äußern, welche Art von Streitgenossenschaft vorliegt. Ein Blick in den Kommentar unter § 62 ZPO ist in jedem Fall empfehlenswert, um Fehler zu vermeiden.

339 Bedenken Sie, dass jeder einfache Streitgenosse im laufenden Prozess als Zeuge benannt werden kann, sofern das Beweisthema keine »gemeinsame« Tatsache betrifft (s. Rn. 109).

III. Die Formulierungsvorschläge im Einzelnen

Folgende Problemstellungen sind im Examen realistisch:

aa) Ein Kläger / ein Beklagter Hier kann es sein, dass eine materiell-rechtlich notwendige **340** Streitgenossenschaft mit einem nicht am Rechtsstreit beteiligten Dritten vorliegen könnte. Folge wäre eine Unzulässigkeit der Klage, weil ein materiell-rechtlich notwendiger Streitgenosse alleine mangels Prozessführungsbefugnis weder klagen noch verklagt werden dürfte. Das wird nicht der Fall sein. Also sollten Sie das Problem potentieller Streitgenossenschaft mit einem nicht mitverklagten Dritten i.d.R. auch unbeachtet lassen. Sie sollten bei dieser Konstellation nur dann auf eine mögliche Streitgenossenschaft eingehen, wenn der Beklagte seine alleinige Inanspruchnahme oder das alleinige Auftreten des Klägers rügt.

Im Examen wird einer der Fälle vorliegen, in denen ein Dritter nicht »mitmachen« muss:

- Es gibt keinen Dritten, der als Streitgenosse in Betracht kommt.
- Es gibt einen Dritten, der aber nur ein einfacher Streitgenosse wäre.
- Es gibt einen Dritten, der aber kein materiell-rechtlich notwendiger Streitgenosse ist, sondern der mitverklagt nur ein »zufällig« oder »prozessrechtlich« notwendiger Streitgenosse wäre.
- Es liegt eine materiell-rechtlich notwendige Streitgenossenschaft vor, aber der nicht mitverklagte Streitgenosse hat den Anspruch schon vorprozessual anerkannt und ist erfüllungsbereit.
- Es liegt bei materiell-rechtlich notwendiger Streitgenossenschaft eine der in § 744 BGB und § 432 BGB geregelten Ausnahmen vor.
- Es handelt sich um einen Fall der sog. »actio pro socio«.

1. Fall: Der Kläger verklagt einen Beklagten B, der rügt, dass nur er und nicht auch C in Anspruch genommen wird. Es liegt keine materiell-rechtlich notwendige Streitgenossenschaft vor. C wäre – mitverklagt – nur ein zufällig notwendiger Streitgenosse. **341**

Erörtern: Der Dritte ist kein materiell-rechtlich notwendiger Streitgenosse.

Beachte: Nur materiell-rechtlich notwendige Streitgenossen müssen grds. gemeinsam auftreten. Prozessrechtlich notwendige Streitgenossen, auch »zufällig« notwendige genannt, können einzeln klagen oder verklagt werden. Aber wenn sie gemeinsam auftreten, muss die Entscheidung gegen oder für sie wie bei materiell-rechtlich notwendigen Streitgenossen gleich lauten.

Formulierungsvorschlag:

»Die Klage ist zulässig ... (Zunächst handeln Sie mögliche andere Zulässigkeitsaspekte ab.)

Dem Kläger ist es unbenommen, nur den Beklagten zu verklagen, da dieser auch alleine prozessführungsbefugt ist. Dessen Rüge, C hätte mitverklagt werden müssen, geht fehl. Als ... ist C nämlich kein materiell-rechtlich notwendiger Streitgenosse, der zwingend zusammen mit B hätte verklagt werden müssen. Er wäre bei Einbeziehung in den Rechtsstreit nur ein sog. ›prozessrechtlich‹ oder auch ›zufällig‹ notwendiger Streitgenosse, denn ... Bei einer derartigen Fallgestaltung darf der Kläger seine Klage auch nur gegen einen von mehreren möglichen Streitgenossen richten.«

2. Fall: Ein Kläger verklagt einen Beklagten. Ein weiterer materiell-rechtlich notwendiger **342** Streitgenosse ist erfüllungsbereit und hat schon vorprozessual anerkannt.

Erörtern: Der erfüllungsbereite materiell-rechtlich notwendige Streitgenosse muss nach st. Rspr. nicht mitverklagt werden.

E. Formulierungsvorschläge und Erläuterungen zu den relevantesten prozessualen Problemstellungen

Formulierungsvorschlag:

»Die Klage ist zulässig ... (Zunächst handeln Sie mögliche andere Zulässigkeitsaspekte ab.)

Es ist unschädlich, dass der Kläger nur den Beklagten A verklagt hat und nicht auch dessen Streitgenossen B. Der Beklagte ist ausnahmsweise alleine prozessführungsbefugt. Dadurch, dass B den hier geltend gemachten Anspruch des Klägers bereits vorprozessual anerkannt und Erfüllungsbereitschaft bekundet hat, würde es ihm gegenüber gegen Treu und Glauben verstoßen, wenn er nur aufgrund seiner formalen Stellung als materiell-rechtlich notwendiger Streitgenosse in einen aus seiner Sicht überflüssigen, von ihm nicht veranlassten Rechtsstreit hineingezogen werden müsste.«

343 **3. Fall:** Der Beklagte rügt seine alleinige Inanspruchnahme und meint, C hätte mitverklagt werden müssen. Sie wissen nicht, welche Art von Streitgenossenschaft vorliegt. Es kann aus klausurtaktischen Gründen keine materiell-rechtlich notwendige Streitgenossenschaft sein, weil die Klage sonst unzulässig wäre.

Erörtern: Der Dritte kann aus prozesstaktischen Erwägungen kein materiell-rechtlich notwendiger Streitgenosse sein, weil die Klage sonst unzulässig wäre.

Hier ist unser Vorschlag für diesen Notfall:

Formulierungsvorschlag:

»Die Klage ist zulässig ... (Zunächst handeln Sie mögliche andere Zulässigkeitsaspekte ab.)

Dem Kläger steht es frei, nur den Beklagten in Anspruch zu nehmen. Dessen Rüge, er allein sei nicht prozessführungsbefugt, geht fehl. C ist im Verhältnis zum Beklagten nämlich kein sog. materiell-rechtlich notwendiger Streitgenosse, der hätte mitverklagt werden müssen.«

(Jedes weitere Wort wäre zu gefährlich, wenn Sie sich nicht sicher sind, weil Sie eine falsche Begründung sofort verraten würde.)

bb) Ein Kläger / zwei Beklagte

344 Problemstellung:

Es könnte zunächst wie bei der Variante »ein Kläger / ein Beklagter« auf einer oder auf beiden Seiten einen weiteren notwendigen Streitgenossen geben. Darüber hinaus haben Sie eine Streitgenossenschaft auf Beklagtenseite. Die Frage, welche Art von Streitgenossenschaft vorliegt, wird nur relevant,

- wenn unterschiedlich entschieden werden soll, z.B. wenn ein Versäumnisurteil gegen einen Beklagten beantragt wird oder die Rechtslage unterschiedlich ist, oder
- wenn sich die beiden Beklagten unterschiedlich verteidigen, z.B. ein Beklagter erkennt teilweise an oder beruft sich auf eine Einrede oder Einwendung, während der andere ausdrücklich widerspricht.

345 **1. Fall:** Der Kläger verklagt zwei einfache Streitgenossen vor dem Landgericht auf Zahlung von je 3.000,– €.

Erörtern: Sachliche Zuständigkeit des Landgerichts gem. §§ 23 Nr. 1, 71 I GVG i.V.m. § 5 ZPO.
Einfache Streitgenossenschaft, §§ 59, 60 I ZPO
§ 260 ZPO analog als gleichzeitige objektive Klagenhäufung

Beachte: Die Streitwerte getrennt zu vollstreckender Anträge gegen einfache Streitgenossen werden gem. § 5 ZPO addiert. In diesen Fällen müssen Sie die Sicherheitsleitung i.R.d. vorläufigen Vollstreckbarkeit nach den Einzelstreitwerten ausweisen.

III. Die Formulierungsvorschläge im Einzelnen

Formulierungsvorschlag:

»Die Klage ist zulässig ... (Zunächst handeln Sie mögliche andere Zulässigkeitsaspekte ab, hier also:)

Das angerufene Gericht ist auch sachlich zuständig. Gem. §§ 23 Nr. 1, 71 I GVG ist für Streitigkeiten mit einem Streitwert von mehr als 5.000,- € das Landgericht sachlich zuständig. Der Streitwert beträgt hier gem. § 5 ZPO 6.000,- €. Nach dieser Vorschrift werden mehrere in einer Klage geltend gemachte Ansprüche zusammengerechnet. Dies gilt auch, wenn wie vorliegend gegen einfache Streitgenossen mehrere Anträge gestellt werden, die getrennt vollstreckt werden können.

Dem Kläger steht es frei, beide Beklagte in einem Rechtsstreit zu verklagen. Dies ist stets dann zulässig,

- *wenn sie in Rechtsgemeinschaft hinsichtlich des streitgegenständlichen Rechtes gem. § 59, 1. Alt. ZPO stehen. Dies ist hier der Fall, denn ...* **oder**
- *wenn Gleichheit bzgl. des Verpflichtungsgrundes gem. § 59, 2. Alt. ZPO besteht. Dies ist der Fall, denn ... (z.B. mehrere Käufer bei gemeinschaftlich geschlossenem Vertrag)* **oder**
- *wenn gleichartige Ansprüche / Verpflichtungen den Gegenstand des Rechtsstreits bilden, die auf einem im Wesentlichen gleichartigen tatsächlichen und rechtlichen Grund beruhen, § 60 ZPO (z.B. Klage eines Vermieters gegen mehrere Mieter auf Räumung). So ist es vorliegend, denn ...*

Die Zulässigkeit der in der subjektiven Klagenhäufung zugleich liegenden anfänglichen objektiven Klagenhäufung folgt aus §§ 59, 60 ZPO i.V.m. § 260 ZPO analog.«

2. Fall: Bei zwei Beklagten liegt nicht einmal eine einfache Streitgenossenschaft im engeren Sinn vor. 346

Erörtern: Es muss einfache Streitgenossenschaft gem. §§ 59, 60 ZPO sein, weil sonst zu trennen wäre. § 260 ZPO analog als gleichzeitige objektive Klagenhäufung

Beachte: Nach der Rspr. ist einfache Streitgenossenschaft anzunehmen, wenn dies zweckmäßig ist. §§ 59, 60 ZPO werden nach st.Rspr. insoweit extensiv ausgelegt.

Formulierungsvorschlag:

»Die Klage ist zulässig ... (Zunächst handeln Sie mögliche andere Zulässigkeitsaspekte ab.)

Es steht dem Kläger frei, beide Beklagte in einem Rechtsstreit zu verklagen. Dies folgt aus §§ 59, 60 ZPO. Bei der nach st. Rspr. gebotenen weiten Auslegung dieser Vorschriften liegt einfache Streitgenossenschaft bereits dann vor, wenn die gemeinsame Verhandlung wegen einer im Wesentlichen tatsächlichen oder rechtlichen Gemeinsamkeit verfahrensökonomisch zweckmäßig und sinnvoll ist. Dies ist der Fall, weil es um vergleichbare Sachverhalte und zumindest ähnlich gelagerte Rechtsfragen geht. Die Zulässigkeit der in der subjektiven Klagenhäufung zugleich liegenden objektiven Klagenhäufung folgt aus §§ 59, 60 ZPO i.V.m. § 260 ZPO analog.«

3. Fall: Der Kläger verklagt mit schlüssigem Vortrag zwei Beklagte, die einfache Streitgenossen sind. B 1) ist säumig. Der Kläger beantragt den Erlass eines VU gegen B 1). Im Übrigen wird streitig verhandelt. 347

Erörtern: Einfache Streitgenossenschaft, §§ 59, 60 I ZPO
§ 260 ZPO analog als gleichzeitige objektive Klagenhäufung

Beachte: Für eine analoge Anwendung von § 62 ZPO fehlt die planwidrige Regelungslücke.

Bei schlüssiger Klage muss ein VU ergehen. § 62 ZPO gilt nur für notwendige Streitgenossen. Denken Sie daran, dass Sie bei fehlender Schlüssigkeit der Klage ein sog. unechtes VU, also ein klageabweisendes Urteil gegen den erschienenen Kläger, erlassen müssen.

Die Kostenentscheidung ist gem. § 100 III ZPO getrennt zu tenorieren (Rn. 179).

E. Formulierungsvorschläge und Erläuterungen zu den relevantesten prozessualen Problemstellungen

Formulierungsvorschlag:

»Die Klage ist zulässig... (Zunächst handeln Sie mögliche andere Zulässigkeitsaspekte ab.)

Es steht dem Kläger frei, zwei Beklagte in einem Rechtsstreit gemeinsam zu verklagen. Die Beklagten sind einfache Streitgenossen i.S.v. §§ 59, 60 ZPO. Dies folgt aus ...

Die Zulässigkeit der in der subjektiven Klagenhäufung zugleich liegenden anfänglichen objektiven Klagenhäufung folgt aus §§ 59, 60 ZPO i.V.m. § 260 ZPO analog.

(Jetzt müssen Sie zunächst die Begründetheit der Klage gegen B 2) abhandeln. Vor der Begründung der Nebenentscheidungen sollten Sie unseres Erachtens zum Versäumnisurteil gegen den säumigen B 1) Stellung nehmen. Ein Versäumnisurteils muss zwar gem. § 313 b ZPO nicht begründet werden, im Examen sind die folgenden Ausführungen aber sicherlich nicht schädlich:)

Der Umstand, dass die beiden Beklagten, wie oben dargestellt, nur einfache Streitgenossen sind, hat zur Folge, dass gegen den Beklagten zu 1) auch im Wege eines Versäumnisurteils entschieden werden konnte. Der einfache Streitgenosse wird nicht gem. § 62 ZPO, der nur auf Fälle notwendiger Streitgenossenschaft anwendbar ist, durch den nicht säumigen Streitgenossen als vertreten angesehen. Eine analoge Anwendung auf einfache Streitgenossenschaft ist nicht möglich, weil weder eine planwidrige Regelungslücke noch ein vergleichbarer Sachverhalt vorliegt. Einfache Streitgenossenschaft stellt nämlich lediglich die äußerliche Verbindung mehrerer Prozesse in einem Verfahren bei verbleibender Selbstständigkeit ihrer inneren Entwicklung dar. Dies bedeutet, dass gegen die einzelnen Streitgenossen inhaltlich und formal unterschiedlich entschieden werden kann, was bei notwendigen Streitgenossen gerade nicht der Fall ist.«

348 **4. Fall:** Der Kläger beantragt ein Versäumnisurteil gegen einen säumigen notwendigen Streitgenossen.

Erörtern: Notwendige Streitgenossenschaft gem. § 62 ZPO
§ 260 ZPO analog als gleichzeitige objektive Klagenhäufung

Beachte: Bei notwendiger Streitgenossenschaft ist zwischen Zulässigkeit und Begründetheit zu erörtern, dass ein Versäumnisurteil nicht erlassen werden darf, weil der säumige notwendige Streitgenosse durch den erschienenen gem. § 62 I ZPO als vertreten gilt.

Formulierungsvorschlag:

»Die Klage ist zulässig...(Zunächst handeln Sie mögliche andere Zulässigkeitsaspekte ab.)

Die Inanspruchnahme beider Beklagter in einem Rechtsstreit ist vorliegend geboten, weil es sich bei den Beklagten um sog. notwendige Streitgenossen handelt. Dies folgt aus ihrer Rechtsstellung als... Die Zulässigkeit der in der subjektiven Klagenhäufung zugleich liegenden anfänglichen objektiven Klagenhäufung folgt aus § 260 ZPO analog.

Dem Antrag des Klägers auf Erlass eines Versäumnisurteils gegen den nicht erschienenen Beklagten zu 2) war nicht stattzugeben, weil ein Fall der Säumnis gem. § 331 ZPO nicht vorliegt. Der trotz ordnungsgemäßer Ladung nicht erschienene Beklagte zu 2) gilt nämlich gem. § 62 I ZPO durch den Beklagten zu 1), seinen notwendigen Streitgenossen, als vertreten.«

b) Prozessführungsbefugnis von Amts wegen

349 Vorüberlegungen:

Sog. Parteien kraft Amtes sind der Insolvenzverwalter gem. § 80 InsO, der Testamentsvollstrecker gem. §§ 2197 ff. BGB, der Nachlassverwalter gem. §§ 1981 ff. BGB und der Zwangsverwalter gem. § 152 ZVG.

Formulierungsvorschlag:

»Die Klage ist zulässig... Der Kläger ist als sog. Partei kraft Amtes prozessführungsbefugt. Dies ergibt sich gem. § ... aus seiner Stellung als...«

c) Gesetzliche Prozessstandschaft gem. § 265 ZPO

Vorüberlegungen: **350**

Gesetzliche Prozessstandschaft stellt die Ausnahme von dem Grundsatz dar, dass nur derjenige als Kläger auftreten darf, der behauptet, materieller Rechtsinhaber zu sein. »Gesetzlich« heißt diese Form der Prozessstandschaft, weil sie im Gegensatz zu der sog. »gewillkürten« gesetzlich normiert ist. Die examensrelevantesten Fälle gesetzlicher Prozessstandschaft regelt § 265 ZPO. Weitere Fälle finden Sie in §§ 432, 1368, 1629 III und 2039 BGB. Im Folgenden beschränken wir uns auf § 265 ZPO, weil dieses Phänomen häufig in Klausuren vorkommt.

Die gesetzliche Prozessstandschaft gem. § 265 ZPO betrifft nur Fälle der Abtretung des geltend gemachten Anspruchs oder der Veräußerung der streitbefangenen Sache nach Rechtshängigkeit, also nach Zustellung der Klage. Wenn dieser Zeitpunkt vor Rechtshängigkeit liegt, kann der Kläger nur in sog. gewillkürter Prozessstandschaft auftreten (Rn. 353). Ansonsten wäre die Klage mangels Prozessführungsbefugnis unzulässig.

Die Pfändung und Überweisung der eingeklagten Forderung führt ebenfalls zu einer gesetzlichen Prozessstandschaft gem. § 265 I ZPO, weil dies keine anderen Auswirkungen auf den Prozess hat als eine Abtretung. Der Kläger muss natürlich den Antrag auf Zahlung an den vollstreckenden Gläubiger umstellen.

1. Fall: Der Kläger veräußert die Sache, deren Herausgabe er vom Beklagten verlangt, nach Rechtshängigkeit an einen Dritten. Er stellt den Antrag auf Herausgabe an den Dritten um. Der Beklagte macht von seinem Rügerecht nach § 265 III ZPO keinen Gebrauch. **351**

Erörtern: Prozessführungsbefugnis gem. § 265 II 1 ZPO
Klageänderung durch Antragsumstellung stets zulässig nach § 264 Nr. 2 ZPO

Beachte: Ohne Rüge oder entsprechenden Vortrag kommt es auf die Frage, ob das Urteil auch gegen den Dritten wirkt, § 265 III ZPO i.V.m. § 325 ZPO, nicht an, es sei denn, aus dem Vortrag des Klägers ergibt sich bereits seine mangelnde Prozessführungsbefugnis, was dann von Amts wegen zu berücksichtigen wäre. Prozessual steht der Anspruch weiterhin dem Kläger zu, aber er ist auf Zahlung an die Zessionarin gerichtet.

Formulierungsvorschlag:

»Die Klage ist zulässig...

Gem. § 265 II 1 ZPO berührt die Veräußerung der streitbefangenen Sache am..., mithin nach der durch Zustellung am... eingetretenen Rechtshängigkeit der Klage, die Prozessführungsbefugnis des Klägers nicht. Der Kläger tritt in sog. gesetzlicher Prozessstandschaft auf.

Die Umstellung des Antrages auf Herausgabe an den Dritten stellt nach allgemeiner Auffassung lediglich eine sog. qualitative Modifizierung dar, die nach § 264 Nr. 2 ZPO eine stets zulässige Form der Klageänderung ist.

Auf die Klärung der Frage, ob das Urteil nach § 325 ZPO auch gegenüber dem Dritten wirksam ist, kommt es vorliegend nicht an, da der Beklagte von seinem Rügerecht nach § 265 III ZPO keinen Gebrauch gemacht hat und der Vortrag des Klägers zu einer Prüfung seiner Prozessführungsbefugnis von Amts wegen keinen Anlass gibt.

(Der vorstehende Absatz verstößt zwar gegen § 313 III ZPO, weil das Urteil nicht darauf beruht, er ist aber sinnvoll, um Wissen zu zeigen. Weiter geht es mit der Begründetheit:)

Der Kläger ist aktivlegitimiert, da er seinen Antrag der neuen materiellen Rechtslage angepasst und auf Herausgabe an den Dritten umgestellt hat. In dieser geänderten Form steht dem Kläger der geltend gemachte Anspruch aus § ... zu. Nach dieser Vorschrift ...«

E. Formulierungsvorschläge und Erläuterungen zu den relevantesten prozessualen Problemstellungen

352 **2. Fall:** Der Kläger tritt den geltend gemachten Anspruch nach Rechtshängigkeit an die Bank zur Sicherung einer Forderung ab. Er stellt den Antrag auf Zahlung an die Bank um. Der Beklagte rügt die fehlende Prozessführungsbefugnis des Klägers. Die Bank hat keine Kenntnis von dem Rechtsstreit.

Erörtern: Prozessführungsbefugnis gem. § 265 II 1 ZPO
Klageänderung durch Antragsumstellung stets zulässig nach § 264 Nr. 2 ZPO
Anzusprechen sind §§ 265 III, 325 ZPO
Die die Gutgläubigkeit des Zessionars ist unerheblich.

Beachte: Das Auftreten in gesetzlicher Prozessstandschaft wird in Zivilgerichtsklausuren stets zulässig sein, weil sonst die Klage als unzulässig abgewiesen werden müsste. Die Rüge des Beklagten muss also ins Leere gehen. Eine Rüge nach § 265 III ZPO kann im Examen – klausurtaktisch – nur erfolgreich sein, wenn ein Fall wie Rn. 356 vorliegt, also eine nachträgliche gewillkürte Prozessstandschaft nach einer gescheiterten gesetzlichen Prozessstandschaft. Da die Zessionarin ausweislich der Vorlage nicht bösgläubig war, muss die Rüge des Beklagten – prozesstaktisch – aus einem anderen Grund scheitern. Der Grund ist bei Forderungsabtretungen der was sich aus der Kommentierung bei Thomas/Putzo nicht ergibt, dass nach herrschender Meinung § 325 II ZPO nur anwendbar ist, wenn das materielle Recht einen Erwerb vom Nichtberechtigten kraft guten oder öffentlichen Glaubens überhaupt zulässt. Dies ist aber bei Forderungsabtretungen grds. nicht der Fall, wie sich aus § 404 BGB ergibt. Deshalb ist in derartigen Fällen die Gutgläubigkeit des Zessionars unerheblich.
Eine weitere kleine Falle kann darin versteckt sein, dass dem Abtretungsvertrag nicht zu entnehmen ist, dass der Zinsanspruch mit abgetreten worden ist, zumal, wenn der Verzugsbeginn vor dem Abtretungszeitpunkt lag. Wenn der Antrag in derartigen Fällen wie üblich auf Zahlung an den Zessionaren mit Zinsen seit Verzugsbeginn lautet, sollten Sie konkludent die Zinsen als mit abgetreten ansehen und dies bei der Begründung der Zinsentscheidung kurz darlegen.

Formulierungsvorschlag:

»Die Klage ist zulässig ... Die Abtretung des geltend gemachten Anspruchs am ..., mithin nach der durch Zustellung am ... eingetretenen Rechtshängigkeit der Klage, berührt gem. § 265 II ZPO die Prozessführungsbefugnis des Klägers nicht. Der Kläger tritt in gesetzlicher Prozessstandschaft auf.

Die gebotene Umstellung des Antrages auf Zahlung an die Zessionarin stellt lediglich eine sog. qualitative Modifizierung dar, die nach § 264 Nr. 2 ZPO eine stets zulässige Form der Klageänderung ist.

Die Rüge des Beklagten, dem Kläger fehle die Prozessführungsbefugnis, weil das Urteil nicht gegen den Rechtsnachfolger wirke, geht fehl. Gem. § 325 I ZPO wirkt das Urteil auch gegen denjenigen, der nach Rechtshängigkeit Rechtsnachfolger einer Partei geworden ist. Vorliegend kommt es auf die Gut- oder Bösgläubigkeit der Zessionarin nicht an, weil § 325 II ZPO nur anwendbar ist, wenn das materielle Recht einen Erwerb vom Nichtberechtigten kraft guten oder öffentlichen Glaubens überhaupt zulässt. Dies ist aber bei Forderungsabtretungen grds. nicht der Fall, wie sich aus § 404 BGB ergibt.

Einer Klarstellung durch einen richterlichen Hinweis bedurfte es nicht, weil der Antrag des Klägers unmissverständlich ist und die Hinweispflicht sich gem. § 139 II 1 ZPO nicht auf Nebenforderungen erstreckt.«

d) Gewillkürte Prozessstandschaft
Vorüberlegung:

353

Gewillkürte Prozessstandschaft liegt vor, wenn der materielle Rechtsinhaber einen Dritten zur klageweisen Geltendmachung seines Rechts ermächtigt. Sie unterscheidet sich von der in § 265 ZPO geregelten gesetzlichen Prozessstandschaft grds. nur durch den Zeitpunkt der Abtretung bzw. der Veräußerung der Sache:

- Liegt dieser Zeitpunkt **nach** Rechtshängigkeit, handelt es sich um gesetzliche Prozessstandschaft, es sei denn die Rüge des Beklagten nach § 265 III ZPO greift, was im Examen nicht sein wird.
- Liegt dieser Zeitpunkt **vor** der Rechtshängigkeit der Klage, liegt eine gewillkürte Prozessstandschaft vor.

Ein weiterer Fall gewillkürter Prozessstandschaft ist denkbar bei Abtretung nach Rechtshängigkeit, wenn der Einwand des Beklagten nach § 265 III ZPO greift, der Rechtsnachfolger also im Zeitpunkt der Abtretung gutgläubig war. Dann darf der bisherige Kläger mit Ermächtigung des Rechtsnachfolgers den Rechtsstreit als gewillkürter Prozessstandschafter fortführen (s. unten Rn. 356).

Gewillkürte Prozessstandschaft ist nach st.Rspr. dann zulässig,

- wenn das Recht / der Anspruch bzw. seine Ausübung übertragbar ist,
- wenn eine wirksame Ermächtigung durch den jetzigen Rechtsinhabers vorliegt,
- wenn der Kläger ein eigenes rechtliches Interesse an der Geltendmachung hat, und
- wenn dadurch keine Benachteiligung des Beklagten eintritt.

1. Fall: Der Kläger macht einen Anspruch, den er vor Rechtshängigkeit an eine Bank zur Sicherheit abgetreten hat, mit deren Ermächtigung im eigenen Namen gegen den Beklagten geltend. Der Antrag lautet auf Zahlung an die Bank.

354

Erörtern: Prozessführungsbefugnis aufgrund gewillkürter Prozessstandschaft
Ermächtigung durch materiellen Rechtsinhaber
Eigenes rechtliches Interesse
Keine Benachteiligung des Beklagten erkennbar

Formulierungsvorschlag:

»*Die Klage ist zulässig* ...

Der Umstand, dass der Kläger den geltend gemachten Anspruch bereits vor Rechtshängigkeit an die Zessionarin abgetreten hat, berührt seine Prozessführungsbefugnis nicht. Er tritt in sog. gewillkürter Prozessstandschaft auf. Nach dieser von der Rechtsprechung in Ermangelung einer gesetzlichen Regelung entwickelten Rechtsfigur kann der Kläger ausnahmsweise ein fremdes Recht im eigenen Namen geltend machen, wenn ihn der materielle Rechtsinhaber hierzu bevollmächtigt hat, der Kläger ein eigenes rechtliches Interesse an der Durchsetzung des Anspruchs hat und der Beklagte hierdurch keine Nachteile erleidet.

Diese Voraussetzungen sind vorliegend gegeben. Die Bevollmächtigung ergibt sich aus dem vorgelegten Schreiben der Zessionarin. Das rechtliche Interesse des Klägers folgt daraus, dass die Klärung der streitigen Werthaltigkeit der Forderung von maßgeblicher Bedeutung für das Rechtsverhältnis zwischen ihm und der Zessionarin ist. Der Beklagte ist durch das Auftreten des Klägers in gewillkürter Prozessstandschaft auch nicht benachteiligt. Durch die Ermächtigung zum Führen des Rechtsstreits wirkt das Urteil auch für und gegen die Zessionarin.«

E. Formulierungsvorschläge und Erläuterungen zu den relevantesten prozessualen Problemstellungen

355 **2. Fall:** Der Kläger macht einen Anspruch, den er vor Rechtshängigkeit abgetreten hat, mit Ermächtigung der Zessionarin im eigenen Namen geltend. Der Antrag lautet auf Zahlung an die Bank. Der Kläger ist vermögenslos, die Zessionarin ist vermögend.

Erörtern: Prozessführungsbefugnis aufgrund gewillkürter Prozessstandschaft
Ermächtigung durch materiellen Rechtsinhaber
Eigenes rechtliches Interesse
Auch bei Inanspruchnahme durch einen vermögenslosen Prozessstandschafter liegt grds. keine Benachteiligung des Beklagten vor, es sei denn, die Ermächtigung ist missbräuchlich.

Formulierungsvorschlag:

»Die Klage ist zulässig … Der Umstand, dass der Kläger den Anspruch bereits vor Rechtshängigkeit an die Zessionarin abgetreten hat, berührt seine Prozessführungsbefugnis nicht. Er tritt in sog. gewillkürter Prozessstandschaft auf. Nach dieser von der Rechtsprechung in Ermangelung einer gesetzlichen Regelung entwickelten Rechtsfigur kann der Kläger ein fremdes Recht im eigenen Namen geltend machen, wenn ihn der materielle Rechtsinhaber hierzu bevollmächtigt hat, er ein eigenes rechtliches Interesse an der Durchsetzung des Anspruchs hat und der Beklagte hierdurch keine Nachteile erleidet.

Diese Voraussetzungen liegen vor. Die Bevollmächtigung ergibt sich aus dem Schreiben der Zessionarin. Das rechtliche Interesse des Klägers folgt daraus, dass die Klärung der streitigen Werthaltigkeit der Forderung von Bedeutung für das Rechtsverhältnis zwischen ihm und der Zessionarin ist.

Dadurch, dass der Kläger in gewillkürter Prozessstandschaft auftritt, ist auch keine unbillige Benachteiligung des Beklagten festzustellen. Zum einen wirkt das Urteil durch die Erteilung der Vollmacht auch für und gegen die Zessionarin. Zum anderen reicht auch der Einwand, der Kläger sei vermögenslos und falle damit als Kostenschuldner für einen Rückgriff beim Scheitern seiner Klage aus, zur Verneinung seiner Prozessführungsbefugnis nicht aus. Von einem vermögenslosen Kläger zu Unrecht in Anspruch genommen zu werden, ist ein Lebensrisiko, dem jedermann ausgesetzt ist. Der Beklagte wäre auch nicht geschützt, wenn der vermögenslose Kläger den Anspruch erst nach Rechtshängigkeit abgetreten hätte. Dann läge nämlich ein Fall von gesetzlicher Prozessstandschaft vor, der gem. § 265 ZPO von Gesetzes wegen zulässig wäre. Außerdem würde auch eine Klageabweisung durch Prozessurteil wegen fehlender Prozessführungsbefugnis dem Beklagten möglicherweise nicht beizutreibende Kosten verursachen und ihn durch den geringeren Umfang der Rechtskraft weniger schützen als ein Sachurteil.

Eine gewillkürte Prozessstandschaft ist in derartigen Fällen nur unzulässig, wenn sich die Ermächtigung zur Prozessführung als Missbrauch darstellt. Dies ist lediglich dann anzunehmen, wenn ein vermögensloser ehemaliger Rechtsinhaber vorgeschoben wird, um einen Prozess zu führen, den er aus eigenem Antrieb nicht führen würde. Dies lässt sich hier aus den vorgetragenen Tatsachen aber nicht herleiten.«

III. Die Formulierungsvorschläge im Einzelnen

3. Fall Der Kläger tritt den geltend gemachten Anspruch nach Rechtshängigkeit ab, der Beklagte rügt zu Recht gem. § 265 III ZPO, dass die Zessionarin gutgläubig war. Diese bevollmächtigt daraufhin den Kläger zur Fortführung des Prozesses im eigenen Namen. 356

Erörtern: Prozessführungsbefugnis aufgrund nachträglicher gewillkürter Prozessstandschaft
Ermächtigung durch materiellen Rechtsinhaber
Eigenes rechtliches Interesse
Keine Benachteiligung des Beklagten

Formulierungsvorschlag:

»*Die Klage ist zulässig ...*
Der Kläger darf trotz der berechtigten Rüge des Beklagten nach § 265 III ZPO den Rechtsstreit fortführen. Der zutreffende Einwand des Beklagten, die Zessionarin sei gutgläubig i.S.v. § 325 ZPO i.V.m. § 932 II BGB gewesen, so dass das Urteil nicht gegen sie wirken würde, hat nur zur Folge, dass der Kläger nicht in gesetzlicher Prozessstandschaft klagen kann. Er ist aber nicht gehindert, diesen Mangel auch noch während des Verfahrens zu beheben und dann in sog. gewillkürter Prozessstandschaft aufzutreten.

Nach dieser von der Rechtsprechung in Ermangelung einer gesetzlichen Regelung entwickelten Rechtsfigur kann jemand als Partei in einem Rechtsstreit ausnahmsweise ein fremdes Recht in eigenem Namen geltend machen, wenn ihn der materielle Rechtsinhaber hierzu ermächtigt hat, er ein eigenes rechtliches Interesse an der Durchsetzung seines Anspruchs hat und der Beklagte hierdurch keine Nachteile erleidet. Diese Voraussetzungen sind vorliegend gegeben. Die Ermächtigung ergibt sich aus dem vorgelegten Schreiben der Zessionarin vom ...
Das rechtliche Interesse des Klägers folgt daraus, dass die Klärung der streitigen Werthaltigkeit der Forderung von maßgeblicher Bedeutung für das Rechtsverhältnis zwischen ihm und der Zessionarin ist. Eine Benachteiligung des Beklagten ist durch das Auftreten des Klägers in gewillkürter Prozessstandschaft nicht erkennbar. Durch die Bevollmächtigung zur Fortführung des Rechtsstreits wirkt das Urteil auch für und gegen die Zessionarin.«

E. Formulierungsvorschläge und Erläuterungen zu den relevantesten prozessualen Problemstellungen

4. Örtliche Zuständigkeit

357 Vorüberlegungen:

In den Fällen, in den sich die örtliche Zuständigkeit problemlos aus den §§ 12, 13 ZPO (Gerichtsstand des Wohnsitzes des Beklagten) ergibt und der Beklagte nicht rügt, ist es nicht erforderlich, etwas zur örtlichen Zuständigkeit zu schreiben. Schaden wird es aber vermutlich auch nicht, soweit Sie nicht mehr als einen Satz schreiben (vgl. Rn. 300). Die verschiedenen Regelungen zur örtlichen Zuständigkeit in den §§ 12 ff. ZPO sollten Sie sich einmal durchlesen.

a) Normalfall

358 **Fall:** Die örtliche Zuständigkeit des Wohnsitzes liegt zwar vor, dennoch rügt der Beklagte.

Erörtern: Örtliche Zuständigkeit nach §§ 12, 13 ZPO

Formulierungsvorschlag:

»*Die Klage ist zulässig.*

Die Zuständigkeitsrüge des Beklagten geht fehl. Das angerufene Gericht ist gem. §§ 12, 13 ZPO als Gericht des Wohnsitzes des Beklagten örtlich zuständig.«

b) Fortdauer der Zuständigkeit (sog. perpetuatio fori) gem. § 261 III Nr. 2 ZPO

359 Vorüberlegungen:

Maßgeblicher Zeitpunkt für das Vorliegen der Zulässigkeitsvoraussetzungen ist grds. der Schluss der mündlichen Verhandlung. Wenn eine Zulässigkeitsvoraussetzung zuvor fehlte, sie aber bei Schluss der mündlichen Verhandlung vorliegt, ist die Klage zulässig. Wenn aber eine Zulässigkeitsvoraussetzung während des Rechtsstreits entfällt, kann der Kläger einer Klageabweisung nur durch eine Erledigungserklärung entgehen (s. Rn. 430).

§ 261 III Nr. 2 ZPO regelt die Ausnahme von diesem Grundsatz und betrifft die örtliche und die sachliche Zuständigkeit des angerufenen Gerichts. § 261 III Nr. 2 ZPO besagt, dass ein einmal angerufenes Gericht zuständig bleibt, auch wenn sich eine Zuständigkeitsvoraussetzung nach Rechtshängigkeit ändert, und zwar

- in tatsächlicher Hinsicht (z.B. durch Wohnsitzwechsel) oder
- in rechtlicher Hinsicht (z.B. durch Änderung der gesetzlichen Streitwertgrenzen).

Fall: Der Beklagte ist nach Zustellung in einen anderen Gerichtsbezirk umgezogen. Er rügt die örtliche Zuständigkeit.

Erörtern: Örtliche Zuständigkeit nach §§ 12, 13 ZPO
Fortdauer der Zuständigkeit gem. § 261 III Nr. 2 ZPO

Formulierungsvorschlag:

»*Die Klage ist zulässig.*

Das angerufene Gericht ist gem. §§ 12, 13 ZPO als Gericht des Wohnsitzes des Beklagten örtlich zuständig. Daran hat sich auch durch den Wohnsitzwechsel nach Klagezustellung nichts geändert. Maßgeblicher Zeitpunkt für das Vorliegen der Zulässigkeitsvoraussetzungen ist zwar grundsätzlich der Schluss der mündlichen Verhandlung. War jedoch einmal die Zuständigkeit eines Gerichtes gegeben, besteht sie gem. § 261 III Nr. 2 ZPO unabhängig von einer Veränderung der sie begründenden Umstände fort. Dies ist hier der Fall, denn der Beklagte wohnte im Zeitpunkt der Zustellung der Klage im hiesigen Bezirk.«

Weitere Fälle der »perpetuatio fori« kommen auch im Rahmen der sachlichen Zuständigkeit durch teilweise Klagerücknahmen (Rn. 421) und Erledigungserklärungen (Rn. 430 ff.) vor.

III. Die Formulierungsvorschläge im Einzelnen

c) Gerichtsstand des Erfüllungsortes gem. § 29 ZPO
Vorüberlegungen: **360**

§ 29 ZPO greift nicht nur bei vertraglichen Erfüllungsansprüchen. Auch Gewährleistungsansprüche sind dort zu erfüllen, wo sich die mangelhafte Sache befindet (sog. Belegenheitsort). Der Gerichtsstand des Erfüllungsortes gilt zudem auch bei Ansprüchen nach Rücktritt oder Anfechtung von Verträgen (sog. Rückabwicklungsort), s. Rn. 403.

Wenn der Beklagte bereits den Vertragsschluss oder das Vorliegen von Mängeln bestreitet, ist § 29 ZPO qualifizierte Prozessvoraussetzung (vgl. Rn. 331 und Rn. 361 f.).

Fall: Der Kläger macht einen Kaufpreisanspruch geltend. Der Beklagte wohnte bei Vertragsschluss in Berlin. Er ist vor Zustellung der Klage nach Bonn gezogen. Der Kläger klagt in Berlin.

Erörtern: Örtliche Zuständigkeit des Erfüllungsortes gem. § 29 I ZPO
  Wahlrecht gem. § 35 ZPO
  §§ 270 IV, 269 I BGB (sog. qualifizierte Schickschuld)

Formulierungsvorschlag:

»*Die Klage ist zulässig... Insbesondere ist das angerufene Gericht gem. § 29 I ZPO örtlich zuständig. Nach dieser Vorschrift ist für Streitigkeiten aus einem Vertragsverhältnis eine örtliche Zuständigkeit bei dem Gericht begründet, in dessen Bezirk die streitige Verpflichtung zu erfüllen ist. Dies bestimmt sich gem. § 269 I BGB danach, wo der Schuldner zur Zeit der Entstehung des Schuldverhältnisses seinen Wohnsitz hatte, wenn ein Ort für die Leistung weder bestimmt, noch aus sonstigen Umständen zu entnehmen ist. Dies ist hier Berlin, wo der Beklagte zum Zeitpunkt der Entstehung des Schuldverhältnisses, dem Abschluss des Kaufvertrages, wohnte. Berlin war Erfüllungsort für die Kaufpreisforderung, die als sog. qualifizierte Schickschuld i.S.v. §§ 270 IV, 269 I BGB am Wohnsitz des Schuldners zu erfüllen ist.*

Es stand dem Kläger gem. § 35 ZPO frei, Berlin als Gerichtsstand des Erfüllungsortes zu wählen.«

d) Gerichtsstand der unerlaubten Handlung gem. § 32 ZPO
Vorüberlegungen: **361**

Zur Begründung des Gerichtsstandes gem. § 32 ZPO reicht es aus, dass der Kläger die Voraussetzungen einer unerlaubten Handlung schlüssig vorträgt. Ob eine solche tatsächlich vorliegt, ist ausschließlich eine Frage der Begründetheit. Es handelt sich um eine qualifizierte Prozessvoraussetzung (vgl. Rn. 331 f.). Aus prozessökonomischen Gründen wird in diesen Fällen der grundsätzliche Vorrang der Zulässigkeit gegenüber der Begründetheit eingeschränkt, damit die Rechtskraft des Sachurteils den gesamten Anspruch erfasst. Wenn die unerlaubte Handlung unstreitig ist, erübrigt sich die vorstehende Erörterung.

Die Entscheidungsbefugnis eines nach § 32 ZPO zuständigen Gerichts erstreckt sich nach neuester Rspr. nicht mehr allein auf den deliktischen Anspruch. Nach BGH NJW 2003, 828 ff. hat das nach § 32 ZPO örtlich zuständige Gericht analog § 17 II GVG den Rechtsstreit unter allen in Betracht kommenden rechtlichen Gesichtspunkten, also auch unter vertraglichen, zu entscheiden, sofern es sich um einen einheitlichen prozessualen Anspruch handelt. Neben dem in § 17 II GVG zum Ausdruck gekommenen gesetzgeberischen Willen, dass Rechtsstreitigkeiten sogar über die Grenzen von Gerichtsbarkeiten hinaus »in einer Hand« bleiben sollen, sprechen Gründe der Prozessökonomie für diese Ansicht.

E. Formulierungsvorschläge und Erläuterungen zu den relevantesten prozessualen Problemstellungen

Fall: Der Kläger nimmt den Beklagten aus unerlaubter Handlung vor einem nur gem. § 32 ZPO örtlich zuständigen Gericht in Anspruch. Der Beklagte bestreitet die unerlaubte Handlung.

Erörtern: Örtliche Zuständigkeit gem. § 32 ZPO (qualifizierte Prozessvoraussetzung)

Formulierungsvorschlag:

»*Die Klage ist zulässig ... Die örtliche Zuständigkeit des angerufenen Gerichts ergibt sich aus § 32 ZPO. Danach ist für Klagen aus unerlaubter Handlung das Gericht zuständig, in dessen Bezirk die Handlung begangen worden ist. Dazu reicht es aus, dass der Kläger, wie geschehen, die Voraussetzungen der unerlaubten Handlung schlüssig vorträgt. Dies folgt aus der Lehre der sog. qualifizierten Prozessvoraussetzungen. Das sind solche, die sowohl für die Zulässigkeit, als auch für die Begründetheit einer Klage vorliegen müssen. In derartigen Fällen wird der Vorrang der Zulässigkeit vor der Begründetheit aus Gründen der Prozessökonomie und der Rechtssicherheit durchbrochen. Wenn das ausschließlich gem. § 32 ZPO zuständige Gericht das Vorliegen einer unerlaubten Handlung in der Sache verneint und dann nur ein Prozessurteil wegen fehlender örtlicher Zuständigkeit erlassen dürfte, könnte der Kläger den Beklagten erneut mit demselben Sachvortrag vor einem anderen Gericht verklagen.*«

e) Gerichtsstandsvereinbarung gem. §§ 38 ff. ZPO

362 Vorüberlegungen:

Lesen Sie zunächst §§ 38–42 ZPO durch. Bei Klagen vor dem vereinbarten Gericht wird die Prorogation wirksam sein oder es wird ein anderer Gerichtsstand vorliegen, den der Kläger gem. § 35 ZPO wählen kann.

Wenn der Kläger trotz Prorogation vor einem anderen Gericht klagt, wird der Streit darum gehen, ob nicht vor dem vereinbarten Gericht hätte geklagt werden müssen. Die klausurtaktische Lösung wird entweder die Unwirksamkeit der Prorogation oder notfalls deren Auslegung als Vereinbarung eines zusätzlichen Gerichtsstandes sein. Denken Sie bei Klagen vor den Amtsgerichten an § 504 ZPO!

363 1. Fall: Es liegt eine wirksame Gerichtsstandsvereinbarung »München« vor, der Kläger erhebt aber Klage vor dem Wohnsitzgericht in Lübeck. Der Beklagte rügt die örtliche Zuständigkeit.

Erörtern: Örtliche Zuständigkeit gem. §§ 12, 13 ZPO. Es kann – klausurtaktisch – nur ein zusätzlicher Gerichtsstand vereinbart worden sein, was dem Kläger die Wahlmöglichkeit nach § 35 ZPO lässt. Bei Vereinbarung eines ausschließlichen Gerichtsstandes wäre die Klage unzulässig.

Formulierungsvorschlag:

»*Die Klage ist zulässig ... Die örtliche Zuständigkeit des Gerichts folgt aus §§ 12, 13 ZPO. Dem steht auch die wirksame Gerichtsstandsvereinbarung, nach der München zuständiger Gerichtsort ist, nicht entgegen. Unter umfassender Würdigung des Parteiwillens und der Interessenlage bei Vertragsschluss kann dies nicht als Vereinbarung eines ausschließlichen, sondern nur als Vereinbarung eines zusätzlichen Gerichtsstandes gewertet werden. Dies ergibt sich daraus, dass ... Das lässt dem Kläger gem. § 35 ZPO die Wahl, seine Klage vor einem der zuständigen Gerichte zu erheben.*«

III. Die Formulierungsvorschläge im Einzelnen

2. Fall: Die Prorogation ist problematisch. Der Kläger klagt vor dem Wohnsitzgericht. Der Beklagte rügt. **364**

Erörtern: Örtliche Zuständigkeit gem. §§ 12, 13 ZPO. Die Wirksamkeit der Gerichtsstandsvereinbarung kann offen bleiben. Es kann – klausurtaktisch – nur ein zusätzlicher Gerichtsstand vereinbart worden sein, was dem Kläger die Wahlmöglichkeit nach § 35 ZPO lässt.

Formulierungsvorschlag:

»*Die Klage ist zulässig. Das angerufene Gericht ist als Gericht des Wohnsitzes des Beklagten gem. §§ 12, 13 ZPO örtlich zuständig. Dabei kann dahinstehen, ob die abweichende Gerichtsstandsvereinbarung wegen der ggf. fehlenden Kaufmannseigenschaft des Beklagten überhaupt wirksam ist. Unter umfassender Würdigung des Parteiwillens und der Interessenlage ...* (weiter wie in Rn. 363).«

3. Fall: Die Prorogation ist problematisch, der Kläger klagt vor einem anderen Landgericht. **365**
Der Beklagte rügt nicht.

Erörtern: Örtliche Zuständigkeit nach § 39 ZPO. § 40 II 2 ZPO schließt seinem Wortlaut nach beim Vorliegen eines ausschließlichen Gerichtsstandes die Heilung durch rügeloses Verhandeln aus. Diese Vorschrift betrifft aber nur gesetzlich bestimmte ausschließliche Gerichtsstände.
§ 504 ZPO gilt nur für Amtsgerichte und greift bei Unzuständigkeit des Landgericht nicht.

Formulierungsvorschlag:

»*Die Klage ist zulässig ... Es kann dahinstehen, ob die Parteien eine wirksame Gerichtsstandsvereinbarung getroffen haben. Das angerufene Gericht ist jedenfalls dadurch zum örtlich zuständigen Gericht geworden, dass der Beklagte, ohne die Unzuständigkeit geltend gemacht zu haben, zur Hauptsache mündlich verhandelt hat, § 39 ZPO. Dem steht auch nicht die Regelung des § 40 II 2 ZPO entgegen, nach der durch rügeloses Verhandeln ein Gerichtsstand dann nicht begründet wird, wenn für die Klage ein ausschließlicher Gerichtsstand besteht. Selbst wenn die Parteien durch wirksame Gerichtsstandsvereinbarungen München als ausschließlichen Gerichtsstand begründet haben sollten, ist § 40 II 2 ZPO nicht einschlägig. Diese Vorschrift betrifft nur ausschließliche Gerichtsstände, die von Gesetzes wegen bestehen, nicht aber solche, die die Parteien vereinbart haben. Eines richterlichen Hinweises bedurfte es nicht. Dieser ist gem. § 504 ZPO nur für Amtsgerichte zwingend, nicht aber für Landgerichte.*«

E. Formulierungsvorschläge und Erläuterungen zu den relevantesten prozessualen Problemstellungen

f) Rügeloses Verhandeln gem. § 39 ZPO

366 Vorüberlegungen:

Beachten Sie, dass grds. auch schriftsätzlich angekündigte Rügen ohne ausdrückliche Wiederholung durch die Antragstellung in der mündlichen Verhandlung im Wege der konkludenten Bezugnahme aufrechterhalten sind (vgl. Rn. 407, 428). Wenn die Rügen in der Sache unbegründet sind, sollten Sie darauf eingehen. Wenn daran aber die Zulässigkeit der Klage scheitert, sollten Sie eine Antragstellung ohne ausdrückliche Bezugnahme auf schriftsätzlich vorgetragene Rügen als rügeloses Verhandeln ansehen und entsprechend begründen.

> **Fall:** Eine örtliche Zuständigkeit des Landgerichts ist entweder nicht gegeben oder zumindest zweifelhaft. Der Beklagte hat nur schriftsätzlich gerügt, dann aber rügelos verhandelt

Erörtern: Örtliche Zuständigkeit durch rügeloses Verhandeln gem. § 39 ZPO.

Formulierungsvorschlag:

»Die Klage ist zulässig ...

Das angerufene Gericht ist jedenfalls gem. § 39 ZPO örtlich zuständig. Danach wird eine örtliche Zuständigkeit auch dadurch begründet, dass der Beklagte, ohne die Unzuständigkeit geltend zu machen, zur Hauptsache mündlich verhandelt. Dies hat der Beklagte in der Sitzung vom ... durch rügelose Antragstellung getan. Daran ändert auch der Umstand nichts, dass er zuvor die fehlende örtliche Zuständigkeit schriftsätzlich gerügt hat. Auch wenn derartige Rügen grds. ohne ausdrückliche Wiederholung oder Bezugnahme durch das Stellen der Anträge konkludent als aufrechterhalten anzusehen sind, muss sich der Beklagte hier an seinem rügelosen Verhandeln festhalten lassen. Aus seinen ausschließlich auf die materielle Rechtslage gerichteten Angriffen gegen die Klage folgt, dass er die Zulässigkeitsrüge nicht aufrechterhalten, sondern eine Sachentscheidung herbeiführen wollte, die ihn wegen der umfassenderen Rechtskraft mehr schützt als ein Prozessurteil.«

g) Bindende Verweisung gem. § 281 II 4 ZPO

367 > **Fall:** Der Rechtsstreit ist an das mit der Sache befasste Gericht gem. § 281 ZPO von einem anderen Gericht verwiesen worden, das dieses fälschlicherweise für örtlich zuständig hielt.

Erörtern: Örtliche Zuständigkeit gem. § 281 II 4 ZPO
Keine Anzeichen für willkürliche Verweisung

Beachte: Gem. § 281 II 4 ZPO ist der Verweisungsbeschluss bindend. Die Ausnahme, dass bei willkürlichen Verweisungen keine Bindung eintritt, darf in einer Examensklausur nicht bejaht werden, weil die Verweisung dann unwirksam wäre und Sie nicht entscheiden könnten.
Bei der Kostenentscheidung § 281 III 2 ZPO beachten, wenn der Kläger nicht voll verliert, s. Rn. 178. Dann an doppelte vorläufige Vollstreckbarkeit denken, s. Rn. 222.

Formulierungsvorschlag:

»Die Klage ist zulässig ...

Das angerufene Gericht ist durch den Verweisungsbeschluss des Amtsgerichts Bonn vom ... örtlich zuständig geworden. Dies folgt aus § 281 II 4 ZPO, wonach der Verweisungsbeschluss für das Gericht, an das verwiesen wird, bindend ist.

Eine Ausnahme von dieser Regelung, die nach ständiger Rechtsprechung dann gegeben ist, wenn der Verweisungsbeschluss als objektiv willkürlich anzusehen ist, liegt nicht vor. Zwar ist die Verweisung zu Unrecht erfolgt, weil eine örtliche Zuständigkeit hier nicht gegeben ist ... Dieser Fehler stellt sich aber lediglich als bloßer Irrtum dar und nicht als Missbrauch der Verweisungsmöglichkeit.«

III. Die Formulierungsvorschläge im Einzelnen

5. Sachliche Zuständigkeit

a) Rügeloses Verhandeln gem. § 39 ZPO

Vorüberlegungen: **368**

Wegen der in § 504 ZPO normierten Hinweispflicht auf die fehlende sachliche Zuständigkeit des Amtsgerichts bei Streitwerten über 5.000,– € werden im Examen wohl nur Fälle vorkommen, die die fehlende Zuständigkeit des Landgerichts betreffen, weil das Gericht darauf nicht hinweisen muss und Bearbeiter diese kleine Falle deshalb leichter übersehen können.

> **Fall:** Der Streitwert liegt unterhalb der Schwelle der sachlichen Zuständigkeit des Landgerichts. Der Beklagte verhandelt rügelos.

Erörtern: Sachliche Zuständigkeit durch rügelose Einlassung gem. § 39 ZPO
§ 504 ZPO gilt nicht für Landgerichte

Formulierungsvorschlag:

»*Die Klage ist zulässig*... *Die sachliche Zuständigkeit des angerufenen Gerichts ergibt sich aus § 39 ZPO, nachdem der Beklagte rügelos zur Hauptsache verhandelt hat. Eines Hinweises nach § 504 ZPO, der nur für Amtsgerichte gilt, bedurfte es nicht.*«

b) Ursprüngliche objektive kumulative Klagenhäufung gem. § 260 ZPO

Vorüberlegungen: **369**

Der Zuständigkeitsstreitwert bei ursprünglicher objektiver kumulativer Klagenhäufung ist gem. § 5 ZPO die Summe der Streitwerte der einzelnen Anträge. Die Streitwerte verschiedener Anträge gegen einfache Streitgenossen, die getrennt vollstreckt werden können, werden auch gem. § 5 ZPO addiert (Rn. 345).

§ 260 ZPO ist bei dieser Form der Klagenhäufung grds. keine Zulässigkeitsvoraussetzung der Klage. Die Vorschrift regelt in diesen Fällen nur die Zulässigkeit der Anspruchsverbindung. Sie sollten deshalb Ausführungen zu § 260 ZPO von den übrigen Erörterungen der Zulässigkeit abgrenzen und diese nach den echten Zulässigkeitserwägungen vor der Begründetheit darlegen (s. Rn. 321). Nur wenn durch die Häufung der Anträge erst die Zuständigkeit des Landgerichts begründet wird, ist § 260 ZPO für die sachliche Zuständigkeit echte Zulässigkeitsvoraussetzung (s. unten 2. Fall).

> **1. Fall:** A verklagt B vor dem Amtsgericht mit zwei Anträgen mit Streitwerten von jeweils 2.000,– €. **370**

Erörtern: Ursprüngliche objektive kumulative Klagenhäufung gem. § 260 ZPO
Die Summe der Streitwerte bestimmt gem. § 5 ZPO die sachliche Zuständigkeit.

Beachte: Sie müssen mögliche andere Zulässigkeitsaspekte vor § 260 ZPO erörtern, weil § 260 ZPO bei dieser Konstellation keine echte Zulässigkeitsvoraussetzung ist.

Formulierungsvorschlag:

»*Die Klage ist zulässig*... (Jetzt sollten Sie die echten Zulässigkeitsprobleme abhandeln.)

Es steht dem Kläger auch frei, mehrere Klageanträge in einer Klage zu verbinden. Dies ist gem. § 260 ZPO immer dann möglich, wenn bei Identität der Parteien für sämtliche Ansprüche das Prozessgericht zuständig, dieselbe Prozessart zulässig ist und wenn kein Verbindungsverbot besteht. So ist es hier.«

E. Formulierungsvorschläge und Erläuterungen zu den relevantesten prozessualen Problemstellungen

371 **2. Fall:** A verklagt B vor dem Landgericht mit zwei Anträgen mit Streitwerten von jeweils 3.000,– €.

Erörtern: Ursprüngliche objektive kumulative Klagenhäufung gem. § 260 ZPO
Sachliche Zuständigkeit gem. §§ 23 Nr. 1, 71 I GVG i.V.m. § 5 ZPO
Die Summe der Streitwerte bestimmt die sachliche Zuständigkeit.
§ 260 ZPO ist i.V.m. § 5 ZPO hier echte Zulässigkeitsvoraussetzung

Formulierungsvorschlag:

»*Die Klage ist zulässig ... Das angerufene Gericht ist auch sachlich zuständig. Gem. §§ 23 Nr. 1, 71 I GVG ist für Streitigkeiten mit einem Streitwert von mehr als 5.000,– € das Landgericht sachlich zuständig. Der Streitwert beträgt hier gem. § 5 ZPO 6.000,– €. Nach dieser Vorschrift sind bei anfänglicher kumulativer Klagenhäufung die Streitwerte der einzelnen Anträge zu addieren.* (Jetzt sollten Sie die echten Zulässigkeitsprobleme abhandeln.)

Es steht dem Kläger auch frei, mehrere Klageanträge in einer Klage zu verbinden. Dies ist gem. § 260 ZPO ...«

c) Haupt- und Hilfsanträge

372 Vorüberlegungen:

Häufigster Fall ist die sog. **echte eventuelle Klagenhäufung**, also z.B. der klassische Hilfsantrag, der für den Fall des Misserfolgs des Hauptantrages gestellt wird. Zur grds. Frage der Zulässigkeit s. Rn. 322.

Probleme bzgl. der sachlichen Zuständigkeit tauchen in diesen Fällen nur auf, wenn der Hilfsantrag höherwertiger ist als der Hauptantrag und in die Zuständigkeit des Landgerichts fällt, während der Hauptantrag isoliert betrachtet vor dem Amtsgericht verhandelt werden müsste. In diesem Fall begründet der höhere Streitwert des Hilfsantrages die Zuständigkeit, weil das angerufene Gericht für den gesamten Rechtsstreit entscheidungsbefugt sein muss.

Für die Ermittlung des Zuständigkeitsstreitwertes ist bei echten eventuellen Klagenhäufungen nur der höhere Wert der beiden Anträge maßgebend. § 45 I 2, III GKG, der u.U. eine Addition vorsieht, regelt nur den Gebührenstreitwert. § 5 ZPO dürfen Sie in diesen Fällen nicht erwähnen, weil die Vorschrift grds. nur Fälle von objektiver kumulativer Klagenhäufung betrifft und auf echte eventuelle Klagenhäufungen grds. nicht anwendbar ist. Anders ist es aber bei unechten eventuellen Klagenhäufungen.

373 Bei **unechter eventueller Klagenhäufung** (s. Rn. 323) ist die sachliche Zuständigkeit zu erörtern, wenn durch die Addition der Einzelstreitwerte die Grenze von 5.000,– € überschritten wird. Das Argument für die Zuständigkeit des Landgerichts folgt aus dem Rechtsgedanken der §§ 5, 504 ZPO. Das Gericht muss wie bei echter eventueller Klagenhäufung für den gesamten Rechtsstreit entscheidungsbefugt sein, auch wenn ggf. nicht über den Hilfsantrag entschieden wird.

Fall: Bei einer Klage vor dem Landgericht auf Zahlung, hilfsweise auf Rückgabe einer Sache, beträgt der Streitwert des Hauptantrages 5.000,– €, der des Hilfsantrages 6.000,– €.

Erörtern: Der höhere Streitwert begründet die Zuständigkeit gem. §§ 23 Nr. 1, 71 I GVG.
Zulässigkeit von Eventualanträgen, § 253 II Nr. 2 ZPO
Rechtlicher oder wirtschaftlicher Zusammenhang der Anträge
Zulässigkeit der objektiven Klagenhäufung als besondere Sachurteilsvoraussetzung, § 260 ZPO

Beachte: Wenn Sie dem Hauptantrag stattgeben und folglich nicht zur Entscheidung über den Hilfsantrag kommen, sollten Sie die Zulässigkeit des Hilfsantrages grds. gar nicht erörtern, weil die Entscheidung in diesem Fall nicht darauf beruht, § 313 III ZPO.

III. Die Formulierungsvorschläge im Einzelnen

Wenn Sie den Hauptantrag abweisen und über den Hilfsantrag entscheiden, sollten Sie Ausführungen zur Zulässigkeit des Hilfsantrages den Ausführungen zur Begründetheit des Hilfsantrags voranstellen. § 260 ZPO sollten Sie in diesem Fall als besondere Sachurteilsvoraussetzung i.R.d. Zulässigkeitserörterungen des Hilfsantrags darstellen.

Formulierungsvorschlag:

»Die Klage ist zulässig...

Das angerufene Gericht ist gem. §§ 23 Nr. 1, 71 I GVG sachlich zuständig. Vorliegend begründet der 5.000,- € übersteigende Wert des Hilfsantrages die sachliche Zuständigkeit des Landgerichts für den gesamten Rechtsstreit. Denn schon mit der Geltendmachung eines Hilfsantrages wird dessen sofortige, auflösend bedingte Rechtshängigkeit sowie eine aufschiebend bedingte Entscheidungsbefugnis des Gerichts begründet. Daraus folgt, dass das angerufene Gericht auch sachlich für diesen Anspruch, über den es gegebenenfalls eine Entscheidung treffen muss, zuständig sein muss.

(Nur wenn Sie den Hauptantrag abweisen, geht es wie folgt weiter:)

Der Hilfsantrag ist zulässig. Dem steht insbesondere nicht entgegen, dass dieser Antrag unter einer Bedingung gestellt worden ist. Dieser sog. ›echte‹ Hilfsantrag ist als Ausnahme von der grundsätzlichen Bedingungsfeindlichkeit von Anträgen deshalb zulässig, weil es sich bei der Bedingung um ein innerprozessuales Ereignis, die Unbegründetheit des Hauptantrages, handelt. Diese Bedingung bewirkt keine Rechtsunsicherheit, wie sie § 253 II Nr. 2 ZPO verhindern soll, weil sie allein von der Entscheidung des erkennenden Gerichts abhängt. Der erforderliche rechtliche oder wirtschaftliche Zusammenhang zwischen Haupt- und Hilfsantrag liegt darin, dass beide Ansprüche aus demselben vertraglichen Verhältnis resultieren.

Dem Kläger steht es auch gem. § 260 ZPO frei, mehrere Ansprüche in einem Verfahren gegen den Beklagten zu verbinden. Die Voraussetzungen dieser Vorschrift, dass..., liegen vor.«

d) Mischmietverhältnisse
Vorüberlegungen: **374**

Nach § 23 Nr. 2 a GVG besteht eine ausschließliche Zuständigkeit für Streitigkeiten über Ansprüche aus Mietverhältnissen über Wohnraum unabhängig von der Höhe des Streitwerts bei den Amtsgerichten. Bei Mietverhältnissen über Gewerberäume hängt die sachliche Zuständigkeit von der Höhe des Streitwertes ab. Bei gemischten Wohnraum-/Gewerberaummietverträgen mit einem Streitwert über 5.000,- € entscheidet der Schwerpunkt. Im Examen heißt das für Sie, dass das angerufene Gericht in jeden Fall zuständig ist. Wenn das Amtsgericht bei einem Streitwert von mehr als 5.000,- € angerufen wurde, liegt der Schwerpunkt eben auf dem Wohnraum, wenn der Kläger das Landgericht angerufen hat, auf dem Gewerberaum.

Fall: Der Kläger klagt aus einem gemischten Mietvertrag 6.000,- € vor dem Landgericht ein.

Erörtern: Sachliche Zuständigkeit gem. §§ 23 Nr. 1, 71 GVG beim Landgericht
§ 23 Nr. 2 a GVG greift nicht ein, der Schwerpunkt des Mischmietverhältnisses muss aus klausurtaktischen Gründen in dem gewerblich genutzten Teil liegen.

Formulierungsvorschlag:

»Die Klage ist zulässig. Das angerufene Gericht ist wegen des 5.000,- € übersteigenden Streitwertes nach §§ 23 Nr. 1, 71 GVG sachlich zuständig. Dem steht nicht die Regelung des § 23 Nr. 2 a GVG entgegen, wonach Ansprüche aus einem Mietverhältnis über Wohnraum in die ausschließliche Zuständigkeit des Amtsgerichts fallen. Wenn der Streitwert mehr als 5.000,- € beträgt, ist bei Mischmietverhältnissen die überwiegende Nutzungsart für die Begründung der Zuständigkeit maßgeblich. Diese liegt hier in der gewerblichen Nutzung, was durch... (z.B. größerer Anteil der gewerblich genutzten Grundfläche) zum Ausdruck kommt.«

E. Formulierungsvorschläge und Erläuterungen zu den relevantesten prozessualen Problemstellungen

e) Fortdauer der Zuständigkeit (sog. perpetuatio fori) gem. § 261 III Nr. 2 ZPO

375 Vorüberlegungen:

§ 261 III Nr. 2 ZPO regelt neben der örtlichen (Rn. 359) auch bzgl. der sachlichen Zuständigkeit, dass ein einmal angerufenes Gericht zuständig bleibt, auch wenn sich eine Zuständigkeitsvoraussetzung nach Rechtshängigkeit ändert, und zwar

- in tatsächlicher Hinsicht, z.B. durch Erledigungserklärungen oder teilweise Klagerücknahmen (s. Rn. 430 ff.) oder
- in rechtlicher Hinsicht, z.B. durch gesetzliche Anhebung der Streitwertgrenzen.

Diese Regelung betrifft aber nicht die Fälle, in denen durch nachträgliche kumulative Klagenhäufung oder durch schlichte Klageerweiterung der Zuständigkeitsstreitwert des zunächst zuständigen Amtsgerichts überschritten wird. Dann wird das Amtsgericht unzuständig. § 506 ZPO regelt das weitere Verfahren. Diese Fälle werden im Examen aber so nicht vorkommen, weil das Problem zu offensichtlich ist. Der umgekehrte Fall, dass das Landgericht zunächst unzuständig war und die erforderliche Streitwertgrenze erst durch eine Klageerweiterung oder eine Klagenhäufung überschritten wird, ist in Rn. 378 dargestellt.

376 **1. Fall:** Der Streitwert liegt nach geltendem Recht unterhalb der Schwelle für die sachliche Zuständigkeit des Landgerichts, wegen der ggf. niedrigeren Grenzen im Zeitpunkt der Klageerhebung könnte die sachliche Zuständigkeit seinerzeit vorgelegen haben. Der Beklagte rügt nicht. Sie kennen die alten Grenzen nicht.

Erörtern: Wenn Sie die alten Wertgrenzen nicht kennen, sollten Sie die sachliche Zuständigkeit nicht problematisieren. In einer Fußnote sollten Sie auf die ggf. früher geltenden Zuständigkeitsstreitwerte und auf § 39 ZPO oder § 261 II Nr. 2 ZPO hinweisen.

Formulierungsvorschlag:

»*Die Klage ist zulässig . . . .* °*(Fußnote)*«

»*Der Verfasser geht davon aus, dass die sachliche Zuständigkeit nach dem Recht, das zur Zeit der Klageerhebung galt, gegeben war. Eine Änderung der Zuständigkeitsstreitwerte während des Prozesses wäre gem. § 261 III Nr. 2 ZPO unbeachtlich. Andernfalls wäre die Zuständigkeit des Gerichts infolge der rügelosen Einlassung des Beklagten gem. § 39 ZPO gegeben.*«

377 **2. Fall:** Der Zuständigkeitsstreitwert erhöht sich während des Prozesses infolge einer Gesetzesänderung. Nach neuem Recht wäre nicht mehr das angerufene Landgericht sachlich zuständig, sondern das Amtsgericht.

Erörtern: Sachliche Zuständigkeit gem. § 261 III Nr. 2 ZPO

Formulierungsvorschlag:

»*Die Klage ist zulässig . . .*

Das angerufene Gericht ist auch sachlich zuständig. Dabei spielt es keine Rolle, dass sich die Streitwertgrenzen während des Prozesses geändert haben mit der Folge, dass nunmehr Klagen mit einem Streitwert von 5.000,– € und darunter gem. § 23 I Nr. 1 GVG in die Zuständigkeit des Amtsgerichts fallen. Der einmal vor dem Landgericht begründete sachliche Gerichtsstand wird gem. § 261 III Nr. 2 ZPO durch die Veränderung der ihn begründenden Umstände nicht berührt.«

III. Die Formulierungsvorschläge im Einzelnen

3. Fall Der Kläger erhebt vor dem LG Klage mit einem Streitwert von 4.000,– €. Er erhöht den Streitwert durch einen weiteren Antrag auf 6.000,– €. Der Beklagte widerspricht der nachträglichen Erweiterung und rügt die sachliche Zuständigkeit. Er meint, das Amtsgericht sei wegen § 261 III Nr. 2 ZPO zuständig.

378

Erörtern: Grundsätzliche Zulässigkeit der nachträglichen kumulativen Klagenhäufung gem. § 261 II ZPO i.V.m. § 260 ZPO.
Sachdienlichkeit der Klagenhäufung gem. § 263, 2. Alt. ZPO
Die Summe der Streitwerte bestimmt gem. § 5 ZPO die sachliche Zuständigkeit
§ 260 ZPO ist hier echte Zulässigkeitsvoraussetzung, da durch die Addition die Zuständigkeit erst begründet wird.
Keine Anzeichen für ein Erschleichen der Zuständigkeit
§ 261 III Nr. 2 ZPO (perpetuatio fori) greift nicht. Aus § 506 ZPO folgt, dass das Amtsgericht bei Überschreitung des Zuständigkeitsstreitwertes unzuständig wird.
§ 506 ZPO ist eine Einschränkung von § 261 III Nr. 2 ZPO.
§ 506 ZPO ist hier analog anzuwenden. Es liegt eine planwidrige Regelungslücke vor.

Formulierungsvorschlag:

»Die Klage ist zulässig ...

Dem Kläger steht es frei, seine Klage durch den Antrag zu 2) nachträglich zu erweitern. Aus § 261 II ZPO folgt, dass dies grundsätzlich möglich ist. Gem. § 263, 2. Alt. ZPO ist die Zustimmung des Beklagten zu der Klageänderung wegen Sachdienlichkeit entbehrlich. Dies ist immer dann anzunehmen, wenn das bisherige Prozessergebnis verwertbar ist und durch die geänderte Klage ein weiterer Rechtsstreit zwischen den Parteien vermieden wird. Das ist der Fall, denn ...

Auch die Verbindung mehrerer Klageanträge in einer Klage ist zulässig. Dies ist gem. § 260 ZPO immer dann möglich, wenn bei Identität der Parteien für sämtliche Ansprüche das Prozessgericht zuständig und dieselbe Prozessart zulässig ist und kein Verbindungsverbot besteht. Dies ist gegeben. Anhaltspunkte dafür, dass die Klagenhäufung rechtsmissbräuchlich ist, um durch die Addition der Einzelstreitwerte die Zuständigkeit des angerufenen Landgerichts zu erschleichen, sind nicht ersichtlich.

Das angerufene Gericht ist infolge der Klageerweiterung gem. §§ 23 Nr. 1, 71 I GVG auch sachlich zuständig geworden. Der Streitwert beträgt hier gem. § 5 ZPO 6.000,– €. Nach dieser Vorschrift sind bei kumulativer Klagenhäufung die Streitwerte der einzelnen Anträge zu addieren.

Die auf § 261 III Nr. 2 ZPO gestützte Rüge des Beklagten geht fehl. Nach dieser Vorschrift wird zwar eine einmal gegebene Zuständigkeit eines Gerichts durch die Veränderung der sie begründenden Umstände nicht berührt. § 506 ZPO schränkt diesen Grundsatz aber insofern ein, als bei einer Überschreitung des Zuständigkeitsstreitwertes der Amtsgerichte infolge einer Klageerweiterung auf Antrag einer Partei eine Verweisung an das Landgericht zu erfolgen hat. Der Rechtsgedanke dieser Vorschrift, dass das Amtsgericht abgesehen von gesetzlich geregelten Ausnahmen grundsätzlich keine Rechtsstreitigkeiten mit einem Streitwert von mehr als 5.000,– € entscheiden soll, zwingt zu der Annahme, dass das zunächst unzuständige Landgericht zuständig wird, wenn im Laufe des Verfahrens die Streitwertgrenze für seine sachliche Zuständigkeit erreicht wird.«

E. Formulierungsvorschläge und Erläuterungen zu den relevantesten prozessualen Problemstellungen

6. Funktionelle Zuständigkeit gem. § 94 ff. GVG

379 Vorüberlegungen:

Ein vor die Kammer für Handelssachen (KfH) gehörender Rechtsstreit gelangt zur KfH dadurch,

- dass der Kläger Klage vor der KfH erhebt oder
- dass der Beklagte gem. § 98 GVG rechtzeitig den Antrag auf Verweisung an die KfH stellt.

Nach § 101 GVG ist der Verweisungsantrag nur vor der Verhandlung zur Sache oder innerhalb der Frist zur Klageerwiderung nach § 276 ZPO zulässig, wenn eine solche gesetzt worden ist. Examensrelevante Problemstellungen können also nur sein, dass die angerufene Zivilkammer zuständig ist, weil

- ein Verweisungsantrag inhaltlich unbegründet,
- verspätet oder
- von der falschen Partei gestellt worden ist.

Da sich hier nur die Frage der sog. funktionellen Zuständigkeit stellt, sollten Sie Ausführungen dazu nach den übrigen Zulässigkeitserörterungen machen.

380 **1. Fall:** Die Rüge des Beklagten, die Zivilkammer sei funktionell unzuständig, ist inhaltlich unbegründet.

Erörtern: Zuständigkeit der Zivilkammer gem. §§ 23 Nr. 1, 71 I GVG
Der Rechtsstreit betrifft keine Handelssache i.S.v. § 95 GVG.

Formulierungsvorschlag:

»*Die Klage ist zulässig* . . .

Das angerufene Gericht ist insbesondere funktionell zuständig nach §§ 23 Nr. 1, 71 GVG. Die Rüge des Beklagten geht fehl. Bei dem Rechtsstreit handelt es sich nämlich nicht um eine Handelssache i.S.v. § 95 GVG, denn . . .«

381 **2. Fall:** Der Beklagte rügt, die angerufene Zivilkammer sei funktionell unzuständig. Er hat aber den Antrag auf Verweisung nicht innerhalb der ihm nach § 276 I ZPO gesetzten Frist gestellt.

Erörtern: Zuständigkeit der Zivilkammer gem. §§ 23 Nr. 1, 71 I GVG
Das Antragsrecht ist fristgebunden gem. § 101 I 1 u. 2 GVG i.V.m. § 276 I ZPO.

Formulierungsvorschlag:

»*Die Klage ist zulässig* . . .

Das angerufene Gericht ist auch funktionell zuständig nach §§ 23 Nr. 1, 71 GVG. Der Antrag des Beklagten, den Rechtsstreit an die KfH zu verweisen, ist gem. § 101 I 1, 2 GVG unzulässig. Nach dieser Vorschrift ist in Fällen, in denen das schriftliche Vorverfahren gem. § 276 I ZPO angeordnet worden ist, der Antrag innerhalb der Klageerwiderungsfrist zu stellen. Dies ist aber nicht geschehen.«

III. Die Formulierungsvorschläge im Einzelnen

3. Fall: Der Kläger stellt den Antrag auf Verweisung an die KfH, nachdem er zunächst Klage vor der allgemeinen Zivilkammer erhoben hat. **382**

Erörtern: Funktionelle Zuständigkeit der Zivilkammer gem. §§ 23 Nr. 1, 71 I GVG
Ausschließliches Antragsrecht des Beklagten gem. §§ 98, 101 I 1 u. 2 GVG

Formulierungsvorschlag:

»*Die Klage ist zulässig* ...

Das angerufene Gericht ist auch funktionell zuständig nach §§ 23 Nr. 1, 71 GVG. Dem Antrag des Klägers auf Verweisung des Rechtsstreits an die KfH war nicht stattzugeben. Es kann dahinstehen, ob der Rechtsstreit eine Handelssache i.S.v. § 95 GVG ist. Dem Kläger ist es verwehrt, die funktionelle Zuständigkeit der Kammer für Handelssachen zu begründen, weil er seine Klage vor der allgemeinen Zivilkammer erhoben hat. In derartigen Fällen ist gem. § 98 GVG i.V.m. § 101 GVG nur noch der Beklagte befugt, eine Verweisung des Rechtsstreits an die Kammer für Handelssachen zu beantragen.«

… E. Formulierungsvorschläge und Erläuterungen zu den relevantesten prozessualen Problemstellungen

7. Keine entgegenstehende Rechtskraft gem. § 322 ZPO

a) Rechtskräftiges Zug um Zug-Urteil im Vorprozess

383 Vorüberlegungen:

Der Kläger kann in einem neuen nachfolgenden Rechtsstreit mit umgekehrtem Rubrum einen Anspruch geltend machen, der in einem Vorprozess, in dem er Beklagter war, als Zug um Zug-Leistung rechtskräftig ausgeurteilt worden ist, solange der Kläger des früheren Verfahrens nicht vollstreckt.

> **Fall:** Der Kläger ist in einem vorangegangenen Rechtsstreit als Beklagter verurteilt worden, 9.000,– € Zug um Zug gegen Übereignung eines Pkw zu zahlen. Er klagt jetzt auf Übereignung dieses Pkw.

Erörtern: Keine entgegenstehende Rechtskraft gem. § 322 ZPO
Allgemeines Rechtsschutzbedürfnis

Formulierungsvorschlag:

»Die Klage ist zulässig… Dem steht nicht der Gesichtspunkt der entgegenstehenden Rechtskraft im Wege. Der Umstand, dass der Kläger in dem Verfahren… als Beklagter zur Zahlung des Kaufpreises Zug um Zug gegen Übereignung des Pkw verurteilt worden ist, hindert ihn nicht daran, seinen Übereignungsanspruch nunmehr klageweise geltend zu machen. Für ihn als damaligen Beklagten entfaltet das vorangegangene Urteil insoweit keine entgegenstehende Rechtskraft, als es ihm verwehrt ist, seinen Gegenanspruch zu vollstrecken. Solange der jetzige Beklagte aus dem damaligen Urteil nicht vollstreckt, hat der Kläger auch das erforderliche Rechtsschutzbedürfnis für die aktive Verfolgung seines Anspruchs.«

b) Rechtskräftiges Urteil nach §§ 767, 771 ZPO im Vorprozess

384 Vorüberlegungen:

Ein Urteil über eine Vollstreckungsgegenklage oder eine Drittwiderspruchsklage erwächst nur insoweit in Rechtskraft, als es um die Unzulässigkeit der Zwangsvollstreckung in dem konkreten Verfahren geht. Über den materiellen Anspruch, der zum Erfolg der Klage geführt hat, wird nicht rechtskräftig entschieden.

> **Fall:** Der Beklagte als ehemaliger erfolgreicher Drittwiderspruchskläger wird jetzt vom damaligen Beklagten auf Herausgabe der Sache in Anspruch genommen. Er beruft sich darauf, durch das Urteil im Vorprozess stehe fest, dass er Eigentümer sei. Die Klage sei deshalb unzulässig.

Erörtern: Keine entgegenstehende Rechtskraft gem. § 322 ZPO

Formulierungsvorschlag:

»Die Klage ist zulässig… Dem steht nicht der Gesichtspunkt der entgegenstehenden Rechtskraft im Wege. Der Umstand, dass der Kläger im Urteil des… als Eigentümer bezeichnet worden ist, hat für den vorliegenden Rechtsstreit keine Bedeutung. Bei Klagen nach §§ 767, 771 ZPO wird nur über das prozessuale Recht entschieden, eine Zwangsvollstreckung zu einen bestimmten Zeitpunkt verhindern zu können, nicht aber über das klagebegründende Recht selbst.«

III. Die Formulierungsvorschläge im Einzelnen

c) Exkurs: Rechtsstreit gegen einen früheren Streitverkündeten (sog. Folgeprozess)
aa) Grundsätzliches Die Streitverkündung ist in §§ 72 ff. ZPO geregelt. Sie ist die förmliche **385** Benachrichtigung eines Dritten von einem anhängigen Prozess. Abgesehen von Streitverkündungen i.R. eines außerhalb eines Rechtsstreits laufenden selbstständigen Beweisverfahrens sind Streitverkündungen vom Einreichen der Klage bis zum rechtskräftigen Abschluss des Rechtsstreits, also auch noch im Berufungsverfahren, zulässig.

Die Streitverkündung dient dem Zweck, gegenüber dem Streitverkündeten die sog. **Interventionswirkung** gem. §§ 74 III, 68 ZPO herbeizuführen. Die Interventionswirkung besteht darin, dass in dem sog. Folgeprozess gegen den Streitverkündeten das Urteil des Vorprozesses als richtig entschieden gilt, soweit dies für den Verkünder vorteilhaft ist.

Die Interventionswirkung geht erheblich weiter als die Rechtskraft. Sie erfasst bindend alle tatsächlichen und rechtlichen Grundlagen der Entscheidung im Vorprozess, die sog. »tragenden Feststellungen«, die im Vorprozess entscheidungserheblich waren, sowie deren rechtliche Beurteilung einschließlich der Feststellung präjudizieller Rechtsverhältnisse.

Beispiel: Während von der Rechtskraft eines auf § 985 BGB gestützten Herausgabeurteils nicht die Tatsache erfasst ist, dass der Kläger Eigentümer der Sache ist – und das nicht einmal zwischen den Parteien –, wäre diese präjudizielle Tatsache bei einer Streitverkündung aufgrund der Interventionswirkung im Folgeprozess zwischen Verkünder und Streitverkündetem bindend festgestellt.

Die Bedeutung der Interventionswirkung liegt auf der Hand. Ohne Interventionswirkung könnte es z.B. passieren, dass der Verkäufer einem Käufer wegen eines Sachmangels haftet und zum Schadensersatz verurteilt wird, er in einem Rückgriffsprozess gegen seinen Lieferanten, der die vom Vorgericht als mangelhaft eingestufte Ware geliefert hat, aber unterliegt, weil das Gericht die Beweislage oder das Ergebnis einer Beweisaufnahme anders beurteilt als das Gericht im Vorprozess. Ohne Interventionswirkung entfaltet das Urteil im Vorprozess ja lediglich rechtliche Wirkungen zwischen den Parteien jenes Prozesses (Verkäufer / Käufer), nicht aber darüber hinaus (Verkäufer / Lieferant). Er könnte also zwei Prozesse verlieren, obwohl er einen gewinnen müsste.

Gleiches kann einer Partei widerfahren, die wegen einer gemeinsam begangenen unerlaubten Handlung allein in Anspruch genommen wird. Wenn sie verurteilt wird und ohne Streitverkündung von einem weiteren »Schädiger« gesamtschuldnerischen Ausgleich verlangt, kann sie unterliegen, weil das Gericht im Folgeprozess in keiner Weise an die Feststellungen im ersten Urteil gebunden ist.

Eine weitere bedeutsame Wirkung der Streitverkündung ist materiell-rechtlicher Art. Gem. § 204 I Nr. 6 BGB hemmt die Streitverkündung die Verjährung und zwar bei »demnächstiger« Zustellung schon mit Eingang der Streitverkündungsschrift bei Gericht, § 167 ZPO. Die Hemmung endet gem. § 204 II BGB sechs Monate nach rechtkräftigem Abschluss oder sonstiger Beendigung des Verfahrens. Innerhalb dieser Zeit muss der Verkünder den Folgeprozess begonnen haben, um den Eintritt der Verjährung zu verhindern. Die Hemmung der Verjährung ist insbesondere für die Erhaltung der Mängelrechte beim Kaufvertrag (§ 438 BGB) und beim Werkvertrag (§ 634a BGB) wichtig.

Gemäß § 68 ZPO kann der nicht beigetretene Streitverkündete, sofern die Streitverkündung formal ordnungsgemäß erfolgt ist, im Folgeprozess lediglich die Einrede der mangelhaften Prozessführung des Verkünders im Vorprozess erheben, wenn er darlegt und im Streitfall auch beweist,

- dass die Hauptpartei Angriffs- und Verteidigungsmittel absichtlich oder durch grobes Verschulden nicht geltend gemacht hat,
- dass diese Angriffs- und Verteidigungsmittel ihm, dem Streitverkündeten, unbekannt waren und
- dass Kausalität zwischen gerügter Unterlassung und Ergebnis im Vorprozess besteht. Das unterbliebene Beweismittel muss zumindest geeignet gewesen sein, eine andere Entscheidung im Vorprozess herbeizuführen.

E. Formulierungsvorschläge und Erläuterungen zu den relevantesten prozessualen Problemstellungen

Wenn der Streitverkündete auf Seiten des Verkünders beigetreten ist, trifft ihn die Interventionswirkung nach Maßgabe der §§ 74, 68 ZPO. Der beigetretene Streitgenosse wird gem. § 68 ZPO nur mit dem Einwand gehört,

- er habe durch die Lage des Rechtsstreits zum Zeitpunkt seines Beitritts nichts mehr ändern können
- er sei durch die Hauptpartei an Handlungen oder Erklärungen gehindert worden.

Nach dem Beitritt ist es ohne Belang, ob bei der Streitverkündung die Formschrift des § 73 ZPO eingehalten worden ist.

Anders ist es, wenn der Streitverkündete nicht oder entgegen der Aufforderung des Verkünders der gegnerischen Partei beigetreten ist. In diesen Fällen tritt die Interventionswirkung nur bei einer **wirksamen Streitverkündung** ein. Voraussetzungen für eine wirksame Streitverkündung sind:

- die Zulässigkeit der Streitverkündung gem. § 72 ZPO und
- die formgerecht wirksame Vornahme nach Maßgabe von § 73 ZPO.

Da das Gericht des Vorprozesses grds. weder die Zulässigkeit noch die Einhaltung der Formvorschriften eines Streitverkündung prüft, sondern den Schriftsatz dem Streitverkündeten schlichtweg zustellt, müssen sie im Folgeprozess stets genau prüfen, ob die Zulässigkeit vorlag und die Formalien gewahrt worden sind. Rügelose Einlassung des Streitverkündeten heilt gem. § 295 I ZPO mögliche Mängel der Streitverkündung.

bb) Zulässigkeit der Streitverkündung: Die Streitverkündung ist über den Wortlaut von § 72 ZPO hinaus, der nur Gewährleistung oder Schadloshaltung als Gründe nennt, immer zulässig zur Sicherung von Ansprüchen gegen Dritte und zur Abwehr drohender Ansprüche von Dritten. Wenn eine Partei also Anlass zur Annahme hat, dass sie für den Fall eines für sie ungünstigen Ausgangs des Rechtsstreits einen Rückgriffsanspruch gegen einen Dritten haben oder dem Anspruch eines Dritten ausgesetzt sein könnte, kann sie dem Dritten den Streit verkünden. Im Folgenden finden Sie die häufigsten Konstellationen:

(1) Gewährleistungsvorschriften
- Kaufrecht, §§ 434, 435, 437, 453 BGB
- Leistung an Erfüllung statt, § 365 BGB
- Mietrecht, § 536 BGB
- Pachtrecht, § 581 BGB
- Werkvertragsrecht, §§ 633, 634 BGB
- Reiserecht, § 651 d BGB
- Erbrecht, § 2182 BGB
- Handelsrecht, §§ 377, 378 HGB
- sog. Lieferketten, § 478 V BGB

(2) Regressansprüche
- Bürge gegen Hauptschuldner, § 474 BGB
- Beauftragter gegen Auftraggeber, §§ 670, 677, 683 BGB
- Unternehmer beim Verbrauchsgüterkauf gegen seinen Lieferanten, §§ 478, 479 BGB
- versicherter Schädiger gegen Versicherer, Ansprüche aus dem Versicherungsvertrag
- Mandant gegen seinen Rechtsanwalt, der nicht rechtzeitig Verjährung unterbrochen hat
- Versender gegen Spediteur oder Lagerhalter wegen Verlust der Minderung, Beschädigung oder verspäteter Lieferung des Gutes, §§ 414, 424, 439 HGB
- Ausgleichsanspruch des Gesamtschuldners nach § 426 BGB

(3) Ansprüche aus sog. Alternativverhältnissen Darunter fallen Ansprüche des Streitverkünders gegen Dritte, die an Stelle des zuerst Verklagten als Schuldner der eingeklagten Leistung oder von Schadensersatz in Betracht kommen. Zu nennen sind hier v.a. folgende Fallgruppen:

- Baubetreuer oder Subunternehmer im Prozess des Bauherren gegen den Bauunternehmer wegen behaupteter Baumängel
- Die alternativ in Frage kommenden Vertragspartei
- Vermieter oder Mieter im Prozess gegen einen von beiden wegen Werklohnes
- Vertreter im Rechtsstreit gegen den Vertretenen, §§ 461 II, 179 BGB

Sie müssen darauf achten, ob tatsächlich ein Alternativverhältnis vorliegt. Eine Streitverkündung ist nämlich unzulässig, wenn von vornherein eine kumulative Haftung von Partei und Dritten besteht, z.B. bei Ansprüchen gegenüber mehreren Gesamtschuldnern.

(4) Streitverkündung zur Abwehr drohender Drittansprüche Eine Streitverkündung zur Abwehr drohender Drittansprüche liegt vor, wenn dem Verkünder im Zusammenhang mit dem Rechtsstreit, den er führt, eine Schadensersatzpflicht gegenüber einem Dritten obliegen könnte. Dieses ist grds. immer dann der Fall, wenn der Prozess über ein fremdes Recht geführt wird. Weiter fallen hierunter Fälle von Drittschadensliquidation sowie alle Fälle drohender eigener Gewährleistungshaftung in Vertragsketten.

cc) Formgerechte Streitverkündung Die Interventionswirkung tritt nur ein, wenn die gem. § 72 ZPO zulässige Streitverkündung auch gem. § 73 ZPO formgerecht erhoben worden ist. Gem. § 73 ZPO muss der Verkünder einen Schriftsatz einreichen, in dem der Grund der Streitverkündung und die Lage des Prozesses angegeben werden. Es ist ferner erforderlich, dass alle bislang gewechselten Schriftsätze sowie Entscheidungen des Gerichts beigefügt werden und der Streitverkündete von anberaumten Terminen in Kenntnis gesetzt wird.

dd) Konsequenzen der Streitverkündung für den Folgeprozess
- **Wenn der Streitverkündete dem Verkünder beitritt**, hat er die Stellung eines Nebenintervenienten gemäß § 74 I ZPO. Im Folgeprozess zwischen ihm und dem Verkünder wird nicht geprüft, ob die Streitverkündung zulässig oder formgerecht war. Die Interventionswirkung ist durch den Beitritt eingetreten. Der Streitverkündete kann sich dieser Konsequenz nur entziehen, indem er gem. § 68 S. 2 ZPO geltend macht und im Streitfall beweist, dass er gehindert war, ein bestimmtes Angriffs- und Verteidigungsmittel geltend zu machen (z.B. wegen einer bereits eingetretenen unabänderlichen Prozesslage oder wegen eines hypothetischen Widerspruchs zum Verhalten der Hauptpartei) oder dass die Hauptpartei Angriffs- und Verteidigungsmittel, die ihm unbekannt waren, absichtlich oder durch grobes Verschulden nicht geltend gemacht hat.
- **Wenn der Streitverkündete nicht beitritt**, triff ihn die Interventionswirkung bei einer gem. § 72 ZPO zulässigen und gem. § 73 ZPO formgerecht erhobenen Streitverkündung gem. §§ 74 III, 68 ZPO ab dem Zeitpunkt seines möglichen Beitritts, also einige Tage nach der Zustellung der Streitverkündungsschrift (Überlegungsfrist).
- **Wenn der Streitverkündete dem Gegner des Streitverkünders beitritt**, trifft ihn die Interventionswirkung in gleicher Weise wie im Falle eines unterlassenen Beitritts.

In kostenrechtlicher Hinsicht ist § 101 ZPO zu beachten. Danach treffen die Kosten der infolge einer Streitverkündung eingetretenen Nebenintervention nie die Hauptpartei, sondern immer nur deren Gegner im Umfang seines Unterliegens (s. Rn. 209).

Klausurtaktisch lässt sich nicht mit Sicherheit sagen, ob in einer Examensklausur im Folgeprozess gegen einen Streitverkündeten die Interventionswirkung greift. Es liegt allerdings nahe, dass dies zumindest nicht vollumfänglich der Fall ist. Denn wenn die Interventionswirkung voll greift, ist der Folgeprozess durch den Vorprozess faktisch mit entschieden. Eine häufig in Examensklausuren anzutreffende Konstellation ist aber, dass die Interventionswirkung greift, aber nur einen Teil der Ansprüche des Klägers im Folgeprozess betrifft.

E. Formulierungsvorschläge und Erläuterungen zu den relevantesten prozessualen Problemstellungen

Im Tatbestand erwähnen Sie die Tatsache der Streitverkündung und die Reaktion des Streitverkündeten (Beitritt, Untätigkeit oder Beitritt aus Seiten des Gegners des Verkünders) am Sinnvollsten nach dem Einleitungssatz des unstreitigen Teils. Dann geben Sie die tragenden Feststellungen des Tatbestandes und der Entscheidungsgründe des Urteils im Vorprozess auszugsweise wieder und verweisen gem. § 313 II ZPO wegen des Restes. In Examensklausuren wird der Kläger aber stets noch vortragen, worauf er seinen Anspruch ansonsten stützt, falls die Interventionswirkung nicht greifen sollte.

In den Entscheidungsgründen kommen Sie auf die Interventionswirkung bei dem ersten Tatbestandsmerkmal zu sprechen, bei dem die Interventionswirkung relevant wird. Dann legen Sie dar, dass die Interventionswirkung greift oder nicht.

Im Folgenden finden Sie examensrelevante Konstellationen mit Formulierungsbeispielen:

> **Fall:** Der Kläger nimmt den Beklagten in einem Folgeprozess in Regress. Der Kläger ist im Vorprozess zur Zahlung von Schadensersatz verurteilt worden und meint, der Beklagte müsse ihm den Schaden ersetzen. Er stützt sich auf die Interventionswirkung.

Beachte: Im Tatbestand ist die Streitverkündung mit genauen Angaben und Daten am Ende des unstreitigen Teils anzuführen.

Erst in der Begründetheit ist die Frage der Interventionswirkung des § 68 ZPO zu erörtern.

§ 72 ZPO Zulässigkeit der Streitverkündung ansprechen

§ 73 ZPO Beachtung der Form der Streitverkündung

Ggf. Rügen gem. § 68 2. Hs. ZPO abhandeln

Tatbestand

Formulierungsvorschlag:

»*Der Kläger nimmt den Beklagten wegen Lieferung eines mangelhaften ... in Regress.*

Durch Urteil des Amtsgerichts Lübeck vom ... AZ.: ... ist der Kläger verurteilt worden, Schadensersatz wegen Lieferung eines mangelhaften ... in Höhe von 1.500,00 Euro nebst Zinsen in Höhe von fünf Prozentpunkten über dem jeweiligen Basissatz seit dem 01.01.2002 zu leisten. Das Amtsgericht ist in jenem Verfahren zu folgenden Feststellungen gekommen:

(Es folgen die tragenden Feststellungen des Tatbestandes des Urteils im Vorprozess.)

Auf der Grundlage dieser Feststellungen hat das Amtsgericht seine Entscheidung wie folgt begründet:

(Es folgenden die zusammengefassten Ausführungen der Entscheidungsgründe des Urteils im Vorprozess unter Verweisung auf den Rest. Dann weiter:)

In jenem Rechtsstreit hat der Kläger dem Beklagten mit Schriftsatz vom ... den Streit verkündet und ihn aufgefordert, dem Rechtsstreit auf seiner Seite beizutreten. Dem Streitverkündungsschriftsatz waren die Klageschrift, die Klageerwiderung und die Anordnung des Gerichts bzgl. des schriftlichen Vorverfahrens gem. § 276 ZPO unter Angabe der gesetzten Fristen beigefügt.

Der Beklagte ist der Aufforderung des Klägers nicht gefolgt.

Der Kläger ist der Auffassung, dass das Urteil des Amtsgerichts Lübeck vom ... gegenüber dem Beklagten Interventionswirkung entfalte. Daher stehe fest, dass der Beklagte ihm eine mangelhafte Sache geliefert habe, was ihn nunmehr zum Schadenersatz verpflichte.

(Es folgt ggf. neuer streitiger Vortrag des Klägers. Nach den Anträgen fahren Sie wie folgt fort:)

Der Beklagte hält die Streitverkündung für unwirksam, weil sie weder zulässig noch formwirksam erhoben worden sei.

(Es folgen die jeweiligen Kritikpunkte:)

Deshalb ist er der Auffassung, dass die Interventrionswirkung nicht greife. Er behauptet, die von ihm gelieferte Sache sei in einem vertragsgemäßen Zustand gewesen, als der Kläger sie von ihm erhalten habe.«

(Es folgen die weiteren streitigen Tatsachenbehautungen des Beklagten.)

III. Die Formulierungsvorschläge im Einzelnen

Entscheidungsgründe:

1. Die Interventionswirkung greift:

»*Die Klage ist zulässig und begründet.*

(Es folgen ggf. erforderliche Ausführungen zur Zulässigkeit der Klage. Dabei spielt die Streitverkündung und ihre Folgen keine Rolle. Weiter geht es mit der Begründetheit:)

Dem Kläger steht der geltend gemachte Anspruch aus §... zu. Die Voraussetzungen dieser Anspruchsgrundlage, ..., liegen vor.

(Bei der ersten Voraussetzung der Norm, die der Beklagte relevant angreift und die ggf. von der Interventionswirkung erfasst wird, schreiben Sie:)

Der Beklagte wird in diesem Prozess nicht damit gehört, dass... Denn das Gegenteil steht wegen der Interventionswirkung entfaltenden Entscheidung des Amtsgericht Lübeck vom ... fest. Die Interventionswirkung hat zur Folge, dass die tragenden Feststellungen jener Entscheidung im Verhältnis zwischen dem Kläger und dem Beklagten dieses Rechtsstreits gem. § 68 ZPO bindend sind, weil der Kläger dem Beklagten wirksam und formgerecht der Streit verkündet hat.

(Es folgen Ausführungen zu § 72 ZPO und § 73 ZPO. Dann weiter wie folgt:)

Aufgrund der Interventionswirkung steht fest, dass der Beklagte dem Kläger eine mangelhafte Sache geliefert hat und deshalb zum Ersatz des dem Kläger daraus entstandenen Schadens verpflichtet ist...«

Sofern die Interventionswirkung nur einen Teil des klägerischen Anspruchs betrifft, stellen Sie dies dar und argumentieren hinsichtlich des nicht erfassten Teils wie sonst auch.

2. Die Interventionswirkung greift nicht, die Klage ist aber trotzdem begründet:

»*Die Klage ist zulässig und begründet.*

(Es folgen ggf. erforderliche Ausführungen zur Zulässigkeit der Klage. Weiter geht es mit der Begründetheit:)

Dem Kläger steht den gegen der Beklagten geltend gemachte Anspruch aus § ... zu.

Die Voraussetzung dieser Vorschrift, ..., liegen vor. Dies folgt zwar nicht, wie der Kläger meint, aus den Interventionswirkung des Urteils des Amtsgericht Lübeck vom ..., weil die Streitverkündung in jenem Verfahren nicht wirksam vorgenommen worden ist.

(Es folgen knappe Ausführungen entweder zur Unzulässigkeit gem. § 72 ZPO oder wegen Formfehlern i.S.v. § 73 ZPO, weil das Urteil letzlich nicht darauf beruht. Trotzdem erscheint es ratsam, entgegen unserem grds. Rat, nicht »gegen den Strich zu argumentieren«, zunächst kurze Ausführungen zum Scheitern der Interventionswirkung zu machen.)

Die Interventionswirkung greift nicht, weil die Streitverkündung in dem Vorprozess nicht wirksam erfolgt ist. Zurecht hat der Beklagte den Einwand erhoben,

- *die Streitverkündung sei unzulässig*
- *die Streitverkündug sei wegen Verstoßes gegen die Formvorschrift des § 73 ZPO unwirksam*
- *der Kläger habe in jenem Verfahren den Prozess i.S.v. § 68 2 Hs. ZPO mangelhaft geführt.*

(Weiter geht es mit der knappe Begründung der jeweils erhobenen Rüge.)

E. Formulierungsvorschläge und Erläuterungen zu den relevantesten prozessualen Problemstellungen

Dem Kläger steht der geltend gemachte Anspruch aber aufgrund der von den Parteien in diesem Rechtsstreit vorgetragenen, bei der Rechtsfindung zu berücksichtigenden Tatsachen zu ...«

(Es folgen die erforderlichen Ausführungen wie bei jedem anderen klagezusprechenden Urteil.)

3. Die Interventionswirkung greift nicht; die Klage ist nicht begründet:

»Die Klage ist zulässig, aber nicht begründet.

(Es folgen ggf. erforderliche Ausführungen zur Zulässigkeit der Klage. Weiter geht es mit der fehlenden Begründetheit:)

Dem Kläger steht der gegen den Beklagten geltend gemachte Anspruch nicht zu. Dabei kann sich der Kläger weder auf die Interventionswirkung des Urteils des Amtsgericht Lübeck vom ... stützen, noch ergibt sich aus seinem Vortrag in diesem Rechtsstreit, dass ihm der geltend gemachte Anspruch gegen den Beklagten zusteht.

Die Interventionswirkung greift nicht, weil die Streitverkündung in dem Vorprozess nicht wirksam erfolgt ist. Zurecht hat der Beklagte den Einwand erhoben,

- *die Streitverkündung sei unzulässig*
- *die Streitverkündug sei wegen Verstoßes gegen die Formvorschrift des § 73 ZPO unwirksam*
- *der Kläger habe in jenem Verfahren den Prozess i.S.v. § 68, 2 Hs. ZPO mangelhaft geführt.*

(Weiter geht es mit der Begründung der jeweils erhobenen Rüge.)

Auch auf der Grundlage des Vorbringens in diesem Rechtsstreit steht dem Kläger kein Anspruch gegen den Beklagten zu. Er folgt aus keiner der in Betracht kommenden Anspruchsgrundlagen.

Ein Anspruch aus §... scheitert daran, dass ...

Auch §... gibt dem Kläger keinen Anspruch ...«

(Es folgen Ausführungen wie bei jedem »normalen« klageabweisenden Urteil.)

d) Vorangegangenes Prozessurteil

386 Vorüberlegungen:

Ein vorangegangenes Prozessurteil bei ansonsten gleicher materieller Rechtslage besagt nur, dass die abgewiesene Klage mit dem damals anhängigen Streitgegenstand und unter den damals gegebenen prozessualen Umständen unzulässig war. Einer neuen Klage steht nicht die Rechtskraft entgegen, wenn sich die prozessualen Umstände in dem fraglichen Punkt gegenüber dem Vorprozess geändert haben.

Formulierungsvorschlag:

»Die Klage ist zulässig ... Insbesondere steht der erneuten Geltendmachung des Anspruchs nicht die Rechtskraft des Urteils vom ... entgegen. Dieser Rechtsstreit endete durch ein Prozessurteil, weil ... Damit ist lediglich rechtskräftig geworden, dass die Klage seinerzeit unter den damals gegebenen Umständen wegen ... unzulässig war. Die Umstände haben sich insoweit geändert, als jetzt ...«

e) Aufrechnung in einem früheren Rechtsstreit gem. § 322 II ZPO

387 Vorüberlegungen:

Hat der Beklagte mit einer ihm zustehenden Forderung (sog. Gegenforderung) die Aufrechnung erklärt, erlöschen gem. § 389 BGB beide Forderungen, soweit sie bestehen und sich decken. In diesem Umfang erwächst auch die Entscheidung des Gerichtes, dass die Forderung des Beklagten nicht besteht, gem. § 322 II ZPO in Rechtskraft. Die Gegenforderung ist dann aber nur im Umfang der Klageforderung (sog. Aufrechnungsforderung) rechtskräftig »aberkannt«. Der überschießende Rest ist nicht von der Entscheidung berührt.

III. Die Formulierungsvorschläge im Einzelnen

Wenn der Beklagte gegenüber einer Klageforderung von 5.000,- € mit einer Forderung von 10.000,- € hilfsweise die Aufrechnung erklärt, können sich aus Entscheidungen des »Vorgerichts« Probleme für einen nachfolgenden Rechtsstreit ergeben.

1. Fall: Das »Vorgericht« hat der Klage stattgegeben und die gesamte Gegenforderung für unbegründet erachtet. Der Beklagte klagt den Rest seiner Forderung in einem neuen Rechtsstreit ein. **388**

Nach § 322 II ZPO ist nur über den Teil der Gegenforderung rechtskräftig entschieden, der erforderlich gewesen wäre, um die Klageforderung zu Fall zu bringen. Das sind 5.000,- €. Die Begründung des früheren Urteils, dass die gesamte Forderung des Beklagten nicht bestehe, wird durch die Grenzen der Rechtskraft gem. § 322 II ZPO auf 5.000,- € beschränkt. Das Gericht muss in einem nachfolgenden Rechtsstreit über den Bestand der restlichen Forderung ohne Präjudiz neu entscheiden. Dass dies nichts mit entgegenstehender Rechtskraft zu tun hat, sollten Sie in der Zulässigkeit kurz ansprechen.

2. Fall: Die Aufrechnung ist im Vorprozess prozessual unwirksam. **389**

Wenn eine Aufrechnungserklärung z.B. wegen Zurückweisung als verspätet gem. § 296 ZPO prozessrechtlich keine Wirkung entfaltet, hat dies analog § 139 BGB auch die materielle Unwirksamkeit der Aufrechnungserklärung zur Folge.

3. Fall: Gegen eine Klageforderung von 5.000,- € rechnet der Beklagte mit einer Forderung über 10.000,- € hilfsweise auf. Das Gericht weist die Klageforderung ab, weil sie durch wirksame Aufrechnung erloschen ist. In einem nachfolgenden Prozess macht der Beklagte die restliche Forderung geltend. **390**

Erörtern: Ggf. den Bestimmtheitsgrundsatz ansprechen, da es nur noch um einen Teil der Forderung geht, vor allem bei zusammengesetzten Forderungen (s. Rn. 326)

Beachte: In der Zulässigkeit ist nichts zu der Rechtskraftproblematik zu sagen.
In der Begründetheit sollte kurz erwähnt werden, dass durch das vorangegangene Urteil bzgl. des nicht »verbrauchten« Restes der Forderung nichts präjudiziert ist.

Formulierungsvorschlag:

»Die Klage ist zulässig ...

(In der Begründetheit muss es dann wie folgt lauten:)

Die Tatsache, dass das Amtsgericht ... die in diesem Prozess geltend gemachte Forderung in dem früheren Rechtsstreit ... als bestehend angesehen hat, entbindet das erkennende Gericht nicht von einer erneuten Prüfung der Rechtslage. Gem. § 322 II ZPO ist bei einer Aufrechnung in einem früheren Rechtsstreit über die Gegenforderung nur bis zur Höhe des Betrages rechtskräftig entschieden worden, für den die Aufrechnung geltend gemacht worden ist. Dies war in jenem Rechtsstreit die Klageforderung i.H.v. 5.000,- €. Nur in Höhe dieses Betrages ist über die Gegenforderung rechtskräftig entschieden worden. Das erkennende Gericht ist dadurch hinsichtlich der restlichen Forderung nicht gebunden ...«

4. Fall: Gegen eine Klageforderung von 5.000,- € rechnet der Beklagte mit einer Forderung über 10.000,- € hilfsweise auf. Das Gericht spricht die Klage voll zu und führt aus, dass die Gegenforderung insgesamt nicht bestehe. In einem nachfolgenden Prozess macht der Beklagte die restliche Forderung geltend. **391**

Erörtern: Die Grenzen der Rechtskraft gem. § 322 II ZPO

E. Formulierungsvorschläge und Erläuterungen zu den relevantesten prozessualen Problemstellungen

Beachte: In der Begründetheit sollte kurz erwähnt werden, dass durch das vorangegangene Urteil hinsichtlich des überschießenden Betrages nichts präjudiziert ist.

Formulierungsvorschlag:

»*Die Klage ist zulässig*....

Die Tatsache, dass die in diesem Prozess geltend gemachte Darlehensforderung in dem früheren Verfahren... als nicht bestehend zurückgewiesen worden ist, steht der Zulässigkeit der Klage nicht entgegen. Gem. § 322 II ZPO ist bei einer Aufrechnung in einem früheren Rechtsstreit über die Gegenforderung nur bis zur Höhe des Betrages rechtskräftig entschieden worden, für den die Aufrechnung geltend gemacht worden ist. Dies war seinerzeit die Klageforderung i.H.v. 5.000,- €. Die Tatsache, dass in jenem Urteil die gesamte Darlehensforderung als nicht bestehend angesehen worden ist, führt nur in Höhe des Betrages von 5.000,- € zu einer rechtskräftigen Entscheidung.

(In der Begründetheit schreiben Sie dann:)

...Es ist nunmehr Sache des jetzt erkennenden Gerichtes, über das Bestehen der restlichen Forderung zu entscheiden. Die oben dargestellten Grenzen der Rechtskraft führen dazu, dass das erkennende Gericht an die Rechtsauffassung des Gerichts, das zuvor über die Aufrechnung entschieden hat, hinsichtlich des nicht erloschenen Teils der Gegenforderung nicht gebunden ist.«

392 **5. Fall:** Der damalige Beklagte hat in einem früheren Prozess mit einer Forderung gegen den damaligen Kläger die Aufrechnung erklärt. Das Gericht hat den Aufrechnungseinwand wegen Verspätung nicht berücksichtigt. In einem nachfolgenden Prozess macht der damalige Beklagte als Kläger dieselbe Forderung geltend.

Erörtern: Die Grenzen der Rechtskraft gem. § 322 II ZPO
Die Unwirksamkeit des prozessualen Teils der Aufrechnung erfasst gem. § 139 BGB analog (Teilnichtigkeit) die gesamte Aufrechnungserklärung.

Formulierungsvorschlag:

»*Die Klage ist zulässig...Der Kläger ist durch die Erklärung der Aufrechnung in dem früheren Verfahren ... nicht daran gehindert, die Forderung erneut einzuklagen. Dies folgt aus § 322 II ZPO, wonach eine erneute Klage mit einer zur Aufrechnung gestellten Forderung insoweit zulässig ist, als über die Aufrechnungsforderung nicht in einer der Rechtskraft fähigen Art und Weise entschieden worden ist. Dies ist vorliegend geschehen, da die Aufrechnungserklärung aus prozessualen Gründen bei der damaligen Entscheidung materiell nicht berücksichtigt worden ist.*

(In der Zulässigkeit geht es nur um das Problem, ob der Anspruch überhaupt noch einmal geltend gemacht werden darf, nicht darum, ob er auch besteht. Das ist eine Frage der Begründetheit. Dort müssen Sie dann auch das Problem der Teilnichtigkeit darlegen:)

... Entgegen der Auffassung des Beklagten ist der Anspruch des Klägers nicht gem. §§ 389 ff. BGB durch die erklärte Aufrechnung in dem Rechtsstreit... erloschen. Die Erklärung der Aufrechnung in einem Rechtsstreit besteht aus einem prozessualen und einem materiell-rechtlichen Teil. Dadurch, dass sich die Aufrechnung in jenem Verfahren aus prozessualen Gründen nicht ausgewirkt hat, führt die teilweise Unwirksamkeit der prozessualen Geltendmachung auch zur Unwirksamkeit der materiell-rechtlichen Folgen der Aufrechnungserklärung. Dies ergibt sich aus der entsprechenden Anwendung von § 139 BGB. Nach dieser Vorschrift ist ein Rechtsgeschäft insgesamt nichtig, wenn ein Teil nicht zum Tragen kommt und anzunehmen ist, dass das Rechtsgeschäft nur in seiner gesamten Wirkung gewollt war. Dies ist hier der Fall, denn ...«

III. Die Formulierungsvorschläge im Einzelnen

f) Klage aus § 826 BGB gegen ein rechtskräftiges Urteil

Fall: Der Kläger klagt auf Einstellung der Zwangsvollstreckung aus einem rechtskräftigen Titel. Er trägt substantiiert vor, dass der Beklagte den Titel in grob sittenwidriger Weise erlangt hat.

393

Erörtern: Keine entgegenstehende Rechtskraft, § 322 I ZPO
Vortrag zu § 826 BGB als qualifizierte Prozessvoraussetzung

Beachte: Nicht jedes unlautere Vorgehen des Gegners erlaubt es dem Unterlegenen, gegen einen rechtskräftigen Titel vorzugehen. Es konkurrieren Rechtssicherheit und Gerechtigkeit. Das Verhalten des Gegners muss in besonders hohem Maße verwerflich sein.

Formulierungsvorschlag:

»Die Klage ist zulässig ...

Dem steht auch nicht die Rechtskraft des Urteils vom ... gem. § 322 I ZPO entgegen. Das Urteil ist zwar in Rechtskraft erwachsen, dies hindert aber den Kläger nicht daran, die Rechtmäßigkeit dieses Titels überprüfen zu lassen. Dazu reicht es für die Zulässigkeit der Klage aus, dass er schlüssig vorträgt, der Beklagte habe den Titel in einer die Voraussetzungen von § 826 BGB erfüllenden, grob sittenwidrigen Art und Weise erlangt.

Dies folgt aus der Lehre der sog. qualifizierten Prozessvoraussetzungen. Das sind Voraussetzungen, die sowohl für die Zulässigkeit, als auch für die Begründetheit einer Klage vorliegen müssen. In derartigen Fällen wird der grds. Vorrang der Zulässigkeit vor der Begründetheit aus Gründen der Prozessökonomie und der Rechtssicherheit durchbrochen. Durch ein Sachurteil ist vor allem dem insoweit schutzwürdigen Beklagten wegen des größeren Umfangs der Rechtskraft mehr gedient als mit einem Prozessurteil.

Der Kläger hat durch seinen Vortrag, der Beklagte habe ..., schlüssig dargelegt, dass der Beklagte sich das angegriffene Urteil grob sittenwidrig erschlichen hat.«

g) Vergleich im Vorprozess

Vorüberlegungen:

394

Ein Vergleich entfaltet keine entgegenstehende Rechtskraft. Wenn er wirksam ist, steht er nur ggf. materiell-rechtlich einem weiteren Anspruch entgegen, wenn dieser durch den Vergleich miterfasst ist.

Fall: Nach einem Vergleich in einem vorangegangenen Rechtsstreit klagt der Kläger etwas ein, das nach Auffassung des Beklagten durch den Vergleich mit erledigt worden ist.

Formulierungsvorschlag:

»Die Klage ist zulässig ...

Dem Kläger steht es frei, seinen Anspruch in einem neuen Prozess geltend zu machen. Dem steht nicht entgegen, dass der Rechtsstreit ... zwischen den Parteien durch Vergleich beigelegt worden ist. Ein gerichtlicher Vergleich entfaltet nämlich keine Rechtskraft im materiell-rechtlichen Sinn. Er beendet nur den Rechtsstreit.«

(Es folgen in der Begründetheit Ausführungen darüber, ob dem geltend gemachten Anspruch der Vergleich inhaltlich entgegensteht. Es wird im Wesentlichen um Auslegungsfragen gehen.)

h) Verdeckte Teilklagen

395 Nach der neueren Rspr. des BGH braucht der Kläger bei Teilklagen keinen Vorbehalt für weitergehende Ansprüche zu machen, weil das Urteil nach § 308 I ZPO nur über den gestellten Antrag entscheidet. Der Rest des Anspruchs ist grds. von der Rechtskraft nicht erfasst.

Sie müssen aber bei nachfolgenden Klagen darlegen, ob nicht in der früheren »wortlosen« Geltendmachung eines Teils ein Verzicht auf den Rest des Anspruchs oder ein Erlassangebot (§ 397 II BGB) zu sehen sein könnte oder ob ggf. Verwirkung (Zeit- und Umstandsmoment?) eingetreten ist. Nach BGH sind dabei strenge Anforderungen anzulegen, also im Zweifel hat der frühere Kläger weder verzichtet, erlassen noch verwirkt. Die Problematik kommt i.d.R. im Rahmen von Aufrechnungen vor.

> **Fall:** Der Beklagte verteidigt sich gegen eine berechtigte Geldforderung des Klägers hilfsweise mit einer Aufrechnung. Seine Gegenforderung stützt er auf einen ebenso berechtigten Anspruch auf Nutzungsentschädigung aus einem Verkehrsunfall mit dem Kläger. Die übrigen Ansprüche aus diesem Verkehrsunfall hatte der Beklagte bereits in einem Rechtsstreit mit umgekehrtem Rubrum rechtskräftig eingeklagt. Die in diesem Rechtsstreit zur Aufrechnung gestellte Forderung wegen Nutzungsentschädigung hatte der Beklagte in jenem Rechtstreit nicht geltend gemacht und seine damalige Klage auch nicht als Teilklage bezeichnet.
>
> Der Kläger hält das Vorgehen des Beklagten für unzulässig.

Formulierungsvorschlag:

(Zunächst handeln Sie – wie sonst auch – die Zulässigkeit der Klage ab. Danach machen Sie Ausführungen zur ursprünglichen Begründetheit der Klageforderung und fahren dann mit der Aufrechnung fort:)

»*Die dem Kläger ursprünglich zustehende Forderung ist durch die von dem Beklagten wirksam erklärte Aufrechnung gemäß § 389 BGB in Höhe von ..... € erloschen.*

Dem Beklagten ist es nicht verwehrt, die Forderung wegen Nutzungsentschädigung aus dem Verkehrsunfall vom ... nunmehr im Wege der Aufrechnung geltend zu machen. Der Anspruch ist zum einen durch das Urteil in dem Rechtsstreit vor dem Amtsgericht ..., Aktenzeichen ..., nicht erfasst, weil dieses Urteil nur über den gestellten Antrag entschieden hat, in dem die Nutzungsentschädigung nicht enthalten war.

Auch der Umstand, dass der Beklagte in jenem Rechtsstreit seine Klage nicht als Teilklage bezeichnet hat, steht der jetzigen Geltendmachung des Anspruches nicht entgegen. Allein das Einklagen eines Teils eines Anspruches, ohne diesen als Teil zu bezeichnen, ist weder als ein Verzicht, noch als ein Erlassangebot hinsichtlich eines restlichen Teils anzusehen, weil ein dafür erforderlicher Erklärungswille ohne weitere Anhaltspunkte nicht unterstellt werden kann.

Auch für eine Verwirkung fehlt es jedenfalls am Umstandsmoment, weil ohne besondere Umstände kein Schuldner davon ausgehen kann, dass mit einer Klage alle sich aus einem Schuldverhältnis ergebenden Ansprüche gegen ihn erhoben worden sind und nichts mehr auf ihn zukommt.«

III. Die Formulierungsvorschläge im Einzelnen

8. Keine anderweitige Rechtshängigkeit

a) Anpassung eines Vergleichs
Vorüberlegungen: 396

Bei angefochtenen Vergleichen ist zu beachten, dass im Falle des Erfolges der Anfechtung der Vergleich ex tunc entfällt und der alte Prozess fortgesetzt wird. Bei dem Verlangen, einen Vergleich bei Wegfall oder wesentlicher Änderung der Geschäftsgrundlage den geänderten Verhältnissen anzupassen, bleibt der Vergleich als verfahrensbeendende Prozesshandlung hingegen bestehen. Es steht keine anderweitige Rechtshängigkeit gem. § 261 III Nr. 1 ZPO entgegen. Der Kläger kann vor einem anderen zuständigen Gericht klagen.

Fall: Der Kläger verlangt nach einem Vergleich in einem neuen Prozess vor einem anderen Gericht die Anpassung des Vergleichs an veränderte Verhältnisse.

Erörtern: Keine entgegenstehende Rechtskraft durch einen Vergleich im Vorprozess
Keine anderweitige Rechtshängigkeit bei dem Verlangen nach Anpassung

Formulierungsvorschlag:

»Die Klage ist zulässig... Dem steht insbesondere nicht entgegen, dass das Verfahren... mit einem Vergleich endete. Ein Vergleich vermag weder eine entgegenstehende Rechtskraft i.S.v. § 322 I ZPO zu entfalten, noch bewirkt das Verfahren... eine anderweitige Rechtshängigkeit gem. § 261 III Nr. 1 ZPO. Der Vergleich hat jenes Verfahren lediglich beendet. Nur wenn ein Vergleich rückwirkend seine Wirksamkeit verliert, führt dies zur Fortsetzung des Verfahrens. Das ist aber nicht der Fall, da der Kläger lediglich eine Abänderung wegen veränderter Umstände begehrt.«

b) Vorherige hilfsweise Aufrechnung
Vorüberlegungen: 397

Die Geltendmachung der Aufrechnung bewirkt grundsätzlich keine Rechtshängigkeit der Forderung. Dies kommt auch in § 204 I Nr. 5 BGB zum Ausdruck. Diese Vorschrift wäre überflüssig, wenn Aufrechnungen von § 204 I Nr. 1 BGB erfasst würden.

Fall: Der Kläger klagt einen Anspruch ein, den er in einem anderen, noch anhängigen Rechtsstreit – dort als Beklagter – bereits hilfsweise zur Aufrechnung gestellt hat.

Erörtern: Keine anderweitige Rechtshängigkeit gem. § 261 III Nr. 1 ZPO
Allgemeines Rechtsschutzbedürfnis

Formulierungsvorschlag:

»Die Klage ist zulässig...

Der Kläger ist dadurch, dass er die eingeklagte Forderung bereits im Wege der hilfsweisen Aufrechnung in dem noch nicht entschiedenen Verfahren vor dem Amtsgericht... (AZ:...) geltend gemacht hat, nicht an einer Durchsetzung seines Anspruches im Klagewege gehindert. Die hilfsweise Aufrechnung begründet keine anderweitige Rechtshängigkeit der Gegenforderung. Dies folgt daraus, dass die Aufrechnung keine Klage i.S.v. § 261 ZPO ist. Sie stellt lediglich ein Verteidigungsmittel dar, nämlich das Berufen auf das Erlöschen der Klageforderung aufgrund materiellen Rechts.

Dem Kläger fehlt auch nicht das Rechtsschutzbedürfnis für die aktive Verfolgung seines Anspruches. Die gegenteilige Auffassung, die damit begründet wird, dass im Erfolgsfall die Aufrechnung dem Kläger eine bessere Rechtsposition als seine Klage verschaffe, nämlich die sofortige Befriedigung und nicht lediglich einen vollstreckbaren Titel, überzeugt nicht. Es ist dem Kläger nicht zuzumuten, auf den Ausgang des anderen Rechtsstreites zu warten, um Gewissheit zu erlangen, ob seine Hilfsaufrechnung überhaupt zum Tragen kommt und wie darüber entschieden wird. Jener Rechtsstreit mag sich noch über so lange Zeit hinziehen, dass es mit dem auch im Verfahrensrecht geltenden Grundsatz von Treu und Glauben nicht zu vereinbaren ist, dem Kläger vorliegend das Rechtsschutzbedürfnis für die aktive Verfolgung seines Anspruches zu versagen.«

E. Formulierungsvorschläge und Erläuterungen zu den relevantesten prozessualen Problemstellungen

9. Verspätete Rüge von Prozesshindernissen

398 Vorüberlegungen:

Die Prozess- und Sachurteilsvoraussetzungen hat das Gericht von Amts wegen in jeder Lage zu prüfen. Sie müssen bis spätestens zum Schluss der mündlichen Verhandlung vorliegen (Einschränkung: § 261 III Nr. 2 ZPO). Prüfung bedeutet hier aber auf der Grundlage des Beibringungsgrundsatzes nicht, dass das Gericht von Amts wegen eigene Ermittlungen anstellt.

Da Sie im Examen davon ausgehen sollten, dass die Ihnen vorgelegte Klage zulässig ist, sind die Rügen der Parteien für Sie nur Anlass, die angesprochenen Zulässigkeitsvoraussetzungen kurz abzuhandeln. Zunächst sollten Sie stets an die Fälle der Unbeachtlichkeit von Rügen nach rügeloser Einlassung denken, wie §§ 39, 267 oder 295 ZPO.

Darüber hinaus regelt § 296 III ZPO, dass verspätete Rügen, die die Zulässigkeit der Klage betreffen und auf die der Beklagte verzichten kann (sog. Prozesshindernisse), ohne ausreichende Entschuldigung bzgl. der Verspätung unzulässig sind.

Es handelt sich dabei nur um die Rügen

- der mangelnden Vollmacht, § 88 ZPO,
- der fehlenden Kostenerstattung nach vorheriger Klagerücknahme, § 269 VI ZPO,
- der fehlenden Ausländersicherheit, §§ 110 ff. ZPO,
- und die Einrede einer Schiedsvereinbarung, § 1032 ZPO.

In den Fällen von § 296 III ZPO ist eine Rüge immer dann verspätet, wenn sie

- nicht innerhalb der vom Gericht gesetzten Klageerwiderungsfrist gem. §§ 275, 276 ZPO,
- entgegen § 282 III ZPO nicht spätestens in der ersten mündlichen Verhandlung oder
- nach einem Versäumnisurteil nicht innerhalb der Einspruchsfrist des § 340 III ZPO vorgebracht worden ist.

Die Zurückweisung verspäteter Rügen ist in diesen Fällen zwingend und tritt unabhängig von der sonst gem. § 296 ZPO erforderlichen Verfahrensverzögerung ein.

> **Fall:** Der Beklagte rügt die fehlende Kostenerstattung nach Klagerücknahme in einem Vorprozess nach Ablauf der ihm gem. § 276 ZPO gesetzten Klageerwiderungsfrist.

Erörtern: Prozesshindernde Einrede gem. § 269 IV ZPO
Präklusion gem. §§ 282 III 2, 296 III ZPO
Kein Hinweis auf Entschuldigungsgründe gem. § 296 III ZPO

Formulierungsvorschlag:

»*Die Klage ist zulässig…*

Dem steht insbesondere nicht die vom Beklagten erhobene prozesshindernde Einrede fehlender Kostenerstattung gem. § 269 IV ZPO entgegen. Der Beklagte konnte mit dieser Rüge nicht gehört werden, denn sie war gem. §§ 282 III 2, 296 III ZPO verspätet.

Nach diesen Vorschriften sind Rügen, die die Zulässigkeit der Klage betreffen und auf die der Beklagte verzichten kann, vom Beklagten innerhalb der ihm gem. §§ 275, 276 ZPO gesetzten Klageerwiderungsfrist zu erheben. Dies hat der Beklagte versäumt. Die Klageerwiderungsfrist war bei Erhebung der Rüge bereits abgelaufen. Entschuldigungsgründe, die nach § 296 III ZPO zu einer Zulassung führen würden, hat der Beklagte nicht vorgetragen.

Die Rüge fehlender Kostenerstattung nach vorheriger Klagerücknahme ist auch eine Rüge, auf die der Beklagte verzichten kann.«

III. Die Formulierungsvorschläge im Einzelnen

10. Allgemeines Rechtsschutzbedürfnis

Vorüberlegungen: **399**

Das allgemeine Rechtsschutzbedürfnis muss grds. auch bei Leistungsklagen vorliegen. Das ist i.d.R. der Fall und sollte deshalb grds. nicht ausdrücklich angesprochen werden. Es fehlt nur, wenn der Rechtsstreit objektiv sinnlos ist, oder wenn der Kläger kein schutzwürdiges Interesse an dem begehrten Urteil hat.

Das allgemeine Rechtsschutzbedürfnis ist u.a. bei Klagen zu erörtern, bei denen die Unmöglichkeit der Leistung streitig ist (s. dazu ausführlich Rn. 402). Es liegt z.B. auch vor, wenn der Kläger für den eingeklagten Anspruch bereits einen Titel hat, sofern dessen Durchsetzbarkeit zweifelhaft ist.

a) Widerklage auf Unterlassung ehrverletzender Äußerungen

> **Fall:** Der Kläger behauptet zur Begründung eines Anspruchs auf Schadensersatz, er sei vom Beklagten betrogen worden. Der Beklagte verlangt widerklagend die Unterlassung dieser Äußerung, weil der Kläger bewusst die Unwahrheit vortrage. **400**

Erörtern: Allgemeines Rechtsschutzbedürfnis als qualifizierte Prozessvoraussetzung
Die besonderen Zulässigkeitsvoraussetzungen der Widerklage (s. Rn. 453 ff.)

Beachte: Klagen auf Unterlassung ehrverletzender Äußerungen im Prozess fehlt grds. das allgemeine Rechtsschutzbedürfnis. Eine Partei darf alles vortragen, was zum Ausfüllen einer Norm erforderlich ist, also z.B. bei § 826 BGB auch das sittenwidrige Vorgehen des Gegners. Derartige Unterlassungsklagen sind ausnahmsweise zulässig, wenn schlüssig vorgetragen wird, die ehrverletzende Behauptung sei bewusst unwahr aufgestellt worden. Es liegt dann ein Fall einer qualifizierten Prozessvoraussetzung vor (s. dazu Rn. 331).

Formulierungsvorschlag:

»*... Die Widerklage ist zulässig. Ihr ist auch nicht das allgemeine Rechtsschutzbedürfnis abzusprechen. Dies fehlt nur dann, wenn sich der Beklagte nicht auf ein schutzwürdiges Interesse berufen kann. Dies ist jedoch der Fall, weil er schlüssig vorgetragen hat, dass der Kläger die ehrverletzende Äußerung bewusst unwahr aufgestellt hat. In diesen Fällen kann sich der Kläger nicht darauf berufen, er müsse alles vortragen dürfen, was zum Ausfüllen einer Norm erforderlich sei. Diese grds. zutreffende Ansicht gilt aber nicht, wenn bewusst unwahre Äußerungen aufgestellt werden. Der gegnerischen Partei ist es dann erlaubt, sich dagegen zur Wehr zu setzen.*«

(Weiter geht es mit der Darlegung der Rechtsfigur der »qualifizierten Prozessvoraussetzung«, Rn. 333, und den besonderen Zulässigkeitsvoraussetzungen der Widerklage, Rn. 453 ff.).

b) Klage auf Abgabe einer Willenserklärung trotz eines vollstreckbaren Vergleichs

> **Fall:** Der Kläger erhebt Klage auf Abgabe einer Willenserklärung, obwohl er bereits einen vollstreckbaren Vergleich in den Händen hat, in dem sich der Beklagte zur Abgabe der Willenserklärung verpflichtet hat. **401**

Erörtern: Allgemeines Rechtsschutzbedürfnis fehlt nur bei gleichwertiger Vollstreckbarkeit
§ 894 ZPO gilt nicht für Vergleiche, der Weg über § 888 ZPO ist unzumutbar.

E. Formulierungsvorschläge und Erläuterungen zu den relevantesten prozessualen Problemstellungen

Formulierungsvorschlag:

»*Die Klage ist zulässig ... Dem Kläger fehlt auch das für Leistungsklagen erforderliche allgemeine Rechtsschutzbedürfnis nicht, obwohl er bereits in Besitz eines vollstreckbaren Vergleichs ist, in dem sich der Beklagte verpflichtet hat, die Erklärung abzugeben. Bei Vorliegen eines Titels fehlt das allgemeine Rechtsschutzbedürfnis nur dann, wenn der Kläger aus diesem Titel mindestens ebenso einfach wie mit dem angestrebten Urteil seinen Anspruch durchsetzen kann. Dies ist aber nicht der Fall. Die in § 894 ZPO geregelte gesetzliche Fiktion, nach der im Fall einer Verurteilung zur Abgabe einer Willenserklärung diese mit Eintritt der Rechtskraft des Urteils als abgegeben gilt, ist weder direkt noch analog auf Vergleiche anwendbar. Eine entsprechende Anwendung der Vorschrift scheitert daran, dass keine planwidrige Regelungslücke vorliegt. Im Gesetz ist für die Vollstreckung von Vergleichen der Weg über § 888 ZPO vorgesehen. Dem Kläger ist dieser weitaus umständlichere und langwierige Weg über § 888 ZPO, nach dem die Zwangsvollstreckung durch Zwangsgeld und ggf. Zwangshaft zu betreiben ist, nicht zuzumuten.*«

c) Klage auf »unmögliche« Leistung

402 Vorüberlegung:

In Fällen, in denen der Beklagte behauptet, ihm sei die vom Kläger verlangte Leistung unmöglich geworden, müssen Sie bei Verträgen, die vor dem 1.1.2002 geschlossen worden sind, § 283 BGB a.F. und die dazu ergangene Rspr. beachten. Danach ist in »Altfällen« der Unmöglichkeitseinwand unerheblich,

- wenn der Beklagte unstreitig im Besitz der Sache war,
- wenn der Besitz und damit die Unmöglichkeit der Leistung jetzt streitig sind,
- wenn der Beklagte im Fall der Unmöglichkeit zum Schadensersatz verpflichtet wäre, und
- wenn den Kläger an diesem Umstand kein Verschulden trifft.

Das Vorliegen dieser Voraussetzungen hat in »Altfällen« zur Folge, dass über die streitige Frage der Unmöglichkeit der Leistung nicht Beweis erhoben werden muss. Der Beklagte wird trotz seines Einwandes, zur Leistung nicht in der Lage zu sein, zur Herausgabe verurteilt. Es ist Sache des Klägers, in der Vollstreckung herauszufinden, ob der Herausgabeanspruch durchzusetzen ist oder nicht.

Es ist umstritten, ob diese Rechtslage für nach dem 1.1.2002 geschlossene Verträge durch die Schuldrechtsreform, insbesondere nach dem Wegfall von § 283 BGB a.F. und der Neuregelung in § 275 I BGB, überholt ist.

Nach einer Ansicht hat sich die Rechtslage nicht geändert. Aus § 265 II 1 ZPO und §§ 255, 259 ZPO folge, dass der Einwand des Unvermögens nach wie vor unbeachtlich sei.

Nach anderer Ansicht kann die Frage des Unvermögens nicht mehr offen bleiben. Dies folge daraus, dass gem. § 275 I BGB bei Unmöglichkeit der Anspruch auf die Leistung ausgeschlossen sei, ohne dass es auf ein Vertretenmüssen ankomme. Der Unvermögenseinwand sei deshalb stets erheblich, einem Beweisantrag des nach § 280 I 2 BGB beweispflichtigen Beklagten müsse nachgegangen werden.

Sie sollten Ihre Entscheidung in »Unvermögensfällen« von den klausurtaktischen Vorgaben abhängig machen, sofern dies geht, andernfalls können Sie unter Darlegung des Streits eine Lösung auswählen:

- Wenn der Beklagte sein Unvermögen unter Beweisantritt behauptet und eine Beweisaufnahme stattgefunden hat, muss der Lösungsskizze die zweite Rechtsauffassung zugrunde liegen. Das Vorbringen des Beklagten ist mithin erheblich, sonst wäre die Beweisaufnahme sinnlos.
- Wenn der Beklagte sein Unvermögen unter Beweisantritt behauptet, aber keine Beweisaufnahme stattgefunden hat, muss der Lösungsskizze der bisherigen Rspr. zu § 283 BGB a.F. folgen. Die Beweisaufnahme muss überflüssig sein, weil sie andernfalls hätte durchgeführt werden müssen.

III. Die Formulierungsvorschläge im Einzelnen

- Wenn der Beklagte sein Unvermögen behauptet, aber keinen Beweis anbietet, ist er nach beiden Ansichten zur Herausgabe zu verurteilen. Die Verteidigung ist entweder nicht erheblich oder der Beklagte ist beweisfällig geblieben. Sie sollten bei dieser Konstellation beide Lösungswege darstellen, um Ihr Wissen zu zeigen.

Die Kombination von Herausgabeverlangen, Fristsetzung und Schadensersatz nach fruchtlosem Fristablauf im folgenden Beispielsfall stellt eine objektive kumulative Klagenhäufung dar. Es handelt sich um sog. unechte Hilfsanträge. Das sind Anträge, die bei Erfolg der Klage zwar kumulativ tenoriert, aber nur alternativ vollstreckt werden. Der obsiegende Kläger vollstreckt also entweder den Herausgabe- oder den Schadensersatzanspruch.

Fall: Der Kläger verlangt vom Beklagten Herausgabe einer unstreitig gelieferten Sache, eine Fristsetzung hierfür von zwei Monaten und, falls innerhalb der gesetzten Frist die Herausgabe nicht erfolgt, die Verurteilung des Beklagten zu einem bezifferten Schadensersatz nebst Zinsen seit Klagezustellung. Keine Partei bietet für die streitige Frage, ob der Beklagte noch im Besitz der Sache ist, Beweis an.

Erörtern: Zulässigkeit »unechter« Hilfsanträge, § 253 II Nr. 2 ZPO
Verurteilung zu einer streitigen unmöglichen Leistung lässt das allgemeine Rechtsschutzbedürfnis unberührt (qualifizierte Prozessvoraussetzung).
Klage auf künftige Leistung mit Fristbestimmung im Urteil, §§ 255, 259 ZPO
Anfängliche kumulative objektive Klagenhäufung, § 260 ZPO.

Beachte: Achten Sie darauf, dass Sie bei Klagen auf künftige Zahlung nicht Zinsen ab Klagezustellung, zusprechen dürfen, weil dies die Fälligkeit des Anspruchs voraussetzt, die ja nicht gegeben ist. Zinsen stehen dem Kläger erst ab dem Tag nach Ablauf der Frist zu (s. Rn. 451). Und denken Sie an die Teilabweisung!

§ 255 ZPO setzt seinem Wortlaut nach voraus, dass der Schadensersatzanspruch von einem fruchtlosen Fristablauf abhängt. Dies ist bei Ansprüchen aus §§ 989, 990 I BGB zwar nicht der Fall, deshalb wird insoweit der Rechtsgedanke von § 281 BGB hier angewendet.

Formulierungsvorschlag:

»*Die Klage ist zulässig...*

Gem. § 255 I ZPO ist der Kläger befugt, im Urteil eine Frist bestimmen zu lassen, weil er nach fruchtlosem Fristablauf gem. §§ 989, 990 I BGB i.V.m. § 281 I 1 und IV BGB analog Schadensersatz wegen Nichterfüllung verlangen kann. Der Zulässigkeit des Antrags zu 3) steht nicht entgegen, dass dieser ein sog. ›unechter‹ Hilfsantrag ist. Es handelt sich hier um einen Antrag, der in der Vollstreckung unter der Bedingung steht, dass der Herausgabeanspruch innerhalb der gesetzten Frist nicht erfüllt worden ist.

Dies steht nicht im Widerspruch zu der sich aus § 253 II Nr. 2 ZPO ergebenden Bedingungsfeindlichkeit von Anträgen. Die Bedingung betrifft hier nicht den Antrag selbst und damit den Rechtsstreit, sondern nur die Vollstreckung.

Der Zulässigkeit des Antrages zu 3) steht ferner nicht entgegen, dass der Antrag auf eine künftige Leistung gerichtet ist. Dies ist gem. § 259 ZPO immer dann zulässig, wenn den Umständen nach die Besorgnis gerechtfertigt ist, dass der Schuldner sich der rechtzeitigen Leistung entziehen werde. Dies ist hier der Fall. Dadurch, dass der Beklagte alle Ansprüche bestreitet, begründet er die Vermutung, dass er sich bei Eintritt der Fälligkeit des Schadensersatzanspruches auch dessen Erfüllung entziehen wird.

E. Formulierungsvorschläge und Erläuterungen zu den relevantesten prozessualen Problemstellungen

Auch der Umstand, dass der Beklagte nach seiner Behauptung zu einer unmöglichen Leistung verurteilt wird, berührt die Zulässigkeit nicht. Es reicht in diesen Fällen aus, dass der Kläger, wie geschehen, die Voraussetzungen für seinen Herausgabeanspruch schlüssig vorträgt. Dies folgt aus der Lehre der sog. qualifizierten Prozessvoraussetzungen. Das sind solche, die sowohl für die Zulässigkeit, als auch für die Begründetheit einer Klage vorliegen müssen. In derartigen Fällen wird der Vorrang der Zulässigkeit vor der Begründetheit aus Gründen der Prozessökonomie und der Rechtssicherheit durchbrochen.

Gem. § 260 ZPO steht es dem Kläger auch frei, mehrere Klageanträge in einer Klage zu verbinden ...«

d) Klage auf Rücknahme der Kaufsache nach erfolgtem Rücktritt

403 Vorüberlegung:

Nach erfolgtem Rücktritt verlangt der Käufer als Kläger häufig neben der Zug um Zug-Verurteilung die Feststellung des Annahmeverzuges des Beklagten und dessen Verurteilung zur Abholung der Kaufsache. Die Zulässigkeit ist unproblematisch. Auch bei einer Zusage des Beklagten, im Fall der Verurteilung zur Rückabwicklung die Kaufsache abzuholen, fehlt für den Antrag nicht das Rechtsschutzbedürfnis, da der Kläger ohne entsprechende Verurteilung das Abholen der Kaufsache nicht vollstrecken kann.

> **Fall:** Der Kläger verlangt vom Beklagten nach erfolgtem Rücktritt von einem Kaufvertrag über eine Schrankwand, die der Beklagte vertragsgemäß beim Kläger aufgestellt hat
>
> 1. Rückzahlung des Kaufpreises Zug um Zug gegen Rückübereignung der Schrankwand,
> 2. Feststellung des Annahmeverzuges mit der Rücknahme der Schrankwand,
> 3. Verurteilung zur Abholung der Schrankwand beim Kläger.

Erörtern: Bzgl. Antrag zu 2. folgt das Feststellungsinteresse aus §§ 756 I, 765 ZPO
Bzgl. Antrag zu 3. liegt das allgemeine Rechtschutzinteresse vor, weil der Kläger ansonsten keine Vollstreckungsmöglichkeit zur Entfernung der Kaufsache hätte. Anfängliche objektive kumulative Klagenhäufung gem. § 260 ZPO

Beachte: Das rechtliche Interesse für die Feststellung des Annahmeverzuges folgt bei Zug um Zug-Ansprüchen aus §§ 756 I, 765 ZPO, ohne Gegenleistung des Käufers aus §§ 300 ff. BGB.

Formulierungsvorschlag:

»Die Klage ist zulässig ...

Dem Kläger steht auch das gem. § 256 I ZPO für Feststellungsklagen erforderliche Feststellungsinteresse hinsichtlich des Antrages zu 2. zu. Vorliegend folgt das Feststellungsinteresse aus §§ 756 I, 765 ZPO. Danach kann bei Zug um Zug-Urteilen der Gläubiger nur ohne tatsächliches Angebot der dem Schuldner gebührenden Leistung vollstrecken, wenn dessen Annahmeverzug durch eine ihm zugestellte, öffentliche Urkunde, hier also das Urteil, bewiesen ist. Auf diese Erleichterung der Vollstreckung hat der Kläger einen Anspruch.

Auch der Antrag zu 3. ist zulässig. Ihm ist auch nicht das sog. allgemeine Rechtsschutzbedürfnis abzusprechen. Dies fehlt immer nur dann, wenn der Rechtsstreit sinnlos ist oder der Kläger kein schutzwürdiges Interesse an dem begehrten Urteil haben kann. Das ist hier nicht der Fall, weil der Kläger ein berechtigtes Interesse an der Entfernung der Schrankwand aus seiner Wohnung hat und er diesen Anspruch ohne Verurteilung des Beklagten im Wege der Zwangsvollstreckung nicht durchsetzen kann.

Der Antrag ist auch nicht von dem Antrag zu 1. mit umfasst. Die Verurteilung des Beklagten zur Rückzahlung des Kaufpreises Zug um Zug gegen Rückübereignung der Schrankwand gibt dem Kläger keinen Anspruch auf die beantragte Rücknahme durch Abbau und Abtransport seitens des Beklagten.

Es steht dem Kläger auch frei, mehrere Anträge in einer Klage zu verbinden. Dies ist gem. § 260 ZPO ...«

III. Die Formulierungsvorschläge im Einzelnen

11. Klageänderung

Vorüberlegungen: 404

Eine Klageänderung ist nach der Rechtsprechung jede Änderung des Streitgegenstandes, also des Antrags und / oder des Lebenssachverhalts. Fälle der Klageänderung sind:

- Klageauswechslungen,
- Parteiänderungen (Parteiwechsel und Parteierweiterung),
- nachträgliche objektive Klagenhäufungen sowie
- Antragsänderungen in den Fällen der §§ 264 Nr. 2 und Nr. 3 ZPO und
- andere Antragsänderungen, die nicht unter § 264 ZPO fallen.

a) Klageauswechslung

Vorüberlegungen: 405

Unter klageauswechselnden Klageänderungen versteht man in Abgrenzung zu § 264 Nr. 2 und Nr. 3 ZPO diejenigen Fälle, in denen der Lebenssachverhalt und / oder der Antrag ausgewechselt wird. Da es sich im Examen klausurtaktisch um zulässige Klageänderungen handeln muss, folgt die Zulässigkeit aus:

- der Einwilligung des Beklagten gem. § 263, 1. Alt. ZPO,
- der rügelosen Einlassung auf die geänderte Klage gem. § 267 ZPO,
- der Sachdienlichkeit gem. § 263, 2. Alt. ZPO,
- aus dem Umstand, dass die Rüge wegen vollständiger Auswechslung nicht greift.

Die ersten beiden Varianten sind problemlos. Bei ausdrücklicher Zustimmung genügt ein Satz unter Hinweis auf § 263, 1. Alt. ZPO, einen Formulierungsvorschlag bei rügelosem Verhandeln finden Sie unter Rn. 406. Im Tatbestand brauchen Sie den ursprünglichen Sachverhalt nur kurz zu erwähnen, im Übrigen können Sie verweisen. Bei vollständigen Klageauswechslungen, die keine teilweise Klagerücknahme darstellen, greift § 269 ZPO nicht, d.h. die Rüge des Beklagten ist dann ohne Bedeutung.

Wie bereits dargelegt (s. Rn. 366), sind grds. auch schriftsätzlich angekündigte Rügen ohne ausdrückliche Wiederholung durch die Antragstellung in der mündlichen Verhandlung im Wege der konkludenten Bezugnahme als aufrechterhalten anzusehen. Deshalb dürfen Sie in derartigen Fällen nicht einfach § 267 ZPO zitieren, ohne auf diese Besonderheit einzugehen.

Sollte aber die Zulässigkeit an einer nur schriftsätzlich vorgetragenen Rüge scheitern, erscheint es ratsam, wenn der Beklagte die Rüge in der mündlichen Verhandlung nicht wiederholt oder auf sie nicht ausdrücklich Bezug nimmt, das als rügeloses Verhandeln anzusehen und in den Entscheidungsgründen darzulegen. Es muss ja weitergehen (s. Rn. 407)! Im Tatbestand stellen Sie am Schluss des unstreitigen Teils als Prozessgeschichte dar, dass der Beklagte die Rüge nur schriftsätzlich erhoben, sie in der mündlichen Verhandlung aber nicht wiederholt hat.

Sachdienlichkeit liegt vor, wenn der bereits gewonnene Prozessstoff auch für die geänderte Klage eine verwertbare Grundlage bildet und durch die Fortführung des Verfahrens ein neuer Streit vermieden wird. Der Sachdienlichkeit steht nicht entgegen, dass in Folge der Klageänderung ggf. neue weitere Beweise erhoben werden müssen und der Prozess sich dadurch verzögert. Maßgeblich ist nur, dass der bereits gewonnene Prozessstoff verwertbar ist. Sofern dies anzunehmen ist, ist die Klageauswechslung zulässig (s. Rn. 408).

E. Formulierungsvorschläge und Erläuterungen zu den relevantesten prozessualen Problemstellungen

Sie sollten bei entsprechenden Anhaltspunkten aus klausurtaktischen Gründen nur dann eine Verneinung der Sachdienlichkeit in Erwägung ziehen, wenn der Kläger den bisherigen Anspruch zumindest hilfsweise aufrechterhalten hat. Nur dann können Sie die Änderung als unzulässig zurückweisen und doch zu einer inhaltlichen Prüfung des ursprünglichen Klagebegehrens, also einem »normalen« Urteil kommen (s. Rn. 409). Anderenfalls, d.h. wenn die Klageänderung unzulässig ist und der ursprüngliche Anspruch nicht zumindest hilfsweise aufrechterhalten worden ist, ist die Klageänderung als unzulässig zurückzuweisen und im Übrigen durch Versäumnisurteil zu entscheiden. Das wäre im Examen eine unwahrscheinliche Aufgabenstellung. Deshalb sollten Sie im Zweifel in derartigen Fällen stets durch Auslegung zu dem Ergebnis gelangen, dass der ursprüngliche Antrag hilfsweise aufrechterhalten wird.

406 **1. Fall:** Der Kläger ändert den der Klage zugrunde liegenden Sachverhalt. Der Beklagte lässt sich rügelos ein.

Erörtern: Heilung durch rügelose Einlassung, § 267 ZPO

Formulierungsvorschlag:

»*Die Klage ist zulässig... Die Auswechslung des der Klage zunächst zugrunde liegenden Lebenssachverhalt ist als Klageänderung i.S.v. § 263, 1. Alt. ZPO zulässig. Der Beklagte hat durch die rügelose Einlassung gem. § 267 ZPO die unwiderlegliche Vermutung der Einwilligung begründet.*«

407 **2. Fall:** Der Kläger ändert den der Klage zugrunde liegenden Sachverhalt. Der Beklagte hat zunächst schriftsätzlich die Zulässigkeit der Klageänderung gerügt, verhandelt dann aber rügelos.

Erörtern: Heilung durch rügelose Einlassung trotz vorheriger schriftsätzlicher Rüge, § 267 ZPO

Beachte: Beachten Sie, dass grds. auch schriftsätzlich angekündigte Rügen ohne ausdrückliche Wiederholung durch die Antragstellung in der mündlichen Verhandlung im Wege der konkludenten Bezugnahme aufrechterhalten sind (vgl. Rn. 366, 428).
Wenn die Rügen in der Sache unbegründet sind, sollten Sie darauf eingehen. Wenn daran aber die Zulässigkeit der Klage scheitern würde, sollten Sie eine Antragstellung ohne ausdrückliche Bezugnahme als rügeloses Verhandeln ansehen.
Die Sachdienlichkeit sollten Sie bei entsprechenden Anhaltspunkten nur ablehnen, wenn der ursprüngliche Sachverhalt hilfsweise aufrechterhalten wird. Ansonsten wäre nur durch ein Versäumnisurteil zu entscheiden, da der Kläger zu seinem ursprünglichen, nicht wirksam ausgewechselten Antrag nicht verhandelt, also gem. § 333 ZPO säumig ist.
Bei erfolgreicher Klageauswechslung müssen Sie im Tatbestand beide Sachverhalte anführen, wobei sie den ursprünglichen Sachverhalt, der nicht Entscheidungsgrundlage wird, verkürzt darstellen und durch Verweisungen einführen können.

III. Die Formulierungsvorschläge im Einzelnen

Formulierungsvorschlag:

»Die Klage ist zulässig ...

Diese Klageauswechslung ist als Klageänderung i.S.v. § 263 ZPO zulässig. Der Beklagte hat dadurch, dass er sich auf die geänderte Klage in der mündlichen Verhandlung rügelos eingelassen hat, gem. § 267 ZPO die unwiderlegliche Vermutung der Einwilligung begründet. Daran ändert auch der Umstand nichts, dass er zuvor die Zulässigkeit der Klageänderung schriftsätzlich gerügt hat. Auch wenn schriftsätzlich erhobene Zulässigkeitsrügen grds. ohne ausdrückliche Wiederholung oder Bezugnahme durch das Stellen der Anträge konkludent als aufrechterhalten anzusehen sind, muss sich der Beklagte hier an seinem rügelosen Verhandeln festhalten lassen. Aus seinen ausschließlich auf die materielle Rechtslage gerichteten Angriffen gegen die Klage in der mündlichen Verhandlung folgt, dass er die Zulässigkeitsrüge nicht aufrechterhalten, sondern eine Sachentscheidung herbeiführen wollte, die ihn wegen der umfassenderen Rechtskraft mehr schützt als ein Prozessurteil.«

3. Fall: Der Kläger wechselt den Sachverhalt aus, hält den ursprünglichen Sachverhalt aber hilfsweise aufrecht, nachdem der Beklagte widersprochen hat. Sachdienlichkeit liegt vor. **408**

Erörtern: Nachträgliche eventuelle Klagenhäufung, §§ 261 II, 260 ZPO
Zulässigkeit des Hilfsantrags, § 253 II Nr. 2 ZPO
Sachdienlichkeit der Klageänderung, § 263, 2. Alt. ZPO

Beachte: Die Sachdienlichkeit sollten Sie bei entsprechenden Anhaltspunkten nur ablehnen, wenn der ursprüngliche Sachverhalt hilfsweise aufrechterhalten wird, weil sonst nichts Examensrelevantes zu entscheiden ist.
Bei diesem Ergebnis müssen Sie im Tatbestand beide Sachverhalte anführen, wobei Sie den ursprünglichen Sachverhalt, der nicht Entscheidungsgrundlage wird, verkürzt darstellen und durch Verweisungen einführen können.

Formulierungsvorschlag:

»Die Klage ist zulässig ...

Dem Kläger steht es gem. §§ 261 II, 260 ZPO frei, auch im Wege nachträglicher eventueller Klagenhäufung den ursprünglich geltend gemachten Lebenssachverhalt nur hilfsweise aufrechtzuerhalten und dem gleich gebliebenen Antrag in erster Linie einen neuen Lebenssachverhalt zugrunde zu legen. Die Tatsache, dass der ursprüngliche Antrag mit dem zunächst zugrunde gelegten Lebenssachverhalt damit ein sog. Hilfsantrag geworden ist, steht der Zulässigkeit ebenfalls nicht entgegen. Dies ist vorliegend als Ausnahme von der in § 253 II Nr. 2 ZPO geregelten grundsätzlichen Bedingungsfeindlichkeit von Anträgen zulässig, weil es sich bei der Bedingung um ein innerprozessuales Ereignis handelt, über das das erkennende Gericht entscheidet, so dass die Bedingung keine Rechtsunsicherheit bewirkt.

Soweit der Kläger mit dem nunmehr in erster Linie geltend gemachten Lebenssachverhalt die Verurteilung des Beklagten zur Zahlung von ... begehrt, ist die in der Auswechselung des Lebenssachverhaltes liegende echte klageauswechselnde Klageänderung wegen Sachdienlichkeit i.S.v. § 263, 2. Alt. ZPO zulässig. Die Sachdienlichkeit ist objektiv nach der Prozesswirtschaftlichkeit zu beurteilen. Sie ist dann zu bejahen, wenn der bereits gewonnene Prozessstoff auch für die geänderte Klage eine verwertbare Entscheidungsgrundlage bleibt und durch die Erledigung der noch bestehenden Streitpunkte ein neuer Rechtsstreit vermieden wird. Dies ist der Fall, denn ...«

(Weiter geht es mit der Begründetheit der Klage in der geänderten Fassung.)

4. Fall: Der Kläger wechselt den Sachverhalt aus, hält den ursprünglichen Sachverhalt aber hilfsweise aufrecht, nachdem der Beklagte widersprochen hat. Die Sachdienlichkeit liegt aber beim besten Willen nicht vor. **409**

E. Formulierungsvorschläge und Erläuterungen zu den relevantesten prozessualen Problemstellungen

Erörtern: Nachträgliche eventuelle Klagenhäufung, §§ 261 II, 260 ZPO
Zulässigkeit des Hilfsantrages, § 253 II Nr. 2 ZPO
Keine Sachdienlichkeit der Klageänderung gem. § 263, 2. Alt. ZPO

Beachte: Die Sachdienlichkeit sollten Sie nur ablehnen, wenn der ursprüngliche Sachverhalt hilfsweise aufrechterhalten wird, weil sonst durch Versäumnisurteil zu entscheiden wäre.
Bei diesem Ergebnis müssen Sie im Tatbestand beide Sachverhalte anführen, wobei Sie den neuen Sachverhalt, der nicht Entscheidungsgrundlage wird, verkürzt darstellen und durch Verweisungen einführen können.

Formulierungsvorschlag:

»*Die Klage ist zulässig ...*

Dem Kläger steht es gem. §§ 261 II, 260 ZPO frei, auch im Wege nachträglicher eventueller Klagenhäufung den ursprünglich geltend gemachten Lebenssachverhalt nur hilfsweise aufrechtzuerhalten und dem gleich gebliebenen Antrag einen neuen Lebenssachverhalt zugrunde zu legen. Die Tatsache, dass der ursprüngliche Antrag mit dem zunächst zugrunde gelegten Lebenssachverhalt damit ein sog. Hilfsantrag ist, steht der Zulässigkeit ebenfalls nicht entgegen. Dies ist vorliegend als Ausnahme von der in § 253 II Nr. 2 ZPO geregelten grundsätzlichen Bedingungsfeindlichkeit von Anträgen zulässig, weil es sich bei der Bedingung um ein innerprozessuales Ereignis handelt, über das das erkennende Gericht entscheidet, so dass die Bedingung keine Rechtsunsicherheit bewirkt.

Soweit der Kläger allerdings mit dem nunmehr in erster Linie geltend gemachten Lebenssachverhalt die Verurteilung des Beklagten zur Zahlung von ... begehrt, ist die in der Auswechslung des Lebenssachverhaltes liegende klageauswechselnde Klageänderung unzulässig. Es liegt kein Fall einer genehmigungsunabhängigen Klageänderung gem. § 264 Nr. 2 oder Nr. 3 ZPO vor, weil der Lebenssachverhalt gerade nicht – wie für die Anwendung dieser Regelungen erforderlich – gleich geblieben, sondern ausgewechselt worden ist.

Nachdem der Beklagte im Termin vom ... der Klageänderung widersprochen hat, hängt deren Zulässigkeit ausschließlich von der Sachdienlichkeit i.S.v. § 263, 2. Alt. ZPO ab. Die Sachdienlichkeit ist objektiv nach der sog. Prozesswirtschaftlichkeit zu beurteilen. Sie ist nur dann zu bejahen, wenn der bereits gewonnene Prozessstoff auch für die geänderte Klage verwertbare Entscheidungsgrundlage bleibt und durch die Erledigung der noch bestehenden Streitpunkte ein neuer Rechtsstreit vermieden wird. Dies ist hier aber nicht der Fall. Durch die Auswechslung des zugrunde liegenden Sachverhaltes ist ...

Dies berührt indessen nicht die Zulässigkeit des hilfsweise aufrechterhaltenen Anspruches in seiner ursprünglichen Form mit dem zunächst vorgetragenen Lebenssachverhalt.

Dieser Anspruch ist gem. § ...«

(Weiter geht es mit der Begründetheit der Klage auf der Grundlage des ursprünglichen Sachverhalts.)

b) Parteiänderung

410 Vorüberlegungen:

Die Parteiänderung kann als gesetzlicher oder gewillkürter Parteiwechsel oder als Parteierweiterung vorkommen.

Der gesetzliche Parteiwechsel gem. §§ 239, 240, 242 ZPO ist problemlos, ebenso der einzige Fall eines gesetzlichen Parteibeitritts gem. § 856 II ZPO.

Die gewillkürte Parteiänderung ist nach dem BGH eine Form der Klageänderung, die analog den Regeln der §§ 263 ff. ZPO folgt.

Bei **gewillkürtem Parteiwechsel auf Klägerseite** sollten Sie, falls der Beklagte nicht zustimmt, die fehlende Zustimmung durch Sachdienlichkeit analog § 263, 2. Alt. ZPO ersetzen.

III. Die Formulierungsvorschläge im Einzelnen

Wichtigster Fall für einen **gewillkürten Parteibeitritt auf Klägerseite** ist die sog. »Drittwiderklage«, also eine Widerklage des Beklagten gegen den Kläger und einen bislang nicht am Rechtsstreit beteiligten Dritten. Nach der Rspr. ist für die Zulässigkeit neben der Konnexität nur Sachdienlichkeit erforderlich, falls der Dritte widerspricht (s. Rn. 458).

Für den **Beklagtenwechsel**, d.h. der Kläger will einen anderen Beklagten, gilt:

Vor Beginn der mündlichen Verhandlung ist der angestrebte Wechsel zulässig

- **analog § 263, 1. Alt. ZPO durch Zustimmung des »neuen« Beklagten oder**
- **analog § 263, 2. Alt. ZPO durch Sachdienlichkeit.**

Nach Beginn der mündlichen Verhandlung ist der angestrebte Wechsel zulässig

- gegenüber dem »alten« Beklagten nur mit dessen Zustimmung analog § 269 I ZPO,
- gegenüber dem »neuen« Beklagten
  - analog § 263, 1. Alt. ZPO durch dessen Zustimmung oder
  - analog § 263, 2. Alt. ZPO durch Sachdienlichkeit.

Damit sind nur folgende Fallgestaltungen im Examen realistisch:

1. Klägerwechsel, Beklagter stimmt zu. Zulässig analog § 263, 1. Alt. ZPO.
2. Klägerwechsel, Beklagter stimmt nicht zu. Zulässig analog § 263, 2. Alt. ZPO.
3. Der Kläger will einen Beklagtenwechsel vor mündlicher Verhandlung. Beide Beklagte stimmen zu. Zulässig analog § 263, 1. Alt. ZPO.
4. Der Kläger will einen Beklagtenwechsel vor mündlicher Verhandlung. Beide Beklagte stimmen nicht zu. Zulässig analog § 263, 2. Alt. ZPO.
5. Der Kläger will einen Beklagtenwechsel. Der alte Beklagte stimmt zu, der neue nicht. Über die Klage gegen den alten Beklagten ist nicht mehr zu entscheiden, da er mit Zustimmung ausgeschieden ist. Die Klage gegen den neuen wird über Sachdienlichkeit zulässig. Der Zeitpunkt vor oder nach Beginn der mündlichen Verhandlung spielt keine Rolle.
6. Der Kläger will einen Beklagtenwechsel nach Beginn der Verhandlung. Die beiden Beklagten stimmen wieder nicht zu. Sachdienlichkeit liegt vor. Der alte Beklagte bleibt Partei, der neue wird Streitgenosse.
7. Der Kläger will einen Beklagtenwechsel nach Beginn der mündlichen Verhandlung. Beide Beklagte stimmen nicht zu. Sachdienlichkeit liegt nicht vor. Der neue Beklagte wird nicht Partei. Die Klage gegen ihn ist wegen unzulässigen Parteiwechsels durch Prozessurteil abzuweisen, im Übrigen ergeht ein Sachurteil gegen den alten Beklagten.

1. Fall: Es findet nach Verhandlung zur Sache ein Klägerwechsel nach anfänglicher gewillkürter Prozessstandschaft statt, weil der materielle Rechtsinhaber den Rechtsstreit weiterführen will. Der Beklagte stimmt zu. 411

Erörtern: Zulässigkeit des Parteiwechsels durch Zustimmung, § 263, 1. Alt. ZPO analog

Beachte: Denken Sie daran, im Rubrum ausschließlich die neue Partei aufzuführen!

Formulierungsvorschlag:

»Die Klage ist zulässig ...

Auf Klägerseite hat infolge der Zustimmung des Beklagten analog § 263, 1. Alt. ZPO ein zulässiger Parteiwechsel stattgefunden.«

2. Fall: Es findet ein Klägerwechsel nach anfänglicher gewillkürter Prozessstandschaft statt, weil der materielle Rechtsinhaber den Rechtsstreit weiterführen will. Der Beklagte stimmt nicht zu. 412

Erörtern: Zulässigkeit des Parteiwechsels durch Sachdienlichkeit, § 263, 2. Alt. ZPO analog

E. Formulierungsvorschläge und Erläuterungen zu den relevantesten prozessualen Problemstellungen

Formulierungsvorschlag:

»*Die Klage ist zulässig... Auf Klägerseite hat ein zulässiger Parteiwechsel stattgefunden. Die fehlende Zustimmung des Beklagten steht dem nach st. Rspr. nicht entgegen, wenn der Parteiwechsel analog § 263, 2. Alt. ZPO sachdienlich ist. Ein Parteiwechsel auf Klägerseite ist immer dann sachdienlich, wenn unter möglicher Verwendung des bisherigen Prozessstoffes der Streit endgültig behoben und ein neuer Prozess vermieden werden kann. Dies ist der Fall, denn ...*«

413 **3. Fall:** Der Kläger will einen Beklagtenwechsel vor Beginn der mündlichen Verhandlung und verklagt den neuen Beklagten im laufenden Verfahren. Beide Beklagte stimmen zu.

Erörtern: Zulässigkeit des Parteiwechsels durch Zustimmung, § 263, 1. Alt. ZPO analog

Formulierungsvorschlag:

»*Die Klage ist zulässig... Durch die Zustimmung des früheren und des jetzigen Beklagten in den Parteiwechsel ist dieser analog § 263, 1. Alt. ZPO wirksam vollzogen worden.*«

414 **4. Fall:** Der Kläger will einen Beklagtenwechsel vor Beginn der mündlichen Verhandlung und verklagt den neuen Beklagten. Beide Beklagte stimmen nicht zu. Der Wechsel ist aber sachdienlich.

Erörtern: Zulässigkeit des Parteiwechsels durch Sachdienlichkeit, § 263, 2. Alt. ZPO analog

Formulierungsvorschlag:

»*Die Klage ist zulässig... Sie richtet sich auch ausschließlich gegen den neuen Beklagten. Der Parteiwechsel ist trotz der fehlenden Zustimmung des früheren und des jetzigen Beklagten aufgrund Sachdienlichkeit analog § 263, 2. Alt. ZPO wirksam geworden. Ein Parteiwechsel auf Beklagtenseite ist immer dann sachdienlich, wenn unter möglicher Verwendung des bisherigen Prozessstoffs der Streit endgültig behoben und ein neuer Prozess vermieden werden kann. Dies ist der Fall, denn ...*

Der Zustimmung des früheren Beklagten analog § 269 I ZPO bedurfte es hier nicht, da der Antrag des Klägers auf Parteiauswechslung vor Beginn der mündlichen Verhandlung gestellt worden ist.«

415 **5. Fall:** Der Kläger will einen Beklagtenwechsel nach Beginn der mündlichen Verhandlung und verklagt den neuen Beklagten. Der alte Beklagte stimmt zu, der neue nicht. Der Wechsel ist aber sachdienlich.

Erörtern: Ausscheiden des alten Beklagten analog § 269 I ZPO
Zulässigkeit des Parteiwechsels durch Sachdienlichkeit, § 263, 2. Alt. ZPO analog

Beachte: Die Rechtslage ist hierbei vor und nach Beginn der mündlichen Verhandlung dieselbe.

Formulierungsvorschlag:

»*Die Klage ist zulässig... Sie richtet sich auch ausschließlich gegen den neuen Beklagten. Aufgrund der Zustimmung des früheren Beklagten ist dieser analog § 269 I ZPO aus dem Verfahren ausgeschieden. Der Parteiwechsel ist trotz der fehlenden Zustimmung des jetzigen Beklagten aufgrund der anzunehmenden Sachdienlichkeit analog § 263, 2. Alt. ZPO wirksam geworden. Ein Parteiwechsel auf Beklagtenseite ist immer dann sachdienlich, wenn unter möglicher Verwendung des bisherigen Prozessstoffes der Streit endgültig behoben und ein neuer Prozess vermieden werden kann. Dies ist vorliegend der Fall, denn ...*«

III. Die Formulierungsvorschläge im Einzelnen

6. Fall: Der Kläger will einen Beklagtenwechsel nach Beginn der mündlichen Verhandlung und verklagt den neuen Beklagten C im laufenden Verfahren. Beide Beklagte widersprechen. Die Einbeziehung des neuen Beklagten ist sachdienlich. **416**

Erörtern: Die Zulässigkeit des Parteiwechsels scheitert an der fehlenden Zustimmung des alten Beklagten, § 269 I ZPO. Ein gescheiterter Parteiwechsel auf Beklagtenseite führt bei Sachdienlichkeit zu einer »ungewollten« Streitgenossenschaft der beiden Beklagten.

Die Zulässigkeit der nachträglichen subjektiven Klagenhäufung folgt aus §§ 261 II, 59, 60 ZPO i.V.m. § 260 ZPO analog.

Beachte: Sie müssen in der Begründetheit erwähnen, dass die bisherigen Prozessergebnisse verwertbar sind, wenn der neue Beklagte nur seiner Einbeziehung in das Verfahren, nicht aber der Verwertung der bisherigen Prozessergebnisse widersprochen hat! Ein Widerspruch gegen die Verwertung würde der Sachdienlichkeit entgegenstehen (s. Rn. 417). Das wird im Examen nur vorkommen, wenn der alte Beklagte dem Wechsel widerspricht. Dann ist der Parteiwechsel aber ohnehin gescheitert, und es bleibt bei der ursprünglichen Konstellation.

Formulierungsvorschlag:

»Die Klage ist zulässig... Dadurch, dass der Kläger den C als Beklagten durch Zustellung der Klageschrift gem. § 261 II ZPO in das Verfahren einbezogen hat, ist zwar nicht der beabsichtigte Parteiwechsel, wohl aber ein Parteibeitritt des C erfolgt. Ein Parteiwechsel scheitert daran, dass der Beklagte zu 1) nicht zugestimmt hat. Diese fehlende Zustimmung ist auch nicht analog § 263, 2. Alt. ZPO durch Sachdienlichkeit zu ersetzen. Aus § 269 I ZPO folgt, dass der Beklagte von Beginn der mündlichen Verhandlung zur Hauptsache an einen Anspruch auf eine gerichtliche Entscheidung hat, der ihm ohne seine Zustimmung nicht mehr entzogen werden kann. Dieser Grundsatz ist nach st.Rspr. entsprechend auf beabsichtigte Parteiwechsel anzuwenden.

C ist aber ungeachtet seines Widerspruchs gem. §§ 59, 60 ZPO i.V.m. § 260 ZPO analog wirksam zum Streitgenossen des Beklagten zu 1) geworden. Seine Zustimmung war nicht erforderlich und ist durch die vorliegende Sachdienlichkeit analog § 263, 2. Alt. ZPO ersetzt worden. Die Sachdienlichkeit bei Parteibeitritt auf Beklagtenseite ist immer dann anzunehmen, wenn unter möglicher Verwendung des bisherigen Prozessstoffes der Streit endgültig behoben und ein neuer Prozess vermieden werden kann.«

7. Fall: Der Kläger will einen Beklagtenwechsel nach Beginn der mündlichen Verhandlung und verklagt C. Der bisherige Beklagte und C widersprechen. C hat nicht nur seiner Einbeziehung in das Verfahren, sondern auch der Verwertung der bisherigen Prozessergebnisse widersprochen. **417**

Erörtern: Zulässigkeit des Parteiwechsels scheitert an der fehlenden Zustimmung des alten Beklagten

Wegen fehlender Sachdienlichkeit kommt es nicht zu einer Streitgenossenschaft der beiden Beklagten. Der Prozess läuft mit den alten Parteien weiter.

Formulierungsvorschlag:

»Die Klage ist zulässig... Sie richtet sich ausschließlich gegen den ursprünglichen Beklagten. Der Parteiwechsel scheitert daran, dass der Beklagte zu 1) nicht zugestimmt hat. Diese fehlende Zustimmung ist auch nicht analog § 263, 2. Alt. ZPO durch Sachdienlichkeit zu ersetzen. Denn aus § 269 I ZPO folgt, dass der Beklagte von Beginn der mündlichen Verhandlung zur Hauptsache an einen Anspruch auf eine gerichtliche Entscheidung hat, der ihm ohne seine Zustimmung nicht mehr entzogen werden kann. Dieser Grundsatz ist nach st.Rspr. entsprechend auf beabsichtigte Parteiwechsel anzuwenden.

E. Formulierungsvorschläge und Erläuterungen zu den relevantesten prozessualen Problemstellungen

C ist nicht zum Streitgenossen des Beklagten zu 1) geworden. Dies ist bei fehlender Zustimmung des einzubeziehenden Beklagten nur dann der Fall, wenn dessen Beitritt analog § 263, 2. Alt. ZPO sachdienlich ist. Die Sachdienlichkeit ist in diesen Fällen nur dann anzunehmen, wenn der Streit unter Verwendung des bisherigen Prozessstoffes endgültig behoben und ein neuer Prozess vermieden werden kann. Dies ist aber nicht der Fall, denn C hat der Verwertung der bisherigen Prozessergebnisse widersprochen.«

c) Nachträgliche objektive Klagenhäufung

418 Vorüberlegungen:

Das Gesetz kennt nachträgliche Klagenhäufungen, was sich aus § 261 II ZPO (Rechtshängigkeit eines während des Prozesses erhobenen Anspruchs), § 256 II ZPO (Zwischenfeststellungsklage) und § 147 ZPO (Verbindung mehrerer Prozesse durch Beschluss) ergibt. Dabei kann es sich um kumulative oder eventuelle Klagenhäufungen handeln (s. Rn. 322 f.). Auch nachträgliche alternative Häufungen des Klagegrundes (Kläger klagt zunächst nur aus eigenem Recht, dann alternativ auch aus abgetretenem) sind nachträgliche Klagenhäufungen. (Zur grds. Problematik alternativer Häufungen des Klagegrundes s. Rn. 325.)

Merke: Eine nachträgliche objektive Klagenhäufung liegt vor, wenn ein neuer Streitgegenstand eingeführt werden soll. Die Zulässigkeit hängt von der Zustimmung des Beklagten oder der Sachdienlichkeit ab.

Beachten Sie in diesem Zusammenhang § 132 I ZPO (Einhaltung von Schriftsatzfristen). Diese Vorschrift gilt analog für Antragsänderungen im Termin. Der Beklagte wird sich in Examensklausuren in der Regel nur gegen die Antragsänderung wehren, nicht aber die fehlende Einhaltung der Frist rügen. Der Mangel wird dann durch rügelosen Einlassung gem. § 295 ZPO geheilt.

Wenn der Kläger als Reaktion auf eine Widerklage seine Klage erweitert und dies nicht unter § 264 Nr. 2 oder Nr. 3 ZPO fällt, sollten Sie die Zulässigkeit dieser als »Wider-Widerklage« (kein Scherz!) anzusehenden nachträglichen objektiven Klagenhäufung statt mit Sachdienlichkeit gem. § 263, 2. Alt. ZPO mit den Voraussetzungen von § 33 ZPO begründen (s. zur Widerklage Rn. 453 ff.). Diese Begründung ist »aparter« und gegenüber der Sachdienlichkeit vorzuziehen bzw. zusätzlich anzuführen.

Denken Sie bei einseitigen Teilerledigungserklärungen daran, dass es sich dabei stets um nachträgliche objektive Klagenhäufungen handelt, die wegen Sachdienlichkeit gem. § 263, 2. Alt. ZPO unabhängig von der Zustimmung des Beklagten stets zulässig sind (s. Rn. 438).

Fall: Der Kläger stellt während der mündlichen Verhandlung einen weiteren Antrag.

Erörtern: Zulässigkeit der nachträglichen objektiven Klagenhäufung gem. §§ 261 II, 260 ZPO
Sachdienlichkeit der Klageänderung gem. § 263, 2. Alt. ZPO
§ 132 I ZPO gilt analog auch für Antragsänderungen.

Beachte: Bei Überschreitung der Streitwertgrenze des § 23 I Nr. 1 GVG durch die Klagenhäufung wird das Amtsgericht trotz § 261 III Nr. 2 ZPO unzuständig bzw. das zunächst unzuständige Landgericht zuständig (s. Rn. 378).

Formulierungsvorschlag:

»Die Klage ist zulässig...

Dem Kläger steht es frei, seine Klage durch den Antrag zu 2), den er in der mündlichen Verhandlung gestellt hat, zu erweitern. Aus § 261 II ZPO folgt, dass dies grds. möglich ist.

Dem steht auch nicht entgegen, dass es sich um eine Klageänderung durch Einführung eines weiteren Streitgegenstandes in das laufende Verfahren handelt, der der Beklagte nicht zugestimmt hat. Gem. § 263, 2. Alt. ZPO ist die Zustimmung des Beklagten zu einer Klageänderung entbehrlich, wenn diese sachdienlich ist.

III. Die Formulierungsvorschläge im Einzelnen

Sachdienlichkeit ist immer dann anzunehmen, wenn das bisherige Prozessergebnis weitgehend verwertbar ist und durch die geänderte Klage ein weiterer Rechtsstreit zwischen den Parteien vermieden wird. Dies ist vorliegend der Fall, denn ...

Auch die Verbindung mehrerer Klageanträge in einer Klage ist zulässig. Dies ist gem. § 260 ZPO immer dann gestattet, wenn bei Identität der Parteien für sämtliche Ansprüche das Prozessgericht zuständig, dieselbe Prozessart zulässig ist und kein Verbindungsverbot besteht. Dies ist der Fall.

Die Tatsache, dass die Klage erst in der mündlichen Verhandlung erweitert worden ist und dadurch die einwöchige Frist des § 132 I 1 ZPO, der nach verbreiteter Ansicht auch auf Antragsänderungen entsprechend anwendbar ist, nicht eingehalten ist, ist gem. § 295 ZPO unbeachtlich, da der Beklagte rügelos verhandelt hat.«

d) Anwendungsbereich von § 264 Nr. 2 ZPO
Vorüberlegungen: **419**

Denken Sie daran, bei Klageänderungen zunächst zu prüfen, ob nicht ein Fall einer stets zulässigen Klageänderung nach § 264 Nr. 2 oder Nr. 3 ZPO vorliegt, so dass eine Einwilligung des Beklagten nicht erforderlich ist.

Wenn eine dieser Regelungen einschlägig ist, wirkt es nicht überzeugend, mit der dann überflüssigen Vorschrift des § 263 ZPO zu argumentieren.

aa) Klageerweiterungen Vorüberlegungen:

Klageerweiterungen i.S.v. § 264 Nr. 2 und Nr. 3 ZPO sind kraft Gesetzes zulässige Klageänderungen und gehen den übrigen Vorschriften der §§ 263 ff. ZPO, insbesondere § 269 ZPO vor.

Unter § 264 Nr. 2 ZPO fallen quantitative und qualitative Erhöhungen des Antrages bei ansonsten gleich bleibendem Sachverhalt, wie der Übergang von

- einer Feststellungs- zur Leistungsklage,
- einer Auskunfts- zur Zahlungsklage,
- einer Klage auf Zahlung eines Teiles zur Zahlung des gesamten Betrages,
- einer Klage auf künftige Leistung zur sofortigen Leistung oder
- die Erhöhung von Nebenforderungen.

Merke: Nicht unter § 264 Nr. 2 ZPO fallen nachträgliche objektive Klagenhäufungen, da sie einen weiteren Streitgegenstand in das Verfahren bringen. Die Zulässigkeit in diesen Fällen regeln ausschließlich §§ 267 und 263 ZPO.

Fall: Der Kläger geht von einer Feststellungs- auf eine Leistungsklage über, weil er im Laufe des Rechtsstreits in der Lage ist, seinen Schaden zu beziffern.

Erörtern: Zulässigkeit der Klageerweiterung gem. § 264 Nr. 2 ZPO
§ 263 ZPO greift nicht, da der Sachverhalt gleich geblieben ist.

Formulierungsvorschlag:

»Die Klage ist zulässig ... Gem. § 264 Nr. 2 ZPO steht es dem Kläger frei, den Klageantrag in der Hauptsache zu erweitern. Dies hat er durch Übergang von der ursprünglichen Feststellungs- zur Leistungsklage getan. Derartige qualitative und quantitative Erhöhungen des Antrages bei ansonsten gleich gebliebenen Sachverhalt sind von Gesetzes wegen zulässig. Sie sind anders als nachträgliche objektive Klagenhäufungen weder von der Zustimmung des Beklagten gem. § 263, 1. Alt. ZPO noch von der Beurteilung ihrer Sachdienlichkeit gem. § 263, 2. Alt. ZPO abhängig.«

E. Formulierungsvorschläge und Erläuterungen zu den relevantesten prozessualen Problemstellungen

420 bb) Klagebeschränkungen Vorüberlegungen:

Unter § 264 Nr. 2 ZPO fallen weiterhin Klagebeschränkungen, also quantitative oder qualitative Reduzierungen. Dies sind Fälle, in denen der Kläger einen Teil der Klageforderung oder einen von mehreren Anträgen nicht aufrechterhält. Derartige Ermäßigungen sind entweder teilweise Erledigungserklärungen oder teilweise Klagerücknahmen. Ggf. müssen Sie nicht eindeutige Erklärungen auslegen. Die Unterscheidung ist wichtig, weil die beiden Varianten unterschiedliche Konsequenzen haben können.

Vollständige oder teilweise einseitige Erledigungserklärungen sind ohne Zustimmung des Beklagten gem. § 264 Nr. 2 ZPO stets zulässig (s. dazu Rn. 430 ff.). Liegt in der Beschränkung aber eine teilweise Klagerücknahme, ist sie gem. § 269 I ZPO nur bis zum Beginn der mündlichen Verhandlung, d.h. vor dem Stellen der Anträge, ohne Zustimmung des Beklagten zulässig.

Vor Beginn der mündlichen Verhandlung kann der Kläger die Klage ohne Zustimmung des Beklagten zurücknehmen. Die Rücknahme hat nur Auswirkungen auf die Kostenentscheidung, eine Klageabweisung erfolgt nicht (Rn. 421).

Nach Beginn der mündlichen Verhandlung müssen Sie bei Klagerücknahmen zwischen deren Beginn und dem Stellen der Anträge unterscheiden. Nach § 137 ZPO beginnt die mündliche Verhandlung zwar grundsätzlich mit dem Stellen der Anträge. Das bedeutet aber nicht zwingend, dass sie vor dem Stellen der Anträge nicht auch schon auf andere Weise begonnen haben kann. Dies ist z.B. dann der Fall, wenn die Parteien streitig verhandeln, indem sie Argumente in der Sache austauschen. Daraus folgt:

Wenn der Kläger seinen angekündigten Antrag nicht sofort stellt, sondern zunächst verhandelt und danach nur den reduzierten Antrag stellt (Rn. 422), ergeht über den nicht gestellten Teil des angekündigten Antrags ein Teilversäumnisurteil, über den gestellten Antrag ein »normales« Endurteil.

Sind die Anträge aber schon gestellt (Rn. 423), ist über den gesamten ursprünglichen Antrag zu entscheiden, wenn der Beklagte der Reduzierung nicht zustimmt.

421 **1. Fall:** Der Kläger klagt zunächst vor dem Landgericht 10.000,– € ein, reduziert dann vor Beginn der mündlichen Verhandlung ohne Angabe von Gründen auf 5.000,– €. Der Beklagte widerspricht.

Erörtern: Zulässigkeit der Reduzierung gem. § 264 Nr. 2 ZPO. § 269 I ZPO greift vor Beginn der mündlichen Verhandlung nicht.
Perpetuatio fori gem. § 261 III Nr. 2 ZPO

Beachte: Sie müssen bei der Kostenentscheidung, wenn der Kläger nicht voll unterliegt, die Quote gesondert berechnen und § 269 III 2 ZPO bei den prozessualen Nebenentscheidungen neben § 92 ZPO anführen (s. Rn. 192 f.).

Formulierungsvorschlag:

»Die Klage ist zulässig ...

Dem Kläger steht es frei, gem. § 264 Nr. 2 ZPO seinen ursprünglichen Klageantrag in der Hauptsache zu beschränken. Der Widerspruch des Beklagten vermag daran nichts zu ändern. Die in der Reduzierung liegende teilweise Klagerücknahme ist vorliegend gem. § 269 I ZPO ohne Einwilligung des Beklagten zulässig, da noch nicht zur Hauptsache verhandelt worden ist.

Die Reduzierung der Klageforderung auf einen Betrag unterhalb des Zuständigkeitsstreitwertes für das Landgericht ist unbeachtlich. Der einmal vor dem Landgericht begründete sachliche Gerichtsstand wird gem. § 261 III Nr. 2 ZPO durch die Veränderung der ihn begründenden Umstände nicht berührt.«

III. Die Formulierungsvorschläge im Einzelnen

2. Fall: Der Kläger klagt zunächst vor dem Landgericht 10.000,- € ein, reduziert dann nach Beginn der mündlichen Verhandlung, aber vor dem Stellen der angekündigten Anträge ohne Angabe von Gründen auf 5.000,- €. Der Beklagte widerspricht. Der Kläger stellt nur den reduzierten Antrag.

422

Erörtern: Zulässigkeit der Reduzierung gem. § 264 Nr. 2 ZPO, aber TeilVU wegen § 269 I ZPO
Perpetuatio fori gem. §§ 4, 261 III Nr. 2 ZPO

Beachte: Da hier der höhere Antrag nur angekündigt, aber noch nicht gestellt worden ist, muss die Klage bzgl. des zurückgenommenen Teils wegen § 269 I ZPO durch ein Teilversäumnisurteil abgewiesen werden. Überschrift: »Teilversäumnis- und Endurteil«.

Formulierungsvorschlag:

»Die Klage ist zulässig ... Es ist dem Kläger gem. § 264 Nr. 2 ZPO zwar unbenommen, seinen angekündigten Antrag nicht in voller Höhe zu stellen. Darin liegt hier mangels entsprechender Erklärung und Antragstellung keine teilweise Erledigungserklärung, sondern eine teilweise Klagerücknahme. Diese hat aber keinen Einfluss auf den Umfang der Rechtshängigkeit. Die Zulässigkeit der teilweisen Klagerücknahme hängt nämlich nach Beginn der mündlichen Verhandlung zur Hauptsache gem. § 269 I ZPO von der Zustimmung des Beklagten ab. Diese hat der Beklagte nicht erteilt, so dass über den gesamten rechtshängigen Anspruch des Klägers zu entscheiden war.

Die Reduzierung der Klageforderung auf einen Betrag unterhalb des Zuständigkeitsstreitwertes für das Landgericht ist unbeachtlich. Der einmal vor dem Landgericht begründete sachliche Gerichtsstand wird gem. § 261 III Nr. 2 ZPO durch die Veränderung der ihn begründenden Umstände nicht berührt.«

3. Fall: Der Kläger hat nach dem Stellen des Antrages und nach der Erörterung der Sach- und Rechtslage seine Forderung reduziert. Er erklärt, er nehme die Klage zur Hälfte zurück. Der Beklagte stimmt nicht zu.

423

Erörtern: Unwirksamkeit der Reduzierung wegen § 269 I ZPO, Entscheidung über gestellten Antrag

Formulierungsvorschlag:

»Die Klage ist zulässig ... Das Gericht hatte über den zunächst gestellten Antrag des Klägers in vollem Umfang zu entscheiden. Die teilweise Klagerücknahme konnte der Kläger nicht wirksam erklären. Nach Beginn der mündlichen Verhandlung zur Hauptsache hängt gem. § 269 I ZPO die Zulässigkeit einer Klagerücknahme von der Zustimmung des Beklagten ab. Diese hat der Beklagte aber nicht erteilt.«

e) Anwendungsbereich von § 264 Nr. 3 ZPO
Vorüberlegungen:

424

Nach dem Wortlaut von § 264 Nr. 3 ZPO betrifft die Vorschrift nur Änderungen, die erst nach Rechtshängigkeit eingetreten sind. Nach h.M. umfasst sie aber auch Veränderungen, die dem Kläger erst nach Rechtshängigkeit bekannt werden. Es ist nur streitig, ob dies auch gilt, wenn den Kläger an der verspäteten Kenntnis ein Verschulden trifft.

Anwendungsbereich:

- Übergang von Herausgabe auf Schadensersatz wegen Untergangs der Sache,
- Übergang von Erfüllung auf Schadensersatz,
- Übergang von Erfüllung auf Rückgewähr,
- Wechsel von Erfüllung auf Surrogat wegen Untergangs des Leistungsgegenstandes.

E. Formulierungsvorschläge und Erläuterungen zu den relevantesten prozessualen Problemstellungen

Stellt die Anpassung zugleich eine Ermäßigung i.S.v. § 264 Nr. 2 ZPO dar, greifen beide Vorschriften ein. Für die Reduzierung gem. § 264 Nr. 2 ZPO heißt das, dass der Kläger, sofern er nicht den Rechtsstreit in Höhe des nunmehr nicht mehr geltend gemachten Teiles für erledigt erklärt, nach Beginn der mündlichen Verhandlung grds. auf die Zustimmung des Beklagten nach § 269 I ZPO angewiesen ist.

Nach der Einführung von § 269 III 3 ZPO (s. Rn. 446) kann statt einer Teilerledigungserklärung auch eine teilweise Klagerücknahme in Betracht kommen, wenn der Klagegrund vor Rechtshängigkeit teilweise weggefallen ist und die Anpassung eine Ermäßigung darstellt. Dem kann der sich der Beklagte wie bei einer teilweisen Erledigungserklärung auch nicht durch Verweigerung der Zustimmung gem. § 269 I ZPO widersetzen (s. auch Rn. 427).

425 **1. Fall:** Der Kläger will zunächst Herausgabe. Er erfährt erst während des Rechtsstreits, dass die Sache bereits vor Rechtshängigkeit von einem Dritten gutgläubig erworben wurde. Er verlangt daraufhin Schadensersatz. Der Beklagte widerspricht der Änderung. Er ist der Auffassung, dass der Kläger eine zustimmungspflichtige Rücknahme vorgenommen habe.

Erörtern: Es liegt ein Fall von § 264 Nr. 3 ZPO durch den Übergang von Herausgabe auf Schadensersatz vor.
§ 264 Nr. 2 ZPO greift nicht, weil keine Reduzierung vorliegt. Der Schadensersatz ist nicht weniger Wert als die Sache selbst.
§ 269 I ZPO findet keine Anwendung.

Beachte: Klageänderungen i.S.v. § 264 Nr. 3 ZPO sind kraft Gesetzes zulässig. Es ist deshalb falsch, § 263, 2. Alt. ZPO anzuführen und die Zulässigkeit mit Sachdienlichkeit zu begründen.

Formulierungsvorschlag:

»Die Klage ist zulässig ...

Dem Kläger steht es gem. § 264 Nr. 3 ZPO frei, die ursprünglich auf Herausgabe seines Pkw gerichtete Klage auf Zahlung von Schadensersatz umzustellen, nachdem er erfahren hat, dass dem Erfolg seiner Herausgabeklage der gutgläubige Eigentumserwerb eines Dritten entgegensteht.

Dem steht auch nicht entgegen, dass es sich dem Wortlaut dieser Vorschrift nach nicht um eine ›später eingetretene Veränderung‹ handelt, da der Eigentumsverlust des Klägers durch den gutgläubigen Erwerb des Dritten bereits vor Rechtshängigkeit eingetreten ist. Nach st. Rspr. ist § 264 Nr. 3 ZPO auch auf Fälle anwendbar, in denen die veränderten Umstände dem Kläger erst nach Rechtshängigkeit bekannt werden. Dies gilt nach einhelliger Meinung jedenfalls dann, wenn den Kläger an der mangelnden Kenntnis kein Verschulden trifft, was hier der Fall ist.

Die Umstellung der Klage hing auch nicht von der Zustimmung des Beklagten gem. § 269 I ZPO ab. Das ist in Fällen des § 264 Nr. 3 ZPO nur dann der Fall, wenn die Änderung gleichzeitig eine Beschränkung i.S.v. § 264 Nr. 2 ZPO darstellt, die als eine teilweise Klagerücknahme zu werten ist. Dies ist vorliegend aber nicht anzunehmen, da der nunmehr begehrte Schadensersatz an die Stelle der Sache tritt und dieser gleichwertig ist.«

III. Die Formulierungsvorschläge im Einzelnen

> **2. Fall:** Der Kläger begehrt aus Kauf Übereignung eines 10.000,- € teuren Pkw, der bislang noch nicht bezahlt ist. Laut Vertrag ist der Beklagte vorleistungspflichtig. Nach Zustellung der Klage wird der Pkw gestohlen. Der Kläger verlangt nunmehr 1.000,- € Schadensersatz wegen entgangenen Gewinns, da er den Wagen bereits für 11.000,- € weiterverkauft hat. Im Übrigen erklärt der Kläger die Hauptsache für erledigt.
>
> Der Beklagte widerspricht der Erledigungserklärung und der Umstellung der Klage.

426

Erörtern: Antragsanpassung nach § 264 Nr. 3 ZPO
Beschränkung nach § 264 Nr. 2 ZPO
Einseitige Teilerledigungserklärung
§ 269 I ZPO findet keine Anwendung.
Feststellungsinteresse gem. § 256 I ZPO
Nachträgliche objektive Klagenhäufung gem. § 260 ZPO
Perpetuatio fori gem. § 261 III Nr. 2 ZPO

Beachte: Klageänderungen i.S.v. § 264 Nr. 2 und Nr. 3 ZPO sind kraft Gesetzes zulässig. Es ist deshalb nicht korrekt, mit Sachdienlichkeit i.S.v. § 263, 2. Alt. ZPO zu argumentieren. Eine Einschränkung in Notfällen finden Sie unter Rn. 429.
Weder für die Antragsanpassung noch für die in der teilweisen Erledigungserklärung liegende Antragsbeschränkung bedarf es der Zustimmung des Beklagten.
§ 269 I ZPO greift nicht.

Formulierungsvorschlag:

»Die Klage ist zulässig ...

Dem Kläger steht es frei, seine ursprünglich auf Übereignung gerichtete Klage auf Zahlung von Schadensersatz umzustellen. Dies folgt aus § 264 Nr. 3 ZPO, wonach die Klage wegen einer später eingetretenen Veränderung auf Zahlung von Schadensersatz geändert werden darf.

Des Weiteren stellt sich die Anpassung der Klage an die geänderte Sachlage als zulässige Beschränkung des Klageantrages i.S.v. § 264 Nr. 2 ZPO dar. Die ansonsten in derartigen Fällen nach § 269 I ZPO erforderliche Zustimmung ist entbehrlich, wenn der Kläger hinsichtlich des ursprünglich geforderten Mehrbetrages den Rechtsstreit teilweise für erledigt erklärt. Dies ist geschehen.

Der Kläger hat seine Klage insoweit geändert, als sie nunmehr zum Teil eine Leistungsklage und zum anderen Teil eine Feststellungsklage ist. Die darin liegende nachträgliche objektive kumulative Klagenhäufung ist gem. § 261 II ZPO i.V.m. § 260 ZPO zulässig, ohne dass es auf die Zustimmung des Beklagten ankommt.

Das nach § 256 I ZPO für den Feststellungsantrag erforderliche rechtliche Interesse folgt aus der Weigerung des Beklagten, sich der Erledigungserklärung des Klägers anzuschließen, und aus dem berechtigten Begehren des Klägers, in diesem Rechtsstreit eine abschließende Entscheidung auch über die Kosten zu erhalten.

Die infolge der Erledigungserklärung eingetretene Reduzierung des Streitwerts auf einen Betrag unter 5.000,- € berührt die sachliche Zuständigkeit des angerufenen Gerichts nicht. § 261 III Nr. 2 ZPO regelt die Ausnahme von dem Grundsatz, dass alle Zulässigkeitsvoraussetzungen auch noch im Zeitpunkt des Schlusses der mündlichen Verhandlung vorliegen müssen. Nach dieser Vorschrift besteht gemäß dem Grundsatz der sog. ›perpetuatio fori‹ die einmal begründete Zuständigkeit eines Gerichtes unabhängig von einer Veränderung der sie begründenden Umstände fort.«

E. Formulierungsvorschläge und Erläuterungen zu den relevantesten prozessualen Problemstellungen

427 **3. Fall:** Der Kläger verlangt zunächst Herausgabe, Fristsetzung und hilfsweise nach fruchtlosem Ablauf der Frist Schadensersatz i.H.d. Zeitwertes. Während des Prozesses erfährt er vom Untergang der Sache vor Rechtshängigkeit und beantragt daraufhin im Termin nur noch Schadensersatz. Der Beklagte rügt die Umstellung und beantragt Klageabweisung, hinsichtlich der nicht mehr gestellten Anträge durch Teilversäumnisurteil.

Erörtern: Es liegt ein Fall von § 264 Nr. 3 ZPO vor (Schadensersatz statt Herausgabe).

Die Kenntnis nach Rechtshängigkeit steht einer »später eingetretenen Veränderung« gleich.

Die nicht aufrechterhaltenen Anträge sind konkludent zurückgenommen, § 269 III 3 ZPO. Für ein Teilversäumnisurteil ist daher kein Raum.

§ 269 I ZPO blockiert die Teilrücknahme nicht (vgl. Rn. 446).

Die Nichteinhaltung der Schriftsatzfrist analog § 132 I 1 ZPO ist gem. § 295 ZPO geheilt.

Die Kostenentscheidung folgt insoweit aus § 269 III 3 ZPO zugunsten des Klägers, wenn die ursprüngliche Klage Erfolg gehabt hätte. Dies ist i.R.d. prozessualen Nebenentscheidungen am Ende der Entscheidungsgründe darzulegen (s. dazu auch Rn. 212).

– Die Anträge zu 2) und 3) auf künftige Leistung mit Fristbestimmung waren gem. §§ 255, 259 ZPO zulässig. Bedenken gegen die Zulässigkeit des Antrags zu 3), ein sog. »unechter« Hilfsantrag, wegen § 253 II Nr. 2 ZPO bestehen nicht.

– Die anfängliche kumulative objektive Klagenhäufung war gem. § 260 ZPO zulässig.

Beachte: Wenn die »Veränderung« nach Rechtshängigkeit eintritt, greift § 269 III 3 ZPO nicht. Der Kläger müsste wegen der nicht mehr gestellten Anträge teilweise für erledigt erklären.

In diesen Fällen sind Zinsen grds. erst ab dem Tag nach Antragsumstellung zuzusprechen.

Etwas anderes gilt aber gem. § 849 BGB bei Schadensersatzansprüchen wegen Entziehung der Sache. Der Zinsanspruch beginnt mit der Entziehung der Sache und beträgt gem. § 246 BGB 4 %. Ab Verzug sind ggf. höhere Verzugszinsen oder ab Rechtshängigkeit Prozesszinsen i.H.v. 5 %-Punkten über dem Basiszinssatz zuzuerkennen. Es kann zu einer gestaffelten Zinsentscheidung kommen.

Formulierungsvorschlag:

». . . Die Klage ist in der zuletzt gestellten Form zulässig. Der Kläger hat den auf Herausgabe gerichteten früheren Antrag zu 1) auf Leistung von Schadensersatz umgestellt. Für diesen gem. § 264 Nr. 3 ZPO von Gesetzes wegen zulässigen Fall der Klageänderung ist weder eine Zustimmung des Beklagten noch Sachdienlichkeit erforderlich. Dem steht auch nicht entgegen, dass es sich nicht um eine ›später eingetretene Veränderung‹ handelt, was dem Wortlaut dieser Vorschrift nach erforderlich ist, da der Untergang der Sache bereits vor Rechtshängigkeit eingetreten ist. Nach st. Rspr. ist § 264 Nr. 3 ZPO auch auf Fälle anwendbar, in denen die veränderten Umstände dem Kläger erst nach Rechtshängigkeit bekannt werden, wenn ihn an der mangelnden Kenntnis – wie hier – kein Verschulden trifft. Der Kläger konnte gem. § 269 III 3 ZPO die überholten Anträge wegen teilweisen Wegfalls des Klagegrundes vor Rechtshängigkeit zurücknehmen. Dies hat er konkludent dadurch getan, dass er nur noch den geänderten Antrag gestellt hat.

Die Wirksamkeit der Teilrücknahme scheitert auch nicht an der fehlenden Zustimmung des Beklagten. Bei Erledigungserklärungen kann der Kläger, der erst nach Beginn der mündlichen Verhandlung erfährt, dass sich der Rechtsstreit in der Hauptsache erledigt hat und er deshalb sein ursprüngliches Klageziel nicht mehr erfolgreich durchsetzen kann, nach einhelliger Meinung seine Klage der für ihn neuen Situation durch eine Antragsänderung anpassen, ohne auf die Zustimmung des Beklagten angewiesen zu sein. Von ihrer Natur her liegen Wegfall des Klageanlasses gem. § 269 III 3 ZPO und Erledigung der Hauptsache so eng bei einander – bisweilen entscheidet

III. Die Formulierungsvorschläge im Einzelnen

ein Tag darüber, ob das eine oder das andere Rechtsinstitut vorliegt–, dass eine unterschiedliche Behandlung sinnwidrig wäre und der gesetzgeberischen Intention zuwiderliefe, durch die Einführung der Regelung in § 269 III 3 ZPO eine Vereinfachung zu schaffen.

Die Tatsache, dass die Klage erst in der mündlichen Verhandlung umgestellt worden ist und dadurch die auch auf Antragsänderungen entsprechend anwendbare Vorschrift des § 132 I 1 ZPO verletzt sein könnte, ist gem. § 295 ZPO unbeachtlich, da der Beklagte rügelos verhandelt hat.

(I.R.d. Kostenentscheidung müssen Sie den auf § 269 III 3 ZPO entfallenden Teil der Kosten begründen:)

Die Kostenentscheidung beruht auf §§ 91 I 1, 269 III 3 ZPO.

Soweit der Kläger die Klage zurückgenommen hat, hat der Beklagte auch den darauf entfallenden Teil der Kosten zu tragen. Dies ist gem. § 269 III 3 ZPO dann der Fall, wenn der Anlass zur Klage ganz oder zum Teil vor Rechtshängigkeit weggefallen ist und der Kläger andernfalls mit der Klage in ihrer ursprünglichen Form Erfolg gehabt hätte. Dies ist hier der Fall. Gem. § 255 I ZPO war der Kläger befugt, im Urteil die Bestimmung eine Frist zu verlangen, weil er nach fruchtlosem Fristablauf gem. § 281 I 1, IV BGB bzw. §§ 989, 990 I 1 BGB Schadensersatz wegen Nichterfüllung verlangen konnte. Der Antrag zu 3) war als sog. ›unechter‹ Hilfsantrag trotz der sich aus § 253 II Nr. 2 ZPO ergebenden Bedingungsfeindlichkeit von Anträgen zulässig. Die Bedingung betraf nicht die Entscheidungsbefugnis über den Antrag, sondern nur die Vollstreckung des Urteils. Die Zulässigkeit, eine künftige Leistung zu beantragen, folgte aus § 259 ZPO, weil durch die Weigerung des Beklagten, dem Kläger die Sache herauszugeben oder deren Wert zu ersetzen, die Besorgnis gerechtfertigt war, dass der Beklagte sich der rechtzeitigen Leistung entziehen würde. Die Klage hätte auch ohne den teilweisen Wegfall des Klagegrundes mit ihren ursprünglichen Anträgen in der Sache Erfolg gehabt, denn ...«

f) Rügelose Einlassung gem. § 267 ZPO
Vorüberlegungen: **428**

Wenn ein Fall von § 264 Nr. 2 oder Nr. 3 ZPO vorliegt, sollten Sie nur auf diese Vorschriften eingehen, ohne § 267 ZPO zu bemühen. Sobald Sie aber Schwierigkeiten sehen, ist es grds. ratsam, über § 267 ZPO die Zulässigkeit einer Klageänderung anzunehmen.

> **Fall:** Der Kläger ändert seinen Antrag im Laufe des Verfahrens. Der Beklagte, der nur schriftsätzlich gerügt hat, verhandelt, ohne auf seine Rüge Bezug zu nehmen. Die Sachdienlichkeit der Änderung ist zweifelhaft.

Erörtern: Rügelose Einlassung, § 267 ZPO

Beachte: Grundsätzlich gelten auch schriftsätzlich angekündigte Rügen ohne ausdrückliche Wiederholung in der mündlichen Verhandlung durch die Antragstellung im Wege der konkludenten Bezugnahme als aufrechterhalten. Wenn daran aber die Zulässigkeit einer Klage scheitert, weil die Änderung weder sachdienlich ist, noch unter § 264 Nr. 2 oder Nr. 3 ZPO fällt, sollten Sie eine Antragstellung ohne ausdrückliche Bezugnahme auf schriftsätzlich vorgetragene Rügen als rügeloses Verhandeln werten (s. Rn. 366, 407).

E. Formulierungsvorschläge und Erläuterungen zu den relevantesten prozessualen Problemstellungen

Formulierungsvorschlag:

»*Die Klage ist zulässig ...*

Die ggf. fehlende Sachdienlichkeit steht der Zulässigkeit der Klageänderung nicht entgegen. Der Beklagte hat nämlich dadurch, dass er sich auf die geänderte Klage rügelos eingelassen hat, gem. § 267 ZPO die unwiderlegliche Vermutung der Einwilligung begründet. Daran ändert auch der Umstand nichts, dass er die Rüge zuvor schriftsätzlich erhoben hat. Auch wenn derartige Rügen grds. ohne ausdrückliche Wiederholung oder Bezugnahme durch das Stellen der Anträge konkludent als aufrechterhalten anzusehen sind, muss sich der Beklagte hier an seinem rügelosen Verhandeln festhalten lassen. Ohne Bezugnahme auf die nur schriftlich erhobene Rüge stellt sich sein Verhandeln im Termin vom ... als rügelos i.S.v. § 267 ZPO dar. Durch seine ausschließlich auf die materielle Rechtslage gerichteten Angriffe hat er zu erkennen gegeben, dass er sich entgegen seiner Ankündigung in der Sache gegen die geänderte Klage verteidigen und eine Sachentscheidung herbeiführen will.«

g) Sachdienlichkeit gem. § 263, 2. Alt. ZPO

429 Vorüberlegungen:

Zum wiederholten Mal: In den Examensklausuren gibt es mit an Sicherheit grenzender Wahrscheinlichkeit keine gänzlich unzulässigen Klagen! Wenn Ihnen in Fällen mit Antragsänderungen nichts Besseres einfällt, ist die Klageänderung eben sachdienlich. Nur wenn der Kläger seinen alten Antrag hilfsweise aufrecht erhält, haben Sie die Qual der Wahl (s. oben Rn. 409).

> **Fall:** Der Kläger ändert seinen Antrag. Sie haben keine Ahnung, was er genau damit gemacht hat. Es könnte eine Klageänderung sein, vielleicht aber auch ein Fall von § 264 ZPO. Und Sie haben keine Zeit, darüber nachzudenken, weil es Wichtigeres gibt! Augen zu und durch!

Erörtern: Sachdienlichkeit gem. § 263, 2. Alt. ZPO

Formulierungsvorschlag:

»*Die Klage ist zulässig ...*

Dies gilt auch, soweit der Kläger seinen Antrag umgestellt hat. Eine gegebenenfalls darin liegende Klageänderung ist jedenfalls aufgrund ihrer Sachdienlichkeit gem. § 263, 2. Alt. ZPO zulässig. Diese ist immer dann anzunehmen, wenn der bisherige Prozessstoff zumindest weitgehend verwertbar ist und durch die Erledigung der noch bestehenden Streitpunkte ein neuer Rechtsstreit vermieden wird. Dies ist der Fall, denn ...«

h) Vollständige einseitige Erledigungserklärung

430 Vorüberlegungen:

Die sog. »Erledigung des Rechtsstreits« kann in Form von übereinstimmenden und einseitigen Erledigungserklärungen vorkommen, in beiden Konstellationen auch noch als vollständige oder nur teilweise Erledigungserklärungen.

Bei **einseitigen** Erledigungserklärungen handelt es sich um Feststellungsanträge. Der Prozess geht normal weiter, notfalls auch mit einer Beweisaufnahme zur Klärung der ursprünglichen Zulässigkeit und Begründetheit der Klage oder der Erledigung bzw. des Zeitpunktes. Achten Sie bei Fällen mit einseitigen Erledigungserklärungen darauf, ob der Beklagte rechtzeitig widersprochen hat. Durch das 1. Justizmodernisierungsgesetz (JuMoG), in Kraft seit dem 1.9.2004, ist gem. § 91 a I 2 ZPO auch nicht mehr in der Sache, sondern nur noch über die Kosten zu entscheiden, wenn der Beklagte nicht innerhalb einer Notfrist von zwei Wochen der Erledigungserklärung des Klägers widerspricht, sofern er zuvor auf diese Folge hingewiesen worden ist.

Zum richtigen Aufbau und zur Formulierung eines Beschlusses gem. § 91 a ZPO nach der vollständigen übereinstimmenden Erledigungserklärung der Parteien s. Rn. 440 ff.

III. Die Formulierungsvorschläge im Einzelnen

Sowohl die einseitige vollständige Erledigungserklärung als auch die einseitige Teilerledigungserklärung sind gem. § 264 Nr. 2 ZPO stets zulässige, nicht zustimmungsbedürftige Klageänderungen.

Merke: Einseitige Erledigungserklärungen sind immer dann erfolgreich, wenn die ursprüngliche Klage hinsichtlich des für erledigt erklärten Teils oder insgesamt zulässig und begründet war und durch ein nach Rechtshängigkeit eingetretenes Ereignis unzulässig oder unbegründet geworden sind.

Ein Ereignis vor Rechtshängigkeit kann nach der Rspr. die Hauptsache nicht erledigen. Das Problem der »Erledigung« zwischen Anhängigkeit und Rechtshängigkeit ist durch § 269 III 3 ZPO entfallen (Rn. 446).

Ab der Erledigungserklärung reduziert sich der Streitwert auf das Kosteninteresse des Klägers. Wenn dadurch die Wertgrenze für die Zuständigkeit des Landgerichts unterschritten wird, bleibt das Landgericht gem. § 261 III Nr. 2 ZPO zuständig (Rn. 435). Bei Klagen vor dem Amtsgericht taucht diese Frage nicht auf.

Zur Erinnerung (s. Rn. 265): Der Aufbau der Entscheidungsgründe bei einer vollständigen einseitigen Erledigungserklärung lautet: **431**

- Gesamtergebnis
- Auslegung des Antrags
- Zulässigkeit der Antragsumstellung nach § 264 Nr. 2 ZPO
- Im Erfolgsfall rechtliches Interesse für die Klage gem. § 256 I ZPO
- Bei unbegründeten Erledigungserklärungen das rechtliche Interesse als qualifizierte Prozessvoraussetzung darstellen
- Bei Klagen vor dem Landgericht und einer Reduzierung des Streitwertes durch die Erledigungserklärung auf einen Wert unter 5.000,01 € (perpetuatio fori), § 261 III Nr. 2 ZPO
- Obersatz für die Begründetheit, d.h. Definition von erfolgreicher »Erledigung« (Rn. 430)
- Zulässigkeit der ursprünglichen Klage
- Begründetheit der ursprünglichen Klage
- Erledigung des Klageanspruchs
- Eintritt der Erledigung nach Rechtshängigkeit
- Prozessuale Nebenentscheidungen

Achten Sie beim Tenorieren darauf, dass es im Erfolgsfall heißen muss: **432**

»Es wird festgestellt, dass der Rechtsstreit in der Hauptsache erledigt ist.«

Wenn eine oder mehrere der Voraussetzungen gemäß der oben dargelegten Definition von »Erledigung« nicht vorliegen, die Klage also unzulässig oder unbegründet war oder die Erledigung gar nicht oder schon vor Rechtshängigkeit eingetreten ist, ist dies darzustellen und die Klage abzuweisen. In diesen Fällen wird wie bei jeder anderen Klageabweisung auch tenoriert: *»Die Klage wird abgewiesen.«* und nicht: »Es wird festgestellt, dass der Rechtsstreit in der Hauptsache nicht erledigt ist!«

Sie sollten bei fehlgeschlagenen Erledigungserklärungen darauf hinweisen, dass das Feststellungsinteresse gem. § 256 I ZPO erkennbar vorliegt, aber wie bei anderen unbegründeten Feststellungsklagen auch als sog. qualifizierte Prozessvoraussetzung dahinstehen kann (s. Rn. 449).

Die Zulässigkeit von hilfsweisen Erledigungserklärungen wird innerhalb der Rspr. kontrovers **433** diskutiert. Da beide Ansichten vertretbar sind, erscheint es im Examen ratsam, die Zulässigkeit von hilfsweisen Erledigungserklärungen anzunehmen, wenn der Hauptantrag unbegründet ist.

E. Formulierungsvorschläge und Erläuterungen zu den relevantesten prozessualen Problemstellungen

434   **1. Fall:** Der Kläger klagt vor dem Landgericht 6.000,– € ein. Der Beklagte zahlt nach Rechtshängigkeit alles. Der Kläger erklärt daraufhin den Rechtsstreit in der Hauptsache für erledigt. Der Beklagte widerspricht und beantragt weiterhin Klageabweisung.

Erörtern: Auslegung des Antrages
Zulässige Klageänderung nach § 264 Nr. 2 ZPO
Feststellungsinteresse nach § 256 I ZPO
Perpetuatio fori gem. § 261 III Nr. 2 ZPO

Beachte: Bei vollständigen einseitigen Erledigungserklärungen reduziert sich der Streitwert ab der Erledigungserklärung auf das Kosteninteresse, d.h. die gesamten Kosten des Rechtsstreits (Gerichtskosten und außergerichtliche Kosten beider Parteien) nach dem ursprünglichen Streitwert. Wenn dieser Wert bei Klagen vor dem Landgericht 5.000,– € nicht mehr übersteigt, müssen Sie § 261 III Nr. 2 ZPO erwähnen.

Formulierungsvorschlag:

»*Die Klage ist zulässig ...*

Dem Kläger steht es frei, seine ursprünglich auf Zahlung gerichtete Klage für erledigt zu erklären, nachdem der Beklagte den geforderten Betrag gezahlt hat. Diese Umstellung des Antrags, mit der der Kläger bei einer verständigen Auslegung nunmehr statt der ursprünglich begehrten Leistung die Feststellung begehrt, dass der Rechtsstreit in der Hauptsache erledigt ist, stellt sich als zulässige Beschränkung des früheren Antrags i.S.v. § 264 Nr. 2 ZPO dar, die nach einhelliger Auffassung der Zustimmung des Beklagten gem. § 269 I ZPO nicht bedarf. Die Beschränkung liegt darin, dass der Kläger statt der Leistung nur noch die Feststellung begehrt, dass er die Leistung zu Recht gefordert hat, und die daraus resultierende Kostenentscheidung.

Das nach § 256 I ZPO erforderliche Feststellungsinteresse folgt aus der Weigerung des Beklagten, sich der Erledigungserklärung des Klägers anzuschließen, sowie aus dem berechtigten Begehren des Klägers, in diesem Rechtsstreit eine abschließende Entscheidung auch über die Kosten zu erhalten.

Die infolge der Erledigungserklärung eingetretene Reduzierung des Streitwerts auf einen Betrag unter 5.000,– € berührt die sachliche Zuständigkeit des angerufenen Gerichts nicht. § 261 III Nr. 2 ZPO regelt die Ausnahme von dem Grundsatz, dass alle Zuständigkeitsvoraussetzungen auch noch im Zeitpunkt des Schlusses der mündlichen Verhandlung vorliegen müssen. Nach dem Grundsatz der sog. ›perpetuatio fori‹ besteht die Zuständigkeit eines Gerichtes unabhängig von einer Veränderung der sie begründenden Umstände fort.

(Weiter geht es mit der Einleitung der Begründetheit:)

Die Klage ist auch begründet. Im Falle einer einseitigen Erledigungserklärung ist dies immer dann der Fall, wenn die ursprüngliche Klage zulässig und begründet war und durch ein nach Rechtshängigkeit eingetretenes Ereignis unzulässig oder unbegründet geworden ist. Diese Voraussetzungen liegen vor.

*Die Klage **war** ursprünglich zulässig ... Sie **war** auch begründet. Dem Kläger **stand** der zunächst geltend gemachte Anspruch aus § ... BGB zu. Danach ist ... Diese Voraussetzungen **lagen** vor ...*

Der Anspruch des Klägers ist gem. § 362 I BGB erloschen, weil der Beklagte durch Zahlung die geschuldete Leistung bewirkt hat ... Dadurch ist die ursprüngliche Klage unbegründet geworden. Dieses erledigende Ereignis ist nach der am ... erfolgten Zustellung der Klage eingetreten.

Hier ein etwas kürzerer Formulierungsvorschlag:

Die Klage ist zulässig ...

In der Erledigungserklärung des Klägers liegt eine gem. § 264 Nr. 2 ZPO stets zulässige Klageänderung auf Feststellung, dass sich der Rechtsstreit in der Hauptsache erledigt hat. Das gem. § 256 I ZPO erforderliche Feststellungsinteresse ist aufgrund der Frage der Kostentragungspflicht gegeben.«

III. Die Formulierungsvorschläge im Einzelnen

2. Fall: Der Kläger klagt vor dem Landgericht 6.000,- € ein. Der Beklagte zahlt nach Rechtshängigkeit alles. Der Kläger erklärt daraufhin den Rechtsstreit in der Hauptsache für erledigt. Der Beklagte, der nach Rechtshängigkeit, aber vor Abgabe der Erledigungserklärung in einen anderen Gerichtsbezirk umgezogen ist, widerspricht der Erledigungserklärung und beantragt Klageabweisung.

435

Erörtern: Auslegung des Antrages
Zulässige Klageänderung nach § 264 Nr. 2 ZPO
Feststellungsinteresse nach § 256 I ZPO
Perpetuatio fori gem. § 261 III Nr. 2 ZPO wegen der Absenkung des Streitwerts unter 5.000.- €.
Perpetuatio fori gem. § 261 III Nr. 2 ZPO als qualitative Modifizierung wegen des Wohnsitzwechsels

Beachte: Bei vollständigen einseitigen Erledigungserklärungen reduziert sich der Streitwert ab der Erledigungserklärung auf das Kosteninteresse, d.h. die gesamten Verfahrenskosten (Gerichtskosten und außergerichtliche Kosten beider Parteien) nach dem ursprünglichen Streitwert. Wenn dieser Wert bei Klagen vor dem Landgericht 5.000,- € nicht mehr übersteigt, müssen Sie § 261 III Nr. 2 ZPO erwähnen.
Sie können hier die Pepetuatio fori gem. § 261 III Nr. 2 ZPO aber nicht mit der einfachen Begründung bejahen, die einmal begründete Zuständigkeit bleibe bestehen. Dies liegt daran, dass der Beklagte im Zeitpunkt der Rechtshängigkeit des neuen Antrags seinen Wohnsitz nicht mehr in dem betreffenden Gerichtsbezirk hatte. Dieser Besonderheit tragen Sie über die Rechtsfigur der sog. qualitativen Modifizierung Rechnung. Die Erledigungserklärung stellt sich prozessual nicht als »neuer« Anspruch dar, sondern als Reduzierung des ursprünglichen Klagebegehrens gem. § 264 Nr. 2 ZPO, für das der Gerichtsstand ursprünglich gegeben war und deshalb bestehen bleibt.

Formulierungsvorschlag:

Die Klage ist zulässig...

(Weiter wie Fall Rn. 434 bis einschließlich 3. Absatz. Dann:)

Daran ändert sich vorliegend auch nichts durch den Umzug des Beklagten in einen anderen Gerichtsbezirk nach Rechtshängigkeit, aber vor Abgabe und Zugang der Erledigungserklärung. Die Erledigungserklärung stellt sich prozessual nicht als »neuer« Anspruch dar, für den das angerufenen Gericht wegen des Umzuges nicht mehr zuständig ist, sondern als qualitative Modifizierung des ursprünglichen Klagebegehrens gem. § 264 Nr. 2 ZPO, für das der Gerichtsstand ursprünglich gegeben war und deshalb gem. § 261 III Nr. 2 ZPO bestehen bleibt.

3. Fall: Der Kläger klagt vor dem Landgericht zu Recht 6.000,- € ein. Der Beklagte zahlt nach Rechtshängigkeit, erklärt aber dazu, die Zahlung erfolge unter Vorbehalt der Rückforderung ohne Anerkennung einer Rechtspflicht. Der Kläger erklärt daraufhin den Rechtsstreit in der Hauptsache für erledigt. Der Beklagte widerspricht und beantragt weiterhin Klageabweisung.

436

Erörtern: Auslegung des Antrages
Zulässige Klageänderung nach § 264 Nr. 2 ZPO
Feststellungsinteresse nach § 256 I ZPO
Perpetuatio fori gem. § 261 III Nr. 2 ZPO

Beachte: Bei vollständigen einseitigen Erledigungserklärungen reduziert sich der Streitwert ab der Erledigungserklärung auf das Kosteninteresse, d.h. die gesamten Kosten des Rechtsstreits nach dem ursprünglichen Streitwert. Wenn dieser Wert bei Klagen vor dem Landgericht 5.000,- € nicht mehr übersteigt, müssen Sie § 261 III Nr. 2 ZPO erwähnen.

E. Formulierungsvorschläge und Erläuterungen zu den relevantesten prozessualen Problemstellungen

Die Zahlung ohne Anerkennung einer Rechtspflicht führt grds. nicht zu einer Erfüllung und deshalb auch nicht zu einer Erledigung, es sei denn, der Beklagte will nur die Wirkung des § 814 BGB ausschließen. Aber wenn er die Forderung bestreitet und dem Kläger die Beweislast aufbürdet, liegt keine Erfüllung vor.

Gleiches gilt, wenn der Beklagte nur zur Abwendung der Vollstreckung zahlt oder um den Kläger zur Rücknahme der Klage zu veranlassen. Die auf den ersten Blick daraus resultierende Konsequenz einer Klageabweisung lässt aber unberücksichtigt, dass die Erledigungserklärung des Klägers eine konkludente Aufrechnungserklärung beinhaltet. Der Rechtsstreit ist mithin durch die »versteckte« Aufrechnung des Klägers letztlich doch erledigt.

Es kommt hier nicht darauf an, ob die Erklärung der Aufrechnung (so die neue Rspr. des BGH) oder das Bestehen der Aufrechnungslage (so die bisher h.M.) maßgeblich ist, weil beide Zeitpunkte nach Rechtshängigkeit liegen. Zur anderen Konstellation s. Rn. 437.

Formulierungsvorschlag:

»Die Klage ist zulässig ... Die Erledigungserklärung des Klägers ist eine gem. § 264 Nr. 2 ZPO stets zulässige Klageänderung auf Feststellung, dass sich der Rechtsstreit in der Hauptsache erledigt hat. Das gem. § 256 I ZPO erforderliche Feststellungsinteresse ist aufgrund der Frage der Kostentragungspflicht gegeben.

Die infolge der Erledigungserklärung eingetretene Reduzierung des Streitwerts auf einen Betrag unter 5.000,– € berührt die sachliche Zuständigkeit des angerufenen Gerichts nicht. § 261 III Nr. 2 ZPO regelt die Ausnahme von dem Grundsatz, dass alle Zuständigkeitsvoraussetzungen auch noch bei Schluss der mündlichen Verhandlung vorliegen müssen. Nach dem Grundsatz der sog. ›perpetuatio fori‹ besteht die Zuständigkeit eines Gerichtes unabhängig von einer Veränderung der sie begründenden Umstände fort.

Die Klage ist auch begründet. Im Falle einer einseitigen Erledigungserklärung ist dies immer dann der Fall, wenn die ursprüngliche Klage zulässig und begründet war und durch ein nach Rechtshängigkeit eingetretenes Ereignis unzulässig oder unbegründet geworden ist.

*Die Klage **war** ursprünglich zulässig ... Sie **war** auch begründet. Dem Kläger **stand** der zunächst geltend gemachte Anspruch aus § ... BGB zu. Danach ist ...*

Der Anspruch des Klägers ist gem. §§ 389, 362 I BGB im Wege der Aufrechnung erloschen ... Dadurch ist die ursprüngliche Klage unbegründet geworden. Die vom Beklagten geleistete Zahlung unter Vorbehalt stellt keine Erfüllung i.S.d. § 362 I BGB dar. Durch das Bestreiten einer Rechtspflicht zur Zahlung hat sich der Beklagte die jederzeitige Rückforderung vorbehalten, was einer Erfüllung entgegensteht.

In der Erledigungserklärung des Klägers ist aber eine konkludent erklärte Aufrechnung zu sehen, durch die seine Forderung gem. § 389 BGB erloschen ist. Mit dieser Erklärung hat der Kläger nämlich zum Ausdruck gebracht, dass er die Klageforderung infolge der Zahlung des Beklagten als erloschen ansieht. Da dies aber wegen des Vorbehalts nicht durch die Zahlung selbst geschehen ist, standen sich die beiden Forderungen im Zeitpunkt der Erledigungserklärung gegenüber. Dem Kläger stand die Klageforderung zu, der Beklagte hatte noch seinen Rückforderungsanspruch hinsichtlich der unter Vorbehalt geleisteten Zahlung. Der Erklärungswille des Klägers war erkennbar auf das Ergebnis gerichtet, die beiden Forderungen als erloschen anzusehen, was er nur im Wege einer Aufrechnung erreichen kann. Der Vorbehalt des Beklagten enthielt auch kein Aufrechnungsverbot.

Das erledigende Ereignis, die Aufrechnungserklärung gem. § 389 BGB, ist während des Rechtsstreit nach der am ... erfolgten Zustellung der Klage eingetreten. Erst durch die Zahlung des Beklagten am ... ist die Aufrechnungslage, das Gegenüberstehen zweier gleichartiger Ansprüche, entstanden. Es kommt hier nicht auf die umstrittene Frage an, ob die Erklärung der Aufrechnung oder das Bestehen der Aufrechnungslage maßgeblich ist, weil beide Zeitpunkte nach Rechtshängigkeit liegen.«

III. Die Formulierungsvorschläge im Einzelnen

4. Fall: Der Kläger klagt vor dem Amtsgericht 4.000,– € ein. Der Beklagte erklärt nach Rechtshängigkeit die Aufrechnung mit einer gleich hohen, unstreitigen Forderung. Die beiden Forderungen standen sich schon vor Rechtshängigkeit aufrechenbar gegenüber. Der Kläger erklärt daraufhin den Rechtsstreit in der Hauptsache für erledigt. Der Beklagte widerspricht und beantragt weiterhin Klageabweisung. **437**

Erörtern: Zulässige Klageänderung nach § 264 Nr. 2 ZPO
Feststellungsinteresse gem. § 256 I ZPO

Beachte: Bei vollständigen einseitigen Erledigungserklärungen reduziert sich der Streitwert ab der Erledigungserklärung auf das Kosteninteresse, d.h. die gesamten Kosten des Rechtsstreits nach dem ursprünglichen Streitwert.
Die perpetuatio fori ist hier nicht anzusprechen, da das Amtsgericht zuständig bleibt. Wenn der Beklagte erfolgreich aufrechnet, ist ein Teil der Literatur und der Rspr. der Auffassung, das »erledigende Ereignis« sei das Erlöschen der Forderung im Zeitpunkt der Aufrechnungslage, und nicht die Aufrechnungserklärung. Wenn die Aufrechnungslage schon vor Rechtshängigkeit bestand, konnte demnach keine »Erledigung« im eigentlichen Sinne eintreten. Die Rückwirkungsfiktion von § 389 BGB führt nach dieser Auffassung dazu, dass die Klage als von vornherein unbegründet anzusehen ist und deshalb abgewiesen werden muss.
Der BGH hat diesen Streit mit einem Urteil aus 2003 beendet. Danach ist nur noch auf den Zeitpunkt der Aufrechnungserklärung abzustellen. Um Ihr Wissen zu zeigen, sollten Sie die Gegenmeinung kurz ansprechen.

Formulierungsvorschlag:

»Die Klage ist zulässig und begründet. Dem Kläger steht es frei, seine ursprünglich auf Zahlung gerichtete Klage nach der Aufrechnungserklärung für erledigt zu erklären. In der Erledigungserklärung des Klägers liegt eine gem. § 264 Nr. 2 ZPO stets zulässige Klageänderung auf Feststellung, dass sich der Rechtsstreit in der Hauptsache erledigt hat. Das gem. § 256 ZPO erforderliche Feststellungsinteresse ist aufgrund der Frage der Kostentragungspflicht gegeben.

Die Begründetheit beginnen Sie dann wie folgt:

Die Klage ist auch begründet. Eine einseitige Erledigungserklärung ist erfolgreich, wenn die ursprüngliche Klage zulässig und begründet war und durch ein nach Rechtshängigkeit eingetretenes Ereignis unzulässig oder unbegründet geworden ist. Diese Voraussetzungen liegen vor.

Im Zeitpunkt der Klageerhebung stand dem Kläger der geltend gemachte Anspruch zu . . .

Dieser Anspruch ist durch die vom Beklagten im Prozess erklärte Aufrechnung mit seiner Forderung aus . . . gem. § 389 BGB erloschen. Dem Beklagten stand nämlich . . .

Die Aufrechnungserklärung ist auch das maßgebende erledigende Ereignis, das nach Rechtshängigkeit, nämlich mit Schriftsatz vom . . ., stattgefunden hat. Dem steht nicht entgegen, dass aufgrund der gesetzlichen Fiktion der Rückwirkung einer Aufrechnungserklärung gem. § 389 BGB die Erfüllung bereits in dem Zeitpunkt eingetreten ist, als sich die beiden Forderungen erstmals aufrechenbar gegenüberstanden. Dieser Zeitpunkt lag hier vor der Erhebung der Klage.

Das angerufene Gericht schließt sich der neueren Auffassung des BGH an, nach der die Rückwirkung der Aufrechnung als lediglich materiell-rechtliche Fiktion für die prozessuale Frage der Erledigung bedeutungslos ist. Es ist die Erklärung der Aufrechnung und nicht die Aufrechnungslage, die das Erlöschen ›bewirkt‹. Es erscheint auch nicht unbillig, den Beklagten in diesen Fällen mit den Kosten zu belasten, weil er nach vorprozessualer Aufforderung zur Zahlung sofort die Aufrechnung hätte erklären und so den Rechtsstreit vermeiden, zumindest aber die Klage von vornherein unbegründet machen können. Wenn er mit seiner Aufrechnungserklärung bis zum Prozess wartet, liegt es näher, ihn statt den Kläger mit den Kosten des Rechtsstreits zu belasten.«

E. Formulierungsvorschläge und Erläuterungen zu den relevantesten prozessualen Problemstellungen

i) Einseitige Teilerledigungserklärung

438 Vorüberlegungen:

Bei einseitigen Teilerledigungserklärungen hält der Kläger einen Teil seiner ursprünglichen Klage aufrecht und begehrt im Übrigen die Feststellung, dass sich der Rechtsstreit bzgl. eines anderen Teils in der Hauptsache erledigt hat, also ursprünglich vollständig zulässig und begründet war und durch ein nach Rechtshängigkeit eingetretenes Ereignis teilweise unzulässig oder unbegründet geworden ist. Zusätzlich zu den unter Rn. 426 aufgeführten Punkten müssen Sie in diesen Fällen den Aspekt der nachträglichen objektiven kumulativen Klagenhäufung ansprechen, wobei die darin liegende Klageänderung gem. § 263, 2. Alt. ZPO sachdienlich ist. Beachten Sie, dass neuerdings auch Schweigen auf eine einseitige Teilerledigungserklärung gem. § 91 a I 2 ZPO zu einer übereinstimmenden führen kann (Rn. 430, 439).

Die Anträge lauten bei einseitigen Teilerledigungserklärungen häufig, z.B. »den Beklagten verurteilen, an den Kläger 10.000,- € nebst Zinsen i.H.v. 9 % ab dem 1.1.2005 abzüglich am ... gezahlter 5.000,- € zu zahlen.«

Grund dafür ist, dass der Kläger die Zahlung ganz auf die Hauptforderung und nicht auf die Zinsen angerechnet wissen will. Sie dürfen im Erfolgsfall nämlich nicht einfach 5.000,- € nebst ... % Zinsen zusprechen. Der Tenor lautet dann entweder:

»Der Beklagte wird verurteilt, an den Kläger 5.000,- € nebst Zinsen i.H.v. 9 % auf 10.000,- € vom ... bis ... sowie auf 5.000,- € ab dem ... zu zahlen. Im Übrigen wird festgestellt, dass der Rechtsstreit in der Hauptsache erledigt ist.«

Sie können aber auch wie beantragt tenorieren, d.h.:

»Der Beklagte wird verurteilt, an den Kläger 10.000,- € nebst Zinsen i.H.v. 9 % seit dem 1.1.2005 abzüglich am ... gezahlter 5.000,- € zu zahlen.«

> **Fall:** Der Kläger klagt 10.000,- € ein. Der Beklagte zahlt nach Rechtshängigkeit 3.000,- €. Der Kläger erklärt die Hauptsache i.H.v. 3.000,- € für erledigt und beantragt, den Beklagten zur Zahlung weiterer 7.000,- € zu verurteilen. Der Beklagte widerspricht der Erledigungserklärung und beantragt Klageabweisung.

Erörtern: Auslegung des Antrags analog §§ 133, 157 BGB
§ 264 Nr. 2 ZPO, Reduzierung des ursprünglichen Begehrens
§ 256 I ZPO, rechtliches Interesse für den Feststellungsantrag
§§ 260, 261 II, 263, 2. Alt. ZPO, sachdienliche, nachträgliche, objektive kumulative Klagenhäufung

Beachte: Bei der Kostenentscheidung müssen Sie die Unterliegensquote ggf. gesondert ausrechnen, wenn der Kläger den Rechtsstreit zu Recht für erledigt erklärt hat, aber hinsichtlich des Rests ganz oder teilweise unterliegt (s. Rn. 192). Die perpetuatio fori ist hier nicht anzusprechen, da das Landgericht zuständig bleibt.
Bei einseitigen Teilerledigungserklärungen reduziert sich der Streitwert nach h. Rspr. auf den restlichen Wert der Hauptsache und die Kosten, die auf den für erledigt erklärten Teil entfallen.

Formulierungsvorschlag:

»Die Klage ist zulässig ... Es steht dem Kläger frei, seine ursprünglich auf Zahlung von 10.000,- € gerichtete Klage teilweise in der Hauptsache für erledigt zu erklären, nachdem der Beklagte im Laufe des Rechtsstreits 3.000,- € gezahlt hat. Durch die teilweise Erledigungserklärung hat der Kläger einen Teil seiner ursprünglichen Leistungsklage in eine Feststellungsklage geändert.

III. Die Formulierungsvorschläge im Einzelnen

Diese Umstellung des Antrags, mit der der Kläger bei verständiger Auslegung analog §§ 133, 157 BGB nunmehr hinsichtlich eines Teils der ursprünglich begehrten Leistung die Feststellung begehrt, dass der Rechtsstreit insoweit in der Hauptsache erledigt ist, stellt sich als zulässige Beschränkung des früheren Antrags i.S.v. § 264 Nr. 2 ZPO dar, die nach einhelliger Auffassung der Zustimmung des Beklagten gem. § 269 I ZPO nicht bedarf. Die Beschränkung liegt darin, dass der Kläger nur noch einen Teil der zunächst verlangten Leistung fordert und zudem die Feststellung begehrt, dass er auch den von ihm für erledigt erklärten Teil zu Recht gefordert hat sowie die daraus resultierende für ihn positive Kostenentscheidung.

Das für den Feststellungsantrag nach § 256 I ZPO erforderliche rechtliche Interesse an der alsbaldigen Feststellung folgt aus der Weigerung des Beklagten, sich der Erledigungserklärung des Klägers anzuschließen, und aus dem berechtigten Begehren des Klägers, in diesem Prozess eine abschließende Entscheidung über die gesamten Kosten des Rechtsstreits zu erhalten.

Die in der Antragsänderung liegende nachträgliche objektive kumulative Klagenhäufung gem. § 260 ZPO ist ebenfalls ohne die Zustimmung des Beklagten zulässig. Aus § 261 II ZPO folgt die grds. Zulässigkeit der nachträglichen Klagenhäufung. Die darin liegende Klageänderung ist gem. § 263, 2. Alt. ZPO sachdienlich, denn das bisherige Prozessergebnis ist verwertbar, und durch die Entscheidung auf der geänderten Grundlage wird ein weiterer Rechtsstreit zwischen den Parteien vermieden. Es steht dem Kläger auch frei, mehrere Klageanträge in einer Klage zu verbinden. Dies ist gem. § 260 ZPO immer dann möglich, wenn …«

j) Übereinstimmende Teilerledigung der Hauptsache
Vorüberlegungen: **439**

Es handelt sich bei der übereinstimmenden Teilerledigungserklärung nicht um ein Zulässigkeitsproblem, sondern um einen Ausfluss der Dispositionsmaxime. Die Erledigung tritt anders als bei einseitigen Erledigungserklärungen nicht durch Richterspruch, sondern durch die übereinstimmenden Erklärungen der Parteien ein. Durch das 1. JuMoG ist gem. § 91a I 2 ZPO auch nicht mehr in der Sache, sondern nur noch über die Kosten zu entscheiden, wenn der Beklagte nicht innerhalb einer Notfrist von zwei Wochen der Erledigungserklärung des Klägers widerspricht, sofern er zuvor auf diese Folge hingewiesen worden ist. Dies gilt auch für Teilerledigungserklärungen.

Merke: Von der übereinstimmenden Teilerledigung steht nichts im Tenor!

Fall: Der Kläger klagt 10.000,– € ein. Der Beklagte zahlt nach Rechtshängigkeit 3.000,– €. Der Kläger erklärt die Hauptsache i.H.v. 3.000,– € für erledigt und beantragt im Übrigen, den Beklagten bei voller Kostentragung zur Zahlung weiterer 7.000,– € zu verurteilen. Der Beklagte schließt sich der Erledigungserklärung an und beantragt im Übrigen, die Klage abzuweisen und dem Kläger die Kosten des gesamten Rechtsstreits aufzuerlegen.

Erörtern: Reduzierung des ursprünglichen Begehrens i.S.d. § 264 Nr. 2 ZPO

Beachte: Im Fall einer übereinstimmenden Teilerledigungserklärung müssen Sie Ihre Kostenentscheidung, die Sie im Normalfall ja nur durch die Angabe der angewandten Norm oder Normen stützen, hinsichtlich des für erledigt erklärten Teils begründen. Dies ist erforderlich, weil der darauf entfallende Teil der Kostenentscheidung gem. § 91a II ZPO isoliert mit der sofortigen Beschwerde anfechtbar ist.

Von den Teilerledigung steht nichts im Tenor.
Der Streitwert entspricht nach h.Rspr. anders als bei einseitigen Teilerledigungserklärungen (Rn. 438) nach übereinstimmenden Teilerledigungserklärungen nur dem Wert des streitigen Restes der Klage ohne die auf den erledigten Teil entfallenden Kosten.
Die perpetuatio fori ist hier nicht anzusprechen, da das Landgericht auch für den reduzierten Streitwert zuständig ist.

E. Formulierungsvorschläge und Erläuterungen zu den relevantesten prozessualen Problemstellungen

Formulierungsvorschlag:

»Die Klage ist zulässig ...

Die Zulässigkeit der Antragsbeschränkung folgt aus der im Zivilprozess herrschenden Dispositionsmaxime der Parteien i.V.m. § 264 Nr. 2 ZPO.

(Die Ausführungen zur Begründetheit sollten Sie in derartigen Fällen wie folgt beginnen:)

Nachdem die Parteien den Rechtsstreit i.H.v. 3.000,– € in der Hauptsache übereinstimmend für erledigt erklärt haben, war nur noch über die zuletzt gestellten Anträge zu entscheiden. In dem danach noch rechtshängigen Umfang ist die Klage ...

Die Kostenentscheidung folgt aus §§ 91 I 1, 91 a I 1 ZPO. Soweit die Parteien den Rechtsstreit übereinstimmend teilweise in der Hauptsache für erledigt erklärt haben, war über die auf diesen Teil der Klage entfallenden Kosten des Rechtsstreits gem. § 91 a I 1 ZPO auf der Grundlage des bisherigen Sach- und Streitstandes nach billigem Ermessen zu entscheiden. Dies führt dazu, dass der Beklagte auch diesen Teil der Kosten zu tragen hat. Er wäre nämlich ohne die teilweise Erledigung in voller Höhe unterlegen gewesen ...

(Je nach Fall müssen Sie nun weitere Ausführungen machen. Wenn der Kläger einen einheitlichen Anspruch geltend gemacht hat, reicht es in der Regel, auf die Ausführungen zur Begründetheit des aufrechterhaltenen Rests zu verweisen. Wenn einer von mehreren Ansprüchen mit einem eigenen Sachverhalt übereinstimmend für erledigt erklärt worden ist, müssen Sie dessen frühere Begründetheit im Rahmen der Kostenentscheidung darlegen. Ihr Urteil endet dann mit den Vorschriften über die vorläufige Vollstreckbarkeit und einem Streitwertbeschluss.

Die Entscheidung über die vorläufige Vollstreckbarkeit folgt aus §§ ...

Unterschriften der erkennenden Richter«

k) Exkurs: Die vollständige übereinstimmende Erledigung des Rechtsstreits

440 Wegen des der Examensrelevanz soll hier auch die vollständige übereinstimmende Erledigung des Rechtsstreits dargestellt werden. Auch diese Aufgabenstellung ist durchaus möglich, weil sie im Examen nicht weniger aufwendig ist als ein Urteil. Sie müssen die materielle Rechtslage vor der Erledigungserklärung als Voraussetzung für die daraus resultierende Kostenentscheidung darlegen.

Gem. § 91 a I 1 ZPO ist nur noch über die Kosten durch Beschluss zu entscheiden, wenn die Parteien den Rechtsstreit übereinstimmend für erledigt erklärt haben. Sollte die Erledigung nicht ausdrücklich ausgesprochen worden sein, müssen Sie die Erklärungen auslegen. Gem. § 91 a I 2 ZPO ist auch nach § 91 a I 1 ZPO, also nur noch über die Kosten zu entscheiden, wenn der Beklagte nicht innerhalb einer Notfrist von zwei Wochen der Erledigungserklärung des Klägers widerspricht, sofern er zuvor auf diese Folge hingewiesen worden ist.

Wenn die Parteien **nach einem Vergleich** übereinstimmende Erledigungserklärungen abgeben, ist **§ 98 ZPO zu beachten.** Sie müssen darlegen, dass sich aus der Tatsache, dass die Parteien die Kosten in dem Vergleich nicht geregelt haben und eine gerichtliche Entscheidung beantragen, durch Auslegung analog §§ 133, 157 BGB die konkludente Vereinbarung ergibt, die Kosten anders als in § 98 ZPO vorgesehen zu regeln und die Entscheidung darüber dem Gericht zu überlassen.

441 Das **Rubrum** eines Beschlusses gem. § 91 a ZPO unterscheidet sich von dem eines Urteils dadurch, dass der Ausspruch »Im Namen des Volkes« fehlt und nicht »für Recht erkannt«, sondern *»beschlossen«* wird. Wenn nach einer mündlichen Verhandlung entschieden wird, lautet das Rubrum:

»Aktenzeichen

Landgericht Lübeck
Beschluss
In dem Rechtsstreit
(...)
(volles Rubrum)

hat die 14. Zivilkammer des Landgerichts Lübeck durch den Vorsitzenden Richter am Landgericht Schmitz, den Richter am Landgericht Meier und die Richterin Müller auf die mündliche Verhandlung vom 25.01.2003 beschlossen: ...«

Wenn die Erledigung schriftsätzlich erklärt und gem. § 128 III ZPO nicht mündlich verhandelt worden ist, ist der Tag der Beschlussfassung anzugeben:

»... hat die 14. Zivilkammer des Landgerichts Lübeck durch den Vorsitzenden Richter am Landgericht Schmitz, den Richter am Landgericht Meier und die Richterin Müller am 25.01.2003 beschlossen: ...«

Der **Tenor** eines Beschlusses gem. § 91 a ZPO erschöpft sich grds. in der Kostenentscheidung. **442**
Die Kostenentscheidung wird wie im Tenor eines Urteils formuliert (s. Rn. 176 ff.).

Zur Klarstellung können und auf Antrag müssen Sie analog § 269 IV ZPO aussprechen, dass zuvor ergangene Entscheidungen wie Vollstreckungsbescheide, Versäumnis-, Grund- oder Teilurteile und nicht rechtskräftige erstinstanzliche Entscheidungen aufgehoben sind. Der Ausspruch ist nur deklaratorisch. Das sollten Sie durch die Formulierung »**ist** wirkungslos oder **ist** aufgehoben« statt »**wird** aufgehoben« deutlich machen.

»Das Versäumnisurteil des Amtsgerichts Lübeck vom ... ist aufgehoben.

Die Kosten des Rechtsstreits trägt der ....«

Sie dürfen weder etwas zur Erledigung, noch zur vorläufigen Vollstreckbarkeit sagen. Die Erledigung tritt hier ja nicht durch die Entscheidung des Gerichts ein, sondern durch die Erklärung der Parteien. Eine Entscheidung über die vorläufige Vollstreckbarkeit und darf nicht tenoriert werden, weil der Beschluss gem. § 794 I Nr. 3 ZPO ohne besonderen Ausspruch vollstreckbar ist.

Nach dem Rubrum folgt die Überschrift »**Gründe**«. Diese bestehen aus der Sachverhaltsschil- **443**
derung, die dem Tatbestand entspricht, und der rechtlichen Begründung der Kostenentscheidung. Diese beiden Teile tragen keine gesonderten Überschriften. Sie sollten sie mit I. und II. von einander absetzen. Bei der Darstellung des Sachverhalts bestehen bis auf die Wahl des Tempus keine Besonderheiten. Sie müssen das Unstreitige im Imperfekt, die streitigen Teile einschließlich der Erledigungserklärungen und der zuvor gestellten oder angekündigten Sachanträge im Perfekt darstellen (s. Rn. 445).

In der Sache müssen Sie gem. § 91 a ZPO über die Kosten des Rechtsstreits unter Berücksichtigung des bisherigen Sach- und Streitstandes nach billigem Ermessen entscheiden. Die Frage der tatsächlichen Erledigung oder die des Zeitpunktes vor oder nach Rechtshängigkeit spielt – anders als bei einseitigen Erledigungserklärungen (s. Rn. 430 ff.) – bei übereinstimmenden keine Rolle. Die Kostentragungspflicht hängt grds. von der materiellen Rechtslage ab. Die entscheidende Fragestellung lautet: Wie wäre der Rechtsstreit ohne die Erledigungserklärung ausgegangen. War die Klage zulässig und begründet? Eine etwaige sachliche oder örtliche Unzuständigkeit des Gerichts bleibt unberücksichtigt.

E. Formulierungsvorschläge und Erläuterungen zu den relevantesten prozessualen Problemstellungen

Folgende Konstellationen sind im Examen realistisch:

1. Die Klage ist schlüssig, das Verteidigungsvorbringen des Beklagten ist unerheblich.
   »*Der Beklagte trägt die Kosten des Rechtsstreits.*«

2. Die Klage ist bereits – von Mängeln der Zuständigkeit abgesehen – unzulässig oder unbegründet und wäre abgewiesen worden.
   »*Der Kläger trägt die Kosten des Rechtsstreits.*«

3. Die Klage ist schlüssig, das Verteidigungsvorbringen des Beklagten ist erheblich, keine Partei hat Beweis angeboten. Hier ist nach Beweislast zu entscheiden, d.h. wenn der Kläger beweispflichtig ist, trägt er die Kosten, andernfalls trägt sie der Beklagte.

4. Die Klage ist schlüssig, der Beklagte erwidert erheblich, beide Parteien haben Zeugen für ihre Behauptungen benannt, eine Beweisaufnahme ist nicht durchgeführt worden.
   Von außergewöhnlich gelagerten Fällen abgesehen verbietet sich eine Beweisantizipation. Das höhere Verlustrisiko des Beweisbelasteten ist unter Billigkeitsgesichtspunkten allerdings zu berücksichtigen. Deshalb sind die Kosten nicht gegeneinander aufzuheben, obwohl das Ergebnis hier offen bleibt. Sie sollten die Quote um etwa ein Drittel zu Lasten des Beweispflichtigen verschieben (vgl. Rn. 445).

5. Wenn eine Beweisaufnahme nicht zu Ende geführt worden ist, müssen Sie unterscheiden:
   - Wenn der nicht durchgeführte Teil den gesamten Anspruch oder die Einwendung betrifft, ist der Ausgang des Rechtsstreits offen mit der Folge der Entscheidung wie im Fall 4.
   - Wenn durch die Beweisaufnahme bereits Teile des Anspruchs, z.B. bei kumulativer Klagenhäufung, definitiv geklärt worden sind und von dem nicht durchgeführten Teil nicht abhängen, wird dies bei der Kostenentscheidung zu Gunsten des Obsiegenden berücksichtigt und hinsichtlich des Restes wie im 4. Fall entschieden und sodann insgesamt gequotelt.
   Beispiel: Der Kläger hätte von beantragten 10.000,- € aufgrund der Beweisaufnahme 4.000,- € zuerkannt bekommen, hinsichtlich des Restes hätte die Beweisaufnahme fortgesetzt werden müssen. Der Kläger war beweispflichtig.

   Der Kläger hätte 4 von 10 gewonnen, von den restlichen 6 trägt der Kläger 2/3, der Beklagte 1/3.
   »*Von den Kosten des Rechtsstreits trägt der Kläger 2/5, der Beklagte 3/5.*«

444 Im Rahmen der **Billigkeitserwägungen** kann bei einem Vergleich der Parteien das gegenseitige Nachgeben wie ein Teilunterliegen berücksichtigt werden. Beachten Sie dabei, dass nicht jede Zahlung des Beklagten als Grund für seine Kostentragungspflicht anzusehen ist, vor allem dann nicht, wenn er zur Vermeidung eines langwierigen Rechtsstreits zahlt. Beachten Sie dabei auch die Regelung in § 98 ZPO, nach der die Kosten des Rechtsstreits als aufgehoben gelten, sofern die Parteien nichts anderes vereinbart haben. Ohne anderweitige Regelung im Vergleich sollten Sie die Anträge, nach § 91 a ZPO zu entscheiden, so auslegen, dass die Parteien die Kostenentscheidung dem Gericht überlassen wollten.

445 **Fall:** Der Kläger hat ursprünglich die Herausgabe einer Fotografie begehrt, die keinen bezifferbaren materiellen Wert hatte, für den Kläger aber von großem Erinnerungswert war. Der Beklagte hat mit erheblichem Vortrag Klageabweisung beantragt. Beide Parteien haben Zeugen für ihre relevanten Behauptungen benannt. Das Foto ist durch Zufall vor einer Beweisaufnahme untergegangen. Daraufhin haben die Parteien den Rechtsstreit im Termin übereinstimmend für erledigt erklärt.

III. Die Formulierungsvorschläge im Einzelnen

Formulierungsvorschlag:

»*Aktenzeichen*

Amtsgericht Lübeck
Beschluss
In dem Rechtsstreit
(volles Rubrum)

hat das Amtsgericht Lübeck – Abteilung 24 – durch den Richter am Amtsgericht Schmidt auf die mündliche Verhandlung vom 25.01.2003 beschlossen:

Von den Kosten des Rechtsstreits trägt der Kläger 2/3, der Beklagte 1/3.

I.

Die Parteien haben um die Herausgabe einer Fotografie gestritten.

Ursprünglich war ... Später hatte ... Der Beklagte besaß ...

Der Kläger hat behauptet, ...

Der Kläger hat zunächst beantragt ...

Der Beklagte hat zunächst beantragt ...

Der Beklagte hat behauptet, ...

Nachdem die Fotografie bei einem Brand im Hause des Beklagten vernichtet worden ist, haben die Parteien im Termin vom ... erklärt, ihnen liege nichts mehr an einer Fortsetzung des Rechtsstreits und wechselseitige Kostenanträge gestellt.

II.

Die Äußerungen der Parteien, ihnen liege nach dem Brand nichts mehr an der Fortsetzung des Rechtsstreits, stellen sich nach einer Auslegung analog §§ 133, 157 BGB bei verständiger Würdigung als übereinstimmende Erledigungserklärungen dar. Eine Klagerücknahme seitens des Klägers mit Zustimmung des Beklagten ist darin nicht zu sehen, weil dies gem. § 269 III 2 ZPO den Kläger zur Tragung der Kosten verpflichten würde, was er ausweislich seines Antrages gerade nicht will.

Nachdem die Parteien den Rechtsstreit übereinstimmend in der Hauptsache für erledigt erklärt haben, war gem. § 91 a I 1 ZPO nur noch über die Kosten des Rechtsstreits unter Berücksichtigung des bisherigen Sach- und Streitstandes nach billigem Ermessen zu entscheiden.

Ohne Beweisaufnahme, die sich nach übereinstimmender Erledigungserklärung der Parteien nur noch auf präsente Beweismittel erstreckt und deshalb vorliegend nicht durchgeführt werden durfte, lässt sich der Ausgang des Rechtsstreits nicht vorhersagen. Die Klage war schlüssig. Dem Kläger stand nach seinem Vortrag der Herausgabeanspruch aus § 985 BGB zu. Nach dieser Vorschrift ist ...

Das Vorbringen des Beklagten war demgegenüber erheblich. Nach seinem Vortrag hat der Kläger sein Eigentum dadurch verloren, dass ...

Eine vorweggenommene Beweiswürdigung, die nur ausnahmsweise zulässig ist, wenn das Ergebnis mit Händen zu greifen ist, verbietet sich hier, denn die Beweismittel stehen sich gleichwertig gegenüber ...

Trotzdem waren die Kosten hier nicht gegeneinander aufzuheben. Es erscheint im Rahmen der Billigkeitserwägungen angemessen, dem Kläger einen größeren Anteil der Kosten aufzuerlegen. Dies trägt dem Umstand Rechnung, dass er beweisbelastet war und bei einer aus seiner Sicht nicht erfolgreichen Beweisaufnahme unterlegen gewesen wäre und die gesamten Kosten des Rechtsstreits hätte tragen müssen.

Unterschrift des Richters«

l) Exkurs: Die Kostenentscheidung nach § 269 III 3 ZPO

446 Diese durch das ZPO-Reformgesetz vom 17.7.2001 eingeführte Neuregelung hat die bislang umstrittene Frage der »Erledigung« des Rechtsstreits zwischen Anhängigkeit (Einreichen der Klage) und Rechtshängigkeit (Zustellung der Klage, §§ 261 I, 263 ZPO) geklärt. Gem. § 26 Nr. 2 EGZPO gilt diese Regelung für alle Verfahren, die nach dem 31.12.2001 anhängig gemacht worden sind. Die »Erledigung« heißt hier Wegfall des Klageanlasses. Dabei handelt es sich um dieselben Gründe, die zur Erledigung führen können wie Zahlung, Aufrechnung, Untergang der Sache usw.

Der Kläger kann gem. § 269 III 3 ZPO wegen des Wegfalls des Klageanlasses vor Rechtshängigkeit durch Klagerücknahme erreichen, dass dem Beklagten die Kosten auferlegt werden. Maßstab dafür ist in Anlehnung an § 91 a ZPO die Berücksichtigung des bisherigen Sach- und Streitstandes nach billigem Ermessen. Insoweit gelten die Überlegungen und Ratschläge zur Kostenentscheidung nach übereinstimmenden Erledigungserklärungen (Rn. 440 ff.) entsprechend.

Wenn der Kläger vom teilweisen Wegfall des Klageanlasses Kenntnis hat, muss die Teilrücknahme wegen § 269 I ZPO spätestens vor Beginn der mündlichen Verhandlung erfolgen. Der Kläger muss also mit dem reduzierten Antrag verhandeln, wenn er in den Genuss einer für Ihn günstigen Kostenentscheidung hinsichtlich des zurückgenommenen Teils der Klage kommen will.

Es sind noch keine obergerichtlichen Entscheidungen zu der Frage veröffentlicht worden, ob der Beklagte eine teilweise Klagerücknahme nach § 269 III 3 ZPO nach Beginn der mündlichen Verhandlung durch Verweigerung seiner Zustimmung gem. § 269 I ZPO blockieren kann, wenn der Kläger erst zu diesem Zeitpunkt erfährt, dass der Klagenlass teilweise vor Rechtshängigkeit weggefallen ist (vgl. Rn. 427). Nach einhelliger Meinung kann er dies bei Erledigungserklärungen nicht, weil diese als jederzeit ohne Zustimmung oder Prüfung der Sachdienlichkeit gem. § 264 Nr. 2 ZPO zulässige Klageänderungen angesehen werden. Von ihrer Natur her liegen Wegfall des Klageanlasses gem. § 269 III 3 ZPO und Erledigung der Hauptsache eng bei einander. Sie ergänzen sich, weil bisweilen ein Tag (Ereignis vor oder nach Klagezustellung) darüber entscheidet, ob bei ansonsten identischem Sachverhalt das eine oder das andere Rechtsinstitut vorliegt. Eine unterschiedliche Behandlung der beiden Rechtsinstitute lässt sich nicht vernünftig begründen und würde zudem der gesetzgeberischen Intention zuwiderlaufen, durch die Einführung der Regelung in § 269 III 3 ZPO eine Vereinfachung zu schaffen, die sinnlose weitere Prozesse um Kostenfragen vermeiden soll.

Bei **vollständigen Klagerücknahmen** müssen Sie gem. § 269 IV ZPO auf Antrag durch Beschluss über die Kostentragungspflicht entscheiden. Aufbau und Inhalt entsprechen den Ratschlägen unter Rn. 441 ff. Die Parteien heißen Kläger und Beklagter, auch wenn die Klage nicht zugestellt worden und deshalb kein Prozessrechtsverhältnis entstanden ist. Durch den im 1. JuMoG neu eingefügten letzten Halbsatz von § 269 III 3 ZPO ist nunmehr gesetzlich geregelt, dass diese Regelung auch vor Zustellung der Klage anwendbar ist. Das bedeutet bei vollständigem Wegfall des Klagegrundes, dass die Klage auch nicht mehr nachträglich zugestellt werden muss, um gem. § 269 III 3 ZPO entscheiden zu können.

Bei **teilweisen Klagerücknahmen** müssen Sie wie bei teilweise übereinstimmenden Erledigungserklärungen den angekündigten Antrag, den Wegfall des Klageanlasses, die Daten der teilweisen Rücknahmeerklärung und den neuen Antrag im Tatbestand anführen (s. Rn. 439). In den Entscheidungsgründen zitieren Sie die Normen, auf denen Ihre Kostenentscheidung beruht, und begründen im Anschluss den Teil, der auf § 269 III 3 ZPO entfällt (s. Rn. 427).

Im Rahmen der vorläufigen Vollstreckbarkeit müssen Sie wie bei übereinstimmenden Teilerledigungserklärungen den Teil der Kosten, der auf den zurückgenommenen Teil der Klage entfällt, ausrechnen und ohne Sicherheitsleistung oder Abwendungsbefugnis für vorläufig vollstreckbar erklären. Ein Berechnungsbeispiel finden Sie unter Rn. 227.

III. Die Formulierungsvorschläge im Einzelnen

Fall: Der Kläger verlangt vom Beklagten Zahlung von 10.000,– €. Nach Einreichung aber vor Zustellung der Klage zahlt der Beklagte 5.000,– €. Der Kläger nimmt darauf hin die Klage in Höhe von des bezahlten Betrages zurück, reduziert seinen Klageantrag auf Zahlung von 5.000,– € und beantragt, die gesamten Kosten des Rechtsstreits dem Beklagten aufzuerlegen. Die Klage ist und war in vollem Umfang begründet.

Formulierungsvorschlag:

Zunächst begründen Sie den restlichen Anspruch über 5.000,– € wie gewohnt. Dann:

»Die Kostenentscheidung beruht auf §§ 91 I 1, 269 III 3 ZPO.

Soweit der Kläger die Klage teilweise zurückgenommen hat, waren dem Beklagten auch die auf diesen Teil der Klage entfallenden Kosten aufzuerlegen. Dies folgt aus § 269 III 3 ZPO. Nach dieser Vorschrift bestimmt sich die Kostentragungspflicht bei Wegfall des Klageanlasses vor Rechtshängigkeit und anschließender Klagerücknahme unter Berücksichtigung des bisherigen Sach- und Streitstandes nach billigem Ermessen. Danach hat der Beklagte auch den auf die teilweise Klagerücknahme entfallenden Teil der Kosten zu tragen. Durch die Zahlung von 5.000,– € am ..., also vor Zustellung der Klage am ..., ist der Anlass zur Klage in dieser Höhe weggefallen.

Die Berücksichtigung des Sach- und Streitstandes ergibt, dass der Beklagte die gesamten Kosten des Rechtsstreits zu tragen hat, weil er ohne Zahlung eines Teilbetrages auch nach dem ursprünglichen Antrag voll verurteilt worden wäre. Insoweit wird auf die obigen Ausführungen Bezug genommen.«

Wenn sich die Rechtslage hinsichtlich des zurückgenommenen Teils nicht aus den Ausführungen zum aufrechterhaltenen Teil ergibt, müssen Sie sie im Rahmen Ihrer Kostenentscheidung gesondert darlegen (s. Rn. 427).

E. Formulierungsvorschläge und Erläuterungen zu den relevantesten prozessualen Problemstellungen

12. Feststellungsklage gem. § 256 ZPO

447 Vorüberlegungen:

Für die Zulässigkeit einer begründeten Feststellungsklage ist gem. § 256 I ZPO als besondere Sachurteilsvoraussetzung das »rechtliche Interesse« des Klägers erforderlich. Ist eine Klage auf Leistung möglich und zumutbar, wird dieses sog. Feststellungsinteresse in der Regel fehlen.

Das Feststellungsinteresse liegt vor,

- wenn dem Recht oder der Rechtslage des Klägers eine gegenwärtige Gefahr der Unsicherheit dadurch droht, dass der Beklagte dieses Recht ernsthaft bestreitet oder er sich eines Rechtes gegen den Kläger berühmt, und
- wenn das angestrebte Urteil infolge seiner Rechtskraft geeignet ist, diese Gefahr zu beseitigen.

Das Feststellungsinteresse ist nur bei begründeten Feststellungsklagen zwingende Zulässigkeitsvoraussetzung. Ist die Klage in der Sache abweisungsreif, ergeht ein Sachurteil ohne Prüfung des Feststellungsinteresses. Grund dafür ist die umfassendere Rechtskraft und die damit eintretende größere Rechtssicherheit eines Sachurteils gegenüber einem Prozessurteil. Das Feststellungsinteresse ist in diesen Fällen sog. qualifizierte Prozessvoraussetzung. (Weitere Fälle von qualifizierten Prozessvoraussetzungen finden Sie unter Rn. 331 f.)

Nur wenn dem Kläger materiell der mit der Feststellungsklage geltend gemachte Anspruch zumindest teilweise zusteht, ihm aber das Feststellungsinteresse fehlt, ergeht ein klageabweisendes Prozessurteil.

Standardfälle sind Anträge auf Feststellung, dass sich der beklagte Verkäufer nach einem Rücktritt des klagenden Käufers mit der Rücknahme der Sache in Verzug befindet. Das rechtliche Interesse des Klägers ergibt sich bei Zug-um-Zug-Ansprüchen daraus, dass er ohne Feststellung im Urteil den gem. §§ 756 I, 765 ZPO erforderlichen Nachweis des Annahmeverzuges des Beklagten »durch öffentliche oder öffentlich beglaubigte Urkunden« nicht führen und nur bei gleichzeitigem tatsächlichen Angebot seinen Zahlungsanspruch vollstrecken kann. Das ist ggf. sehr mühsam, jedenfalls aber aufwändiger als die Vorlage des Urteils. Einen Formulierungsvorschlag finden Sie unter Rn. 403. Das rechtliche Interesse für die Feststellung des Annahmeverzuges ohne Gegenleistung folgt aus §§ 300 ff. BGB.

In letzter Zeit ist in Examensklausuren die Feststellung begehrt worden, dass die Forderung des Klägers gegen den Beklagten aus einer unerlaubten Handlung resultiert. Anlass für diesen Antrag ist, dass bei Insolvenz des Beklagten der Kläger als Gläubiger eine Forderung zur Tabelle angemeldet und der Beklagte der beantragten Bezeichnung als eine »Forderung aus unerlaubter Handlung« widersprochen hat. Das rechtliche Interesse für den Feststellungsantrag folgt aus § 174 II i.V.m. § 302 Nr. 1 InsO. Danach sind Forderungen, die als solche »aus unerlaubter Handlung« zur Tabelle angemeldet worden sind, von der Restschuldbefreiung ausgenommen. Der Gläubiger kann dann auch nach Ablauf der Schonfrist, anders als »normale« Insolvenzgläubiger, seinen Anspruch in voller Höhe vollstrecken.

Der Streitwert von positiven Feststellungsanträgen beträgt 80 %, der Streitwert von negativen dem vollen Wert eines entsprechenden Leistungsantrags.

Denken Sie daran, dass einseitige Erledigungserklärungen des Klägers ebenfalls Feststellungsanträge sind (s. dazu im Einzelnen Rn. 430 ff.).

a) Feststellungsinteresse begründeter Feststellungsklagen

448 **Fall:** Der Kläger begehrt Feststellung, dass der Beklagte verpflichtet ist, ihm den Schaden aus einem Verkehrsunfall zu ersetzen. Die Parteien streiten nur um die Schadenshöhe. Der genaue Umfang des Schadens ist noch nicht feststellbar, der Kläger könnte aber einzelne Schadenspositionen beziffern.

Erörtern: Feststellungsinteresse gem. § 256 I ZPO

III. Die Formulierungsvorschläge im Einzelnen

Formulierungsvorschlag:

»Die Klage ist zulässig ...

Dem Kläger steht auch das gem. § 256 I ZPO für Feststellungsklagen erforderliche Feststellungsinteresse zu. Dies besteht immer dann, wenn wie vorliegend, der Beklagte die vom Kläger geltend gemachten Ansprüche ernstlich bestreitet und das Urteil geeignet ist, die dadurch entstandene Unsicherheit zu beseitigen. Dem steht auch nicht der Umstand entgegen, dass der Kläger bereits einzelne Positionen seines Schadensersatzanspruches beziffern könnte. Es entspricht ständiger Rechtsprechung, dass sich ein Kläger bei einer noch nicht abgeschlossenen Ermittlung der Schadenshöhe oder einer noch andauernden Schadensentwicklung grundsätzlich auf einen Feststellungsanspruch beschränken darf. Er muss die bereits feststehenden Einzelansprüche nicht nach und nach beziffern und mit Leistungsanträgen geltend machen. Dies folgt schon aus prozessökonomischen Gründen, weil eine sukzessive Einführung einzelner Schadenspositionen und eine fortwährende Antragsumstellung dem Beklagten ständig neue Angriffspunkte liefern würden. Dies könnte zu einer unangemessenen Verfahrensverzögerung führen.

Die Klage ist auch begründet ...«

b) Feststellungsinteresse unbegründeter Feststellungsklagen

Fall: Der Kläger stellt neben einem Leistungsantrag einen Feststellungsantrag, der nicht begründet ist. **449**

Erörtern: Entbehrlichkeit des Feststellungsinteresses bei unbegründeten Feststellungsklagen
Erläuterung des Begriffs der sog. qualifizierten Prozessvoraussetzungen
Anfängliche objektive kumulative Klagenhäufung gem. § 260 ZPO

Beachte: Das Feststellungsinteresse ist nur bei begründeten Feststellungsklagen zwingende Zulässigkeitsvoraussetzung. Bei unbegründeten reicht der schlüssige Vortrag aus.

Formulierungsvorschlag:

»Die Klage ist zulässig, aber nur hinsichtlich des Leistungsantrags begründet.

Der Zulässigkeit des Feststellungsantrags steht nicht entgegen, dass das rechtliche Interesse des Klägers fraglich ist. Das gem. § 256 I ZPO grds. erforderliche Feststellungsinteresse ist nämlich nur zwingende Zulässigkeitsvoraussetzung für begründete, nicht aber für unbegründete Feststellungsklagen. Es reicht nach der Lehre der sog. qualifizierten Prozessvoraussetzungen bei unbegründeten Feststellungsklagen aus, dass der Kläger sein rechtliches Interesse schlüssig vorträgt. Diese Einschränkung des Grundsatzes des prozessualen Vorrangs der Zulässigkeit vor der Begründetheit findet ihre Berechtigung darin, dass eine Prüfung des Feststellungsinteresses bei unbegründeten Feststellungsklagen nicht sinnvoll ist. Diese Zulässigkeitsvoraussetzung soll nur verhindern, dass Rechtsverhältnisse zum Gegenstand einer Klage gemacht werden, die einer Feststellung nicht bedürfen oder auf einfacherem Wege geklärt werden können. Dieser Gesichtspunkt ist jedoch ohne Bedeutung, wenn die Klage ohnehin unbegründet ist. In diesen Fällen ist ein Sachurteil, das umfassendere Rechtskraft schafft als ein Prozessurteil, prozessökonomisch sinnvoller.«

(Es folgen die bekannten Ausführungen zu § 260 ZPO, vgl. Rn. 320 ff.).

c) Subsidiarität
Vorüberlegungen: **450**

Wenn es für den Kläger einen vernünftigen Grund gibt, an Stelle einer Leistungsklage eine Feststellungsklage zu erheben, so steht dem nicht der Grundsatz der Subsidiarität, d.h. des Vorrangs der Leistungs- vor der Feststellungsklage, entgegen. Weil Sie im Examen grds. zu dem Ergebnis gelangen sollten, dass die gewählte Klageart die richtige ist, können echte Probleme mit der Subsidiarität nur auftauchen, wenn einer von mehreren Anträgen ein Feststellungsantrag ist. Dann müssen Sie ohne die obige Prämisse an den Fall herangehen (Rn. 303 ff.).

E. Formulierungsvorschläge und Erläuterungen zu den relevantesten prozessualen Problemstellungen

> **Fall:** Die Parteien streiten ausschließlich darüber, ob dem Kläger der Anspruch überhaupt zusteht. Die beklagte Versicherung hat keinen Zweifel daran gelassen, dass sie im Fall ihrer vom Gericht festgestellten grundsätzlichen Einstandspflicht zahlen werde.

Erörtern: Feststellungsinteresse gem. § 256 I ZPO
   Keine Subsidiarität der Feststellungsklage gegenüber der Leistungsklage

Formulierungsvorschlag:

»Die Klage ist zulässig ... Dem Kläger steht auch das gem. § 256 I ZPO für Feststellungsklagen erforderliche Feststellungsinteresse zu. Dies besteht immer dann, wenn der Beklagte die vom Kläger geltend gemachten Ansprüche ernstlich bestreitet und das Urteil geeignet ist, diesen Streit zu beseitigen. Der für die Frage der Subsidiarität der Feststellungsklage gegenüber der Leistungsklage allein maßgebliche Gesichtspunkt der Prozessökonomie erlaubt es dem Kläger hier, seinen Anspruch im Wege einer Feststellungsklage klären zu lassen. Das Urteil im vorliegenden Rechtsstreit wird zu einer sachgerechten Erledigung der zwischen den Parteien aufgetretenen Streitpunkte führen, weil die Beklagte bereits erklärt hat, für den Fall ihrer grundsätzlichen Einstandspflicht die berechtigten Ansprüche des Klägers erfüllen zu wollen.«

13. Besorgnis der Nichterfüllung bei Klagen auf künftige Leistung gem. § 259 ZPO

451 Vorüberlegungen:

Nach § 259 ZPO kann eine Klage auf künftige Leistung dann erhoben werden, wenn den Umständen nach die Besorgnis gerechtfertigt ist, dass der Schuldner sich der rechtzeitigen Leistung entziehen werde.

Achten Sie darauf, dass Sie bei Klagen auf künftige Zahlung nicht Zinsen ab Klagezustellung zusprechen dürfen, weil dies die Fälligkeit des Anspruchs voraussetzt, die ja nicht gegeben ist.

> **Fall:** Der Kläger klagt auf künftige Räumung von Gewerberäumen nach fristgerechter Kündigung. Der Beklagte meint, er sei nicht zur Räumung verpflichtet. Er hat wiederholt geäußert, er bleibe in der Wohnung, »komme, was da wolle«.

Erörtern: Klage auf künftige Leistung wegen Besorgnis der Nichterfüllung gem. § 259 ZPO

Beachte: Zur sachlichen Zuständigkeit bei Mischmietverhältnissen s. Rn. 374.

Formulierungsvorschlag:

»Die Klage ist zulässig ...

Insbesondere ist die Klage auf eine zukünftige Leistung zulässig. Dies ist gem. § 259 ZPO immer dann zulässig, wenn der Anspruch dem Grunde nach bereits entstanden und den Umständen nach die Besorgnis gerechtfertigt ist, dass der Schuldner sich der rechtzeitigen Leistung entziehen werde. Dies ist hier der Fall, denn ...

Wer, wie vorliegend der Beklagte, den vom Kläger geltend gemachten zukünftigen Anspruch so ernsthaft und vehement bestreitet, begründet die Vermutung, dass er sich auch bei Eintritt der Fälligkeit dessen Erfüllung entziehen wird.«

III. Die Formulierungsvorschläge im Einzelnen

14. Abänderungsklage gem. § 323 ZPO

Vorüberlegungen: 452

§ 323 ZPO trifft eine Sonderregelung für alle Fälle, in denen bei einer Verurteilung zu künftig fällig werdenden wiederkehrenden Leistungen nachträglich Ansprüche wegen einer eingetretenen Veränderung der Verhältnisse geltend gemacht werden.

Besondere Prozessvoraussetzungen im Rahmen der Zulässigkeit sind:

- das Vorliegen einer abzuändernden Entscheidung,
- die Identität der Streitgegenstände,
- die Identität der Parteien,
- die Behauptung einer wesentlichen nachträglichen Veränderung der Verhältnisse und
- das Andauern oder Drohen der Vollstreckung.

Formulierungsvorschlag:

»*Die Klage ist zulässig . . .*

Auch die besonderen Sachurteilsvoraussetzungen für eine Abänderungsklage gem. § 323 ZPO liegen vor. Die Klage richtet sich gegen ein rechtskräftiges Urteil, dessen Abänderung begehrt wird. Die Identität der Streitgegenstände und der Parteien ist gegeben.

Der Kläger behauptet auch eine wesentliche Veränderung der Verhältnisse nach dem Schluss der mündlichen Verhandlung, die er durch Einspruch nicht mehr hätte geltend machen können . . .

Es droht auch eine Fortsetzung der Zwangsvollstreckung aus dem Titel. Dies folgt daraus, dass . . .«

15. Widerklage

Vorüberlegungen: 453

Bei Widerklagen können im Wesentlichen vier Probleme auftauchen:

- **§ 33 ZPO als besonderer Gerichtsstand**
- **Konnexität**
- **Parteiidentität**
- **allgemeines Rechtsschutzbedürfnis**

Da Klausuren, auch wenn materiell über die Widerklage nicht zu entscheiden ist, durch die Ausführungen zur Klage bereits umfangreich genug sind, können auch unzulässige Widerklagen vorkommen.

§ 33 ZPO begründet für konnexe Widerklagen den zusätzlichen **besonderen Gerichtsstand** der Klage. In der Zulässigkeit ist das allerdings nur dann zu erwähnen, wenn das angerufene Gericht nicht ohnehin nach den allgemeinen Vorschriften wie §§ 12,13 ZPO zuständig ist oder der Kläger sich nicht rügelos auf die Widerklage eingelassen hat. Im letzteren Fall heilt § 39 S. 1 ZPO die fehlende örtliche Zuständigkeit. Die Konnexität ist dann isoliert als weitere Zulässigkeitsvoraussetzung zu prüfen.

Konnexität ist immer dann gegeben, wenn zwischen Klage und Widerklage ein innerlich zusammengehöriges, einheitliches Lebensverhältnis besteht, das es als gegen Treu und Glauben verstoßend erscheinen ließe, wenn der eine Anspruch ohne Rücksicht auf den anderen geltend gemacht und verwirklicht werden könnte. Bei fehlender Konnexität ist die Widerklage nach h.Rspr. unzulässig.

Die Konnexität kann auch daraus folgen, dass sich der erforderliche Zusammenhang aus dem Verteidigungsvorbringen des Beklagten ergibt, etwa aus einer Aufrechnung (Rn. 460).

Fehlende Konnexität bei ansonsten vorliegender örtlicher Zuständigkeit aus anderen Vorschriften, etwa §§ 12, 13 ZPO, wird gem. § 295 I ZPO durch rügelose Einlassung des Klägers / Widerbeklagten geheilt.

E. Formulierungsvorschläge und Erläuterungen zu den relevantesten prozessualen Problemstellungen

Parteiidentität ist eine weitere Zulässigkeitsvoraussetzung. Mindestens auch die Hauptpartei muss widerbeklagt sein, d.h. die Widerklage kann sich nicht allein gegen Dritte, wohl aber gegen den Kläger und einen Dritten richten. Die Einbeziehung dieses Dritten ist dann eine nachträglich begründete Streitgenossenschaft und eine gewillkürte Parteierweiterung, also eine Klageänderung. Sie ist nur mit Einwilligung des widerbeklagten Dritten oder bei Sachdienlichkeit zulässig.

Drittwiderklagen von einem bislang nicht am Rechtsstreit beteiligten Dritten gegen den Kläger sind unzulässig.

Gleiches gilt für **Hilfswiderklagen gegen Dritte**, weil deren Prozessrechtsverhältnis nicht in der Schwebe bleiben darf.

Das **allgemeine Rechtsschutzbedürfnis** fehlt, wenn mit der Widerklage nur das kontradiktorische Gegenteil der Klage begehrt wird.

Zum Aufbau von Tatbestand und Entscheidungsgründen bei Widerklagen s. Rn. 36 f., 269. Unterschiede im Aufbau des Tatbestandes ergeben sich bei einheitlichem oder unterschiedlichem Lebenssachverhalt von Klage und Widerklage.

Sie sollten zur Zulässigkeit der Widerklage grds. nicht am Anfang der Entscheidungsgründe, sondern erst nach der Abhandlung der Zulässigkeit und Begründetheit der Klage Stellung nehmen. Nur wenn die sachliche Zuständigkeit erst aus dem Streitwert der Widerklage folgt, müssen Sie dies i.R.d. Zulässigkeit der Klage darstellen. Siehe dazu unten das Formulierungsbeispiel unter Rn. 457.

Für den **Zuständigkeitsstreitwert** werden die Einzelstreitwerte von Klage und Widerklage gem. § 5 ZPO nicht addiert, wohl aber i.d.R. für den **Gebührenstreitwert**, so § 45 I 1 GKG.

Wenn das Amtsgericht für die Klage sachlich zuständig ist, ist es auch für Widerklagen mit einem Streitwert von bis zu 5.000,– € sachlich zuständig. Fälle, in denen das Amtsgericht wegen Überschreitens der Streitwertgrenze für die Widerklage nicht zuständig ist, sind wegen § 506 ZPO nicht examensrelevant, weil nicht einmal rügeloses Verhandeln ohne vorherigen Hinweis den Mangel heilen würde. Im Examen können also nur Fälle vorkommen, in denen die Einzelstreitwerte jeweils in die Zuständigkeit des angerufenen Amtsgerichts fallen, oder bei Klagen vor dem Landgericht,

- wenn zumindest einer der beiden Streitwerte die Zuständigkeit des Landgerichts begründet oder
- wenn die Parteien rügelos verhandeln.

Ist das Landgericht für die Klage sachlich zuständig, folgt daraus nach h.M. auch die sachliche Zuständigkeit für die Widerklage, wenn deren Streitwert 5.000,– € nicht übersteigt. Dies ergibt sich nicht direkt aus § 33 ZPO, sondern aus allgemeinen Grundsätzen wie auch bei unterschiedlichen Streitwerten von Haupt- und Hilfsanträgen (s. dazu auch Rn. 372 ff.).

Aus § 506 ZPO (arg. e contrario) folgt, dass diese Zuständigkeitsregelung auch im umgekehrten Fall gilt, wenn nur der Streitwert der Widerklage, nicht aber auch der Wert der Klageforderung 5.000,– € übersteigt.

(Eine Übersicht finden Sie unter Rn. 477.)

III. Die Formulierungsvorschläge im Einzelnen

a) Begründung der örtlichen Zuständigkeit gem. § 33 ZPO

Fall: Der Kläger verlangt vom Beklagten, der in einem anderen Gerichtsbezirk wohnt, die Zahlung des restlichen Kaufpreises. Der Beklagte begehrt widerklagend die Rückzahlung der geleisteten Anzahlung. Die Einzelstreitwerte fallen jeweils in die Zuständigkeit des angerufenen Gerichts.

454

Erörtern: Besonderer Gerichtsstand der konnexen Widerklage gem. § 33 ZPO

Beachte: Konnexität von Klage und Widerklage ist bei einem Gerichtsstand nach § 33 ZPO im Rahmen dieser Vorschrift darzustellen.
Ausführungen zur Zulässigkeit der Widerklage folgen erst nach der Abhandlung der Zulässigkeit und Begründetheit der Klage.

Formulierungsvorschlag:

»*Die Klage ist zulässig und begründet* ... (Nach den Ausführungen zur Klage:)

Die Widerklage ist ebenfalls zulässig und ... Das angerufene Gericht ist auch zur Entscheidung über die Widerklage örtlich zuständig. Dies folgt aus § 33 ZPO, der für konnexe Widerklagen den örtlichen Gerichtsstand des Gerichts der Klage bestimmt. Konnexität ist immer dann gegeben, wenn zwischen Klage und Widerklage ein innerlich zusammengehöriges, einheitliches Lebensverhältnis besteht, das es als gegen Treu und Glauben verstoßend erscheinen ließe, wenn der eine Anspruch ohne Rücksicht auf den anderen geltend gemacht und verwirklicht werden könnte.

Ein in diesem Sinne erforderlicher Zusammenhang zwischen Widerklage und Klage besteht u.a. immer dann, wenn die beiden Ansprüche auf ein gemeinsames Rechtsverhältnis zurückzuführen sind. Dies ist hier der Fall, da beide Parteien Ansprüche aus demselben Vertrag geltend machen.«

b) Begründung der sachlichen Zuständigkeit

1. Fall: Der Kläger verlangt vom Beklagten vor dem für beide Parteien als Gericht des Wohnsitzes örtlich zuständigen LG die Zahlung eines restlichen Kaufpreises von 6.000,– €. Der Beklagte begehrt widerklagend die Rückzahlung der geleisteten Anzahlung von 1.000,– € wegen Rücktritts.

455

Erörtern: Örtliche Zuständigkeit folgt bereits aus §§ 12, 13 ZPO
Sachliche Zuständigkeit des LG für die Widerklage, auch wenn deren Streitwert 5.000,– €, nicht übersteigt, folgt aus dem Rechtsgedanken von §§ 504, 506 ZPO
Konnexität von Klage und Widerklage

Beachte: Der Gerichtsstand der Widerklage gem. § 33 ZPO ist hier nicht zu erörtern, da das Landgericht ohnehin nach §§ 12, 13 ZPO örtlich zuständig ist. Die Konnexität ist isoliert darzustellen, weil sie im Rahmen der örtlichen Zuständigkeit keine Rolle spielt. Der Gebührenstreitwert ist nach § 45 I GKG durch Addition der beiden Streitwerte zu bilden (wichtig für die Kostenentscheidung und die Höhe der außergerichtlichen Kosten).

E. Formulierungsvorschläge und Erläuterungen zu den relevantesten prozessualen Problemstellungen

Formulierungsvorschlag:

»*Die Klage ist zulässig und* ... (Nach den Ausführungen zur Klage:)

Die Widerklage ist ebenfalls zulässig und ... *Die örtliche Zuständigkeit des angerufenen Gerichts folgt aus §§ 12, 13 ZPO, weil der Kläger im hiesigen Bezirk wohnt. Das Landgericht ist für die Widerklage auch sachlich zuständig, obwohl deren Streitwert die Zuständigkeitsgrenze gem. §§ 23 Nr. 1, 71 I GVG nicht erreicht. Aus der gesetzlichen Regelung in § 33 ZPO, wonach Klage und Widerklage miteinander verbunden werden können, und dem den §§ 504, 506 ZPO zu entnehmenden allgemeinen Grundsatz, dass das angerufene Gericht – wie bei Klagen mit Haupt- und Hilfsanträgen – für den gesamten Rechtsstreit sachlich zuständig sein muss, um umfassend entscheiden zu können, ergibt sich zwingend, dass bei Rechtsstreiten vor dem Landgericht die sachliche Zuständigkeit für die Widerklage der sachlichen Zuständigkeit für die Klageforderung folgt. Die nach st.Rspr. erforderliche besondere Zulässigkeitsvoraussetzung der Konnexität liegt vor* ...«

456 **2. Fall:** Der Kläger verlangt vom Beklagten die Zahlung eines restlichen Kaufpreises von 1.000,– €, der Beklagte begehrt widerklagend die Rückzahlung der geleisteten Anzahlung von 6.000,– €. Der Rechtsstreit ist auf Rüge einer Partei gem. § 506 ZPO vom Amtsgericht an das Landgericht verwiesen worden.

Erörtern: Sachliche Zuständigkeit des Landgerichts wegen des Streitwerts die Widerklage, § 506 ZPO
Konnexität von Klage und Widerklage

Beachte: In einem solchen Fall müssen Sie die sachliche Zuständigkeit, die sich gem. § 506 ZPO aus dem Streitwert der Widerklage ergibt, am Anfang der Entscheidungsgründe darstellen.
Die übrigen Zulässigkeitsvoraussetzungen der Widerklage erörtern Sie nach den Ausführungen zur Klage vor den Ausführungen zur Begründetheit der Widerklage.

Formulierungsvorschlag:

»*Die Klage ist zulässig und* ...

Das Landgericht ist auch sachlich zuständig, obwohl der Streitwert der Klage die Zuständigkeitsgrenze von 5.000,– € gem. §§ 23 Nr. 1, 71 I GVG nicht übersteigt. Die Zuständigkeit folgt aus dem Streitwert der Widerklage, der 5.000,– € übersteigt. Aus der gesetzlichen Regelung in § 506 ZPO folgt, dass nachträgliche Klageerweiterungen oder Widerklagen, die ihrem Streitwert entsprechend in die Zuständigkeit des Landgerichts fallen, dessen sachliche Zuständigkeit für den gesamten Rechtsstreit begründen. (Jetzt folgen mögliche weitere Zulässigkeitserwägungen, die die Klage betreffen.)

Die Widerklage ist ebenfalls zulässig und ....

Die örtliche Zuständigkeit des angerufenen Gerichts folgt aus §§ 12, 13 ZPO, weil der Kläger im hiesigen Bezirk wohnt (oder aus § 33 ZPO wie oben unter Rn. 454, wenn nicht schon der allgemeine Gerichtsstand gegeben ist).

Die nach st.Rspr. erforderliche besondere Zulässigkeitsvoraussetzung der Konnexität liegt vor. Ein in diesem Sinne erforderlicher Zusammenhang ... *(s.o.).«*

c) Fehlende Konnexität

Fall: Der Kläger klagt eine Kaufpreisforderung ein. Der Beklagte will widerklagend eine Darlehensforderung geltend machen. Der Kläger rügt die fehlende Konnexität. **457**

Erörtern: Fehlende Konnexität von Klage und Widerklage

Beachte: Ausführungen zur Zulässigkeit der Widerklage folgen erst nach der Abhandlung der Zulässigkeit und Begründetheit der Klage.
Der besondere Gerichtsstand der Widerklage gem. § 33 ZPO gilt nur für konnexe Widerklagen. Deshalb begründet § 33 ZPO bei fehlender Konnexität nicht die örtliche Zuständigkeit. Die Widerklage wäre deshalb unzulässig, falls nicht ein anderer Gerichtsstand gegeben ist.
Zur Ermittlung der Kostenquoten sind die Streitwerte gem. § 45 I GKG zu addieren.
Bei rügelosem Verhandeln wäre der Mangel der fehlenden Konnexität gem. § 295 ZPO geheilt und über die Widerklage in der Sache zu entscheiden.

Formulierungsvorschlag:

»Die Klage ist zulässig und...

(Nach den Ausführungen zur Klage)

Die Widerklage ist unzulässig. Ihr fehlt die nach der Rechtsprechung für die Zulässigkeit erforderliche Konnexität. Deren Annahme erfordert zumindest, dass die Ansprüche auf ein gemeinsames Lebensverhältnis zurückzuführen sind, oder dass sie innerlich so zusammenhängen, dass es gegen Treu und Glauben verstieße, wenn der eine Anspruch ohne Rücksicht auf den anderen geltend gemacht und verwirklicht werden könnte.

Dies ist hier aber nicht der Fall, da die beiden Forderungen nichts verbindet. Die Tatsache allein, dass der Gläubiger der einen Forderung der Schuldner der anderen ist, reicht zur Begründung der Konnexität nicht aus.«

d) Drittwiderklage

Fall: Der Kläger macht gegen den Beklagten Ansprüche aus einem Verkehrsunfall vor dem Gericht geltend, in dessen Bezirk der Unfall stattgefunden hat. Der Beklagte erhebt Widerklage gegen den Kläger und dessen Haftpflichtversicherung, die ihren Wohnsitz in einem anderen Bezirk haben. **458**

Erörtern: Örtliche Zuständigkeit für die Widerklage gegen den Kläger gem. § 33 ZPO
Örtliche Zuständigkeit der Drittwiderklage gegen die Versicherung gem. § 20 StVG
Zulässigkeit der nachträglichen Parteierweiterung gem. § 263, 2. Alt. und § 260 ZPO analog i.V.m. §§ 59, 60 ZPO
Der Begriff »Parteiidentität« muss fallen.
§ 3 Nr. 2 PflVG ist zu erwähnen.

Beachte: § 33 ZPO begründet keinen örtlichen Gerichtsstand gegen den Drittwiderbeklagten. Für Ansprüche aus Verkehrsunfällen, bei denen der Versicherer und Halter als Drittwiderbeklagte einbezogen werden, ergibt sich für diese die Zuständigkeit aus § 20 StVG. Versicherung und Versicherungsnehmer sind nur einfache Streitgenossen.
Unzulässig sind Drittwiderklagen nur gegen einen Dritten oder von einem bislang nicht am Rechtsstreit beteiligten Dritten gegen den Kläger. Mindestens auch die Hauptpartei muss widerbeklagt sein. Auch eine Hilfswiderklage gegen einen Dritten ist unzulässig, weil dessen Prozessrechtsverhältnis nicht in der Schwebe gelassen werden darf.

E. Formulierungsvorschläge und Erläuterungen zu den relevantesten prozessualen Problemstellungen

Formulierungsvorschlag:

»*Die Klage ist zulässig ...*

Die Widerklage ist ebenfalls zulässig. Die örtliche Zuständigkeit des angerufenen Gerichts für die konnexe Widerklage folgt bezüglich des Klägers aus § 33 ZPO, bezüglich der Widerbeklagten zu 2) aus § 20 StVG.

Die besondere Zulässigkeitsvoraussetzung einer Widerklage, die sog. Konnexität, also ein innerer Sachzusammenhang zwischen Klage und Widerklage, liegt hier darin, dass beide Parteien Ansprüche aus demselben Verkehrsunfall herleiten.

Dem Beklagten ist es auch nicht verwehrt, die Haftpflichtversicherung des Klägers als weitere Widerbeklagte in den Prozess einzubeziehen. Der für Widerklagen geltende Grundsatz der Parteiidentität gilt bei Einbeziehung Dritter nur mit der Einschränkung, dass sich die Widerklage zumindest auch gegen den Kläger richten muss und die Voraussetzungen der nachträglichen Parteierweiterung gegeben sind. Das sind das Vorliegen einer zulässigen Streitgenossenschaft nach §§ 59, 60 ZPO zwischen dem Kläger und dem Dritten sowie entweder die Einwilligung des Dritten oder die Sachdienlichkeit analog § 263, 2. Alt ZPO. Dies ist hier der Fall, ...«

Wenn die Versicherung einwilligt, reicht der Hinweis auf § 263, 1. Alt. ZPO aus:

»*... denn die Haftpflichtversicherung des Klägers hat im Schriftsatz vom ... ausdrücklich eingewilligt.«*

Wenn die Versicherung nicht einwilligt oder sogar widerspricht, müssen Sie die Sachdienlichkeit gem. § 263, 2. Alt. ZPO wie üblich darlegen. Das kann dann wie folgt lauten:

»*Die Einbeziehung der Haftpflichtversicherung in den Rechtsstreit ist wegen Sachdienlichkeit i.S.v. § 263, 2. Alt. ZPO zulässig. Die Sachdienlichkeit ist objektiv nach der Prozesswirtschaftlichkeit zu beurteilen. Sie liegt vor, wenn der bereits gewonnene Prozessstoff eine verwertbare Entscheidungsgrundlage bleibt und ein weiterer Rechtsstreit vermieden wird. Dies ist der Fall, denn der Kläger und die Drittwiderbeklagte sind gem. § 3 Nr. 2 PflVG Gesamtschuldner und damit auch Streitgenossen i.S.v. §§ 59, 60 ZPO.«*

In jedem Fall lautet der abschließende Satz zu diesem Komplex:

»*Die Zulässigkeit der durch die Einbeziehung entstandenen nachträglichen subjektiven Klagenhäufung folgt aus § 260 ZPO analog.«*

e) Zwischenfeststellungswiderklage gem. § 256 II ZPO

459 **Fall:** Der Kläger macht aus einem Vertrag Ansprüche geltend und kündigt weitere Ansprüche an. Der Beklagte beantragt widerklagend festzustellen, dass kein Vertrag zustande gekommen sei.

Erörtern: Ggf. örtliche Zuständigkeit für die Widerklage gem. § 33 ZPO
Feststellungsinteresse gem. § 256 II ZPO

Beachte: Eine Zwischenfeststellungswiderklage ist zulässig, wenn das zu klärende Rechtsverhältnis vorgreiflich für die Hauptklage ist und in seiner Bedeutung über diese hinausgeht.

Formulierungsvorschlag:

»*Die Klage ist zulässig ...*

(Nach den Ausführungen zur Zulässigkeit und Begründetheit der Klage:)

Die vom Beklagten erhobene Widerklage ist ebenfalls zulässig. Das angerufene Gericht ist auch zur Entscheidung über die Widerklage örtlich zuständig. Dies folgt aus § 33 ZPO, der für konnexe Widerklagen den Gerichtsstand des Gerichts der Klage bestimmt. Konnexität liegt vor, wenn ...
(s.o.)

Nach § 256 II ZPO kann der Beklagte widerklagend die Feststellung eines im Laufe des Verfahrens streitig gewordenen Rechtsverhältnisses beantragen, von dessen Bestehen die Entscheidung des Rechtsstreits abhängt. Eine derartige Zwischenfeststellungswiderklage ist immer dann zulässig, wenn das Rechtsverhältnis, dessen Klärung der Beklagte begehrt, vorgreiflich für die Hauptklage ist und in seiner Bedeutung über deren Ergebnisse hinausgeht. Diese Voraussetzungen sind vorliegend gegeben. Das Bestehen eines Vertrages ist für die Klage von Bedeutung. Das Begehren des Beklagten, feststellen zu lassen, dass kein Vertrag zustandegekommen sei, geht über das des Klägers, der noch weitere Ansprüche aus dem streitigen Vertrag angekündigt hat, hinaus.«

f) Hilfswiderklage

Fall: Der Beklagte macht dieselbe Forderung, mit der er bereits hilfsweise die Aufrechnung erklärt hat, in demselben Rechtsstreit hilfsweise widerklagend geltend.

460

Erörtern: Ggf. örtliche Zuständigkeit für die Widerklage gem. § 33 ZPO
Keine Bedenken wegen des Bestimmtheitsgrundsatzes gem. § 253 II Nr. 2 ZPO
Keine anderweitige Rechtshängigkeit der Forderung durch die Hilfsaufrechnung gem. § 261 III Nr. 1 ZPO, da Aufrechnung keine Rechtshängigkeit begründet
Konnexität zwischen Widerklage und Verteidigungsvorbringen des Beklagten

Formulierungsvorschlag:

»Die Klage ist zulässig...

(Nach Abhandlung der Zulässigkeit und Begründetheit der Klage:)

Die vom Beklagten hilfsweise erhobene Widerklage ist ebenfalls zulässig und... § 33 ZPO regelt ... (s.o.)

Der Umstand, dass die Widerklage unter einer Bedingung erhoben worden ist, ist als Ausnahme von dem in § 253 II Nr. 2 ZPO niedergelegten Grundsatz der Bedingungsfeindlichkeit von Anträgen zulässig. Die Bedingung ist ein innerprozessuales Ereignis, da die Erfolglosigkeit der Klage und damit das Scheitern des Aufrechnungseinwandes allein von der Entscheidung des erkennenden Gerichts abhängt und keine Rechtsunsicherheit bewirkt, wie sie § 253 II Nr. 2 ZPO verhindern soll.

Die Tatsache, dass der Beklagte mit dem hilfsweise widerklagend erhobenen Anspruch gleichzeitig hilfsweise die Aufrechnung erklärt hat, steht der Erhebung der Widerklage auch nicht aus dem Gesichtspunkt der anderweitigen Rechtshängigkeit gem. § 261 III Nr. 1 ZPO entgegen. Durch die im Prozess erklärte hilfsweise Aufrechnung wird dieser Anspruch nämlich nicht rechtshängig.

Die für die Zulässigkeit erforderliche Konnexität folgt daraus, dass die mit der Hilfswiderklage geltend gemachte Forderung gleichzeitig hilfsweise zur Aufrechnung gestellt worden ist. Darin liegt der erforderliche innerlich zusammengehörige Lebenssachverhalt zwischen Klage und Widerklage.«

Exkurs: Hilfswiderklage und unbedingte Widerklage

461

Wenn die Gegenforderung höher ist als die Klageforderung, kann der Beklagte den die Klageforderung übersteigenden Betrag zusätzlich noch im Wege einer unbedingten Widerklage geltend machen.

In der Zulässigkeit schreiben Sie nach den vorstehenden Ausführungen lediglich noch einen Satz:

»Aus den vorstehenden Überlegungen folgt auch, dass auch die unbedingte Widerklage über den die Klageforderung übersteigenden Rest zulässig ist.«

Zur Besonderheiten bzgl. des Aufbaus des Tatbestands s. Rn. 34, zum Aufbau der Entscheidungsgründe s. Rn. 270.

E. Formulierungsvorschläge und Erläuterungen zu den relevantesten prozessualen Problemstellungen

g) Die petitorische Widerklage

462 Vorüberlegungen:

Die Entscheidungsgründe von Klagen mit sog. petitorischen Widerklagen haben einen besonderen Aufbau (s. Rn. 269). Zur vertiefenden Wiederholung: Petitorische Widerklagen sind Widerklagen, in denen der wegen verbotener Eigenmacht verklagte Beklagte die Feststellung begehrt, dass er Eigentümer der Sache ist und dass dem Beklagten kein Recht zum Besitz an der Sache zusteht. In diesen Fällen beginnen Sie nach dem Voranstellen des Ergebnisses und der Erläuterung der ungewöhnlichen Reihenfolge mit der Begründetheit der Widerklage, weil Sie bei dem »normalen« Aufbau die Begründetheit der Widerklage inzident im Rahmen der Begründetheit der Klage darlegen müssten. Eine – isoliert betrachtet – begründete, auf verbotenen Eigenmacht gem. § 861 II BGB gestützte Klage wird nämlich analog § 864 II BGB durch den Erfolg der Widerklage unbegründet.

> **Fall:** Der Beklagte hat dem Kläger eine Sache verkauft und geliefert. Wegen Zahlungsverzuges erklärt der Beklagte den Rücktritt und verlangt die Sache heraus. Der Kläger weigert sich. Der Beklagte nimmt die Sache dem Kläger gegen dessen Willen bei Nacht und Nebel weg. Der Kläger beruft sich auf § 861 I BGB und verlangt die Sache heraus. Er bestreitet den vom Beklagten behaupteten Eigentumsvorbehalt. Daraufhin beantragt der Beklagte widerklagend, sein Eigentum und das fehlende Besitzrecht des Klägers festzustellen.

Erörtern: Konnexität gem. § 33 ZPO
Ggf. sachliche und örtliche Zuständigkeit
Feststellungsinteresse gem. § 256 ZPO
§ 863 BGB steht der Zulässigkeit analog § 864 II BGB nicht entgegen.

Beachte: Die Entscheidungsgründe sind bei sog. petitorischen Widerklagen anders als bei normalen Widerklagen aufgebaut. Die Zulässigkeit und Begründetheit der petitorischen Widerklage sind vor der Begründetheit der Klage abzuhandeln, weil deren Schicksal grds. von dem Erfolg der Widerklage abhängt, was aus § 864 II BGB analog folgt.

Formulierungsvorschlag:

»Die zulässige Klage ist unbegründet, weil die Widerklage zulässig und begründet ist.

(Es folgen zunächst je nach Fallkonstellation die gebotenen Ausführungen zu Zulässigkeit der Klage, s. oben.)

Da Klage und Widerklage zur Entscheidung reif sind, folgt aus der Begründetheit der Widerklage die Unbegründetheit der Klage. Dies ergibt sich bei sog. petitorischen Widerklagen, mit denen der Beklagte sein Eigentumsrecht geltend macht, aus der analogen Anwendung von § 864 II BGB. Diese Vorschrift regelt, dass ein auf verbotene Eigenmacht gestützter Anspruch erlischt, wenn durch rechtskräftiges Urteil festgestellt wird, dass dem Täter ein Recht an der Sache zusteht, vermöge dessen er die Herstellung eines seiner Handlungsweise entsprechenden Besitzstandes verlangen kann.

Wenn sich aber – wie vorliegend – der Beklagte noch nicht auf ein rechtskräftiges Urteil berufen kann, seine entscheidungsreife Widerklage aber begründet ist, müsste der Kläger bei Erfolg von Klage und Widerklage, sobald er seinen titulierten Anspruch aus § 861 I BGB durchsetzen wollte, die Sache sofort wieder an den Beklagten herausgeben.

Da der Gesetzgeber dieses sinnlose Hin und Her durch § 864 II BGB ausschließen wollte, der vorliegende vergleichbare Fall aber von der Norm nicht erfasst wird, liegt erkennbar eine planwidrige Regelungslücke vor, die nur durch eine analoge Anwendung der Vorschrift sachgerecht geschlossen werden kann.

Die Widerklage ist zulässig. Die besondere Voraussetzung der Konnexität gem. § 33 ZPO liegt vor, weil der Streit der Parteien um Rechte an derselben Sache geht.

III. Die Formulierungsvorschläge im Einzelnen

Die sachliche Zuständigkeit des angerufenen Gerichts folgt aus..., die örtliche aus....

(Anm.: Wenn schon allgemeine Zuständigkeitsvorschriften wie §§ 12, 13 ZPO greifen, müssen Sie diese zitieren, andernfalls § 33 ZPO.)

Das gem. § 256 I ZPO für begründete Feststellungsklagen erforderliche rechtliche Interesse besteht, weil der Beklagte durch den Erfolg seiner Feststellungsklage den Klageanspruch zu Fall bringen kann.

Auch § 863 BGB steht der Zulässigkeit der Widerklage nicht entgegen. Der Sinn und Zweck dieser Vorschrift, dem Kläger eine möglichst zügige Durchsetzung seines auf verbotene Eigenmacht gestützten Anspruchs zu ermöglichen, wird grundsätzlich nicht durch eine petitorische Widerklage vereitelt. Ist diese entscheidungsreif, gebietet der Rechtsgedanke vom § 864 II BGB ihre Zulässigkeit, andernfalls ist dem Kläger mit einem klagezusprechenden Teilurteil geholfen.

Die Widerklage ist auch begründet. Der Kläger ist Eigentümer der Sache....

Im Anschluss an die Ausführungen zur Begründetheit der Widerklage folgt

- bei einer offensichtlich vorliegenden verbotenen Eigenmacht des Beklagten:

Die Klage ist unbegründet, weil der auf verbotene Eigenmacht gestützte Anspruch des Klägers – wie oben dargestellt – wegen des Erfolges der Widerklage in analoger Anwendung von § 864 II BGB erloschen ist.

- bei zweifelhafter oder streitiger verbotener Eigenmacht des Beklagten:

Es kann dahinstehen, ob der Kläger mit seinen Behauptungen zur verbotenen Eigenmacht des Beklagten Recht hat, seine Klage ist in jedem Fall unbegründet, weil sein auf verbotene Eigenmacht gestützter Anspruch – wie oben dargestellt – wegen des Erfolges der Widerklage in analoger Anwendung von § 864 II BGB erloschen ist.

Die prozessualen Nebenentscheidungen beruhen auf §§ ...«.

E. Formulierungsvorschläge und Erläuterungen zu den relevantesten prozessualen Problemstellungen

16. Verfahren nach Einspruch

a) gegen einen Vollstreckungsbescheid

463 Vorüberlegungen:

Im Ergebnis wird der Einspruch statthaft und rechtzeitig sein, damit Sie zur der materiellen Rechtslage kommen. Achten Sie darauf, dass ein rechtzeitiger Widerspruch analog § 694 II ZPO als Einspruch zu werten ist, wenn gleichwohl versehentlich ein Vollstreckungsbescheid ergangen ist.

> **Fall:** Der Kläger erwirkt einen Mahnbescheid, der Beklagte legt rechtzeitig Widerspruch ein. Durch Verzögerungen im Postlauf des Gerichts wird der Widerspruch aber verspätet vorgelegt. Es ist bereits ein Vollstreckungsbescheid ergangen.

Erörtern: Der Widerspruch ist analog § 694 II ZPO als rechtzeitiger Einspruch zu werten.

Beachte: Im Tenor muss ein Vollstreckungsbescheid wie ein Versäumnisurteil je nach Verfahrensausgang aufrechterhalten oder aufgehoben werden. Im Tatbestand müssen Sie den Teil der Prozessgeschichte, der den Vollstreckungsbescheid betrifft, mit Daten vor den Anträgen bringen, weil diese sonst unverständlich sind.

Formulierungsvorschlag:

»Der Widerspruch des Beklagten gegen den Mahnbescheid ist analog § 694 II ZPO als statthafter und rechtzeitiger Einspruch gegen den Vollstreckungsbescheid zu werten, der nicht mehr hätte erlassen werden dürfen, da der Widerspruch schon bei Gericht eingegangen war.

Die Klage ist zulässig und ...«

b) gegen ein Versäumnisurteil
aa) Rechtzeitiger Einspruch

464 **Fall:** Der Beklagte hat sich innerhalb der ihm nach § 276 ZPO gesetzten Frist nicht gemeldet. Gegen das daraufhin ergangene Versäumnisurteil hat er eine Woche nach Zustellung form- und fristgerecht Einspruch eingelegt.

Erörtern: Der Einspruch ist zulässig. Er ist gem. § 338 ZPO statthaft, in der Frist des § 339 ZPO eingelegt und § 340 II ZPO beachtet worden.

Beachte: Sie sollten in Klausuren bei Einsprüchen gegen Versäumnisurteile grds. von deren Zulässigkeit ausgehen. Denken Sie daran, dass bei einem gem. §§ 276, 331 III ZPO im schriftlichen Vorverfahren ergangenen Versäumnisurteil die zweiwöchige Einspruchsfrist gem. § 310 III ZPO erst ab der zeitlich späteren Zustellung zu laufen beginnt. Das bedeutet, dass, wenn der Einspruch unter Berücksichtigung des Datums der Zustellung an den Beklagten schon abgelaufen ist, die Rechtzeitigkeit sich daraus ergibt, dass das Versäumnisurteil dem Kläger erst einen Tag später zugestellt worden ist.
Im Tenor muss ein Versäumnisurteil je nach Verfahrensausgang ganz oder teilweise aufrechterhalten oder aufgehoben werden (s. Rn. 167). In den letzteren beiden Fällen dürfen Sie nicht vergessen, die Klage ganz oder im Übrigen abzuweisen. Bei der Kostenentscheidung ist im Fall einer Klageabweisung zu bedenken, dem Beklagten die durch seine Säumnis entstandenen Kosten aufzuerlegen, wenn das Versäumnisurteil in gesetzlicher Weise ergangen ist.
Bzgl. der weiteren Besonderheiten der Kostenentscheidung s. Rn. 177, bzgl. der vorläufigen Vollstreckbarkeit Rn. 226 f. Im Tatbestand ist der Teil der Prozessgeschichte, der das Versäumnisurteil betrifft, mit allen erforderlichen Daten und dem Hauptsachetenor vor den Anträgen darzustellen, weil diese sonst unverständlich sind (s. Rn. 67, 72).

III. Die Formulierungsvorschläge im Einzelnen

Formulierungsvorschlag:

»Der zulässige Einspruch des Beklagten gegen das Versäumnisurteil vom ... hat Erfolg / hat keinen Erfolg. Er ist statthaft, denn das Urteil ist ein sog. echtes Versäumnisurteil, das aufgrund der entgegen § 276 I 1 und II ZPO nicht rechtzeitig eingegangenen Verteidigungsanzeige des Beklagten gem. § 331 III ZPO ergangen ist. Durch Einreichung des Einspruchs am ... hat der Beklagte auch die gem. § 339 ZPO zu wahrende zweiwöchige Einspruchsfrist eingehalten. Das angerufene Gericht ist nach § 340 I ZPO zuständig, da es das Versäumnisurteil erlassen hat. Ferner ist auch § 340 II ZPO durch die Bezeichnung des Versäumnisurteils und die Erklärung, dass Einspruch eingelegt werde, gewahrt. Der statthafte und zulässige Einspruch hat den Prozess gem. § 342 ZPO in die Lage zurückversetzt, in der er vor der Säumnis des Beklagten war.« (Jetzt geht es »normal« mit der Zulässigkeit der Klage weiter.)

bb) Verspäteter Einspruch mit Wiedereinsetzung in den vorigen Stand

Fall: Der Einspruch des Beklagten ist verspätet. Er hatte aber rechtzeitig seinen Prozessbevollmächtigten mit der Einlegung des Einspruchs beauftragt, dessen Personal hat die Frist versäumt. So lautet jedenfalls die eidesstattliche Versicherung der Auszubildenden.

465

Erörtern: Der Einspruch ist zulässig. Er ist gem. § 338 ZPO statthaft, in der Frist des § 339 ZPO eingelegt und § 340 II ZPO beachtet worden.
Zulässigkeit der Wiedereinsetzung gem. § 233 ZPO
Keine Zurechnung des Verschuldens der Anwaltsgehilfen, § 85 II ZPO

Beachte: Sie sollten in Klausuren bei Einsprüchen gegen Versäumnisurteile grundsätzlich von deren Zulässigkeit ausgehen.
Bezüglich der Fristen ist auf § 222 I ZPO, § 187 I BGB und § 188 II BGB zu achten. Im Tenor muss ein Versäumnisurteil je nach Verfahrensausgang ganz oder teilweise aufrechterhalten oder aufgehoben werden (s. Rn. 167). In den letzteren beiden Fällen dürfen Sie nicht vergessen, die Klage ganz oder im Übrigen abzuweisen. Bei der Kostenentscheidung ist im Fall einer Klageabweisung zu bedenken, dem Beklagten die durch seine Säumnis entstandenen Kosten aufzuerlegen. Wegen der weiteren Besonderheiten bzgl. der Kostenentscheidung s. Rn. 177, bzgl. der vorläufigen Vollstreckbarkeit Rn. 226 f.
Im Tatbestand muss der Teil der Prozessgeschichte, der das Versäumnisurteil betrifft, mit allen erforderlichen Daten und dem Hauptsachetenor vor den Anträgen dargestellt werden, weil diese sonst unverständlich sind (s. Rn. 67, 72).

Formulierungsvorschlag:

»Der zulässige Einspruch des Beklagten gegen das Versäumnisurteil vom ... hat Erfolg / hat keinen Erfolg. Der Einspruch des Beklagten gegen das Versäumnisurteil vom ... ist statthaft. Das Urteil ist ein sog. echtes Versäumnisurteil, das gem. § 331 III ZPO ergangen ist, weil der Beklagte entgegen der ihm gem. § 276 I 1, II ZPO gesetzten Frist nicht rechtzeitig angezeigt hat, dass er sich gegen die Klage verteidigen will.

Der Beklagte hat den Einspruch zwar nicht in der gem. § 339 I ZPO vorgeschriebenen zweiwöchigen Frist nach Zustellung des Versäumnisurteils eingelegt, ihm war aber gem. § 233 ZPO Wiedereinsetzung in den vorigen Stand zu gewähren.

Nach dieser Vorschrift ist einer Partei, die ohne ihr Verschulden eine Notfrist versäumt, auf Antrag Wiedereinsetzung in den vorigen Stand zu gewähren. Diese Voraussetzungen sind erfüllt. Bei der Einspruchsfrist gegen ein Versäumnisurteil handelt es sich gem. § 339 I ZPO um eine Notfrist. Diese hat der Beklagte auch ohne Verschulden versäumt, da er zuvor eine den Umständen entsprechende angemessene Sorgfalt gewahrt hat. Er hat seinen Prozessbevollmächtigten rechtzeitig mit der Einlegung des Einspruchs beauftragt. Der Umstand, dass eine der Angestellten des Prozessbevollmächtigten des Beklagten die Frist fahrlässig versäumt hat, ist gem. § 85 II ZPO dem Beklagten nicht zuzurechnen.

E. Formulierungsvorschläge und Erläuterungen zu den relevantesten prozessualen Problemstellungen

Nach dieser Vorschrift steht nur ein Verschulden des Bevollmächtigten dem Verschulden der Partei gleich. Der Prozessbevollmächtigte des Beklagten hat aber keine eigene Sorgfaltspflicht verletzt und ihm ist auch kein Organisationsverschulden vorzuwerfen. Da der Zivilprozessordnung eine Zurechnung für das Verschulden von Erfüllungsgehilfen, wie sie in § 278 BGB geregelt ist, fremd ist, muss sich weder der Prozessbevollmächtigte des Beklagten noch der Beklagte selbst das Verschulden der Angestellten zurechnen lassen. Diese hat nämlich durch eidesstattliche Versicherung glaubhaft dargelegt, dass sie rechtzeitig beauftragt war, Einspruch einzulegen und dies aufgrund eines in ihrer Person liegenden Umstandes fahrlässig versäumt hat.

Der statthafte und zulässige Einspruch hat den Prozess gem. § 342 ZPO in die Lage zurückversetzt, in der er vor der Säumnis des Beklagten war.

Der Einspruch hat auch in der Sache Erfolg / hat aber in der Sache keinen Erfolg...«

(Weiter geht es mit der Zulässigkeit und Begründetheit der Klage.)

466 17. Das unechte Versäumnisurteil

Wenn nach dem Sachverhalt Ihrer Examensklausur der Beklagte nicht zum Termin erschienen ist, ist es kaum zu erwarten, dass Sie ein sog »echtes« Versäumnisurteil gem. § 331 II, 1. Hs. ZPO verfassen sollen, das gem. § 313 b ZPO nur aus Rubrum und Tenor besteht. Deshalb liegt es nahe, dass ein sog. »unechtes« Versäumnisurteil gem. § 331 II, 2. Hs. ZPO (dazu unten unter a) oder die Kombination von einem »echten« und einem »unechten« Teilversäumnisurteil (siehe unten unter b) die richtige Lösung ist. Eine weitere realistische Examenskonstellation ist ein Rechtsstreit mit Klage und Widerklage sowie Säumnis des Klägers (siehe unter c).

a) Das unechte Versäumnisurteil im Einzelnen

Wenn die Klageforderung nicht schlüssig ist, muss gem. § 331 II, 2. Hs. ZPO auch bei Säumnis des Beklagten ein »unechtes« Versäumnisurteil, d.h. ein klageabweisendes Urteil gegen den erschienenen Kläger ergehen. Die Überschrift im Rubrum lautet wie im Normalfall »Urteil«. Dieses Urteil unterscheidet sich nur im Tatbestand von einem streitigen Urteil. Da bei Säumnis des Beklagten gem. § 331 I 1 ZPO das tatsächliche Vorbringen des Klägers als zugestanden gilt, besteht der Tatbestand eines »unechten« Versäumnisurteils lediglich aus dem Sachvortrag des Klägers, der als unstreitig dargestellt wird, und aus der Prozessgeschichte. Den Inhalt der ggf. erfolgten Klageerwiderung des Beklagten geben Sie nicht wieder. Der Tatbestand eines »unechten« Versäumnisurteils lautet also:

- Einleitungssatz
- Unstreitiges (= Klägervortrag)
- Daten
  - der Klagezustellung
  - der dem Beklagten gem. § 276 ZPO gesetzten Fristen zur Verteidigungsanzeige und Klageerwiderung
  - des Eingang der Verteidigungsanzeige und ggf. der Klageerwiderung
  - der Ladung zum Termin
- Feststellung des Ausbleibens des Beklagten
- Antrag des Klägers (Sachantrag und Antrag auf Erlass eines Versäumnisurteils)

Die Entscheidungsgründe beginnen Sie wie folgt:

Formulierungsvorschlag:

»*Die zulässige Klage ist unbegründet.*

Trotz der Säumnis des Beklagten war nicht zu dessen Lasten im Wege eines Versäumnisurteils zu entscheiden. Die Klage ist vielmehr gem. § 331 II, 2. Hs. ZPO abzuweisen, weil das tatsächliche Vorbringen des Klägers den Klageantrag nicht rechtfertigt.

(Nach ev. Ausführungen zur Zulässigkeit schreiben Sie:)

III. Die Formulierungsvorschläge im Einzelnen

Die Klage ist nicht schlüssig. Der Vortrag des Klägers erfüllt nicht die Voraussetzungen der für den geltend gemachten Anspruch in Betracht kommenden Anspruchsgrundlagen ...

(Am Ende bedarf es einer Bemerkung dazu, dass ein richterlicher Hinweis gem. § 139 ZPO auf die fehlende Schlüssigkeit nicht erforderlich war. Grund dafür wird i.d.R. sein, dass der Kläger schlichtweg Unrecht hat und nicht mehr vortragen konnte. Es könnte also z.B. wie folgt lauten:)

Ein richterlicher Hinweis gem. § 139 ZPO auf die fehlende Schlüssigkeit war nicht erforderlich, weil der Kläger bereits durch den Klageerwiderungsschriftsatz auf diesen Umstand hingewiesen worden ist und er auch nach einem richterlichen Hinweis auf die fehlende Schlüssigkeit nicht mehr hätte vortragen können.«

Es folgen die Normen zur Kostenentscheidung und zur vorläufigen Vollstreckbarkeit.

b) Die Kombination von echtem und unechtem Teilversäumnisurteil

Eine weitere Besonderheit bei Säumnis des Beklagten kann sich ergeben,

- wenn der Kläger mehrere Anträge kumulativ stellt, von denen nicht alle schlüssig begründet sind, oder
- wenn der Kläger einen Haupt- und einen Hilfsantrag stellt und der Hauptantrag unschlüssig, der Hilfsantrag hingegen schlüssig begründet ist.

Bei einem zum Teil schlüssig begründeten Antrag oder bei kumulativer Klagenhäufung mit schlüssig und unschlüssig begründeten Anträgen müssen Sie den schlüssigen Teil der Klage durch »echtes« Teilversäumnisurteil zusprechen und den unschlüssigen Teil durch »unechtes« Teilversäumnisurteil abweisen.

Bei eventueller Klagenhäufung mit unschlüssig begründetem Hauptantrag und schlüssig begründetem Hilfsantrag müssen Sie den Hauptantrag durch »unechtes« Teilversäumnisurteil abweisen und hinsichtlich des Hilfsantrages durch »echtes« Teilversäumnisurteil der Klage stattgeben.

Der Aufbau der Entscheidungsgründe ist unterschiedlich. Bei einer teilweise erfolgreichen Klage mit einem Antrag oder bei kumulativen Klagenhäufungen müssen Sie zunächst den zuerkannten Teil der Klage und dann erst die Teilabweisung darlegen (s. Rn. 251 f.), bei eventuellen Klagenhäufungen hingegen zunächst den Misserfolg des Hauptantrages und dann erst den Erfolg des Hilfsantrages (s. Rn. 253 ff.).

Diese Urteile tragen die Überschrift: *Teilversäumnis- und Endurteil.* Der Tatbestand entspricht dem obigen Schema. Die Entscheidungsgründe beginnen Sie wie folgt:

Formulierungsvorschlag bei kumulativer Klagenhäufung mit einem schlüssig begründeten und einem nicht schlüssig begründeten Antrag:

»Die zulässige Klage ist hinsichtlich des Antrags zu 1) begründet, im Übrigen ist sie unbegründet.

Dem schlüssig begründeten Antrag zu 1) war gem. § 331 I 1 und II, 1. Hs. ZPO durch Teilversäumnisurteil stattzugeben, weil der Beklagte trotz ordnungsgemäßer Ladung nicht zum Termin erschienen ist. Dem Klageantrag zu 2) war hingegen nicht stattzugeben. Die Klage war insoweit gem. § 331 II, 2. Hs. ZPO durch ein sog. unechtes Versäumnisurteil abzuweisen, weil das tatsächliche Vorbringen des Klägers diesen Klageantrag nicht rechtfertigt.«

(Nach ev. Ausführungen zur Zulässigkeit schreiben Sie:)

»Die Klage ist bzgl. des Antrags zu 2) nicht schlüssig. Der Vortrag des Klägers erfüllt nicht die Voraussetzungen der für den geltend gemachten Anspruch in Betracht kommenden Anspruchsgrundlagen ...«

Es folgen die Darlegungen zum Scheitern des Antrags aus allen in Betracht kommenden Anspruchsgrundlagen wie bei einem klageabweisenden Urteil (s. Rn. 251 ff.) sowie der Feststellung, dass es eines richterlichen Hinweises gem. § 139 ZPO nicht bedurfte (s.o.).

Sie beenden die Entscheidungsgründe mit der Angabe der Normen, auf denen Ihre Kostenentscheidung und vorläufigen Vollstreckbarkeit beruhen.

E. Formulierungsvorschläge und Erläuterungen zu den relevantesten prozessualen Problemstellungen

Formulierungsvorschlag bei eventueller Klagenhäufung mit einem unschlüssig begründeten Haupt- und einem schlüssig begründeten Hilfsantrag:

»*Die zulässige Klage ist hinsichtlich des Hauptantrages unbegründet. Dem Hilfsantrag war durch Teilversäumnisurteil stattzugeben.*

Trotz der Säumnis des Beklagten war dem Hauptantrag nicht durch ein Versäumnisurteil stattzugeben. Die Klage ist insoweit gem. § 331 II, 2. Hs. ZPO durch ein sog. unechtes Versäumnisurteil abzuweisen, weil das tatsächliche Vorbringen des Klägers den Klageantrag nicht rechtfertigt.«

(Nach ev. Ausführungen zur Zulässigkeit schreiben Sie:)

»*Die Klage ist bzgl. des Hauptantrages nicht schlüssig. Der Vortrag des Klägers erfüllt nicht die Voraussetzungen der für den geltend gemachten Anspruch in Betracht kommenden Anspruchsgrundlagen ...*«

Es folgen die Darlegungen zum Scheitern des Hauptantrages aus allen in Betracht kommenden Anspruchsgrundlagen wie bei einem klageabweisenden Urteil (s. Rn. 251 ff.). Am Ende dieser Ausführungen erwähnen Sie die hier nicht bestehende richterliche Hinweispflicht (s.o.). Zum Hilfsantrag schreiben Sie abschließend nur noch den folgenden Satz:

»*Aufgrund des zum Hilfsantrag schlüssigen Vortrags des Klägers, der gem. § 331 I 1 ZPO als zugestanden gilt, war der Beklagte insoweit gem. § 331 II, 1. Hs. ZPO durch Teilversäumnisurteil antragsgemäß zu verurteilen.*«

Es folgen die Normen zur Kostenentscheidung und zur vorläufigen Vollstreckbarkeit.

Achten Sie bei der vorläufigen Vollstreckbarkeit darauf, das Urteil für den Kläger ohne Einschränkungen für vorläufig vollstreckbar zu erklären, was aus § 708 Nr. 2 ZPO folgt. Die vorläufige Vollstreckbarkeit für den Beklagten, der ja nur einen Teil seiner Kosten vollstrecken kann, folgt bei einem Betrag bis zu 1.500,00 € aus §§ 708 Nr. 11, 711 ZPO, bei darüber hinaus gehenden Beträgen aus § 709 ZPO (siehe Rn. 226 a.E.).

c) Die Kombination von echtem und unechtem Teilversäumnisurteil bei einer Widerklage

Wenn der Beklagte Widerklage erhoben hat und der ordnungsgemäß geladene Kläger im Termin nicht erscheint, ist die Klage auf Antrag des Beklagten gem. § 330 ZPO durch echtes Versäumnisurteil abzuweisen. Hinsichtlich der Widerklage bieten sich Ihnen die gleichen Möglichkeiten wie oben unter a) und b) dargestellt. Ein Versäumnisurteil bzgl. des mit der Widerklage geltend gemachten Anspruchs zu Lasten des nicht erschienenen Klägers ist im Examen mehr als unwahrscheinlich. Was wieder bleibt ist ein unechtes Versäumnisurteil zu Lasten des Beklagten oder eine Kombination aus echtem und unechtem Versäumnisurteil bei Teilerfolg der Widerklage. Und vergessen Sie auch hier nicht zu erwähnen, dass ein richterlicher Hinweis gem. § 139 ZPO auf die völlige oder teilweise Unschlüssigkeit der Widerklage wegen der Gegebenheiten des Falles nicht erforderlich ist (s.o.).

Da die Klage bei Säumnis des Klägers abgewiesen werden muss, ist eine Darstellung seines Vortrags im Tatbestand entbehrlich. Es reicht i.d.R. ein Satz zum Verständnis seines Anliegens. Die Tatsachen, die die Konnexität begründen, dürften sich aus dem Vortrag des Beklagten ergeben. Hier ein Beispiel:

»*Tatbestand:*

Der Kläger begehrt vom Beklagten Schadensersatz wegen eines Verkehrunfalls. Mit der Widerklage verfolgt der Beklagte Ansprüche aus demselben Verkehrsunfall.«

Weiter geht es wie folgt:

- Beklagtenvorbringen zur Widerklage als unstreitig darstellen.
- Datum der Ladung des Klägers zum Termin
- Feststellung des Ausbleibens des Klägers
- Anträge des Beklagten
  - Sachantrag zur Widerklage
  - Antrag auf Erlass eines Versäumnisurteils hinsichtlich der Klage

III. Die Formulierungsvorschläge im Einzelnen

In den Entscheidungsgründen beginnen Sie mit dem Versäumnisurteil bzgl. der Klage und kommen dann zur Zulässigkeit und anschließend zur vollen oder teilweisen Unbegründetheit der Widerklage. Der weitere Aufbau der Entscheidungsgründe hängt wie oben unter b) dargestellt von den Widerklageanträgen ab. Bei einer teilweise erfolgreichen Widerklage mit einem Antrag oder bei einer kumulativen Klagenhäufung müssen Sie zunächst den zuerkannten Teil der Widerklage im Wege eines Teilversäumnisurteils knapp darlegen und dann erst die Teilabweisung im Übrigen begründen. Bei eventuellen Klagenhäufungen hingegen müssen Sie zunächst den Misserfolg des Hauptantrages begründen und dann den Erfolg des Hilfsantrages ansprechen.

Formulierungsbeispiele:

- **Bei unschlüssiger Widerklage**
»*Trotz der Säumnis des Klägers war dem Widerklageantrag nicht durch ein Versäumnisurteil stattzugeben. Die Widerklage ist vielmehr gem. § 331 II, 2. Hs. ZPO durch ein sog. unechtes Versäumnisurteil abzuweisen, weil das tatsächliche Vorbringen des Beklagten den Widerklageantrag nicht rechtfertigt. Dem Beklagten steht der geltend gemachte Anspruch nicht zu. Er folgt weder aus..., noch aus...*«

Es folgen die üblichen Ausführungen zur Zulässigkeit einer Widerklage (s. Rn. 453 ff.). Dann normal weiter wie bei klageabweisenden Urteilen (S. Rn. 251 ff.).

- **Bei teilweise unschlüssiger Widerklage**
»*Die Klage war gem. § 330 ZPO auf Antrag des Beklagten wegen der Säumnis des Klägers abzuweisen. Die Widerklage ist zulässig, aber nur zum Teil begründet.*

Trotz der Säumnis des Klägers war dem Widerklageantrag nicht vollständig durch ein Versäumnisurteil stattzugeben. Der Anspruch des Beklagten ist lediglich hinsichtlich des Antrags zu 1) (oder i.H.v. ...) gem. § 331 II, 1. Hs. ZPO stattzugeben, weil die Widerklage nur insoweit schlüssig begründet ist. Im Übrigen ist die Widerklage gem. § 331 II, 2. Hs. ZPO durch ein sog. unechtes Versäumnisurteil abzuweisen, weil das tatsächliche Vorbringen des Beklagten den Widerklageantrag nicht rechtfertigt. Dem Beklagten steht der über den zuerkannten Teil hinaus geltend gemachte Anspruch nicht zu. Er folgt weder aus..., noch aus...«

- Bei Widerklage mit unschlüssig begründetem Haupt- und schlüssig begründetem Hilfsantrag
»*Die Klage war gem. § 330 ZPO auf Antrag des Beklagten wegen der Säumnis des Klägers abzuweisen. Dem mit der Widerklage geltend gemachten Hauptantrag war gleichwohl nicht durch ein Versäumnisurteil stattzugeben. Insoweit war die Widerklage gem. § 331 II, 2. Hs. ZPO durch ein sog. unechtes Versäumnisurteil abzuweisen, weil das tatsächliche Vorbringen des Beklagten den Hauptantrag nicht rechtfertigt. Dem Beklagten steht der primär geltend gemachte Anspruch nicht zu. Er folgt weder aus..., noch aus...*«

Dem schlüssig begründeten Hilfsanspruch des Beklagten war gem. § 331 II, 1. Hs. ZPO aufgrund der Säumnis des Klägers durch ein Teilversäumnisurteil stattzugeben.

Wenn der Beklagte Widerklage erhoben hat und er selbst trotz ordnungsgemäßer Ladung im Termin nicht erscheint, ist die Widerklage auf Antrag des Klägers gem. § 330 ZPO durch echtes Versäumnisurteil abzuweisen. Hinsichtlich der Entscheidung über die Klage bieten sich Ihnen die gleichen Möglichkeiten wie oben unter a) und b) dargestellt.

18. Exkurs: Die Fristen in der ZPO

1. Fristenarten

    a) **Ausschlussfristen:** z.B. §§ 234 III, 320 II 3, 517, 2. Hs. ZPO

        Es sind starre Fristen, die weder abgekürzt noch verlängert werden können.

    b) **Gesetzliche Fristen:** Die Dauer legt das Gesetz fest (z.B. §§ 217, 274 III ZPO).

    c) **Richterliche Fristen:** Das Gericht bestimmt die Frist (z.B. § 276 I 2, III ZPO).

d) Notfristen (§ 224 I 2 ZPO): Notfristen sind Fristen, die das Gesetz als solche bezeichnet.

Sie sind starr: Man kann sie weder abkürzen noch verlängern (vgl. § 224 ZPO).

e) Gewöhnliche (einfache) Fristen: Das sind alle Fristen, die weder Not- noch Ausschlussfristen sind.

- Abkürzung durch Parteivereinbarung möglich (§ 224 I 1 ZPO)
- Abkürzung und Verlängerung durch das Gericht nur auf Antrag (§ 224 II ZPO)
- Abkürzung gesetzlicher Fristen nur, wenn das Gesetz es erlaubt (z.B. §§ 224 II, 2. Hs., 226 I ZPO)
- Verfahren der Friständerung: §§ 225, 226 ZPO

f) Anstelle der Gerichtsferien: § 227 III 1 ZPO

2. Fristbeginn

a) Fristauslösendes Ereignis

- Die **gesetzliche Frist** beginnt mit dem Ergebnis, das im **Gesetz** genannt wird. (Zustellung: §§ 339 I, 2. Hs., 517, 2. Hs., 569 I 2 ZPO oder Verkündung: §§ 320 II 3, 548, 2. Hs. ZPO)

- Der Lauf einer **richterlichen Frist** beginnt nach § 221 ZPO

    - an dem in der richterlichen Anordnung festgesetzten Zeitpunkt (selten),
    - mit der **Verkündung** der Entscheidung gem. § 329 I 1 ZPO,
    - bei Nichtverkündung mit der gem. § 329 II 2 ZPO notwendigen **Zustellung.**

    Beachte: Im Regelfall, also beim Fehlen einer richterlichen Bestimmung des Fristbeginns, sind für den Anfang der Frist Zustellung oder Verkündung maßgeblich.

b) Wirksamkeit der Fristauslösung (Ordnungsgemäße Zustellung beachten!)

3. Fristdauer (z.B. zwei Wochen gem. §§ 276 I 1 oder 339 I, 1. Hs. ZPO, ein Monat gem. § 517 ZPO)

4. Fristberechnung

a) Berechnet wird die Frist nach § 222 I ZPO i.V.m. §§ 187–192 BGB.

Zu unterscheiden ist, ob die nach Zeitabschnitten (Tage, Wochen, Monate) bemessene Frist

- mit einem **bestimmten Ereignis** oder
- mit einem **bestimmen Tag** (= Tagesbeginn) anfangen soll.

Beginnt die Frist mit einem **Ereignis während des Tages** (z.B. Zustellung, Verkündung), so wird der angebrochene Tag **nicht mitgerechnet** (§ 187 I BGB). Das ist die Regel.

Beginnt die Frist mit dem **Tagesanfang** (z.B. § 234 II ZPO), so wird der **Anfangstag mitgerechnet** (§ 187 II BGB). Grund: Dieser Tag steht ja voll zur Fristwahrung zur Verfügung!

Den Fristablauf regelt § 188 BGB, insbesondere § 188 II BGB.

b) Stundenfristen (z.B. § 604 II ZPO)

Die Frist beginnt (soweit bei richterlichen Fristen nichts anderes festgelegt ist) mit Zustellung bzw. Verkündung und endet mit Ablauf der bestimmten Stundenzahl.

- Die angebrochene Stunde wird analog § 187 I BGB nicht mitgerechnet.
- In Stundenfristen werden nach § 222 III ZPO Samstage, Sonn- und Feiertage nicht eingerechnet.

III. Die Formulierungsvorschläge im Einzelnen

c) **Tages- und Wochenfristen (z.B. §§ 217, 132 I, 339 I, 569 I ZPO)**

- Die **Fristberechnung** erfolgt im praktisch wichtigsten Fall des Fristbeginns durch **Zustellung** oder **Verkündung** (§ 187 I BGB) durch **Addition** der Zahl der Tage (die Woche umgerechnet zu sieben Tagen) zum Zustellungs-/ Verkündungstag (§ 188 I, II, 1. Alt. BGB),
  - z.B. Zustellung 3.5., Fristdauer: zwei Wochen, Fristende: 3 + 14 = 17.5. (24:00 Uhr);
  - geht die Frist über das Monatsende, so ist von der Summe die Zahl der Tage des betreffenden Monats abzuziehen, z.B. Zustellung 20.5., Frist: zwei Wochen, Fristende: 20 + 14 = 34–31 = 3.6. (24:00 Uhr).

- Ist für den Anfang der Frist der **Beginn eines Tages** maßgebend (§ 187 II BGB), so wird dieser Tag mitgerechnet (§ 188 II 2. Alt. BGB), z.B. richterliche Frist, Fristdauer: 2 Wochen, Fristbeginn festgesetzt auf 2.5., Fristende: 15.5.

d) **Monatsfristen (z.B. §§ 517, 548 ZPO)**

- Die Monatsfrist endet grds. mit dem Ablauf des Tages, der seiner **Zahl** nach dem Zustellungs- oder Verkündungstag entspricht (§§ 187 I, 188 II, 1. Alt. BGB), z.B. Zustellung 2.6., Fristende: 2.7. Bei Zustellung am 29. / 30. / 31.01. ist Fristende der 28.02., im Schaltjahr der 29.02. (§ 188 III BGB).

- Ist für den Anfang der **Beginn eines Tages** maßgebend (§ 187 II 1 BGB), so endet die Frist mit Ablauf des Tages des letzten Monats, der dem Tage **vorhergeht,** der seiner Zahl nach dem Anfangstag der Frist entspricht (§ 188 II 2. Alt. BGB), z.B. richterliche Frist von zwei Monaten + Bestimmung, dass sie mit Beginn des 27.5. anfangen soll: Fristende: 26.7.

e) Das so errechnete Fristende ist wegen **§ 222 II ZPO** stets mit Hilfe eines Kalenders daraufhin zu prüfen, ob es nicht auf einen Samstag, Sonntag oder allgemeinen Feiertag fällt. Dann läuft die Frist nämlich erst am nächsten Werktag ab.

5. **Bei Fristversäumung Möglichkeit der Wiedereinsetzung in den vorigen Stand, §§ 233 ff. ZPO**   468

   a) **Zulässigkeit des Wiedereinsetzungsgesuchs:**

   - **Statthaftigkeit**

     Versäumung einer der in § 233 ZPO genannten Fristen (u.a. Notfristen, Frist zur Begründung der Berufung, Revision, Nichtzulassungsbeschwerde, Rechtsbeschwerde und der Wiedereinsetzungsfrist nach § 234 ZPO)

   - **Zuständigkeit**

     Gem. § 237 ZPO ist das Gericht zuständig, dem die Entscheidung über die nachgeholte Prozesshandlung zusteht.

   - **Form**
     - § 236 I ZPO (gleiche Form wie die versäumte Prozesshandlung)
       § 236 II ZPO (Angabe und Glaubhaftmachung des Verhinderungsgrundes)

   - **Frist:** § 234 ZPO (zwei Wochen nach Behebung des Hindernisses; Ausschlussfrist ein Jahr)

   b) **Begründetheit des Wiedereinsetzungsgesuchs:**

   - Überzeugender Verhinderungsgrund
   - Ursächlichkeit des Verhinderungsgrundes für die Fristversäumung
   - Kein Verschulden (§ 85 II ZPO bedenken! Das Verschulden des Prozessbevollmächtigten wird der Partei zugerechnet, nicht aber das Verschulden eines Büroangestellten des Prozessbevollmächtigten, vgl. Rn. 464.)

E. Formulierungsvorschläge und Erläuterungen zu den relevantesten prozessualen Problemstellungen

469 Im Zusammenhang mit der Versäumung einer Frist gem. § 276 ZPO gibt es eine Konstellation, bei der eine scheinbare Wiedereinsetzungsproblematik eingebaut wird, um Kandidaten zu verwirren.

> **Fall:** Dem Beklagten ist eine Frist nach § 276 ZPO zur Anzeige der Verteidigungsabsicht und Klageerwiderung gesetzt worden. Nach Ablauf der Frist zur Verteidigungsanzeige reicht er innerhalb der Klageerwiderungsfrist vor Erlass eines Versäumnisurteils die Klageerwiderung ein. Zu seiner Fristversäumung trägt er vor, er sei im Urlaub gewesen und habe eine Nachbarin gebeten, sich um die Post zu kümmern. Die Nachbarin habe vergessen, ihm die Klage rechtzeitig auszuhändigen. Sie sei eine zuverlässige Person, die häufiger nach seiner Post sehe und der so etwas noch nie passiert sei.
> Der Beklagte beantragt Wiedereinsetzung unter Vorlage einer eidesstattlichen Versicherung seiner Nachbarin. Ein Versäumnisurteil ist noch nicht ergangen.

Auf den ersten Blick schreit alles nach § 233 ZPO. Aber wer hier Wiedereinsetzung gewährt, ist auf dem Holzweg.

Die Problematik, inwieweit sich die Säumnis auf den Erlass eines nach § 331 III ZPO beantragten Versäumnisurteils im schriftlichen Vorverfahren auswirkt, wird nur im Rahmen der Rechtsanwaltsklausur auftauchen. Dazu hier nur kurz:

Aus § 331 III 1, 2. Hs. ZPO folgt, dass ein Versäumnisurteil im schriftlichen Verfahren nicht mehr erlassen werden darf, wenn die Verteidigungsanzeige bei Gericht eingeht, bevor das unterschriebene Versäumnisurteil der Geschäftsstelle übergeben worden ist. Das Vorverfahren geht also normal weiter, ohne dass eine Wiedereinsetzung erforderlich ist.

Für Ihre zivilrechtliche Urteilsklausur kann die Säumnis einer der Fristen des § 276 ZPO allerdings Einfluss auf eine mögliche Präklusion gem. § 296 ZPO haben. Beachten Sie, dass die Zurückweisung nach § 296 I ZPO bei Vorliegen der Voraussetzungen zwingend ist, also nicht von einem Antrag des Klägers abhängt. Dabei müssen Sie zwei Fallgestaltungen unterscheiden:

In § 276 I 1 ZPO ist die Frist zur Anzeige der Verteidigungsbereitschaft und in § 276 I 2 ZPO die Klageerwiderungsfrist geregelt. Wenn der Beklagte nur die Frist zur Verteidigungsanzeige versäumt, er aber die ihm mit der Zustellung der Klage ebenfalls gesetzte Frist zur Klageerwiderung einhält (so der obige Fall), taucht keine Präklusionsproblematik auf, weil § 296 ZPO nur Fälle der Versäumung der Klageerwiderungsfrist erfasst. Sofern noch kein Versäumnisurteil ergangen ist, hat die Säumnis des Beklagten keine Konsequenzen. In diesem Fall schreiben Sie in der Klausur, bevor Sie auf das Verteidigungsvorbringen des Beklagten eingehen:

470 Formulierungsvorschlag:

»... Der Umstand, dass der Beklagte die Frist zur Verteidigungsanzeige versäumt hat, ist folgenlos, da sein Verteidigungsvorbringen innerhalb der Klageerwiderungsfrist bei Gericht eingegangen ist. Die Frage, ob der Beklagte mit seinem Vorbringen präkludiert ist, stellt sich nicht, da § 296 ZPO nur bei Versäumung der Klageerwiderungsfrist anwendbar ist, nicht aber bei Versäumung der Frist zur Verteidigungsanzeige.«

Wenn der Beklagte Wiedereinsetzung beantragt hat, folgt noch der Satz:

»Für eine Wiedereinsetzung war bei dieser Sachlage kein Raum.«

471 Anders ist es, wenn der Beklagte auch die Klageerwiderungsfrist versäumt hat. Dann greift § 296 I ZPO. Danach sind Angriffs- und Verteidigungsmittel, die nach Ablauf einer gem. § 276 I 2 ZPO gesetzten Frist vorgebracht werden, nur zuzulassen, wenn dies die Erledigung des Rechtsstreits nicht verzögert oder die Verspätung genügend entschuldigt ist. Einer dieser beiden Gründe wird im Examen vorliegen, weil Sie sonst nur die Präklusion begründen und sich inhaltlich mit dem Vortrag des Beklagten nicht auseinander setzen müssten.

Eine Verzögerung tritt z.B. nicht ein, wenn sich der Beklagte nur mit Rechtsausführungen zur Wehr setzt oder wenn seine Verteidigung keine Beweisaufnahme auslöst.

III. Die Formulierungsvorschläge im Einzelnen

Letzteres ist z.B. der Fall, wenn die beweispflichtige Partei keinen Beweis angeboten hat und dazu auch nicht in der Lage ist oder wenn eine Beweisaufnahme nach den Grundsätzen des Anscheinsbeweises überflüssig ist.

Wenn aufgrund des Verteidigungsvorbringens des Beklagten eine Beweisaufnahme erforderlich wird, bedeutet das nicht zwingend, dass der Rechtsstreit dadurch verzögert wird. Eine Verzögerung tritt z.B. nicht ein, wenn die Beweisaufnahme im ersten Verhandlungstermin durchgeführt und zu Ende gebracht werden und der Rechtsstreit entschieden werden kann. Dies legen Sie dann in den Entscheidungsgründen dar.

Klausurtaktisch heißt das für Sie:

- Wenn der Beklagte die Klageerwiderungsfrist nach § 276 I 2 ZPO versäumt hat und in Ihrer Vorlage eine Beweisaufnahme durchgeführt worden ist, war dies klausurtaktisch zwingend zulässig und geboten.

472

Formulierungsvorschlag:

(Wahlweise vor oder nach dem Eingehen auf das Verteidigungsvorbringen des Beklagten schreiben Sie:)

»... Der Beklagte ist mit seinem Vorbringen trotz seiner verspäteten Klageerwiderung nicht präkludiert. Nach § 296 I ZPO ist der Beklagte nach Ablauf einer gem. § 276 I 2 ZPO gesetzten Klageerwiderungsfrist nur dann präkludiert, wenn die Zulassung des verspäteten Vortrags die Erledigung des Rechtsstreits verzögert oder die Verspätung nicht genügend entschuldigt ist. Dies ist vorliegend jedoch nicht der Fall, weil

- *die Verspätung genügend entschuldigt ist ...(falls es so sein sollte) oder*
- *die Durchführung der Beweisaufnahme den Rechtsstreit nicht verzögert hat. Eine Verzögerung ist nicht eingetreten, weil die Beweisaufnahme in dem ohnehin erforderlichen Verhandlungstermin durchgeführt und zu Ende gebracht worden ist und der Rechtsstreit entscheidungsreif ist.«*

- Wenn der Beklagte die Klageerwiderungsfrist nach § 276 I 2 ZPO versäumt hat und in Ihrer Vorlage trotz eines Beweisantrages keine Beweisaufnahme durchgeführt worden ist, war dies klausurtaktisch zwingend
  - **nicht erforderlich**, weil einer der unter Rn. 97 ff. dargestellten Gründe vorliegt.
    In diesem Fall erläutern Sie, warum es einer Beweisaufnahme nicht bedurfte.
  - **unzulässig**, weil die Präklusion gem. § 296 ZPO greift (also schuldhafte Säumnis oder Verzögerung bei Durchführung der Beweisaufnahme).

473

In diesem letzteren Fall schreiben Sie:

Formulierungsvorschlag:

»... Der Beklagte ist mit seinem verspäteten Vorbringen hinsichtlich ... präkludiert. Nach § 296 I ZPO ist dies bei einem Vortrag nach Ablauf einer gem. § 276 I 2 ZPO gesetzten Klageerwiderungsfrist dann der Fall, wenn die Zulassung des Vortrags die Erledigung des Rechtsstreits verzögert oder die Verspätung nicht genügend entschuldigt ist. Dies ist vorliegend der Fall. Die Verspätung ist zum einen nicht genügend entschuldigt ...

Zudem würde bei Zulassung des streitigen Vortrags eine Beweisaufnahme erforderlich werden, die den Rechtsstreit verzögern würde. Dies ist stets dann der Fall, wenn die Beweisaufnahme nicht in einem Termin zu Ende durchgeführt werden kann ...«

(oder aus einem anderen Grund entsprechend Ihrer Vorlage)

Zu den klausurtaktischen Überlegungen bei Präklusion s. Rn. 80 ff., 115.

474

F. Präsenzwissen zu häufig vorkommenden Klausurproblemen

I. Grundsätzliches

Es gibt Konstellationen, die in den Examensklausuren erfahrungsgemäß immer wieder vorkommen. Das sind u.a. Fälle mit Aufrechnungen, Widerklagen, Hilfsanträgen, Klageänderungen, Klagenhäufungen, Feststellungsklagen, Erledigungserklärungen, Streitverkündungen oder Verfahren nach Einsprüchen gegen Versäumnisurteile oder Vollstreckungsbescheide. **475**

Es handelt sich dabei um prozessuale Phänomene, die an verschiedenen Stellen in diesem Buch in Zusammenhang mit dem jeweils erörterten Teil des Urteils, also dem Rubrum, Tenor, Tatbestand oder den Entscheidungsgründen, bereits dargestellt worden sind. Diese Phänomene sollen Ihnen hier noch einmal nach Themen geordnet und konzentriert so dargestellt werden, dass Sie auf einen Blick erkennen, woran Sie im Ernstfall unbedingt denken müssen.

Die im Folgenden aufgelisteten, jeweils zu beachtenden Besonderheiten müssen Sie sich einprägen, um sie im Examen bereits beim Lesen eines der »Schlüsselwörter« auf Ihrem Merkzettel notieren zu können, ohne weiter nachdenken zu müssen. Das spart mehr als nur Zeit. Durch ein eingeübtes Vorgehen nach einem festen Schema können Sie verhindern, in der Hektik des Examens Entscheidendes zu übersehen.

II. Die Klausurprobleme im Einzelnen

Ausgehend von der Fragestellung

Welchen Einfluss hat das betreffende Phänomen auf die einzelnen Teile meiner Entscheidung?

ist dies das nahe liegende Prüfungsschema, das Sie stets einhalten müssen. Sie prüfen die Konsequenzen für:

- Rubrum
- Tenor
  - Hauptsacheentscheidung
  - Kostenentscheidung
  - Vorläufige Vollstreckbarkeit
- Tatbestand
  - Einleitungssatz
  - Unstreitiges
  - Streitiger Klägervortrag
  - Antragsbezogene Prozessgeschichte
  - Anträge
  - Streitiger Beklagtenvortrag
  - Allgemeine Prozessgeschichte
- Entscheidungsgründe
  - Einleitungssatz
  - Auslegung des Antrags
  - Zulässigkeit
  - Begründetheit
  - Zinsentscheidung
  - Sonstige Nebenforderungen
  - Prozessuale Nebenentscheidungen
- Streitwertbeschluss

F. Präsenzwissen zu häufig vorkommenden Klausurproblemen

476 **1. Primäraufrechnung**

a) Tatbestand (Rn. 33, 47)

- Grundsatz: Getrennte Darstellung von Klage und Gegenforderung
- Es gibt bis auf Nebenforderungen grds. kein streitiges Klägervorbringen, weil der Beklagte bei Primäraufrechnungen den Klägervortrag zur Hauptforderung unstreitig stellt.
- Nach dem »normalen« Tatbestand vor der Prozessgeschichte folgt ein Überleitungssatz zur Aufrechnung. Dann kommen das Unstreitige, das streitige Beklagtenvorbringen und das streitige Klägervorbringen zur Gegenforderung und zuletzt die allgemeine Prozessgeschichte.
- Einwendungen und Einreden sowie qualifiziertes Bestreiten des Klägers gehören an das Ende des Tatbestandes als Erwiderung auf das streitige Beklagtenvorbringen zu seiner Gegenforderung.

b) Entscheidungsgründe (Rn. 263)

- Zulässigkeit
  - Die Zuständigkeit bestimmt sich nach dem Streitwert der Klageforderung.
- Begründetheit
  - Auf richtige Terminologie achten! Die Forderung des Klägers heißt »Aufrechnungsforderung«, die des Beklagten heißt »Gegenforderung«.
  - Die Schlüssigkeit der Klage ist im Zweifel anzunehmen, muss aber kurz dargelegt werden.
  - Richtiges Tempus beachten: Sofern die Aufrechnung des Beklagten durchgreift, standen (nicht stehen!) den Parteien die nach § 389 BGB erloschenen Ansprüche zu.
  - Einleitungssatz bei erfolgreicher Aufrechnung:
    Der dem Kläger ursprünglich zustehende Anspruch aus § ... ist durch die vom Beklagten erklärte Aufrechnung erloschen, § 389 BGB. Dem Kläger stand ein Anspruch aus § ... zu ...
  - Prozessuale Nebenentscheidungen (Rn. 203):
  - Der Gebührenstreitwert bestimmt sich nach dem Streitwert der Klage.
  - § 45 III GKG ist nicht anwendbar. Ausnahme: mehrere Aufrechnungen Bei gestaffelten Aufrechnungen muss man darauf achten, dass alle nachrangigen Forderungen, die nicht erforderlich sind, um die Klageabweisung zu erreichen, wenn eine vorrangige Forderung betragsmäßig bereits ausreichen könnte, Hilfsaufrechnungsforderungen sind, die gem. § 45 III GKG den Gebührenstreitwert erhöhen können.
  - Kostenentscheidung normal nach §§ 91 ff. ZPO

c) Weitere mögliche Besonderheiten

- Die Bezeichnung »Primär- oder Hilfsaufrechnung« kann von den Parteien falsch verwandt worden sein. Entscheidend ist die wahre Natur der Aufrechnung. Wenn sich der Beklagte gegen die Klage nur mit Rechtsmeinungen (nicht Einreden und Einwendungen!) verteidigt und »hilfsweise« oder »vorsorglich« die Aufrechnung erklärt, ist das eine Primäraufrechnung.
- Aufrechnung und Erledigung: Der Zeitpunkt der Aufrechnungserklärung im Prozess ist das erledigende Ereignis und nicht der Zeitpunkt der Aufrechnungslage (Rn. 437).
- An die Möglichkeit eines Vorbehaltsurteils nach § 302 ZPO denken, wenn die Gegenforderung noch nicht entscheidungsreif ist.

2. Hilfsaufrechnung   477

a) Tenor

- **Kostenentscheidung** (Rn. 204 ff.)

  – Voller Erfolg der Hilfsaufrechnung = Kostenaufhebung (Rn. 208)

- **Vorläufige Vollstreckbarkeit**

  – Geteilte Kostenentscheidung = doppelte vorläufige Vollstreckbarkeit.
  – Bei Klageabweisung Kosten genau berechnen. Bei vollstreckbaren Kosten über 1.500,- € greift § 709 ZPO, darunter greifen §§ 708 Nr. 11, 711 ZPO. (Rn. 215 ff.)
  – Dabei § 45 III GKG beachten!

b) Tatbestand (Rn. 34)

- Grundsatz: Getrennte Darstellung von Klage und Gegenforderung
- Nach dem »normalen« Tatbestand vor der Prozessgeschichte folgt ein Überleitungssatz zur Hilfsaufrechnung. Dann kommen das Unstreitige, das streitige Beklagtenvorbringen und das streitige Klägervorbringen zur Gegenforderung und zuletzt die allgemeine Prozessgeschichte.
- Einwendungen und Einreden gegen die Gegenforderung sowie qualifiziertes Bestreiten des Klägers gehören an das Ende des Tatbestandes als Erwiderung auf das streitige Beklagtenvorbringen zu seiner Gegenforderung.

c) Entscheidungsgründe (Rn. 264)

- Zulässigkeit

  – Einleitungssatz bei erfolgreicher Hilfsaufrechnung:
  »*Der dem Kläger ursprünglich zustehende Anspruch aus § ... ist durch die hilfsweise erklärte Aufrechnung erloschen, § 389 BGB. Dem Kläger stand* (nicht steht) *ein Anspruch aus ... zu.*«
  – Der Zuständigkeitsstreitwert bestimmt sich nur nach dem Streitwert der Klageforderung.

- Begründetheit

  – Auf richtige Terminologie achten! Die Forderung des Klägers heißt »Aufrechnungsforderung«, die des Beklagten »Gegenforderung«.
  – Zunächst kommen Ausführungen zur Zulässigkeit und Begründetheit der Klage.
  – Wenn die Klage schon vollständig scheitert, wird die Aufrechnung mit keinem Wort erwähnt.
  – Andernfalls schreiben Sie eine Überleitung zur Aufrechnung.
  – Kurz auf Unschädlichkeit der Bedingung eingehen, da innerprozessual.
  – Neben der Aufrechnungslage auch die Aufrechnungserklärung als Prozesshandlung erwähnen.
  – An § 215 BGB denken (Aufrechnung mit verjährten Forderungen möglich).

- Zinsentscheidung

  – Wenn die Aufrechnung voll greift, gibt es ggf. nur Zinsen vom Verzugsbeginn bis zum Erlöschen der Forderung durch die Aufrechnung.
  – Vorsicht! An die Rückwirkungsfiktion des § 389 BGB denken.

- Prozessuale Nebenentscheidungen

  – Nach § 91 I 1 ZPO oder § 92 ZPO ist § 45 III GKG anzuführen, wenn über die Gegenforderung entschieden wird.

- Streitwertbeschluss
  - Wenn die Gegenforderung zum Zuge kommt, erhöht sich der Gebührenstreitwert in dem Maße, in dem über sie entschieden worden ist, § 45 III GKG. Bei mehreren zur Aufrechnung gestellten Forderungen erhöht sich der Streitwert mit jeder Forderung, über die entschieden wird.

d) Weitere Besonderheiten

- Die Bezeichnung »Primär- oder Hilfsaufrechnung« durch die Parteien mag irreführend sein. Eine Hilfsaufrechnung liegt nur dann vor, wenn der Beklagte den Tatsachenvortrag des Klägers bestreitet oder sich in erster Linie mit Einreden oder Einwendungen verteidigt.
- Keine entgegenstehende Rechtskraft durch Aufrechnung im früheren Rechtsstreit (Rn. 386).
- Die Gegenforderung wird durch die Erklärung der Aufrechnung nicht rechtshängig (Rn. 397).
- Aufrechnung und Erledigung: Wenn der Kläger nach einer Aufrechnung den Rechtsstreit in der Hauptsache für erledigt erklärt, hat der Beklagte die Kosten zu tragen, wenn die Klage ursprünglich zulässig und begründet war, weil das erledigende Ereignis die Erklärung der Aufrechnung ist, und nicht der ggf. vor Rechtshängigkeit liegende Zeitpunkt des Erlöschens der Forderungen durch Rückwirkung gem. § 389 BGB (Rn. 437).
- Denken Sie an die Möglichkeit eines Vorbehaltsurteils nach § 302 ZPO, wenn die Gegenforderung noch nicht entscheidungsreif ist.

3. Widerklage 478

a) Rubrum (Rn. 156)
- Parteibezeichnungen anpassen: *Kläger und Widerbeklagter; Beklagter und Widerkläger*

b) Tenor
- Hauptsacheausspruch jeweils zu Klage und Widerklage (bei Geldforderungen keine Saldierung)
- Einheitliche Kostengrundentscheidung für Klage und Widerklage. (Rn. 187)

c) Tatbestand
- Einleitungssatz zu Klage und Widerklage
- Parteien heißen im Tatbestand nur Kläger bzw. Beklagter
- Aufbau (Rn. 35 f.)
  - Gemeinsame Darstellung bei einheitlichem Lebenssachverhalt (vier Anträge)
  - Getrennte Darstellung bei unterschiedlichen Lebenssachverhalten (zwei Tatbestände)

d) Entscheidungsgründe (Rn. 269 f., 453)
- Ergebnis von Klage und Widerklage in einem Einleitungssatz voranstellen
- Zuständigkeitsstreitwert entspricht dem höheren der beiden Einzelstreitwerte; in der Regel keine Streitwertaddition (§ 5, 2. Hs. ZPO)
- Aufbau getrennt (Zulässigkeit + Begründetheit Klage / Zulässigkeit + Begründetheit Widerklage)
- Mögliche Probleme zur Zulässigkeit der Widerklage
  - Anhängigkeit der Klage
  - Besonderer Gerichtsstand der konnexen Widerklage gem. § 33 ZPO (nur erörtern, wenn nicht schon ein Gerichtsstand nach §§ 12, 13 ZPO gegeben ist)
  - Konnexität von Klage und Widerklage
  - Parteiidentität
  - Ggf. kein gesetzliches Verbot erörtern
- Prozessuale Nebenentscheidungen (Rn. 187)
  - Für den Gebührenstreitwert gilt § 45 I GKG.
  - In der Regel Streitwertaddition

e) Sonderkonstellationen
- **Drittwiderklage** (Rn. 270, 410, 458)
  - § 33 ZPO begründet keinen örtlichen Gerichtsstand gegen den Dritten.
  - Für Ansprüche aus Verkehrsunfällen, bei denen der Versicherer als Drittwiderbeklagter einbezogen wird, ergibt sich für diesen die Zuständigkeit aus § 20 StVG.
  - Versicherung und Versicherungsnehmer sind nur einfache Streitgenossen.
  - Unzulässig sind Drittwiderklagen nur gegen einen Dritten oder von einem bislang nicht am Rechtsstreit beteiligten Dritten. Mindestens auch die Hauptpartei muss widerbeklagt sein. Die Voraussetzungen der Parteierweiterung gem. §§ 263 ff. ZPO und der Streitgenossenschaft gem. §§ 59, 60 ZPO müssen vorliegen.
  - Auch eine Hilfswiderklage gegen einen Dritten ist unzulässig, weil dessen Prozessrechtsverhältnis nicht in der Schwebe bleiben darf.

F. Präsenzwissen zu häufig vorkommenden Klausurproblemen

- **Hilfswiderklage** (Rn. 460)
    - Bedingung schadet nicht, da innerprozessual
    - Gleichzeitige Eventualaufrechnung schadet nicht, da sie keine anderweitige Rechtshängigkeit begründet. Die Konnexität folgt aus dem Zusammenhang zwischen Aufrechnung und Widerklage.
    - Wegen des Sachverhalts auf den Tatbestand zur Eventualaufrechnung verweisen
    - Wenn die Gegenforderung des Beklagten eine einheitliche Forderung ist, können Sie in den Entscheidungsgründen unbedingte Widerklage und Hilfswiderklage zusammen abhandeln, andernfalls müssen Sie die einzelnen Gegenforderungen getrennt darstellen.

- **Hilfswiderklage und unbedingte Widerklage** (Rn. 269)
  Wenn die hilfsweise zur Aufrechnung gestellte Forderung die Klageforderung übersteigt, kann der Beklagte mit dem der Klageforderung entsprechenden Betrag Hilfswiderklage und mit dem darüber hinausgehenden Betrag unbedingt Widerklage erheben.

- **Wider-Widerklage** (Rn. 418)
  Wenn der Kläger auf die Widerklage mit einer Antragsänderung reagiert, bestimmt sich deren Zulässigkeit nach den Regeln der Zulässigkeit einer Widerklage, im Wesentlichen Konnexität.

- **Zwischenfeststellungswiderklage** (Rn. 459)
  Eine Zwischenfeststellungswiderklage ist gem. § 256 II ZPO zulässig, wenn das zu klärende Rechtsverhältnis vorgreiflich für die Hauptklage ist und in seiner Bedeutung über diese hinausgeht.

- **Petitorische Widerklage**

    - Aufbau des Tatbestandes einschichtig (Rn. 36)
    - § 863 steht der Zulässigkeit der Widerklage nicht entgegen
    - In den Entscheidungsgründen ist die Widerklage vor der Klage abzuhandeln, weil aus der Begründetheit der Widerklage die Unbegründetheit der Klage folgt (Rn. 269). Arg. aus § 864 II BGB analog (Rn. 462)

II. Die Klausurprobleme im Einzelnen

4. Ursprüngliche objektive kumulative Klagenhäufung   479

a) Tatbestand (Rn. 29)
- Der Einleitungssatz muss inhaltlich alle Anträge umfassen.
- Aufbau
  - Gemeinsame Darstellung bei einheitlichem Lebenssachverhalt wie im Normalfall
  - Getrennte Darstellung bei verschiedenen Lebenssachverhalten, d.h. hintereinander zu jedem Antrag zunächst das Unstreitige und dann das streitige Klägervorbringen, dann die Anträge und das streitige Beklagtenvorbringen zu jedem einzelnen Antrag
  - Grds. kein Unterschied zwischen ursprünglicher und nachträglicher kumulativer Klagenhäufung. Bei nachträglicher kumulativer Klagenhäufung muss der auf die Erweiterung entfallende Teil der Prozessgeschichte vor den zuletzt gestellten Anträgen gebracht werden (s. Rn. 479).

b) Entscheidungsgründe
- Zulässigkeitsprobleme (Rn. 320)
  - Evtl. sachl. Zuständigkeit (Streitwertaddition, § 5 ZPO i.V.m. §§ 23 Nr. 1, 71 I GVG)
  - Grds. § 260 ZPO zwischen Zulässigkeit und Begründetheit ansprechen (Rn. 369)
  - Wenn die Zuständigkeit des Landgerichts erst durch Addition der Einzelstreitwerte erreicht wird, ist § 260 ZPO im Rahmen von § 5 ZPO ansprechen (Rn. 371).
- Begründetheit für jeden Antrag bzw. Anspruch gesondert prüfen und auf Unterschiede achten (Rn. 144)
- Prozessuale Nebenentscheidungen
  - Die Summe der Einzelstreitwerte bildet den Streitwert (§ 5 ZPO).
  - Der Gebührenstreitwert entspricht dem Zuständigkeitsstreitwert.

480 5. Nachträgliche objektive kumulative Klagenhäufung

a) Tatbestand (Rn. 29)
- Der Einleitungssatz muss inhaltlich alle Anträge umfassen.
- Aufbau
  - Gemeinsame Darstellung bei einheitlichem Lebenssachverhalt
  - Getrennte Darstellung bei unterschiedlichen Lebenssachverhalten
- Bei nachträglicher kumulativer Klagenhäufung muss der Teil der Prozessgeschichte, der für das Verständnis der Anträge und die Tatsache der Erweiterung erforderlich ist, vor den zuletzt gestellten Anträge gebracht werden (s. Rn. 66 ff., 72).
- Auf Unterschied zwischen dem angekündigten und dem in der mündlichen Verhandlung gestellten Antrag achten.
- Alten und neuen Antrag anführen, dabei alten Antrag ggf. verkürzen (Rn. 64 f.)

b) Entscheidungsgründe
- Zulässigkeitsprobleme (Rn. 418)
  - §§ 261 II, 260 ZPO
  - Klageänderung nach § 263 ZPO
  - Evtl. sachliche Zuständigkeit (Streitwertaddition, § 5, 1. Hs. ZPO, §§ 23 Nr. 1, 71 I GVG)
- Prozessuale Nebenentscheidungen:
  - Die Summe der Einzelstreitwerte bildet den Streitwert (§ 5 ZPO).
  - Der Gebührenstreitwert entspricht dem Zuständigkeitsstreitwert.

6. Echte eventuelle Klagenhäufung   481

a) Tenor
- Wenn der Hilfsantrag vollständig bzw. teilweise Erfolg hat, Klageabweisung im Übrigen nicht vergessen.
- Kosten bei Erfolg des Hilfsantrages im Verhältnis zum höherwertigen Hauptantrag quoteln (Rn. 189)

b) Tatbestand
- Der Einleitungssatz muss inhaltlich alle Anträge umfassen.
- Da Haupt- und Hilfsantrag in der Regel einem einheitlichen Sachverhalt entspringen, wird der Tatbestand wie gewohnt aufgebaut (Rn. 28).

c) Entscheidungsgründe (Rn. 253 ff.)
- Gesamtergebnis von Haupt- und ggf. Hilfsantrag im Einleitungssatz voranstellen
- Zunächst nur Zulässigkeit des Hauptantrags
- Der höhere Einzelwert bestimmt die sachliche Zuständigkeit (Rn. 372).
- Begründetheit des Hauptantrags
- Nur bei Scheitern des Hauptantrags Zulässigkeit des Hilfsantrags erörtern
    - Unschädlichkeit innerprozessualer Bedingungen, § 253 II Nr. 2 ZPO
    - Zusammenhang zwischen Haupt- und Hilfsantrag
    - § 260 ZPO als besondere Sachurteilsvoraussetzung des Hilfsantrages (Rn. 372)
- Begründetheit des Hilfsantrags (ggf. Auslegung der Bedingung, Rn. 256)
- Prozessuale Nebenentscheidungen:
    - Für den Gebührenstreitwert gilt § 45 I 2 GKG (Rn. 189).
    - In der Regel keine Streitwertaddition, da wirtschaftlich derselbe Gegenstand
    - Einzelstreitwert des höheren Antrags ist Gebührenstreitwert

d) Mögliche Besonderheiten
Wenn dem Hauptantrag nicht voll stattzugeben ist, muss geklärt werden, ob der Kläger einen Teilerfolg seines Hauptantrags oder eine Entscheidung über den Hilfsantrag vorzieht, Rn. 256.

482 7. Unechte eventuelle Klagenhäufung

a) Tenor
- Nur wenn der Hauptantrag Erfolg hat, ist über den Hilfsantrag zu entscheiden.
- Bei Misserfolg des Hauptantrages wird die Klage abgewiesen, ohne über den Hilfsantrag zu entscheiden.

b) Tatbestand
- Der Einleitungssatz muss inhaltlich alle Anträge umfassen.
- Zunächst das Unstreitige zu beiden Anträgen, dann das streitige Klägervorbringen zu beiden Anträgen, die Anträge und dann das streitige Beklagtenvorbringen zu beiden Anträgen des Klägers

c) Entscheidungsgründe
- Bei Erfolg der Klage Gesamtergebnis von Haupt- und Hilfsantrag im Einleitungssatz voranstellen
- Am Anfang der Entscheidungsgründe nur Zulässigkeit des Hauptantrags darlegen (Zulässigkeit des Hilfsantrags kommt erst vor dessen Begründetheit)
    - Bei Klagen vor dem Landgericht ggf. darlegen, dass die Summe der Einzelstreitwerte die sachliche Zuständigkeit begründet, § 5, 1. HS ZPO i.V.m. §§ 23 Nr. 1, 71 I GVG
- Begründetheit des Hauptantrags
- Bei Erfolg des Hauptantrags Zulässigkeit des Hilfsantrags darlegen
    - Unschädlichkeit innerprozessualer Bedingungen, § 253 II Nr. 2 ZPO
    - Zusammenhang zwischen Haupt- und Hilfsantrag
    - § 260 ZPO als besondere Sachurteilsvoraussetzung des Hilfsantrages (Rn. 372)
- Begründetheit des Hilfsantrags
- Prozessuale Nebenentscheidungen:
    - Für den Gebührenstreitwert gilt § 45 I 2 GKG, also Addition bei Erfolg des Hauptantrags.

8. Feststellungsklage 483

a) Tenor (Rn. 165)
- Bei Stattgabe: *Es wird festgestellt, dass ...*
- Bei Abweisung: *Die Klage wird abgewiesen.*
- Vorläufige Vollstreckbarkeit (Rn. 215).
  - Da bei Feststellungsklagen immer nur wegen der Kosten vollstreckt werden kann, ist ggf. die exakte Höhe von Bedeutung:
    - Bei vollstreckbaren Kosten über 1.500,- € greift § 709 ZPO
    - Bei geringeren vollstreckbaren Kosten greift § 708 Nr. 11, 2. Alt. ZPO

b) Entscheidungsgründe
- Zulässigkeitsprobleme (Rn. 447 f.)

Feststellungsinteresse gemäß § 256 I ZPO:

- bei Begründetheit der Feststellungsklage erörtern,
- bei nur einem Antrag im Zweifel annehmen, weil Sie andernfalls nicht zur materiellen Rechtslage kämen.
- Bei Unbegründetheit können Sie das Feststellungsinteresse als sog. qualifizierte Prozessvoraussetzung dahinstehen lassen, es reicht schlüssiger Vortrag.
- Subsidiarität zur Leistungsklage bei einer Klage mit nur einem Feststellungsantrag nicht wahrscheinlich, weil Sie andernfalls nicht zur materiellen Rechtslage kämen.
- Bei einem Feststellungsantrag neben anderen Anträgen Subsidiarität durchaus möglich

- Streitwert
- Für positive Feststellungsklagen 80%, für negative der volle Wert eines entsprechenden Leistungsantrags

c) Mögliche Besonderheit
- Zwischenfeststellungswiderklage (Rn. 459)
  Eine Zwischenfeststellungswiderklage ist gem. § 256 II ZPO zulässig, wenn das zu klärende Rechtsverhältnis vorgreiflich für die Hauptklage ist und in seiner Bedeutung über diese hinausgeht.

484 9. Klage auf künftige Leistung, § 259 ZPO

a) Tenor
- Verurteilung zur Leistung zu einem bestimmten Zeitpunkt, in Fällen von § 255 ZPO nach Ablauf einer Frist

b) Entscheidungsgründe
- Zulässigkeitsprobleme

  - Klage auf künftige Leistung ist bei Besorgnis der Nichterfüllung nach § 259 ZPO zulässig. Diese besteht, wenn der Schuldner nicht leisten will. Wenn er nicht leisten kann, bleibt dem Gläubiger nur Arrest oder einstweilige Verfügung.
  Diese Besorgnis kann sich schon aus dem Klageabweisungsantrag ergeben, wenn der Kläger z.B. Herausgabe oder Schadensersatz nach Fristablauf verlangt und offensichtlich ist, dass der Beklagte das eine oder andere schuldet.
  - Evtl. Klage auf künftige Leistung mit Fristbestimmung im Urteil, §§ 255, 259 ZPO, als Sonderfall einer objektiven kumulativen Klagenhäufung nach § 260 ZPO (sog. unechter Hilfsantrag, Rn. 402)

- Begründetheitsprobleme:

  - Zinsen dürfen in der Regel erst ab dem künftigen Fälligkeitszeitpunkt und nicht schon ab Zustellung der Klage zuerkannt werden.

II. Die Klausurprobleme im Einzelnen

10. Vollständige einseitige Erledigungserklärung   485

a) Tenor (Rn. 165)

- Bei Erfolg: *Es wird festgestellt, dass der Rechtsstreit in der Hauptsache erledigt ist.*
- Bei Misserfolg: *Die Klage wird abgewiesen.*
- Achtung: Nur die Kostenentscheidung ist vorläufig vollstreckbar. Für die richtige Einordnung unter § 709 oder § 708 Nr. 11, 2. Alt. ZPO (Rn. 215 f.) müssen Sie auf die Wertgrenze von 1.500,- € achten. und die Kosten ggf. genau berechnen.

b) Tatbestand

- Der Einleitungssatz muss der Erledigungserklärung Rechnung tragen, z.B.: *»Die Parteien streiten darum, ob sich der Rechtsstreit wegen . . . in der Hauptsache erledigt hat.«*
- Alten Antrag (s. Rn. 64) und Erledigungserklärung anführen
- Sachverhalt zur Erledigung (z.B. Zahlung, Untergang, Aufrechnung) zwischen dem ursprünglichen Antrag und der Erledigungserklärung anführen (Rn. 72)

c) Entscheidungsgründe (Rn. 431)

- Auslegung der Erledigungserklärung als Umstellung der Leistungsklage auf eine Feststellungsklage (auch Umstellung von einer Feststellungsklage auf eine andere möglich)
- Zulässigkeitsprobleme
  - Klagebeschränkung gem. § 264 Nr. 2 ZPO ohne Einwilligung des Beklagten zulässig
  - Feststellungsinteresse gem. § 256 I ZPO wegen offener Kostenfrage stets gegeben
  - Bei Klagen vor dem Landgericht evtl. § 261 III Nr. 2 ZPO (perpetuatio fori) bei Unterschreitung des Zuständigkeitsstreitwerts infolge der Beschränkung
- Begründetheit der Klage
  - Definition der Erledigung (Ursprünglich zulässige und begründete Klage ist durch ein erledigendes Ereignis nach Rechtshängigkeit unzulässig oder unbegründet geworden.)
  - Zulässigkeit der ursprünglichen Klage
  - Begründetheit der ursprünglichen Klage
  - Erledigendes Ereignis
  - Eintritt der Erledigung nach Rechtshängigkeit
  - Prozessuale Nebenentscheidungen
  - Evtl. Sonderprobleme bei Aufrechnung im Prozess
  - an Möglichkeit einer konkludenten Aufrechnung seitens des Klägers durch die Erledigungserklärung denken, wenn Erledigung durch die Zahlung (z.B. wegen eines Vorbehalts) nicht eingetreten ist, Rn. 436.
  - Rückwirkungsfiktion der Aufrechnung gem. § 389 BGB ist ohne Belang, es kommt nur auf den Zeitpunkt der Aufrechnungserklärung an (Rn. 437).
- Prozessuale Nebenentscheidungen:

Der Gebührenstreitwert entspricht nach der Erledigung den gesamten Kosten des Rechtsstreits, also den Gerichtskosten und den außergerichtlichen Kosten beider Parteien.

Exkurs: Wenn der Beklagte nicht innerhalb einer Notfrist von zwei Wochen der Erledigungserklärung des Klägers widerspricht, sofern er zuvor auf diese Folge hingewiesen worden ist, ist gem. § 91 a I 2 ZPO nicht mehr in der Sache, sondern nur noch durch Beschluss über die Kosten zu entscheiden. Dann liegt keine einseitige Erledigungserklärung vor, sondern es liegen übereinstimmende Erledigungserklärungen vor.

11. Einseitige Teilerledigungserklärung

486

a) Tenor

- Bei Begründetheit der Klage einschließlich der Teilerledigungserklärung:

  - Ausspruch über den zuerkannten Rest des ursprünglichen Antrags. Danach:
  - *Es wird festgestellt, dass der Rechtsstreit in der Hauptsache i.H.v. ... erledigt ist.*
  - Ggf. Abweisung im Übrigen (z.B. wegen eines Teils der Zinsen)
  - Kostenentscheidung und vorläufige Vollstreckbarkeit

- Bei Begründetheit des aufrechterhaltenen Teils der Klage und Unbegründetheit der Teilerledigungserklärung:

  - Ausspruch über den zuerkannten Rest des ursprünglichen Antrags. Danach:
  - *Im Übrigen wird die Klage abgewiesen.*
  - Kostenentscheidung und vorläufige Vollstreckbarkeit

  Achtung! Bei Antrag »abzüglich am ... gezahlter ...« auf korrekte Zuerkennung der Zinsen achten!

- Bei Abweisung:

  - *Die Klage wird abgewiesen.*
  - Kostenentscheidung und vorläufige Vollstreckbarkeit normal

b) Tatbestand

- Der Einleitungssatz muss der Teilerledigungserklärung Rechnung tragen, z.B.:
  »Die Parteien streiten um restliche Ansprüche aus ... sowie darum, ob sich der Rechtsstreit i.H.v. ... € in der Hauptsache erledigt hat.«

- Alten und neuen Antrag anführen, den alten Antrag ggf. abkürzen (Rn. 64 f.)

- Sachverhalt zur teilweisen Erledigungserklärung (z.B. Zahlung, Untergang, Aufrechnung) zwischen dem ursprünglichen Antrag und den neuen Anträgen bringen (Rn. 72)

c) Entscheidungsgründe

- Auslegung der Erledigungserklärung als teilweise Umstellung auf eine Feststellungsklage

- Zulässigkeitsprobleme

  - Klagebeschränkung bzgl. des Leistungsantrags gemäß § 264 Nr. 2 ZPO
  - Feststellungsinteresse gem. § 256 I ZPO folgt aus Kostenfrage
  - Nachträgliche objektive kumulative Klagenhäufung (Leistungs- und Feststellungsantrag) nach §§ 261 II, 260 ZPO zulässig
  - Darin liegende Klageänderung nach § 263, 2. Alt. ZPO sachdienlich
  - Bei Klagen vor dem Landgericht bei Unterschreitung des Zuständigkeitsstreitwerts infolge der Beschränkung an § 261 III Nr. 2 ZPO (perpetuatio fori) denken

- Begründetheit der Klage

  - Erörterung des aufrechterhaltenen Teils des ursprünglichen Antrags
  - Erörterung des für erledigt erklärten Teils des ursprünglichen Antrags
  - Definition der teilweisen Erledigung (ursprüngliche Klage war auch hinsichtlich des für erledigt erklärten Teils zulässig und begründet und ist durch ein Ereignis nach Rechtshängigkeit insoweit unzulässig oder unbegründet geworden)
  - Aufbau des Feststellungsantrags
  - Zulässigkeit des für erledigt erklärten Teils der ursprünglichen Klage
  - Ursprüngliche Begründetheit des für erledigt erklärten Teils der Klage
  - Erledigendes Ereignis
  - Eintritt der Erledigung nach Rechtshängigkeit
  - Evtl. Sonderprobleme bei Aufrechnung im Prozess
  - An Möglichkeit einer konkludenten Aufrechnung seitens des Klägers durch die Erledigungserklärung denken (Rn. 436)
  - Rückwirkungsfiktion der Aufrechnung ist ohne Belang, nach neuester Rspr. kommt es nur auf die Erklärung der Aufrechnung an. (Rn. 437)

- Prozessuale Nebenentscheidungen

  - Evtl. gesonderte Berechnung der Kostenquote erforderlich, wenn Kläger einen Teil zu Recht für erledigt erklärt hat und bzgl. des Rests unterliegt (Rn. 192 f.)
  - Gebührenstreitwert ab Teilerledigungserklärung nur Wert der restlichen Hauptsache plus Kosten des für erledigt erklärten Teils (Rn. 438)

Achtung: Achten Sie auch bei einseitigen Teilerledigungserklärungen darauf, ob der informierte Beklagte gem. § 91 a I 2 ZPO rechtzeitig innerhalb von zwei Wochen widersprochen hat. Wenn dies nicht der Fall ist, liegt eine übereinstimmende Teilerledigungserklärung vor. Hinsichtlich des erledigten Teils ist dann nur noch über die Kosten zu entscheiden (Rn. 439, 486).

487 12. Übereinstimmende Teilerledigungserklärung

a) Tenor
- Kein Ausspruch bzgl. der Teilerledigung, da Klage insoweit nicht mehr rechtshängig
- Der Teil der Kosten, der den erledigten Teil der Klage betrifft, ist ohne Sicherheit vorläufig vollstreckbar. Also Kosten gesondert ausrechnen und wie bei Teilanerkenntnis oder Teilrücknahme trennen.

b) Tatbestand
- Der Einleitungssatz muss der übereinstimmenden Teilerledigungserklärung Rechnung tragen:
  »Die Parteien streiten um Ansprüche aus einem Verkehrsunfall sowie darum, wer von ihnen die Kosten hinsichtlich eines übereinstimmend für erledigt erklärten Teils der Klage zu tragen hat.«
- Alten und neuen Antrag anführen, den alten ggf. abkürzen
- Sachverhalt zur teilweisen Erledigung (z.B. Zahlung oder Aufrechnung) zwischen dem ursprünglichen Antrag und dem neuen Antrag anführen
- Die teilweise übereinstimmenden Erledigungserklärungen gehören vor den neuen Antrag.

c) Entscheidungsgründe
- Zulässigkeitsprobleme
  - Klagebeschränkung gem. § 264 Nr. 2 ZPO zulässig wg. Zustimmung des Beklagten
  - bei Klagen vor dem Landgericht evtl. § 261 III Nr. 2 ZPO (perpetuatio fori) wegen Reduzierung des Zuständigkeitsstreitwerts infolge der Beschränkung
- Begründetheit
  - Nur den verbleibenden Teil der ursprünglichen Klage erörtern
- Prozessuale Nebenentscheidungen
  - Begründung der Kostenentscheidung bzgl. des erledigten Teils, da Kostenentscheidung insoweit gem. § 91 a II ZPO isoliert mittels sofortiger Beschwerde anfechtbar
  - Streitwertbeschluss nach dem Urteil:
    Der Streitwert beträgt bis zum... (Datum der übereinstimmenden Teilerledigungserklärungen)... €, ab dem (der darauf folgende Tag)... €.

Achtung: Einseitige Teilerledigungserklärungen werden gem. § 91 a I 2 ZPO wie übereinstimmende behandelt, wenn der informierte Beklagte nicht innerhalb von zwei Wochen widersprochen hat.

13. Vollständige übereinstimmende Erledigungserklärung   488

- Vollständige übereinstimmende Erledigungserklärungen liegen bei entsprechenden, ggf auszulegenden Erklärungen der Parteien vor und bei Schweigen des Beklagten auf eine Erledigungserklärung des Klägers unter den Voraussetzungen von § 91 a I 2 ZPO (Rn. 440).

a) Tenor
- Entscheidung durch Beschluss gem. § 91 a I 1 ZPO (Parteien heißen Kläger und Beklagter)
- Der Tenor besteht grds. nur aus der Kostenentscheidung (formuliert wie in einem Urteil).
  - Ausnahme: Auf Antrag muss analog §§ 269 IV, 269 II 1, 2. Hs. ZPO tenoriert werden, dass zwischenzeitlich ergangene vollstreckbare Entscheidungen wie Zwischen-, Versäumnis-, Grund- und Teilurteile wirkungslos sind (nicht aufgehoben werden).
  - Im Tenor steht nichts von der Erledigung oder der vorläufigen Vollstreckbarkeit.

b) Tatbestand
- Nach dem Tenor folgt die Überschrift »Gründe«. Diese bestehen ohne weitere Überschriften aus zwei Teilen I. (entspricht dem Tatbestand) und II. (entspricht den Entscheidungsgründen und enthält die Begründung der Kostenentscheidung).
- Im Tatbestand wird das Unstreitige im Imperfekt, das Streitige und die erledigten Anträge werden im Perfekt dargestellt. Sonst bestehen keine Unterschiede zum Urteil.

c) Entscheidungsgründe
- Die Kostenentscheidung folgt aus der materiellen Rechtslage unter Berücksichtigung des bisherigen Sach- und Streitstandes nach billigem Ermessen. Die Frage der tatsächlichen Erledigung oder die des Zeitpunktes vor oder nach Rechtshängigkeit spielt, anders als bei einseitigen Erledigungserklärungen, bei übereinstimmenden keine Rolle.
- Die entscheidende Fragestellung lautet: Wie wäre der Rechtsstreit ohne die Erledigungserklärung ausgegangen, war die Klage also zulässig und begründet? Eine etwaige sachliche oder örtliche Unzuständigkeit des Gerichts bleibt dabei unberücksichtigt. Bei ungewissem Ausgang sollten Sie die Quote zu Ungunsten der beweisbelasteten Partei verschieben, weil diese das größere Risiko einer Niederlage trägt. Eine Quote von 2/3 zu Lasten der beweispflichtigen Partei erscheint sachgerecht.
- Der Streitwert entspricht bei übereinstimmenden Erledigungserklärungen ab dem Tag nach Abgabe der Erledigungserklärungen den gesamten Prozesskosten nach dem Streitwert der ursprünglichen Klage.

489 14. Verfahren nach Einspruch gegen ein Versäumnisurteil

a) Tenor (Rn. 167)

- Nach vorangegangenem Versäumnisurteil gegen den Beklagten

    - Bei Erfolg des Einspruchs: (Rn. 227)
      Das Versäumnisurteil vom ... wird aufgehoben. Die Klage wird abgewiesen. Die Kosten des Rechtsstreits trägt der Kläger mit Ausnahme der Kosten der Säumnis des Beklagten im Termin vom ... Diese trägt der Beklagte.
      Doppelte vorläufige Vollstreckbarkeit nach § 709 ZPO oder §§ 708 Nr. 11, 711 ZPO
    - Bei Misserfolg des Einspruchs: (Rn. 226)
      Das Versäumnisurteil vom ... wird aufrechterhalten.
      Der Beklagte trägt auch die weiteren Kosten des Rechtsstreits.
      Einmal vorläufige Vollstreckbarkeit nach §§ 708 Nr. 11, 711 ZPO oder § 709 ZPO; Achtung: An § 709 S. 3 ZPO denken!

    - Bei Teilerfolg des Einspruchs:
      Das Versäumnisurteil vom ... wird i.H.v. .... € nebst Zinsen von ...% seit dem ... aufrechterhalten.
      Im Übrigen wird das Versäumnisurteil aufgehoben und die Klage abgewiesen.
      Von den Kosten des Rechtsstreits trägt der Kläger ..., der Beklagte ..., mit Ausnahme der Kosten der Säumnis des Beklagten im Termin vom ... Diese trägt der Beklagte.
      An doppelte vorläufige Vollstreckbarkeit denken und § 709 S. 3 ZPO beachten!

- Vorläufige Vollstreckbarkeit (Rn. 226 f.)
  Bei Ausspruch nach § 709 S. 1 oder 2 ZPO an § 709 S. 3 ZPO denken: *Nur gegen Leistung dieser Sicherheit darf die Zwangsvollstreckung aus dem Versäumnisurteil fortgesetzt werden.*
  Bei Ausspruch nach §§ 708 Nr. 11, 711 ZPO greift § 709 S. 3 ZPO nicht.

b) Tatbestand

- Nach dem streitigen Klägervorbringen kommt der angekündigte oder gestellte alte Antrag,
- danach Prozessgeschichte zum Zustandekommen des Versäumnisurteils,
- danach die Zustellungs- und Einspruchsdaten,
- danach der neue Antrag des Klägers (*das Versäumnisurteil vom ... aufrecht zu erhalten*),
- danach der Antrag des Beklagten und dessen streitiger Vortrag.

c) Entscheidungsgründe (Rn. 242, 461 f.)

- Aufbau

    - Zulässigkeit des Einspruchs
    - Statthaftigkeit
    - Zuständigkeit
    - Form und Frist
    - Evtl. Sonderprobleme, z.B. zeitlich unterschiedliche Zustellung eines Versäumnisurteils im schriftlichen Verfahren
    - Wiedereinsetzung in den vorigen Stand nach Versäumung der Einspruchsfrist
    - Erfolg des Einspruchs in der Sache
    - Zulässigkeit der Klage
    - Begründetheit der Klage (weiterer Aufbau vom Ergebnis bzw. Sonderkonstellationen wie Haupt- und Hilfsantrag abhängig)

II. Die Klausurprobleme im Einzelnen

- Prozessuale Nebenentscheidungen: (Rn. 177)
    - Bei vollem oder teilweisem Erfolg des Einspruchs Kostentrennung beachten.
      Die Kosten der Säumnis sind gem. § 344 ZPO dem obsiegenden Beklagten aufzuerlegen, sofern das Versäumnisurteil in gesetzlicher Weise ergangen ist.
      Bei den prozessualen Nebenentscheidungen ist § 344 ZPO hinter § 91 I 1 ZPO oder § 92 ZPO anzuführen.
    - § 709 S. 3 ZPO im Hinblick auf die vorläufige Vollstreckbarkeit beachten (Rn. 226).
- Unterschiede zum Verfahren nach Einspruch gegen einen Vollstreckungsbescheid
    - Das Aktenzeichen des Vollstreckungsbescheides ist anzuführen, weil es anders als bei einem Versäumnisurteil nicht mit dem des Rechtsstreits nicht identisch ist.
      (Der Vollstreckungsbescheid des Amtsgerichts ... (AZ: ...) vom ... wird ...)
    - Ggf. Auslegung eines Widerspruchs gegen einen Mahnbescheid als Einspruch gegen einen Vollstreckungsbescheid

F. Präsenzwissen zu häufig vorkommenden Klausurproblemen

490 **15. Streitverkündung im laufenden Verfahren**

a) Rubrum
- Streitverkündeten nur im Falle seines Beitritts unter der Partei aufnehmen, der er beigetreten ist.
- Wenn er nicht beigetreten ist, wird der Streitverkündete im Rubrum nicht erwähnt (Rn. 156).

b) Tenor
- Der Gegner trägt die außergerichtlichen Kosten des Streitverkündeten in dem Umfang, in dem er unterlegen ist, § 101 I 1. Hs. ZPO.

Die unterstützte Partei trägt nie Kosten des Streithelfers. Wenn der Streithelfer auf der Verliererseite ist, trägt er seine außergerichtlichen Kosten selbst, § 101 I, 2. Hs. ZPO (Rn. 209).

c) Tatbestand
- Im Fall des Beitritts gehört die Prozessgeschichte zur Streitverkündung und zum Beitritt mit Daten an das Ende des Tatbestands.
- Wenn kein Beitritt erfolgt ist, wird die Streitverkündung nicht erwähnt.
- Ggf. eigenen Vortrag des Streithelfers kenntlich machen und auf Reaktion der unterstützten Partei hinweisen (widersprochen / nicht widersprochen)

d) Entscheidungsgründe
- Prozessuale Nebenentscheidungen

Evtl. Streitverkündeten im Hinblick auf § 101 ZPO in der Kostenentscheidung berücksichtigen und § 101 ZPO bei den Nebenentscheidungen nach § 91 I 1 oder § 92 ZPO anführen

II. Die Klausurprobleme im Einzelnen

16. Rechtsstreit gegen früheren Streitverkündeten (sog. Folgeprozess)   491

a) Tatbestand (Rn. 385)

- Streitverkündung im Vorprozess sowie dessen Ergebnis, d.h. die Tatsachenfeststellungen und die Entscheidungsgründe des Urteils im Vorprozess, im Hinblick auf die Interventionswirkung nach § 68 ZPO im Unstreitigen darstellen. Dabei weitgehend verweisen. Der streitige Klägervortrag vor den Anträgen wird aus der Rechtsmeinung bestehen, dass die Interventionswirkung eingreift.

- Nach den Anträgen und dem streitigen Vortrag des Beklagten vorsorgliches Bestreiten des Klägers hinsichtlich der Tatsachen, die der Beklagte im Widerspruch zu den Interventionswirkung vorbringt.

b) Entscheidungsgründe (Rn. 385)

- Bei Wirksamkeit der Streitverkündung und Eingreifen der Interventionswirkung diese darlegen. Entscheidung auf der Grundlage des Vorprozesses sowohl in tatsächlicher als auch in rechtlicher Hinsicht. Die tragenden Gründe des Urteils im Vorprozess gelten fort.

- Bei Unwirksamkeit der Streitverkündung Mängel der Streitverkündung oder Gründe für die fehlende Interventionswirkung (§ 68 ZPO) darlegen und auf der Grundlage der in diesem Rechtsstreit zugrunde zu legenden Tatsachen entscheiden.

c) Klausurtaktik (Rn. 385)

- Eine »Vermutung des ersten Anscheins« spricht im Examen gegen eine umfassende Interventionswirkung, da die Arbeit dann ggf. zu einfach sein könnte, weil sich die rechtlichen Ausführungen in der Darlegung der Interventionswirkung erschöpfen. Eine partielle Interventionswirkung, die Teile der geltend gemachten Ansprüche des Klägers erfasst, ist hingegen realistisch.

- Wenn der Rechtsstreit aber auf der Grundlage des neuen Vorbringens nicht entscheidungsreif sein sollte, ist es klausurtaktisch nahe liegend, dass die Interventionswirkung doch greift.

492 17. Streitgenossenschaft

a) Rubrum
- Streitgenossen als Parteien mit aufsteigenden arabischen Ziffern aufführen, z.B. Kläger zu 1).

b) Tenor
- Im Hauptsacheausspruch bei Antrag auf die Verurteilung »als Gesamtschuldner« achten
- Bei Verurteilung als Teilschuldner Klageabweisung im Übrigen nicht vergessen, wenn Verurteilung als Gesamtschuldner beantragt war.
- Kein Ausspruch über die Art der Haftung in der Kostenentscheidung; sie folgt aus § 100 ZPO.
- Bei unterschiedlichem Ausgang bzgl. mehrerer Streitgenossen erfolgt die Kostenentscheidung nach der sog. Baumbach'schen Formel (Rn. 190 f.).

c) Tatbestand
- Bei einfacher Streitgenossenschaft den Sachverhalt nur dann einheitlich darstellen, wenn keinerlei Unterschiede bestehen. Andernfalls getrennt darstellen. Im Zweifel besser trennen.

d) Entscheidungsgründe
- Zulässigkeitsprobleme

  Die Zulässigkeit der einfachen Streitgenossenschaft folgt aus §§ 59, 60 ZPO i.V.m. § 260 ZPO analog und ist zwischen Zulässigkeit und Begründetheit darzustellen.
  Die Zulässigkeit der notwendigen Streitgenossenschaft folgt aus materiellem Recht.

  Bei einfacher Streitgenossenschaft folgt die sachliche Zuständigkeit aus der Summe der Einzelstreitwerte, sofern es sich um unterschiedliche Ansprüche handelt (Rn. 344).

    - Einfache Streitgenossenschaft, §§ 59, 60 ZPO, § 260 ZPO analog:
      OHG / Außen-GbR und Gesellschafter, Hauptschuldner und Bürge, Schuldner und dinglicher Sicherungsgeber, Versicherungsnehmer und Pflichtversicherer, Gesamtschuldner, Gesamtgläubiger, Miterben bei § 2039 BGB und Bruchteilseigentümer im Aktivprozess.
    - Notwendige Streitgenossenschaft, § 62 ZPO, § 260 ZPO analog i.V.m. materieller Norm:
      Prozessrechtlich notwendige Streitgenossenschaft liegt bei gesetzlicher Rechtskrafterstreckung vor, z.B. §§ 327, 640h, 856 II, IV ZPO, §§ 1495, 1496, 2342, 2344 BGB.
      Materiell-rechtlich notwendige Streitgenossenschaft liegt vor bei Gestaltungsklagen des HGB, bei Aktivprozessen von Gesamthandsgemeinschaften und bei Passivprozessen gegen mehrere Berechtigte (z.B. Klage aus Wegerecht gegen mehrere Miteigentümer).
    - VU gegen säumigen einfachen Streitgenossen möglich
    - Kein VU gegen säumigen notwendigen Streitgenossen (§ 62 I ZPO)
    - Der einfache Streitgenosse kann außer bei gemeinsamen Tatsachen Zeuge des anderen Streitgenossen sein (Rn. 109).

- Prozessuale Nebenentscheidungen § 100 I bzw. IV ZPO beachten und zitieren (Rn. 181 f.)

    - Mehrere unterlegene Kläger haften gem. § 100 I ZPO immer nur als Teilschuldner
    - Mehrere unterlegene Beklagte haften für die Kosten nach § 100 IV ZPO als Gesamtschuldner, wenn sie in der Hauptsache als Gesamtschuldner verurteilt worden sind, andernfalls nach § 100 I ZPO als Teilschuldner
    - Ein gesonderter Ausspruch »...als Gesamtschuldner« ist nicht erforderlich.

II. Die Klausurprobleme im Einzelnen

18. Gesetzliche Prozessstandschaft im Fall des § 265 ZPO 493

Gesetzliche Prozessstandschaft im Fall des § 265 ZPO liegt vor bei Abtretung usw. **nach** Rechtshängigkeit, gewillkürte Prozessstandschaft bei Abtretung usw. **vor** Rechtshängigkeit.

a) Tenor
- Im Tenor ist die Zahlung oder die andere Leistung des Beklagten nicht an den Kläger, sondern an den materiellen Rechtsinhaber mit genauer Anschrift auszusprechen.

b) Tatbestand
- Alten und neuen Antrag anführen, alten Antrag ggf. abkürzen (Rn. 65)
- Antragsbezogenen Sachverhalt und Prozessgeschichte zur Veräußerung der streitbefangenen Sache oder Abtretung der Forderung nach Rechtshängigkeit gehört zwischen alten Antrag des Klägers (Leistung an ihn) und neuen Antrag (Leistung an neuen Rechtsinhaber) Rn. 72.

c) Entscheidungsgründe (Rn. 350 f.)
- Zulässigkeitsprobleme

  – Prozessführungsbefugnis nach § 265 II 1 ZPO gegeben
  – Klageänderung durch Antragsumstellung als qualitative Modifizierung nach § 264 Nr. 2 ZPO zulässig
  – Nur bei Rüge der Prozessführungsbefugnis §§ 265 III, 325 ZPO erörtern (Rüge muss in der Regel klausurtaktisch wegen Bösgläubigkeit des Zessionars, d.h. Kenntnis oder grob fahrlässige Unkenntnis von der Rechtshängigkeit, scheitern.)

- Begründetheit

  – Auf Formulierung achten. Bei Erfolg der Klage muss es heißen:
  »*Dem Kläger steht der geltend gemachte Anspruch auf Zahlung an den materiellen Rechtsinhaber aus § ... zu.*«
  – Abtretungsurkunde genau lesen! Sind Zinsen mit abgetreten?
  Andernfalls anhand des Antrages auslegen.

494 19. Gewillkürte Prozessstandschaft

Gewillkürte Prozessstandschaft liegt vor bei Veräußerung oder Abtretung **vor** Rechtshängigkeit, gesetzliche Prozessstandschaft bei Abtretung usw. **nach** Rechtshängigkeit, § 265 ZPO.

a) Tenor
- Beachten, dass Urteil auf Zahlung oder andere Leistung des Beklagten nicht an den Kläger, sondern an den materiellen Rechtsinhaber mit genauer Anschrift lauten muss.

b) Tatbestand
- Tatsache und Umstände der Veräußerung der streitbefangenen Sache oder Abtretung der Forderung vor Rechtshängigkeit im Unstreitigen darstellen

c) Entscheidungsgründe
- Zulässigkeitsprobleme

    - Prozessführungsbefugnis aufgrund gewillkürter Prozessstandschaft
    - Ermächtigung durch materiellen Rechtsinhaber
    - Eigenes rechtliches Interesse des Klägers
    - Keine Benachteiligung des Beklagten (auch insolventer Prozessstandschafter kann auftreten, da allgemeines Lebensrisiko, von einem vermögenslosen Kläger verklagt zu werden. Ausnahme: Missbrauch)
    - Evtl. Sonderfall der nachträglichen gewillkürten Prozessstandschaft nach einer gescheiterten gesetzlichen Prozessstandschaft. Nach erfolgreicher Rüge gem. §§ 265 III, 325 ZPO kann der »gutgläubige« jetzige Rechtsinhaber den früheren Rechtsinhaber ermächtigen und ihn so zum gewillkürten Prozessstandschafter machen.

- Begründetheit

    - Auf Formulierung achten. Bei Erfolg der Klage muss es heißen:
    Dem Kläger steht der geltend gemachte Anspruch auf Zahlung an den materiellen Rechtsinhaber aus ... zu.
    - Abtretungsurkunde genau lesen! Sind Zinsen mit abgetreten? Andernfalls anhand des Antrages auslegen.

II. Die Klausurprobleme im Einzelnen

20. Klageänderung 495

a) Tatbestand

- Klageauswechslung

  - Wenn der Beklagte der Klageauswechslung nicht widersprochen hat, ist der nicht mehr aufrechterhaltene Sachverhalt stark verkürzt darzustellen (Rn. 62 f.).
  - Wenn der Beklagte widersprochen hat und der ursprüngliche Sachverhalt hilfsweise aufrechterhalten wird, müssen beide Sachverhalte vollständig dargestellt werden.

- Antragsänderung

  - Antragsbezogene Prozessgeschichte gehört grds. zwischen die Anträge des Klägers.
  - Bei Antragsänderungen alte und neue Anträge aufnehmen, den nicht mehr aufrechterhaltenen aber, sofern möglich, abkürzen (Rn. 65).

- Der evtl. Widerspruch des Beklagten gehört an den Anfang seines streitigen Vorbringens.

b) Entscheidungsgründe

- Zulässigkeitsprobleme

  - Zulässigkeit der Klageänderung durch
  - § 264 Nr. 2 ZPO, stets zulässige Klageänderung
  - § 264 Nr. 3 ZPO, stets zulässige Klageänderung
  - § 263, 1. Alt. ZPO, Einwilligung
  - § 267 ZPO, mutmaßliche Einwilligung
  - § 263, 2. Alt. ZPO, Sachdienlichkeit durch rügeloses Verhandeln
  - Klagereduzierung durch Teilrücknahme vor Beginn der mündlichen Verhandlung
  - Ohne Zustimmung des Beklagten oder Prüfung der Sachdienlichkeit möglich
  - Über den zurückgenommenen Betrag wird nicht mehr entschieden.
  - Nur bei der Kostenentscheidung ist die Teilrücknahme zu berücksichtigen.
  - § 269 III 3 ZPO (Wegfall des Klagegrundes) beachten!
  - Klagereduzierung durch Teilrücknahme nach Beginn der mündlichen Verhandlung
  Grds. ist die Einwilligung des Beklagten nach § 269 I ZPO erforderlich. Ausnahme: Kläger erfährt vom Wegfall des Klageanlasses erst nach Beginn der mündlichen Verhandlung (s. Rn. 427, 446).

Wichtig ist, ob die angekündigten Anträge bereits gestellt sind oder noch nicht:

→ vor dem Stellen der bisher nur angekündigten Anträge:

  - Mit Einwilligung zu behandeln wie Teilrücknahme vor Beginn der mündlichen Verhandlung, also keine inhaltliche Entscheidung über den zurückgenommenen Teil.
  - Ohne Einwilligung muss bzgl. des unwirksam zurückgenommenen Teils durch Teilversäumnisurteil und bzgl. des aufrechterhaltenen Teils der Klage durch Endurteil entschieden werden. Die Überschrift des Urteils lautet »*Teilversäumnis- und Endurteil*«.

→ nach dem Stellen der Anträge:

  - Einwilligung des Beklagten nach § 269 I ZPO für die Reduzierung erforderlich
  - Bei Einwilligung keine inhaltliche Entscheidung mehr über den zurückgenommenen Teil
  - Ohne Einwilligung ergeht ein normales Urteil über den gesamten gestellten Antrag.

Achtung: Wenn der Kläger nach einer Teilrücknahme mit der restlichen Klage zumindest noch teilweise Erfolg hat, sind die Kosten zu quoteln und ggf. auch gesondert zu berechnen.

Bei Wegfall des Klagegrundes vor Rechtshängigkeit an § 269 III 3 ZPO denken.

Bei Erledigungserklärungen, vollständigen Klageauswechslungen und bei Wegfall des Klagegrundes vor Rechtshängigkeit gem. § 269 III 3 ZPO greift § 269 I ZPO nicht.

496 21. Parteiänderung

a) Rubrum
- Im Fall des erfolgreichen Parteiwechsels: Neue Partei statt der ursprünglichen Partei aufnehmen.

  Ausnahme: Die ursprüngliche Partei ist noch vom Urteil (meist von der Kostenentscheidung) betroffen. Dann ist die alte Partei als Beklagter zu 1) im Rubrum zu lassen und die neue als Beklagter zu 2) zusätzlich aufzunehmen.

- Im Fall des Parteibeitritts: Neue Partei zusätzlich ins Rubrum aufnehmen und durchnummerieren (Beklagter zu 2) usw.).

- Im Fall des gescheiterten Parteiwechsels: Neue Partei neben der alten Partei ins Rubrum aufnehmen. Gegen Sie wird durch klageabweisendes Prozessurteil entschieden.

b) Tatbestand
- Alten und neuen Antrag anführen, alten Antrag sofern möglich abkürzen
- Prozessgeschichte zu Parteiwechsel /-beitritt zwischen dem alten und dem neuen Antrag bringen

c) Entscheidungsgründe
- **Zulässigkeitsprobleme**
  - Zulässigkeit der Parteiänderung durch
  - Einwilligung analog § 263, 1. Alt. ZPO
  - Mutmaßliche Einwilligung analog § 267 ZPO
  - Sachdienlichkeit analog § 263, 2. Alt. ZPO
  - Für Parteiwechsel nach Beginn der mündlichen Verhandlung ist die Einwilligung des ursprünglichen Beklagten analog § 269 I ZPO erforderlich. Widerspricht der alte Beklagte, bleibt er im Verfahren. Aus dem angestrebten Parteiwechsel wird dann eine nachträgliche Streitgenossenschaft.
  - Sonderfall bei Parteiwechsel:
    Wenn der neue Beklagte der Verwertung der bisherigen Prozessergebnisse erfolgreich widerspricht, ist der Parteiwechsel nicht sachdienlich. Die Klage gegen ihn ist durch Prozessurteil abzuweisen. In der Sache wird dann nur gegen den alten Beklagten entschieden.

22. Rüge der örtlichen Zuständigkeit 497

a) Tatbestand
- Rüge und ggf. Begründung gehören ausschließlich in den streitigen Beklagtenvortrag

(Auf die richtige Terminologie achten: Der Beklagte rügt die Zuständigkeit, und nicht die Unzuständigkeit. Die Unzuständigkeit wird geltend gemacht!).

b) Entscheidungsgründe
- Entscheidung über Rüge im Rahmen der Zulässigkeit der Klage
- Häufige Aspekte:
    - §§ 12, 13 ZPO, Gerichtsstand des Wohnorts (Rn. 358)
    - § 29 ZPO i.V.m. §§ 269, 270 BGB Gerichtsstand des Erfüllungsorts (Rn. 360)
    - § 32 ZPO, Gerichtsstand der unerlaubten Handlung (Rn. 361)
    - § 39 ZPO, Rügelose Einlassung (Rn. 366)
    - §§ 38 ff. ZPO, Wirksamkeit einer Gerichtsstandsvereinbarung (Rn. 362)
    - § 35 ZPO, Wahlrecht zwischen mehreren Gerichtsständen (Rn. 360)
    - § 261 III Nr. 2 ZPO, perpetuatio fori (Rn. 359)
    - § 281 II 4 ZPO, Bindende Verweisung (Rn. 367)

F. Präsenzwissen zu häufig vorkommenden Klausurproblemen

498 23. Rüge der sachlichen Zuständigkeit

a) Tatbestand
- Rüge und ggf. Begründung gehören ausschließlich in den streitigen Beklagtenvortrag

b) Entscheidungsgründe
- Entscheidung über Rüge im Rahmen der Zulässigkeit der Klage
- Häufige Problemkreise:
    - **Objektive kumulative Klagenhäufung:** (Rn. 369)
        - Zuständigkeitsstreitwert: Addition der Einzelstreitwerte (§ 260 ZPO i.V.m. § 5, 1. Hs. ZPO)
        - Gebührenstreitwert identisch
    - **Einfache Streitgenossenschaft auf Beklagtenseite:** (Rn. 345)
        - Zuständigkeitsstreitwert: Addition der Einzelstreitwerte, sofern es sich um getrennte Ansprüche handelt.
        - Gebührenstreitwert identisch
    - **Echte eventuelle Klagenhäufung:** (Rn. 372)
        - Zuständigkeitsstreitwert: Der höhere Wert der beiden Einzelstreitwerte.
        - Gebührenstreitwert i.d.R. identisch (Ausnahme § 45 I 2 GKG selten)
    - **Unechte eventuelle Klagenhäufung:** (Rn. 373, 323)
        - Zuständigkeitsstreitwert: Die Summe der Einzelstreitwerte.
        - Gebührenstreitwert: Bei Klageabweisung nur der Wert des Hauptantrages, bei Erfolg der Klage Addition der beiden Einzelstreitwerte.
    - **Widerklagen** (Rn. 453)
        - Zuständigkeitsstreitwert: Der höhere Streitwert von Klage oder Widerklage (§ 5, 2. Hs. ZPO)
    - Gebührenstreitwert: Addition der Einzelstreitwerte von Klage und Widerklage (§ 45 I 1 GKG)
    - **Perpetuatio fori, § 261 III Nr. 2 ZPO** (Rn. 375)
    - **Rügelose Einlassung, § 39 ZPO** (Rn. 368)
    - **Mischmietverhältnisse**
      Zuständigkeitsstreitwert: Abgrenzung erfolgt nach Schwerpunkt. Klausurtaktisch muss das Gericht zuständig sein, bei dem die Klage erhoben worden ist. (Rn. 374)

24. Rüge der funktionellen Zuständigkeit   499

a) Tatbestand
- Rüge und ggf. Begründung gehören ausschließlich in den streitigen Beklagtenvortrag.

b) Entscheidungsgründe
- Entscheidung über Rüge im Rahmen der Zulässigkeit der Klage

Ein vor die Kammer für Handelssachen (KfH) i.S.v. §§ 93 ff. GVG gehörender Rechtsstreit gelangt zur KfH dadurch,

- dass der Kläger Klage vor der KfH erhebt, § 96 GVG, oder
- dass der Beklagte gem. § 98 GVG rechtzeitig den Antrag auf Verweisung an die KfH stellt.

Nach § 101 I 1 und 2 GVG ist der Verweisungsantrag nur vor der Verhandlung zur Sache oder innerhalb der Frist zur Klageerwiderung nach § 276 I 2 ZPO zulässig.

Examensrelevante Problemstellungen können also nur sein, dass die angerufene Zivilkammer zuständig ist, weil

- ein Verweisungsantrag inhaltlich unbegründet,
- verspätet oder
- von der falschen Partei gestellt worden ist.

500 25. Arrest

Entscheidungen ohne mündliche Verhandlung sind keine geeignete Klausuraufgabe, weil stattgebende Beschlüsse nicht begründet werden müssen (Umkehrschluss aus § 922 I 2 ZPO). Es dürfte also in Klausuren grds. eine Entscheidung nach einer mündlichen Verhandlung verlangt werden, die gem. § 922 I 1, 1. Alt. ZPO durch Urteil ergeht.

a) Besonderheiten gegenüber einem »normalen« Urteil
aa) Rubrum
- Es muss zur Klarstellung, dass es sich um ein Eilverfahren handelt, heißen:
  »*In dem Arrestverfahren*« statt »In dem Rechtsstreit«
- Die Parteien sind als *Arrestkläger / Arrestbeklagter* zu bezeichnen.
- Anwälte werden als *Verfahrensbevollmächtigte* angeführt.

bb) Tenor
- Anordnung des Arrests »*in das Vermögen*« des Antragsgegners / Arrestbeklagten, nicht in konkrete Vermögenswerte
- Arrestforderung (ggf. mit Nebenforderungen) genau bezeichnen
- Festsetzung eines Betrages erforderlich, durch dessen Hinterlegung der Gegner die Vollziehung des Arrests abwenden kann (§ 923 ZPO)
- Kostenentscheidung nach §§ 91 ff. ZPO.
- Es muss »*Kosten des Verfahrens*« und nicht »Kosten des Rechtsstreits« heißen.
- Ein Ausspruch zur vorläufigen Vollstreckbarkeit ergeht nur, wenn der Antrag durch Urteil zurückgewiesen wird (§ 708 Nr. 6 ZPO).
  Andernfalls ergeht keine Entscheidung über die vorläufige Vollstreckbarkeit.
  Bei Anordnung des Arrests durch Urteil folgt die Vollstreckbarkeit ohne Ausspruch aus der Natur der Eilentscheidung.
- Gem. § 926 I ZPO ist auf Antrag anzuordnen, dass binnen einer bestimmten Frist Klage zu erheben ist.

Beispiel eines Tenors:
»*Zur Sicherung der Forderung des Arrestklägers auf... aus... einschließlich Kosten und Nebenforderungen i.H.v. ..... wird der dingliche Arrest in das Vermögen des Arrestbeklagten angeordnet.*
Der Arrestbeklagte darf die Vollziehung des Arrests durch Hinterlegung von ... € abwenden.
Es wird angeordnet, dass der Arrestkläger bis zum ... Klage zu erheben hat.
Der Arrestbeklagte trägt die Kosten des Verfahrens.«

cc) Entscheidungsgründe
- Voranstellen des Ergebnisses
- Zulässigkeit des Antrags
- Grds. Zulässigkeit nach § 916 ZPO
- Zuständigkeit des angerufenen Gerichts gem. § 919 ZPO
- Begründetheit des Antrags
- Arrestanspruch, § 916 ZPO
- Arrestgrund, § 917 ZPO
- Prozessuale Nebenentscheidungen

26. Einstweilige Verfügung

501

Entscheidungen ohne mündliche Verhandlung sind keine geeignete Klausuraufgabe, weil stattgebende Beschlüsse nicht begründet werden müssen (Umkehrschluss aus §§ 936, 922 I 2 ZPO). Es dürfte also in Klausuren grds. eine Entscheidung nach einer mündlichen Verhandlung verlangt werden, die gem. §§ 936, 922 I 1, 1. Alt. ZPO durch Urteil ergeht.

a) Besonderheiten gegenüber einem »normalen« Urteil
aa) Rubrum
- Es muss zur Klarstellung, dass es sich um ein Eilverfahren handelt, heißen:
  »In dem einstweiligen Verfügungsverfahren« statt »In dem Rechtsstreit«
- Die Parteien sind als *Verfügungskläger / Verfügungsbeklagter* zu bezeichnen.
- Anwälte werden als *Verfahrensbevollmächtigte* angeführt.

bb) Tenor
- Anordnung der einstweiligen Verfügung bzw. Zurückweisung des Antrags
- Die Entscheidung in der Sache richtet sich nach § 938 ZPO. Das Gericht ist nicht an den Antrag gebunden. Es kann die Anordnung zur Erreichung des Zweckes nach freiem Ermessen treffen und entgegen § 308 ZPO auch ein Aliud regeln.
- Kostenentscheidung normal nach §§ 91 ff. ZPO.
  Es muss *»Kosten des Verfahrens«* und nicht »des Rechtsstreits« heißen.
- Ein Ausspruch zur vorläufigen Vollstreckbarkeit ergeht nur, wenn der Antrag durch Urteil zurückgewiesen wird (§ 708 Nr. 6 ZPO).
  Andernfalls keine Entscheidung über die vorläufige Vollstreckbarkeit
  Bei Anordnung der einstweiligen Verfügung durch Urteil folgt die Vollstreckbarkeit ohne Ausspruch aus der Natur der Eilentscheidung.
- Gem. §§ 936, 926 I ZPO ist auf Antrag anzuordnen, dass binnen einer bestimmten Frist Klage zu erheben ist.

  Beispiel eines Tenors:
  »Dem Verfügungsbeklagten wird aufgegeben, vom 1.10. bis zum 30.4. eines Jahres täglich von ... bis ... Uhr die Heizung im Hause ... so zu betreiben, dass in der Wohnung des Verfügungsklägers eine durchschnittliche Raumtemperatur von ... Grad erreicht wird.
  Es wird angeordnet, dass der Verfügungskläger bis zum ... Klage zu erheben hat.
  Der Verfügungsbeklagte trägt die Kosten des Verfahrens.«

cc) Entscheidungsgründe
- Voranstellen des Ergebnisses
- Zulässigkeit des Antrags
  - Grds. gem. §§ 935 oder 940 ZPO
  - Zuständigkeit des angerufenen Gerichts gem. § 937 ZPO
- Begründetheit des Antrags
  - Verfügungsanspruch
  - Verfügungsgrund
- Prozessuale Nebenentscheidungen

502 27. Kostenentscheidung

a) Tenor

- Kostenausspruch bei einheitlicher Kostengrundentscheidung

  – Bei vollem Unterliegen einer Partei (§ 91 I 1 ZPO)
  – Bei nahezu vollem Unterliegen einer Partei (§ 92 II ZPO):
  Die Kosten des Rechtsstreits trägt der Kläger/der Beklagte.
  – Bei Kostenaufhebung (§ 92 I 1, 1. Alt. ZPO):
  Die Kosten des Rechtsstreits werden gegeneinander aufgehoben.
  – Bei Kostenteilung nach den jeweiligen Unterliegensquoten (§ 92 I 1, 2. Alt. ZPO):
  Von den Kosten des Rechtsstreits trägt der Kläger..., der Beklagte...

  Achtung: Kostenteilung = Teilabweisung und doppelte vorläufige Vollstreckbarkeit!

- Kostenausspruch in gesetzlich geregelten Fällen der Kostentrennung

  – Kosten der Säumnis, wenn auf Einspruch die säumige Partei obsiegt (§ 344 ZPO), z.B.:
  »Der Kläger trägt die Kosten des Rechtsstreits mit Ausnahme der durch die Säumnis des Beklagten im Termin vom ... entstandenen Kosten. Diese trägt der Beklagte.«
  Wenn die säumige Partei nach Einspruch verliert, lautet der Kostenausspruch z.B.:
  »Der Beklagte trägt auch die weiteren Kosten des Rechtsstreits.«
  – Kosten der Anrufung eines örtlich unzuständigen Gerichts bei Obsiegen des Klägers nach Verweisung an das örtlich zuständige Gericht (§ 281 III 2 ZPO):
  »Der Beklagte trägt die Kosten des Rechtsstreits mit Ausnahme der Kosten, die durch die Anrufung des örtlich unzuständigen Gerichts entstanden sind. Diese trägt der Kläger.«
  – Wenn z.B. zwei Beklagte voll verurteilt werden, B 1) durch Versäumnisurteil und B 2) nach streitiger Verhandlung, lautet die Kostenentscheidung:
  »Die Kosten des Rechtsstreits tragen die Beklagten mit Ausnahme der durch die streitige Verhandlung verursachten Mehrkosten. Diese trägt der Beklagte zu 2).«

  **Achtung: Bei Kostentrennung den ausgenommenen Teil der anderen Partei auferlegen!
  Auch in diesen Fällen an die doppelte vorläufige Vollstreckbarkeit denken!**

b) Tatbestand

- Keine Kostenanträge aufnehmen. Die Kostenentscheidung ergeht von Amts wegen, § 308 II ZPO. Ausnahme: Bei vollständigen übereinstimmenden Erledigungserklärungen werden Kostenanträge üblicherweise angeführt:
  »Die Parteien haben daraufhin den Rechtsstreit in der Hauptsache für erledigt erklärt und stellen wechselseitige Kostenanträge.«

c) Entscheidungsgründe

- Prozessuale Nebenentscheidungen:
  Jeweils die einschlägige Norm zur Begründung der Kostengrundentscheidung mit Angabe von Absatz, Satz und Alternative zitieren. Hinzukommen bei

  – Widerklagen § 45 I 1 und 3 GKG (Regelfall: Streitwertaddition)
  – Haupt- und Hilfsanträgen § 45 I 2 und 3 GKG (Regelfall: Keine Streitwertaddition)
  – Hilfsaufrechnung mit bestrittenen Gegenforderungen § 45 III GKG
  – Teilrücknahme § 269 III 2 oder 3 ZPO
  – Kostentrennung ggf. §§ 100 III, 344, 281 III 2 ZPO oder § 96 ZPO
  – sofortigem Teilanerkenntnis § 93 ZPO

  Eine weitere Begründung der Kostenentscheidung unterbleibt.

  Ausnahme: Bei übereinstimmender Teilerledigungserklärung muss der Teil der Kostenentscheidung, der auf § 91 a ZPO beruht, im Rahmen der Kostenentscheidung begründet werden.
  Bzgl. der vorläufigen Vollstreckbarkeit ist der Teil der Kosten, der auf § 91 a ZPO beruht, auszurechnen und ohne Sicherheit für vorläufig vollstreckbar zu erklären.

28. Vorläufige Vollstreckbarkeit 503

a) Entscheidende Fragen
- Wer kann was gegen wen vollstrecken?
- Greift § 708 Nr. 11 ZPO oder § 709 S. 1 ZPO?
  (Wertgrenzen: 1.250,- € Hauptsache / 1.500,- € Kosten)
- Schließt § 713 ZPO die Anwendung von § 711 ZPO aus?
- Wie hoch ist die Sicherheitsleistung oder kann gem. § 709 S. 2 ZPO tenoriert werden?

b) Tenor
aa) Ausspruch über die vorläufige Vollstreckbarkeit im Fall der §§ 708 Nr. 11, 711 ZPO
»Das Urteil ist vorläufig vollstreckbar. Der Kläger / Beklagte darf die Vollstreckung durch Sicherheitsleistung i.H.v. ... € abwenden, wenn der ... (jeweils andere) nicht vor der Vollstreckung Sicherheit in gleicher Höhe leistet.«

Alternativ (nach § 711 S. 2 ZPO i.V.m. § 709 S. 2 ZPO analog, wenn ausschließlich Geldforderungen vollstreckt werden):

»Das Urteil ist vorläufig vollstreckbar. Der Kläger / Beklagte darf die Vollstreckung durch Sicherheitsleistung i.H.v. 110% des aufgrund des Urteils vollstreckbaren Betrages abwenden, wenn der ... (jeweils andere) nicht vor der Vollstreckung Sicherheit in Höhe von 110% des jeweils zu vollstreckenden Betrages leistet.«

Bei doppelter Abwendungsbefugnis:

»Das Urteil ist vorläufig vollstreckbar. Der jeweilige Vollstreckungsschuldner darf die Vollstreckung durch Sicherheitsleistung i.H.v. 110% des aufgrund des Urteils vollstreckbaren Betrages abwenden, wenn der jeweilige Vollstreckungsgläubiger nicht vor der Vollstreckung Sicherheit i.H.v. 110% des jeweils zu vollstreckenden Betrages leistet.«

bb) Ausspruch über die vorläufige Vollstreckbarkeit im Fall des § 709 S. 1 ZPO
»Das Urteil ist gegen Sicherheitsleistung i.H.v. ... € vorläufig vollstreckbar.«

Alternativ nach § 709 S. 2 ZPO bei der Vollstreckung von Geldforderungen:

»Das Urteil ist gegen Sicherheitsleistung i.H.v. 110% des jeweils zu vollstreckenden Betrages vorläufig vollstreckbar.«

cc) Kombinierte Anwendung von §§ 708 Nr. 11, 2. Alt., 711 S. 1 ZPO und § 709 S. 1 ZPO
*»Das Urteil ist vorläufig vollstreckbar, für den Kläger jedoch nur gegen Sicherheitsleistung i.H.v. ... €.
Der Kläger darf die Vollstreckung durch Sicherheitsleistung i.H.v. ... € abwenden, wenn der Beklagte nicht vor der Vollstreckung Sicherheit in gleicher Höhe leistet.«*

Alternativ nach § 709 S. 1, 2 ZPO i.V.m. §§ 708 Nr. 11, 2. Alt., 711 S. 1, 2 ZPO i.V.m. § 709 S. 2 ZPO analog:

»Das Urteil ist vorläufig vollstreckbar, für den Kläger jedoch nur gegen Sicherheitsleistung i.H.v. 110% des jeweils zu vollstreckenden Betrages. Der Kläger darf die Vollstreckung durch Sicherheitsleistung i.H.v. 110% des aufgrund des Urteils vollstreckbaren Betrages abwenden, wenn der Beklagte nicht vor der Vollstreckung Sicherheit in Höhe von 110% des jeweils zu vollstreckenden Betrages leistet.«

dd) Bei Bestätigung eines stattgebenden Versäumnisurteils ist die vorläufige Vollstreckbarkeit in den Fällen des § 709 ZPO nach § 709 S. 3 ZPO zu tenorieren:

»*Das Urteil ist gegen Sicherheitsleistung von 110% des jeweils zu vollstreckenden Betrages vorläufig vollstreckbar. Die Vollstreckung aus dem Versäumnisurteil darf nur gegen Leistung dieser Sicherheit fortgesetzt werden.*«

ee) Die vorläufige Vollstreckbarkeit nach übereinstimmender Teilerledigungserklärungen

In diesen Fällen muss der auf den für erledigt erklärten Teil entfallende Kostenanteil ausgerechnet und isoliert ohne Sicherheitsleistungen für vorläufig vollstreckbar erklärt werden. (Beispiel unter Rn. 227)

Wenn § 709 ZPO greift lautet die vorläufige Vollstreckbarkeit:

»*Das Urteil ist vorläufig vollstreckbar, hinsichtlich eines beizutreibenden Betrages in Höhe von ... € ohne Sicherheitsleistung, im Übrigen nur gegen Sicherheitsleistung in Höhe von 110 % des jeweils zu vollstreckenden Betrages.*«

Diese Tenorierung gilt auch in Fällen von § 269 III 3 ZPO.

In Fällen, in denen sich die vorläufige Vollstreckbarkeit nach §§ 708 Nr. 11, 711 ZPO richtet, lautet die vorläufige Vollstreckbarkeit:

»*Das Urteil ist vorläufig vollstreckbar, hinsichtlich eines beizutreibenden Betrages in Höhe von .... € ohne Sicherheitsleistung. Im Übrigen darf der Beklagt die Zwangsvollstreckung durch Sicherheitsleistung in Höhe von 110 % des aufgrund des Urteils vollstreckbaren Betrages abwenden, wenn nicht der Kläger vor der Vollstreckung Sicherheit in Höhe von 110 % des jeweils zu vollstreckenden Betrages leistet.*«

c) Tatbestand
- Grds. keine Anträge der Parteien nach § 708 Nr. 11 ZPO bzw. § 709 ZPO aufnehmen. Die Entscheidung über die vorläufige Vollstreckbarkeit ergeht von Amts wegen.
- Nur die besonderen Vollstreckungsschutzanträge des Schuldners (§§ 712, 714 ZPO) bzw. des Gläubigers (§§ 710, 711 S. 3 ZPO) und den Vortrag zur Glaubhaftmachung aufnehmen.

d) Entscheidungsgründe
- Prozessuale Nebenentscheidungen:
  - Jeweils einschlägige Normen, auf denen die Entscheidung über die vorläufige Vollstreckbarkeit beruht, präzise zitieren.
  - Ggf. Entscheidung über besondere Vollstreckungsschutzanträge kurz darlegen. (Auf Glaubhaftmachung gem. § 714 II ZPO achten.)

29. Voll zusprechende Urteile

504

a) Tenor (Rn. 160 f.)

- Kostenausspruch: »*Die Kosten des Rechtsstreits trägt der Beklagte.*«

b) Entscheidungsgründe

- Aufbau: (Rn. 234 f.)
    - Pauschales Voranstellen des Ergebnisses
    - Ausführungen zur Zulässigkeit der Klage
      (Bei eventuellen Klagenhäufungen sollten Sie keine Ausführungen zur Zulässigkeit des Hilfsantrags machen, da über diesen Antrag bei vollem Erfolg des Hauptantrages nicht entschieden wird.)
    - Ausführungen zur Begründetheit der Klage aus einer Anspruchsgrundlage je Antrag
      (alle Tatbestandsvoraussetzungen der Anspruchsgrundlage sind darzustellen)
    - Ausführungen zu Nebenforderungen
    - Prozessuale Nebenentscheidungen
      Die Kostenentscheidung folgt bei vollem Erfolg grds. immer aus § 91 I 1 ZPO
      Einschränkung: Fälle der Kostentrennung (Rn. 177 ff.)
      Die Entscheidung über die vorläufige Vollstreckbarkeit beruht je nach Wertgrenze auf § 709 ZPO oder §§ 708 Nr. 11, 1. Alt., 711 ZPO (Rn. 215 ff.)

505 **30. Voll abweisende Urteile**

a) Tenor (Rn. 160 f.)
- Kostenausspruch in der Regel:
»*Die Kosten des Rechtsstreits trägt der Kläger.*«

Ausnahme bei einer erfolgreichen Hilfsaufrechnung wegen § 45 III GKG:
»*Die Kosten des Rechtsstreits werden gegeneinander aufgehoben.*« (Rn. 205 f.)

b) Entscheidungsgründe
- Aufbau bei einem Antrag oder bei objektiver kumulativer Klagenhäufung: (Rn. 252 f.)

    – Pauschales Voranstellen des Ergebnisses
    – Ausführungen zur Zulässigkeit der Klage (auch bei kumulativer Klagenhäufung grds. alle Zulässigkeitsaspekt zusammen vor der Begründetheit ansprechen)
    Das Vorliegen sog. qualifizierter Prozessvoraussetzungen kann offen bleiben, wenn sie schlüssig vorgetragen sind und die Klage in der Sache erfolglos ist.
    Beispiele: Unbegründete Feststellungsklagen
    Unbegründete Klagen am Gerichtsstand der unerlaubten Handlung
    – Ausführungen zur fehlenden Begründetheit der Klage aus allen in Betracht kommenden Anspruchsgrundlagen je Antrag; dabei grds. nur jeweils diejenige Tatbestandsvoraussetzung der Norm darlegen, die nicht vorliegt und nichts zu den anderen sagen. Doppel- oder Hilfsbegründungen sind aber erlaubt und ggf. erforderlich, aber nur, soweit sie andere, ebenfalls fehlende Voraussetzungen der Norm betreffen.
    – Ggf. Ausführungen dazu, dass dem Kläger unter Berücksichtigung von § 308 I ZPO auch kein »Minus« zusteht.
    – Prozessuale Nebenentscheidungen

- Aufbau bei eventueller Klagenhäufung: (Rn. 254 f.)

Da wegen des Misserfolgs des Hauptantrages über den Hilfsantrag zu entscheiden ist, machen Sie nach den Ausführungen zur fehlenden Begründetheit des Hauptantrages Ausführungen zur Zulässigkeit des Hilfsantrags.

    – Pauschales Voranstellen des Ergebnisses
    – Ausführungen zur Zulässigkeit der Klage hinsichtlich des Hauptantrages
    – Ausführungen zur fehlenden Begründetheit des Hauptantrages aus allen Anspruchsgrundlagen
    – Ausführungen zur Zulässigkeit des Hilfsantrages
    (Ausführungen zur Zulässigkeit der eventuellen Klagenhäufung gem. § 260 ZPO als besondere Sachurteilsvoraussetzung des Hilfsantrages sind i.R.d. Zulässigkeit des Hilfsantrages anzusprechen.)
    – Ausführungen zur fehlenden Begründetheit des Hilfsantrages aus allen Anspruchsgrundlagen
    – Prozessuale Nebenentscheidungen

31. Teilweise zusprechende Urteile 506

a) Tenor
- An die Teilabweisung denken: »*Im Übrigen wird die Klage abgewiesen.*«
- Die Kostenentscheidung folgt aus einer der drei Varianten von § 92 ZPO.
- Geteilte Kostenentscheidung bedeutet doppelte vorläufige Vollstreckbarkeit.

b) Entscheidungsgründe (Rn. 257 ff.)

- **Aufbau bei einem Antrag:**
  - Pauschales Voranstellen des Ergebnisses
  - Ausführungen zur Zulässigkeit der Klage
  - Ausführungen zur teilweisen Begründetheit der Klage aus einer Anspruchsgrundlage je Antrag mit allen Voraussetzungen der Norm
  - Ausführungen zur fehlenden Begründetheit im Übrigen aus allen Anspruchsgrundlagen unter Darlegung nur der Voraussetzung, an der die Norm scheitert (ggf. Doppelbegründungen)
  - Ausführungen zu Nebenforderungen
  - Prozessuale Nebenentscheidungen

- **Aufbau bei objektiver kumulativer Klagenhäufung:**
  - Nach möglichen »echten« Zulässigkeitsaspekten folgt die Darlegung der Zulässigkeit der Klagenhäufung gem. § 260 ZPO unmittelbar vor der Begründetheit.
  - Wenn der Kläger mehrere Sachanträge stellt und nicht voll obsiegt, sind die einzelnen Anträge in derselben Reihenfolge abzuhandeln, in der sie gestellt worden sind. Innerhalb der einzelnen Anträge zunächst den zuerkannten Teil darstellen und danach darlegen, warum dem Kläger der Rest nicht zusteht.
  - Wenn noch ein Hilfsantrag hinzukommt, gilt insoweit das Folgende entsprechend.

- **Aufbau bei objektiver eventueller Klagenhäufung:**
  - Ausführungen zum Hilfsantrag nur bei Misserfolg des Hauptantrags
  - Zulässigkeitsaspekte bzgl. des Hilfsantrags erst unmittelbar vor den Ausführungen zur Begründetheit des Hilfsantrags

Wenn der Hauptantrag abgewiesen und dem Hilfsantrag stattgeben wird:

- Pauschales Voranstellen des Ergebnisses
- Ausführungen zur Zulässigkeit der Klage hinsichtlich des Hauptantrages
- Ausführungen zur Unbegründetheit des Hauptantrages aus allen Anspruchsgrundlagen
- Ausführungen zur Zulässigkeit des Hilfsantrages
  (Ausführungen zur Zulässigkeit der eventuellen Klagenhäufung gem. § 260 ZPO als besondere Sachurteilsvoraussetzung des Hilfsantrages i.R.d. Zulässigkeit des Hilfsantrages ansprechen)
- Ausführungen zur Begründetheit des Hilfsantrages aus einer Anspruchsgrundlage
- Ausführungen zu Nebenforderungen
- Prozessuale Nebenentscheidungen

Wenn dem Hauptantrag überwiegend stattgegeben wird:

Bei Teilerfolg des Hauptantrages müssen Sie ggf. durch Auslegung klären, ob die Bedingung für die Entscheidungsbefugnis über den Hilfsantrag eingetreten ist oder ob der Kläger den Teilerfolg des Hauptantrages vorzieht. Dabei ist von vernünftigen wirtschaftlichen Erwägungen auszugehen, wenn sich aus der Vorlage nichts Anderes ergibt. (Rn. 255)

507 **32. Vorlage mit Beweisaufnahme durch Zeugenvernehmung**

a) Tatbestand (Rn. 73 f.)
– Tatsache, dass Beweisaufnahme stattgefunden hat, am Ende des Tatbestandes anführen.
– Angabe des Beweismittels erforderlich, Beweisthema fakultativ.
– Ergebnis der Beweisaufnahme, d.h. Inhalt der Zeugenaussage, gehört hier nicht hin.

b) Entscheidungsgründe (Rn. 281 ff.)
Darstellung und Aufbau

- Voranstellen des Ergebnisses bzgl. der streitigen Tatsache

- Ergebnis der Beweisaufnahme, d.h. Inhalt der Zeugenaussage, gestrafft wiedergeben.
  – Wertungen vermeiden. Es darf nicht heißen: Der Zeuge konnte nicht sehen, ob ...
    Es muss lauten: »*Der Zeuge hat bekundet, er habe nicht sehen können, ob ...*«
  – Bei mehreren Zeugenaussagen sinnvolle Reihenfolge beachten:
  – Wenn alle Aussagen unergiebig oder positiv ergiebig sind, ist die Reihenfolge beliebig.
  – Wenn die Aussagen unterschiedlich sind, beginnen Sie mit der Aussage, der Sie folgen, stellen dann die gegenteiligen und ggf. zum Schluss die unergiebigen Aussagen dar.

- Beweiswürdigung bei zumindest einem positiv ergiebigen Beweismittel (und nur dann!)
  – Wahrnehmungsmöglichkeit, -fähigkeit, -bereitschaft der Zeugen
  – Vorhandensein oder Fehlen möglicher eigener Interessen
  – Persönliche Nähe des Zeugen zu einer Partei oder seine »Neutralität«
  – Plausibilität der Schilderung, Lebensnähe
  – Detailwissen des Zeugen, Erinnerungslücken, Antworten auf Nachfragen

c) Klausurtaktische Überlegungen (89 ff.)
– Eine durchgeführte Beweisaufnahme war für die Entscheidungsreife erforderlich.
– Die Tatsache, über die Beweis erhoben worden ist, ist erheblich.
– Eine Lösung ohne Berücksichtigung der Beweisaufnahme entspricht nicht der Lösungsskizze und ist mit einiger Sicherheit falsch.
– Wenn eine Beweisaufnahme nur auf Antrag einer Partei erfolgt ist, hat diese die Beweislast.
– Eine unergiebige Beweisaufnahme führt zur Beweisfälligkeit der beweisbelasteten Partei.
– Bei einer unergiebigen Beweisaufnahme kann der Beweispflichtige mit seinem Antrag keinesfalls voll durchdringen.
– Wenn bei einem Anspruch eine unergiebige Beweisaufnahme eine anspruchsbegründende oder anspruchsvernichtende Voraussetzung betroffen hat, verliert der Beweispflichtige.

Daraus folgen entscheidende Rückschlüsse für die richtige Lösung, z.B.:

- Eine Beweisaufnahme zur Höhe einer Forderung indiziert, dass der Anspruch grds. gegeben ist.
- Eine Beweisaufnahme zur Frage einer Abnahme deutet auf einen Werkvertrag hin.
- Eine Beweisaufnahme nur zu rechtsvernichtenden Einwendungen des Beklagten besagt,
  – dass die Klage ansonsten ganz oder zum Teil begründet wäre und
  – dass das Vorbringen des Beklagten zumindest insofern erheblich ist.
- Eine Beweisaufnahme ausschließlich zu streitigen Tatsachen, die eine hilfsweise zur Aufrechnung gestellte Forderung des Beklagten betreffen, besagt,
  – dass die Klageforderung ansonsten ganz oder teilweise zuzusprechen wäre,
  – dass die in erster Linie vorgebrachten Einreden und Einwendungen des Beklagten gegen die Klageforderung scheitern,
  – dass der Vortrag zur Hilfsaufrechnung jedenfalls schlüssig ist,
  – dass das Bestreiten des Klägers hinsichtlich der Tatsachen, die zur Schlüssigkeit der Hilfsaufrechnung gehören, zumindest in einem Punkt erheblich ist.
- Eine Beweisaufnahme ausschließlich zu Behauptungen, die einen Hilfsantrag betreffen, besagt, dass der Hauptantrag nicht begründet ist.

33. Die Vorlage ohne Beweisaufnahme 508

Im Examen sollten Sie von Folgendem ausgehen:

»Ein Rechtsstreit ohne Beweisaufnahme ist auch ohne Beweisaufnahme entscheidungsreif!«

Wenn nach Ihrer Analyse des Falles aber eine Beweisaufnahme erforderlich ist, die nicht durchgeführt worden ist, kann dies auf Folgendem beruhen:

- Ihre Lösung ist richtig, aber eine Beweisaufnahme ist nicht erforderlich.
- Ihre Lösung ist ganz oder teilweise falsch.

Auf keinen Fall dürfen Sie auf der Grundlage des üblichen Bearbeitervermerks, etwaige Hinweise und Sachverhaltsermittlungen seien erfolglos geblieben, ungeprüft die ergebnislose Durchführung einer Beweisaufnahme unterstellen. Dies ist in der Regel ein schwerer Fehler, weil das Fehlen einer Beweisaufnahme ein sicheres Indiz dafür ist, dass der Rechtsstreit ohne Beweisaufnahme entscheidungsreif ist.

Woran kann es liegen, dass die Annahme, eine Beweisaufnahme sei erforderlich, falsch ist?

1. Sie sollten Ihre Lösung summarisch überprüfen. Wenn Sie bei Ihrem Ergebnis bleiben, folgt:
2. Woran kann es liegen, dass bei meiner Lösung eine Beweisaufnahme nicht erforderlich ist?

Überprüfen Sie die verschiedenen denkbaren Gründe anhand des Schemas:

- **Es liegt kein Beweisantrag vor.**

- **Es liegt zwar ein Beweisantrag vor, aber nicht von der beweisbelasteten Partei.**

- **Der Beweisantritt der beweisbelasteten Partei ist nicht ordnungsgemäß.**
    - Der Zeuge wird als »N.N.« oder als »ein noch zu benennender Mitarbeiter« benannt.
    - Die beweisbelastete Partei reagiert auch nicht nach Fristsetzung, § 356 ZPO.
    - Sie hat den Gebührenvorschuss entweder nicht oder zu spät gezahlt, § 379 ZPO.
    - Für das Gutachten eines Sachverständigen fehlt es an Anknüpfungstatsachen.
    - Der angebotene »Zeuge« ist Partei.
    - Der einfache Streitgenosse wird zu einer »gemeinsamen« Tatsache als Zeuge benannt.
    - Der streitgenössische Nebenintervenient ist als Zeuge benannt.

- **Die Beweisaufnahme ist unzulässig.**
    - Die Beweiserhebung wäre ein unzulässiger Ausforschungsbeweis.
    - Die eigene Parteivernehmung ist ohne Zustimmung des Gegners unzulässig, § 447 ZPO.
    - Der Antrag betrifft Tatsachen, deren Gegenteil das Gericht für erwiesen hält, § 445 II ZPO.
    - Der Zeuge hat ohne Wissen des Gegners am Telefon mitgehört.
    - Der Beklagte ist gem. § 296 ZPO i.V.m. § 276 I 2 ZPO präkludiert.

- **Die Beweisaufnahme ist überflüssig.**
    - Der Gegner des Beweispflichtigen hat die einfachere Beweisführung vereitelt.
    - Es liegt ein Fall von § 287 ZPO vor.
    - Die behauptete Tatsache ist schon bewiesen.
    - Es liegen offenkundige Tatsachen vor.
    - Es greifen gesetzliche oder tatsächliche Vermutungen ein.
    - Es greifen die Grundsätze der sog. »Hilfstatsachen«.
    - Eine Ortsbesichtigung ist nicht zum Verständnis erforderlich, § 144 ZPO.

Wenn das auch erfolglos bleibt:

Erst wenn Sie bei Ihrer Lösung keine Möglichkeit gefunden haben, eine Beweisaufnahme zu umgehen, sollten Sie Ihre Lösung neu durchdenken mit dem Ziel, bei den entscheidenden Weichenstellungen zu einem Ergebnis zu kommen, bei dem eine Beweisaufnahme nicht erforderlich ist.

509 34. Zinsen

Zu unterscheiden:

- **Prozesszinsen** gem. §§ 291, 288 I 2 BGB analog
- **Verzugszinsen** gem. §§ 286 I 1, 288 I BGB

Prozesszinsen sind i.H.v. 5 Prozentpunkten (nicht 5%) über dem jeweiligen Basiszinssatz zuzusprechen, wenn die Forderung nach dem 1.5.2000 fällig geworden ist (»jeweilig«, weil sich der Basiszinssatz laufend ändert).

Unter Kaufleuten ist der Zinssatz gem. § 288 II BGB 8 Prozentpunkte über dem jeweiligen Basiszinssatz.

Für Forderungen, die vor dem 1.5.2000 fällig geworden sind, gilt durchgehend der »alte« Zinssatz i.H.v. 4 %, also auch über den 1.5.2000 hinaus.

Für Forderungen wegen Entziehung oder Beschädigung einer Sache beginnt der Zinsanspruch gem. **§ 849 BGB** mit dem Schadenseintritt. Der Zinssatz beträgt gem. § 246 BGB 4%. Ab einem späteren Verzug oder ab Rechtshängigkeit fallen dann entsprechend höhere Zinsen an.

Vorlage einer Bankbescheinigung ist qualifizierter Vortrag; schlichtes Bestreiten des Beklagten reicht nicht.

Unzureichender Vortrag zu Zinsen erfordert gem. **§ 139 II 1 ZPO** keinen richterlichen Hinweis. Deshalb ist kein klausurtaktischer Rückschluss auf das Scheitern der Klage oder des Zinsanspruchs möglich.

Auf Fallen in Bezug auf den Zinsbeginn und die Zinshöhe achten!

- **Auf Schlüssigkeit des Vortrags zur Zinsforderung achten!**
  Nicht aus dem Schweigen des Beklagten zur Zinsforderung darauf schließen, dass die Zinsforderung auch begründet ist. Schweigen macht den Vortrag des Klägers nur unstreitig, nicht aber schlüssig.

- Wenn Kläger **Darlehenszinsen als Verzugsschaden** geltend macht, muss Kläger grds. vortragen und im Bestreitensfall auch beweisen, dass er einen Kredit zu dem beantragten Zinssatz zumindest in Höhe der Klageforderung seit dem beantragten Zeitpunkt in Anspruch nimmt.

- Wenn Verzugsschaden aus **entgangenem Anlagevorteil** besteht, spricht eine Anscheinsvermutung dafür, dass wirtschaftlich denkende Menschen Beträge etwa ab 1.000,– € bei rechtzeitigem Eingang zinsträchtig angelegt hätten. Wenn Kläger eine übliche Anlageform vorträgt, ist das einfache Bestreiten des Beklagten unsubstantiiert.

- Bei Zug um Zug-Urteil keine Zinsen zusprechen, weil Verzug Einredefreiheit voraussetzt.

- Der Kläger beantragt oft Zinsen ab dem letzten Tag der Zahlungsfrist. Die Zinsen dürfen aber analog § 187 I BGB erst ab dem folgenden Tag zuerkannt werden.

- Wenn der Kläger Zinsen »ab Rechtshängigkeit« beantragt, ist Zinsbeginn analog § 187 I BGB der Tag nach der Zustellung der Klage. In den Entscheidungsgründen ist dies unter Hinweis auf § 187 I BGB analog unter Angabe der Fundstelle (Palandt/*Heinrichs*, Rn. 1 a.E.) zu erläutern. Die teilweise Klageänderung nicht vergessen!

- Bei unbegründeten Verzugszinsen bildet der beantragte Zinssatz (z.B. 10%) wegen § 308 I ZPO die Obergrenze für die gesetzlichen Zinsen:
  »... *nebst Zinsen i.H.v. 5 Prozentpunkten über dem jeweiligen Basiszinssatz seit dem..., höchstens aber 10%.*«

Beachte: Auch bei minimalen Abweichungen vom beantragten Zins die Teilabweisung nicht vergessen! »*Im Übrigen wird die Klage abgewiesen.*«

II. Die Klausurprobleme im Einzelnen

35. Streitwert 510

Der Streitwertbeschluss ist als gesonderter Beschluss nach dem Urteil abzufassen und nicht im Tenor oder als letzter Satz des Urteils nach den prozessualen Nebenentscheidungen zu bringen:

»Beschluss in pp. (volles Rubrum)

Der Streitwert wird gem. §§ 4, 5 ZPO i.V.m. § 45 III GKG auf ... € festgesetzt.

Unterschriften der erkennenden Richter«

(Die obige Anmerkung *(volles Rubrum)* ist eine Anweisung für den Schreibdienst und bedeutet nicht, dass Sie in der Klausur noch einmal das volle Rubrum schreiben sollen.)

Die beiden maßgeblichen Streitwertarten sind: (Rn. 176)

- **Zuständigkeitsstreitwert** (§§ 1 bis 9 ZPO) regelt die Abgrenzung der sachlichen Zuständigkeit von Amts- und Landgerichten, §§ 23 und 71 GVG. Der Zuständigkeitsstreitwert bei mehreren kumulativ gestellten Anträgen ergibt sich aus § 5 ZPO.
- **Gebührenstreitwert** (vorrangig §§ 39 ff. GKG, subsidiär die §§ 3 bis 9 ZPO) regelt die Höhe der Gerichts- und Rechtsanwaltsgebühren. In Ihrem Streitwertbeschluss entscheiden Sie über den Gebührenstreitwert.

Der Gebührenstreitwert ist wichtig für die Kostenentscheidung, insbesondere bei Widerklagen, Haupt- und Hilfsanträgen sowie Hilfsaufrechnungen.

Der Zuständigkeits- und Gebührenstreitwert von positiven Feststellungsanträgen beträgt i.d.R. 80% des entsprechenden Leistungsantrags, bei negativen Feststellungsanträgen ist er gleich hoch wie der des entsprechenden Leistungsantrags.

Besonders wichtig ist § 45 GKG.

- **Bei Klage und Widerklage** ist der Gebührenstreitwert gem. § 45 I 1 GKG in der Regel die Summe der Einzelstreitwerte. (Rn. 187 f.).
- **Bei Haupt- und Hilfsanträgen** ist der Gebührenstreitwert nach § 45 I 2 und 3 GKG grds. der höhere Streitwert der beiden Anträge. Das wird in der Regel der Wert des Hauptantrages sein (Rn. 189).
- **Bei Primäraufrechnungen** ist der Gebührenstreitwert grds. der normale Streitwert der Klage. § 45 GKG greift nicht.
  Ausnahme: Wenn der Beklagte mit mehreren Gegenforderungen »primär« die Aufrechnung erklärt, sind diejenigen Forderungen, die zur Klageabweisung nur dann erforderlich sind, wenn vorrangige Forderungen scheitern, Hilfsaufrechnungsforderungen, die den Streitwert nach § 45 III GVG erhöhen, sofern über sie entschieden wird (Rn. 204).
- **Bei Hilfsaufrechnungen** erhöht sich nach § 45 III GKG der Gebührenstreitwert in dem Umfang, in dem über die streitige Gegenforderung eine der Rechtskraft fähige Entscheidung ergeht.
  Grundsätzlich kann sich der Streitwert der Klage durch eine Hilfsaufrechnung nur verdoppeln. Ausnahme: Die Gegenforderung des Beklagten besteht aus mehreren die Aufrechnungsforderung übersteigenden Teilbeträgen, über die entschieden wird.
  Wenn die Klage bereits scheitert, weil sie unschlüssig ist oder der Beklagte mit seinen in erster Linie vorgebrachten Einreden oder Einwendungen durchdringt, kommt die Hilfsaufrechnung gar nicht zum Zuge. § 45 III GKG greift nicht. Es bleibt beim Streitwert der Klage (Rn. 205 f.).
  Das gleiche gilt, wenn die Hilfsaufrechnung aus prozessualen Gründen scheitert, z.B. wegen Verstoßes gegen § 253 II Nr. 2 ZPO (fehlende Bestimmtheit), wegen fehlender Rechtswegzuständigkeit oder aufgrund von Präklusion.

Beachte: Wenn § 45 GKG den Gebührenstreitwert beeinflusst, müssen Sie die Vorschrift bei den prozessualen Nebenentscheidungen neben der Kostennorm und auch im Streitwertbeschluss zitieren (s. obiges Beispiel).

G. Fehlerwarnung

Im Folgenden finden Sie eine Aufstellung der »beliebtesten« Fehler in einer zivilgerichtlichen Klausur.

I. Rubrum (Rn. 152 ff.)

511

- Die Reihenfolge der »Essentialia« eines Rubrums ist falsch.
- Es wird ein Verkündungsvermerk angebracht, obwohl die Aufgabe in der Regel lautet: »Entwerfen Sie die Entscheidung des Gerichts.« Der Verkündungsvermerk ist aber keine Aufgabe des Gerichts, sondern der Geschäftsstelle.
- Es fehlt das Aktenzeichen.
- Es fehlt die Bezeichnung des Gerichts.
- Es fehlt bei Urteilen die Überschrift »Im Namen des Volkes«.
- Die Urteilsart ist falsch bezeichnet (z.B. Urteil statt Teilanerkenntnis- und Schlussurteil).
- Die Bezeichnung der Parteien ist unkorrekt oder unvollständig (es fehlt z.B. Kläger und Widerbeklagter oder Verfügungskläger bzw. Verfügungsbeklagter).
- Die Anschriften der Parteien oder der Parteivertreter fehlen.
- Die ohnehin überflüssigen Berufsbezeichnungen sind falsch, z.B. »Kaufmann« entgegen §§ 1 ff. HGB.
- Bei juristischen Personen fehlt die Angabe der Vertretungsberechtigten mit voller Anschrift.
- Es fehlt die Angabe beigetretener Streitgenossen mit voller Anschrift.
- Nicht beigetretene Streitgenossen werden überflüssigerweise aufgeführt.
- Bei Urteilen des Amtsgerichts fehlt die Bezeichnung der Abteilung.
- Bei Urteilen des Landgerichts fehlt die Bezeichnung der Kammer.
- Die Angabe der »erkennenden« Richter fehlt, ist unvollständig oder fehlerhaft.
  Es ist ratsam, die zutreffenden Amtsbezeichnungen anzuführen (Vorsitzender Richter am Landgericht, Richter am Landgericht, Richter bzw. die entsprechende weibliche Form).
- Es fehlt der letzte Tag der mündlichen Verhandlung oder bei einer Entscheidung im schriftlichen Verfahren das Datum des letzten Tages für den Eingang von Schriftsätzen.

G. Fehlerwarnung

512 II. Tenor (Rn. 159 ff.)

- Der Tenor hat keinen vollstreckungsfähigen Inhalt
  - Zinsen werden »ab Rechtshängigkeit« ohne genaue Datumsangabe zugesprochen,
  - es fehlt die genaue Angabe von herauszugebenden Sachen,
  - es fehlt die Angabe der Fahrgestellnummer des Pkw oder
  - es fehlt die genaue Grundstücksbezeichnung mit Band, Blatt usw.
- Bei unbegründeten Feststellungsklagen, vor allem bei fehlgeschlagenen einseitigen Erledigungserklärungen, wird falsch tenoriert: Es wird festgestellt, dass der Rechtsstreit nicht in der Hauptsache erledigt ist. Es muss aber wie bei jeder Klageabweisung lauten: »*Die Klage wird abgewiesen.*«
- Die Teilabweisung fehlt, vor allem bei Minimalabweisungen wegen Zinsforderungen.
- Der Tenor nach vorangegangenen Versäumnisurteilen oder Vollstreckungsbescheiden ist fehlerhaft. Bei bestätigenden Urteilen wird der Hauptsacheausspruch wiederholt, anstatt das Versäumnisurteil aufrecht zu erhalten, bei ganz oder teilweise aufhebenden Urteilen wird die Klageabweisung vergessen. Bei der vorläufigen Vollstreckbarkeit wird § 709 S. 3 ZPO nicht beachtet.
- Die Kostenquote ist greifbar falsch, die Summe ergibt nicht 100%.
- Bei der Verlustquote wird die Streitwerterhöhung nach § 45 GKG nicht beachtet.
- Bei der vorläufigen Vollstreckbarkeit werden §§ 708 Nr. 11, 711 ZPO und § 709 S. 1 ZPO verwechselt.
- Es wird übersehen, dass auch der Beklagte einen Teil seiner Kosten vollstrecken kann und deshalb eine doppelte vorläufige Vollstreckbarkeit erforderlich ist.
- Es wird überflüssigerweise eine Entscheidung über den Antrag getroffen, die Sicherheit durch Bankbürgschaft leisten zu dürfen.
- Bei der Entscheidung über die vorläufige Vollstreckbarkeit gem. § 711 S. 2 ZPO i.V.m. § 709 S. 2 ZPO analog wird tenoriert »... sofern der Kläger/Beklagte nicht vor der Vollstreckung Sicherheit in gleicher Höhe« leistet. Dabei wird übersehen, dass der Vollstreckende stets nur Sicherheit i.H.v. 110% des jeweils zu vollstreckenden Betrages zu leisten hat, während der Vollstreckungsschuldner 110% des aufgrund des Urteils vollstreckbaren Betrages als Sicherheit leisten muss. Die Höhe der Sicherheitsleistung ist also nicht gleich.
- § 709 S. 2 ZPO wird angewandt, obwohl keine Geldforderung vollstreckt wird.
- § 709 S. 2 ZPO wird angewandt, obwohl mehrere Ansprüche vollstreckt werden können, von denen es sich nicht bei allen um Geldforderungen handelt.
- Bei Entscheidungen nach § 709 ZPO wird eine Abwendungsbefugnis ausgesprochen.
- Die Höhe der Sicherheitsleistung ist falsch berechnet:
  - Der Wert der Hauptsache ist nicht eingerechnet.
  - Die Zinsen werden vergessen.
  - Die außergerichtlichen Kosten werden falsch berechnet, weil § 45 GKG übersehen wird.
  - Beim Kläger werden die verauslagten Gerichtskosten vergessen.
  - Beim Beklagten werden die Gerichtskosten fälschlicherweise eingerechnet.
- § 713 ZPO wird als Einschränkung von § 711 ZPO übersehen.
- Die Entscheidung über besondere Vollstreckungsschutzanträge (§§ 710, 712 ZPO) wird vergessen.

III. Tatbestand (Rn. 23 ff.) 513

- Der Einleitungssatz fehlt, ist unvollständig, nichts sagend, irreführend oder sogar falsch.
- Es fehlt die Gewichtung. Das Unwesentliche wird genauso ausgebreitet wie das Wesentliche.
- Tatsachen werden durch unreflektierte Übernahme aus den Schriftsätzen unpräzise oder wertend wiedergegeben, z.B.:
  - Der Beklagte ist zurückgetreten, statt »*... er hat erklärt, er trete zurück.*«
  - Der Beklagte hat rechtzeitig Einspruch eingelegt, statt die relevanten Daten aufzuführen.
- § 184 GVG (»Die Gerichtssprache ist deutsch.«) wird nicht beachtet.
- Der historische Aufbau wird ohne plausiblen Grund vernachlässigt.
- Es besteht mangelnde Kongruenz zwischen Tatbestand und Entscheidungsgründen.
- Die Vorlage wird fast vollständig abgeschrieben, ohne Überflüssiges wegzulassen.
- Von der Möglichkeit zu verweisen wird zu wenig oder zu viel Gebrauch gemacht.
- Die Verweisungen sind zu pauschal oder ohne genaue Angabe der Fundstelle.
- Das Unstreitige wird nicht in eine sinnvolle Reihenfolge gebracht.
- Das Streitige wird nicht streng vom Unstreitigen getrennt dargestellt.
- Es fehlt die klare Abgrenzung zwischen Rechtsansichten und Tatsachenbehauptungen.
- »Behaupten« und »meinen« werden verwechselt.
- Rechtsansichten der Parteien werden überflüssig lang ausgebreitet.
- Einfach Streitiges wird sowohl beim Kläger als auch beim Beklagten gebracht.
- Als Folge der Verwechslung der Darlegungs- und Beweislast wird einfach Streitiges bei der falschen Partei gebracht.
- Die indirekte Rede im streitigen Parteivorbringen wird nicht durchgehalten.
- Jeder Absatz wird erneut mit »der Kläger / der Beklagte behauptet weiter« o.ä. eingeleitet.
- Anträge werden falsch wiedergegeben oder bereits rechtlich ausgelegt.
- Es wird nicht unterschieden zwischen angekündigten und gestellten Anträgen.
- Die Prozessgeschichte wird völlig weggelassen oder nicht an den richtigen Stellen wiedergegeben.
- Zuvor gestellte, geänderte Anträge werden nicht aufgeführt.
- Es werden überflüssige Teile der Anträge zu Kosten, vorläufiger Vollstreckbarkeit und der Art der Sicherheitsleistung aufgeführt.
- Fälle mit Aufrechnungen und Widerklagen werden falsch aufgebaut.
- Es werden unnötigerweise Repliken angeführt.
- Erst am Ende des Tatbestandes wird pauschal auf alle eingereichten Schriftsätze und Urkunden Bezug genommen, anstatt im Text an den passenden Stellen die Verweisung anzumerken.

G. Fehlerwarnung

IV. Entscheidungsgründe (Rn. 232 ff.)

514 Zulässigkeit (Rn. 303 ff.)

- Die ggf. erforderliche Auslegung von Anträgen fehlt oder wird an der falschen Stelle gebracht. Sie gehört vor die Zulässigkeitserörterungen.
- Der Einleitungssatz steht im Widerspruch zum Tenor. Vor allem bei geringfügiger Teilabweisung liest man z.B.: »Die Klage ist begründet«, was vollständig begründet bedeutet. Es muss lauten: »*Die Klage ist bis auf einen geringen Teil der Zinsforderung begründet*«.
- Die Zulässigkeit wird falsch aufgebaut, z.B.:
  - Zulässigkeitsaspekte, die den gesamten Rechtsstreit betreffen, müssen vor denjenigen dargestellt werden, die nur einzelne Anträge betreffen.
  - Die Zulässigkeit eines Hilfsantrages/einer Widerklage gehört vor die Erörterung der Begründetheit des Hilfsantrages/der Widerklage und nicht an den Anfang der Entscheidungsgründe.
- Es werden in der Zulässigkeit Leerformeln gebracht wie »Der Antrag entspricht den Anforderungen von § 253 ZPO.« oder »Bedenken gegen die Zulässigkeit bestehen nicht.«.
- Relevante Zulässigkeitsfragen werden nicht oder zu knapp abgehandelt, unproblematische werden zu ausführlich dargestellt.
- Bei ursprünglichen objektiven kumulativen Klagenhäufungen wird § 260 ZPO als »echte« Zulässigkeitsvoraussetzung dargestellt, anstatt die Vorschrift nach den übrigen Zulässigkeitsaspekten anzusprechen.

515 Begründetheit (Rn. 271 ff.)

- Entscheidungsgründe werden wie Hausarbeiten gegliedert.
- Die Entscheidungsgründe sind nicht sinnvoll aufgebaut.
- Absätze fehlen oder sind an unpassenden Stellen.
- Bei Klageabweisungen wird die Reihenfolge Vertrag / Vertrauen / Gesetz nicht eingehalten.
- Bei Klageabweisungen werden die erfüllten Teilvoraussetzungen der Anspruchsgrundlage ausführlich dargestellt, statt sogleich den Grund des Scheiterns darzulegen.
- Bei ganz oder teilweise klageabweisenden Urteilen, gescheiterten Aufrechnungen, Einreden und Einwendungen wird vergessen, alle in Betracht kommenden Normen aufzuführen.
- Bei zusprechenden Urteilen wird zunächst dargelegt, aus welchen Normen die Klage nicht begründet ist, anstatt sofort auf die vorliegende Anspruchsgrundlage einzugehen.
- Bei zusprechenden Urteilen wird mehr als eine Anspruchsgrundlage dargelegt.
- Normen werden ungenau angegeben, d.h. ohne Absatz, Satz, Nummer, Halbsatz, Alt.
- Bei der analogen Anwendung einer bedeutsamen Norm, z.B. als Anspruchsgrundlage, werden Sinn und Voraussetzungen einer Analogie nicht erläutert.
- Die Subsumtion wird nicht in der gebotenen Reihenfolge durchgeführt.
- Der Urteilsstil wird nicht durchgehalten.
- Bei wichtigen Teilen der Begründung wird die Reihefolge Gesamtergebnis mit Norm, Definition, Zwischenergebnis, Subsumtion nicht durchgehalten.
- Teile des Tatbestandes werden wiederholt, statt sie in rechtliche Überlegungen einzubinden.
- Es werden Tatsachen verwertet, die im Tatbestand nicht erwähnt worden sind.
- Es fehlen tragfähige Argumente, die Darstellung erschöpft sich in Rechtsbehauptungen.

- Eine sinnvolle Gewichtung fehlt. Alles wird gleichermaßen breit oder dürftig dargestellt.
- Es wird aus Kommentaren zitiert, statt zu argumentieren.
- Für Selbstverständlichkeiten werden Zitate bemüht.
- Statt des Kommentars wird die dort angeführte Entscheidung als Fundstelle zitiert.
- Kommentare werden falsch zitiert, z.B. »Palandt« statt z.B. »Palandt – Bassenge«.
- Zu Rechtsauffassungen der Parteien wird gar nicht oder zu breit Stellung genommen.
- Die Beweiswürdigung erschöpft sich in Leerformeln, ohne auf den Fall einzugehen.
- Bei der Beweiswürdigung werden »glaubhaft« und »glaubwürdig« verwechselt.
- Bei gänzlich unergiebigen Beweisaufnahmen werden unergiebige Beweismittel gewürdigt.
- Zeugenaussagen werden nicht präzise genug oder wertend wiedergegeben. Es muss heißen: *»Der Zeuge hat bekundet, er wisse nicht...«* und nicht: »Der Zeuge wusste nicht...«
- Am Ende der Darstellung wird das Ergebnis wiederholt. Das ist Gutachtenstil.

Zinsen (Rn. 168 ff.) 516

- Verzugszinsen werden trotz unschlüssigen Vortrags zuerkannt.
- Bei Verurteilung Zug um Zug werden Zinsen zuerkannt.
- Bei Klagen auf künftige Leistung oder bei Klageänderungen von Herausgabe auf Schadensersatz werden Zinsen ab Klagezustellung zuerkannt (Ausnahme: § 849 BGB).
- Der Zinsbeginn wird entgegen § 187 I BGB analog einen Tag zu früh angenommen.
- Der gesetzliche Zinssatz wird falsch formuliert: »i.H.v. 5% über dem Basissatz«. Es muss lauten: *»Zinsen i.H.v. 5 Prozentpunkten über dem jeweiligen Basiszinssatz«*.
- Bei der Geltendmachung von Verzugszinsen unter Vorlage einer Bankbescheinigung wird das einfache und damit unsubstantiierte Bestreiten für ausreichend erachtet.
- Bei der Zuerkennung von gesetzlichen statt der beantragten Verzugszinsen wird vergessen, dass der beantragte Zinssatz als Obergrenze anzugeben ist *(... höchstens aber... %)*.

Prozessuale Nebenentscheidungen (Rn. 176 ff.) 517

- »Normale« Kostenentscheidungen werden überflüssigerweise begründet.
- Der Teil der Kostenentscheidung, der auf § 91 a oder § 269 III 3 ZPO beruht, wird nicht begründet.
- § 92 ZPO wird ohne differenzierenden Hinweis auf eine der drei Varianten angeführt.
- Bei Hilfsanträgen, Hilfsaufrechnungen, Widerklagen wird vergessen, § 45 GKG zu zitieren.
- Bei teilweisen Klagerücknahmen wird vergessen, neben § 92 ZPO auch § 269 III 2 oder 3 ZPO anzuführen.
- Die Begründung der Entscheidung über besondere Vollstreckungsschutzanträge fehlt.

V. Sonstiges 518

- Es wird vergessen, die Unterschriften der erkennenden Richter zu vermerken.
- Es wird mit dem eigenen Namen oder dem Namenszug der erkennenden Richter unterschrieben, anstatt zu vermerken: *»Unterschriften der erkennenden Richter«*.
- Der Streitwertbeschluss wird vergessen oder nicht als gesonderter Beschluss tenoriert.

H. Die Notfall-Lösung

I. Grundsätzliches

Die folgenden, dieses Lehrbuch abschließenden Ratschläge für den Super-Gau sollten Sie nicht davon abhalten, ernsthaft an die Lösung einer Zivilrechtsklausur heranzugehen. Sie sind nur für den Fall gedacht, dass Sie eine Klausur wirklich überfordert und Sie beim besten Willen nicht zurechtkommen. **519**

Die Erfahrung hat gezeigt, dass in derartigen Situationen Panikreaktionen dazu führen, dass das, was nach fünf Stunden abgegeben wird, nicht einmal den äußeren Schein eines Urteils erweckt und nicht selten bei 0 Punkten landet. So etwas darf nicht passieren, weil auch drei verschenkte Punkte für die erhoffte Note oder sogar für das Bestehen oder die Zulassung zur mündlichen Prüfung von Bedeutung sein können.

Es kann jedem passieren, dass er sich im Examen einer Klausur gegenübersieht, mit der er nicht zu Recht kommt. Deshalb richten sich die Ratschläge auch nicht nur an »schwache« Kandidaten, sondern an alle, die aus einer schwierigen Situation das Beste machen wollen.

Wir kennen viele Referendare, die das Examen nur deshalb bestanden haben, weil sie sich rechtzeitig für die Notfall-Lösung entschieden haben. Die Zahl derer, die sich im Nachhinein gewünscht hätten, die Notfall-Lösung gewählt zu haben, ist noch weit größer. In allen uns bekannten Fällen sind Ergebnisse von mehr als drei Punkten herausgekommen; das Beste waren 13 Punkte. Kandidaten, die an einer für sie zu schwierigen Klausur, die sie de lege artis lösen wollten, gescheitert sind, haben meistens weniger als 3 Punkte erzielt.

Wie schon unter Rn. 13 ff. dargestellt, ist es grundsätzlich empfehlenswert, den Tatbestand vor den Entscheidungsgründen zu schreiben. Für Ihre Vorgehensweise im Notfall ist dies ein absolutes Muss. Wenn Sie sicher sind oder auch nur die Befürchtung haben, dass Sie ein Fall überfordert, müssen Sie zunächst aus dieser beklemmenden Situation herauskommen. Und das geht nur, indem Sie mit dem Teil der Aufgabe beginnen, dem Sie sicher gewachsen sind.

Wenn Sie nur dasitzen, einschlägige Vorschriften suchen und in Kommentaren blättern, wird Ihre Nervosität ständig zunehmen. Ihre Leistungsfähigkeit wird im gleichen Maße sinken. Sie müssen es schaffen, Ihre Kraft auf das zu konzentrieren, was Sie auch in einer derartigen Situation auf jeden Fall können. Das sind das fehlerfreie Abfassen des Rubrums, Tenors und Tatbestandes sowie die Darstellung der anzusprechenden Zulässigkeitsaspekte, die ja auch vom materiell-rechtlichen Schwierigkeitsgrad der Klausur unabhängig sind. Klageänderung ist Klageänderung (s.o. Rn. 303 ff.).

Merke: Sie müssen sich auf das besinnen, was Sie auf alle Fälle können, und das ist
- **das Niederschreiben eines vollständigen Rubrums,**
- **das Abfassen eines formal ordnungsgemäßen Tenors,**
- **das Formulieren eines fehlerfreien, gut aufgebauten Tatbestandes,**
- **die überzeugende Darlegung der Zulässigkeitsaspekte,**
- **den richtigen Aufbau der Entscheidungsgründe,**
- **die Entscheidung über die Nebenforderungen,**
- **die korrekte Begründung der prozessualen Nebenentscheidungen,**
- **die Einhaltung des Urteilsstils.**

Dies fällt jedoch besonders schwer, wenn man diese Vorgehensweise nicht zumindest bereits einmal geübt hat. Es ist deshalb im höchsten Maße töricht, während der Referendarzeit Klausuren, die einen überfordern, nicht mitzuschreiben. Sie müssen üben, mit solchen Situationen umzugehen und Ihre Erfahrungen mit dem Notfallschema machen. Es gehört nämlich eine Menge Mut dazu, sich für diesen Weg zu entscheiden. Die Gewissheit, dass er in der gegebenen Situation der bessere ist, gewinnt man leichter, wenn man ihn schon einmal gegangen ist. Und dass er manchmal der bessere ist, daran besteht nach unseren Erfahrungen kein Zweifel.

H. Die Notfall-Lösung

II. Die Vorgehensweise im Einzelnen

520 Die Reihenfolge Ihres Vorgehens ist:

1. **Schreiben Sie das Rubrum!**
2. **Lesen Sie die Klausur mehrfach durch, und werten Sie dabei die Vorlage aus!**
3. **Schreiben Sie den Tatbestand!**
4. **Klären Sie den Klausurtyp!**
5. **Arbeiten Sie den »Fall« heraus!**
6. **Analysieren Sie den Fall unter klausurtaktischen Aspekten!**
7. **Nehmen Sie sich höchstens eine Stunde Zeit für eigene rechtliche Überlegungen!**
8. **Entscheiden Sie sich nach dieser Stunde für oder gegen die Notfall-Lösung!**
9. **Entscheiden Sie sich für stattgeben oder abweisen!**
10. **Schreiben Sie den Tenor!**
11. **Formulieren Sie die Zulässigkeitsaspekte!**
12. **Skizzieren Sie die Lösung!**
13. **Formulieren Sie die Entscheidungsgründe!**
14. **Lesen Sie sich alles gründlich durch!**

Nun zu den Arbeitsschritten im Einzelnen:

1. Schreiben Sie das Rubrum!

521 Dadurch werden Sie zunächst einmal ruhiger, weil Sie von der Angst vor der rechtlichen Lösung abgelenkt werden und sich auf etwas konzentrieren müssen, was Ihnen leicht von der Hand geht. Sie werden merken, dass es Ihnen schon bei dieser Arbeit besser geht.

2. Lesen Sie die Klausur mehrfach durch, und werten Sie dabei die Vorlage aus!

522 Sie lesen sich den Sachverhalt so durch, als bestünde Ihre Aufgabe lediglich darin, einen perfekten Tatbestand zu schreiben. Ihre Aussicht auf die Punkte hängt nämlich ganz überwiegend davon ab, dass Sie in diesem Teil der Arbeit keine Fehler machen. Werten Sie beim Durchlesen die Vorlage wie gewohnt aus, indem sie alle Besonderheiten vom Bearbeitervermerk über das Rubrum der Klage, den Antrag des Klägers, die Klagebegründung, die Klageerwiderung, evtl. besondere Anträge des Beklagten, eine eventuelle Replik des Klägers, bis hin zum Terminsprotokoll auf Merkzetteln festhalten (vgl. im einzelnen Rn. 20 f.). Legen Sie eine Zeittafel an, um Ordnung in den Sachverhalt zu bekommen.

3. Schreiben Sie den Tatbestand!

523 Sie müssen sauber trennen zwischen Streitigem und Unstreitigem. Sie müssen daran denken, den Vortrag der Parteien nicht ungeprüft und ungeordnet zu übernehmen. Vermeiden Sie Wertungen, bauen Sie historisch auf und bemühen Sie sich um eine verständliche Sprache, eine leserliche Schrift und eine gute graphische Gestaltung. Es zählen auch die Kleinigkeiten. Die vorgetragenen Tatsachen sollten Sie vollständig übernehmen, weil sie ja nicht wissen, welche möglicherweise überflüssig sind, es sei denn, es handelt sich um greifbar Nebensächliches. Schwierigkeiten, die sich daraus ergeben können, dass Sie einfach Streitiges nur einmal bringen dürfen und Sie nicht wissen, wer die Darlegung und Beweislast hat, lassen sich nicht vermeiden. Sie sollten nur grob prüfen, wem der jeweilige Vortrag nützt, und die Einordnung nach den allgemeinen Grundsätzen der Beweislast vornehmen. Einfach streitiger Vortrag zu rechtsbegründenden Tatsachen führen Sie im streitigen Klägervorbringen an, einfach streitigen Vortrag zu rechtshindernden, rechtsvernichtenden und rechtshemmenden Tatsachen bringen Sie im Beklagtenvortrag.

II. Die Vorgehensweise im Einzelnen

4. Klären Sie den Klausurtyp!

Als Nächstes müssen Sie feststellen, ob es sich um Klausurtyp 1, 2 oder 3 handelt (Rn. 76 ff.). Die Unterscheidung zwischen Klausurtyp 2 oder 3 wird schwer fallen, weil Sie ohne Kenntnis der rechtlichen Zusammenhänge nicht abschätzen können, ob streitige Tatsachen erheblich sind oder nicht. Sie werden aber jedenfalls herausbekommen, ob die Parteien nur um Rechtsmeinungen oder auch um Tatsachen streiten. **524**

5. Arbeiten Sie den »Fall« heraus!

Nach dem Abfassen des Tatbestandes sollten Sie versuchen, den Fall zu erarbeiten. Dieser Schritt erfolgt nach den allgemeinen Regeln. »Fall« wird das Unstreitige, das Bewiesene und das, was ohne bewiesen werden zu müssen, der Entscheidung zugrunde zu legen ist. **525**

6. Analysieren Sie den Fall unter klausurtaktischen Aspekten!

Auch ohne den Fall rechtlich erfasst zu haben, wird es Ihnen gelingen, sofern Sie Ruhe bewahren, die klausurtaktischen Überlegungen anzustellen, die Sie aus Rn. 80 ff. kennen. Rufen Sie sich die klausurtaktischen Grundsätze »Entscheidungsreife, Vollständigkeit und Richtigkeit« in Erinnerung, ziehen Sie die zwingenden Rückschlüsse aus einer durchgeführten oder unterbliebenen Beweisaufnahme oder aus erteilten oder fehlenden Hinweisen. Das kann schon viel Licht ins Dunkel bringen. Vielleicht wissen Sie sogar, wer gewinnen muss, weil die Beweislast eindeutig ist und die Beweisaufnahme unergiebig war. **526**

7. Nehmen Sie sich höchstens eine Stunde Zeit für eigene rechtliche Überlegungen!

Sie sollten sich anschließend maximal eine Stunde Zeit lassen, um herauszufinden, ob Sie nicht vielleicht doch der Lage sind, die Klausur normal zu lösen. In dieser Stunde sollten Sie angstfrei im Gesetz suchen, im Kommentar lesen und überlegen. »Angstfrei« deshalb, weil Sie wissen, dass Sie zur Not Ihre Lösung schon haben. **527**

8. Entscheiden Sie sich nach dieser Stunde für oder gegen die Notfall-Lösung!

Spätestens nach dieser Stunde müssen Sie sich entscheiden, ob Sie wirklich eine Chance sehen, den Fall »normal« zu lösen, oder ob Sie ab dann auf Notfall schalten. Diese Entscheidung ist von enormer Tragweite. Es ist aber auf jeden Fall falsch, sie weiter hinauszuschieben. Sie brauchen auch für das Abfassen der Entscheidungsgründe nach dem Notfallschema eine gewisse Zeit. In zu großer Eile machen Sie Fehler, die Sie verraten können. Mehr dazu unter Rn. 530. **528**

Wenn Sie sich für die Notfall-Lösung entschieden haben, muss diese Entscheidung endgültig sein. Sie müssen sich darüber klar sein, dass Sie damit einen Weg gewählt haben, der wahrscheinlich nicht zu einer zweistelligen Punktzahl führt. Wenn Sie durch Zufall das richtige Ergebnis treffen, haben Sie eine faire Chance, im befriedigenden Bereich zu landen. Andernfalls schaffen Sie es zumindest über die Einhaltung der Formalien und den äußeren Schein einer zu Ende geschriebenen, ordentlich abgefassten Klausur, nicht unter drei Punkte abzurutschen. Hinzu kommt, dass Sie davon ausgehen können, dass es bei einer wirklich »abgefahrenen« Klausur den meisten anderen Prüflingen auch nicht wesentlich besser geht als Ihnen. Wenn deren Versuch, die Klausur normal zu lösen, scheitert, werden deren Arbeiten weitaus chaotischer und schlechter sein als Ihre. Das erhöht Ihre Chance, im Rahmen einer relativen Bewertung ins Ausreichend zu rutschen.

9. Entscheiden Sie sich für stattgeben oder abweisen!

Als Nächstes müssen Sie sich entscheiden, ob Sie der Klage stattgeben, oder ob Sie sie abweisen. Grundsätzlich ist es einfacher, einer Klage stattzugeben, weil Sie dann lediglich eine Anspruchsgrundlage darstellen müssen (Rn. 235 ff.). Bei einem klagabweisenden Urteil müssen Sie ja alle in Betracht kommenden Anspruchsgrundlagen darstellen (Rn. 243 ff.), was bei einer Rechtslage, die einen überfordert, deutlich schwieriger sein dürfte und auch mehr Zeit kostet. Nur bei vertraglichen Erfüllungsansprüchen sind beide Ergebnisse gleich einfach darzustellen, weil es dann in aller Regel auch nur eine Anspruchsgrundlage gibt, auf die Sie bei einer Abweisung der Klage eingehen müssen. Achten Sie auf die üblichen Stolpersteine bei Zinsen (Rn. 168 ff.) und die ggf. erforderliche Teilabweisung. **529**

H. Die Notfall-Lösung

10. Schreiben Sie den Tenor!

530 Da Sie ja wissen, wie zu entscheiden ist, sollten Sie sodann den Tenor schreiben, damit Sie in der möglichen Hektik der Schlussphase nicht doch noch etwas vergessen oder schief formulieren.

11. Formulieren Sie die Zulässigkeitsaspekte!

531 Zunächst beginnen Sie damit, nach erörterungswürdigen Zulässigkeitsproblemen zu suchen. Diese werden Sie auch dann finden, wenn Sie die materielle Rechtslage nicht durchschaut haben. Entgegen meinem Rat für Normalfälle, keine Selbstverständlichkeiten bei Zulässigkeitsfragen zu erwähnen, sollten Sie dies bei der Notfall-Lösung tun. Damit sind z.B. die örtliche und sachliche Zuständigkeit des angerufenen Gerichts oder die ordnungsgemäße Vertretung bei juristischen Personen gemeint. Sprechen Sie diese und ähnliche »Kleinigkeiten« kurz an. Sie müssen versuchen, über die kleinen Erfolge das rettende Ufer zu erreichen. Es ist selbstverständlich, dass Sie alle Zulässigkeitsfragen darstellen, die die Parteien problematisieren oder die ohnehin angesprochen werden sollten (Rn. 303 ff.).

12. Skizzieren Sie die Lösung!

532 Wenn Sie »Ihre« Anspruchsgrundlage gefunden haben, erstellen Sie sich wie üblich eine Gliederung. Sofern es sich um eine Vorschrift handelt, die im Palandt kommentiert ist, sollten Sie zunächst dort nachlesen und sich notieren, worüber bei dieser Norm gestritten wird. Mit etwas Glück ist »Ihr« Problem ja kommentiert (Rn. 235 ff.). Lesen Sie im Schönfelder auch die benachbarten Vorschriften des gesamten Kapitels durch. Dort finden Sie vielleicht wertvolle Anregungen oder Lösungshinweise (Rn. 144). In Ihrer Gliederung sollten Sie die Anspruchsvoraussetzungen auflisten und sich zu jedem Punkt das herausschreiben, was die Parteien jeweils an Argumenten pro und contra liefern. Und achten Sie auf die Einhaltung der zwingenden klausurtaktischen Vorgaben sowie auf Kongruenz zu Ihrem Tatbestand.

13. Formulieren Sie die Entscheidungsgründe!

533 Wenn Sie sich einmal entschlossen haben, die Notfall-Lösung zu schreiben, müssen Sie die Spielregeln einhalten, und die lauten in diesem Punkt:

- **Sie müssen sich mit dem begnügen, was die Vorlage an Argumenten enthält.**
- **Sie dürfen auf keinen Fall eigene Überlegungen einbringen.**

Jede Überlegung oder jedes Argument, das sich nicht in der Vorlage wieder findet, kann so abwegig sein, dass es Sie verrät. Das bedeutet für Ihre Scheinargumentation, dass Sie die anspruchsbegründende Norm mit den Argumenten der obsiegenden Partei stützen und dem die Argumente des Gegners lediglich gegenüberstellen, verbunden mit der Feststellung, dass dessen Ansicht nicht zutrifft.

Zur Unterstützung dieser Feststellung sollten Sie sich ein Ihnen besonders überzeugend erscheinendes Argument der obsiegenden Partei aufbewahren oder ein bereits angeführtes mit anderen Worten wiederholen. Bezüglich der Einreden und Einwendungen des Unterlegenen gehen Sie anschließend in umgekehrter Weise vor.

Nutzen Sie die Gelegenheit, an geeigneten Stellen durch Darlegung von juristischem Basiswissen wie den Voraussetzungen einer Analogie oder dem Vorrang der Leistungskondiktion vor anderen Kondiktionen zu zeigen, dass Sie etwas vom Zivilrecht verstehen.

Da Sie mangels echter Durchdringung des Falles natürlich keinen Schwerpunkt erkennen können, sollten Sie als Schwerpunkt den Aspekt wählen, den die Parteien besonders problematisiert haben. An dieser Stelle sollten Sie dann einige Sätze mehr schreiben und notfalls dieselben Argumente in umgekehrter Reihenfolge oder leicht anders formuliert noch einmal bringen. It's show time!

Achten Sie darauf, dass Sie jeden Aspekt, den die Parteien ansprechen, auch erwähnen müssen. Dadurch setzen Sie sich zumindest nicht dem Vorwurf aus, einen wichtigen Gesichtpunkt, den Sie als solchen nicht erkannt haben, völlig übergangen zu haben.

II. Die Vorgehensweise im Einzelnen

Bei der Umsetzung Ihrer Skizze in Entscheidungsgründe müssen Sie besonders auf guten Urteilsstil achten. Das Ergebnis Ihrer Klausur hängt davon ab, dass Ihnen in der »B-Note«, dem formalen Teil, keine Fehler unterlaufen. Zwingen Sie sich dazu, das unter Rn. 276 dargestellte Frage- und Antwortspiel in den Grundzügen durchzuhalten.

14. Lesen Sie sich alles gründlich durch, und achten Sie auf die typischen Fehler!

Bei diesem »Feinschliff« sollten Sie die unter Rn. 508 ff. aufgeführten Fehlerwarnungen vor Augen haben und besonders auf Kleinigkeiten achten. Die großen Entscheidungen sind ohnehin schon gefallen. Mit Kleinigkeiten sind hier die äußere Form, das Schriftbild, sinnvolle Absätze sowie die materiellen und prozessualen Nebenentscheidungen gemeint. **534**

Achten Sie darauf, Zinsen nicht in zu großem Umfang zuzusprechen, wenn der Kläger z.B. zur Höhe oder zum Verzug nicht schlüssig vorgetragen hat. Und denken Sie an § 187 I BGB analog, wenn der Kläger den Zinsbeginn einen Tag zu früh angenommen hat.

Die prozessualen Nebenentscheidungen dürften nicht schwer fallen. Die Kostenentscheidung folgt bei vollem Erfolg oder Misserfolg immer aus § 91 I 1 ZPO, bei minimalen Teilabweisungen aus § 92 II 1 Nr. 1 ZPO. Die vorläufige Vollstreckbarkeit ergibt sich je nach Wertgrenze aus § 709 S. 1 ZPO oder §§ 708 Nr. 11, 711 ZPO. Bedenken Sie bei der Sicherheitsleistung nach § 711 S. 2 ZPO i.V.m. § 709 S. 2 ZPO analog, dass Sie zwischen dem jeweils zu vollstreckenden und dem aufgrund des Urteils vollstreckbaren Betrag unterscheiden. Achten sie darauf, ob das Urteil gem. §§ 511 ff. ZPO mit Rechtsmitteln anfechtbar ist. Die Beschwer muss über 600,– € liegen, ansonsten ist das Urteil gem. § 713 ZPO ohne Sicherheitsleistung und Abwendungsbefugnis für vorläufig vollstreckbar zu erklären (Rn. 215 ff.).

Wir hoffen, dass Sie auf die Ratschläge für den Notfall nicht zurückgreifen müssen und, falls doch, dass es gelingen möge. Das wünschen wir Ihnen mit und ohne Notfalllösung. Deshalb lautete auch der Untertitel des diesem Buch zugrunde liegenden Skriptums unter Missachtung von § 184 GVG:

»Prosit«
(lat.: Es möge nützen!)

I. Anhang: Übungsfälle zum schnelleren Erkennen prozessualer Aspekte

Sie werden aus eigener Erfahrung wissen, dass das Einhalten der Zeitvorgabe eines der größten **535** Probleme beim Schreiben der Klausuren ist. Deshalb muss eine gute Vorbereitung das Erlernen von Techniken umfassen, die Zeit sparen. Dabei sollen Ihnen diese Übungsfälle helfen.

Sinn dieser Zusammenfassung ist es, durch wiederholtes Durchlesen der Fallkonstellationen die anzusprechenden prozessualen Aspekte, die in den vorstehenden Kapiteln ausführlich dargestellt worden sind, schnell und vollständig zu erkennen. Nur so können Sie sicherstellen, dass Sie im Examen die in Zulässigkeitsaspekten versteckten Punkte auch »abgreifen« und dafür möglichst wenig Zeit aufwenden.

Lesen Sie zunächst die einzelnen Fälle durch und versuchen Sie, die anzusprechenden Zulässigkeitsaspekte zu erkennen. Auf den jeweiligen Rückseiten finden Sie die »Lösungen« und die wichtigsten Tipps. In einem zweiten Schritt sollten Sie üben, die Zulässigkeitsaspekte möglichst schnell »klausurreif« zu formulieren. Die fett gedruckten Zahlen sind Hinweise auf die Randziffern, unter denen Sie Erläuterungen und Formulierungsvorschläge nachlesen können, wenn Ihnen eine Formulierung Schwierigkeiten bereitet oder zu lange dauert.

Kurz vor den Klausuren erleichtert ein »Schnelldurchlauf« die letzte Vorbereitung. Je besser und schneller Sie werden, desto mehr Sicherheit und Selbstvertrauen werden Sie gewinnen.

I. Anhang: Übungsfälle zum schnelleren Erkennen prozessualer Aspekte

1. Der Beklagte rügt, dass die Klage nicht ihm zugestellt worden ist, sondern versehentlich seinem Vater. Dieser hatte die Klage an seinen Sohn weitergeleitet. **313**

2. Die Klage richtet sich nach der Klage gegen die **X-OHG**, die aber eine **KG** ist. **314**

3. Die Klage, die ein Handelsgeschäft der Beklagten betrifft, richtet sich gegen die Einzelfirma ABC, bei der nach Klagezustellung ein Inhaberwechsel stattgefunden hat. **315**

4. Der Kläger begehrt vom Beklagten die Zahlung eines nicht bezifferten Betrages wegen entgangenen Gewinns unter Darlegung der ihm bekannten Ermittlungsgrundlagen. **317**

5. Der Kläger verlangt vom Beklagten Schmerzensgeld. Er legt die Verletzungen und Beeinträchtigungen ohne Angabe einer Größenordnung im Einzelnen dar. **318**

6. Der Kläger verlangt vom Beklagten die Herausgabe eines Pkws und eine bezifferte Nutzungsentschädigung. Das angerufene Gericht ist sowohl für beide Einzelstreitwerte als auch für den Gesamtstreitwert sachlich zuständig. **319**

7. Der Kläger verlangt vom Beklagten Zahlung des Kaufpreises, hilfsweise die Herausgabe der bereits übergebenen Kaufsache. Nur der Hilfsantrag ist begründet. **322**

I. Anhang: Übungsfälle zum schnelleren Erkennen prozessualer Aspekte

1. **Erörtern:** § 189 ZPO **vor** den Zulässigkeitserwägungen.
   Beachte: Gem. § 189 ZPO werden Mängel der Zustellung dadurch geheilt, dass das Schriftstück der Person, an die die Zustellung hätte erfolgen müssen oder können, tatsächlich zugegangen ist. Der Prozessbevollmächtigte ist gem. § 172 ZPO auch Zustellungsbevollmächtigter.

2. **Erörtern:** Ordnungsgemäße Klageerhebung § 253 I ZPO i.V.m. §§ 133, 157 BGB analog
   Beachte: Falschbezeichnung vor den Zulässigkeitserwägungen darstellen.
   Im Rubrum ist die KG als Partei aufzuführen.

3. **Erörtern:** Ordnungsgemäße Klageerhebung gem. § 253 ZPO
   Ein Kaufmann kann unter seiner Firma verklagt werden, § 17 II HGB.
   Es muss um ein Handelsgeschäft gem. §§ 343 ff. HGB gehen.
   Der Inhaberwechsel ist unbeachtlich.
   Beachte: Das Rubrum muss nach einem Inhaberwechsel berichtigt werden. Der Kaufmann ist dann als natürliche Person aufzuführen.

4. **Erörtern:** Bestimmtheitsgrundsatz, § 253 II Nr. 2 i.V.m. § 287 ZPO
   Beachte: Nach § 253 II Nr. 2 ZPO muss die Klage grds. einen **bestimmten** Antrag enthalten, sonst liegt schon keine ordnungsgemäße Klageerhebung vor.

5. **Erörtern:** Bestimmtheitsgrundsatz, § 253 II Nr. 2 ZPO i.V.m. § 253 II BGB, § 287 ZPO
   Beachte: Nach der Rspr. des BGH ist bei Schmerzensgeldklagen die Angabe der Größenordnung nicht erforderlich. Die zur Bestimmung der Höhe erforderliche Darlegung der Umstände reicht aus. Das Gericht kann, wenn kein bezifferter Antrag gestellt wird, in der Höhe frei entscheiden. Der Anspruch setzt keine unerlaubte Handlung voraus, es reicht jede Pflichtverletzung.

6. **Erörtern:** § 260 ZPO als »unechte« Zulässigkeitsvoraussetzung
   Beachte: Da § 260 ZPO bei ursprünglich objektiver kumulativer Klagenhäufung grds. keine echte Zulässigkeitsvoraussetzung der Klage ist, sollten Sie Ausführungen zu § 260 ZPO nach den übrigen Erörterungen der Zulässigkeit vor der Begründetheit machen. Nur wenn durch die Klagenhäufung aufgrund der nach § 5 ZPO gebotenen Addition der Einzelstreitwerte erst die Zuständigkeit des angerufenen Landgerichts begründet wird, ist § 260 ZPO echte Zulässigkeitsvoraussetzung und dann bei der sachlichen Zuständigkeit zu erörtern.

7. **Erörtern:** Unschädlichkeit innerprozessualer Bedingungen, § 253 II Nr. 2 ZPO
   Zusammenhang zwischen Haupt- und Hilfsantrag
   § 260 ZPO als »unechte« Zulässigkeitsvoraussetzung
   Beachte: Ausführungen zur Zulässigkeit des Hilfsantrages dürfen nur im Falle der Unbegründetheit des Hauptantrages gebracht werden. Sie gehören dann vor die Ausführungen zur Begründetheit des Hilfsantrages. § 5 ZPO gilt nur für anfängliche objektive **kumulative**, nicht für echte **eventuelle** Klagenhäufungen. § 260 ZPO sollte i. R. d. Zulässigkeitserörterungen des Hilfsantrags dargestellt werden, weil es in diesen Fällen besondere Sachurteilsvoraussetzung ist. Die Zulässigkeit des Hilfsantrages ist trotz der Bedingung unproblematisch, da eine **innerprozessuale** Bedingung unschädlich ist. Die Zuständigkeit bemisst sich nach dem höheren Streitwert der beiden Anträge.
   Bei nur teilweiser Begründetheit des Hauptantrages müssen Sie klären, was der Kläger vorziehen würde, einen Teil des Hautanspruchs oder den mit dem Hilfsantrag geltend gemachten Anspruch (s. Rn. 256).

I. Anhang: Übungsfälle zum schnelleren Erkennen prozessualer Aspekte

8. Der Kläger begehrt vom Beklagten die Herausgabe eines Pkws und hilfsweise, d.h. wenn dem Herausgabeantrag stattgegeben wird, eine bezifferte Nutzungsentschädigung. **323**

9. Der Kläger begehrt vom Beklagten die Rückgabe der Kaufsache, weil er entweder wirksam von einem vertraglichen Rücktrittsrecht Gebrauch gemacht habe oder aus ungerechtfertigter Bereicherung, falls der Vertrag unwirksam sein sollte. **324**

10. Der Kläger verlangt vom Beklagten Zahlung. Aufgrund von Unklarheiten wegen der Abtretung der Forderung vor Rechtshängigkeit stützt er seinen Anspruch entweder auf eigenes oder auf abgetretenes Recht. **325**

11. Der Kläger macht von einer Gesamtforderung von 100.000,– € einen genau bezeichneten Teil von 5.000,– € geltend. **326**

12. Eine Gesellschaft bürgerlichen Rechts klagt einen Anspruch ein, der mit ihrer Teilnahme am Wirtschaftsleben zusammenhängt. **328**

13. A und B errichten die AB-GmbH und erwerben ein Grundstück. Wegen Zahlungsverzuges tritt der Verkäufer vom Vertrag zurück und verweigert die Erstattung der Anzahlung. Die Eintragung der GmbH ins Handelsregister ist noch nicht erfolgt. Die AB-GmbH i.G. klagt auf Rückzahlung. **329**

I. Anhang: Übungsfälle zum schnelleren Erkennen prozessualer Aspekte

8. Erörtern: Unschädlichkeit innerprozessualer Bedingungen, § 253 II Nr. 2 ZPO
Zusammenhang zwischen Haupt- und Hilfsantrag
§ 260 ZPO als »unechte« Zulässigkeitsvoraussetzung

Beachte: Der Unterschied zur echten Eventualklagenhäufung besteht lediglich darin, dass bei der unechten der Hilfsantrag **für den Fall des Erfolges des Hauptantrages** gestellt wird. Prozessual bestehen keine Unterschiede. Der Aufbau ist in beiden Fällen identisch. Die Ausführungen zur Zulässigkeit des Hilfsantrages dürfen nur im Falle der Begründetheit des Hauptantrages gebracht werden. Sie gehören dann vor die Ausführungen zur Begründetheit des Hilfsantrages. § 260 ZPO sollte i. R. d. Zulässigkeitserörterungen des Hilfsantrags dargestellt werden, weil die Verbindung in diesen Fällen besondere Sachurteilsvoraussetzung ist. Bei **unechter eventueller Klagenhäufung** (s. Rn. 323) ist die sachliche Zuständigkeit zu erörtern, wenn erst durch die Addition der Einzelstreitwerte die Grenze von 5.000,– € überschritten wird. Das Argument für die Zuständigkeit des Landgerichts folgt aus dem Rechtsgedanken der §§ 5, 504 ZPO. Das Gericht muss wie bei echter eventueller Klagenhäufung für den gesamten Rechtsstreit entscheidungsbefugt sein, auch wenn ggf. nicht über den Hilfsantrag entschieden wird.

9. Erörtern: Kein Verstoß gegen das Bestimmtheitsgebot, § 253 II Nr. 2 ZPO

Beachte: Eine Hilfsbegründung liegt vor, wenn der Kläger bei einem einheitlichen Lebenssachverhalt einen Antrag auf mehrere Anspruchsgrundlagen stützt. Hilfsbegründungen sind mangels Häufung des Streitgegenstands keine eventuellen Klagenhäufungen.

10. Erörtern: Kein Verstoß gegen das Bestimmtheitsgebot, § 253 II Nr. 2 ZPO
Alternative Häufung des Klagegrundes als Unterfall von § 260 ZPO

Beachte: Dieser Fall ist von der grds. unzulässigen alternativen Antragshäufung abzugrenzen.

11. Erörtern: Das Bestimmtheitsgebot ist dank Individualisierung gewahrt, § 253 II Nr. 2 ZPO

Beachte: Es muss erkennbar sein, welcher Teil des Gesamtanspruchs Gegenstand der Klage sein soll. Das gilt insbesondere, wenn sich der Gesamtanspruch aus mehreren selbstständigen Einzelpositionen zusammensetzt. In Betracht kommt z. B. ein Prozentsatz von jeder Forderung oder einzelne von mehreren Forderungen. Gegebenenfalls muss angegeben werden, in welcher Reihenfolge die Teilforderungen zur Entscheidung gestellt werden.

12. Erörtern: Parteifähigkeit der GbR als sog. Außengesellschaft, § 50 I ZPO

Beachte: Nach BGH ist jedenfalls eine sog. »Außengesellschaft bürgerlichen Rechts« trotz fehlender vollständiger eigener Rechtsfähigkeit parteifähig.

13. Erörtern: Parteifähigkeit der GmbH in Gründung, § 50 I ZPO
Ordnungsgemäße Vertretung gem. § 35 I GmbHG

I. Anhang: Übungsfälle zum schnelleren Erkennen prozessualer Aspekte

14. Eine im Handelsregister gelöschte GmbH, vertreten durch ihren früheren Geschäftsführer, macht gegen einen früheren Kunden einen Zahlungsanspruch geltend.	**333**
15. Der Kläger verklagt einen Beklagten. Dieser rügt, dass nur er, und nicht auch C in Anspruch genommen werde. Es liegt keine materiell-rechtlich notwendige Streitgenossenschaft vor. C wäre nur ein prozessual notwendiger Streitgenosse.	**341**
16. Ein Kläger verklagt einen Beklagten. Ein weiterer materiell-rechtlich notwendiger Streitgenosse ist erfüllungsbereit und hat schon vorprozessual anerkannt.	**342**
17. Der Beklagte rügt seine alleinige Inanspruchnahme und meint, C hätte mitverklagt werden müssen. Sie wissen nicht, welche Art von Streitgenossenschaft vorliegt. Es kann aus klausurtaktischen Gründen jedenfalls keine materiell-rechtlich notwendige Streitgenossenschaft sein, weil die Klage sonst unzulässig wäre.	**343**
18. Der Kläger verklagt zwei einfache Streitgenossen vor dem Landgericht auf je 3.000,– €	**345**
19. Ein Kläger verklagt zwei Beklagte. Im engeren Sinne liegt möglicherweise nicht einmal einfache Streitgenossenschaft vor.	**346**

I. Anhang: Übungsfälle zum schnelleren Erkennen prozessualer Aspekte

14. Erörtern: Parteifähigkeit als qualifizierte Prozessvoraussetzung, § 50 I ZPO
Beachte: Auch im Handelsregister bereits gelöschte Gesellschaften gelten für einen Rechtsstreit so lange als parteifähig, wie sie schlüssig darlegen, dass sie noch einen Anspruch aus der Zeit ihrer aktiven Tätigkeit haben.
Es handelt sich dabei um einen Fall der sog. »qualifizierten Prozessvoraussetzungen«. Aus prozessökonomischen Gründen wird in diesen Fällen der grds. Vorrang der Zulässigkeit gegenüber der Begründetheit eingeschränkt, damit die Rechtskraft eines Sachurteils den gesamten Anspruch erfasst (so auch z. B. bei dem Gerichtsstand der unerlaubten Handlung gem. § 32 ZPO und bzgl. des Feststellungsinteresses bei unbegründeten Feststellungsklagen, § 256 I ZPO).

15. Erörtern: Der Dritte ist kein materiell-rechtlich notwendiger Streitgenosse.
Beachte: Nur materiell-rechtlich notwendige Streitgenossen müssen grds. gemeinsam klagen oder verklagt werden. Prozessrechtlich notwendige Streitgenossen können einzeln klagen oder verklagt werden. Aber wenn sie gemeinsam auftreten, muss die Entscheidung gegen oder für sie wie bei materiell-rechtlich notwendigen Streitgenossen gleich lauten.

16. Erörtern: Der erfüllungsbereite notwendige Streitgenosse muss nicht verklagt werden.

17. Erörtern: Der Dritte kann kein notwendiger Streitgenosse sein, warum auch immer.

18. Erörtern: Einfache Streitgenossenschaft, §§ 59, 60 I ZPO
§ 260 ZPO analog als gleichzeitige objektive Klagenhäufung
Bei getrennt zu vollstreckenden Anträgen gegen mehrere einfache Streitgenossen greift § 5 ZPO. Die Einzelstreitwerte werden addiert. Wenn dies erst die Zuständigkeit des Landgerichts begründet, muss es erörtert werden.
Beachte: Einfache Streitgenossen sind nach BGH u. a.:
- OHG und Gesellschafter,
- Hauptschuldner und Bürge,
- Schuldner und dinglicher Sicherungsgeber,
- Versicherungsnehmer und Pflichtversicherer,
- Gesamtschuldner im Passivprozess,
- Gesamtgläubiger und Bruchteilseigentümer im Aktivprozess.

Da gegen beide Streitgenossen getrennt vollstreckt wird, müssen Sie die Sicherheitsleistung i. R. der vorläufigen Vollstreckbarkeit auch trennen und nach den Einzelstreitwerten ausweisen.

19. Erörtern: Es muss einfache Streitgenossenschaft gem. §§ 59, 60 I ZPO vorliegen, weil sonst das Verfahren nur gem. § 145 ZPO zu trennen wäre.
§ 260 ZPO analog als gleichzeitige objektive Klagenhäufung

I. Anhang: Übungsfälle zum schnelleren Erkennen prozessualer Aspekte

20. Der Kläger verklagt mit schlüssigem Vortrag zwei Beklagte, die **einfache** Streitgenossen sind. B 1) ist säumig. Der Kläger beantragt den Erlass eines Versäumnisurteils gegen B1); im Übrigen wird streitig verhandelt. **347**

21. Der Kläger beantragt den Erlass eines Versäumnisurteils gegen einen säumigen **notwendigen** Streitgenossen. **348**

22. Der Kläger veräußert die Sache, deren Herausgabe er vom Beklagten verlangt, nach Rechtshängigkeit an einen Dritten. Er stellt den Antrag auf Herausgabe an den Dritten um. Der Beklagte macht von seinem Rügerecht nach § 265 III ZPO keinen Gebrauch. **351**

23. Der Kläger tritt den eingeklagten Anspruch nach Rechtshängigkeit an die Bank zur Sicherung einer Forderung ab. Er stellt den Antrag auf Zahlung an die Bank um. Der Beklagte rügt die fehlende Prozessführungsbefugnis des Klägers. Die Bank hatte bei Abtretung keine Kenntnis von dem Rechtsstreit. **352**

24. Der Kläger macht einen Anspruch, den er **vor** Rechtshängigkeit an eine Bank abgetreten hat, mit deren Ermächtigung im eigenen Namen gegen den Beklagten geltend. Der Antrag lautet auf Zahlung an die Bank. **354**

I. Anhang: Übungsfälle zum schnelleren Erkennen prozessualer Aspekte

20. Erörtern: Einfache Streitgenossenschaft, §§ 59, 60 I ZPO
Jede Streitgenossenschaft ist analog § 260 ZPO auch eine objektive Klagenhäufung.
Beachte: Es muss ein VU ergehen. § 62 ZPO gilt nur bei notw. Streitgenossenschaft.
Für die analoge Anwendung von § 62 ZPO fehlt planwidrige Regelungslücke.
Bei unschlüssiger Klage ergeht ein sog. unechtes Versäumnisurteil.
Kostenentscheidung ggf. gem. § 100 III ZPO getrennt tenorieren.

21. Erörtern: Notwendige Streitgenossenschaft, § 62 ZPO
§ 260 ZPO analog als gleichzeitige objektive Klagenhäufung
Beachte: Bei notwendiger Streitgenossenschaft müssen Sie – am besten zwischen Zulässigkeit und Begründetheit – erörtern, dass ein Versäumnisurteil nicht ergehen darf, weil der säumige Streitgenosse durch den erschienenen gem. § 62 I ZPO als vertreten gilt. Das Urteil muss bzgl. beider notwendiger Streitgenossen gleich lauten.

22. Erörtern: Prozessführungsbefugnis gem. § 265 I ZPO aufgrund gesetzlicher Prozessstandschaft
Klageänderung durch Antragsumstellung stets zulässig nach § 264 Nr. 2 ZPO
Beachte: Gesetzliche Prozessstandschaft ist die Ausnahme von dem Grundsatz, dass nur derjenige klagen darf, der behauptet, materieller Rechtsinhaber zu sein. Ohne Rüge kommt es auf die Frage, ob das Urteil gem. § 265 III ZPO i.V.m. § 325 ZPO auch gegen den Dritten wirkt, nicht an, es sei denn, aus dem Vortrag des Klägers ergibt sich bereits seine mangelnde Prozessführungsbefugnis, was dann von Amts wegen zu berücksichtigen wäre, aber prozesstaktisch nicht sein kann.
Die Umstellung des Antrags auf Leistung an die Zessionarin ist für die Begründetheit erforderlich.

23. Erörtern: Prozessführungsbefugnis gem. § 265 I ZPO aufgrund gesetzlicher Prozessstandschaft
Klageänderung durch Antragsumstellung stets zulässig nach § 264 Nr. 2 ZPO
§§ 265 III, 325 II ZPO. Die Rüge greift nicht, weil § 325 II ZPO nur anwendbar ist, wenn nach materiellem Recht auch ein gutgläubiger Erwerb möglich ist. Wegen § 404 BGB erfasst § 325 II ZPO aber keine gewöhnlichen Forderungsabtretungen. Deshalb ist die Gutgläubigkeit eines Zessionars unbeachtlich.
Beachte: Die Rüge des Beklagten muss klausurtaktisch in Fällen von § 265 ZPO stets ins Leere gehen, weil die Klage sonst unzulässig wäre. Die Umstellung des Antrags auf Leistung an die Zessionarin ist für die Begründetheit erforderlich.

24. Erörtern: Prozessführungsbefugnis aufgrund gewillkürter Prozessstandschaft
Ermächtigung durch den materiellen Rechtsinhaber liegt vor
Eigenes rechtliches Interesse
Keine Benachteiligung des Beklagten erkennbar

I. Anhang: Übungsfälle zum schnelleren Erkennen prozessualer Aspekte

25. Der Kläger macht einen Anspruch, den er **vor** Rechtshängigkeit abgetreten hat, mit Ermächtigung der Zessionarin im eigenen Namen gegen den Beklagten geltend. Der Kläger ist vermögenslos, die Zessionarin ist vermögend. **355**

26. Der Kläger tritt den geltend gemachten Anspruch **nach** Rechtshängigkeit ab, der Beklagte rügt zu Recht gem. § 265 III ZPO, dass die Zessionarin gutgläubig war. Diese bevollmächtigt daraufhin den Kläger zur Fortführung des Prozesses im eigenen Namen. **356**

27. Die örtliche Zuständigkeit des Wohnsitzes liegt zwar vor, dennoch rügt der Beklagte. **358**

28. Der Beklagte ist nach Zustellung in einen anderen Gerichtsbezirk umgezogen. Er rügt die örtliche Zuständigkeit. **359**

29. Der Kläger macht einen Zahlungsanspruch aus einem Kaufvertrag geltend. Der Beklagte wohnte im Zeitpunkt des Vertragsschlusses in Berlin. Er ist vor Klagezustellung nach Bonn gezogen. Der Kläger macht die Kaufpreisforderung in Berlin geltend. **360**

30. Der Kläger verklagt den Beklagten aus unerlaubter Handlung vor einem **nur** gem. § 32 ZPO örtlich zuständigen Gericht. Der Beklagte bestreitet die unerlaubte Handlung. **361**

31. Es liegt eine wirksame Gerichtsstandsvereinbarung »München« vor, der Kläger erhebt aber Klage vor dem Wohnsitzgericht in Lübeck. Der Beklagte rügt die örtliche Zuständigkeit. **363**

32. Die Wirksamkeit der Gerichtsstandsvereinbarung der Parteien ist problematisch. Der Kläger klagt vor dem Wohnsitzgericht. Der Beklagte rügt. **364**

I. Anhang: Übungsfälle zum schnelleren Erkennen prozessualer Aspekte

25. Erörtern: Prozessführungsbefugnis aufgrund gewillkürter Proressstandschaft zulässig
Ermächtigung durch den materiellen Rechtsinhaber liegt vor
Eigenes rechtliches Interesse gegeben
Auch bei Inspruchnahme durch einen vermögenslosen Prozessstandschafter liegt grds. keine Benachteiligung des Beklagten vor. (Ausnahme: Missbrauch)

26. Erörtern: Prozessführungsbefugnis bei **nachträglicher** gewillkürter Prozessstandschaft
Ermächtigung durch den materiellen Rechtsinhaber
Eigenes rechtliches Interesse
Keine Benachteiligung des Beklagten

27. Erörtern: Örtliche Zuständigkeit nach §§ 12, 13 ZPO hier erörtern, da der Beklagte rügt.

28. Erörtern: Örtliche Zuständigkeit nach §§ 12, 13 ZPO
Fortdauer der Zuständigkeit gem. § 261 III Nr. 2 ZPO (sog. perpetuatio fori)

29. Erörtern: Örtliche Zuständigkeit des Erfüllungsortes gem. § 29 I ZPO
§§ 269 I, 270 IV BGB, Geldschuld als sog. »qualifizierte Schickschuld«
Wahlrecht des Klägers gem. § 35 ZPO

30. Erörtern: Örtliche Zuständigkeit der unerlaubten Handlung gem. § 32 ZPO als sog. »qualifizierte Prozessvoraussetzung«

31. Erörtern: Örtliche Zuständigkeit gem. §§ 12, 13 ZPO.
Wahlmöglichkeit des Klägers nach § 35 ZPO
Gerichtsstandsvereinbarung nach §§ 38 ff. ZPO

Beachte: Es kann aus klausurtaktischen Gründen nur ein **zusätzlicher** Gerichtsstand vereinbart worden sein, was dem Kläger die Wahlmöglichkeit nach § 35 ZPO lässt. Bei Vereinbarung eines **ausschließlichen** Gerichtsstandes wäre die Klage nämlich unzulässig.

32. Erörtern: Örtliche Zuständigkeit gem. §§ 12, 13 ZPO
Gerichtsstandsvereinbarung nach §§ 38 ff. ZPO
Wahlmöglichkeit des Klägers nach § 35 ZPO

Beachte: Die Wirksamkeit der Gerichtsstandsvereinbarung kann offen bleiben, wenn sie Probleme aufwirft. Sie sollten aus klausurtaktischen Gründen zu dem Ergebnis kommen, dass nur ein **zusätzlicher** Gerichtsstand vereinbart worden ist, was dem Kläger die Wahlmöglichkeit nach § 35 ZPO lässt. Bei Vereinbarung eines **ausschließlichen** Gerichtsstandes wäre die Klage nämlich unzulässig.

I. Anhang: Übungsfälle zum schnelleren Erkennen prozessualer Aspekte

33. Die Wirksamkeit der Gerichtsstandsvereinbarung der Parteien ist problematisch. Der Kläger klagt vor einem anderen Landgericht. Der Beklagte rügt aber nicht. **365**

34. Eine örtliche Zuständigkeit des Landgerichts ist entweder nicht gegeben oder zumindest zweifelhaft. Der Beklagte hat zunächst schriftsätzlich gerügt, danach aber rügelos verhandelt. **366**

35. Der Rechtsstreit ist an das mit der Sache befasste Gericht gem. § 281 ZPO von einem anderen Gericht verwiesen worden, das dieses irrtümlich für örtlich zuständig hielt. **367**

36. Der Streitwert liegt unterhalb der Schwelle für die sachliche Zuständigkeit des angerufenen Landgerichts. Der Beklagte verhandelt rügelos. **368**

37. Der Kläger begehrt vor dem Amtsgericht die Verurteilung des Beklagten zur Zahlung von insgesamt 4.000,– € mit zwei Anträgen, deren Streitwert je 2.000,– € beträgt. **370**

38. Der Kläger begehrt die Verurteilung des Beklagten vor dem Landgericht zu insgesamt 6.000,– € mit zwei Anträgen, deren Streitwert je 3.000,– € beträgt. **371**

I. Anhang: Übungsfälle zum schnelleren Erkennen prozessualer Aspekte

33. Erörtern: Örtliche Zuständigkeit gem. § 39 ZPO. §§ 40 II 2 und 504 ZPO stehen nicht entgegen.
  Beachte: § 40 II 2 ZPO schließt seinem Wortlaut nach beim Vorliegen eines ausschließlichen Gerichtsstandes die Heilung durch rügeloses Verhandeln aus. Diese Vorschrift betrifft aber nur **gesetzlich** bestimmte und nicht **vereinbarte** ausschließliche Gerichtsstände. Da § 504 ZPO nur für Amtsgerichte gilt, ist eine Heilung ohne Hinweis gem. § 39 ZPO möglich.

34. Erörtern: Örtliche Zuständigkeit durch rügeloses Verhandeln gem. § 39 ZPO
  Beachte: Grds. gelten auch nur schriftsätzlich angekündigte Rügen durch die Antragstellung in der mündlichen Verhandlung im Wege der konkludenten Bezugnahme als aufrechterhalten. Würde daran aber die Zulässigkeit insgesamt scheitern, sollten Sie aus klausurtaktischen Gründen eine Antragstellung ohne ausdrückliche Bezugnahme auf schriftsätzlich vorgetragene Rügen als rügeloses Verhandeln werten.

35. Erörtern: Örtliche Zuständigkeit gem. § 281 II 4 ZPO
  Keine Anzeichen für willkürliche Verweisung
  Beachte: Gemäß § 281 II 4 ZPO ist der Verweisungsbeschluss bindend. Dass aufgrund willkürlicher Verweisungen keine Bindung eintritt, wird im Examen nicht der Fall sein, weil die Verweisung dann unwirksam wäre, und Sie nicht in der Sache entscheiden könnten.

36. Erörtern: Sachliche Zuständigkeit durch rügelose Einlassung gem. § 39 ZPO
  § 504 ZPO gilt nicht für Landgerichte.

37. Erörtern: Die Summe der Streitwerte bestimmt gem. § 5 ZPO die sachliche Zuständigkeit.
  Ursprüngliche objektive kumulative Klagenhäufung gem. § 260 ZPO
  Beachte: Zunächst mögliche andere Zulässigkeitsaspekte erörtern, weil § 260 ZPO hier **keine** echte Zulässigkeitsvoraussetzung ist. Die Vorschrift regelt in diesen Fällen nur die Zulässigkeit der Anspruchsverbindung. Wenn aber durch die Häufung der Anträge erst die Zuständigkeit des Landgerichts begründet wird, ist § 260 ZPO bzgl. der sachlichen Zuständigkeit echte Zulässigkeitsvoraussetzung.

38. Erörtern: Die Summe der Streitwerte bestimmt die sachliche Zuständigkeit gem. § 5 ZPO i.V.m. §§ 23 Nr. 1, 71 I GVG.
  Ursprüngliche objektive kumulative Klagenhäufung gem. § 260 ZPO
  § 260 ZPO ist hier **echte** Zulässigkeitsvoraussetzung, da durch die Addition der Einzelstreitwerte die Zuständigkeit des Landgerichts erst begründet wird.

I. Anhang: Übungsfälle zum schnelleren Erkennen prozessualer Aspekte

39. Der Streitwert des Hauptantrages beträgt 5.000,– €, der des Hilfsantrages 6.000,– €.
    373

40. Der Kläger klagt aus einem gemischten Wohnraum-/Gewerberaummietvertrag vor dem Landgericht. Der Streitwert liegt über 5.000,– €.
    374

41. Der Streitwert einer Klage vor dem Landgericht liegt nach geltendem Recht unterhalb der Schwelle für die sachliche Zuständigkeit des Landgerichts, wegen der ggf. niedrigeren Streitwertgrenzen im Zeitpunkt der Klageerhebung könnte die sachliche Zuständigkeit bei Klageerhebung aber vorgelegen haben. Der Beklagte verhandelt rügelos. Sie kennen die alten Wertgrenzen nicht.
    376

42. Der Zuständigkeitsstreitwert erhöht sich während des Prozesses infolge einer Gesetzesänderung. Nach geltendem Recht wäre nicht mehr das angerufene Landgericht sachlich zuständig, sondern das Amtsgericht.
    377

43. Der Kläger erhebt Klage vor dem Landgericht. Nachträglich erhöht der Kläger durch einen weiteren, Zahlungsantrag den Streitwert von 4.000,– € auf 6.000,– €. Der Beklagte widerspricht der nachträglichen Klageerweiterung und rügt die sachliche Zuständigkeit des Landgerichts. Er ist der Auffassung, das zunächst eigentlich zuständige Amtsgericht bleibe zuständig.
    378

44. Die Rüge des Beklagten, die Zivilkammer sei funktionell unzuständig, ist unbegründet weil keine Handelssache i.S.v. § 95 GVG vorliegt.
    380

I. Anhang: Übungsfälle zum schnelleren Erkennen prozessualer Aspekte

39. Erörtern: Der höhere Streitwert begründet die Zuständigkeit, §§ 23 Nr. 1, 71 I GVG
Zulässigkeit von Eventualanträgen, § 253 II Nr. 2 ZPO
Rechtlicher oder wirtschaftlicher Zusammenhang der Anträge
Die eventuelle Klagenhäufung gem. § 260 ZPO als besondere Sachurteils-voraussetzung

Beachte: Ausführungen zur Zulässigkeit der Klagenhäufung und des Hilfsantrages dürfen nur im Fall der Unbegründetheit des Hauptantrages gebracht werden. Sie gehören vor die Ausführungen zur Begründetheit des Hilfsantrages. Ausführungen zu § 260 ZPO werden i. R. d. der Zulässigkeit des Hilfsantrages gebracht, weil § 260 ZPO bei eventueller Klagenhäufung besondere Sachurteilsvoraussetzung ist.

40. Erörtern: Sachliche Zuständigkeit gem. §§ 23 Nr. 1, 71 GVG beim Landgericht
§ 23 Nr. 2 a GVG greift nicht ein, der Schwerpunkt des Mischmietverhältnisses muss in dem gewerblich genutzten Teil liegen.

41. Erörtern: Die Klage ist jedenfalls zulässig. Wenn Sie die alten Wertgrenzen nicht kennen, sollten Sie die sachliche Zuständigkeit in der Zulässigkeit nicht problematisieren. In einer Fußnote ist auf die ggf. früher geltenden Zuständigkeitsstreitwerte und auf § 39 ZPO oder § 261 III Nr. 2 ZPO hinzuweisen.

42. Erörtern: Sachliche Zuständigkeit gem. § 261 III Nr. 2 ZPO (perpetuatio fori)

43. Erörtern: Grundsätzliche Zulässigkeit der **nachträglichen** kumulativen Klagenhäufung gem. § 261 II ZPO i.V.m. § 260 ZPO
Sachdienlichkeit der darin liegenden Klageänderung gem. § 263 2. Alt ZPO
Die Summe der Streitwerte bestimmt gem. § 5 ZPO die sachliche Zuständigkeit.
§ 260 ZPO ist hier **echte** Zulässigkeitsvoraussetzung, da die Zuständigkeit des Landgerichts erst durch die Addition der Einzelstreitwerte begründet wird.
Keine Anzeichen für ein Erschleichen der Zuständigkeit
§ 261 III Nr. 2 ZPO (perpetuatio fori) greift nicht wegen des Rechtsgedankens von §§ 504, 506 ZPO.

Beachte: Aus §§ 504, 506 ZPO folgt, dass das Amtsgericht bei Überschreitung des Zuständigkeits streitwerts unzuständig wird. §§ 504, 506 ZPO sind eine Einschränkung von § 261 III Nr. 2 ZPO.

44. Erörtern: Zuständigkeit der Zivilkammer gem. §§ 23 Nr. 1, 71 I GVG
Der Rechtsstreit betrifft keine Handelssache i. S. v. § 95 GVG.

Beachte: Der Begriff »funktionelle Zuständigkeit« muss fallen.

I. Anhang: Übungsfälle zum schnelleren Erkennen prozessualer Aspekte

45. Der Beklagte rügt, die angerufene Zivilkammer sei funktionell unzuständig. Er hat aber den Antrag auf Verweisung nicht innerhalb der ihm nach § 276 ZPO gesetzten Frist gestellt. **381**

46. Der Kläger stellt den Antrag auf Verweisung an die KfH, nachdem er zunächst Klage vor der allgemeinen Zivilkammer erhoben hat. **382**

47. Der Kläger ist in einem vorangegangenen Rechtsstreit als Beklagter verurteilt worden, 9.000,- € Zug um Zug gegen Übereignung eines Pkws zu zahlen. Er klagt jetzt auf Übereignung dieses Pkws, weil der frühere Kläger aus dem Urteil nicht vollstreckt. **383**

48. Gegen eine Klageforderung von 5.000,- € rechnet der Beklagte mit einer Forderung über 10.000,- € hilfsweise auf. Das Gericht weist die Klageforderung ab, weil sie durch die Aufrechnung erloschen ist. In einem nachfolgenden Prozess macht der Beklagte die restliche Forderung geltend. **390**

49. Gegen eine Klageforderung von 5.000,- € rechnet der Beklagte mit einer Forderung über 10.000,- € hilfsweise auf. Das Gericht spricht die Klage voll zu und führt aus, dass die Gegenforderung **insgesamt** nicht bestehe. In einem nachfolgenden Prozess macht der Beklagte die restliche Forderung geltend. **391**

50. Der jetzige Kläger hat als Beklagter in einem früheren Prozess mit einer Forderung die Aufrechnung erklärt. Das Gericht hat den Aufrechnungseinwand wegen Verspätung nicht berücksichtigt. In dem Ihnen vorliegenden, nachfolgenden Rechtsstreit gegen den damaligen Kläger macht er die damalige Gegenforderung klageweise geltend. **392**

51. Der Kläger klagt aus § 826 BGB als seinerzeit Unterlegener auf Einstellung der Zwangsvollstreckung aus einem rechtskräftigen Titel und auf Herausgabe dieses Titels. Er trägt substantiiert vor, dass der Beklagte den Titel in grob sittenwidriger Weise erlangt hat. **393**

52. Nach einem Vergleich in einem vorangegangenen Rechtsstreit klagt der Kläger etwas ein, das nach Auffassung des Beklagten durch den Vergleich miterledigt worden ist. **394**

53. Der Beklagte verteidigt sich gegen eine berechtigte Geldforderung des Klägers hilfsweise mit einer Aufrechnung. Seine Gegenforderung stützt er auf einen ebenso berechtigten Anspruch auf Nutzungsentschädigung aus einem Verkehrsunfall mit dem Kläger. Die übrigen Ansprüche aus diesem Verkehrsunfall hatte der Beklagte bereits in einem Rechtstreit mit umgekehrtem Rubrum rechtskräftig eingeklagt. Die in diesem Rechtsstreit zur Aufrechnung gestellte Forderung wegen Nutzungsentschädigung hatte der Beklagte in dem früheren Rechtsstreit nicht geltend gemacht und seine damalige Klage auch nicht als Teilklage bezeichnet. Der Kläger hält das Vorgehen des Beklagten für unzulässig. **395**

I. Anhang: Übungsfälle zum schnelleren Erkennen prozessualer Aspekte

45. Erörtern: Zuständigkeit der Zivilkammer gem. §§ 23 Nr. 1, 71 I GVG
Antragsrecht ist fristgebunden gem. § 101 I 1 u. 2 GVG i.V.m. § 276 ZPO
Beachte: Der Begriff »funktionelle Zuständigkeit« muss fallen.

46. Erörtern: Funktionelle Zuständigkeit der Zivilkammer gem. §§ 23 Nr. 1, 71 I GVG
Ausschließliches Antragsrecht des Beklagten gem. §§ 98, 101 I 1 und 2 GVG

47. Erörtern: Keine entgegenstehende Rechtskraft gem. § 322 I ZPO
Das allgemeine Rechtsschutzbedürfnis liegt vor.
Beachte: Der Kläger kann einen Anspruch geltend machen, der in einem Vorprozess, in dem er Beklagter war, als Zug-um-Zug-Leistung rechtskräftig ausgeurteilt worden ist, solange der Kläger des damaligen Verfahrens nicht vollstreckt.

48. Erörtern: Die Grenzen der Rechtskraft gem. § 322 II ZPO
Ggf. Bestimmtheitsgrundsatz ansprechen
Beachte: In der Begründetheit kurz erwähnen, dass durch das vorangegangene Urteil bzgl. des nicht »verbrauchten« Restes der Forderung nichts präjudiziert ist

49. Erörtern: Die Grenzen der Rechtskraft gem. § 322 II ZPO
Beachte: In der Begründetheit kurz erwähnen, dass durch das vorangegangene Urteil hinsichtlich des überschießenden Betrages keine Präklusion eingetreten ist.

50. Erörtern: Die Grenzen der Rechtskraft gem. § 322 II ZPO
Die Unwirksamkeit der prozessualen Aufrechnungserklärung führt gem. § 139 BGB zur Unwirksamkeit der materiell-rechtlichen Wirkung der Aufrechnung.

51. Erörtern: Keine entgegenstehende Rechtskraft, § 322 I ZPO
Vortrag zu § 826 BGB als sog »qualifizierte« Prozessvoraussetzung

52. Erörtern: Ein Vergleich entfaltet keine entgegenstehende Rechtskraft. Bei Wirksamkeit steht er nur materiell-rechtlich einem weiteren Anspruch entgegen, wenn dieser durch den Vergleich miterledigt worden ist.

53. Erörtern: Keine entgegenstehende Rechtskraft nach vorangegangener Teilklage, § 322 I ZPO
Beachte: Durch die vorangegangene, nicht als Teilklage bezeichnete Klage hat der Kläger weder auf weitergehende Ansprüche verzichtet oder sie konkludent erlassen noch sind solche Ansprüche ohne weitere, besondere Umstände verwirkt.

I. Anhang: Übungsfälle zum schnelleren Erkennen prozessualer Aspekte

54. Der Kläger verlangt nach einem Vergleich in einem neuen Prozess vor einem anderen Gericht die Anpassung des Vergleichs an veränderte Verhältnisse. **396**

55. Der Kläger klagt einen Anspruch ein, den er in einem anderen, noch anhängigen Rechtsstreit – dort als Beklagter – bereits hilfsweise zur Aufrechnung gestellt hat. **397**

56. Der Beklagte rügt die fehlende Kostenerstattung nach Klagerücknahme in einem Vorprozess nach Ablauf der ihm gem. § 276 I 2 ZPO gesetzten Klageerwiderungsfrist. **398**

57. Der Kläger behauptet zur Begründung eines Anspruchs auf Schadensersatz, er sei vom Beklagten betrogen worden. Der Beklagte verlangt widerklagend die Unterlassung dieser Äußerung, weil der Kläger bewusst die Unwahrheit vortrage. **400**

58. Der Kläger erhebt Klage auf Abgabe einer Willenserklärung, obwohl er bereits einen vollstreckbaren Vergleich hat, in dem sich der Beklagte zur Abgabe der Willenserklärung verpflichtet hat. **401**

59. Der Kläger verlangt vom Beklagten die Herausgabe einer unstreitig gelieferten Sache, eine Fristsetzung hierfür von zwei Monaten und falls innerhalb der gesetzten Frist die Herausgabe nicht erfolgt, die Verurteilung des Beklagten zu einem bezifferten Schadensersatz. Keine Partei bietet für die streitige Frage, ob der Beklagte noch im Besitz der Sache ist, Beweis an. **402**

I. Anhang: Übungsfälle zum schnelleren Erkennen prozessualer Aspekte

54. Erörtern: Keine entgegenstehende Rechtskraft durch einen Vergleich im Vorprozess
Keine anderweitige Rechtshängigkeit bei dem Verlangen nach Anpassung
Beachte: Vergleiche entfallen bei einer erfolgreichen Anfechtung ex tunc. Der alte Prozess wird fortgesetzt. Soll ein Vergleich hingegen bei Wegfall oder Änderung der Geschäftsgrundlage den geänderten Verhältnissen angepasst werden, bleibt er bestehen.

55. Erörtern: Keine anderweitige Rechtshängigkeit gem. § 261 ZPO
Das allgemeine Rechtsschutzbedürfnis liegt vor.
Beachte: Die Geltendmachung der Aufrechnung bewirkt keine Rechtshängigkeit der Forderung. Das allg. Rechtsschutzbedürfnis folgt daraus, dass dem Kläger nicht zuzumuten ist, auf den Ausgang des anderen Rechtsstreits zu warten.

56. Erörtern: Prozesshindernde Einrede gem. § 269 IV ZPO
Präklusion gem. §§ 282 III 2, 296 III ZPO
Kein Hinweis auf Entschuldigungsgründe gem. § 296 III ZPO

57. Erörtern: Allgemeines Rechtsschutzbedürfnis als qualifizierte Prozessvoraussetzung
Die besonderen Zulässigkeitsvoraussetzungen der Widerklage
Beachte: Klagen auf Unterlassung ehrverletzender Äußerungen im Prozess fehlt grds. das allgemeine Rechtsschutzbedürfnis. Eine Partei darf alles vortragen, was zum Ausfüllen einer Norm erforderlich ist. Derartige Unterlassungsklagen sind nur zulässig, wenn schlüssig vorgetragen wird, die ehrverletzende Behauptung sei **bewusst** unwahr aufgestellt worden. Es liegt dann ein Fall einer qualifizierten Prozessvoraussetzung vor.

58. Erörtern: Allgemeines Rechtsschutzbedürfnis fehlt nur bei gleich guter Vollstreckbarkeit.
§ 894 ZPO gilt nicht für Vergleiche, § 888 ZPO ist unzumutbar.

59. Erörtern: Zulässigkeit »unechter« Hilfsanträge, § 253 II Nr. 2 ZPO
Verurteilung zu einer streitigen unmöglichen Leistung lässt das allgemeine Rechtsschutzbedürfnis unberührt.
Schlüssiger Vortrag des Klägers zur Leistungsfähigkeit des Beklagten reicht aus, sog qualifizierte Prozessvoraussetzung
Fristbestimmung im Urteil zulässig gem. § 255 ZPO
Klage auf künftige Leistung zulässig gem. § 259 ZPO
Anfängliche kumulative objektive Klagenhäufung, § 260 ZPO.
Beachte: Bei Klagen auf künftige Zahlung dürfen Sie grds. Zinsen erst ab dem Fälligkeitszeitpunkt und nicht schon ab Klagezustellung zusprechen.

I. Anhang: Übungsfälle zum schnelleren Erkennen prozessualer Aspekte

60. Der Kläger verlangt vom Beklagten nach erfolgtem Rücktritt von einem Kaufvertrag über eine Schrankwand, die der Beklagte vertragsgemäß beim Kläger aufgestellt hat:
    1. Rückzahlung des Kaufpreises Zug um Zug gegen Rückübereignung der Schrankwand
    2. Feststellung des Annahmeverzuges mit der Rücknahme der Schrankwand
    3. Verurteilung zur Abholung der Schrankwand beim Kläger. **403**

61. Der Kläger ändert den Sachverhalt der Klage. Der Beklagte verhandelt rügelos. **406**

62. Der Kläger ändert den der Klage zugrundeliegenden Sachverhalt. Der Beklagte hat zunächst schriftsätzlich die Zulässigkeit der Klageänderung gerügt, verhandelt dann aber rügelos. **407**

63. Der Kläger wechselt den Sachverhalt aus, hält den ursprünglichen aber hilfsweise aufrecht, nachdem der Beklagte widersprochen hat. Sachdienlichkeit liegt vor. **408**

64. Kläger wechselt den Sachverhalt aus, hält den ursprünglichen Sachverhalt aber nach Rüge des Beklagten hilfsweise aufrecht. Sachdienlichkeit liegt nicht vor. **409**

65. Es findet nach Verhandlung zur Sache ein Klägerwechsel nach anfänglicher gewillkürter Prozessstandschaft statt, weil der materielle Rechtsinhaber den Rechtsstreit weiterführen will. Der Beklagte stimmt zu. **411**

66. Nach anfänglicher gewillkürter Prozessstandschaft findet ein Klägerwechsel statt, weil der materielle Rechtsinhaber den Prozess weiterführen will. Der Beklagte stimmt nicht zu. **412**

67. Der Kläger will einen Beklagtenwechsel **vor** Beginn der mündlichen Verhandlung und verklagt den neuen Beklagten im laufenden Verfahren. Beide Beklagte stimmen zu. **413**

68. Der Kläger will einen Beklagtenwechsel **vor** Beginn der mündlichen Verhandlung und verklagt den neuen Beklagten im laufenden Verfahren. Beide Beklagte stimmen **nicht** zu. Der Wechsel ist aber sachdienlich. **414**

I. Anhang: Übungsfälle zum schnelleren Erkennen prozessualer Aspekte

60. Erörtern: Bzgl. Antrag zu 2. folgt das Feststellungsinteresse aus §§ 756 I, 765 ZPO.
Bzgl. Antrag zu 3. liegt das allgemeine Rechtschutzinteresse vor, weil der Kläger sonst keine Vollstreckungsmöglichkeit zur Entfernung der Kaufsache hätte.
Anfängliche objektive kumulative Klagenhäufung gem. § 260 ZPO

Beachte: Das rechtliche Interesse für die Feststellung des Annahmeverzuges folgt bei Zug-um-Zug-Ansprüchen aus §§ 756 I, 765 ZPO, ohne Gegenleistung aus §§ 300 ff. BGB.
Auch bei einer Zusage des Beklagten, im Fall der Verurteilung zur Rückabwicklung die Kaufsache abzuholen, fehlt nicht das Rechtsschutzbedürfnis.

61. Erörtern: Zulässigkeit der Klageänderung wegen rügeloser Einlassung, § 267 ZPO

62. Erörtern: Heilung durch rügelose Einlassung trotz vorheriger schriftsätzlicher Rüge, § 267 ZPO

Beachte: Grds. sind auch schriftsätzlich angekündigte Rügen ohne ausdrückliche Wiederholung durch die Antragstellung in der mündlichen Verhandlung im Wege der konkludenten Bezugnahme aufrechterhalten (vgl. Rn. 366, 428). Wenn daran aber die Zulässigkeit der Klage scheitern würde, sollten Sie eine Antragstellung ohne ausdrückliche Bezugnahme als rügeloses Verhandeln ansehen.

63. Erörtern: Nachträgliche eventuelle Klagenhäufung, §§ 261 II, 260 ZPO
Zulässigkeit des Hilfsantrages, § 253 II Nr. 2 ZPO
Sachdienlichkeit der Klageänderung gem. § 263, 2. Alt. ZPO

64. Erörtern: Nachträgliche objektive kumulative Klagenhäufung, §§ 261 II, 260 ZPO
Zulässigkeit des Hilfsantrags, § 253 II Nr. 2 ZPO
Keine Sachdienlichkeit der Klageänderung gem. § 263, 2. Alt. ZPO

Beachte: Die Sachdienlichkeit sollten Sie allenfalls dann ablehnen, wenn der ursprüngliche Sachverhalt hilfsweise aufrechterhalten wird, weil sonst nur durch ein Versäumnisurteil zu entscheiden wäre. Im Tatbestand müssen Sie dann beide Sachverhalte anführen.

65. Erörtern: Zulässigkeit des Parteiwechsels durch Zustimmung, § 263, 1. Alt. ZPO analog
Beachte: Im Rubrum ist ausschließlich die **neue** Partei aufzuführen.

66. Erörtern: Zulässigkeit des Wechsels durch Sachdienlichkeit analog § 263, 2. Alt. ZPO

67. Erörtern: Zulässigkeit des Parteiwechsels durch Zustimmung, § 263, 1. Alt. ZPO analog

68. Erörtern: Zulässigkeit des Parteiwechsels durch Sachdienlichkeit analog § 263, 2. Alt. ZPO

Zustimmung des alten Beklagten erst ab Beginn der mündl. Verhandlung erforderlich.

I. Anhang: Übungsfälle zum schnelleren Erkennen prozessualer Aspekte

69. Der Kläger will einen Beklagtenwechsel **nach** Beginn der mündlichen Verhandlung. Der alte Beklagte stimmt zu, der neue nicht. Der Wechsel ist aber sachdienlich. **415**

70. Der Kläger will einen Beklagtenwechsel **nach** Beginn der mündlichen Verhandlung und verklagt den neuen Beklagten. Beide Beklagte widersprechen. Die Einbeziehung des neuen Beklagten ist sachdienlich. **416**

71. Der Kläger will einen Beklagtenwechsel **nach** Beginn der mündlichen Verhandlung und verklagt C. Der bisherige Beklagte und der C widersprechen. Die Einbeziehung des C ist **nicht** sachdienlich, weil er nicht nur seiner Einbeziehung in das Verfahren, sondern auch der Verwertung der bisherigen Prozessergebnisse widersprochen hat. **417**

72. Der Kläger stellt im Laufe des Verfahrens einen weiteren Antrag. **418**

73. Der Kläger geht von einer Feststellungs- auf eine Leistungsklage über, weil er im Laufe des Rechtsstreits in der Lage ist, seinen Schaden zu beziffern. **419**

74. Der Kläger klagt zunächst vor dem Landgericht 10.000,– € ein, reduziert dann vor Beginn der mündlichen Verhandlung ohne Angabe von Gründen auf 5.000,– €. Der Beklagte widerspricht. **421**

I. Anhang: Übungsfälle zum schnelleren Erkennen prozessualer Aspekte

69. Erörtern: Ausscheiden des alten Beklagten analog § 269 I ZPO
Zulässigkeit des Wechsels durch Sachdienlichkeit analog § 263, 2. Alt. ZPO
Beachte: Die Rechtslage ist hier vor und nach Beginn der Verhandlung dieselbe.

70. Erörtern: Zulässigkeit des Parteiwechsels scheitert an fehlender Zustimmung des alten Beklagten, § 269 I ZPO. Ein gescheiterter Parteiwechsel führt bei Sachdienlichkeit zu einer Streitgenossenschaft, §§ 59, 60 ZPO i.V.m. § 260 ZPO analog. Die Zulässigkeit der nachträglichen Klagenhäufung folgt aus § 261 II ZPO.
Beachte: Sie müssen in der Begründetheit erwähnen; dass die bisherigen Prozessergebnisse verwertbar sind, wenn der neue Beklagte nur seiner **Einbeziehung** in das Verfahren, nicht aber **der Verwertung der bisherigen Prozessergebnisse** widerspricht. Ein Widerspruch gegen die Verwertung stünde der Sachdienlichkeit entgegen.

71. Erörtern: Zulässigkeit des Parteiwechsels scheitert an der fehlenden Zustimmung des alten Beklagten, Arg. § 269 I ZPO. Wegen fehlender Sachdienlichkeit kommt es nicht zu einer Streitgenossenschaft. Der Prozess läuft mit den alten Parteien weiter.

72. Erörtern: Zulässigkeit der **nachträglichen** objektiven Klagenhäufung, §§ 261 II, 260 ZPO
Bei Hilfsantrag auf § 253 II Nr. 2 ZPO eingehen, die Bedingung schadet nicht.
Sachdienlichkeit der darin liegenden Klageänderung gem. § 263, 2. Alt. ZPO
Beachte: Bei Überschreitung der Streitwertgrenze des § 23 I Nr. 1 GVG durch die Klagenhäufung wird das Amtsgericht trotz § 261 III Nr. 2 ZPO unzuständig bzw. das zunächst unzuständige Landgericht zuständig, §§ 504, 506 ZPO.

73. Erörtern: Zulässigkeit der Klageerweiterung gem. § 264 Nr. 2 ZPO
§ 263 ZPO greift nicht, da der Sachverhalt gleich geblieben ist.
Beachte: Zulässige Klageerweiterungen sind gem. § 264 Nr. 2 und Nr. 3 ZPO der Übergang von Feststellungs- zur Leistungsklage, von Auskunfts- zur Zahlungsklage, von einer Klage auf Zahlung eines Teiles auf Zahlung des gesamten Betrages, von einer Klage auf künftige Leistung auf sofortige Leistung oder die Erhöhung von Nebenforderungen. Nicht unter § 264 Nr. 2 ZPO fallen nachträgliche objektive Klagenhäufungen, da sie einen weiteren Streitgegenstand in das Verfahren einbringen. Die Zulässigkeit regelt dann ausschließlich §§ 263, 267 ZPO.

74. Erörtern: Zulässigkeit der Reduzierung gem. § 264 Nr. 2 ZPO, § 269 I ZPO greift nicht.
Fortdauer der Zuständigkeit. § 261 III Nr. 2 ZPO
Beachte: Wenn der Kläger nicht voll unterliegt, müssen Sie die Verlustquote gesondert berechnen. Vollständige oder teilweise einseitige Erledigungserklärungen sind ohne Zustimmung des Beklagten gem. § 264 Nr. 2 ZPO stets zulässig. Liegt in der Beschränkung aber eine teilweise Klagerücknahme, ist sie wegen § 269 I ZPO nur vor dem Stellen der Anträge gem. § 264 Nr. 2 ZPO ohne Zustimmung des Beklagten zulässig. Bei der Kostenentscheidung sollten Sie § 269 III 2 ZPO mit anführen.

I. Anhang: Übungsfälle zum schnelleren Erkennen prozessualer Aspekte

75. Der Kläger klagt zunächst vor dem Landgericht 10.000,– € ein, reduziert dann nach Beginn der mündlichen Verhandlung, aber vor dem Stellen der angekündigten Anträge, ohne Angabe von Gründen auf 5.000,– €. Der Beklagte widerspricht. Der Kläger stellt nur den reduzierten Antrag. **422**

76. Der Kläger hat nach dem Stellen des angekündigten Antrages und nach der Erörterung der Sach- und Rechtslage seine Forderung reduziert. Er erklärt, er nehme die Klage zur Hälfte zurück. Der Beklagte stimmt nicht zu. **423**

77. Der Kläger will zunächst Herausgabe. Er erfährt erst während des Rechtsstreits, dass die Sache bereits vor Rechtshängigkeit von einem Dritten gutgläubig erworben wurde. Er verlangt daraufhin Schadensersatz. Der Beklagte widerspricht der Änderung. Er meint, dass der Kläger eine zustimmungspflichtige Rücknahme vorgenommen habe. **425**

78. Der Kläger begehrt aus Kauf Übereignung eines 10.000,– € teuren Pkws, der bislang noch nicht bezahlt ist. Laut Vertrag ist der Beklagte vorleistungspflichtig. Nach Zustellung der Klage wird der Pkw gestohlen. Der Kläger verlangt nunmehr 1.000,– € Schadensersatz wegen entgangenen Gewinns, da er den Wagen bereits für 11.000,– € weiterverkauft hat. Im Übrigen erklärt der Kläger die Hauptsache für erledigt. Der Beklagte widerspricht der Erledigungserklärung und der Umstellung der Klage. **426**

I. Anhang: Übungsfälle zum schnelleren Erkennen prozessualer Aspekte

75. Erörtern: Zulässigkeit der Reduzierung gem. § 264 Nr. 2 ZPO. § 269 I ZPO greift noch nicht.
Fortdauer der Zuständigkeit gem. § 261 III Nr. 2 ZPO

Beachte: Da hier der höhere Antrag nur angekündigt, aber noch nicht gestellt worden ist, muss die Klage bzgl. des zurückgenommenen Teils durch ein Teilversäumnisurteil gem. §§ 330, 333 ZPO abgewiesen werden. Über den aufrechterhaltenen Rest ist durch Endurteil zu entscheiden. Die Überschrift lautet »Teilversäumnis- und Endurteil«.

76. Erörtern: Unzulässigkeit der Reduzierung wegen § 269 I ZPO

Beachte: Da der höhere Antrag schon gestellt worden ist, muss über ihn durch streitiges Endurteil entschieden werden, weil der Beklagte der Reduzierung nicht zugestimmt hat. Der in der Reduzierung ggf. liegende Verzicht auf einen Teil der Forderung darf bei der Lösung nicht berücksichtigt werden, da die Wirksamkeit der Erklärung prozessual an § 269 I ZPO scheitert und gem. § 139 BGB die Unwirksamkeit eines Teils die gesamte Erklärung erfasst.

77. Erörtern: Es liegt ein Fall von § 264 Nr. 3 ZPO vor.
§ 264 Nr. 2 ZPO greift nicht, weil das Surrogat nicht weniger Wert ist als die Sache selbst. Daher liegt keine Reduzierung vor. § 269 I ZPO greift bei § 264 Nr. 2 ZPO nicht.

Beachte: Der Anwendungsbereich von § 264 Nr. 3 ZPO ist der Übergang von Herausgabe wegen Untergangs der Sache auf Schadensersatz, von Erfüllung auf Schadensersatz, von Erfüllung auf Rückgewähr oder der Wechsel von Erfüllung auf das Surrogat wegen Untergangs des Leistungsgegenstandes.
Stellt die Anpassung zugleich eine Ermäßigung im Sinne von § 264 Nr. 2 ZPO dar, greifen beide Vorschriften ein. Für die Reduzierung gemäß § 264 Nr. 2 ZPO heißt das, dass der Kläger, sofern er nicht den Rechtsstreit in Höhe des nunmehr nicht mehr geltend gemachten Teiles für erledigt erklärt, nach Beginn der mündlichen Verhandlung auf die Zustimmung des Beklagten nach § 269 I ZPO angewiesen ist. Nach h. M. erfasst § 264 Nr. 3 ZPO auch Veränderungen, die **vor** Rechtshängigkeit eingetreten sind, aber dem Kläger erst **nach** Rechtshängigkeit bekannt werden.
Bedenken Sie, dass Sie in diesen Fällen Zinsen grds. erst einen Tag nach dem Zeitpunkt der Antragsumstellung und nicht etwa schon ab Klagezustellung zuerkennen dürfen (Ausnahme: § 849 BGB!). Dies folgt aus § 261 II ZPO, § 187 I BGB analog.

78. Erörtern: Antragsanpassung nach § 264 Nr. 3 ZPO
Beschränkung nach § 264 Nr. 2 ZPO
Einseitige Teilerledigungserklärung
Feststellungsinteresse gem. § 256 I ZPO
Nachträgliche objektive Klagenhäufung gem. § 260 ZPO
Fortdauer der sachlichen Zuständigkeit gem. §§ 4, 261 III Nr. 2 ZPO

Beachte: Klageänderungen i. S. v. § 264 Nr. 2 und Nr. 3 ZPO sind kraft Gesetzes zulässig. Weder für die Antragsanpassung noch für die in der teilweisen Erledigungserklärung liegende Beschränkung bedarf es der Zustimmung des Beklagten. § 269 I ZPO greift nicht.

I. Anhang: Übungsfälle zum schnelleren Erkennen prozessualer Aspekte

79. Der Kläger verlangt zunächst Herausgabe, Fristsetzung und hilfsweise nach fruchtlosem Ablauf der Frist Schadensersatz. Während des Prozesses erfährt er vom Untergang der Sache vor Rechtshängigkeit und beantragt daraufhin, den Beklagten nur noch zum Schadensersatz zu verurteilen. Der Beklagte rügt die Antragsumstellung und beantragt, hinsichtlich der nicht mehr gestellten Anträge im Wege eines Teilversäumnisurteils zu entscheiden. **427**

80. Der Kläger ändert seinen Antrag im Laufe des Verfahrens. Der Beklagte, der nur schriftsätzlich gerügt hat, verhandelt, ohne auf seine Rüge Bezug zu nehmen. Die Sachdienlichkeit der Änderung ist höchst zweifelhaft. **428**

81. Der Kläger ändert seinen Antrag. Sie haben keine Ahnung, was er genau damit gemacht hat. Es könnte eine Klageänderung sein, vielleicht aber auch ein Fall von § 264 ZPO. Und Sie haben keine Zeit, darüber nachzudenken, weil es Wichtigeres gibt! **429**

82. Der Kläger klagt vor dem Landgericht 6.000,– € ein. Der Beklagte zahlt nach Rechtshängigkeit alles. Der Kläger erklärt daraufhin den Rechtsstreit in der Hauptsache für erledigt. Der Beklagte widerspricht und beantragt weiterhin Klageabweisung. **434**

I. Anhang: Übungsfälle zum schnelleren Erkennen prozessualer Aspekte

79. Erörtern: Es liegt ein Fall von § 264 Nr. 3 ZPO vor. Die unverschuldete Kenntniserlangung nach Rechtshängigkeit ist eine »später eingetretene Veränderung«. § 269 I ZPO greift nicht, weil der Kläger die nicht gestellten Anträge gem. § 269 III 3 ZPO konkludent zurückgenommen hat.
Analog § 132 I 1 ZPO gilt die einwöchige Schriftsatzfrist auch für Antragsänderungen. Die Nichteinhaltung der Frist wird durch rügeloses Verhandeln gem. § 295 ZPO geheilt.
I. R. d. prozessualen Nebenentscheidungen ist darzulegen, ob die ursprünglichen Anträge zulässig und begründet waren. Die ursprüngliche Klage war auch zulässig
- bzgl. des sog. »unechten« Hilfsantrags gem. § 253 II Nr. 2 ZPO,
- als Klage auf künftige Leistung mit Fristbestimmung gem. §§ 255, 259 ZPO,
- als anfängliche kumulative objektive Klagenhäufung gem. § 260 ZPO.

Beachte: Bei Veränderung **nach** Rechtshängigkeit greift § 269 III 3 ZPO nicht. Dann müsste der Kläger den Rechtsstreit teilweise für erledigt erklären.
Zinsen sind in diesen Fällen grds. erst ab dem Tag nach der Antragsumstellung und nicht schon ab Klagezustellung zuzuerkennen. Ausnahme: § 849 BGB.

80. Erörtern: Rügelose Einlassung, § 267 ZPO
Beachte: Grds. gelten schriftsätzlich angekündigte Rügen ohne ausdrückliche Wiederholung in der mündlichen Verhandlung durch die Antragstellung im Wege der konkludenten Bezugnahme als aufrechterhalten. Wenn daran aber die Zulässigkeit einer Klage scheitert, ist es ratsam, eine Antragstellung ohne ausdrückliche Bezugnahme auf schriftsätzlich vorgetragene Rügen als rügeloses Verhandeln zu werten. Wenn ein Fall von § 264 Nr. 2 oder Nr. 3 ZPO vorliegt, sollten Sie diese Vorschriften und nicht § 267 ZPO erwähnen, weil die Zustimmung nicht erforderlich ist. Nur wenn Sie nicht sicher sind, kommen Sie über § 263, 2. Alt. ZPO zur Zulässigkeit der Klageänderung.

81. Erörtern: Sachdienlichkeit gem. § 263, 2. Alt. ZPO
Beachte: Wenn Ihnen in Fällen mit Antragsänderungen nichts Besseres einfällt, muss notfalls die Sachdienlichkeit herhalten, auch wenn vielleicht gar keine Klageänderung i. e. S. vorliegt.

82. Erörtern: Auslegung des Antrages
Zulässige Klageänderung nach § 264 Nr. 2 ZPO
Feststellungsinteresse nach § 256 I ZPO
Fortdauer der Zuständigkeit gem. § 261 III Nr. 2 ZPO
Beachte: Einseitige Erledigungserklärungen sind erfolgreich, wenn die Klage hinsichtlich des für erledigt erklärten Teils oder insgesamt zulässig und begründet war und durch ein nach Rechtshängigkeit eingetretenes Ereignis unzulässig oder unbegründet geworden ist. Wenn eine Voraussetzung fehlt, lautet der Tenor: *»Die Klage wird abgewiesen.«*

I. Anhang: Übungsfälle zum schnelleren Erkennen prozessualer Aspekte

83. Kläger klagt vor dem Landgericht 6.000,– € ein. Der Beklagte zahlt nach Rechtshängigkeit alles. Der Kläger erklärt daraufhin den Rechtsstreit in der Hauptsache für erledigt. Der Beklagte, der nach Rechtshängigkeit, aber vor Abgabe der Erledigungserklärung in einen anderen Gerichtsbezirk umgezogen ist, widerspricht der Erledigungserklärung und beantragt Klageabweisung. **435**

84. Der Kläger klagt vor dem Landgericht zu Recht 6.000,– € ein. Der Beklagte zahlt nach Rechtshängigkeit, erklärt aber dazu, die Zahlung erfolge unter Vorbehalt der Rückforderung ohne Anerkennung einer Rechtspflicht. Der Kläger erklärt daraufhin den Rechtsstreit in der Hauptsache für erledigt. Der Beklagte widerspricht und beantragt weiterhin Klageabweisung. **436**

85. Der Kläger klagt vor dem Amtsgericht 4.000,– € ein. Der Beklagte erklärt nach Rechtshängigkeit die Aufrechnung mit einer gleich hohen Forderung. Die beiden Forderungen standen sich schon vor Rechtshängigkeit aufrechenbar gegenüber. Der Kläger erklärt den Rechtsstreit in der Hauptsache für erledigt. Der Beklagte widerspricht und beantragt weiterhin Klageabweisung. **437**

I. Anhang: Übungsfälle zum schnelleren Erkennen prozessualer Aspekte

83. Erörtern: Auslegung des Antrages
Zulässige Klageänderung nach § 264 Nr. 2 ZPO
Feststellungsinteresse nach § 256 I ZPO
Perpetuatio fori gem. § 261 III Nr. 2 ZPO wegen der Absinken des Streitwerts
Perpetuatio fori gem. § 261 III Nr. 2 ZPO als qualitative Modifizierung wegen des Wohnsitzwechsels

Beachte: Bei vollständigen einseitigen Erledigungserklärungen reduziert sich der Streitwert ab der Erledigungserklärung auf das Kosteninteresse, d. h. die gesamten Verfahrenskosten (Gerichtskosten und außergerichtliche Kosten beider Parteien) nach dem ursprünglichen Streitwert. Wenn dieser Wert bei Klagen vor dem Landgericht 5.000,– € nicht mehr übersteigt, müssen Sie § 261 III Nr. 2 ZPO erwähnen.

Sie können hier die Pepetuatio fori gem. § 261 III Nr. 2 ZPO nicht mit der einfachen Begründung bejahen, die einmal begründete Zuständigkeit bleibe bestehen. Dies liegt daran, dass der Beklagte im Zeitpunkt der Rechtshängigkeit des neuen Antrags ja nicht mehr in dem betreffenden Gerichtsbezirk seinen Wohnsitz hatte. Dieser Besonderheit tragen Sie über die Rechtsfigur der sog. qualitativen Modifizierung Rechnung. Die Erledigungserklärung stellt sich prozessual nicht als »neuer« Anspruch dar, sondern als Reduzierung des ursprünglichen Klagebegehrens gem. § 264 Nr. 2 ZPO, für das der Gerichtsstand ursprünglich gegeben war und deshalb bestehen bleibt.

84. Erörtern: Auslegung des Antrages analog §§ 133, 157 BGB
Zulässige Klageänderung nach § 264 Nr. 2 ZPO
Feststellungsinteresse nach § 256 I ZPO
Fortdauer der Zuständigkeit gem. § 261 III Nr. 2 ZPO

Beachte: Die Zahlung ohne Anerkennung einer Rechtspflicht führt nicht zu einer Erfüllung und deshalb nicht zu einer Erledigung. Die Erledigungserklärung des Klägers beinhaltet aber eine »versteckte« Aufrechnungserklärung, sodass der Rechtsstreit doch erledigt ist.

Der Streitwert ist bis zur Erledigungserklärung der Wert der Hauptsache, danach nur das Kosteninteresse, also die Verfahrenskosten nach dem ursprünglichen Streitwert.

Es kommt hier nicht auf den Streit an, ob die Erklärung der Aufrechnung (so die neue Rspr. des BGH) oder das Bestehen der Aufrechnungslage für die Erledigung maßgeblich ist, weil beide Zeitpunkte nach Rechtshängigkeit liegen.

85. Erörtern: Auslegung des Antrages analog §§ 133, 157 BGB
Zulässige Klageänderung nach § 264 Nr. 2 ZPO
Feststellungsinteresse gem. § 256 I ZPO

Beachte: Bei Erfolg der Aufrechnung ist das »erledigende Ereignis« nach neuester Rpr. des BGH die Aufrechnungs**erklärung** und nicht die Aufrechnungs**lage**. Die materiell-rechtliche Rückwirkungsfiktion von § 389 BGB besagt nicht, dass dies auch der prozessual maßgebliche Zeitpunkt ist.

I. Anhang: Übungsfälle zum schnelleren Erkennen prozessualer Aspekte

86. Der Kläger klagt 10.000,- € ein. Der Beklagte zahlt nach Rechtshängigkeit 3.000,- €. Der Kläger erklärt die Hauptsache in Höhe von 3.000,- € für erledigt, beantragt im Übrigen, den Beklagten zur Zahlung weiterer 7.000,- € zu verurteilen. Der Beklagte widerspricht der Erledigungserklärung und beantragt Klageabweisung. **438**

87. Der Kläger klagt 10.000,- € ein. Der Beklagte zahlt nach Rechtshängigkeit 3.000,- €. Der Kläger erklärt die Hauptsache in Höhe von 3.000,- € für erledigt und beantragt im Übrigen, den Beklagten bei voller Kostentragung zur Zahlung weiterer 7.000,- € zu verurteilen. Der Beklagte schließt sich der Erledigungserklärung an und beantragt im Übrigen, die Klage abzuweisen und dem Kläger die Kosten des gesamten Rechtsstreits aufzuerlegen. **439**

88. Der Kläger begehrt die Feststellung, dass der Beklagte verpflichtet ist, ihm den Schaden aus einem Verkehrsunfall zu ersetzen. Die Parteien streiten nur um die Schadenshöhe. Der genaue Umfang des Schadens ist noch nicht feststellbar, der Kläger könnte aber einzelne Schadenspositionen beziffern **448**

89. Der Kläger stellt neben einem Leistungsantrag einen unbegründeten Feststellungsantrag. **449**

90. Die Parteien streiten im Rahmen einer Feststellungsklage ausschließlich darüber, ob dem Kläger der Anspruch überhaupt zusteht. Die beklagte Versicherung hat keinen Zweifel daran gelassen, dass sie im Fall ihrer grundsätzlichen Einstandspflicht zahlen werde. **450**

I. Anhang: Übungsfälle zum schnelleren Erkennen prozessualer Aspekte

86. Erörtern: Auslegung des Antrags analog §§ 133, 157 BGB
§ 264 Nr. 2 ZPO, Reduzierung des ursprünglichen Begehrens
§ 256 I ZPO, rechtliches Interesse für den Feststellungsantrag
§§ 260, 261 II, 263, 2. Alt ZPO, zulässige, nachträgliche obj. kumulative Klagenhäufung
Beachte: Bei der Kostenentscheidung müssen Sie die Unterliegensquote ggf. gesondert ausrechnen, wenn der Kläger den Rechtsstreit zu Recht für erledigt erklärt hat, aber bzgl. des Rests ganz oder teilweise unterliegt (s. Rn. 192 f.). Wenn der Streitwert durch die Reduzierung unter 5.000,01 € sinkt, müssen Sie § 261 III Nr. 2 ZPO anführen.

87. Erörtern: Reduzierung des ursprünglichen Begehrens zulässig gem. § 264 Nr. 2 ZPO
Beachte: Im Fall einer übereinstimmenden Teilerledigungserklärung müssen Sie Ihre Kostenentscheidung, die Sie normalerweise ja nur durch die Angabe der angewandten Norm oder Normen stützen, hinsichtlich des für erledigt erklärten Teils begründen. Dies ist erforderlich, weil der darauf entfallende Teil der Kostenentscheidung gem. § 91 a II ZPO isoliert mit der sofortigen Beschwerde anfechtbar ist. Von der Teilerledigung steht nichts im Tenor. Es handelt sich bei der übereinstimmenden Teilerledigungserklärung nicht um ein Zulässigkeitsproblem, sondern um einen Ausfluss der Dispositionsmaxime. Die Erledigung tritt anders als bei einseitigen Erledigungserklärungen nicht durch ein materiell-rechtliches Ereignis, das das Gericht im Urteil feststellt, sondern durch die übereinstimmenden Erklärungen der Parteien ein.

88. Erörtern: Feststellungsinteresse gem. § 256 I ZPO
Beachte: Das Feststellungsinteresse ist nur zwingende Voraussetzung begründeter Feststellungsklagen, bei unbegründeten kann es dahinstehen.

89. Erörtern: Entbehrlichkeit des Feststellungsinteresses bei unbegründeten Feststellungsklagen
Erläuterung des Begriffs der sog. »qualifizierten Prozessvoraussetzungen«
Ursprüngliche objektive kumulative Klagenhäufung gem. § 260 ZPO
Beachte: Ist die Klage in der Sache abweisungsreif, ergeht ein Sachurteil ohne Prüfung des sog. Feststellungsinteresses. Grund dafür ist die umfassendere Rechtskraft und die damit eintretende größere Rechtssicherheit eines Sachurteils gegenüber einem Prozessurteil. Nur wenn dem Kläger nach materiellem Recht der mit der Feststellungsklage geltend gemachte Anspruch zumindest teilweise zusteht, ihm aber das Feststellungsinteresse fehlt, ergeht ein abweisendes Prozessurteil.

90. Erörtern: Wenn es für den Kläger einen vernünftigen Grund gibt, statt einer Leistungsklage eine Feststellungsklage zu erheben, steht dem nicht der grds. Vorrang der Leistungsklage entgegen. Weil Sie im Examen grds. zu dem Ergebnis gelangen sollten, dass die gewählte Klageart die richtige und die Klage zulässig ist, können sich echte Probleme mit der Subsidiarität nur ergeben, wenn einer von mehreren Anträgen ein Feststellungsantrag ist. Dann müssen Sie die Zulässigkeit dieses Antrags ohne die obige Prämisse prüfen.

I. Anhang: Übungsfälle zum schnelleren Erkennen prozessualer Aspekte

91. Der Kläger klagt auf künftige Räumung von Gewerberaum nach erfolgter Kündigung. Der Beklagte meint, zur Räumung nicht verpflichtet zu sein, und kündigt ein Verbleiben nach Ablauf des Mietvertrages an, »komme, was da wolle«. **451**

92. Der Kläger verlangt vom Beklagten, der in einem anderen Gerichtsbezirk wohnt, die Zahlung des restlichen Kaufpreises, der Beklagte begehrt widerklagend vom Kläger die Rückzahlung der geleisteten Anzahlung wegen Rücktritts. **454**

93. Der Kläger verlangt vom Beklagten vor dem für beide Parteien als Gericht des Wohnsitzes örtlich zuständigen LG die Zahlung eines restlichen Kaufpreises von 6.000,– €. Der Beklagte begehrt widerklagend die Rückzahlung der geleisteten Anzahlung von 1.000,– € wegen Rücktritts. **455**

94. Der Kläger verlangt vom Beklagten die Zahlung eines restlichen Kaufpreises von 1.000,– €, der Beklagte begehrt widerklagend die Rückzahlung der geleisteten Anzahlung von 6.000,– €. Der Rechtsstreit ist auf Rüge einer Partei gem. § 506 ZPO vom Amtsgericht an das Landgericht verwiesen worden. **456**

95. Der Kläger klagt eine Kaufpreisforderung ein. Der Beklagte will mit seiner Widerklage eine Darlehensforderung geltend machen. Der Beklagte rügt die fehlende Konnexität. **457**

I. Anhang: Übungsfälle zum schnelleren Erkennen prozessualer Aspekte

91. Erörtern: Klage auf künftige Leistung bei Besorgnis der Nichterfüllung gem. § 259 ZPO
Beachte: Bei Klagen auf künftige Zahlung dürfen grds. keine Zinsen vor dem künftigen Fälligkeitszeitpunkt zuerkannt werden, also nicht schon ab Klagezustellung.

92. Erörtern: Besonderer Gerichtsstand der konnexen Widerklage gem. § 33 ZPO
Konnexität von Klage und Widerklage ist im Rahmen von § 33 ZPO darzustellen.
Beachte: Ausführungen zur Zulässigkeit der Widerklage folgen erst nach der Abhandlung der Zulässigkeit und Begründetheit der Klage.

93. Erörtern: Die örtliche Zuständigkeit für die Widerklage folgt hier aus §§ 12, 13 ZPO, so dass § 33 ZPO in diesem Zusammenhang nicht zu erwähnen ist.
Die Konnexität von Klage und Widerklage ist getrennt darzustellen.
Die sachliche Zuständigkeit des Landgerichts folgt aus dem Streitwert der Klage.
Arg. § 506 ZPO: Das Gericht muss für den gesamten Rechtsstreit zuständig sein.
Beachte: In diesem Fall müssen Sie die sachliche Zuständigkeit, die sich analog § 506 ZPO aus dem Streitwert der Klage ergibt, am Anfang der Entscheidungsgründe darstellen. Die übrigen Zulässigkeitsvoraussetzungen der Widerklage erörtern Sie wie stets nach den Ausführungen zur Klage.
Für den Gebührenstreitwert müssen die Einzelstreitwerte gem. § 45 I GKG addiert werden (wichtig für die Kostenentscheidung und die Höhe der Anwaltsgebühren).

94. Erörtern: Die sachliche Zuständigkeit für die Klage folgt nach dem Rechtsgedanken des § 506 ZPO aus dem Streitwert der Widerklage. Keine Streitwertaddition gem. § 5 ZPO
Ggf. den besonderen Gerichtsstand der konnexen Widerklage gem. § 33 ZPO darlegen, andernfalls Konnexität von Klage und Widerklage gesondert darstellen
Beachte: Ausführungen zur Zulässigkeit der Widerklage folgen erst nach der Abhandlung der Zulässigkeit und Begründetheit der Klage.
§ 33 ZPO begründet für die konnexe Widerklage einen zusätzlichen besonderen Gerichtsstand. In der Zulässigkeit ist das aber nur zu erwähnen, wenn das angerufene Gericht nicht ohnehin nach den allgemeinen Vorschriften (z. B. §§ 12, 13 ZPO) zuständig ist oder der Kläger sich rügelos auf die Widerklage eingelassen hat.

95. Erörtern: Fehlende Konnexität von Klage und Widerklage
Beachte: Ausführungen zur Zulässigkeit der Widerklage folgen erst nach der Abhandlung der Zulässigkeit und Begründetheit der Klage.
Der Gerichtsstand gem. § 33 ZPO gilt nur für konnexe Widerklagen. Deshalb ist die fehlende Konnexität bereits der Grund für die fehlende örtliche Zuständigkeit gem. § 33 ZPO, falls nicht ein anderer Gerichtsstand gegeben ist. Bei rügelosem Verhandeln ist über die Widerklage in der Sache zu entscheiden. Zur Ermittlung der Kosten und ggf. der Unterliegensquoten sind die Streitwerte gem. § 45 I GKG zu addieren.

I. Anhang: Übungsfälle zum schnelleren Erkennen prozessualer Aspekte

96. Der Kläger macht gegen den Beklagten Ansprüche aus einem Verkehrsunfall vor dem Gericht geltend, in dessen Bezirk der Unfall stattgefunden hat. Der Beklagte erhebt Widerklage gegen den Kläger und dessen Haftpflichtversicherung. Der Kläger und seine Versicherung haben ihren Wohnsitz in einem anderen Bezirk. **458**

97. Der Kläger macht aus einem Vertrag Ansprüche geltend und kündigt weitere Ansprüche an. Der Beklagte beantragt widerklagend festzustellen, dass kein Vertrag bestehe. **459**

98. Der Beklagte macht die Forderung, mit der er bereits hilfsweise die Aufrechnung erklärt hat, in demselben Rechtsstreit hilfsweise widerklagend geltend. **460**

99. Der Beklagte hat dem Kläger eine Sache verkauft und geliefert. Wegen Zahlungsverzuges erklärt der Beklagte den Rücktritt und verlangt die Sache heraus. Der Kläger weigert sich. Der Beklagte nimmt die Sache dem Kläger gegen dessen Willen bei Nacht und Nebel weg. Der Kläger beruft sich auf § 861 I BGB und verlangt die Sache heraus. Er bestreitet den vom Beklagten behaupteten Eigentumsvorbehalt. Daraufhin beantragt der Beklagte widerklagend, sein Eigentum und das fehlende Besitzrecht des Klägers festzustellen. **462**

100. Der Kläger erwirkt einen Mahnbescheid, der Beklagte legt rechtzeitig Widerspruch ein. Durch Verzögerungen im Postlauf des Gerichts wird der Widerspruch aber verspätet vorgelegt. Es ist bereits ein Vollstreckungsbescheid ergangen. **461**

I. Anhang: Übungsfälle zum schnelleren Erkennen prozessualer Aspekte

96. Erörtern: Örtliche Zuständigkeit für die Widerklage gegen den Kläger gem. § 33 ZPO
Örtliche Zuständigkeit der Drittwiderklage gegen die Versicherung gem. § 20 StVG
Parteiidentität und ggf. die übrigen Sachurteilsvoraussetzungen der Widerklage
Parteierweiterung gem. §§ 263, 2. Alt., 59, 60 ZPO i.V.m. § 260 ZPO analog zulässig
Beachte: § 33 ZPO begründet keinen örtlichen Gerichtsstand gegen den Dritten. Für Ansprüche aus Verkehrsunfällen, bei denen der Versicherer einbezogen wird, ergibt sich für diesen die Zuständigkeit aus § 20 StVG. § 3 Nr. 2 PflVG erwähnen. Versicherung und Versicherungsnehmer sind nur einfache Streitgenossen. Unzulässig sind Widerklagen nur gegen einen Dritten oder von einem bislang nicht beteiligten Dritten. Zumindest auch die Hauptpartei muss widerbeklagt sein.

97. Erörtern: Ggf. örtliche Zuständigkeit für die Widerklage gem. § 33 ZPO
Feststellungsinteresse gem. § 256 II ZPO
Beachte: Eine Zwischenfeststellungswiderklage ist zulässig, wenn das Rechtsverhältnis, dessen Klärung der Beklagte begehrt, vorgreiflich für die Hauptklage ist und in seiner Bedeutung über diese hinausgeht.

98. Erörtern: Ggf. örtliche Zuständigkeit für die Widerklage gem. § 33 ZPO
Konnexität zwischen Widerklage und Verteidigungsvorbringen des Beklagten
Keine Bedenken wegen der Verletzung des Bestimmtheitsgrundsatzes gem. § 253 II Nr. 2 ZPO, da innerprozessuale Bedingung
Keine anderweitige Rechtshängigkeit durch die Hilfsaufrechnung gem. § 261 III Nr. 1 ZPO, da Aufrechnung keine Rechtshängigkeit begründet.
Beachte: Eine Hilfswiderklage gegen einen Dritten ist unzulässig.

99. Erörtern: Konnexität gem. § 33 ZPO
Ggf. sachliche und örtliche Zuständigkeit
Feststellungsinteresse gem. § 256 ZPO
§ 863 BGB steht Zulässigkeit nicht entgegen wegen § 864 II BGB analog.
Beachte: Die Entscheidungsgründe sind bei sog. petitorischen Widerklagen anders aufgebaut als normale Widerklagen. Die Zulässigkeit und Begründetheit einer petitorischen Widerklage sind vor der Begründetheit der Klage abzuhandeln, weil deren Schicksal grds. von dem Erfolg der Widerklage abhängt, was aus § 864 II BGB analog folgt.

100. Erörtern: Der Widerspruch ist analog § 694 II ZPO als rechtzeitiger Einspruch zu werten.
Beachte: Im Tenor muss ein Vollstreckungsbescheid wie ein Versäumnisurteil je nach Verfahrensausgang aufrechterhalten oder aufgehoben werden. Im Tatbestand müssen Sie den Teil der Prozessgeschichte, der den Vollstreckungsbescheid betrifft, mit Daten vor den Anträgen bringen, weil diese sonst unverständlich sind. Im Ergebnis wird der Einspruch statthaft und rechtzeitig sein, damit Sie zu einem Sachurteil kommen.

I. Anhang: Übungsfälle zum schnelleren Erkennen prozessualer Aspekte

101. Der Beklagte hat sich innerhalb der ihm nach § 276 ZPO gesetzten Frist nicht gerührt. Gegen das daraufhin ergangene Versäumnisurteil hat er eine Woche nach Zustellung form- und fristgerecht Einspruch eingelegt. **462**

102. Das Gericht hat dem Beklagten die Klage mit dem Antrag nach § 331 III ZPO im schriftlichen Vorverfahren zugestellt. Das VU ist nach Fristablauf antragsgemäß erlassen und dem Beklagten am 1.3.2002 zugestellt worden. Die Zustellung an den Kläger ist erst am 3.3.2002 erfolgt. Der Beklagte hat am 16.3.2002 Einspruch eingelegt. **462**

103. Der Einspruch des Beklagten ist verspätet. Er hatte aber rechtzeitig seinen Prozessbevollmächtigten mit der Einlegung des Einspruchs beauftragt, dessen Personal hat die Frist aber versäumt. So lautet die eidesstattliche Versicherung der Auszubildenden. **463**

104. Der Kläger nimmt den Beklagten in einem Folgeprozess in Regress. Der Kläger ist im Vorprozess zur Zahlung von Schadensersatz verurteilt worden und meint, der Beklagte müsse ihm den Schaden ersetzen. In diesem Vorprozess hat der Kläger dem Beklagten den Streit verkündet. Der Beklagte ist nicht beigetreten. **385**

I. Anhang: Übungsfälle zum schnelleren Erkennen prozessualer Aspekte

101. Erörtern: Der Einspruch ist zulässig. Er ist gem. § 338 ZPO statthaft, in der Frist des § 339 ZPO eingelegt und 340 II ZPO beachtet worden.

Beachte: Sie sollten bei Einsprüchen gegen Versäumnisurteile grundsätzlich von deren Zulässigkeit ausgehen. Im Tenor muss ein Versäumnisurteil je nach Verfahrensausgang aufrechterhalten oder aufgehoben werden. Im Tatbestand muss der Teil der Prozessgeschichte, der das VU betrifft, mit allen erforderlichen Daten vor den Anträgen dargestellt werden, weil diese sonst unverständlich sind. Bei einer Klageabweisung ist bzgl. der Kostenentscheidung zu bedenken, dem Beklagten die durch seine Säumnis entstandenen Kosten aufzuerlegen. Bezüglich der Fristen ist auf § 222 I ZPO und §§ 187 I, 188 II BGB zu achten.

102. Erörtern: Der Einspruch ist zulässig. Er ist gem. § 338 ZPO statthaft, in der Frist des § 339 ZPO eingelegt und § 340 II ZPO beachtet worden.
Bei einem Versäumnisurteil im schriftlichen Vorverfahren beginnt die zweiwöchige Einspruchsfrist erst ab der zeitlich späteren Zustellung zu laufen.

Beachte: Im Tenor muss ein Versäumnisurteil je nach Verfahrensausgang aufrechterhalten oder aufgehoben werden. Im Tatbestand muss der Teil der Prozessgeschichte, der das Versäumnisurteil betrifft, mit allen erforderlichen Daten vor den Anträgen dargestellt werden, weil diese sonst unverständlich sind. Bei einer Klageabweisung sind dem Beklagten die durch seine Säumnis entstandenen Kosten aufzuerlegen. Bei der vorläufigen Vollstreckbarkeit an § 709 S. 3 ZPO denken. Bezüglich der Fristen auf § 222 I ZPO und §§ 187 I, 188 II BGB achten!

103. Erörtern: Der Einspruch ist zulässig. Er ist gem. § 338 ZPO statthaft, in der Frist des § 339 ZPO eingelegt und § 340 II ZPO beachtet worden.
Zulässigkeit der Wiedereinsetzung gem. § 233 ZPO
Keine Zurechnung des Verschuldens von Anwaltsgehilfen, § 85 II ZPO

Beachte: Bei Einsprüchen gegen Versäumnisurteile sollten Sie grds. von deren Zulässigkeit ausgehen. Das heißt, auch ein Antrag auf Wiedereinsetzung ist begründet. Im Tenor muss ein Versäumnisurteil je nach Ergebnis ganz oder teilweise aufrechterhalten oder aufgehoben werden. Im Tatbestand ist der Teil der Prozessgeschichte, der das Versäumnisurteil betrifft, mit allen erforderlichen Daten vor den Anträgen darzulegen.
Bei der Kostenentscheidung ist im Fall einer Klageabweisung zu bedenken, dem Beklagten die durch seine Säumnis entstandenen Kosten aufzuerlegen.
Bei der vorläufigen Vollstreckbarkeit an § 709 S. 3 ZPO denken.
Bezüglich der Fristen ist auf §§ 222 I ZPO und §§ 187 I, 188 II BGB zu achten.

104. Beachte: Im Tatbestand sind die Streitverkündung mit genauen Angaben betr. Form und Daten am Ende des unstreitigen Teil anzuführen.
Erst in der Begründetheit ist die Frage der Interventionswirkung des § 68 ZPO zu erörtern. Diese hängt ab von:
Zulässigkeit der Streitverkündung gem. § 72 ZPO
Beachtung der Form der Streitverkündung gem. § 73 ZPO
Vorliegen der Einwendungen gem. § 68 2. Hs. ZPO

I. Anhang: Übungsfälle zum schnelleren Erkennen prozessualer Aspekte

105. Der Kläger hat ursprünglich die Herausgabe eines Fotos begehrt, das keinen bezifferbaren materiellen Wert hatte, für den Kläger aber von großem Erinnerungswert war. Der Beklagte hat mit erheblichem Vortrag Klageabweisung beantragt. Beide Parteien haben Zeugen für ihre relevanten Behauptungen benannt. Die Sache ist durch Zufall untergegangen, bevor eine Beweisaufnahme durchgeführt worden ist. Daraufhin haben die Parteien den Rechtsstreit übereinstimmend für erledigt erklärt. Wie ist zu entscheiden und was ist dabei zu beachten? **445**

I. Anhang: Übungsfälle zum schnelleren Erkennen prozessualer Aspekte

105. Beachte: Wenn die Parteien den Rechtsstreit in der Hauptsache übereinstimmend für erledigt erklärt haben, ist gem. § 91 a I 1 ZPO nur noch über die Kosten durch Beschluss zu entscheiden. Gem. § 91 a I 2 ZPO gilt dies auch, wenn der informierte Beklagte auf eine Erledigungserklärung des Klägers länger als zwei Wochen schweigt.

Wenn **nach einem Vergleich** übereinstimmende Erledigungserklärungen abgegeben werden, ist **§ 98 ZPO** zu erörtern. Sie müssen darlegen, dass sich aus der Tatsache, dass die Kosten in dem Vergleich nicht ausdrücklich mit geregelt worden sind und die Parteien eine gerichtliche Entscheidung beantragen, durch Auslegung analog §§ 133, 157 BGB die konkludente Vereinbarung ergibt, die Kostenentscheidung dem Gericht zu überlassen.

Das **Rubrum** des Beschlusses unterscheidet sich von dem eines Urteils dadurch, dass »Im Namen des Volkes« fehlt und nicht »für Recht erkannt«, sondern »*beschlossen*« wird.

Der **Tenor** eines Beschlusses nach § 91 a ZPO erschöpft sich grundsätzlich in der Kostenentscheidung.

Zur Klarstellung können und auf Antrag müssen Sie analog § 269 IV ZPO aussprechen, dass zuvor ergangene Entscheidungen aufgehoben **sind** (nicht **werden**!) oder gegenstandslos sind. Der Ausspruch hat nur deklaratorische Bedeutung.

Sie dürfen weder etwas zur Erledigung, noch zur vorläufigen Vollstreckbarkeit sagen. Die Frage der Erledigung oder die des Zeitpunktes vor oder nach Rechtshängigkeit spielt anders als bei einseitigen Erledigungserklärungen bei übereinstimmenden keine Rolle. Der Beschluss ist gem. § 794 I Nr. 3 ZPO ohne Ausspruch vorläufig vollstreckbar.

Nach dem Rubrum folgt die Überschrift »**Gründe**«, unterteilt in **I.** (entspricht dem Tatbestand) und **II.** (entspricht den Entscheidungsgründen). Sie müssen den unstreitigen Teil des Tatbestandes im Imperfekt und den streitigen einschließlich der Erledigungserklärungen und der zuvor gestellten oder angekündigten Sachanträge im Perfekt darstellen.

In der Sache müssen Sie gem. § 91 a ZPO über die Kosten des Rechtsstreits unter Berücksichtigung des bisherigen Sach- und Streitstandes nach billigem Ermessen entscheiden. Die Kostenentscheidung hängt grds. von der materiellen Rechtslage ab.

Die entscheidende Frage lautet: Wie wäre der Rechtsstreit ohne die Erledigungserklärungen ausgegangen? Eine etwaige Unzuständigkeit des Gerichts bleibt unberücksichtigt.

Im Rahmen der **Billigkeitserwägungen** kann bei einem Vergleich das gegenseitige Nachgeben wie ein Teilunterliegen berücksichtigt werden. Andererseits ist nicht jede »Unterwerfung« des Beklagten ein Grund für seine Kostentragungspflicht, vor allem nicht, wenn er nur zur Vermeidung eines langwierigen Rechtsstreits zahlt.

Obwohl der Ausgang des Rechtsstreits ohne Durchführung der Beweisaufnahme nicht vorherzusagen ist, sind die Kosten hier nicht nach dem Rechtsgedanken von § 92 I 1. Alt. ZPO gegeneinander aufzuheben. Wegen des höheren Risikos aufgrund der Beweislast erscheint es i. R. d. anzustellenden Billigkeitserwägungen angemessen, sie im Verhältnis 2/3 zu 1/3 zu Lasten des beweisbelasteten Klägers zu verteilen.

Stichwortverzeichnis

Die im Verzeichnis aufgeführten Zahlen bezeichnen Randnummern. Die Hauptfundstellen sind durch Fettdruck hervorgehoben.

A
Abänderungsklage **452**
Anscheinsbeweis **122 f.**, 90, 91, 95, 117, 150
Anträge
– unbezifferte **316 f.**
– bedingte **322 f.**, **372 f.**
– mehrere **369 ff.**, 325, 402 f.
– im Tatbestand **64 ff.**
– Auslegung **430**, **438**
Aufrechnung
– Primäraufrechnung 32, **476**, 52, 80, 203, 259, 264, 510
– Hilfsaufrechnung 33 f., **477**, **387 ff.**, 26, 80, 88, 176, 204 ff., 215, 241, 269, 397, 460

B
Baumbach'sche Formel **192 ff.**, 225, 232, 502
Beweisaufnahme **89 ff.**, **281 ff.**, 60, 67, 73 f., 81 f., 333, 402, 430
Beweisauswertung **281 ff.**
Beweiswürdigung **281 ff.**, 63, 124, 445

E
Einspruch gegen Vollstreckungsbescheid / Versäumnisurteil **489**, **461**, 72, 167, 177, 226 f.
Entscheidungsgründe
– Aufbauvarianten **232 ff.**, 431
– Abfassen der Entscheidungsgründe **271 ff.**
Erledigung der Hauptsache
– vollständige einseitige **430 ff.**, **485**, 24, 30, 64, 68, 72, 165, 192 ff., 215, 265, 375,
– vollständige übereinstimmende **440 ff.**, **488**
– einseitige Teilerledigung **438 ff.**, **486**, 24, 30, 64, 68, 72, 165, 195 ff., 215, 238, 266, 375, 420, 426
– übereinstimmende Teilerledigung **227**, **439 ff.**, **487**, 31, 232, 268
Eventualaufrechnung **34 ff.**, **477**, **386 ff.**, 26, 80, 88, 176, 204 ff., 215, 241, 269, 397, 460
Existenzfiktion **330**

F
Fall (Entscheidungsgrundlage) **76 ff.**
Feststellungsklage **483**, **447 ff.**, **430 ff.**, 165, 332, 403, 485
Folgeprozess **385**
Formulierungsvorschläge zu den relevantesten prozessualen Problemstellungen
– Einführung **302 ff.**
– Übersicht **312 ff.**
– Formulierungsvorschläge im Einzelnen **313 ff.**
Fristen **467 ff.**

G
Gesellschaft bürgerlichen Rechts, Parteifähigkeit **328**
Gesetzliche Vermutung **78**, 101, 122
Gewichtung **151**, 8, 19, 53, 55, 59, 150, 279

H
Haupt- und Hilfsanträge, siehe Klagenhäufung
Hilfsaufrechnung, siehe Aufrechnung
Hilfsbegründung **324 f.**
Hilfstatsachen **124**, 97
Hilfswiderklage siehe Widerklage

K
Klageänderung
– Parteiänderung **410 ff.**, **496**
– Antragsänderung **404 ff.**, **495**, 72, 84, 350 ff., 404, 418, 427, 429, 430 ff.
Klagenhäufung
– ursprüngliche objektive kumulative **319 ff.**, **479**, 28, 80, 140, 213, 253, 255, 258, 304, 338, 407 f., 505
– nachträgliche objektive kumulative **418**, **480**
– echte eventuelle **322**, **481**, 245, 259 ff., 369 ff., 505
– unechte eventuelle **323**, **482**
– subjektive, siehe Streitgenossenschaft
Klagerücknahme **446**, 195 ff., 420 ff.
Klausurtaktik **80 ff.**
– Rückschlüsse aus fehlenden oder scheinbar nebensächlichen Angaben **84 ff.**
– Rückschlüsse aus einer durchgeführten Beweisaufnahme **89 ff.**
– Rückschlüsse aus einer nicht durchgeführten Beweisaufnahme **93 ff.**
Kostenentscheidung **176 ff.**, **502 ff.**

L
Lösungsskizze **150**, **532**

N
Nachverfahren **168**
Nebenforderungen **169 ff.**
Nebeninterventionen **490 f.**, **385 ff.**, 4, 156, 210
Notfall-Lösung **519 ff.**

P
Parteiänderung **410 ff.**, **496**
Parteibezeichnung **156**
Parteifähigkeit **327 ff.**
Präklusion **466 ff.**, 71, 115
Primäraufrechnung, siehe Aufrechnung
Prozessführungsbefugnis **334 ff.**, **492 ff.**
Prozessgeschichte **66 ff.**, 28 ff., 405, 461
Prozessstandschaft **350 f.**, **493 f.**, 156, 412

Q
Qualifizierte Prozessvoraussetzung **330 ff.**, 360 f., 400, 449

R
Rechtsanwaltsvergütungsgesetz **195 ff.**
Rechtshängigkeit
– anderweitige **396 ff.**
– Auswirkungen **350 ff.**, 375, 420 ff., 485 ff., 493 ff.
Rechtskraft **383 ff.**, 205, 326, 330, 336, 361
Rechtsschutzbedürfnis
– allgemeines **399 ff.**
– besonderes **447 ff.**
Replik **25**
Rubrum **152 ff.**

Stichwortverzeichnis

S
Sachverhaltserfassung **22 ff.**
Sachverständigengutachten
- Würdigung **293 ff.**
- Darstellung in der Klausur **297 f.**

Schätzung **316 f.**, 88
Schmerzensgeldklagen **318**
Streitgenossenschaft **492**
- Rubrum **156**
- Tenor **159 ff.**
- Tatbestand **26**
- Kostenentscheidung **179, 181 ff., 192 ff.**
- Zulässigkeitsfragen **334 ff.**, 416, 458, 492
- Entscheidungsgründe **232**

Streitiges **46 ff.**
Streitverkündung **490 f., 385**, 156, 210

T
Tatbestand **23 ff.**
Teilklagen **326, 395**
Tenor
- Hautsacheentscheidung **160 ff., 504 ff.**
- Kostenentscheidung **410 ff., 496**
- Entscheidung über die vorläufige Vollstreckbarkeit **215 ff., 503**

U
Unbezifferte Klageanträge **316 ff.**
Unstreitiges **39 ff.**
Urkunden **297 ff.**
Urteilsstil **271 ff.**

V
Vergleich im Vorprozess **394, 396**
Versäumnisurteil **489, 464, 466**
- Tatbestand **29, 67 f.**, 72
- Hauptsacheentscheidung **167**, 164
- Kostenentscheidung **177**
- Entscheidung über die vorläufige Vollstreckbarkeit **226**
- Aufbau der Entscheidungsgründe **242**
- unechtes Versäumnisurteil **466**

Vollstreckungsbescheid **167, 463, 489**
Vollstreckungsschutzanträge **229**
Vor-GmbH, Parteifähigkeit **329**
Vorläufige Vollstreckbarkeit **215 ff., 503**

W
Widerklage **478**
- Tatbestand **36 f.**
- Zulässigkeit **270, 453 ff.**, 400
- Kostenentscheidung **187**
- Drittwiderklage **270, 410, 458**
- Hilfswiderklage **34 f., 461**, 478
- petitorische Widerklage **269, 462**, 478

Wiedereinsetzung in den vorigen Stand **465**

Z
Zeiteinteilung
- Die Reihenfolge der Arbeitsschritte **11 ff.**
- Die Arbeitsschritte im Einzelnen **21 ff.**
- Die Arbeitsschritte bei der Notfall-Lösung **519**

Zeugen **281 ff.**
Zinsen **169 ff.**
Zug um Zug-Urteile **169, 211, 403**
Zukünftige Leistung **451, 484**
Zulässigkeit **302 ff.**
Zuständigkeit
- funktionell **379 ff., 499**
- örtlich **357 ff., 497**
- sachlich **368 ff., 498**